Machado de Assis

FUNDAÇÃO EDITORA DA UNESP

Presidente do Conselho Curador
Mário Sérgio Vasconcelos

Diretor-Presidente
José Castilho Marques Neto

Editor-Executivo
Jézio Hernani Bomfim Gutierre

Assessor Editorial
João Luís Ceccantini

Conselho Editorial Acadêmico
Alberto Tsuyoshi Ikeda
Áureo Busetto
Célia Aparecida Ferreira Tolentino
Eda Maria Góes
Elisabete Maniglia
Elisabeth Criscuolo Urbinati
Ildeberto Muniz de Almeida
Maria de Lourdes Ortiz Gandini Baldan
Nilson Ghirardello
Vicente Pleitez

Editores-Assistentes
Anderson Nobara
Jorge Pereira Filho
Leandro Rodrigues

SÍLVIA MARIA AZEVEDO
ADRIANA DUSILEK
DANIELA MANTARRO CALLIPO
(Orgs.)

Machado de Assis
Crítica literária e textos diversos

© 2013 Editora Unesp

Fundação Editora da Unesp (FEU)
Praça da Sé, 108
01001-900 – São Paulo – SP
Tel.: (0xx11) 3242-7171
Fax: (0xx11) 3242-7172
www.editoraunesp.com.br
www.livrariaunesp.com.br
feu@editora.unesp.br

CIP – Brasil. Catalogação na publicação
Sindicato Nacional dos Editores de Livros, RJ

M13

Machado de Assis: crítica literária e textos diversos / organização Sílvia Maria Azevedo, Adriana Dusilek, Daniela Mantarro Callipo. – 1.ed. – São Paulo: Editora Unesp, 2013.

ISBN 978-85-393-0413-4

1. Assis, Machado de, 1855-1908 – Crítica e interpretação. 2. Literatura brasileira Séc. XIX – História e crítica. I. Azevedo, Sílvia Maria. II. Dusilek, Adriana. III. Callipo, Daniela Mantarro.

13-01217

CDD: 869.93
CDU: 821.134.3(81)-3

Editora afiliada:

Sumário

Nota explicativa . *11*
Introdução . *13*
    O crítico-cronista . *15*
    O crítico da "Semana literária" . *23*
    A consagração de Alencar . *27*
    Crítica às avessas e outras críticas . *29*
    O triunfo do crítico literário . *33*
    Escrevendo cartas e prefácios . *39*
    De volta à crônica . *42*
    Discursos e homenagens . *46*

Crítica literária e textos diversos . *51*

1856 . *53*
    A poesia . *53*
    Os contemporâneos . *56*

1858 . *61*
    O passado, o presente e o futuro da literatura . *61*

1859 . *69*
    O jornal e o livro . *69*

I – Os fanqueiros literários . *77*
A reforma pelo jornal . *80*
IV – O folhetinista . *83*

1861 . *87*

1862 . *95*
Flores e frutos. Poesias por Bruno Seabra. 1862. Garnier, Editor . *102*

1863 . *113*
As revelações. Poesias de A. E. Zaluar . *124*
Peregrinação pela Província de S. Paulo, por A. E. Zaluar . *150*

1864 . *155*

1865 . *209*
Uma estreia literária . *223*
Um livro de versos . *228*
Ideal do crítico . *236*

1866 . *241*
Poesia . *321*

1867 . *325*
Aerólites, Poesias do Sr. J. Dias de Oliveira . *325*

1868 . *331*
Um poeta . *331*
Literatura . *337*
Riachuelo. Poema épico em cinco cantos,
    por Luís José Pereira Silva (A Machado de Assis) . *345*
Um poeta. (*Carta a F. X. de Novais*) . *351*
A casa de João Jacques Rousseau. Episódio de uma viagem
    na Suíça. Ernesto Cibrão . *356*

1869 . *359*
Martins Guimarães . *359*
Martins Guimarães . *362*

Poesia . *367*
Martins Guimarães . *371*
Coisas . *375*

1870 . *379*
Um poeta fluminense . *379*
Um poeta . *384*
Mosaico brasileiro . *387*
Poesias póstumas. Faustino Xavier de Novais . *401*

1872 . *403*
Névoas matutinas. Lúcio de Mendonça . *403*
Dois livros . *405*
Guillermo Matta . *407*
Filigranas . *417*
Nebulosas . *418*

1873 . *423*
Voos icários . *423*
Joaquim Serra . *426*
Notícia da atual literatura brasileira . *429*

1874 . *443*
Um novo livro . *443*

1875 . *445*
O visconde de Castilho . *445*
Literatura . *446*

1876 . *449*
Estrelas errantes . *451*

1877 . *457*

1878 . *463*
Literatura realista . *467*
Literatura realista . *475*
O Sr. Eça de Queirós e Eleazar . *483*

1879 . *489*
  A nova geração . *489*

1882 . *531*
  Sinfonias. Raimundo Correia . *534*
  Artur de Oliveira . *537*
  Contos seletos das Mil e uma noites. Carlos Jansen . *542*

1883 . *545*
  Subsídios literários . *545*

1884 . *549*
  Meridionais. Alberto de Oliveira . *549*
  Pedro Luís . *552*
  Pedro Luís . *553*
  3 de novembro . *557*

1885 . *559*
  Artur Barreiros . *559*
  Miragens. Eneias Galvão . *560*

1886 . *563*

1887 . *567*
  O guarani. José de Alencar . *567*

1888 . *573*
  Joaquim Serra . *573*

1889 . *577*
  F. Otaviano . *577*

1891 . *579*
  [Discurso pronunciado na cerimônia de lançamento da pedra fundamental da estátua de José de Alencar, em 12 de dezembro de 1891] . *579*

1893 . *583*
  Henrique Chaves . *583*

1894 . *591*

1895 . *601*

1896 . *627*
   Henriqueta Renan . *640*

1897 . *659*
   Henrique Lombaerts . *662*
   [Discurso pronunciado na Academia Brasileira de Letras,
      Sessão de abertura, em 20 de julho de 1897] . *663*
   Saint François d'Assise. A ma très chère amie Mme. A.
      de Heimendahl . *664*
   [Discurso pronunciado na Academia Brasileira de Letras,
      sessão de encerramento, em 7 de dezembro de 1897] . *668*

1898 . *671*
   Procelárias, por Magalhães de Azeredo. Porto, 1898, 1 vol. 228p. . *671*

1899 . *677*
   [Centenário de Almeida Garrett] . *677*
   Cenas da vida amazônica, por José Veríssimo . *679*

1900 . *685*
   [Carta a Henrique Chaves] . *685*
   [Carta a Henrique Chaves] . *686*

1901 . *689*
   [Discurso proferido no passeio público na inauguração
      do busto de Gonçalves Dias] . *689*
   [Discurso proferido na Academia Brasileira de Letras,
      abertura da sessão, em 2 de junho de 1901] . *692*
   Eduardo Prado . *693*

1902 . *695*
   Horas sagradas e *Versos* . *695*

1906 . *701*
  [Carta a Joaquim Nabuco] . *701*

1907 . *705*
  [Discurso pronunciado no banquete oferecido pela
    Academia Brasileira de Letras a Guglielmo Ferrero] . *705*

Índice onomástico . *707*

Nota explicativa

  Os textos de crítica literária de Machado de Assis, organizados nesta edição, foram extraídos de jornais da época, revistas e primeiras edições de livros, pesquisa que tornou possível localizar número significativo de escritos que não tinham sido ainda publicados pela Garnier, Jackson e Aguilar. O trabalho com os impressos em fontes primárias foi pautado pela preservação da maior fidelidade possível ao documento de base e pelo mínimo de intervenções. Além disso, a organização em volume desse conjunto de textos, dispersos em várias edições, e aqui reunidos, ano a ano, permite ao leitor acompanhar o desenvolvimento de Machado de Assis, da juventude à maturidade, na prática plural da crítica literária.
  Os critérios para o estabelecimento dos textos foram os seguintes: correção de erros tipográficos; atualização ortográfica; manutenção da pontuação original, com pequenas correções; substituição pela forma do singular das ocorrências no plural dos verbos *haver* e *existir*; correção de erros de concordância; eliminação de vírgulas entre sujeito e predicado; atribuição de títulos, colocados entre colchetes, a textos que não os tinham; uniformização de títulos em negrito, de obras, em itálico, e, de poemas, entre aspas; citação de poemas no corpo dos textos em itálico e com recuo, sem as aspas originais; adoção do itálico para nomes e expressões estrangeiros; assinaturas do nome Machado de Assis e pseudônimos, ao final dos textos, em negrito; emprego das aspas no início e no final das citações.

Para as notas explicativas, a opção foi por anotar e explicar o maior número possível de referências que pudessem suscitar dúvidas ou ser desconhecidas ao leitor de hoje.

Na organização deste volume, foram consultadas as seguintes obras: *Bibliografia de Machado de Assis*, de José Galante de Sousa; *Dispersos de Machado de Assis* e *A juventude de Machado de Assis*, de Jean-Michel Massa; e *Vida e obra de Machado de Assis*, de Raimundo Magalhães Júnior.

Para a localização de alguns textos de difícil acesso, contou-se com a colaboração da estagiária Vivian Aparecida Pereira Pinto, a quem se expressam sinceros agradecimentos.

Introdução

Se houve crítica no Brasil, antes de haver críticos, foi preciso esperar pelo século XIX para que a disciplina adquirisse o caráter sistemático e deliberado com o qual passou a ser identificada.[1] Também é preciso lembrar que a constituição da crítica em nosso país surge no bojo das discussões a propósito da formação da literatura brasileira, simultaneamente ao movimento de independência política. Compreende-se que os críticos nacionais, no contexto brasileiro posterior a 1822, tenham assumido a missão de fomentar o debate em torno da existência e constituição da literatura:

> Tratava-se, então, de encontrar mecanismos capazes de legitimar a recém-implantada nação, e a literatura oferecia-se como uma boa alternativa para a consecução desse objetivo. Declarar a diferenciação da literatura produzida no Brasil em relação à produção poética da ex-metrópole foi a fórmula encontrada pelos intelectuais do país para contribuir com a tarefa de consolidação política da nação.[2]

Para José Veríssimo, a crítica brasileira tem raízes naquela que se fazia em Portugal em torno das academias e arcádias, mas foi durante o romantismo que ela se configura como "ramo independente da literatura":

---

[1] Martins, *A crítica literária no Brasil*, v.1, p.21.
[2] Zilberman; Moreira, *O berço do cânone*, p.9-10.

A crítica como um ramo independente da literatura, o estudo das obras com um critério mais largo que as regras da retórica clássica, e já acompanhado de indagações psicológicas e referências mesológicas, históricas e outras, buscando compreender-lhes e explicar-lhes a formação e a essência, essa crítica derivada aliás imediatamente daquela, pelo que lhe conservou alguma das feições mais antipáticas, nasceu com o romantismo.[3]

Na avaliação de Antonio Candido, "a crítica brasileira do tempo do Romantismo é quase toda muito medíocre", embora o autor reconheça a sua importância do ponto de vista histórico:

Ela deu amparo aos escritores, orientando-os, confirmando-os no sentido do nacionalismo literário e, assim, contribuindo de modo acentuado para o próprio desenvolvimento romântico entre nós. Sobretudo, desenvolveu um esforço decisivo no setor do conhecimento da nossa literatura, promovendo a identificação e avaliação dos autores do passado, publicando as suas obras, traçando as suas biografias, até criar o conjunto orgânico do que hoje entendemos por literatura brasileira; em seguida, os esforços para criar uma história literária, superando a crítica estática e convencional do passado; finalmente, as manifestações vivas da opinião a propósito da arte literária e dos seus produtos atuais.[4]

Cabe ainda observar que a crítica, durante o romantismo, surgiu em jornais e revistas como *Niterói* (1836), *Minerva Brasiliense* (1843-1845), *Guanabara* (1849-1856) e *Revista Popular* (1859-1862), tendência que irá se acentuar ao longo da segunda metade do século XIX, quando a "consciência de uma crítica *brasileira*"[5] articula-se ao número cada vez maior de críticos literários que têm no jornal o espaço divulgador e legitimador de seus juízos e opiniões. Na medida em que a crítica literária brasileira é veiculada,

---

[3] Veríssimo, *História da literatura brasileira*: de Bento Teixeira (1601) a Machado de Assis (1908), p.396-7.
[4] Antonio Candido, *Formação da literatura brasileira*: momentos decisivos, v.2, p.328.
[5] Martins, op. cit., p.22.

sobretudo, nas páginas dos jornais e revistas literárias, estes funcionam como espaço de interlocução entre o crítico e o leitor, e na constituição do cânone literário nacional.

O crítico-cronista

Enquanto Gonçalves de Magalhães, Pereira da Silva, Joaquim Norberto e Santiago Nunes Ribeiro estavam empenhados em identificar e avaliar os autores do passado para integrá-los ao *corpus* literário brasileiro, Machado de Assis, como crítico literário, dará prioridade às produções do presente, ambas as atividades, o exercício da crítica e o da criação literária, relacionadas ao desenvolvimento da imprensa. Nesse sentido, os dois ensaios de 1859, "O jornal e o livro" e "A reforma pelo jornal", o primeiro publicado no *Correio Mercantil*, o segundo em *O Espelho*, não apenas manifestam o entusiasmo do jovem Machado com as tendências democráticas do jornalismo, mas também compreendem o novo veículo de difusão cultural como instrumento promissor na profissionalização do homem de letras, com repercussões, poder-se-ia acrescentar, na atuação do crítico literário. Se a carreira do literato se construía, predominantemente, nas páginas dos periódicos, o mesmo acontece com os escritores na prática ocasional (já que muitos se desviavam para a política) da "crítica viva",[6] a crítica que manifesta a personalidade daquele que julga e a preocupação com o texto do ponto de vista da construção literária.

Quando Machado de Assis publica, no decorrer dos anos 1850, seus primeiros textos de crítica literária na imprensa, a partir de então passa a ocupar, paulatinamente, um lugar que, poucos antes dele, com exceção, talvez, de Macedo Soares, haviam frequentado de forma constante e sistemática. Para tanto, a carreira de Machado como crítico teve início como folhetinista, como também era chamado o cronista no decorrer do século XIX, perfil aquele delineado numa das "Aquarelas", publicadas em *O Espelho*, em 30 de outubro de 1859:

---

6 Antonio Candido, op. cit., p.357.

O folhetinista, na sociedade, ocupa o lugar de colibri na esfera vegetal; salta, esvoaça, brinca, tremula, paira e espaneja-se sobre todos os caules suculentos, sobre todas as seivas vigorosas. Todo o mundo lhe pertence; até mesmo a política.

Ao empregar a imagem do colibri, que representa ao mesmo tempo o folhetim e o folhetinista, Machado deixa entrever a presença de José de Alencar, que usa a metáfora ao refletir sobre o gênero, no terceiro folhetim da série "Ao correr da pena", publicado em 24 de setembro de 1854:

Obrigar um homem a percorrer todos os acontecimentos, a passar do gracejo ao assunto sério, do riso e do prazer às misérias e às chagas da sociedade; e isto com a mesma graça e a mesma *nonchalance* com que uma senhora volta as páginas douradas do seu álbum, com toda finura e delicadeza com que uma mocinha loureira dá sota e basto a três dúzias de adoradores! Fazerem do escritor uma espécie de colibri a esvoaçar em zigue-zague, e a sugar, como o mel das flores, a graça, o sal e o espírito que deve necessariamente descobrir no fato o mais comezinho.[7]

A definição da "nova entidade moderna" compreende também os apuros enfrentados pelo folhetinista Machado de Assis no dia de escrever o folhetim: "nem todos os dias são tecidos de ouro para os folhetinistas. Há-os negros, com fios de bronze; à testa deles está o dia... adivinhem? o dia de escrever!" (30 de outubro de 1859).

Essa será queixa constante do cronista quando passa a colaborar, na década de 1860, em jornais como *Diário do Rio de Janeiro*, *O Futuro* e *Imprensa Acadêmica*, responsável pelas seções "Comentários da semana", "Crônica", "Correspondência da corte", "Conversas hebdomadárias", "Ao acaso" e "Semana literária". Os títulos das séries, amplos e generalizantes, duas delas, em tom de diálogo, abrem espaço para que Machado fale de tudo (política, literatura, teatro, música, artes plásticas), de modo que o espírito da crônica (não por acaso nome da seção de *O Futuro*) perpassa esses comentários

---

7 Alencar, *Teatro completo*, p.50.

ligeiros, escritos na velocidade que a imprensa moderna impõe ao jovem cronista, que vai adquirindo a prática dos textos ágeis e concisos para serem publicados no jornal, no espaço e em dias determinados.

Observe-se que Machado de Assis intitula os textos de "Ao acaso", publicados no *Diário do Rio de Janeiro*, entre 1864 e 1867, como "folhetim" – "eu cismo nos meus folhetins a horas mortas" –, embora o subtítulo da série, que ocupa o rodapé da primeira página do jornal, seja "Crônica da semana" (depois mudado para "Revista da semana"). Já a coluna "Semana literária", que também saiu no *Diário*, entre 1866-1867, integra o corpo superior da folha, na sequência de outras "semanas", como "Semana política" e "Semana judiciária", assinadas por Quintino Bocaiúva, "Semana econômica" e "Semana comercial", por S. Belfort, e "Semana estatística", por Amaral Tavares.

As séries jornalísticas, sob a responsabilidade de Machado de Assis, firmadas pelo nome do escritor, por iniciais (M. A.) ou por pseudônimos (Gil e Sileno), garantem regularidade à colaboração de Machado que, gradativamente, vai se firmando como crítico-cronista, formado nas leituras da literatura romântica. Como exemplo, basta citar o tríptico "Ideias vagas", que saiu na *Marmota Fluminense*, em 1856, e cuja primeira parte, "A poesia", "é um simples desenvolvimento das ideias de Lamartine, em tom excessivamente romântico, impregnado de religiosidade, de crença em Deus".[8] Lamartine inspira ainda a terceira parte do ensaio, "Os contemporâneos", em que Machado traça o perfil de Monte Alverne, "homem virtuoso", cuja eloquência "convence ao cético da existência de Deus, e planta a fé na alma do ateu".

Muito embora Monte Alverne represente os antecedentes do romantismo e, nesse sentido, a sua inserção entre "os contemporâneos" resulte de certa forma equivocada, a classificação talvez seja antes expressão dos ecos do último sermão que Monte Alverne proferiu na Capela Imperial, em 19 de outubro de 1854, a pedido de d. Pedro II, com repercussão em algumas crônicas de "Ao correr da pena", de José de Alencar, e que o jovem Machado de Assis quase certamente teria lido, na medida em que eram publicadas no *Correio Mercantil*, entre 3 de setembro de 1854 a 8 de julho de 1855, e no *Diário do Rio de Janeiro*, de 7 de outubro a 25 de novembro de 1855.

---

[8] Magalhães Júnior, *Vida e obra de Machado de Assis*, v.1, p.44.

O subtítulo "Os contemporâneos" fazia supor que Machado "estivesse planejando uma série de perfis de grandes figuras da época", hipótese que Raimundo Magalhães Júnior levanta com base no anúncio publicado na *Marmota Fluminense* de que iria dar início a uma série de "biografias com o retrato correspondente", acrescentando que "o fotógrafo é o Sr. Gaspar Simões e o biógrafo o Sr. Machado de Assis".[9] O projeto não foi adiante, mas a ideia de examinar a produção literária brasileira na atualidade retorna no ensaio "O passado, o presente e o futuro da literatura", "pequeno exame genérico das nossas letras", publicado em *A Marmota*, e cuja terceira parte é dedicada à análise da produção literária brasileira, a partir "das três formas literárias essenciais: o romance, o drama e a poesia", investigação motivada pela questão: "é possível que [...] tenhamos uma literatura convenientemente desenvolvida?", pergunta que se faz acompanhar da resposta seca e categórica: "Respondemos pela negativa" (23 de abril de 1858).

Mas não será ainda dessa vez que Machado passará em revista os nomes que, entre nós, estavam se dedicando, na época, ao estudo e à prática do romance; daí a promessa de dar continuidade ao estudo de "nossa recente literatura", "em um trabalho de mais largas dimensões", a ser publicado, talvez, na própria *Marmota*, sob o estímulo de Paula Brito, nessa altura, temeroso do fechamento do periódico.

Esse "trabalho de mais largas dimensões", como se sabe, será aquele que o crítico Machado de Assis escreverá para o jornal norte-americano *O Novo Mundo*, em 1873: "Notícia da atual literatura brasileira: instinto de nacionalidade", no qual repercutem não apenas a prática do escritor de contos e romances, que passa a escrever nas décadas de 1860 e 1870, mas também o exercício do crítico literário.

Antes, porém, de atuar na crítica literária, Machado tornou-se conhecido como crítico teatral, comediógrafo, tradutor de peças e censor do Conservatório Dramático. No âmbito da crítica teatral, cabe destacar as seções "Revista de teatros" e "Revista dramática", publicadas respectivamente em *O Espelho* e *Diário do Rio de Janeiro*, entre os anos de 1850 e 1860, embora nos "Comentários da semana" e nas "Conversas hebdomadárias", do *Diário*, e

---

[9] Magalhães Júnior, op. cit., p.49.

nas crônicas de *O Futuro*, o teatro dividisse espaço com a literatura. Em vista disso, é possível levantar a hipótese de que alguns posicionamentos de Machado de Assis como crítico teatral, em particular a ênfase nos aspectos éticos da atividade crítica, irão repercutir na atuação do crítico literário. Quanto à proposta de uma ética da crítica, apresentada de forma programática na primeira parte da "Revista dramática" de 29 de março de 1860, João Roberto Faria interpreta-a como "uma primeira versão" de "O ideal do crítico", acrescentando que "os princípios éticos de Machado são os mesmos de Quintino Bocaiúva, já expressos em folhetins teatrais de 1856 e incluídos nos capítulos iniciais dos seus *Estudos críticos e literários*".[10]

De qualquer forma, os princípios de "O ideal do crítico" – "conhecimento da ciência literária", "independência", "perseverança", "coerência", "imparcialidade", "tolerância", "urbanidade" –, já podem ser identificados em alguns "Comentários da semana", quando, por exemplo, Machado de Assis examina a obra "À memória de Pedro V", de Antônio Feliciano de Castilho, sobre a qual o crítico ouviu dizer que "era a melhor composição do autor da *Noite do castelo*". A leitura do poema, no entanto, pôs o crítico "em divergência com esta opinião". Em primeiro lugar, porque "falta à poesia do Sr. Castilho Antônio o alento poético, a espontaneidade, a alma, a poesia enfim". Outro aspecto que depõe contra a homenagem a d. Pedro V é a pobreza de pensamento, do ponto de vista poético e religioso: "Nem só o pensamento é pobre, como às vezes pouco admissível, sob o duplo ponto de vista poético e religioso".

A independência e imparcialidade com que Machado de Assis assume seu julgamento não o impede de tomar certos cuidados, como o de acrescentar que aquilo que escreveu "são rápidas impressões vertidas para o papel, sem ordem, nem pretensão crítica", e que, se apontou defeitos na poesia de Antônio de Castilho, foi porque, sendo este "mestre na literatura portuguesa", "pode induzir em erro os que forem buscar lições nas suas obras" (22 de fevereiro de 1862).

Outro poeta de envergadura, maior talvez do que Castilho, Bernardo de Guimarães, tem seu livro, *Poesias*, avaliado com igual imparcialidade e

---

10 Faria, *Machado de Assis do Teatro*: textos críticos e escritos diversos, p.52.

liberdade de opinião: "Direi em poucas palavras o que penso e o que sinto, tão franco nas censuras como nos louvores, certo de que o poeta prefere a estima à adulação". O "conhecimento da ciência literária", isto é, as regras da criação poética, como também o contato com a poesia brasileira contemporânea autorizam o julgamento categórico de Machado de Assis quanto ao lugar de Bernardo de Guimarães na "galeria dos contemporâneos" e na avaliação do futuro (31 de agosto de 1865).

Nem mesmo José de Alencar, a quem Machado não poucas vezes irá render homenagem como mestre, será poupado, por conta do romance *Diva*, publicado em 1864, sob o selo da Garnier, após a publicação de *Lucíola*, obra de grande sucesso, que viera a público dois anos antes. Muito embora, no segundo romance, Alencar tenha se afastado do realismo, que estava na base de *Lucíola*, e em relação ao qual Machado vinha recuando em relação à militância anterior, nem por isso o crítico deixará de interpretar *Diva* como obra falhada. Primeiramente, quanto ao gênero – "*Diva* como *Lucíola* não é precisamente um romance, é um estudo, é um perfil de mulher" –, depois, e, sobretudo, porque a ideologia – "*Diva* é a exaltação do pudor" – se sobrepõe aos destinos humanos, imprimindo inverossimilhança ao comportamento da personagem Emília. Além disso, uma leitura atenta do romance leva o crítico a concluir que, em vez do pudor, é a altivez o móvel das atitudes da protagonista: "Eu creio que, sem suprimir-se o pudor, é à altivez que devemos atribuir muitas vezes as resoluções do espírito de Emília". Por fim, a escolha de uma "mulher singular", cujo comportamento se pauta pela "exageração", inviabiliza a entrada do romance *Diva* no domínio da arte, que se pauta pelos tipos gerais, não pelas exceções (17 de abril de 1864).

Outro autor que tem a obra minuciosamente analisada, dentro dos preceitos do "Ideal do crítico", é Luís José Pereira da Silva, com o romance *Cenas do interior*, de 1865. Embora estreante na carreira literária, Pereira da Silva é uma "vocação legítima", na avaliação de Machado de Assis, que não escondia o entusiasmo "de ser o primeiro a comunicar esta notícia ao público literário do nosso país", destacando como mérito das *Cenas do interior* a pintura dos "quadros de costumes" e da "vida interior do país", "terreno vasto" que já havia inspirado os talentos de Manuel Antônio de Almeida, nas *Memórias de um sargento de milícias*, Alencar, em *O guarani*, e Pinheiro Guimarães, em *O comendador*, exemplos de "páginas valiosas e estudos sérios sobre os costumes do país, debaixo da forma popular do romance".

Ainda que inspirado na realidade brasileira, Pereira da Silva não conseguiu livrar o romance das inverossimilhanças que comprometem o desempenho das personagens e o desenvolvimento da ação, posto que, na ânsia de ser rigoroso em relação aos fatos, deu prioridade à verdade externa em detrimento da verdade interna do romance. Se "o que se chama de cor local não falta ao romance", "o cuidado de ser fiel à cor local prejudica algumas vezes [...], o cuidado de ser fiel à cor humana" (24 de junho de 1865), conclusão na qual se identificam os germes do posicionamento de Machado de Assis em relação ao projeto literário nacionalista, com ênfase exclusiva na "cor local" e na "escola indianista", e que o crítico irá retomar, em perspectiva dialética do local em relação ao universal, em "Notícia da atual literatura brasileira".

De qualquer forma, o romance era o gênero literário que vinha ao encontro do projeto nacionalista, no qual estavam empenhados escritores como Alencar e Macedo, "dois dos mais assíduos cultores". Mas o romance no Brasil estava ainda à espera de novos talentos, daí a recomendação de Machado de Assis (em 15 de dezembro de 1862) a Leandro de Castilhos, autor do livro *Contos do serão*:

> Por que não ensaia o Sr. L. de Castilhos um romance de largo fôlego? Não lhe falta invenção, as qualidades que ainda se não pronunciaram e que são reservadas ao romance hão de por certo tomar vulto e consistência nas composições posteriores, feitas com meditação e trabalhadas conscienciosamente.

No entanto, o romance a que o crítico dará preferência não será o romance histórico, tal como fizera Bernardino Pereira Pinheiro, em *Sombras e luz*, nem o de costumes, na prática de Luís José Pereira da Silva, em *Cenas do interior*, posto que a preocupação com a história, em ambas as obras, acabou por comprometer o perfil humano e o desempenho das personagens. O modelo de romance que Machado de Assis tem em mente, como se sabe, é o romance de caracteres, que vai pôr em prática em *Ressurreição*, nos passos da tentativa frustrada de José de Alencar com *Diva*.

Antes de se dedicar mais intensamente à criação de romances, o que só vai acontecer a partir da década de 1870, Machado acompanhava, no posto de crítico literário, o surgimento das obras de escritores brasileiros, nas áreas do romance, do teatro e da poesia, mas também nas da história, geografia e política, e que viriam a integrar a Biblioteca Brasileira, de Quintino Bocaiúva. Fundada em 1862, a Biblioteca Brasileira tinha por objetivo, nas palavras de Quintino, "provocar no público o amor de leituras mais úteis que as oferecidas pelos artigos efêmeros dos jornais políticos, mais puras e honestas do que as *publicações a pedido* que são a base e o escândalo das nossas grandes folhas, mais eficazes do que os anúncios de leilões e de escravos a alugar", além de "facilitar a publicação de trabalhos nacionais ignorados, porque a carestia de impressão, a indiferença pública e a pobreza congênere à classe de escritores impedem-nos de se darem à luz".[11]

Enquanto respondeu pelas seções "Crônica hebdomadária", do *Diário do Rio de Janeiro*, e "Crônica", de *O Futuro*, Machado de Assis deu destaque às obras que foram incorporadas à Biblioteca Brasileira, em particular os romances: *As minas de prata*, de José de Alencar (junho e agosto de 1862), *Contos do serão*, de Leandro de Castilhos (outubro de 1862), *Lady Clare* (tradução, novembro de 1862) e *Memórias de um sargento de milícias*, de Manuel Antônio de Almeida (dezembro de 1862 e janeiro de 1863).

A expansão do romance, nas décadas de 1860 e 1870, irá atrair não apenas os escritores brasileiros, mas também figuras como Baptiste-Louis Garnier, que se tornaria o mais importante editor daquele período, segundo Ubiratan Machado:

> Cada vez mais solicitada pelo público, a prosa de ficção não contava com nenhum editor interessado em lançar originais brasileiros, como empreendimento de risco. Garnier aceitou o desafio, a partir dos primeiros anos da década de 1860, favorecendo a ampla difusão do gênero, libertando o escritor da escravidão do folhetim e permitindo-lhe desfrutar um status ignorado até mesmo pela maioria de seus colegas europeus.[12]

---

11 Apud Coutinho; Sousa, *Enciclopédia da literatura brasileira*, v.1, p.353.
12 Machado, *A vida literária no Brasil durante o romantismo*, p.81-2.

Já na estreia como folhetinista da seção "Ao acaso", do *Diário do Rio de Janeiro*, em 20 de junho de 1864, Machado de Assis não deixará de elogiar as publicações da "casa Garnier", com ênfase na qualidade gráfica das impressões, que passam a ser feitas em Paris. As boas-vindas às publicações da Garnier, para a qual Lopes Trovão, ex-correspondente de *O Globo*, em Paris, vai trabalhar como revisor, coincidem com o período em que o editor francês põe em circulação, em substituição à *Revista Popular* (1859-1862), o *Jornal das Famílias* (1863-1878), periódico de literatura, modas e variedades em que Machado de Assis vai colaborar como contista, a partir de junho de 1864. Compreende-se, portanto, que o folhetinista de "Ao acaso" não deixe de comentar, em 3 de janeiro de 1865, o novo empreendimento editorial de Garnier, que era também uma forma indireta de fazer propaganda da própria atuação nos quadros da revista.

O crítico da "Semana literária"

À medida que Machado de Assis, como escritor de contos e romances, ia se voltando para práticas literárias que iriam consagrá-lo mais tarde, a começar pela publicação de *Contos fluminenses*, em 1870, e *Ressurreição*, em 1872, ambos pela editora Garnier, o crítico literário vai se sobrepondo ao crítico teatral, ao início de 1866. Nesse ano, Machado fica responsável pela "Semana literária", do *Diário do Rio de Janeiro*, que, na sequência de "O ideal do crítico", vinha pôr em prática o programa estético-literário proposto pelo ensaio de 1865.

A exemplo do folhetim de estreia da "Revista dramática", publicado no *Diário*, em 29 de março de 1860, dedicado ao programa a ser seguido pelo crítico teatral, também a primeira colaboração de Machado de Assis na seção "Semana literária", em 9 de janeiro de 1866, tem sentido programático. A crônica se inicia pela queixa de que "a temperatura literária está abaixo de zero", por conta do "clima tropical", que "aquece as imaginações, e faz brotar poetas", mas "torna preguiçosos os espíritos, e nulo o movimento intelectual". Além do "clima tropical", a "ausência de uma opinião" é outro fator responsável pelos raros livros publicados no Brasil. Identificada "a natureza do mal", cabia ao crítico apontar as suas causas para, em seguida, indicar "os remédios", ou seja, "os meios de iniciar a reforma", que lhe pareciam "claros e símplices".

Partindo para o exame das causas, Machado reconhece "duas razões principais" para o lento ritmo de publicações entre nós: "uma de ordem material, outra de ordem intelectual", analisadas em termos de causalidade, com repercussões no "limitado círculo de leitores".

Diagnosticado o mal, a etapa seguinte consistia em indicar o remédio – o estabelecimento da crítica –, solução já apontada em "O ideal do crítico", mencionado de maneira indireta na crônica da "Semana literária", e cujas ideias são retomadas quase nos mesmos termos, inclusive na retórica do ensaio de 1865.

Não bastava indicar a crítica como estratégia para a reforma desse estado de coisas, enquanto não houvesse intelectual que se dispusesse a preencher "o lugar vago da crítica" assumindo a tarefa de "guiar a opinião e as musas". É o que irá fazer o cronista da "Semana literária", que não pretende "noticiar livros, sem exame, sem estudo", ultrapassando assim os limites de uma seção pautada, em princípio, pelo espírito das revistas bibliográficas, isto é, das notícias e comentários ligeiros. Para vencer o obstáculo da escassez de publicações, Machado de Assis diz que irá recorrer às obras da "estante nacional", como *Iracema*, de José de Alencar, e *O culto do dever*, de Joaquim Manuel de Macedo, analisadas nas crônicas seguintes.

Imbuído pelo espírito de reforma do movimento intelectual brasileiro, que tão somente a crítica poderia mudar, é pautado nos princípios de "O ideal do crítico" que Machado de Assis se propõe a pôr em prática o projeto da "Semana literária", na análise minuciosa dos romances de Macedo e Alencar que, embora inspirados na história brasileira, chegaram a resultados diametralmente opostos: naquele o privilégio aos fatos da Guerra do Paraguai acabou repercutindo nos caracteres mal delineados das personagens; neste, o "argumento histórico, sacado das crônicas", "é apenas a tela que serve ao poeta; o resto é obra da imaginação" (23 de janeiro de 1866).

Semanas mais tarde, o crítico toma a liberdade de romper com o programa de leitura assumido com o leitor: em vez de falar *Cantos e fantasias*, de Fagundes Varela, vai tratar de *Inspirações do claustro*, de Junqueira Freire, em função do prefácio de José Ferreira de Araújo ao último livro de Varela, no qual diz que aquele foi influenciado por este. Com a justificativa de que essa alusão lembrou-lhe da promessa, feita tempos atrás, de tratar da obra de Junqueira Freire, e de examinar "se há realmente alguma filiação entre o poeta baiano e o poeta fluminense", Machado adia para a semana seguinte, acrescentando:

> Nisto executamos o programa desta revista; quando a semana for nula de publicações literárias, — e muitas o são, — recorreremos à estante nacional, onde não faltam livros para folhear, em íntima conversa com os leitores. (30 de janeiro de 1866.)

De fato, o livro *Cantos e fantasias*, de Fagundes Varela, será objeto da "Semana literária", de 6 de fevereiro de 1866, embora o texto seja bem mais curto do que aquele em que analisara a poesia de Junqueira Freire, o que não chega a comprometer o essencial da crítica de Machado, que discorda das opiniões de Ferreira de Araújo, naquela quanto à influência de Junqueira Freire sobre Varela, nesta quanto à influência de Byron sobre o poeta fluminense. Examinando a influência de Byron no Brasil, o crítico julga que o autor inglês virou modismo, imitação vazia, o que não foi o caso de Álvares de Azevedo, daí o projeto de examinar-lhe a obra na "Semana literária" seguinte.

Esse projeto, no entanto, só será realizado quatro meses mais tarde, pois, já na crônica de 20 de fevereiro de 1866, Machado de Assis dá sinais de que o programa anunciado na estreia da "Semana literária" não será viabilizado, sob a justificativa de que "trabalhos de ordem diversa distraíram-nos dos assuntos literários", muito provavelmente porque Machado assumiu outras funções na redação do *Diário do Rio de Janeiro*, além da assídua colaboração no *Jornal das Famílias*. De qualquer forma, com algumas poucas exceções, é o comentário rápido, em vez do exame e do estudo minucioso das obras da "estante nacional", a tônica das crônicas da seção "Semana literária".

Não apenas os encargos assumidos por Machado de Assis vieram comprometer o programa e o calendário de leituras traçados para a coluna do *Diário*, mas também as novidades que chegavam à mesa do cronista, que, por ter a obrigação de noticiá-las, põe de lado o que pretendia fazer, motivo da brevidade da "Semana literária" de 20 de março de 1866:

> Seremos breves. Pretendíamos concluir hoje a apreciação das obras dramáticas do Sr. J. de Alencar; soubemos, porém, nestes últimos dias da existência de dois livros chegados da Europa pelo último paquete, um do Sr. Dr. Magalhães, *Opúsculos históricos e literários*, outro do Sr. Dr. Pereira da Silva, *La littérature portugaise, son passé, son état actuel*.

Em outras ocasiões, no lugar da crítica, o elogio vinha em resposta a outro elogio, como aconteceu quando Caetano Filgueiras, prefaciador das *Crisálidas*, publicara uma "Epístola a Machado de Assis", em forma de versos, e este, em retribuição às homenagens do amigo, lembrava que vieram dele "as primeiras animações" e "os primeiros conselhos" quando "começava a versificar algumas ruins estrofes". É com palavras protocolares que o crítico diz estar à espera da "publicação coletiva" dos poemas de Filgueiras, declarando ser este "o desejo dos que aplaudem sinceramente os sucessos legítimos" (22 de maio de 1866).

Por vezes, era o "assunto político" que roubava o espaço da literatura, justificativa para o cronista não fazer nenhuma apreciação literária, como na "Semana" de 5 de junho de 1866, em que apenas menciona a próxima chegada do poema *Colombo*, de Araújo Porto Alegre, impresso em Berlim, e cujos principais episódios estampados em revistas literárias já eram do conhecimento do leitor. Sem entrar nos méritos da obra de Porto Alegre, Machado de Assis discorda, no entanto, daqueles para os quais "o poema épico não é do nosso tempo", mencionando que já houve "quem cavasse uma vasta sepultura para a epopeia e para a tragédia, as duas belas formas da arte antiga".

Mas não será dessa vez nem em outra ocasião, conforme promete o cronista, que *Colombo*, "o novo poema nacional", será examinado "com a consciência e imparcialidade que costumamos usar nestes escritos", talvez porque Machado não quisesse, em função de possíveis objeções à obra, entrar em polêmica com Araújo Porto Alegre, como fizera José de Alencar em 1856, em relação à *Confederação dos tamoios*, de Gonçalves de Magalhães.

Na falta de tempo, outro recurso empregado pelo cronista da "Semana literária" era transcrever algumas cartas que lhe eram enviadas, envolvendo figuras ilustres da literatura, como aconteceu nos dias 12 e 26 de junho de 1866, quando "alguns literatos de Pernambuco" e "homens de letras da Bahia" fizeram chegar às mãos de Machado epístolas em apoio a Antônio Feliciano de Castilho, alvo das críticas dos jovens intelectuais da chamada "Geração de 70", dentre eles, Antero de Quental, responsáveis pela introdução do realismo enquanto expressão literária em Portugal. Em ambos os casos, o cronista da "Semana literária" atuou tão somente como intermediário das cartas aos leitores do *Diário do Rio de Janeiro*, quando muito dirigindo felicitações aos literatos pernambucanos "pela honrosa resposta que lhes dirigiu a pena elegantíssima e superior do autor dos *Ciúmes do bardo*".

Poucas semanas mais tarde, em 17 de julho de 1866, era Júlio de Castilho, filho de Antônio Feliciano de Castilho, que enviava "fragmento inédito de um poema" para que Machado de Assis publicasse na sua coluna. As palavras elogiosas do cronista – "Só conhecemos a introdução inteiramente inédita; mas, tanto quanto o pórtico faz adivinhar o edifício, pode-se esperar um livro de alto merecimento" –, aliadas ao fato de Júlio de Castilho ser correspondente literário, em Lisboa, do *Diário Oficial do Rio de Janeiro*, podem ter sido determinantes para que a obra do escritor português, *Primeiros versos*, fosse publicada pela Garnier, em 1867.

A consagração de Alencar

Se as cartas e os fragmentos do livro inédito de Júlio de Castilho, transcritos na "Semana literária", são significativos do crescente prestígio de Machado de Assis no meio jornalístico, a maior prova do reconhecimento conquistado como crítico literário talvez seja a carta que lhe endereçou José de Alencar, publicada no *Correio Mercantil*, em 22 de fevereiro de 1868, pedindo-lhe que opinasse a respeito de alguns poemas e o drama *Gonzaga ou A Revolução de Minas*, de Castro Alves, e na qual dizia:

> O Sr. foi o único de nossos modernos escritores que se dedicou à cultura dessa difícil ciência, que se chama a crítica. Uma porção do talento que recebeu

da natureza, em vez de aproveitá-lo em criações próprias, não duvidou aplicá-lo a formar o gosto e desenvolver a literatura pátria.

Do Sr., pois, ao primeiro crítico brasileiro, confio a brilhante vocação literária que se revelou com tanto vigor.

Ao responder, uma semana mais tarde, em carta aberta no mesmo jornal, Machado de Assis agradece o estímulo recebido, sem deixar de reconhecer em Alencar o seu mestre:

> A tarefa da crítica precisa destes parabéns; é tão árdua de praticar, já pelos estudos que exige, já pelas lutas que impõe, que a palavra eloquente de um chefe é muitas vezes necessária para reavivar as forças exaustas e reerguer o ânimo abatido.

Pouco depois da intervenção de José de Alencar em favor de Castro Alves, Faustino Xavier de Novais resolveu fazer o mesmo, em prol de Luís José Pereira da Silva, autor do poema épico *Riachuelo*. Em carta que saiu no *Jornal do Comércio*, em 12 de abril de 1868, Faustino convidava Machado a se ocupar da obra de Pereira da Silva, aludindo à missão que José de Alencar lhe conferira: "Chamou-te o general-em-chefe, restava-te obedecer, ainda mesmo que te não agradasse o terreno em que havias de caminhar". E frisava que essa distinção provocara ciúmes no meio literário, por parte dos que acreditavam ter Alencar exagerado nos méritos de Machado. Mais adiante, Faustino comentava que tal despeito chegara mesmo a explodir nas colunas da imprensa, citando passagens de um artigo contra Machado de Assis, que saíram num dos jornais da corte.

Faustino Xavier de Novais não informa, porém, o nome do jornal, nem o do autor que teria desferido "projéteis rasteiros" contra Machado de Assis. Sabe-se, no entanto, que, naquele mesmo ano, saía, pela Tipografia Progresso, a publicação anônima intitulada *Literatura pantagruélica. Os abestruzes no ovo e no espaço (Uma ninhada de poetas)*, folheto de 32 páginas, contendo paródias das cartas abertas de Faustino, Alencar e Machado. A obra foi logo atribuída a Joaquim Manuel de Macedo, por conta de um texto que saiu em *O Mosquito*, em 28 de novembro de 1869, em que se dizia que Alencar não teria perdoado o autor de *A moreninha* por ter parodiado a carta que escrevera a Machado de Assis, apresentando-lhe Castro Alves.[13]

Nove dias depois da carta de Faustino Xavier de Novais, Machado de Assis respondia ao apelo do poeta português, também em carta aberta, publicada no *Diário do Rio de Janeiro*, em 24 de abril de 1868, na qual, antes de empreender a crítica ao poema de Pereira da Silva, aproveitava a ocasião para esclarecer quais eram as suas intenções ao abraçar a "magistratura literária": "Expunha objeções, tecia louvores, conforme me iam impressionando os livros. A dissimulação não foi a musa desses escritos; preferi a franqueza".

A carta de Faustino e a resposta de Machado deixam transparecer que, ao assumir o posto de crítico, este passaria a enfrentar uma série de dissabores, que podem explicar o fato de o escritor brasileiro não ter se dedicado à crítica literária com o mesmo afinco que ao conto, à crônica, ao romance e à poesia. Na contramão dessa justificativa, que já se tornou lugar-comum entre os estudiosos da obra machadiana, é possível constatar, em vista da reunião de textos de Machado de Assis sobre literatura aqui apresentada, que na verdade o exercício da crítica nunca foi abandonado, apenas mudou de formato e de lugar, migrando das seções mais propriamente literárias para o território da crônica, onde teve início a trajetória de Machado como crítico literário.

Crítica às avessas e outras críticas

Nem por estar sofrendo possíveis agressões veiculadas pela imprensa, Machado de Assis deixa de submeter à crítica franca, imparcial e independente, conforme os preceitos traçados em "O ideal do crítico", as obras literárias que vinham sendo publicadas. Por vezes, o método de análise variava, e, em vez do julgamento direto, Machado fazia uso da paródia e da ironia, conforme a série de artigos publicados na *Semana Ilustrada*, e que Raimundo Magalhães Júnior vai chamar de "crítica às avessas", "que consistia em louvar exageradamente o que era ruim ou péssimo".[14] É o que acontece,

---

13 Coutinho; Sousa, op. cit., v.2, p.964.
14 Op. cit., v.2, p.55.

por exemplo, quando, a partir de 5 de setembro de 1869, sob o pseudônimo de Gil, o autor se ocupa do livro *Nuvens da América*, de Martins Guimarães, a respeito do qual tece, em tom de troça, os mais desmedidos elogios, sempre afetando a maior seriedade.

Nos três textos que dedica ao exame da obra de Martins, Machado de Assis faz com que as análises sejam acompanhadas pela transcrição de poemas do autor, de modo a evidenciar o contraste entre o (falso) elogio do crítico e a péssima qualidade da obra. O caráter paródico desse gênero de crítica levanta a hipótese quanto à presença de Luciano de Samósata na crítica literária de Machado de Assis, anos antes que as *Obras completas* de Luciano, numa edição de 1874, viessem constar da biblioteca do escritor brasileiro, na informação de Jean-Michel Massa.[15]

Não apenas nas páginas da *Semana Ilustrada* Machado de Assis exerceu sua verve irônica, no exercício da "crítica às avessas". Também no *Jornal da Tarde*, quando ficou responsável pelo folhetim, intitulado "Coisas" e assinado com o pseudônimo Lara, o crítico submeteu a impiedoso exame os romances *Angelina ou Dois acasos felizes*, de Joaquim Pereira de Azurara, em 20 de dezembro de 1869, e *As aventuras de um estudante ou As esperanças malogradas de Henrique*, de João José de Sousa Meneses Júnior, em 14 e 21 de fevereiro e 2 de março de 1870.

Nem só de "crítica às avessas", em consonância com o espírito de comicidade e ironia que imperava na *Semana Ilustrada*, se fez a colaboração de Machado de Assis na revista de caricaturas de Henrique Fleiuss. A crítica séria também foi praticada, mas de maneira esparsa, na forma do comentário ligeiro, sem contar com o espaço da seção fixa. Empenhado em divulgar os "poetas da América espanhola", "pouco conhecidos entre nós, do mesmo modo que os nossos são pouco conhecidos nas repúblicas do continente", Machado volta a empregar o método da transcrição, como no caso do poema "O primeiro beijo", de Guilherme Blest Gana, ministro do Chile no Rio de Janeiro, "autor de um volume de versos, algumas comédias, e dramas" (19 de setembro de 1869). Dessa vez, a transcrição não vem em seguida à análise, mas, em lacônica nota, o crítico apenas informa que

---

15 Jobim, José Luís (Org.), *A biblioteca de Machado de Assis*, p.21-90.

um amigo foi responsável pela tradução do poema, estratégia que transfere para o leitor a decisão de aceitar ou não o julgamento implícito de Machado.

Se havia na corte aqueles que torciam o nariz às homenagens que Machado de Assis recebia de pessoas como José de Alencar, por outro lado, poucos podiam se vangloriar como ele de ter contribuído, graças ao exercício da crítica imparcial e independente, para o amadurecimento da obra de um escritor, como foi o caso de Luís Guimarães Júnior. Quando Machado colaborava em *O Futuro*, noticiou na crônica de 1º de janeiro de 1863 o primeiro romance de Luís Guimarães, *Lírio branco*, "livrinho modesto, cândido pela forma e pelo fundo, páginas escritas, reunidas por um talento que alvorece, terno e ingênuo". Na crítica de 2 de janeiro de 1870, longa e elogiosa ao volume de poemas *Corimbos*, publicada na *Semana Ilustrada*, Machado recordava o primeiro encontro com o então jovem escritor.

As obras de Luís Guimarães Júnior que vieram após sua estreia literária – *Corimbos*, em 1870, *Noturnos, Curvas e Zigue-zagues, Filigranas*, em 1872 –, comentadas por Machado de Assis em breves artigos na *Semana Ilustrada*, vieram confirmar as expectativas do cronista de *O Futuro*. Depois de mais de dez anos de militância, o crítico podia creditar com orgulho o aperfeiçoamento de algumas carreiras, graças às suas certeiras intervenções.

Deve-se também levar em conta que os livros mencionados de Guimarães Júnior foram todos publicados pela Garnier, editora com a qual o autor de *Corimbos* tinha assinado contrato, como era o caso de Machado de Assis. Assim, o crítico meio que por obrigação deveria noticiar as obras editadas pela casa que publicava não apenas os seus próprios livros, mas também os de outros escritores na mesma situação. Em comentário de 30 de janeiro de 1870 a *Mosaico poético*, de Moreira de Azevedo, Gil/Machado de Assis faz menção ao apuro gráfico do livro impresso em Paris, destacando também a proeza do editor francês, que conseguia publicar uma obra quase a cada semana, sem prejuízo do *Jornal das Famílias*, revista para a qual o crítico continuava a colaborar, e que, como a *Semana Ilustrada*, contava oito anos de circulação ininterrupta.

Se, para Bourdieu, ser publicado por uma boa editora, como era o caso da Garnier, era sinônimo de prestígio para o escritor e de rápida circulação da obra no mercado de livros,[16] os escritores, sobretudo os estreantes, que podiam contar com o patrocínio de um nome de peso, na forma do prefácio ou da carta de apresentação da obra de estreia, tinham já meio caminho andado. Como foi o caso de Narcisa Amália, poeta fluminense, que ingressava na república das letras com o livro de poemas *Nebulosas*, prefaciado por Peçanha Póvoa. Nem por isso, Machado de Assis esconde o receio que inicialmente experimentou diante da tarefa de criticar "um livro assinado por uma senhora". Embora reconheça que "uma senhora pode poetar e filosofar, e muitas há que neste particular valem homens, e dos melhores", "não são raras as que apenas se pagam de uma duvidosa ou aparente disposição, sem nenhum outro dote literário que verdadeiramente as distinga". Felizmente, a leitura das *Nebulosas* veio tirar essa má impressão do crítico em relação à produção literária feminina.

Outro escritor que teve seu livro prefaciado por um medalhão das letras foi Rosendo Moniz Barreto, fecundo poeta baiano, que já havia publicado *Cantos da aurora*, em 1868, e que em 1873 voltava à cena com *Voos icários*, com apresentação de Francisco Otaviano, um dos futuros fundadores da Academia Brasileira de Letras. As palavras elogiosas de Machado de Assis a respeito da obra de Moniz Barreto, em texto publicado em 26 de janeiro de 1873, na *Semana Ilustrada*, fazem eco às do prefaciador – "Uma introdução de F. Otaviano é um documento em favor dos *Voos icários*" –, talvez por isso, em vez da crítica, Machado tenha se limitado a destacar o talento poético de Rosendo Barreto na transcrição de fragmentos de poemas da obra, em apoio às suas opiniões, e talvez também como tática para alongar o artigo.

Por fim, cabe mencionar Joaquim Serra, que vinha a público, em 1873, com o livro de poemas, *Quadros*, com carta assinada por Salvador de Mendonça, um dos redatores do Manifesto Republicano. Também nesse caso, trata-se de escritor com obras já publicadas, entre outras, *Um coração de mulher*, em 1867, ex-redator do *Seminário Maranhense* (1867-1868), e que Machado de Assis apresentara ao público da corte, em crônica de 24 de outubro de 1864, na seção "Ao acaso". O prefácio de Salvador de Mendonça

---

16 Bourdieu, O mercado dos bens simbólicos, *A economia das trocas simbólicas*, p.162.

e a crítica elogiosa de Machado eram o testemunho da aceitação de Joaquim Serra pelo meio intelectual carioca, desde que chegara ao Rio de Janeiro, em 1868.

Quanto mais Machado de Assis consolidava sua posição na área da crítica literária, tanto mais seu nome figurava ao lado dos medalhões das letras brasileiras, como era o caso de Peçanha Póvoa, Francisco Otaviano e Salvador de Mendonça, convidados a repartir o seu prestígio ao assinar livros de amigos e estreantes. Muito em breve, Machado estará se juntando ao grupo dos prefaciadores, atividade que exercerá com mais frequência a partir da década de 1870, embora já a 1º de dezembro de 1868 o escritor aparecesse fazendo a apresentação do romance *A casa de Jean-Jacques Rousseau*, do escritor português Ernesto Cibrão. Antes, porém, de atingir o patamar mais alto da carreira de crítico literário, ou mais exatamente para chegar a ele, no posto de prefaciador, Machado de Assis ainda viverá três grandes momentos no âmbito da crítica.

O triunfo do crítico literário

O ano de 1873 marca, no plano internacional, o reconhecimento de Machado de Assis como crítico literário por outro nome de peso da intelectualidade brasileira, José Carlos Rodrigues, redator do jornal *O Novo Mundo*, publicação ilustrada em português, lançada em 24 de outubro de 1870, em Nova York, com o subtítulo de "Periódico Ilustrado do Progresso da Idade", legenda mais tarde trocada para a de "Revista Brasileira". É bem verdade que, no ano anterior, Machado fizera chegar às mãos de José Carlos um exemplar de *Ressurreição*, que havia saído pela Garnier, pedindo ao diretor da revista para que fizesse a crítica da obra. Em 22 de setembro de 1872, o diretor de *O Novo Mundo* envia uma carta a Machado em que acusava recebimento do romance, prometendo para breve sua opinião.[17] Por fim, o editor aproveitava a ocasião para convidar Machado para escrever um artigo sobre o estado da literatura brasileira contemporânea:

---

17 A crítica de José Carlos Rodrigues sobre o romance *Ressurreição* saiu no dia 23 de dezembro de 1873, em *O Novo Mundo*.

> Este jornal (que tem chegado ao 3º ano a salvamento) precisa de um bom estudo sobre o caráter geral da literatura brasileira contemporânea, criticando suas boas ou más tendências, no aspecto literário e moral: um estudo que, sendo traduzido e publicado aqui em inglês, dê uma boa ideia da fazenda literária que lá fabricamos, e da escola ou escolas do processo de fabricação. Como sabe, não escrevo bem sobre assunto nenhum, muito menos sobre literatura; nem tenho tempo de ir agora estudá-la. Quererá o amigo escrever sobre isso?[18]

No dia 25 de janeiro de 1873, Machado de Assis respondia a José Carlos Rodrigues, agradecendo o artigo sobre *Ressurreição*, como também os reparos ao livro:

> Vejo que leu meu livro com olhos de crítico, e não hesitou em dizer o que pensa de alguns pontos, o que é para mim mais lisonjeiro que tudo [...] Entretanto não deixarei de lhe dizer desde já que as censuras relativas a algumas passagens menos recatadas são para mim sobremodo salutares. Aborreço a literatura de escândalo, e busquei evitar esse escolho no meu livro. Se alguma coisa me escapou, espero emendar-me na próxima composição.[19]

Quanto ao trabalho encomendado para ser publicado no *Novo Mundo*, o ensaio "Instinto de nacionalidade", Machado informava já estar pronto, faltando apenas dar-lhe "uma última demão":

> O nosso artigo está pronto há um mês. Guardei-me para dar-lhe hoje uma última demão; mas tão complicado e cheio foi o dia para mim, que prefiro demorá-lo para o seguinte vapor. Não o faria se se tratasse de uma correspondência regular como costumo fazer para a Europa; trata-se, porém, de um trabalho que, ainda retardado um mês não perde a oportunidade.[20]

Enquanto a crítica literária, nos exemplos de obras como *Curso elementar de literatura nacional* (1862), do cônego Fernandes Pinheiro, e *Curso de*

---

18 Assis, *A correspondência de Machado de Assis*, tomo II: 1870-1889, p.78-9.
19 Assis, op. cit., p.82.
20 Assis, op. cit., p.83.

literatura brasileira e portuguesa (1865), de Sotero dos Reis, punha ênfase na historiografia, com a "Notícia da atual literatura brasileira", publicada a 24 de março de 1873, em *O Novo Mundo*, "Machado de Assis deslocava o centro de gravidade para o julgamento crítico propriamente dito".[21] O "instinto de nacionalidade" passa a ser o critério de aferição do caráter nacional da literatura brasileira, o que não implica erigir o indianismo como manifestação exclusiva daquele instinto – "Erro seria constituí-lo um exclusivo patrimônio da literatura brasileira; erro igual fora certamente a sua absoluta exclusão" –, mas compreender a cor local em relação dialética com os influxos estrangeiros.

Dentre as manifestações atuais da literatura brasileira, o romance e a poesia eram as formas mais cultivadas, contando aquele com a preferência dos escritores, enquanto o teatro poderia "reduzir-se a uma linha de reticências". Em relação à "crítica doutrinária, ampla, elevada", tal como em outros países é praticada, o julgamento de Machado de Assis é categórico: "Não a temos".

Cinco anos mais tarde, nas páginas de *O Cruzeiro*, era a vez do realismo, do qual Machado de Assis vinha se afastando progressivamente, ser posto em xeque. Como se sabe, os dois ensaios que saíram na revista dirigida por Henrique Corrêa Moreira vieram a propósito da publicação de *O primo Basílio*, de Eça de Queirós, posto à venda em Portugal, em fevereiro daquele ano, e que algumas semanas depois já circulava pelas livrarias cariocas. Antes de Machado se manifestar a respeito do romance, Ramalho Ortigão e Ferreira de Araújo, sob o pseudônimo "L", pelas páginas da *Gazeta de Notícias*, já haviam criticado *O primo Basílio* do ponto de vista moral, aspecto que será a tônica de várias charges do periódico ilustrado *O Besouro*.[22]

Na sequência, em 16 de abril, é publicado em *O Cruzeiro*, sob o pseudônimo Eleazar, o primeiro artigo de Machado de Assis: "Literatura realista –

---

21 Martins, op. cit., p.169.
22 A respeito da recepção do romance de Eça de Queirós no Brasil, consultar: Faro, *Eça e o Brasil*; Nascimento, *O primo Basílio na imprensa brasileira do século XIX: Estética e História*; Franchetti, "*O primo Basílio* e a batalha do realismo no Brasil", in *Estudos de literatura brasileira e portuguesa*, p.170-91.

O primo Basílio, romance do Sr. Eça de Queirós", no qual o livro do escritor português é criticado sob três aspectos: o estético, ou seja, a inconsistência psicológica da personagem Luísa, que age como um títere; o programático, tendo em vista a ausência de ensinamento do romance, a comprometer os pressupostos da escola realista; e o ético, a imoralidade do romance.

Em resposta às críticas de Henrique Chaves e Amenóphis-Effendi, pseudônimo de Ataliba Gomensoro, publicadas na *Gazeta de Notícias*, respectivamente em 20 e 24 de abril, em que contestavam os argumentos de Machado/Eleazar, este volta às páginas de *O Cruzeiro*, em 30 de abril, para reiterar os seus pontos de vista. Em primeiro lugar, dizendo que o remorso de Luísa "não é vergonha da consciência, é a vergonha dos sentidos", depois insistindo na imoralidade do romance.

Nesse segundo artigo, Machado de Assis havia dito que era a última vez que entrava na discussão a respeito de *O primo Basílio*, mas acabou não cumprindo o prometido. Quando foi encenada a adaptação teatral do romance, por Cardoso de Meneses, no Teatro Cassino, o crítico volta a tratar com o mesmo rigor a escola realista, nas "Notas semanais", publicadas em *O Cruzeiro*, em 7 de julho de 1878.

Quanto a Eça de Queirós, não deixou passar em brancas nuvens a crítica de Machado de Assis ao seu romance. Em carta enviada ao escritor brasileiro, de 29 de julho de 1878, expedida de Newcastle, embora escrita com urbanidade e elegância, o autor de *O primo Basílio* não deixa de divergir no tocante à avaliação negativa que Machado de Assis fizera da escola realista, que para ele constituía "elevado fator de progresso na sociedade moderna". Em seguida, Eça faz o seguinte pedido a Machado:

> Quero também por esta carta rogar a Vossa Excelência queira, em meu nome, oferecer o meu reconhecimento aos meus colegas de literatura e de jornal pela honrosa aceitação que lhes mereceu *O primo Basílio*. Um tal acolhimento da parte de uma literatura tão original e tão progressiva como a do Brasil é para mim um honra inestimável – e para o Realismo, no fim de tudo, uma confirmação esplêndida de influência e de vitalidade.[23]

---

23 Assis, op. cit., p.142.

Na interpretação de Sílvia Eleutério, há nesse trecho da carta "uma pequena perfídia de Eça de Queirós":

> O que o escritor português está pedindo, em suma, é que Machado agradeça, em seu nome, aos jornalistas que tinham discordado do próprio Machado. No mínimo, está dizendo que Machado tinha sido voz isolada entre os intelectuais brasileiros, o que não era bem verdade.[24]

Se Machado de Assis se deu conta da "pequena perfídia" de Eça de Queirós, achou por bem ignorá-la, ao cumprir com o pedido do escritor português, publicando o trecho acima transcrito da carta de Eça, no *Cruzeiro*, em 2 de agosto de 1878. O crítico, no entanto, não perde a oportunidade de acrescentar que, se o eminente escritor "continua a divergir de mim, no que toca às doutrinas literárias [...] não se magoou com a franqueza de minha crítica", o que pode ser lido como resposta aos jornalistas brasileiros, Henrique Chaves e Ataliba Gomensoro, entre outros, que tinham achado excessivamente severa a crítica de Machado.

Seja como for, em carta publicada na *Gazeta de Notícias*, em 24 de agosto de 1900, quando da morte de Eça de Queirós, Machado retornou, ainda que sutilmente, aos temas do antigo debate.

O terceiro dos grandes estudos críticos de Machado de Assis, nesse período, "A nova geração", será publicado em dezembro de 1879, na *Revista Brasileira*, então dirigida por Nicolau Midosi. Nesse ensaio, Machado passava em revista a produção de 13 novos talentos, no domínio da poesia, motivo por que o título que mais se ajustaria ao texto talvez fosse "A nova geração poética".[25]

O momento era de transição, do romantismo para o parnasianismo e para o realismo poético, que, por sua vez, iriam dar lugar ao simbolismo. Machado, que fora um romântico, admirador de Álvares de Azevedo e Gonçalves Dias, lamentava que a nova geração poética chasqueasse às vezes do romantismo, sem se dar conta de que "a extinção de um grande

---

24 Assis, op. cit., p.143-4.
25 Magalhães Júnior, op. cit., p.264.

movimento literário não importa a condenação formal e absoluta de tudo o que ele afirmou".

Se, por outro lado, Machado não deixa de reconhecer na nova geração poética "uma inclinação nova nos espíritos, um sentimento diverso do dos primeiros e segundos românticos", por outro, considera que "não há ainda uma feição assaz característica e definitiva do movimento poético", carente de "um verdadeiro prefácio de Cromwell", que o defina do ponto de vista teórico e espiritual.

Percorrendo os textos de crítica literária que Machado de Assis publicou anteriormente, é possível observar que, no estudo de 1879, repercutem alguns posicionamentos do crítico, sobretudo quanto à "poesia pessoal", a exemplo da análise do livro *Estrelas errantes*, de Luís Quirino dos Santos, prefaciado por Pinheiro Chagas e que saiu na *Ilustração Brasileira*, em 15 de agosto de 1876. A defesa da "poesia pessoal", considerada ultrapassada pela nova geração, vinha ao encontro da crítica àqueles poetas e críticos literários, como Sílvio Romero, que, se insurgindo contra o romantismo, inauguraram a poesia filosófico-científica, em suas variações, a poesia realista e a chamada poesia socialista.

Tão logo "A nova geração" saiu na *Revista Brasileira*, José Leão, poeta rio-grandense-do-norte, autor do livro de versos *Gritos da carne*, escreveu cinco artigos contra Machado de Assis em *A Província de São Paulo*, em 25, 27 e 31 de dezembro de 1879 e em 10 e 23 de janeiro de 1880.[26] Outra resposta contra o crítico literário saiu na *Revista Ilustrada* de 20 de dezembro, assinada por A. Gil.[27] Reações favoráveis a Machado partiram de Ferreira de Araújo e José do Patrocínio, o primeiro, na "Crônica", da *Gazeta de Notícias*, de 14 de março de 1880, o segundo, em editorial da *Gazeta*, no início de 1881.[28]

Mas é no futuro que as repercussões desse escrito de 1879 serão tempestuosas, quando Sílvio Romero, ao publicar, em 1880, *A literatura brasileira e a crítica moderna*, praticamente ignorava Machado de Assis, o que volta a acontecer, em 1882, no livro *O naturalismo em literatura*, em que o escritor

---

26 Magalhães Júnior, op. cit., p.269-71.
27 Nascimento, op. cit., p.66.
28 Magalhães Júnior, op. cit., p.269-74.

sergipano trataria o autor de "A nova geração" como figura literária sem maior expressão.

Escrevendo cartas e prefácios

As reações contrárias aos posicionamentos de Machado de Assis não vão impedir que o crítico seja muitas vezes convidado a escrever cartas e prefácios, sobretudo dos livros de escritores estreantes, que buscavam no crítico famoso reconhecimento de seus talentos, como também aval para a entrada no círculo das letras.

De maneira geral, as cartas e prefácios de Machado sobre obras de poetas brasileiros, durante os anos de 1870-1880, retomam certos posicionamentos de "A nova geração", sendo possível dizer que esses escritos de encomenda podem ser lidos como ampliação e/ou continuação do artigo de 1879. Inclusive porque alguns nomes tratados naquele artigo, Lúcio de Mendonça, Francisco de Castro e Alberto de Oliveira, são igualmente contemplados no âmbito do prefácio. Por isso, ao assinar em 14 de janeiro de 1884 a apresentação de *Meridionais*, de Alberto de Oliveira, Machado de Assis, que havia analisado a primeira obra do poeta, *Canções românticas*, no artigo da *Revista Brasileira*, justifica assim a escolha "que o poeta fez da minha pessoa para abrir este outro livro".

Mas fazer crítica e escrever prefácio não é a mesma coisa, e se àquele cabe o exercício da análise, a este cumpre ser breve, tanto nos elogios quanto nas críticas, como Machado de Assis vai dizer em carta de 1872 ao livro *Névoas matutinas*, de Lúcio de Mendonça: "Estou que quer fazer destas linhas o introito de seu livro. Cumpre-me ser breve para não tomar o tempo do leitor. O louvor, a censura, fazem-se com poucas palavras".

Se, no ato de apresentar um poeta ao público, cabe ao prefaciador tecer palavras em geral benévolas a respeito de uma obra, isso não significa que o livro deixe de ser o que é, conforme Machado de Assis vai dizer na carta-prefácio de 4 de agosto de 1878 às *Harmonias errantes*, de Francisco de Castro: "um livro é um livro; vale o que efetivamente é". Com isso, também é relativizada a influência do prefaciador sobre o leitor quanto ao julgamento do livro: em vez de se deixar levar pelas palavras daquele, o leitor quer julgá-lo por si mesmo. Além do mais, se o leitor "não acha no escrito que o precede, – ou a autoridade do nome, – ou a perfeição do estilo e a justeza das ideias, – mal se pode furtar a um tal ou qual sentimento de enfado". Por tudo isso, Machado julga que o seu escrito não passa de "uma página inútil".

Na linha da reflexão metalinguística, no prefácio de 1882 ao livro *Sinfonias*, de Raimundo Correia, Machado de Assis muda o método, de olho agora nos "leitores maliciosos", para os quais são escritos os "prefácios astutos", como chama aquele que escreve: em vez de dizer o que pensa do poeta, transcreve, antes, o soneto, "Mal secreto", deixando que o leitor se decida. Está claro que, mesmo ao mudar de método, o prefaciador continua influenciando o julgamento do leitor na escolha do fragmento que lhe oferece para ler.

Vale observar que Raimundo Correia não fizera parte do rol dos nomes estudados no artigo de 1879, mas trata-se de poeta que "toma lugar entre os primeiros da nova geração", "no momento em que os velhos cantores brasileiros vão desaparecendo na morte, outros no silêncio", daí o apelo de Machado de Assis ao leitor: "deixa que estes venham a ti; anima-os, que eles trabalham para todos".

Acolhida favorável o prefaciador quase sempre dispensou ao jovem poeta que estreava no mundo das letras, situação que lhe fazia lembrar-se de seu próprio passado, e motivo por que era impossível "esquivar-se um homem que ama as musas a não falar de um poeta novo em um tempo que precisa deles", palavras que Machado deixou registradas no prefácio das *Harmonias errantes*.

Aos poetas que, em busca de "uma forma substitutiva do que lhe deixou a geração passada", hesitavam "entre o ideal de ontem e uma nova aspiração", o prefaciador Machado de Assis aconselha-os, como no caso de Ferreira de Castro, a não desprezar "a tradição que nos deixaram o autor do *Uraguai* e o autor d'*Os timbiras*", de modo a "não perder de vista o que há de essencial e eterno nessa expressão da alma humana". Além de Basílio da Gama e Gonçalves Dias, Fagundes Varela é outro mestre invocado na carta de 1875 a Tomás de Porciúncula, na qual Machado orienta a "geração nova", "tão cheia de talento e legítima de ambição", a "pôr os olhos nos modelos que nos vão deixando os eleitos da glória".

O patrocínio ao poeta jovem, além de evocar experiência comum, vivida pelo prefaciador no passado, oferece-lhe a oportunidade de acompanhar o desenvolvimento de uma carreira, como aconteceu com Alberto de Oliveira. Quando este publicou seu primeiro livro, *Canções românticas*, Machado de Assis observou, no ensaio "A nova geração", que, a despeito da fidelidade à estética romântica, o poeta estava em busca de uma forma nova, motivo por que o crítico deu-lhe então alguns conselhos. Três anos mais tarde, ao publicar *Meridionais*, é com satisfação que o prefaciador, evocando a crítica anterior, diz que ela "tem aqui uma brilhante resposta, e que o conselho não foi desprezado". Nesse caso, por intermédio do poeta, o crítico veio se encontrar com o prefaciador, que avalia até que ponto os conselhos daquele foram seguidos.

Outra situação que ilustra o encontro entre crítico e prefaciador foi quando, ao sair a edição de 1887 de *O guarani*, Machado de Assis escreve o prefácio do romance de José de Alencar. A diferença era que, nesse caso, o escritor estava morto, o que explica o tom de rememoração do texto de Machado, primeiramente em relação à carta pública que dirigira a Alencar quando este lhe pedira para avaliar a obra de Castro Alves, e na qual o crítico dizia ao escritor "que ele tinha por si, contra a conspiração do silêncio, conspiração da eternidade". Outro momento lembrado foi o da morte de Alencar, dez anos antes, objeto da crônica que Manassés escreveu na *Ilustração Brasileira*, em 15 de dezembro de 1877, e recuperada também pelo prefaciador:

> Jamais me esqueceu a impressão que recebi quando dei com o cadáver de Alencar no alto da essa, prestes a ser transferido para o cemitério. O homem estava ligado aos anos das minhas estreias.

A releitura de *O guarani*, em 1887, leva Machado a recordar-se também das condições de publicação da obra, no formato de folhetim, nas páginas do *Diário do Rio de Janeiro*: "Escreve-a à medida da publicação, ajustando-se a matéria ao espaço da folha, condições adversas à arte, excelentes para granjear a atenção pública".

Assim, graças à nova edição de *O guarani*, José de Alencar renasce, no presente, para as gerações do futuro, na alegoria que o prefaciador extrai do romance, a célebre passagem em que Peri, para salvar Ceci das águas do Paraíba, arranca uma palmeira para nela depositar a moça. As palavras que

Peri murmura ao ouvido de Ceci ilustram a "conspiração da posteridade" em favor de José de Alencar: *"Tu viverás!"*

De volta à crônica

Os últimos textos de crítica literária de Machado de Assis coincidem com sua volta ao posto de cronista, nas páginas da *Gazeta de Notícias*, na qual ficará responsável pela coluna "A semana", embora sem assinar os textos. O encontro entre o cronista e o crítico data, no entanto, de anos anteriores, quando Machado assumiu a seção de crônicas "História de quinze dias/ história de trinta dias", da *Ilustração Brasileira*, periódico ilustrado dirigido por Henrique Fleiuss, e que circulou no Rio de Janeiro entre 1876-1878.

Na própria *Gazeta de Notícias*, antes de estrear na "Semana", em 24 de abril de 1892, Machado de Assis já havia publicado crônicas de fundo literário, como aquelas sobre as mortes de Pedro Luís (17 de julho de 1884) e Joaquim Serra (5 de setembro de 1888), e outra de "reminiscências românticas", em que a evocação de Gonçalves Dias remete ao nascimento do cronista – "Quando eu cheguei à vida, já o romantismo se despedia dela" – que, por sua vez, se cruza com referência à rua que leva o nome do escritor maranhense, ilustre desconhecido para o leitor da crônica de 27 de maio de 1894: "Não confundam este Gonçalves Dias com a rua do mesmo nome; era um homem do Maranhão, que fazia versos".

O tom de necrológico perpassa igualmente a crônica de "A semana", de 8 de outubro de 1893, em memória de Garnier, sobre quem o cronista registra o perfil de homem metódico, que durante meio século não fez outra coisa senão trabalhar, ocupando sempre aquele mesmo lugar – "rua do Ouvidor 71, ao pé de uma carteira de trabalho, ao fundo, à esquerda". Com a morte de Garnier, era todo um passado da rua carioca, outrora famosa pelas livrarias e redações de jornal, que se ia com ele. Embora casas como a Laemmert e o *Jornal do Comércio* ainda permanecessem na rua do Ouvidor, resistindo à mudança dos tempos, "a maior parte, porém, desfizeram-se com os donos". Anos mais tarde, será a vez de o livreiro Henrique Gustavo Lombaerts ser homenageado por Machado de Assis, na crônica-necrológio de 15 de julho de 1897, publicada na revista *A Estação* que, situada à rua do Ourives, nº

17, desde 1848, ainda resistirá até 1904, para dar lugar à avenida Central (hoje Rio Branco).

Outra figura do passado, José de Alencar, volta a ser lembrada em 2 de dezembro de 1894 pelo cronista de "A semana", que, em tom de conversa com o leitor, recomenda os dois últimos trabalhos sobre o autor de *O guarani*: a segunda edição de *José de Alencar*, de Araripe Júnior, e o livro *Estudos brasileiros*, de José Veríssimo, que dedicava um capítulo inteiro ao escritor cearense.

Quando a homenagem ao passado se cruza com importante acontecimento do presente, como foi o caso do centenário de Basílio da Gama e da morte de Floriano Peixoto, em 1895, o cronista contradiz conhecida máxima para expressar de maneira oblíqua o seu posicionamento: "Os mortos não vão tão depressa, como quer o adágio; mas que eles governam os vivos, é coisa dita, sabida e certa". Nem por isso, fica menos evidente que, para Machado de Assis, o evento de ontem tem mais importância que a comemoração de hoje, já que grande parte da crônica de 7 de julho é dedicada à festa que está sendo planejada para celebrar o primeiro centenário da morte de Basílio da Gama. As prioridades do cronista em termos de comemorações não alteram, porém, o fato de que a festa dos vivos "fala mais ao ânimo dos homens" do que a festa dos mortos, motivo por que a recepção de Rui Barbosa, que voltava ao Brasil vindo da Inglaterra, "foi mais entusiástica e ruidosa que a de Basílio da Gama", como consta o cronista na "Semana" de 4 de agosto de 1895.

Nessa mesma crônica, Machado não poderia deixar de registrar o vigésimo aniversário do jornal em que tanto colaborara como cronista e contista, a *Gazeta de Notícias*, que, quando apareceu "a dois vinténs, pequena, feita de notícias, de anedotas, de ditos picantes, apregoada pelas ruas, houve no público o sentimento de alguma coisa nova, adequada ao espírito da cidade". Como também não poderia deixar de lamentar, em carta aberta a Henrique Chaves, publicada na *Gazeta*, em 21 de setembro de 1900, a morte de Ferreira de Araújo, de quem Machado de Assis destaca o temperamento alegre, bondoso, agregador de talentos, o polemista que não cultivava inimizades, aspectos que irá imprimir à folha nova que fundou em 1875.

Outro acontecimento literário da semana de 6 de janeiro de 1895 que não podia deixar de comentar era a comemoração da terceira fase da *Revista*

Brasileira, agora sob a direção de José Veríssimo, em cujas páginas Machado de Assis publicara, ao longo de 1880, as *Memórias póstumas de Brás Cubas*, além de poesia, crítica e teatro. Como Machado, nomes de destaque das letras nacionais também escreveram na *Revista Brasileira*, a exemplo de Joaquim Nabuco, que vinha publicando capítulos da biografia do pai, o senador José Tomás Nabuco de Araújo, que sairá em livro, em 1896, com o título de *Um estadista do Império*. Mais uma vez, sob o signo da morte, o presente reverenciava o passado, este, por sua vez, servindo de paradigma às gerações do futuro, conforme o cronista vai dizer, na "Semana" de 11 de agosto de 1895: "As vidas dos homens que serviram noutro tempo, e são os seus melhores representantes, hão de interessar sempre às gerações que vierem vindo".

Outra figura do passado, José de Anchieta, também é homenageada na "Semana" de 4 de outubro de 1896, data em que se comemorava, em São Paulo, o tricentenário de nascimento do jesuíta-poeta, com festejos que contaram com a participação de figuras de relevo da intelectualidade paulistana – Eduardo Prado, Brasílio Machado, entre outros – e cujos discursos serão publicados, em 1900, na monumental edição *III Centenário do venerável José de Anchieta*, pela editora Aillaud, de Paris-Lisboa.

Além do passado, havia também um presente vivo e pulsante, no plano da criação literária, que não deixava de chamar a atenção do crítico-cronista da "Semana", a começar pelo número expressivo de escritoras, muitas delas também professoras e autoras de obras didáticas, que publicavam seus livros de poemas parnasianos com prefácios assinados por figuras importantes das letras nacionais: *Versos*, de Júlia Cortines, foi apresentado por Lúcio de Mendonça; *Coração*, de Zalina Rolim, por Ezequiel Freire; e *Mármores*, de Francisca Júlia da Silva, por João Ribeiro – as duas primeiras objeto da crônica de 4 de novembro de 1894 e terceira, da de 14 de julho de 1895.

Dentre os escritores que publicaram nesse período, aqueles cujas obras foram comentadas nas crônicas de "A semana", entre 1895-1896 – Magalhães de Azeredo, Valentim Magalhães, Lúcio de Mendonça, Aluísio Azevedo, Coelho Neto, Luís Murat, Alberto de Oliveira, Carlos de Laet, Pedro Rabelo –, com exceção deste último, os demais foram fundadores e/ou membros da Academia Brasileira de Letras. Ao lado da poesia, contemplada nas obras *Canções de outono*, de Lúcio de Mendonça, *Onda*, de Luís Murat, e

Versos e rimas, de Alberto de Oliveira, o romance se fazia representar pelos livros *Flor de sangue*, de Magalhães de Azeredo, e *O livro da sogra*, de Aluísio Azevedo, enquanto o conto despontava como gênero que ia se firmando na preferência de escritores e leitores, nos exemplos de *Alma primitiva*, de Magalhães de Azeredo, *Bricabraque*, de Valentim Magalhães, *A alma alheia*, de Pedro Rabelo, e *Cenas da vida amazônica*, de José Veríssimo.[29]

Dessa plêiade de autores, nenhum outro frequentou com mais assiduidade as crônicas de "A semana" do que Coelho Neto. Vivendo exclusivamente da pena de colaborador na imprensa, o escritor chegava a publicar dois livros em um ano, como veio a comentar Machado de Assis, em 4 de novembro de 1894, quando saiu um livro de crônicas, *Bilhetes postais,* na sequência de outro de contos, *Baladilhas.* No ano seguinte foi lançada nova reunião de contos, *Fruto proibido,* em cujo prefácio o escritor confessava ter escrito essa obra para repousar de outra, o que arrancou de Machado o comentário irônico, na crônica de 28 de abril de 1895: "É um trabalhador que acha meio de descansar carregando pedra".

Quando, ainda em 1895, o romance *Miragem* veio a público, Machado chama a atenção para o fato de que coexistiam em Coelho Neto o historiador, "no sentido de contar a vida das almas e dos costumes dos nossos primeiros romancistas, e, geralmente falando, dos nossos primeiros escritores", e o romancista, "que tem o dom da invenção, da composição, da descrição e da vida, que coroa tudo" (11 de agosto de 1895). Mesmo quando, no prólogo de *O rei fantasma*, em apoio à vertente histórica do romance, o escritor inventava a narrativa de que o romance era a tradução de um velho papiro que o egiptólogo francês François Marinette trouxera consigo para o sertão, em 1888 (detalhe, Marinette morreu em 1881), o cronista soube interpretar a "fábula" como um desses inventos "que dão maior liberdade ao autor", posto que "a imaginação é necessária nesta casta de obras" (8 de dezembro de 1895).

Machado de Assis identifica as qualidades de historiador e ficcionista também no livro *Sertão*, que reúne contos publicados em jornais e na *Revista*

---

29 No caso da obra *Cenas da vida amazônica*, de José Veríssimo, a crítica de Machado de Assis foi publicada na *Gazeta de Notícias*, fora da seção "A semana", em 11 de junho de 1899.

Brasileira, ao longo de 1896; por isso, em sua opinião, ninguém melhor do que Coelho Neto para se fazer "cronista imaginoso e magnífico" do episódio de Canudos, como vai dizer na "Semana" de 14 de fevereiro de 1897. Essa não era a primeira vez que Antônio Conselheiro frequentava as crônicas da *Gazeta de Notícias*; em outra, publicada em 22 de julho de 1894, sob o título "Canção de pirata", o cronista de "A semana" expressava o fascínio que a figura do Conselheiro exercia sobre ele.

Três anos mais tarde, Machado irá mudar de opinião a respeito do líder de Canudos, a partir das notícias que circulavam na imprensa sobre o reduto do interior baiano, criando a imagem de um bando de fanáticos religiosos que, influenciados pelas pregações do Conselheiro, ameaçavam a República. Daí o tom da crônica de 1897, afinado com o discurso daqueles que imaginavam que dar cabo do reduto de Canudos era questão de dias – "Ora bem, quando acabar esta seita dos Canudos [...]" –, expressão da perspectiva melancólica e pessimista de Machado de Assis sobre o final do século. Mas enquanto o cronista, no presente, se equivocava quanto ao fim próximo do arraial de Canudos, as expectativas do crítico seriam confirmadas num futuro não muito distante, pois que, prenunciando a produção de "outro Coelho Neto", elas pareciam prever a obra máxima de Euclides da Cunha.

Discursos e homenagens

A eleição de Machado de Assis para presidente da Academia Brasileira de Letras, em 4 de janeiro de 1897, por indicação de Lúcio de Mendonça, constitui o ápice de uma carreira dedicada à literatura. Dez anos antes, o nome de Machado já havia sido indicado para ocupar o cargo de presidente de um Grêmio das Letras,[30] iniciativa de um grupo de colaboradores do *Jornal do Comércio*, liderados por Artur Azevedo, Coelho Neto, Olavo Bilac e o pintor Rodolfo Bernardeli. Na ocasião, no entanto, o prestigiado autor

---

30 Já em 1878, a ideia da criação de uma sociedade literária, no sentido de manter a unidade nacional, era discutida em artigos publicados na *Ilustração Brasileira*, conforme o capítulo "Os dois Brasis", in Azevedo, *Brasil em imagens*: um estudo da revista *Ilustração Brasileira* (1876-1878), p.227-310.

de *Memórias póstumas de Brás Cubas* não aceitou o cargo, sob a alegação de que era diretor do Club Beethoven, agremiação musical cujo estatuto impedia sua diretoria de pertencer a outras associações.[31]

No discurso de posse como presidente da Academia Brasileira, Machado de Assis adota o ponto de vista do escritor mais velho que se dirige aos mais jovens – "Investindo-me no cargo de presidente, quisestes começar a Academia Brasileira de Letras pela consagração da idade" –, vendo em si mesmo o símbolo das maiores tarefas que a nova instituição terá de desempenhar, o respeito à tradição literária e a preservação de sua unidade: "O batismo das suas cadeiras com os nomes preclaros e saudosos da ficção, da lírica, da crítica e da eloquência nacionais é indício de que a tradição é o seu primeiro voto".

A tradição literária, reverenciada pelo escritor mais velho, já era a tônica do discurso pronunciado por Machado em 3 de novembro de 1884, por ocasião do vigésimo aniversário da morte de Gonçalves Dias: "Que os moços saúdem Gonçalves Dias e glorifiquem este nome tão caro às musas e à pátria, não só nos honra, como fortalece as esperanças brasileiras".

Outro lema da Academia Brasileira, enunciado no discurso de posse de seu presidente, fazer com que a instituição, a exemplo do modelo francês, sobreviva "aos acontecimentos de toda casta, às escolas literárias e às transformações civis", será também recuperado em outro discurso de Machado de Assis, na inauguração do busto de Gonçalves Dias, em 2 de junho de 1901:

> Se alguém propuser arrasar um [o jardim] e remover outro [o busto], para trazer utilidade ao terreno, por meio de uma avenida, ou coisa equivalente, o prefeito recusará a concessão, dizendo que este jardim, conservado por diversos regimes, está agora consagrado pela poesia, que é um regime só, universal, comum e perpétuo.

Observa-se que a tradição literária passa a ser cultivada não apenas em sessões privadas da Academia Brasileira de Letras, mas também em espaços públicos da cidade, jardins e praças, conforme homenagem a Gonçalves

---

[31] Piza, *Academia Brasileira de Letras*: histórias e revelações, p.22.

Dias, no Passeio Público, em 1901, como também na cerimônia de lançamento da estátua de José de Alencar, em 13 de dezembro de 1891:

> Hoje, senhores, assistimos ao início de outro monumento, este agora de vida, destinado a dar à cidade, à pátria e ao mundo a imagem daquele que um dia acompanhamos ao cemitério.

Além de atos simbólicos, como discursos e homenagens à memória literária, a Academia Brasileira se propôs a realizar uma série de trabalhos em prol da preservação das letras e da cultura nacional, tais como os mencionados por Machado na sessão de encerramento, em 7 de dezembro de 1897:

> No próximo ano não temos mais que dar andamento do anuário bibliográfico, coligir os dados biográficos e literários, como subsídio para um dicionário bibliográfico nacional, e, se for possível, alguns elementos do vocabulário crítico dos brasileirismos entrados na língua portuguesa, e das diferenças no modo de falar e escrever dos dois povos [...]

Enquanto Machado de Assis, como presidente da Academia Brasileira, expunha o programa dos anos vindouros, a nova instituição enfrentava inúmeras dificuldades, tanto do ponto de vista financeiro, já que não contava com a proteção oficial do governo, quanto de espaço físico, pois que a Academia não tinha sala fixa para suas reuniões. É sabido que, de 1897 a 1899, assim como durante as sessões preparatórias, a Academia funcionou nas salas da redação da *Revista Brasileira*. As sessões solenes e de recepção realizavam-se também em locais de empréstimo, de preferência espaçosos e refinados, como o Gabinete Português de Leitura, em cuja biblioteca Machado de Assis proferiu o discurso de abertura da Academia Brasileira de Letras, em 2 de junho de 1901, sessão na qual estiveram presentes, além de numerosas autoridades, o presidente da República, Campos Sales, acompanhado de seu secretário, Thomas Cochrane.[32]

---

32 Na ocasião, Medeiros de Albuquerque, secretário geral, lê o elogio dos acadêmicos falecidos, Pereira da Silva, visconde de Taunay e Luís Guimarães Júnior, e Olavo Bilac faz o elogio de Gonçalves Dias, patrono de sua cadeira.

Em fins de setembro e durante o mês de outubro de 1907, já bastante doente e debilitado, Machado de Assis irá recepcionar o historiador italiano Guglielmo Ferrero, em visita ao Brasil, a convite da Academia Brasileira de Letras.[33] As festas a Ferrero se encerraram em 31 de outubro, depois que ele regressou das excursões a São Paulo e a Minas. Nesse dia, realizou-se no Hotel Metrópole o banquete oferecido pela Academia, no qual Machado o saudou em nome da instituição:

> Agora que ides deixar-nos levareis à Itália, e por ela ao resto do mundo europeu a notícia do nosso grande entusiasmo. Creio que levareis mais. O que o Brasil revelou da sua crescente prosperidade ao eminente historiador de Roma ter-lhe-á mostrado que este pedaço da América não desmente a nobreza da estirpe latina e crê no papel que de futuro lhe cabe.

Futuro para o qual Machado de Assis, desde que iniciou a carreira de crítico literário, no então longínquo ano de 1856, nas páginas da *Marmota Fluminense*, teve participação decisiva.

Sílvia Maria Azevedo
Assis, 13 de agosto de 2012.

---

33 A respeito da estadia de Guglielmo Ferrero no Rio de Janeiro, consultar Magalhães Júnior, Cortesias com chapéu alheio, op. cit., v.4, p.306-26.

*Crítica literária
e textos diversos*

1856

A poesia

> *A poesia, como tudo que é divino,*
> *não pode ser definida por uma palavra,*
> *nem por mil. É a encarnação do que o homem*
> *tem de mais divino no pensamento, do que a*
> *natureza divina tem de mais magnífico*
> *nas imagens, de mais melodioso nos sons.*
>
> Lamartine[34]

Sabeis o que é a poesia?

É difícil explicá-la: é um sentir sem definição; é uma palavra que o anjo das harmonias segreda no mais íntimo d'alma, no mais fundo do coração, no mais recôndito do pensamento. A alma, e o coração, e o pensamento compreendem essa palavra, compreendem a linguagem[35] em que lhe foi revelada – mas não a podem dizer nem exprimir.

---

34 "Qu'est-ce, en effet, que la poésie? Comme tout ce qui est divin en nous, cela ne peut se définir par un mot ni par mille. C'est l'incarnation de ce que l'homme a de plus intime dans le Coeur et de plus divin dans la pensée, dans ce que la nature a de plus magnifique dans les images et de plus mélodieux dans les sons." Lamartine, Des destinées de la poésie, in *Méditations poétiques*, p.29-30.

35 "À linguagem", no original.

O que vos inspira o oceano plácido e sereno – em uma noite de verão quando a lua brilha em um céu límpido e azul – e quando uma viração suave respira com voluptuosidade e frescura?

O que vos inspira aquela melodia santa e pura do órgão no recinto do templo, quando a Igreja celebra alguma das passagens da história da nossa religião? O que vos inspira aquele quadro sublime – quando no cume de uma montanha devassais com olhar e com espírito – o vale dourado pelos últimos reflexos do sol e o mar afogueado recebendo em seu seio o rei da luz? O que vos inspira tudo isto?

O que vos inspira toda a natureza sorrindo com seus trajes embelecidos e decorados pela mão do Sábio – o Supremo Pintor?

Um sentimento doce – um êxtase d'alma e dos sentidos que faz adormecer o espírito e o pensamento; um sentimento que só a alma o compreende, mas que é indefinível.

É isto a Poesia!

É uma bela filha da imaginação do Criador; uma rosa criada por ele, e por ele depositada na fronte de Homero o chefe divino e supremo dessa nação que se tem estendido por todo o universo, e que dominará todas as demais nações. – É magnífico o vaso para o qual Deus transplantou essa rosa, – cujo perfume foi a *Ilíada* e a *Odisseia*.

Floresceu pois na Grécia; ali viu ela os seus incansáveis cultivadores ocupados no seu engrandecimento, sacrificando-lhe o sossego, os interesses e o repouso para alcançarem as bênçãos de uma posteridade agradecida.

A emulação favorecia então o engrandecimento da poesia. O poeta que nas suas lucubrações sacrificava as horas de descanso, só tinha em vista o brilhante prêmio – a coroa de vencedor com que nos jogos olímpicos tinha de adornar a sua fronte. Era no meio de aplausos que ele cingia e abençoava as horas que havia consagrado às suas vigílias e meditações.

Não há dúvida, a poesia reinava então; umas vezes guerreira e marcial como o clangor das trombetas nas batalhas; outras vezes terna e cheia de amor como os sorrisos de Vênus, a filha do mar – e o protótipo das graças e da formosura.

Esses aplausos fervorosos, contudo, e esse acolhimento das obras do poeta – não os pode livrar dessa fatalidade horrível, cujo selo lhe está marcado na fronte! — É uma sentença que decreta-lhe um fim desgraçado e miserável! — Inevitável destino!

A Grécia deixou mendigar o cantor das suas glórias — o selo de todos estes reis, que adornam o céu límpido, o céu da poesia, o criador da mais bela parte da sua história, e daí todas as mais nações seguiram este exemplo de vergonha e de ignomínia!

A raça lusitana coberta de glórias pelas suas imortais conquistas na África e na Ásia só teve para o divino cantor dos *Lusíadas* um pobre leito de miséria. Pátria homicida que até negou o beijo materno extremo ao seu mais belo filho!

Debalde se cansa o gênio em varrer de todos os lábios esse sorriso de indiferença que faz gelar n'alma as mais belas concebidas esperanças: — o mundo não os escuta. Bocage no seu poetar de ironias não pode reformar aquela sociedade de homens indiferentes esmagadores de talento — em que vivia!

É horrível — mas é verdade! É a realidade descarnada com toda a sua hediondez, com o seu aspecto pavoroso e negro: — é o fim do poeta!

Ele tem uma missão a cumprir neste mundo — uma missão santa e nobre, porque é dada por Deus! — É um pregador incansável — um tradutor fiel das ideias do Onipotente.

O mundo porém não compreende aquela alma tão grande como o universo — tão divina como a mais bela porção do espírito de Deus.

Tarde o mundo conhece o que perde no poeta que morre. O sangue já havia desaparecido da face do cadafalso, quando a França conheceu que havia perdido dois gênios em Roucher[36] e A. Chénier.[37] — Sacrificaram às conveniências políticas dois poetas — dois mártires que abandonando sobre a terra a argila mundana remontaram-se puros e radiantes ao seio de Deus!

---

36 Jean-Antoine Roucher (Montpellier, 1745-Paris, 1795), poeta francês, admirador de Jean-Jacques Rousseau, morreu na guilhotina, com André Chénier. Sua obra-prima, *Les mois* (1779), é uma epopeia descritiva em 12 cantos. [Foucher, no original].

37 André Chénier (Constantinopla, 1762-Paris, 1794), poeta revolucionário francês, morreu na guilhotina, no apogeu do "Terror". A maior parte da obra de Chénier foi publicada postumamente.

Eis pois o que são perante o mundo aqueles para quem a poesia é incentivo da sua linguagem ardente e animada. O leito de Gilbert,[38] – o cadafalso de Roucher, e a masmorra de T. Tasso,[39] são exemplos para aqueles cujas ideias divinas e ardentes se vertem em cadenciosos hinos de melodiosas harpas.

Aqui terminam as minhas *ideias* sobre a poesia, e sobre os poetas. – Perdoai, leitores, a minha fraca linguagem; é de um jovem que estreia nas letras, e que pede proteção e benevolência. Ainda existem alguns Mecenas piedosos: animai o escritor.

Continuarei as minhas – *ideias vagas*.

As.
Marmota Fluminense, Ideias Vagas, nº 731,
terça-feira, 10 de junho de 1856, p.2-3.

Os contemporâneos

I
Monte Alverne[40]

A humanidade flutua entre dois pontos totalmente opostos: – o bem e o mal. Os sectários do mal são os inimigos declarados da virtude: são os viciosos esses que têm uma crença por necessidade e não por convicção, para quem o nome de Deus é uma expressão vulgar e à qual se não deve respeito algum. Os sectários do bem são os adversários do vício: são os virtuosos, em

---

38 Nicolas Joseph Laurent Gilbert (Fontenay-le-Château, Vosges, 1751-Paris, 1780), poeta francês, tomou parte da luta contra os enciclopedistas (*Le Carnaval des auteurs*, 1773; *Mon apologie*, 1778). Criou fama de poeta maldito, celebrado por Vigny em *Stello* (1832).

39 Torquato Tasso (Sorrento, 1544-Roma, 1595), poeta italiano, contemporâneo de Ariosto, ficou conhecido pelo poema *La Gerusaleme liberata* (*A Jerusalém libertada*, 1580).

40 Frei Francisco de Mont'Alverne (Rio de Janeiro, 1784-Niterói, 1859), frade franciscano e teólogo brasileiro, reconhecido orador e pregador oficial do Império do Brasil.

cujo coração convicto se aninha a fé e a crença com todo o ardor e pureza, com todo o respeito e entusiasmo.

Ora, o bem e o mal são dois caminhos diversos no aspecto e no termo: o primeiro é cheio de abrolhos; o segundo, de flores: no fim do primeiro há flores; no do segundo, espinhos. As almas fracas, as naturezas superficiais, deixam-se levar pelas aparências, e, trilhando a senda do mal, aspiram o perfume venenoso dessas flores que vegetam debaixo de seus pés; os espíritos profundos e filosóficos, observadores dos dogmas sagrados, lançam-se ao bem e enxugam nas flores do termo do seu caminho o sangue vertido de seus pés pelo contato dos espinhos.

Se não tivera de escrever as minhas *ideias* tão rapidamente, eu evocaria as veneráveis sombras daqueles mártires da Idade Média, mártires pela fé, e pelo dogma, cuja história tão sanguinolenta foi cantada pelo imortal Chateaubriand.[41] Evocaria, porque vou falar de um homem tão crente, tão resignado, tão virtuoso, como os ilustres batalhadores cruzados que nas épocas calamitosas da Cristandade deram seu sangue em prol da religião. Mas essa evocação poder-me-ia levar insensivelmente a reflexões por demais longas, e é força que eu seja breve, muito breve.

E, pois, duas palavras podem servir para uma invocação:

– Religião, inspirai-me!

II

A eloquência, da tribuna profana, está muito aquém da do púlpito. Cícero, o maior eloquente da Antiguidade, é menos que Bossuet,[42] porque no mundo profano os espíritos apaixonados defendem os seus interesses e as suas opiniões; no mundo religioso, há só um ponto fixo onde estão todas as vistas, e à roda do qual se volvem todas as ideias; esse ponto é grande e

---

41 François René de Chateaubriand (Saint-Malo, 1768-Paris, 1848), escritor, ensaísta, político francês, uma das importantes expressões do romantismo, imortalizou-se com obras como *Le génie du christianisme* (1802), *Mémoires d'outre-tombe* (1848-1850).

42 Jacques-Bénigne Bossuet (1627-1704), bispo e teólogo francês, foi um dos primeiros a defender a teoria do absolutismo político.

sublime, e se se falar dele com a mais simples linguagem, isso mesmo será eloquente.

Monte Alverne é um nome de uma extensão infinita, que desperta em nossos corações as sensações mais profundas, o entusiasmo mais férvido, porque – Monte Alverne – quer dizer uma glória do Brasil, um primor do púlpito, um Bossuet nascido nas plagas brasileiras e inspirado na solidão do Claustro!

Vede-o no fundo de uma cela sombria e humilde, pálido e abatido pela idade e pelos sofrimentos; vede-o ali com a mais severa humildade. É um inspirado de Deus. Mas infeliz! Em vão seus olhos procuram ver a luz do sol; estão fechados para sempre! Só a luz do gênio, uma lâmpada erguida num santuário, ilumina aquele espírito tão sublime, tão admirável como esse círculo de fogo, que brilha constante no universo!

Olhe-o! Contemplai aquela nobre fronte empalidecida pelos anos, e pela disciplina, iluminada pelo gênio e pela fé; deixai-vos impressionar por todas as ideias que essa contemplação vos lançar na imaginação, e reconhecei nele o homem virtuoso, eloquente, admirável, a expressão mais sublime da grandeza de Deus!

Falai-lhe, procurai[43] ouvir-lhe aquela voz eloquente e poderosa, ouvi-lhe aquelas frases, pesai bem a sublimidade de sua linguagem; e se quando penetrastes naquele retiro, levastes o ceticismo no coração, trareis, no sair dele a crença e a fé, porque a eloquência daquele homem sagrado, convence ao cético da existência de Deus, e planta a fé na alma do ateu!

Um apóstolo de Cristo, pregando e convencendo as turbas da sua existência, não lega a Deus só a sua alma, ele lhe dá também mil outras, que com a sua palavra faz entoar no grêmio da fé e do Catolicismo! E pois: quantos corações, alentados por uma crença duvidosa, ou totalmente descrentes dos dogmas sagrados, não se terão convertido ao ouvir a sublime linguagem daquele Apóstolo sagrado?

Monte Alverne, o homem eloquente e virtuoso, cuja vida se tem passado na austeridade e solidão do Claustro, é uma prova da solidez dos nossos princípios relogiosos! Se o seu horizonte material acaba na parede sombria

---

43 "Procurais", no original.

de uma cela humilde, os seus limites intelectuais chegam até Deus, isto é, perdem-se no infinito! [...]

As.

Marmota Fluminense, Rio, nº 768, Folhetim, Ideias Vagas, quinta-feira, 4 de novembro de 1856, p.1-2; nº 769, sábado, 6 de novembro de 1856, p.1-2.

1858

O passado, o presente e o futuro da literatura

I

A literatura e a política, estas duas faces bem distintas da sociedade civilizada, cingiram como uma dupla púrpura de glória e de martírio os vultos luminosos da nossa história de ontem. A política elevando as cabeças eminentes da literatura, e a poesia santificando com suas inspirações atrevidas as vítimas das agitações revolucionárias, são[44] a manifestação eloquente de uma raça heroica que lutava contra a indiferença da época, sob o peso das medidas despóticas de um governo absoluto e bárbaro. O ostracismo e o cadafalso não os intimidavam, a eles, verdadeiros apóstolos do pensamento e da liberdade; a eles, novos Cristos da regeneração de um povo, cuja missão era a união do desinteresse, do patriotismo e das virtudes humanitárias.

Era uma empresa difícil a que eles tinham então em vista. A sociedade contemporânea era bem mesquinha para bradar – avante! – àqueles missionários da inteligência e sustentá-los nas suas mais santas aspirações. Parece que o terror de uma época colonial inoculava nas fibras íntimas do povo o desânimo e a indiferença.

---

44 "É", no original.

A poesia de então tinha um caráter essencialmente europeu. Gonzaga,[45] um dos mais líricos poetas da língua portuguesa, pintava cenas da Arcádia, na frase de Garrett,[46] em vez de dar uma cor local às suas liras, em vez de dar-lhes um cunho puramente nacional. Daqui uma grande perda: a literatura escravizava-se, em vez de criar um estilo seu, de modo a poder mais tarde influir no equilíbrio literário da América.

Todos os mais eram assim: as aberrações eram raras. Era evidente que a influência poderosa da literatura portuguesa sobre a nossa, só podia ser prejudicada e sacudida por uma revolução intelectual.

Para contrabalançar, porém, esse fato cujos resultados podiam ser funestos, como uma valiosa exceção apareceu o *Uraguai* de Basílio da Gama.[47] Sem trilhar a senda seguida pelos outros, Gama escreveu um poema, se não puramente nacional, ao menos nada europeu. Não era nacional porque era indígena, e a poesia indígena, bárbara, a poesia do *boré* e do *tupã*, não é a poesia nacional. O que temos nós com essa raça, com esses primitivos habitadores do país, se os seus costumes não são a face característica da nossa sociedade?

Basílio da Gama era entretanto um verdadeiro talento inspirado pelas ardências vaporosas do céu tropical. A sua poesia suave, natural, tocante por vezes, elevada, mas elevada sem ser bombástica, agrada e impressiona o espírito. Foi pena que em vez de escrever um poema de tão acanhadas proporções, não empregasse o seu talento em um trabalho de mais larga esfera. Os grandes poemas são tão raros entre nós!

As odes de José Bonifácio[48] são magníficas. As belezas da forma, a concisão e a força da frase, a elevação do estilo, tudo aí encanta e arrebata.

---

45 Tomás Antônio Gonzaga (Miragia, Porto, 1744-Ilha de Moçambique, 1810), jurista, poeta e ativista político luso-brasileiro, proeminente poeta árcade, participou da Inconfidência Mineira (1789). Autor de *Marília de Dirceu* (1792, 1799 e 1812) e *Cartas chilenas* (1863).
46 João Baptista da Silva Leitão de Almeida Garrett (Porto, 1799-Lisboa, 1854), escritor, dramaturgo romântico, autor, dentre outras obras, de *Frei Luís de Sousa* (1844), *O arco de Santana* (1845, 1850) e *Viagens na minha terra* (1846).
47 José Basílio da Gama (São José do Rio das Mortes, 1741-Lisboa, 1795), poeta brasileiro, autor do poema O Uraguai (1769).
48 José Bonifácio de Andrada e Silva (Santos, 1763-Niterói, 1838), naturalista, estadista e poeta brasileiro, é conhecido como "o patriarca da Independência" pela

Algumas delas são superiores às de Filinto.[49] José Bonifácio foi a reunião dos dois grandes princípios, pelos quais sacrificava-se aquela geração: a literatura e a política. Seria mais poeta se fosse menos político; mas não seria talvez tão conhecido das classes inferiores. Perguntai ao trabalhador que cava a terra com a enxada, quem era José Bonifácio: ele vos falará dele com o entusiasmo de um coração patriota. A *ode* não chega ao tugúrio do lavrador. A razão é clara: faltam-lhe os conhecimentos, a educação necessária para compreendê-la.

Os Andradas[50] foram a trindade simbólica da inteligência, do patriotismo, e da liberdade. A natureza não produz muitos homens como aqueles. Interessados vivamente pela regeneração da pátria, plantaram a dinastia bragantina no trono imperial, convictos de que o herói do Ipiranga convinha mais que ninguém a um povo altamente liberal e assim legaram à geração atual as douradas tradições de uma geração fecunda de prodígios, e animada por uma santa inspiração.

Sousa Caldas,[51] S. Carlos[52] e outros muitos foram também astros luminosos daquele firmamento literário. A poesia, a forma mais conveniente e perfeitamente acomodada às expansões espontâneas de um país novo, cuja natureza só conhece uma estação, a primavera, teve naqueles homens, verdadeiros missionários que honraram a pátria e provam as nossas riquezas intelectuais ao crítico mais investigador e exigente.

---

participação na Independência do Brasil. Escreveu, entre outras obras, *Rosas e goivos* (1848).

49 Filinto Elísio (Lisboa, 1734-Paris, 1819), poeta e tradutor português do neoclassicismo, seu nome verdadeiro é padre Francisco Manuel do Nascimento. Em 1817-1819 foram editadas em Paris as suas *Obras completas*.

50 Os Andradas, José Bonifácio, Martim Francisco Ribeiro (Santos, 1775-idem, 1844) e Antônio Carlos Ribeiro (Santos, 1835-Barbacena, 1893), exilaram-se na França, após a dissolução da Assembleia Constituinte, em 1823.

51 Antônio Pereira Sousa Caldas (Rio de Janeiro, 1762-idem, 1814), sacerdote católico, poeta e orador sacro-brasileiro, autor, entre outras obras, da *Ode ao homem selvagem* (1785), poema inspirado em Jean-Jacques Rousseau.

52 Frei Francisco de São Carlos (Rio de Janeiro, 1763-idem, 1829), professor de Teologia, pregador régio, é autor do poema árcade em oito cantos, *A assunção da Santa Virgem* (1819), ligado à tradição camoniana.

II

Uma revolução literária e política fazia-se necessária. O país não podia continuar a viver debaixo daquela dupla escravidão que o podia aniquilar.

A aurora de 7 de setembro de 1822 foi a aurora de uma nova era. O grito do Ipiranga foi o – *Eureka* – solto pelos lábios daqueles que verdadeiramente se interessavam pela sorte do Brasil, cuja felicidade e bem-estar procuravam.

O país emancipou-se. A Europa contemplou de longe esta regeneração política, esta transição súbita da servidão para a liberdade, operada pela vontade de um príncipe e de meia dúzia de homens eminentemente patriotas. Foi uma honrosa conquista que nos deve encher de glória e de orgulho; e é mais que tudo uma eloquente resposta às interrogações pedantescas de meia dúzia de céticos da época: *o que somos nós?*

Havia, digamos de passagem, no procedimento do fundador do império um sacrifício heroico, admirável, e pasmoso. Dois tronos se erguiam diante dele: um, cheio de tradições e de glórias; o outro, apenas saído das mãos do povo, não tinha passado, e fortificava-se só com uma esperança no futuro! Escolher o primeiro era um duplo dever, como patriota e como príncipe. Aquela cabeça inteligente devia dar o seu quinhão de glória ao trono de D. Manuel e de D. João II. Pois bem! ele escolheu o segundo, com o qual nada ganhava, e ao qual ia dar muito. Há poucos sacrifícios como este.

Mas após o *Fiat* político, devia vir o *Fiat* literário, a emancipação do mundo intelectual, vacilante sob a ação influente de uma literatura ultramarina. Mas como? é mais fácil regenerar uma nação, que uma literatura. Para esta não há gritos de Ipiranga; as modificações operam-se vagarosamente; e não se chega em um só momento a um resultado.

Além disso, as erupções revolucionárias agitavam as entranhas do país; o facho das dissensões civis ardia em corações inflamados pelas paixões políticas. O povo tinha se fracionado e ia derramando pelas próprias veias a força e a vida. Cumpria fazer cessar essas lutas fratricidas para dar lugar às lutas da inteligência, onde a emulação é o primeiro elemento e cujo resultado imediato são os louros fecundos da glória e os aplausos entusiásticos de uma posteridade agradecida.

A sociedade atual não é decerto compassiva, não acolhe o talento como deve fazê-lo. Compreendam-nos! nós não somos inimigo encarniçado do progresso material. Chateaubriand o disse: "Quando se aperfeiçoar o vapor, quando unido ao telégrafo tiver feito desaparecer as distâncias, não hão de ser só as mercadorias que hão de viajar de um lado a outro do globo, com a rapidez do relâmpago; hão de ser também as ideias". Este pensamento daquele restaurador do cristianismo – é justamente o nosso: – nem é o desenvolvimento material que acusamos e atacamos. O que nós queremos, o que querem todas as vocações, todos os talentos da atualidade literária, é que a sociedade não se lance exclusivamente na realização desse progresso material, magnífico pretexto de especulação, para certos espíritos positivos que se alentam no fluxo e refluxo das operações monetárias. O predomínio exclusivo dessa realeza parva, legitimidade fundada numa letra de câmbio, é fatal, bem fatal às inteligências; o talento pode e tem também direito aos olhares piedosos da sociedade moderna: negar-lhes é matar-lhe todas as aspirações, é nulificar-lhe todos os esforços aplicados na realização das ideias mais generosas, dos princípios mais salutares, e dos gérmens mais fecundos do progresso e da civilização.

III

É, sem dúvida, por este doloroso indiferentismo que a geração atual tem de encontrar numerosas dificuldades na sua peregrinação; contrariedades que, sem abater de todo as tendências literárias, todavia podem fatigá-las reduzindo-as a um marasmo apático, sintoma doloroso de uma decadência prematura.

No estado atual das coisas, a literatura não pode ser perfeitamente um culto, um dogma intelectual, e o literato não pode aspirar a uma existência independente, mas sim tornar-se um homem social, participando dos movimentos da sociedade em que vive e de que depende.

Esta verdade, exceto no jornalismo, verifica-se em qualquer outra forma literária. Ora, será possível que assim tenhamos uma literatura convenientemente desenvolvida? Respondemos pela negativa.

Tratemos das três formas literárias essenciais: — o romance, o drama e a poesia.

Ninguém que for imparcial afirmará a existência das duas primeiras entre nós; pelo menos, a existência animada, a existência que vive, a existência que se desenvolve fecunda e progressiva. Raros, bem raros, se têm dado ao estudo de uma forma tão importante como o romance; apesar mesmo da convivência perniciosa com os romances franceses, que discute, aplaude e endeusa a nossa mocidade, tão pouco escrupulosa de ferir as suscetibilidades nacionais.

Podíamos aqui assinalar os nomes desses poucos que se têm entregado a um estudo tão importante, mas isso não entra na ordem deste trabalho, pequeno exame genérico das nossas letras. Em um trabalho de mais largas dimensões que vamos empreender analisaremos minuciosamente esses vultos de muita importância decerto para a nossa recente literatura.

Passando ao drama, ao teatro, é palpável que a esse respeito somos o povo mais parvo e pobretão entre as nações cultas. Dizer que temos teatro, é negar um fato; dizer que não o temos, é publicar uma vergonha. E todavia assim é. Não somos severos: os fatos falam bem alto. O nosso teatro é um mito, uma quimera. E nem se diga que queremos que em tão verdes anos nos ergamos à altura da França, a capital da civilização moderna, não! Basta que nos modelemos por aquela renascente literatura que floresce em Portugal, inda ontem estremecendo ao impulso das erupções revolucionárias.

Para que estas traduções enervando a nossa cena dramática? Para que esta inundação de peças francesas, sem o mérito da localidade e cheias de equívocos, sensaborões às vezes, e galicismos, a fazer recuar o mais denodado *francelho*?[53]

É evidente que é isto a cabeça de Medusa, que enche de terror as tendências indecisas, e mesmo as resolutas. Mais de uma tentativa terá decerto abortado em face desta verdade pungente, deste fato doloroso.

---

53 O que revela, nos hábitos, atitudes e, sobretudo, linguagem, a influência francesa; francesista, galicista.

Mas a quem atribuí-lo? Ao povo? O triunfo que obtiveram as comédias do Pena,[54] e do Sr. Macedo,[55] prova o contrário. O povo não é avaro em aplaudir e animar as vocações; saber agradá-lo, é o essencial.

É fora de dúvida, pois, que a não existir no povo a causa desse mal, não pode existir senão nas direções e empresas. Digam o que quiserem, as direções influem neste caso. As tentativas dramáticas naufragam diante deste *czariato* de bastidores, imoral e vergonhoso, pois que tende a obstruir os progressos da arte. A tradução é o elemento dominante, nesse caos que devia ser a arca santa onde a arte pelos lábios dos seus oráculos falasse às turbas entusiasmadas e delirantes. Transplantar uma composição dramática francesa para a nossa língua é tarefa de que se incumbe qualquer bípede que entende de letra redonda. O que provém daí? O que se está vendo. A arte tornou-se uma indústria; e à parte meia dúzia de tentativas bem-sucedidas sem dúvida, o nosso teatro é uma fábula, uma utopia.

Haverá remédio para a situação? Cremos que sim. Uma reforma dramática não é difícil neste caso. Há um meio fácil e engenhoso: recorra-se às operações políticas. A questão é de pura diplomacia; e um *golpe de estado* literário não é mais difícil que uma parcela de orçamento. Em termos claros, um tratado sobre direitos de representação reservados, com o apêndice de um imposto sobre traduções dramáticas, vem muito a pelo, e convém perfeitamente às necessidades da situação.

Removido este obstáculo, o teatro nacional será uma realidade? Respondemos afirmativamente. A sociedade, Deus louvado! é uma mina a explorar, é um mundo caprichoso, onde o talento pode descobrir, copiar, analisar, uma aluvião de tipos e caracteres de todas as categorias. Estudem-na: eis o que aconselhamos às vocações da época!

---

54 Luís Carlos Martins Pena (Rio de Janeiro, 1815-Lisboa, 1848), dramaturgo brasileiro, introdutor da comédia de costumes no Brasil. É autor, entre outras peças, de *O juiz de paz na roça* (1838), *O Judas em sábado de aleluia* (1844), *O diletante* (1846) e *O noviço* (1853).

55 Joaquim Manuel de Macedo (Itaboraí, 1820-Rio de Janeiro, 1882) é autor, entre outras, das comédias *O fantasma branco* (1856), *O primo da Califórnia* (1858), *Luxo e vaidade* (1860) e *A torre em concurso* (1863).

A escola moderna presta-se precisamente ao gosto da atualidade. *As mulheres de mármore – O mundo equívoco – A dama das camélias*[56] — agradaram, apesar de traduções. As tentativas do Sr. Alencar tiveram um lisonjeiro sucesso.[57] Que mais querem? A transformação literária e social foi exatamente compreendida pelo povo; e as antigas ideias, os cultos inveterados, vão caindo à proporção que a reforma se realiza. Qual é o homem de gosto que atura no século XIX uma *punhalada* insulsa *tragicamente* administrada, ou os trocadilhos sensaborões da antiga farsa?

Não divaguemos mais; a questão está toda neste ponto. Removidos os obstáculos que impedem a criação do teatro nacional, as vocações dramáticas devem estudar a escola moderna. Se uma parte do povo está ainda aferrada às antigas ideias, cumpre ao talento educá-la, chamá-la à esfera das ideias novas, das reformas, dos princípios dominantes. É assim que o teatro nascerá e viverá; é assim que se há de construir um edifício de proporções tão colossais e de futuro tão grandioso.

MACHADO D'ASSIS
A Marmota, Rio de Janeiro, nº 941, sexta-feira, 9 de abril de 1858, p.1-2; nº 945, sexta-feira, 23 de abril de 1858, p.1-2.

---

56 *As mulheres de mármore* (*Les filles de marbre*, 1853), de Théodore Barrière (Paris, 1823-idem, 1877) e Lambert Thiboust (1826-1867); *O mundo equívoco* (*Le demi-monde*, 1852) e *A dama das camélias* (*La dame aux camélias*, 1855), de Alexandre Dumas Filho (Paris, 1824-Marly-le-Roi, 1895), estrearam no Ginásio Dramático, no Rio de Janeiro, em 26 de outubro de 1855, 7 de fevereiro e 23 de março de 1856, respectivamente.

57 No ano de 1857, José de Alencar (Messejana, 1829-Rio de Janeiro, 1877) teve três peças encenadas no Ginásio Dramático: *O Rio de Janeiro, verso e reverso*, em 28 de outubro; *O demônio familiar*, em 5 de novembro; *O crédito*, em 19 de dezembro.

1859

O jornal e o livro[58]

Ao Sr. Dr. Manuel Antônio de Almeida

O espírito humano, como o heliotrópio, olha sempre de face um sol que o atrai, e para o qual ele caminha sem cessar — é a perfectibilidade.

A evidência deste princípio, ou antes deste fato, foi claramente demonstrada num livro de ouro,[59] que tornou-se o Evangelho de uma religião. Serei eu, derradeiro dos levitas da nova arca, que me abalance a falar sobre tão debatido e profundo assunto?

Seria loucura tentá-lo. De resto, eu manifestei a minha profissão de fé nuns versos singelos,[60] mas não frios de entusiasmo, nascidos de uma discussão. Mas então tratava-se do progresso na sua expressão genérica. Desta vez limito-me a traçar algumas ideias sobre uma especialidade, um sintoma do adiantamento moral da humanidade.

Sou dos menos inteligentes adeptos da nova crença, mas tenho consciência que dos de mais profunda convicção. Sou filho deste século, em cujas

---

[58] A ideia deste trabalho pertence ao meu amigo o Sr. Reinaldo Carlos. [N. A.]
[59] *Le monde marche* do Sr. Pelletan. [N. A.]
[60] O poema "O progresso — hino da mocidade", dedicado a Eugène Pelletan, foi publicado no *Correio Mercantil*, em 30 de novembro de 1859.

veias ferve o licor da esperança. Minhas tendências, minhas aspirações, são as aspirações e as tendências da mocidade; e a mocidade é o fogo, a confiança, o futuro, o progresso. A nós, *guebros* modernos do fogo intelectual, na expressão de Lamartine, não importa este ou aquele brado de descrença e desânimo: as sedições só se realizam contra os princípios, nunca contra as variedades.

Não há contradizê-lo. Por qualquer face que se olhe o espírito humano descobre-se a reflexão viva de um sol ignoto. Tem-se reconhecido que há homens para quem a evidência das teorias é uma quimera; felizmente temos a evidência dos fatos, diante da qual os S. Tomés do século têm de curvar a cabeça.

É a época das regenerações. A revolução francesa, o estrondo maior dos tempos europeus, na bela expressão do poeta de *Jocelyn*,[61] foi o passo da humanidade para entrar neste século. O pórtico era gigantesco, e era necessário um passo de gigante para entrá-lo. Ora, esta explosão do pensamento humano concentrado na rainha da Europa não é um sintoma de progresso? O que era a revolução francesa senão a ideia que se fazia república, o espírito humano que tomava a toga democrática pelas mãos do povo mais democrático do mundo? Se o pensamento se fazia liberal é que tomava a sua verdadeira face. A humanidade, antes de tudo, é republicana.

Tudo se regenera: tudo toma uma nova face. O jornal é um sintoma, um exemplo desta regeneração. A humanidade, como o vulcão, rebenta uma nova cratera quando mais fogo lhe ferve no centro. A literatura tinha acaso nos moldes conhecidos em que prenchesse o fim do pensamento humano? Não; nenhum era vasto como o jornal, nenhum liberal, nenhum democrático como ele. Foi a nova cratera do vulcão.

Tratemos do jornal, esta alavanca que Arquimedes pedia para abalar o mundo, e que o espírito humano, este Arquimedes de todos os séculos, encontrou.

O jornal matará o livro? O livro absorverá o jornal?

---

[61] Publicado em 1836, *Jocelyn*, poema de Lamartine, era para ser a última parte de uma vasta epopeia filosófica e simbólica sobre as provações e os sofrimentos de uma alma atormentada que, pela via da dor e do sacrifício, retorna a Deus.

A humanidade desde os primeiros tempos tem caminhado em busca de um meio de propagar e perpetuar a ideia. Uma pedra convenientemente levantada era o símbolo representativo de um pensamento. A geração que nascia vinha ali contemplar a ideia da geração aniquilada.

Este meio, mais ou menos aperfeiçoado, não preenchia as exigências do pensamento humano. Era uma fórmula estreita, muda, limitada. Não havia outro. Mas as tendências progressivas da humanidade não se acomodavam com os exemplares primitivos dos seus livros de pedra. De perfeição em perfeição nasceu a arte. A arquitetura vinha transformar em preceito, em ordem, o que eram então partos grotescos da fantasia dos povos. O Egito na aurora da arquitetura deu-lhe a solidez e a simplicidade nas formas severas da coluna e da pirâmide. Parece que este povo ilustre queria fazer eterna a ideia no monumento, como o homem na múmia.

O meio, pois, de propagar e perpetuar a ideia era uma arte. Não farei a história dessa arte, que, passando pelo crisol das civilizações antigas, enriquecida pelo gênio da Grécia e de Roma, chegou ao seu apogeu na idade média e cristalizou a ideia humana na catedral. A catedral é mais que uma fórmula arquitetônica, é a síntese do espírito e das tendências daquela época. A influência da igreja sobre os povos lia-se nessas epopeias de pedra; a arte por sua vez acompanhava o tempo e produzia com seus arrojos de águia as obras-primas do santuário.

A catedral é a chave de ouro que fecha a vida de séculos da arquitetura antiga; foi a sua última expressão, o seu derradeiro crepúsculo, mas uma expressão eloquente, mas um crepúsculo palpitante de luz.

Era, porém, preciso um gigante para fazer morrer outro gigante. Que novo parto do engenho humano veio nulificar uma arte que reinara por séculos? Evidentemente era mister uma revolução para apear a realeza de um sistema; mas essa revolução devia ser a expressão de um outro sistema de incontestável legitimidade. Era chegada a imprensa, era chegado o livro.

O que era a imprensa? Era o fogo do céu que um novo Prometeu roubara, e que vinha animar a estátua de longos anos. Era a faísca elétrica da inteligência que vinha unir a raça aniquilada à geração vivente por um meio melhor, indestrutível, móbil, mais eloquente, mais vivo, mais próprio a penetrar arraiais de imortalidade.

O que era o livro? Era a fórmula da nova ideia, do novo sistema. O edifício, manifestando uma ideia, não passava de uma coisa local, estreita. O vivo procurava-o para ler a ideia do morto; o livro, pelo contrário, vem trazer à raça existente o pensamento da raça aniquilada. O progresso aqui é evidente.

A revolução foi completa. O universo sentiu um imenso abalo pelo impulso de uma dupla causa: uma ideia que caía e outra que se levantava. Com a onipotência das grandes invenções, a imprensa atraía todas as vistas e todas as inteligências convergiam para ela. Era um crepúsculo que unia a aurora e o ocaso de dois grandes sóis. Mas a aurora é a mocidade, a seiva, a esperança; devia ofuscar o sol que descambava. É o que temia aquele arcediago da catedral parisiense, tão bem delineado pelo poeta das *Contemplações*.[62]

Com efeito! a imprensa era mais que uma descoberta maravilhosa, era uma redenção. A humanidade galgava assim o Himalaia dos séculos, e via na ideia que alvorecia uma arca poderosa e mais capaz de conter o pensamento humano.

A imprensa devorou, pois, a arquitetura. Era o leão devorando o sol, como na epopeia do nosso Homero.[63]

Não procurarei historiar o desenvolvimento desta arte-rei, desenvolvimento asselado em cada época por um progresso. Sabe-se a que ponto está aperfeiçoada, e não se pode calcular a que ponto chegará ainda.

Mas restabeleçamos a questão. A humanidade perdia a arquitetura, mas ganhava a imprensa; perdia o edifício, mas ganhava o livro. O livro era um progresso; preenchia as condições do pensamento humano? Decerto; mas faltava ainda alguma coisa; não era ainda a tribuna comum, aberta à família universal, aparecendo sempre com o sol e sendo como ele o centro de um sistema planetário. A forma que correspondia a estas necessidades, a mesa popular para a distribuição do pão eucarístico da publicidade, é propriedade do espírito moderno: é o jornal.

O jornal é a verdadeira forma da república do pensamento. É a locomotiva intelectual em viagem para mundos desconhecidos, é a literatura comum,

---

62 Trata-se de Victor Hugo (Besançon, 1802-Paris, 1885), que escreveu o livro de poemas *Les contemplations* (1856), durante o exílio na ilha de Guernsey.
63 *Colombo*, poema em que trabalha o Sr. Porto-Alegre. [N. A.]

universal, altamente democrática, reproduzida todos os dias, levando em si a frescura das ideias e o fogo das convicções.

O jornal apareceu, trazendo em si o gérmen de uma revolução. Essa revolução não é só literária, é também social, é econômica, porque é um movimento da humanidade abalando todas as suas eminências, a reação do espírito humano sobre as fórmulas existentes do mundo literário, do mundo econômico e do mundo social.

Quem poderá marcar todas as consequências desta revolução?

Completa-se a emancipação da inteligência e começa a dos povos. O direito da força, o direito da autoridade bastarda consubstanciada nas individualidades dinásticas vai cair. Os reis já não têm púrpura, envolvem-se nas constituições. As constituições são os tratados de paz celebrados entre a potência popular e a potência monárquica.

Não é uma aurora de felicidade que se entreabre no horizonte? A ideia de Deus encarnada há séculos na humanidade apareceu enfim à luz. Os que receavam um aborto podem erguer a fronte desassombrada: concluiu-se o pacto maravilhoso.

Ao século XIX cabe sem dúvida a glória de ter aperfeiçoado e desenvolvido esta grandiosa epopeia da vida íntima dos povos, sempre palpitante de ideias. É uma produção toda sua. Depois das ideias que emiti em ligeiros traços é tempo de desenvolver a questão proposta: – O livro absorverá o jornal? O jornal devorará o livro?

II

A lei eterna, a faculdade radical do espírito humano, é o movimento. Quanto maior for esse movimento mais ele preenche o seu fim, mais se aproxima desses polos dourados que ele busca há séculos. O livro é um sintoma de movimento? Decerto. Mas estará esse movimento no grau do movimento da imprensa-jornal? Repugno afirmá-lo.

O jornal, *literatura quotidiana*, no dito de um publicista contemporâneo, é reprodução diária do espírito do povo, o espelho comum de todos os fatos e de todos os talentos, onde se reflete, não a ideia de um homem, mas a ideia popular, esta fração da ideia humana.

O livro não está decerto nestas condições; — há aí alguma coisa de limitado e de estreito se o colocarmos em face do jornal. Depois, o espírito humano tem necessidade de discussão, porque a discussão é — movimento. Ora, o livro não se presta a essa necessidade, como o jornal. A discussão pela imprensa-jornal anima-se e toma fogo pela presteza e reprodução diária desta locomoção intelectual. A discussão pelo livro esfria pela morosidade, e esfriando decai, porque a discussão vive pelo fogo. O panfleto não vale um artigo de fundo.

Isto posto, o jornal é mais que um livro, isto é, está mais nas condições do espírito humano. Nulifica-o como o livro nulificará a página de pedra? Não repugno admiti-lo.

Já disse que a humanidade, em busca de uma forma mais conforme aos seus instintos, descobriu o jornal.

O jornal, invenção moderna, mas não da época que passa, deve contudo ao nosso século o seu desenvolvimento; daí a sua influência. Não cabe aqui discutir ou demonstrar a razão por que há mais tempo não atingira ele a esse grau de desenvolvimento; seria um estudo da época, uma análise de palácios e de claustros.

As tendências progressivas do espírito humano não deixam supor que ele pensasse de uma forma superior a uma forma inferior.

Demonstrada a superioridade do jornal pela teoria e pelo fato, isto é, pelas aspirações de perfectibilidade da ideia humana e pela legitimidade da própria essência do jornal, parece clara a possibilidade de aniquilamento do livro em face do jornal. Mas estará bem definida a superioridade do jornal?

Disse acima que o jornal era a reação do espírito humano sobre as fórmulas existentes do mundo social, do mundo literário e do mundo econômico. Do mundo literário parece-me ter demonstrado as vantagens que não existem no livro. Do mundo social já o disse. Uma forma de literatura que se apresenta aos talentos como uma tribuna universal é o nivelamento das classes sociais, é a democracia prática pela inteligência. Ora, isto não é evidentemente um progresso?

Quanto ao mundo econômico, não é menos fácil de demonstrar. Este século é, como dizem, o século do dinheiro e da indústria. Tendências mais ou menos ideais clamam em belos hexâmetros contra as aspirações de uma parte da sociedade e parecem prescrever os princípios da economia social. Eu mesmo manifestei algumas ideias muito metafísicas e vaporosas em artigo publicado há tempos.

Mas, pondo de parte a arte plástica dessas produções contra o século, acha-se no fundo pouco razoáveis. A indústria e o comércio não são simples fórmulas de uma classe; são os elos que prendem as nações, isto é, que unem a humanidade para o cumprimento de sua missão. São a fonte da riqueza dos povos, e predispõem mais ou menos sua importância política no equilíbrio político da humanidade.

O comércio estabelece a troca do gênero pelo dinheiro. Ora, o dinheiro é um resultado da civilização, uma aristocracia, não bastarda, mas legitimada pelo trabalho ou pelo suor vazado nas lucubrações industriais. O sistema primitivo da indústria colocava o homem na alternativa de adquirir uma fazenda para operar a compra de outra, ou o entregava às intempéries do tempo se ele pretendia especular com as suas produções agrícolas. O novo sistema estabelece um valor, estabelece a moeda, e para adquiri-la o homem só tem necessidade de seu braço.

O crédito assenta a sua base sobre esta engenhosa produção do espírito humano. Ora, indústria manufatora ou indústria-crédito, o século conta a indústria como uma das suas grandes potências: tirai-a aos Estados Unidos e vereis desmoronar-se o colosso do norte.

O que é o crédito? A ideia econômica consubstanciada numa fórmula altamente industrial. E o que é a ideia econômica senão uma face, uma transformação da ideia humana? É parte da humanidade; aniquilai-a –, ela deixa de ser um todo.

O jornal, operando uma lenta revolução no globo, desenvolve esta indústria monetária, que é a confiança, a riqueza e os melhoramentos. O crédito tem também a sua parte no jornalismo, onde se discutem todas as questões, todos os problemas da época, debaixo da ação da ideia sempre nova, sempre palpitante. O desenvolvimento do crédito quer o desenvolvimento do jornalismo, porque o jornalismo não é senão um grande banco intelectual, *grande monetarização da ideia*, como diz um escritor moderno.

Ora, parece claro que, se este grande molde do pensamento corresponde à ideia econômica como à ideia social e literária, – é a forma que convém mais que nenhuma outra ao espírito humano.

É ou não claro o que acabo de apresentar? Parece-me que sim. O jornal, abalando o globo, fazendo uma revolução na ordem social, tem ainda a vantagem de dar uma posição ao homem de letras; porque ele diz ao talento: "Trabalha! vive pela ideia, e cumpres a lei da criação!" Seria melhor a existência parasita dos tempos passados, em que a consciência sangrava quando o talento comprava uma refeição por um soneto?

Não! graças a Deus! Esse mau uso caiu com o dogma junto do absolutismo. O jornal é a liberdade, é o povo, é a consciência, é a esperança, é o trabalho, é a civilização. Tudo se liberta; só o talento ficaria servo?

Não faltará quem lance o nome de utopista. O que acabo, porém, de dizer me parece racional. Mas não confundam a minha ideia. Admitido o aniquilamento do livro pelo jornal, esse aniquilamento não pode ser total. Seria loucura admiti-lo. Destruída a arquitetura, quem evita que à fundação dos monumentos modernos presida este ou aquele axioma d'arte, e que esta ou aquela ordem trace e levante a coluna, o capitel ou o zimbório? Mas o que é real é que a arquitetura não é hoje uma arte influente, e que do clarão com que inundava os tempos e os povos caiu num crepúsculo perpétuo.

Mas é um capricho de imaginação, não é uma aberração do espírito, que faz levantar este grito de regeneração humana. São as circunstâncias, são as tendências dos povos, são os horizontes rasgados neste céu de séculos, que implantam pela inspiração esta verdade no espírito. É a profecia dos fatos.

Quem enxergasse na minha ideia uma idolatria pelo jornal teria concebido uma convicção parva. Se argumento assim, se procuro demonstrar a possibilidade do aniquilamento do livro diante do jornal, é porque o jornal é uma expressão, é um sintoma de democracia; a democracia é o povo, é a humanidade. Desaparecendo as fronteiras sociais, a humanidade realiza o derradeiro passo, para entrar o pórtico da felicidade, essa terra de promissão.

Tanto melhor! este desenvolvimento da imprensa-jornal é um sintoma, é uma aurora dessa época de ouro. O talento sobe à tribuna comum; a indústria eleva-se à altura de instituição; e o titão popular, sacudindo por toda a parte os princípios inveterados das fórmulas governativas, talha com a espada da razão o manto dos dogmas novos. É a luz de uma aurora fecunda que se derrama pelo horizonte. Preparar a humanidade para saudar o sol que vai nascer, – eis a obra das civilizações modernas.

MACHADO DE ASSIS
Correio Mercantil, ano XVI, nº 10, segunda-feira, 10 e 12 de janeiro de 1859, p.1; nº 12, quarta-feira, 12 de janeiro de 1859, p.2.

I
Os fanqueiros literários

Não é isto uma sátira em prosa. Esboço ligeiro apanhado nas projeções sutis dos caracteres, dou aqui apenas uma reprodução do tipo a que chamo em meu falar seco de prosador novato – fanqueiro literário.

A fancaria literária é a pior de todas as fancarias. É a obra grossa, por vezes mofada, que se acomoda a ondulações das espáduas do paciente freguês. Há de tudo nessa loja manufatora do talento – apesar da raridade da tela fina; e as vaidades sociais mais exigentes podem vazar-se, segundo as suas aspirações, em uma ode ou discurso parvamente retumbantes.

A fancaria literária poderá perder pela elegância suspeita da roupa feita – mas nunca pela exiguidade dos gêneros. Tomando a tabuleta por base do silogismo comercial é infalível chegar logo à proposição menor, que é a prateleira guapamente atacada a fazer cobiça às modéstias mais insuspeitas.

É um lindo comércio. Desde José Daniel o apóstolo da classe – esse modo de vida tem alargado a sua esfera – e, por mal dos pecados, não promete ficar aqui.

O fanqueiro literário é um tipo curioso.

Falei em José Daniel. Conheceis esse vulto histórico? Era uma excelente organização que se prestava perfeitamente à autópsia. Adelo ambulante da inteligência, ia *farto como um ovo*, de feira em feira, trocar pela azinhavrada moeda o frutinho enfezado de suas lucubrações literárias. Não se cultivava impunemente aquela amizade; o folheto esperava sempre os incautos, como a Farsália[64] hebdomadária das bolsas mal avisadas.

---

[64] Farsália é o nome da epopeia inacabada do poeta romano, Marco Aneu Lucano (Corduba, 39 a.C.-Roma, 65 d.C.), que conta a história da guerra civil entre Júlio César e Pompeu.

A audácia ia mais longe. Não contente de suas especulações pouco airosas, levava o atrevimento ao ponto de satirizar os próprios fregueses — como em uma obra em que embarcava, diz ele, os tolos de Lisboa para uma certa ilha; a ilha era, nem mais nem menos, a algibeira do *poeta*. É positiva a aplicação.

Os fanqueiros modernos não vão à feira; é um pudor. Mas que de compensações! Não se prepara hoje o folheto de aplicação moral contra os costumes. A vereda é outra; exploram-se[65] as folhinhas e os pregões matrimoniais e as odes chovem em louvor deste natalício ou daqueles desposórios. Nos desposórios é então um perigo; os noivos tropeçam no intempestivo de uma rocha Tarpeia[66] antes mesmo de entrar no Capitólio.

Desposório, natalício ou batizado, todos esses marcos da vida são pretextos de inspiração às musas fanqueiras. É um eterno *gênesis* a referver por todas aquelas almas (*almas!*) rescendentes de zuarte.

Entretanto esta calamidade literária não é tão dura para uma parte da sociedade. Há quem se julgue motivo de cuidados no Pindo[67] — assim com pretensões a semideus da antiguidade; e um soneto ou uma alocução recheadinha de divagações acerca do *gênesis* de uma raça — sempre eriça os colarinhos a certas vaidades que por aí pululam — sem tom nem som.

Mas entretanto — fatalidade! — por muito consistentes que sejam essas ilusões caem sempre diante das consequências pecuniárias; o fanqueiro literário justifica plenamente o verso do poeta; não *arma ao louvor, arma ao dinheiro*. O entusiasmo da ode mede-o ele pelas probabilidades econômicas do elogiado. Os banqueiros são então os arquétipos da virtude sobre a terra; tese difícil de provar.

Querendo imitar os espíritos sérios lembra-se ele de colecionar os seus disparates e ei-lo que vai de carrinho e almanaque na mão — em busca de notabilidades sociais. Ninguém se nega a um homem que lhe sobe as escadas

---

65 "Explora-se", no original.
66 Rocha Tarpeia era o nome de um sítio, localizado numa das encostas do Capitólio, em Roma, que se tornou conhecido porque, durante o período republicano, serviu de local de execução de criminosos que traíram o Estado e que foram considerados culpados de perjúrio.
67 Montes do Pindo, cordilheira na Grécia.

conveniente vestido, e discurso na ponta dos lábios. Chovem-lhe assim as assinaturas. O livrinho se prontifica e sai a lume.[68] A teoria do embarcamento dos tolos é então posta em execução, os nomes das vítimas subscritoras vêm sempre em ar de escárnio no pelourinho de uma lista-epílogo. É sobre queda coice.

Mas tudo isso é causado pela falta sensível de uma inquisição literária! Que espetáculo não seria ver evaporar-se em uma fogueira inquisitorial tanto ópio encadernado que por aí anda enchendo livrarias!

Acontece com o talento o mesmo que acontece com as estrelas. O poeta canta, endeusa, namora esses pregos de diamante do dossel azul que nos cerca o planeta; mas lá vem o astrônomo que diz muito friamente — nada! isto que parece flores debruçadas em mar anilado, ou anjos esquecidos no transparente de uma camada etérea — são simples globos luminosos e parecem-se tanto com flores, como vinho com água.

Até aqui as massas tinham o talento como uma faculdade caprichosa, operando ao impulso da inspiração, santa sobretudo em todo o seu pudor moral. Mas cá as espera o fanqueiro: nada! o talento é uma simples máquina em que não falta o menor parafuso, e que se move ao impulso de uma válvula onipotente.

É de desesperar de todas as ilusões!

Em Paris onde esta classe é numerosa há uma especialidade que ataca o teatro. Reúnem-se meia dúzia em um café e aí vão eles de colaboração alinhavar o seu *vaudeville* quotidiano. A esses milagres de faculdade produtiva se devem tantas banalidades que por lá rolam no meio de tanto e tão fino espírito.

Aqui o fanqueiro não tem por ora lugar certo. Divaga como uma abelha de flor em flor em busca de seu *mel* e quase sempre, mal ou bem, vai tirando suculento resultado.

Conhece-se o fanqueiro literário entre muitas cabeças pela extrema cortesia. É um *tic*. Não há homem de cabeça mais móbil, e espinha dorsal mais flexível; — cumprimentar para ele é um preceito eterno; e ei-lo que o faz à direita e à esquerda; e coisa natural! sempre lhe cai um freguês nessas cortesias.

---

68 "À lume", no original.

O fanqueiro literário tem em si o termômetro das suas alterações financeiras; é a elegância das roupas. Ele vive e trabalha para comer bem e ostentar. Bolsa florescente, ei-lo *dandy* apavoneado – mas sem vaidade; lá protesta o chapéu contra uma asserção que se lhe possa fazer nesse sentido.

A Buffon[69] escapou esse animal interessante; nem Cuvier[70] lhe encontrou osso ou fibra perdidos em terra antediluviana. Por mim que não faço mais que reproduzir em aquarelas as formas grotescas e *sui generis* do tipo, deixo ao leitor curioso essa enfadonha investigação.

Uma última palavra.

O fanqueiro literário é uma individualidade social e marca uma das aberrações dos tempos modernos. Este moer contínuo do espírito que faz da inteligência uma fábrica de Manchester, repugna à natureza da própria intelectualidade. Fazer do talento uma máquina, e uma máquina de obra grossa movida pelas probabilidades financeiras do resultado, é perder a dignidade do talento, e o pudor da consciência.

Procurem os caracteres sérios abafar esse *estado no estado* que compromete a sua posição e o seu futuro.

M – as.

O Espelho, nº 2, Aquarelas, domingo,[71] 11 de setembro de 1859, p.1-2.

A reforma pelo jornal

Houve uma coisa que fez tremer as aristocracias, mais do que os movimentos populares; foi o jornal. Devia ser curioso vê-las, quando um século despertou ao clarão deste *fiat* humano; era a cúpula de seu edifício que se desmoronava.

---

69 Georges Louis Leclerc, conde de Buffon (Montbard, 1707-Paris, 1788), naturalista, matemático e escritor francês, redator e diretor da obra *História natural geral e particular* (44 vols. de 1749 a 1804, vários dos quais póstumos).

70 Georges Cuvier (Montbéliard, 1769-Paris, 1832) foi um dos mais importantes naturalistas da primeira metade do século XIX, conhecido por seus métodos e pesquisas para várias áreas da História Natural.

71 O texto Aquarelas é constituído de quatro partes, mas somente as partes I e IV são textos de crítica literária.

Com o jornal eram incompatíveis esses parasitas da humanidade, essas fofas individualidades de pergaminho alçado e leitos de brasões. O jornal tende à unidade humana, ao abraço comum, não era um inimigo vulgar, era uma barreira... de papel, não, mas de inteligência, de aspirações.

É fácil prever um resultado favorável ao pensamento democrático. A imprensa, que encarnava a ideia no livro, expendi eu em outra parte, sentia-se ainda assim presa por um obstáculo qualquer; sentia-se cerrada naquela esfera larga mas ainda não infinita; abriu pois uma represa que a impedia, e lançou-se uma noite aquele oceano ao novo leito aberto: o pergaminho será a Atlântida submergida.

Por que não?

Todas as coisas estão em gérmen na palavra, diz um poeta oriental. Não é assim? o verbo é a origem de todas as reformas.

Os hebreus, narrando a lenda do Gênesis, dão à criação da luz a precedência da palavra de Deus. É palpitante o símbolo. O *fiat* repetiu-se em todos caos, e, coisa admirável! sempre nasceu dele alguma luz.

A história é a crônica da palavra. Moisés, no deserto; Demóstenes,[72] nas guerras helênicas; Cristo, nas sinagogas da Galileia; Hus,[73] no púlpito cristão; Mirabeau,[74] na tribuna republicana, todas essas bocas eloquentes, todas essas cabeças salientes do passado, não são senão o *fiat* multiplicado levantado em todas as *confusões* da humanidade. A história, não é um simples quadro de acontecimentos; é mais, é o verbo feito livro.

Ora pois, a palavra, esse dom divino que fez do homem, simples matéria organizada, um ente superior na criação, a palavra foi sempre uma reforma. Falada na tribuna é prodigiosa, é criadora, mas é o monólogo; escrita no livro, é ainda criadora, é ainda prodigiosa, mas é ainda o monólogo; esculpida no jornal, é prodigiosa e criadora, mas não é o monólogo, é a discussão.

---

72 Demóstenes (384 a.C.-322 a.C.), proeminente orador e político grego, autor de cerca de sessenta discursos, dentre os quais, *A favor de ródios* e *Oração da coroa*.

73 Jan Hus (Husinec, 1369-Constança, 1415), precursor do movimento protestante, inspirado nas ideias de John Wycliffe.

74 Honoré Gabriel Riquete, conde de Mirabeau (Bigon-Mirabeau, 1749-Paris, 1791), jornalista, escritor, político, orador francês, foi figura de destaque na Revolução Francesa.

E o que é a discussão? A sentença de morte de todo o *statu quo*, de todos os falsos princípios dominantes. Desde que uma coisa é trazida à discussão, não tem legitimidade evidente, e nesse caso o choque da argumentação é uma probabilidade de queda.

Ora, a discussão que é a feição mais especial, o cunho mais vivo do jornal é o que não convém exatamente à organização desigual e sinuosa da sociedade.

Examinemos.

A primeira propriedade do jornal é a reprodução amiudada, e o derramamento fácil em todos os membros do corpo social. Assim, o operário que se retira ao lar, fatigado pelo labor quotidiano, vai lá encontrar ao lado do pão do corpo, aquele pão do espírito, hóstia social da comunhão pública. A propaganda assim é fácil; a discussão do jornal, reproduz-se também naquele espírito rude, com a diferença que vai lá achar o terreno preparado. A alma torturada da individualidade ínfima, recebe, aceita, absorve sem labor, sem obstáculo aquelas impressões, aquela argumentação de princípios, aquela arguição de fatos. Depois uma reflexão, depois um braço que se ergue, um palácio que se invade, um sistema que cai, um princípio que se levanta, uma reforma que se coroa.

Malévola faculdade – a palavra!

Será ou não o escolho das aristocracias modernas, este novo molde do pensamento e do verbo?

Eu o creio de coração. Graças a Deus, se há alguma coisa a esperar é a das inteligências proletárias, das classes ínfimas; das superiores, não.

As aristocracias dissolvem-se, diz um eloquente irmão d'armas. É a verdade. A ação democrática parece reagir sobre as castas que se levantam no primeiro plano social. Os próprios brasões já se humanizam mais, e alguns jogam na praça sem notarem que começam a confundir-se com as casacas do agiota.

Causa riso.

Treme pois, tremem com este invento que parece querer abranger os séculos – e rasgar desde já um horizonte largo às aspirações cívicas, às inteligências populares.

E se quisessem suprimi-lo? Não seria mau para eles; o fechamento da imprensa, e a supressão da sua liberdade, é a base atual do primeiro trono da Europa.

Mas como! cortar as asas da águia que se lança no infinito, seria uma tarefa absurda, e, desculpem a expressão, um cometimento parvo. Os pergaminhos já não são asas de Ícaro. Mudaram as cenas; o talento tem asas próprias para voar; senso bastante para aquilatar as culpas aristocráticas e as probidades cívicas.

Procedem estas ideias entre nós? Parece que sim. É verdade que o jornal aqui não está ainda na altura de sua missão; pesa-lhe ainda o último elo. Às vezes leva a exigência até à letra maiúscula de um título de fidalgo.

Cortesania fina, em abono da verdade!

Mas, não importa! eu não creio no destino individual, mas aceito o destino coletivo da humanidade. Há um polo atraente e fases a atravessar. – Cumpre vencer o caminho a todo o custo; no fim há sempre uma tenda para descansar, e uma relva para dormir.

M.-as.

O Espelho, nº 8, domingo, 23 de outubro de 1859, p.1-2.

IV
O folhetinista

Uma das plantas europeias que dificilmente se tem aclimatado entre nós, é o folhetinista.

Se é defeito de suas propriedades orgânicas, ou da incompatibilidade do clima, não o sei eu. Enuncio apenas a verdade.

Entretanto eu disse – *dificilmente* – o que supõe algum caso de aclimatação séria. O que não estiver contido nesta exceção, vê já o leitor que nasceu enfezado e mesquinho de formas.

O folhetinista é originário da França, onde nasceu, e onde vive a seu gosto, como em cama no inverno. De lá espalhou-se pelo mundo, ou pelo menos por onde maiores proporções tomava o grande veículo do espírito moderno; falo do jornal.

Espalhado pelo mundo, o folhetinista tratou de acomodar a economia vital de sua organização às conveniências das atmosferas locais. Se o tem conseguido por toda a parte, não é meu fim estudá-lo; cinjo-me ao nosso círculo apenas.

Mas comecemos por definir a nova entidade literária.

O folhetim, disse eu em outra parte, e debaixo de outro pseudônimo, o folhetim nasceu do jornal,[75] o folhetinista por consequência do jornalista. Esta íntima afinidade é que desenha as saliências fisionômicas na moderna criação.

O folhetinista é a fusão admirável do útil e do fútil, o parto curioso e singular do sério, consorciado com o frívolo. Estes dois elementos arredados como polos, heterogêneos como água e fogo, casam-se perfeitamente na organização do novo animal.

Efeito estranho é este assim produzido pela afinidade assinalada entre o jornalista e o folhetinista. Daquele cai sobre este a luz séria e vigorosa, a reflexão calma, a observação profunda. Pelo que toca ao devaneio, à leviandade, está tudo encarnado no folhetinista mesmo; é capital próprio.

O folhetinista, na sociedade, ocupa o lugar do colibri na esfera vegetal; salta, esvoaça, brinca, tremula, paira e espaneja-se sobre todos os caules suculentos, sobre todas as seivas vigorosas. Todo o mundo lhe pertence; até mesmo a política.

Assim aquinhoado pode dizer-se que não há entidade mais feliz neste mundo, exceções feitas. Tem a sociedade diante de sua pena, o público para lê-lo, os ociosos para admirá-lo, e as *bas-bleus*[76] para aplaudi-lo.

Todos o amam, todos o admiram, porque todos têm interesse em estar de bem com esse arauto amável que levanta nas lojas do jornal, a sua aclamação hebdomadária.

Entretanto apesar dessa atenção pública, apesar de todas as vantagens de sua posição, nem todos os dias são tecidos de ouro para os folhetinistas. Há-os negros, com fios de bronze; à testa deles está o dia... adivinhem? o dia de escrever!

Não parece? pois é verdade puríssima. Passam-se séculos nas horas que o folhetinista gasta à mesa a construir a sua obra.

---

75 Trata-se do texto "O jornal e o livro", publicado no *Correio Mercantil*, em 10 e 12 de janeiro de 1859, assinado por Machado de Assis.

76 A expressão *bas-bleus* surge no século XIX para designar a mulher de letras, mas rapidamente o termo tomou uma conotação pejorativa, como *femmes savantes* (sabichonas), em Molière.

Não é nada, é o cálculo e o dever que vem pedir da abstração e da liberdade – um folhetim! Ora quando há matéria e o espírito está disposto, a coisa passa-se bem. Mas quando à falta de assunto se une aquela morbidez moral, que se pode definir por um amor ao *far niente*, então é um suplício...

Um suplício sim. Os olhos negros que saboreiam essas páginas coruscantes de lirismo e de imagens, mal sabem às vezes o que custa escrevê-las.

Para alguns não procede este argumento; porque para alguns há provimento de matéria, certos livros a explorar, certos colegas a empobrecer...

Esta espécie é uma aberração do verdadeiro folhetinista; exceções desmoralizadoras que nodoam as reputações legítimas.

Escritas porém as suas tiras de convenção, a primeira hora depois é consagrada ao prazer de desforrar-se de uma maçada que passou. Naquela noite é fácil encontrá-lo no primeiro teatro ou baile aparecido.

A túnica de Néssus[77] caiu-lhe dos ombros por sete dias.

Como quase todas as coisas deste mundo, o folhetinista degenera também. Algumas das entidades que possuem essa capa, esquecem-se de que o folhetim é um confeito literário sem horizontes vastos, para fazer dele um canal de incenso às reputações firmadas, e invectivas às vocações em flor, e aspirações bem cabidas.

Constituído assim – *cardeal-diabo* da cúria literária, é inútil dizer que o bom senso e a razão friamente o condenam e votam ao ostracismo moral, ausência de aplausos e de apoio.

Não é este o único abuso que se dá. É costume de outros levantarem o folhetim como a chave de todos os corações, como a foice de todas as reputações indeléveis.

E conseguem...

---

77 A túnica de Néssus é um símbolo de vingança. O Centauro – mortalmente ferido por uma flecha atirada por Hércules por ter desejado violentar Dejanira – confiou um segredo à jovem, antes de expirar. Ela conservaria o amor de seu marido se o vestisse com uma túnica molhada num certo líquido: esse líquido era uma mistura do sangue e do sêmen de Néssus. Quando Hércules a vestiu, ela se colou ao seu corpo queimando-o. Ao tentar tirá-la, saíram pedaços de pele; louco de dor, ele jogou-se num braseiro. Dejanira matou-se.

Na apreciação do folhetinista pelo lado local, temo talvez cair em desagrado negando a afirmativa. Confesso apenas exceções. Em geral o folhetinista aqui é todo parisiense; torce-se um estilo estranho, e esquece-se nas suas divagações sobre o *boulevard* e *Café Tortoni*, de que estão sobre *mac-adam* lamacento e com uma grossa tenda lírica no meio de um deserto.

Alguns vão até Paris estudar a parte fisiológica dos colegas de lá; é inútil dizer que degeneram no físico como no moral.

Força é dizê-lo: a cor nacional, em raríssimas exceções tem tomado o folhetinista entre nós. Escrever folhetim e ficar brasileiro é na verdade difícil.

Entretanto como todas as dificuldades se aplanam, ele podia bem tomar mais cor local, mais feição americana. Faria assim menos mal à independência do espírito nacional, tão preso a essas imitações, a esses arremedos, a esse suicídio de originalidade e iniciativa.

M – as.

O Espelho, nº 9, Aquarelas, domingo, 30 de outubro de 1859, p.1-2.

1861

A *Crônica do Jornal* – A ópera francesa – Um compositor brasileiro – Casimiro de Abreu.[78]

O fato que mais deu que falar, durante a semana que finda hoje, foi um folhetim insolente e sensaborão. Discutiu-se, comentou-se, e sobretudo admirou-se esse conjunto de banalidades que, com o título de *Crônica da semana*, se publicou domingo último nas colunas da folha oficial.

A favor da importância do *Jornal*, o *Cronista* atirou à admiração pública meia dúzia de facécias, que pelo tom se pareciam com aquelas que, tendo sido intercaladas fraudulentamente em um folhetim do Sr. Dr. Macedo, obrigaram a este a deixar aquele trabalho especial de que se achava encarregado.[79] Nem mais nem menos, o escritor acusava os moços que fazem profissão da pena de uma liga, tendo por fim o louvor mútuo e a todo o transe. Atacava ao mesmo tempo a dignidade moral e intelectual da mocidade brasileira. E isso no rodapé da folha oficial.

---

[78] Para efeito de informação, são mencionados os sumários das crônicas "Comentários da semana", com a transcrição apenas dos excertos referentes à literatura.

[79] Encarregado da "Crônica da semana", Joaquim Manuel de Macedo pediu demissão do *Jornal do Comércio*, em 15 de outubro de 1861, porque, no dia anterior, o jornal havia publicado um artigo sobre o drama *A culpa e o perdão*, e outros comentários, que não eram da responsabilidade do escritor.

Sem descer à refutação desta censura, porque fora duvidar da sensatez do leitor, que sem dúvida se riu dela, como se haviam de rir os ofendidos, noto apenas que para um redator, de uma folha que goza de conceito, vir dizer aquelas amenidades em público, é preciso que algum motivo sobre ele tenha atuado. Digo isto no pressuposto de que as faculdades mentais do escritor a que aludo ainda não sofreram desarranjo algum. Pelo menos não consta, e isso seria uma razão que faria desaparecer todas as outras.

Que motivo, portanto, foi esse? Talvez eu atinasse deduzindo consequências de fatos anteriores conhecidos do público, mas não devidamente apreciados. Não adivinha o leitor através daquelas linhas um dos beatos de que falei nos meus comentários de sábado? Ardeu-lhe o zelo no coração e veio à praça pública fazer alardo das suas virtudes e dos *vícios* alheios. Vacquerie[80] falando de um crítico de Molière[81] (o autor do *Tartufo*) diz que com ele se devia fazer o mesmo que se faz com certo animal doméstico, inimigo do asseio: esfregar-se-lhe o rosto na própria prosa. Tenho razões para não aconselhar o mesmo expediente neste caso, mas não deixo de reconhecer que o exemplo seria proveitoso e a lição exemplar.

O *Cronista* abre seu escrito com uma citação do padre José Agostinho de Macedo.[82] A aproximação é característica. Todos os meus leitores sabem que papel representou o padre José entre os demais escritores e poetas de seu tempo, e hoje o crítico consciencioso que estuda os caracteres daquele

---

80 Auguste Vacquerie (Villequier, 1819-Paris, 1895), escritor e jornalista francês, grande admirador de Victor Hugo, foi um dos principais colaboradores do jornal *L'Événement*, fundado por Hugo no seu exílio em Jersey, em 1852. Algumas das obras de Vacquerie: *L'enfer de l'esprit* (1840), *Souvent homme varie* (1859) e *Aujourd'hui et demain* (1875).

81 Jean-Baptiste Poquelin, mais conhecido como Molière (Paris, 1622-idem, 1673), dramaturgo francês, ator e encenador, é considerado um dos mestres da comédia satírica. Principais obras: *Le Misanthrope* (O misantropo, 1664), *Tartuffe* (Tartufo, 1664), *Les Femmes savantes* (As sabichonas, 1672), *Le Maladie imaginaire* (O doente imaginário, 1673).

82 Padre José Agostinho de Macedo (Beja, 1761-Lisboa, 1831), pregador da Corte de Lisboa, destacou-se entre os mais célebres oradores de seu tempo. Ingressou na Arcádia de Roma, sob o nome de Elmiro Tagideu. O *Motim literário em forma de solilóquios* (1811) é obra em que Macedo examina problemas literários, morais e filosóficos.

período aponta o padre José como o tipo do aviltamento moral e político. Alguns nem mesmo lhe querem dar as honras de considerá-lo o Aretino[83] português, por não enxergarem naquilo que se chamou padre José Agostinho de Macedo o traço arrojado que fazia no escritor italiano a grandeza do vício e da venalidade.

O padre José, como o seu modelo da Itália, não poupou ninguém; escreveu contra todos e contra tudo; a sua frase de arrieiro não reconhecia caracteres imaculáveis nem talentos legítimos. Era a hidrofobia da sátira. Na política almoedou a sua consciência, que estava tão imunda como a sua pena.

Tal é a autoridade que o escritor foi buscar, e o *Motim literário* que nenhum crítico consciencioso pode olhar, senão como uma obra da inveja e do despeito, foi a fonte onde o *cronista* encontrou alguns maus versos para aplicar aos escritores desta parte da América. Felizes que eles são, em apanharem com o mesmo látego que nos tempos da Arcádia serviu para mostrar até que ponto pode chegar a tolice e o desvario humano!

Todo o comentário que eu fizesse mais a este respeito me levaria, leitor, a considerações em que eu, nem por sombras, quero pensar.

[...]

Da música à poesia não há senão um passo; mas da vida à morte há mais, há a eternidade. Falei de esperanças abertas em flor; falarei de esperanças mortas também em flor.

Fez no dia 18 deste mês um ano que um poeta de verdadeiro talento baixou à sepultura. Casimiro de Abreu morreu no verdor dos anos, tangendo a lira que a musa apenas lhe havia dado.[84] A sua curta vida foi um hino que se interrompeu no melhor da melodia.

Dorme hoje na terra de Nova Friburgo o cadáver daquele que as musas do Brasil reclamavam como um dos seus mais prezados e esperançosos alunos; as brisas daquelas paragens apenas lhe podem hoje repetir em redor

---

83 Pietro Aretino (Arezzo, 1492-Veneza, 1556), escritor, poeta e dramaturgo italiano, autor de comédias e tragédias, dentre as quais, *Maresclaco* e *Le lettere*, respectivamente.
84 Casimiro de Abreu (Capivari, 1839-Nova Friburgo, 1860), poeta brasileiro, colaborou nos jornais *A Marmota*, *Correio Mercantil* e *O Espelho*; publicou *As primaveras*, em 1859.

de seu túmulo as notas místicas e suaves da poesia que ele sonhará e que tinha realmente em si.

Parece que ele adivinhava o seu fim prematuro quando, cantando diante da sepultura de um colega, pronunciou esta sentida e profética estrofe:[85]

Descansa! Se no céu há bem mais puro,
De certo gozarás nessa ventura
Do justo a placidez!

Se há doces sonhos no viver celeste,
Dorme tranquilo à sombra do cipreste...
— Não tarde a minha vez?

GIL

Diário do Rio de Janeiro, ano XLI, nº 293, Comunicado, Comentários da Semana, sábado, 26 de outubro de 1861, p.2.

Itália – Por que não foi um embaixador a Koenisberg? – Uma heresia científica – Dois livros – A companhia italiana – Uma carta.

[...]

Também um outro trabalho, que só é novo na forma por que acaba de ser publicado, é o *Pequeno panorama* do Sr. Dr. Moreira de Azevedo,[86] coleção de pequenos artigos que vieram à luz pela primeira vez nas colunas do *Arquivo Municipal*. É um volume precioso, onde a história de muitas cidades e monumentos nossos se acha escrita, sem pretensão, mais com visos de apontamentos, que de brilhantes monografias.

---

85 Trata-se da última estrofe do poema "A morte de Afonso de A. Coutinho Messeder. Estudante da Escola Central", de Casimiro de Abreu.

86 Manuel Duarte Moreira de Azevedo (Rio de Janeiro, 1832-idem, 1903), bacharel em Letras, médico e professor de História do Colégio Pedro II, é autor de vários livros sobre a história do Brasil e a cidade do Rio de Janeiro. A obra *Pequeno panorama ou descrição dos principais edifícios da cidade do Rio de Janeiro* foi publicada pela Tipografia de Paula Brito, em 1862, em quatro volumes.

Não é o primeiro serviço deste gênero que o Sr. Dr. Moreira de Azevedo presta às letras pátrias.

Nisto cifra-se o movimento da literatura propriamente dita da semana anterior.

[...]

Termino anunciando a próxima publicação de uma revista semanal – a *Grinalda* – onde cada um pode levar a sua flor e a sua folha a entrelaçar.

Redige-a o Sr. Dr. Constantino Gomes de Sousa,[87] cujas aptidões se acham já reconhecidas pelo público, e que deve cumprir o programa a que se propõe.

GIL

Diário do Rio de Janeiro, ano XLI, nº 322, Comunicado, Comentários da Semana, segunda-feira, 25 de novembro de 1861, p.1.

Morte de dois príncipes – Naufrágio do *Hermes* – Exposição – Artistas para o teatro – Gonçalves Dias.

[...]

Ainda não restaurado o espírito do abalo que sofrera com estas más notícias, uma outra ocorrência, a confirmação de uma notícia alterada, veio redobrar tão dolorosas impressões.

Pereceram, como é sabido, no naufrágio do *Hermes* em viagem para Campos, trinta e tantas vidas, bem perto da terra, aos primeiros clarões da madrugada.[88]

---

87 Constantino José Gomes de Sousa (Sergipe, 1827-Rio de Janeiro, 1875), médico, escritor, dramaturgo, dirigiu os periódicos *Época Literária* (Bahia, 1849-1850) e *A Grinalda*, revista semanal, literária e recreativa (Rio de Janeiro, 1861).

88 A notícia do falecimento de Manuel Antônio de Almeida, decorrente do naufrágio do *Hermes*, só chegara à corte em 5 de dezembro de 1861, embora em 28 de novembro os jornais cariocas houvessem noticiado a catástrofe, mas sem mencionar os nomes das vítimas.

Levantava-se o dia para tantos, quando a noite eterna descia sobre aquelas malfadadas vítimas do erro ou da incúria.

Cada família que ali perdeu um membro chora esse infortúnio sem remédio. A dor da literatura é das mais intensas e das mais legítimas; também a família de escritores perdeu ali um de seus filhos que maior honra e mais firmes esperanças lhe dava. Morreu ali um grande talento, um grande caráter e um grande coração.

No vigor dos anos, amado por todos, por todos festejado, alma nobre, espírito reto, abrindo o coração a todas as esperanças, caiu ele para sempre, terminando por um naufrágio a vida que não se embalara nunca nos braços da fortuna.

É essa a triste simetria da fatalidade.

Pode-se afirmar que não deixou uma desafeição e muito menos um ódio. Os mais indiferentes sentiram essa perda que afetando o país em geral, feriu particularmente o coração de seus numerosos amigos.

Pertencia a essa mocidade ardente e cheia de fé, que põe olhos de esperança no futuro, e aspira contribuir com o seu valioso contingente para o engrandecimento da pátria.

O que pela sua parte podia dar muito. O seu talento, aferido por um cunho superior, era de alcance grande e seguro; o seu espírito era observador; os seus escritos estão cheios das melhores qualidades de um escritor fecundo.

Perdeu a pátria um dos lutadores, os amigos o melhor dos amigos, a família, – duas irmãs apenas – um braço que as sustinha, e um coração que as amava.

Para que escrever-lhe o nome? Todos hão de saber de quem falo. O seu nome tem sido lembrado com dor, por quantos se têm ocupado com esse terrível desastre.

Eu era seu amigo em vida; na sua morte dou-lhe uma lágrima sentida e sincera.

[...]

Vou fechar os *Comentários* de hoje, e é a poesia que me oferece uma chave de ouro. Voltou Gonçalves Dias, o poeta mavioso, o filho predileto da musa lírica de nossa terra, da viagem que, com os outros membros da comissão científica fizera ao norte do império.[89]

É este um motivo de prazer para os que, como o poeta, se entregam ao cultivo e amanho dessa terra abençoada por Deus, que os homens chamam – inteligência, e que muito figurão boçal denomina – superfluidade.

Consagro nestas ligeiras palavras o meu contentamento pela presença do escritor elegante, e do melodioso poeta que o Brasil conta como uma das suas glórias mais legítimas e mais brilhantes.

GIL

Diário do Rio de Janeiro, ano XLI, nº 338, Comunicado, Comentários da Semana, quarta-feira, 11 de dezembro de 1861, p.1-2.

Paula Brito – Questão diplomática – Palinódia do ministério – O Sr. Ministro do Império e a *Gazeta da Tarde* – Os homens sérios; reentrada da artista Gabriela – Partida da companhia francesa – O Sr. Macedo Soares – Colégio da Imaculada Conceição.

Mais um! Este ano há de ser contado como um obituário ilustre, onde todos, o amigo e o cidadão, podem ver inscritos mais de um nome caro ao coração ou ao espírito.

Longa é a lista dos que no espaço desses doze meses, que estão a expirar, têm caído ao abraço tremendo daquela leviana, que não distingue os amantes, como diz o poeta.

Agora é um homem que, pelas suas virtudes sociais e políticas, por sua inteligência e amor ao trabalho, havia conseguido a estima geral.

Começou como impressor, como impressor morreu. Nesta modesta posição tinha em roda de si todas as simpatias.

---

[89] Antônio Gonçalves Dias (1823-1864) fez parte da Comissão Científica do Império (1859-1861), cuja principal característica era a de ser realizada por brasileiros, com o objetivo de explorar algumas províncias poucos conhecidas do Brasil.

Paula Brito[90] foi um exemplo raro e bom. Tinha fé nas suas crenças políticas, acreditava sinceramente nos resultados da aplicação delas; tolerante, não fazia injustiça aos seus adversários; sincero, nunca transigiu com eles.

Era também amigo, era sobretudo amigo. Amava a mocidade, porque sabia que ela é a esperança da pátria, e, porque a amava, estendia-lhe quanto podia a sua proteção.

Em vez de morrer, deixando uma fortuna, que o podia, morreu pobre como vivera, graças ao largo emprego que dava a suas rendas, e ao sentimento generoso que o levava na divisão do que auferia do seu trabalho.

Nestes tempos, de egoísmo e cálculo, deve-se chorar a perda de homens que, como Paula Brito, sobressaem na massa comum dos homens.

[...]

M. A.[91]

Diário do Rio de Janeiro, ano XLI, nº 351, Comentários da Semana, terça-feira, 24 de dezembro de 1861, p.I.

---

90 Francisco de Paula Brito (Rio de Janeiro, 1809-idem, 1861), editor, jornalista, escritor, poeta, dramaturgo, tradutor, proprietário da Tipografia Fluminense e da Tipografia Imparcial, foi também editor das revistas *Marmota na Corte*, *Marmota Fluminense* e *A Marmota*.

91 Como se pode observar, o cronista muda o pseudônimo de Gil para as iniciais M. A., o que já ocorre a partir da crônica de 16 de dezembro de 1861.

1862

Compêndio da gramática portuguesa, por Vergueiro e Pertence – *À memória de Pedro V*, por Castilhos, Antônio e José – *Memória acerca da 2ª égloga de Virgílio*, por Castilho José – *Mãe*, drama do Sr. conselheiro J. de Alencar – Desgosto pela política.

[...]

Aproveito a ocasião, e tocarei em algumas obras ultimamente publicadas. Cai-me debaixo dos olhos o *Monumento*, que à memória de el-rei D. Pedro V, ergueram os Srs. Castilhos Antônio e José.[92]

Abre esta brochura por uma peça poética do Sr. Castilho Antônio. Não há ninguém que não conheça essa composição que excitou pomposos e entusiásticos elogios. Antes de conhecer esses versos ouvi eu que nestes últimos tempos era a melhor composição do autor da *Noite do castelo*.[93] A leitura da poesia pôs-me em divergência com esta opinião.

---

92 Os irmãos portugueses Antônio Feliciano de Castilho (Lisboa, 1800-idem, 1875) e José Feliciano de Castilho (Lisboa, 1810-Rio de Janeiro, 1879) publicaram em 1862, pela Casa de Eduardo e Henrique Laemmert, um *Tributo à memória de Sua Majestade Fidelíssima o Senhor Dom Pedro Quinto, o Muito Amado*.

93 Antônio Feliciano de Castilho publicou, em 1836, *A noite do castelo* e, em 1821, as *Cartas de Eco e Narciso*.

Como obra de metrificação, acredito que há razão para os que aplaudem com fogo a nova poesia do autor das *Cartas de Eco*, e nem é isso de admirar da parte do poeta. É realmente um grande artista da palavra, conhecedor profundo da língua que fala e que honra, um edificador que sabe mover os vocábulos e colocá-los e arrendá-los com arte, com o que tem enriquecido a galeria literária da língua portuguesa.

Na poesia de D. Pedro V esse mérito sobressai, e admira-se sinceramente muitas belezas de forma, agregadas com arte, bem que por vezes venham marcar a obra lugares-comuns desta ordem:

> *Cá tudo é fausto e sólido;*
> *Cada hora é de anos mil;*
> *Da idade a idade, medra-nos*
> *Sempre mais verde abril.*

Não há na parte da metrificação muito que dizer, mas falta à poesia do Sr. Castilho Antônio o alento poético, a espontaneidade, a alma, a poesia enfim. O pensamento em geral é pobre e procurado, e na primeira parte da poesia, e nas quadras esdrúxulas, a custo encontramos uma ou outra ideia realmente bela como esta:

> *Limpa o suor da púrpura*
> *Ao fúnebre lençol;*
> *Vai receber a féria;*
> *Descansa; é posto o sol.*

Nem só o pensamento é pobre, como às vezes pouco admissível, sob o duplo ponto de vista poético e religioso. A descrição do paraíso feita pela alma do príncipe irmão parece mais um capítulo das promessas maométicas do que uma página realmente cristã. Creio eu que a ideia cristã do paraíso celeste é alguma coisa mais espiritual e mística, do que a que se nos dá as estrofes a que me refiro. Não supõe por certo um poeta cristão que o Criador de todas as coisas nos acene com *salas de ouro e pórfiro, tetos azuis, tripúdios entre prados feiticeiros, colinas e selvas umbríferas*, e outros deleites de significação toda terrena e material.

Se descrevendo os gozos futuros por este modo quis o poeta excitar as imaginações, adquiriu direito somente às adorações daqueles filhos do Koran a quem o profeta acenou com os mesmos deleites e os mesmos repousos. Em nome da poesia e em nome da religião, o autor do *Ciúmes do bardo* devia lisonjear menos os instintos e as sensualidades humanas, e pôr no seu verso alguma coisa de mais puro e de mais elevado.

Há ainda na primeira parte da poesia certas imagens singulares e de menos apurado gosto poético.

Tal é por exemplo esta:

> *Onde, entre as frescas árvores*
> *Da vida e da ciência,*
> *Nos rulha a pomba mística*
> *Ternuras e inocência.*

Ou est'outra:

> *E foi, entre os heroicos,*
> *Teus dons fascinadores,*
> *Como um argênteo lírio*
> *Em vasos de mil flores.*

A segunda parte da poesia é escrita em verso alexandrino. Aqui a forma cresceu de formosura e de arte, e por ventura o pensamento apareceu e mais original.

O verso prestava-se e o poeta é nele eminente e único. O alexandrino é formosíssimo, mas escabroso e difícil de tornar-se harmonioso, talvez porque não está geralmente adotado e empregado pelos poetas da língua portuguesa. O autor das *Cartas de Eco* vence todas essas dificuldades dando-lhe admirável elasticidade e harmonia.

Esta estrofe merece ser citada, entre outras, como exemplo de poesia:

> *Quem, entre tão geral, tão mísera orfandade,*
> *Se atreve a mendigar, em nome da saudade,*
> *Um frio monumento, um bronze inerte e vão!*
> *Temem deslembre um pai? Que pedra iguala a história?*
> *Um colosso caduco é símbolo da glória?*
> *Se a pirâmide assombra, os Faraós quem são?*

Acompanham esta poesia algumas estrofes; umas, a D. Fernando, outras, ao rei atual. As primeiras, duas apenas, estão bem rimadas, mas trazem a mesma indigência de pensamento que fiz notar na primeira parte da poesia a D. Pedro V. As segundas, sobre serem metrificadas e harmoniosas, respiram alguma poesia e estão adequadamente escritas para saudarem um reinado.

O que aí vai escrito são rápidas impressões vertidas para o papel, sem ordem, nem pretensão à crítica. Se me estendi na menção daquilo que chamo defeitos da poesia do Sr. Castilho Antônio, relativamente ao gosto poético e à conveniência religiosa, foi porque, sendo o Sr. Castilho Antônio, mestre na literatura portuguesa, pode induzir em erro os que forem buscar lições nas suas obras; é comum aos discípulos tirarem aos mestres o mau de envolta com o bom, como ouro que se extrai de envolta com terra.

A parte do livro que pertence ao Sr. Castilho José, é uma biografia do rei falecido. Louvando o ponto de vista patriótico e a firmeza do juízo do biógrafo, quisera eu que em estilo mais simples, menos amaneirado nos fosse contada a vida do rei. Estou certo de que seria mais apreciada. Entretanto deu-nos o Sr. Castilho José mais uma ocasião de apreciar os conhecimentos profundos da língua que possui.

Outro trabalho do Sr. Castilho José – é uma *Memória* publicada há dias, para provar que não havia em Virgílio hábitos pederastas. A *Memória* é escrita com erudição e proficiência; o Sr. Castilho José é induzido a negar a crença geral, por ser a 2ª écloga do Mantuano uma imitação de Teócrito, por nada ter de pessoal e por parecer uma alegoria, personificando Coridon o gênio da poesia e Alexis a mocidade.[94]

Diante desta questão confesso-me incompetente; todavia há uma observação ligeira a fazer ao Sr. Castilho José. O confronto entre Teócrito e Virgílio não leva a concluir do modo por que o Sr. Castilho José conclui. Teócrito trata do amor entre Polifemo e Galateia, e Virgílio deplora os desdéns de Alexis por Coridon. Isto parece antes provar que Teócrito estava limpo dos defeitos que a écloga virgiliana acusa.

---

94 Trata-se da *Memória sobre a segunda écloga de Virgílio Coridon e Alexis*, publicada no Rio de Janeiro pela Tipografia Universal de Laemmert, em 1862.

O trabalho do Sr. Castilho José, no ponto de vista moral e de investigação tem um certo e real valor.

[...]

M. A.
Diário do Rio de Janeiro, ano XLII, nº 53, Comentários da Semana, sábado, 22 de fevereiro de 1862, p.1.

Haabás, drama do Sr. R. A. de Oliveira Meneses – *Ensaios literários*, do Sr. Inácio de Azevedo – *Almanaque administrativo, mercantil e industrial*, do Maranhão – *O terremoto de Mendoza*, drama lírico do major Taunay – O carnaval.

[...]

Passo agora aos *Ensaios literários* do Sr. Inácio de Azevedo.[95] O Sr. Inácio de Azevedo é irmão daquele autor dos *Boêmios* e da ode *Pedro Ivo*, cuja perda choramos ainda hoje. É talvez a esta consanguinidade, além da assistência na academia, onde Álvares de Azevedo deixou imitadores, que se deve a cor sombria e fantástica que o autor procurou dar a quase todas as páginas deste livro.

O Sr. I. de Azevedo é uma inteligência a formar-se; participa dos defeitos do que se chamou escola *azevediana*, sem todavia empregar nos seus escritos os toques superiores que o estudo mais tarde lhe há de dar. *As almas na eternidade* é uma revista de espíritos, uma imprecação minuciosa de alcance secundário. Os contos revelam imaginação, mas estão em alguns pontos descarnados demais, e se o autor me permite individuar, lembro-lhe entre outros exemplos, aquela página 98.

Com a imaginação e a inteligência que tem o Sr. I. de Azevedo, deve procurar no estudo e na reflexão as qualidades indispensáveis de escritor, e estou certo que da vontade e do cabedal que possui nascerão obras de mais significação literária que os *Ensaios*.

---

[95] Inácio Manuel Álvares de Azevedo (Niterói, 1844-São Paulo, 1863), irmão do poeta Álvares de Azevedo, morreu também jovem, quando se matriculava para cursar o quarto ano da Faculdade de Direito de São Paulo. Participou de várias associações literárias e acadêmicas. É autor, dentre outras obras, do romance *A morte de Alinda* (1861) e dos *Ensaios literários* (1862).

[...]
Fecha-se o deste ano com alguns artigos relativos à lavoura e uma das *brasilianas* do Sr. Porto-Alegre.

O primeiro daqueles artigos é uma página bem lançada, escrita com reflexão e proficiência, na qual se demonstra a necessidade de pôr termo à rotina que empece o desenvolvimento da agricultura. Aconselha o escritor aos lavradores, que em bem de tornar a lavoura outra coisa que não é, façam dar a seus filhos uma educação agrícola nas escolas europeias. Enunciado este conselho, o escritor passa a examinar a conveniência oferecida por cada um dos países onde se podem ir buscar esses estudos, e decide-se pela escola de Grignon, em França, cujas condições oferecem mais vantagens e melhores esperanças de resultado.[96]

Acompanham este artigo diversas transcrições relativas ao mesmo assunto e por fim a Brasiliana do Sr. Porto-Alegre, *Destruição das matas*. A raridade da edição das *Brasilianas*,[97] e o grande mérito da composição do nosso épico, torna mais importante a inserção destes versos no *Almanaque do Maranhão*.
[...]

M. A.

Diário do Rio de Janeiro, ano XLII, nº 61, Comentários da Semana, domingo, 2 de março de 1862, p.1.

O dia 25 de março – A revolução – Toleima ou esperteza? – Os gansos – Sá de Miranda – A pólvora – Publicações literárias. Biblioteca Brasileira e o *Futuro* – Publicação política: – o *Jornal do Povo*.

---

96 Criada pelo rei Carlos X, no século XVIII, a Escola Agrícola de Grignon é a escola de agricultura e agronomia mais antiga na França. Em 1852, passou a se chamar Escola Imperial de Agricultura e, em 1879, Escola Nacional de Agricultura.

97 Os poemas que originalmente saíram em revistas, como *Minerva Brasileira*, foram reunidos por Manuel de Araújo Porto-Alegre (Rio Pardo, 1806-Lisboa, 1879), na obra *Brasilianas*, publicada em Viena, pela Imperial e Real Tipografia, em 1863. O nome correto do poema mencionado por Machado de Assis é "A destruição das florestas", e não "Destruição das matas".

[...]

Pode dizer-se que o nosso movimento literário é dos mais insignificantes possíveis. Poucos livros se publicam e ainda menos se leem. Aprecia-se muito a leitura superficial e palhenta, do mal travado e bem acidentado romance, mas não passa daí o pecúlio literário do povo.

É no meio desta situação que se anunciam duas publicações literárias: Biblioteca Brasileira,[98] publicação mensal de um volume de literatura ou de ciência, de autores nacionais, e o *Futuro*,[99] revista quinzenal e redigida por brasileiros e portugueses.

Vamos por partes. A Biblioteca é dirigida por uma associação de homens de letras. Tem por fim dar publicidade a todas as obras inéditas de autores nacionais e difundir por este modo a instrução literária que falta à máxima parte dos leitores.

Como se vê, serve ela a dois interesses: ao dos autores, a quem dá a mão, garantindo como base da publicação de suas obras uma circulação forçada; e ao do público, a quem dá, por módica retribuição, a posse de um bom livro cada mês.

Com tais bases, não há negar que entra nesta instituição de envolta com o sentimento literário muito sentimento patriótico. Em que pese aos que fazem limitar a pátria pelo horizonte das suas aspirações pessoais, é assim. E são destes serviços ao país que mais fecundam no futuro.

Esclarecer o espírito do povo de modo a fazer ideias e convicções disso que ainda lhe não passa de instinto, é, por assim dizer, formar o povo.

Do esforço individual e coletivo dos que se dão ao cultivo das letras é que nascerão esses resultados necessários. O plano da Biblioteca Brasileira, cômodo e simples, oferece um bom caminho para ir ter aos desejados fins, e é já um auxiliar valente de ideias que se põe em campo.

---

98 Fundada em 1862, sob a direção de Quintino Bocaiúva (1836-1912), a Biblioteca Brasileira publicou, no primeiro ano (1862-1863), entre outras obras, *As minas de prata*, de José de Alencar; no segundo ano, transformou-se em revista, da qual saíram os números de julho, agosto e setembro de 1863.

99 Fundado em 1862, sob a direção de Faustino Xavier de Novais (Porto, 1820-Rio de Janeiro, 1869), o periódico literário *O Futuro* circulou até 1863, tendo contado com a colaboração de Machado de Assis como cronista.

O Futuro, revista que aparecerá cada quinzena, é mais um laço de união entre a nação brasileira e a nação portuguesa. Muitas razões pedem esta intimidade entre dois povos, que, esquecendo passadas e fatais divergências, só podem, só devem ter um desejo, o de engrandecer a língua que falam, e que muitos engenhos têm honrado.

O Futuro, concebido sobre uma larga base, é uma publicação séria e porventura será duradoura. Tem elementos para isso. A natureza dos escritos que requer um folheto de trinta páginas, publicado cada quinzena, muitos dos nomes que se me diz farão parte da redação, entre os quais figura o do velho mestre Herculano, e a inteligência diretora e proprietária da publicação, o filho dileto do autor do *Bilhar*, F. X. de Novais, dão ao *Futuro* um caráter de viabilidade e duração.

Este abraço literário virá confirmar o abraço político das duas nações. Não é por certo no campo da inteligência que se devem consagrar essas divisões que são repelidas hoje.

Os destinos da língua portuguesa figuram-se-me brilhantes; não individuemos os esforços; o princípio social de que a união faz a força é também uma verdade nos domínios intelectuais e deve ser a divisa das duas literaturas.

[...]

M. A.

Diário do Rio de Janeiro, ano XLII, nº 82, Comentários da Semana, segunda-feira, 24 de março de 1862, p.1.

Flores e frutos Poesias por Bruno Seabra. 1862. Garnier, Editor

Li há muito tempo um livrinho de versos que tinha por título *Divã* e que estava assinado por Augusto Soromenho.[100] O título do livro era o mesmo

---

100 Augusto Pereira de Vabo e Anhaya Gallego e Soromenho, mais conhecido como Augusto Soromenho (Porto, 1834-Lisboa, 1878), professor e filólogo português, dirigiu os jornais *O Investigador* e, com Camilo Castelo Branco, *A Cruz*. Além do

de uma coleção de poesias de um poeta turco, creio eu. Achei-lhe graça, facilidade, e sobretudo novidades tais, que tornavam os versos de Soromenho de uma beleza única no meio de todos os gêneros.

O livro que o Sr. Bruno Seabra acaba de publicar sob o título de *Flores e frutos* veio mostrar-me que o gênero e as qualidades do Soromenho podiam aparecer nestas regiões com a mesma riqueza de graça, facilidade de rima e virgindade de ideias. Abrangendo mais espaço do que a brochura do *Divã* os versos do Sr. B. Seabra[101] respondem a diversos ecos do coração ou do espírito do poeta. A esta vantagem do Sr. B. Seabra junte-se a de haver no poeta brasileiro certos toques garrettianos mais pronunciados do que no poeta portuense. Demais, o livrinho de Soromenho era um desenfado; o livro do Sr. B. Seabra é um ensaio, uma prova mais séria para admissão no lar das musas.

A própria divisão do livro do Sr. B. Seabra exprime o maior espaço que a sua inspiração abrange. A primeira parte intitula-se *Aninhas*; a segunda, *Lucrécias*; a terceira, *Dispersas*. Na primeira estão compreendidas as impressões frescas da mocidade e as comoções ingênuas e cândidas do coração do poeta. A sua musa vaga pela margem dos ribeiros e pelos vergéis, onde absorve a santa e vivificante aura do amor. A ingenuidade dos afetos está traduzida na simplicidade da expressão. É a poesia *loura* de que fala um crítico eminente. Essa, quando verdadeira e simples, é rara e inestimável. Poucos a têm simples e verdadeira; e os que à força de torturarem a imaginação querem alcançar e produzir aquilo que só da espontaneidade do coração e da natureza do poeta pode nascer, apenas conseguem arrebicar a inspiração sem outro resultado. É o caso do pintor antigo que buscava enriquecer

---

próprio nome, utilizou alguns pseudônimos, como A. Pereira de Castro e Abd Alah. Tomou parte nas Conferências do Casino Lisbonense. Amigo de Alexandre Herculano, sucedeu-o na direção da obra *Portugaliae monumenta historica*. A obra *Divã* é de 1855.

101 Bruno Henrique de Almeida Seabra (Pará, 1837-Bahia, 1876), poeta lírico, romancista, folhetinista, cultivava o humor, em obras como *Dr. Pancrácio*, publicado na *Marmota Fluminense*, e *Memórias de um pobre diabo* (1868), com o pseudônimo de Aristóteles de Sousa. Além de *Flores e frutos*, é também autor de *As cinzas de um livro* (1859), *O alforge da boa razão* (1870) e *Paulo* (1861).

a sua estátua de Vênus não podendo imprimir-lhe o cunho da beleza e da graça.

Esta qualidade, quaisquer que sejam as reservas que a crítica possa fazer, é um motivo pelo qual saúdo com entusiasmo o livro do Sr. B. Seabra.

A poesia "Na aldeia", a primeira da primeira parte, parece destinada a dar a ideia resumida do sentimento que inspira as *Aninhas*. Veja o leitor esta estrofe:

> *Olha! Que paz se agasalha*
> *Nesta casinha de palha,*
> *À sombra deste pomar!*
> *Olha! Vê! Que amenidade!*
> *Abre a flor da mocidade!*
> *Na soleira deste lar!*

E esta outra:

> *Que valem vaidosos fastos,*
> *Quando os corações vão gastos*
> *De afetos, de amor, de fé?*
> *A ventura verdadeira*
> *Vive à sombra hospitaleira*
> *Da casinha de sapé.*

Entremos na segunda parte. Cala-se o coração do poeta. A primeira poesia, "Nós e vós", recomenda logo ao leitor as demais *Lucrécias*.

"Teresa", "Moreninha", "A filha do mestre Anselmo", "Inês", são composições de notável merecimento. "Teresa" e "Moreninha" principalmente. Sinto não poder transcrevê-las aqui. O poeta assiste à saída de Teresa e seu noivo da igreja onde se foram casar:

> *Olhem como vem pimpona!*
> *É uma senhora dona,*
> *Reparem como ela vem...*

Depois de notar a mudança que o casamento havia operado na volúvel Teresa diz-lhe o poeta:

Adeus, senhora Teresa!
Salve o pobre na pobreza
Que isso não lhe fica bem!
Soberba com seu marido,
Soberba com seu vestido,[102]
Deixe-se de soberbias,
Lembre-se daqueles dias
À sombra dos cafezais...
Descora... não tenha medo!
Vá tranquila que o segredo
Da minha boca... jamais...

Tenho míngua de espaço. Citarei apenas esta primeira estrofe da "Moreninha", como amostra de graça e facilidade:

Moreninha, dá-me um beijo?
E o que me dá, meu senhor?
Este cravo...
    Ora, esse cravo!
De que me serve uma flor?
Há tantas flores nos campos!
Hei de agora, meu senhor,
Dar-lhe um beijo por um cravo?
É barato; guarde a flor.

As "Cinzas de um livro" com que o poeta pôs fecho ao livro revela as qualidades de forma de todos os versos, mas não me merece a menção das páginas antecedentes: "Cinzas de um livro" é o contraste de "Aninhas";

---

[102] Falta aqui um verso: "Já não conhece ninguém!".

"Aninhas" me agradam mais, pelo sentimento que inspiram e pelas impressões que deixam no espírito de quem as lê.

Reservas à parte, as *Flores e frutos* do Sr. B. Seabra revelam um talento que se não deve perder e que o poeta deve às musas pátrias. Não dá animações quem precisa de animações, com títulos menos legítimos, é verdade; mas tudo quanto um moço pode dar a outro, eu lhe darei, apertando-lhe sincera e cordialmente a mão.

M. A.

Diário do Rio de Janeiro, ano XLII, nº 178, segunda-feira, 30 de junho de 1862, p.1.

Rio, 15 de setembro de 1862.

Tirei hoje do fundo da gaveta, onde jazia, a minha pena de cronista. A coitadinha estava com um ar triste, e pareceu-me vê-la articular por entre os bicos, uma tímida exprobração. Em roda do pescoço enrolavam-se-lhe uns fios tenuíssimos, obra dessas Penélopes que andam pelos tetos das casas e desvãos inferiores dos móveis. Limpei-a, acariciei-a e, como o Abencerragem ao seu cavalo, disse-lhe algumas palavras de animação para a viagem que tínhamos de fazer. Ela, como pena obediente, voltou-se na direção do aparelho de escrita, ou, como diria o tolo de Bergerac, *do receptáculo dos instrumentos da imoralidade*. Compreendi o gesto mudo da coitadinha, e passei a cortar as tiras de papel, fazendo ao mesmo tempo as seguintes reflexões, que ela parecia escutar com religiosa atenção.

— Vamos lá; que tens aprendido desde que te encafuei entre os meus esboços de prosa e de verso? Necessito mais que nunca de ti; vê se me dispensas as tuas melhores ideias e as tuas mais bonitas palavras; vais[103] escrever nas páginas do *Futuro*. Olha para que te guardei eu! Antes de começarmos o nosso trabalho, ouve, amiga minha, alguns conselhos de quem te preza e não te quer ver enxovalhada. Não te envolvas em polêmicas de nenhum gênero,

---

103 "Vás", no original.

nem políticas, nem literárias, nem quaisquer outras; de outro modo verás que passas de honrada a desonesta, de modesta a pretensiosa, e em um abrir e fechar de olhos perdes o que tinhas e o que eu te fiz ganhar. O pugilato das ideias é muito pior que o das ruas; tu és franzina, retrai-te na luta e fecha-te no círculo dos teus deveres, quando couber a tua vez de escrever crônica. Sê entusiasta para o gênio, cordial para o talento, desdenhosa para a nulidade, justiceira sempre, tudo isso com aquelas meias-tintas, tão necessárias aos melhores efeitos da pintura. Comenta os fatos com reserva, louva ou censura, como te ditar a consciência, sem cair na exageração dos extremos. E assim viverás honrada e feliz.

[...]

Passo às letras e às artes.

O maior acontecimento literário da quinzena foi o poema de Tomás Ribeiro,[104] *D. Jaime,* cujos primeiros exemplares chegaram pelo paquete. A fama chegou com o livro, e assim, todos quantos estimam a literatura, militantes ou amadores, correram à obra mal os livreiros a puseram nos mostradores. Dizia-se que *D. Jaime* era uma obra de largas proporções, e que Tomás Ribeiro, como raros estreantes, deitara a barra muito além de todos os estreantes; dizia-se isto, e muitas coisas mais. O poema foi lido, e uma só vírgula não se alterou aos louvores da fama. O poema *D. Jaime* é realmente uma obra de elevado merecimento, e Tomás Ribeiro um poeta de largo alento; a sua musa é simultaneamente simples, terna, graciosa, épica, elegíaca; ensinou-lhe ela a ser *poeta de poesia*, expressão esta que não deve causar estranheza a quem reparar que há *poetas de palavras*, mas Tomás Ribeiro não é poeta de palavra, certo que não!

Não me demorarei em referir os episódios mais celebrados do poema, nem em analisar as páginas mais lidas, que o são todas, e no mesmo grau; mas muito de passagem perguntarei com o Sr. Castilho, onde mais pura e doce poesia do que naquele fragmento poético – *Os filhos do nosso amor?* –

---

[104] Tomás Antônio Ribeiro Ferreira (Tondela, 1831-Lisboa, 1901), mais conhecido como Tomás Ribeiro, foi político, publicista, poeta e escritor ultrarromântico. Sua obra *D. Jaime ou A dominação de Castela*, publicado em 1862, com prefácio de Antônio Feliciano de Castilho, desencadeou a célebre "Questão Coimbrã", em 1865.

Aquele fragmento publicado isoladamente bastaria para cingir na cabeça de Tomás Ribeiro a augusta e porfiada coroa de poeta.

Antes da chegada do paquete que nos trouxe aquele presente literário, havia sido publicado o terceiro volume da Biblioteca Brasileira, interessante publicação do meu distinto amigo Quintino Bocaiúva. Este terceiro volume é o primeiro de um novo romance do autor do *Guarani*. Vejamos o que se pode desde já avaliar nas primeiras cento e vinte páginas do romance, que tantas são as do primeiro volume.

E antes de tudo notarei o apuro do estilo em que está escrito este livro; a pena do autor do *Guarani* distinguia-se pela graça e pela sobriedade; essas duas qualidades dobraram na sua nova obra. O romance intitula-se *As minas de prata*, e é por assim dizer uma investigação histórica. Serve de base ao romance a descoberta de Robério Dias, no ano da graça de 1557, de umas minas de prata em Jacobina. O romance abre por uma rápida descrição da Bahia de São Salvador, no dia primeiro de janeiro de 1609. É dia duplamente de festa: dois motivos traziam a população alvorotada; o primeiro, o dia de ano bom; o segundo, a festa que se preparava para celebrar a chegada à Bahia do novo governador D. Diogo de Meneses e Siqueira.

O autor faz assistir o leitor à entrada das devotas para a igreja da Sé onde devia ser cantada a missa; em ligeiras penadas dá ele amostras dos costumes do tempo, e é por uma cena pitoresca que ele prepara a entrada de alguns dos principais personagens do romance, Estácio Correa, Cristóvão d'Ávila, elegante do tempo, Elvira e Inesita. O namoro destes quatro dentro da igreja é contado em algumas páginas graciosas.

Não acompanharei capítulo por capítulo o primeiro volume; tenho medo de reduzir a prosaica e seca narrativa a exposição interessante das *Minas de prata*. Notarei que neste volume, que, como acabo de dizer, é uma exposição, as personagens destinadas a figurar no primeiro plano da história são introduzidas em cena com a importância que as caracteriza, Vaz Caminha, o jesuíta Fernão Cardim, o jesuíta Gusmão de Molina. Se alguma observação me pode sugerir a leitura que fiz do volume, é relativamente a uma simples questão de pormenor. Este padre Molina entra em cena com a cara fechada de um conspirador; deixa-se adivinhar que ele vem em virtude das questões levantadas pela ingerência da companhia de Jesus nos negócios da administração. Um simples secular que trouxesse uma missão secreta seria reservado; com um jesuíta, não se dá a plausibilidade de suspeitar o contrário; seria prudentíssimo e reservadíssimo. Ora, não me parece próprio de um jesuíta o conselho dado no lance do xadrez na biblioteca do convento, conselho que, aludindo às suas intenções relativamente ao governador, faz olhar de esguelha o licenciado Vaz Caminha. Talvez esta observação não tenha a importância que eu lhe acho; mas qualquer que seja a insignificância do pormenor a que aludo, lembrarei que é do conjunto das linhas que se formam as fisionomias, e que não sei de fisionomia de jesuíta descuidada e indiscreta.

Entretanto demos fim à observação e consignemos, ao lado da grata notícia do primeiro volume, o desejo que nos fica, a mim e aos que o leram, da próxima publicação dos dois volumes complementares.

[...]

MACHADO DE ASSIS
O Futuro, 1º ano, nº 1, Crônica,
15 de setembro de 1862, p.36-40.

Rio de Janeiro, 30 de novembro.

[...]
Em cata de notícias procuro lembrar-me se durante os últimos quinze dias houve alguma publicação literária, ou mesmo iliterária, de que dar parte. Em outra parte não haveria necessidade de procurar; com certeza o revisteiro encontraria, ao começar o seu trabalho, a mesa cheia de publicações. Tudo porém é relativo, e o movimento das publicações entre nós ainda é, como outras coisas, lento e raro.

Vejo agora um exemplar de um novo romance do Museu Literário, intitulado *A lamparina*.[105] É a segunda obra que o Museu publica, e ainda do

---

[105] Sob o pseudônimo de J.-T. de Saint-Germain, o editor francês Jules Romain Tardieu (1805-1868) assinou várias obras, dentre as quais, *Mignon* (1857), *Pour une épingle* (*Por um alfinete*, 1866), *Les Roses de Noel* (*As rosas de Natal*, 1864), *Lady Claire* (1864), esta, inclusive, foi incluída na Biblioteca Brasileira, de Quintino Bocaiúva.

mesmo autor. Para os que leram a *Lenda do alfinete* esta é a melhor recomendação que se lhe possa dar.

Eu só desejo que publicações como o Museu Literário e a Biblioteca Brasileira sejam compreendidas e festejadas pelo público, doce remuneração aos esforços conscienciosos.

[...]

MACHADO DE ASSIS
O Futuro, 1º ano, nº 6, Crônica,
1º de dezembro de 1862, p.203-4.

Rio de Janeiro, 15 de dezembro.

Contos do serão é o título de um pequeno volume...

Cuida o leitor ao ver-me começar por este modo, que tenho uma crônica farta e volumosa de notícias, e que para ganhar tempo é que entro em matéria? Antes assim fosse. Eu comecei assim, não só para usar de todas as deferências para com um talento modesto, mas ainda para fugir a este lugar-comum que me ia saindo dos bicos da pena:

[...]

Dada esta ligeira explicação, volto aos *Contos do serão*. É um livrinho do Sr. Leandro de Castilhos,[106] composto de três contos: "Uma boa mãe", "Otávia" e "Um episódio de viagem". O título do livro, modesto e simples, corresponde à natureza da matéria. Trata-se de ligeiros contos, escritos sem pretensão, visando menos a glória literária do que as impressões passageiras e agradáveis do lar. Entretanto, fora injustiça ler o volume do Sr. Castilhos fora do terreno literário. Dá-lhe o direito de assistir aí, um talento que, se se não apresenta com maior fulgor, nem por isso é menos real e menos esperançoso.

---

106 Leandro Barbosa de Castilhos (Rio de Janeiro, ?-Mar de Espanha, MG, 1885), contista, romancista, fazendeiro em Minas Gerais, iniciou em São Paulo o curso de Direito que não concluiu. Foi redator do jornal, *Acaiaba*, que circulou em São Paulo em 1852.

Por que não ensaia o Sr. L. de Castilhos um romance de largo fôlego? Não lhe falta invenção, as qualidades que ainda se não pronunciaram e que são reservadas ao romance hão de por certo tomar vulto e consistência nas composições posteriores, feitas com meditação e trabalhadas conscienciosamente.

O romance, de que temos apenas dois mais assíduos cultores, o Srs. Macedo e Alencar, espera por novos porque tem ainda muitos recantos não investigados e talvez fontes de boa riqueza.

[...]

MACHADO DE ASSIS
O Futuro, 1º ano, nº 7, Crônica,
15 de dezembro de 1862, p.235.

1863

Rio de Janeiro, 1º de janeiro de 1863.

[...]

Ah! por falar em livros escolhidos, aconselho às leitoras que, juntinho ao abade Smith, simples e cândido escritor, levem um livrinho modesto, cândido pela forma e pelo fundo, páginas escritas, reunidas por um talento que alvorece, terno e ingênuo, o *Lírio branco* de Luís Guimarães Júnior.[107]

Leia a história de Coração (é o nome da heroína) que ganhará boas e doces impressões; valerá o mesmo que passar o olhar por um horizonte azul e puro, tal é a inocência dos amores do par de que trata o livrinho. Maria da Conceição, é um nome que eu acho lindo e que compete a certas criaturas entre a terra e o céu; o sentimento geral é que é um nome ridículo e prosaico; pois veja a leitora com que arte o autor sabe dizer que a heroína da história, a menina dos quinze anos, chama-se Maria da Conceição, de maneira a não repugnar aos paladares comuns. Coração, explica depois o autor, era o nome dado entre família.

[...]

---

107 Luís Caetano Pereira Guimarães Júnior (Rio de Janeiro, 1845-Lisboa, 1898), diplomata, poeta, romancista, dramaturgo. Principais obras: *Uma cena contemporânea* (teatro, 1862), *A família Agulha* (romance, 1870), *Filigranas* (ficção, 1872).

Hoje há uma reunião, não musical, mas literária e musical, no salão da Fil'Euterpe. É dada pela Sociedade Ensaios Literários,[108] que completa quatro anos de existência. Os membros desta modesta associação seguem assim o exemplo salutar do Grêmio e do Retiro Literário. Deus queira que a chuva não afugente ninguém.

Acabo de receber um novo volume da Biblioteca Brasileira; mal deitei os olhos ao rosto do livro; é um romance traduzido que se intitula *Lady Clare*. Na próxima crônica direi o que pensar da obra.

Passarei a mencionar a inauguração do retrato de Francisco de Paula Brito, na sala das sessões da Sociedade Petalógica. Paula Brito foi amigo desta associação, que em sua casa se fundou; durante longos anos os membros da Petalógica tiveram nele um dedicado companheiro, de amigo velho e provado que era. O dia 15, aniversário da morte de Paula Brito, foi escolhido para a cerimônia da inauguração do seu retrato. Esta foi simples e modesta, como pedia o caso. Reunidos os amigos do finado, vários pronunciaram algumas palavras de saudade, e assim ficou realizada a tocante ideia. Paula Brito merecia estes sinais de gratidão saudosa que dão à sua memória seus amigos de tantos anos.

[...]

MACHADO DE ASSIS
O Futuro, nº 8, Crônica,
1º de janeiro de 1863, p.266-8.

Rio de Janeiro, 15 de janeiro de 1863.

[...]

Se me é dado conjecturar as emergências ulteriores em relação ao *Futuro*, deixe o leitor que eu revele a incerteza em que eu estou, os temores que me

---

108 A Sociedade Ensaios Literários foi fundada em 1º de janeiro de 1860, por iniciativa de Feliciano Teixeira Leitão, José Antônio de Almeida Cunha e João Sílvio de Moura Rangel. Publicou a *Revista Mensal da Sociedade Ensaios Literários*, entre 1863-1874, e *Ensaios Literários*, em 1877.

assaltam, porque não suponho que os ingleses, em caso de ataque, tenham simpatia por coisa nenhuma. Já não é desta opinião o redator principal, que tem entre mãos um romance do Sr. Camilo Castelo Branco, matéria de um grosso volume, e que o redator pretende dar todo no *Futuro*, capítulo por capítulo, sem receio de bala inglesa. Uma coisa que ele não pode compreender é que a publicação de um romance do Sr. Camilo Castelo Branco dependa da vontade de lord Palmerston. Acho-lhe até certo ponto alguma razão. O romance, escrito expressamente para o *Futuro*, e propriedade desta revista, tem por título um provérbio: *Agulha em palheiro*. O palheiro é este século e a sociedade onde o poeta escreveu; o que o poeta procura é um homem, que chega a encontrar, mais feliz nisto que o vaidoso ateniense. De mulheres é que não há palheiro no século; o próprio poeta o declara referindo-se à sua heroína: "Paulinas decerto há muitas. As senhoras, em geral são, como ela, todas, todas, quando encontram homens como aquele." Não sei se esta regra tão absoluta pode ser admitida, mas, feitas algumas exceções de que rezam até os noticiários, acho que é uma verdadeira regra geral.

[...]

MACHADO DE ASSIS
O Futuro, 1º ano, nº 9, Crônica,
15 de janeiro de 1863, p.305-6.

Rio, 31 de janeiro de 1863.

Houve sempre incúria em fazer o Brasil a sua propaganda na Europa, conveniência fácil de compreender por todos, mas que o governo nunca compreendeu ou tratou por alto. É cabido portanto mencionar com louvor a fundação do *Brésil*, jornal escrito em francês pelos redatores da *Atualidade*,[109] e publicado à entrada e saída dos paquetes transatlânticos. Trata-se de se

---

109 Órgão do Partido Liberal, o jornal *Atualidade*, fundado em 1858 por Flávio Farnese da Paixão (1836-1871) e Lafayette Rodrigues Pereira (1834-1917), circulou no Rio de Janeiro até 1864. Sob a mesma direção, *Le Brésil* foi publicado entre 1860-1863.

nos apresentar na Europa com imparcialidade e justiça; os redatores da *Atualidade* não deixam dúvida alguma a este respeito e há até a esperar muito deles. Partindo de alguns cidadãos, esta medida, que o governo devera iniciar, há de produzir mais efeito do que se partira do governo. É positiva a diferença que vai da propaganda por convicção e por amor do país, à outra propaganda menos espontânea embora tão convicta.

O *Brésil* entra no 3º número à hora em que escrevo. As empresas desta ordem merecem ordinariamente os sorrisos da incredulidade, atento o exemplo mais que muito repetido, de não passarem, como as crianças mofinas, do período de dentição. A *Atualidade*, porém, pode atestar a força de vontade dos redatores do *Brésil*. Começada no ano de 1857, atravessou ela cinco anos sem descorar diante das dificuldades, e dando um grande exemplo de perseverança. O irmão mais moço da *Atualidade* não há de ser menos opulento de vida e de tenacidade.

Um dos últimos paquetes trouxe um livro português, que na sua pátria teve grande aceitação, graças principalmente ao assunto de que trata. É a paródia do *D. Jaime*, feita pelo Sr. Roussado, intitulada *Roberto ou a dominação dos agiotas*.[110] É um verdadeiro poema cômico? Não; não se pode dizer isso na literatura que possui o *Hissope*,[111] e as sátiras de Tolentino,[112] que são outros tantos poemas; mas, como amostra de um poeta de futuro, acho que deve ser lido o *Roberto*. O Sr. Roussado mostra ter facilidade, e algumas vezes, graça na locução; mas a designação de poema herói-cômico só poderia caber ao livro, quando todas as condições necessárias ao gênero estivessem preenchidas; no poeta cômico devem concorrer qualidades tão superiores como no poeta épico, porque ambos os gêneros se tocam, e daqui vem chamar Victor Hugo ao *D. Quixote* a Ilíada cômica. Estas qualidades superiores não

---

110 O poema herói-cômico, *Roberto ou a dominação dos agiotas*, de Manuel Roussado (1833-1909), pseudônimo do barão de Rousado, foi publicado na Tipografia Franco-Portuguesa de Lisboa em 1862.

111 O poema herói-cômico, *O hissope* (1768), de Antônio Dinis da Cruz e Silva (1731-1799), gozou de grande popularidade e foi traduzido para o francês, inglês e alemão.

112 O poeta satírico Nicolau Tolentino (1740-1811) é considerado um dos maiores vultos da literatura portuguesa do século XVIII.

se nos descobrem no *Roberto*. Todavia, ocultar o que o Sr. Roussado tem de bom, fora injustiça clamorosa; já assinalei a facilidade e graça do seu verso, acrescentarei que alguns pedaços do poema de *D. Jaime* foram parodiados com acerto e certa originalidade.

[...]

MACHADO DE ASSIS
O Futuro, 1º ano, nº 10, Crônica,
1º de fevereiro de 1863, p.339.

Rio, 15 de fevereiro de 1863.

[...]

A quinzena que findou foi puramente artística e literária. Passo às notícias literárias. Tenho em primeiro lugar nas minhas notas as *Produções poéticas* de Francisco José Pinheiro Guimarães,[113] grosso volume contendo o *Child-Harold* e o *Sardanapalo*, de Byron, o *Roubo da madeira* de Pope,[114] e o *Hernani* de Victor Hugo.

O nome de F. J. Pinheiro Guimarães é conhecido por quantos estimam e prezam as letras; mas sinceramente creio que a nomeada do finado poeta não está na altura de seu brilhante talento. É que esse talento curava pouco de publicidade; e poetizava por natureza, como as flores dimanam cheiros, como uma necessidade fatal, sem que o pensamento de glória o preocupasse e fizesse pensar detidamente no futuro. Desta desambição, tão rara quanto funesta, deriva o nenhum caso que o poeta parecia fazer de seus versos, mal os acabava, como nos comunica o Sr. Dr. Otaviano[115] no prefácio do livro.

---

113 Francisco José Pinheiro Guimarães (1832-1877), poeta, tradutor, dramaturgo e autor do drama em quatro atos, *História de uma moça rica*, de 1861, peça mais bem--sucedida na cena do Ginásio Dramático, em 1861.
114 Poeta satírico e moralista, Alexander Pope (Londres, 1688-idem, 1744) escreveu *O rapto da madeixa* (1714) em que ridiculariza os hábitos da corte da Inglaterra.
115 Francisco Otaviano de Almeida Rosa (Rio de Janeiro, 1825-idem, 1889), advogado, jornalista, diplomata, poeta e tradutor, dirigiu o *Jornal do Comércio* (1851-1854) e o *Correio Mercantil*.

Se as *Produções poéticas* são, portanto, uma revelação para muita gente, para todos quase, é certo que essa revelação é das mais indisputáveis. Uma locução menos branda, um verso menos correto, são defeitos esses que o leitor perspicaz não deixará de notar nas *Traduções* mais de uma vez; mas o poeta não desceu *às terras chãs de revisão literária*, e essa é a explicação da ausência de outras belezas que a obra viria a ter. Em qualquer caso serve a declaração do autor do prólogo de que o poeta nacionalizou brasileiros a três poetas.

As dores da pátria inspiram sempre as almas poéticas; e a musa, nas crises nacionais, sabe erguer a sua voz como um protesto solene e uma suprema consolação. Revelação para mim e para muita gente foi o folheto de versos patrióticos publicado em S. Paulo, por L. Varela.[116] Dizem ser este moço um estudante de direito, e ter já escrito e publicado outros versos. Não me lembro de os ter lido; o talento que escreveu os versos patrióticos, onde quer que se revelasse devia deixar um perfume próprio para se não esquecer.

Os cantos patrióticos merecem, pois, de minha parte uma dupla atenção, por seu mérito intrínseco e por serem os primeiros versos do poeta que conheço. Essa atenção já eu lha dei, lendo-os, relendo-os, conservando-os entre os livros mais do meu gosto. Segue-se daqui, que os cantos sejam obra perfeita, que não haja ali certa pompa extrema e afetada, defeitos de forma às vezes, e às vezes vulgaridade de pensamento? Dizer que não, seria enunciar o que não está no meu espírito; e eu antes de tudo devo a verdade ao poeta. Mas, a par dos defeitos dos seus cantos patrióticos, há belezas dignas de apreço; moço como é, o Sr. Varela tem diante de si um futuro que a aplicação e o estudo dos mestres tornará glorioso.

Com a publicação do IX volume da Biblioteca Brasileira, termino a parte literária da quinzena.

Contém este volume a primeira parte do romance do meu finado amigo Dr. Manuel Antonio de Almeida, *Memórias de um sargento de milícias*. A obra é bem conhecida, e aquela vigorosa inteligência que a morte arrebatou dentre

---

116 Poeta romântico e boêmio, Luís Nicolau Fagundes Varela (Rio Claro, RJ, 1841-Niterói, 1875) foi autor, entre outras, das obras *Noturnas* (1860), *Vozes da América* (1864), *Cantos e fantasias* (1865).

nós bastante apreciada, para ocupar-me neste momento com essas páginas tão graciosamente escritas. Enquanto se não reúne em volume os escritos dispersos de Manuel de Almeida, entendeu Quintino Bocaiúva dever fazer uma reimpressão das *Memórias*, hoje raras e cuidadosamente guardadas por quem possui algum exemplar. É para agradecer-lhe esta piedosa recordação do nosso comum amigo.

MACHADO DE ASSIS
O Futuro, nº 11, Crônica,
15 de fevereiro de 1863, p. 371-2.

Rio de Janeiro, 1º de março de 1863.

[...]
Deve instalar-se brevemente uma utilíssima associação de homens de letras. É coisa nova no país, mas de tal importância que me parece não encontrar o menor obstáculo. Trata-se de instituir leituras públicas de obras originais; para isso convidam-se os homens de letras residentes nesta corte; talvez a esta hora a instalação seja coisa feita.

A iniciativa pertence a um distinto e erudito escritor que afaga a ideia de há muito e que uma vez por todas lembrou-se de praticá-la ou abandoná-la, se não tivesse aceitação.

Não creio que tão nobre esforço seja sem efeito.

Naturalmente na próxima crônica estarei habilitado a falar dessa associação e das bases que houver adotado; até lá, fico pedindo ao deus dos escritores, se há um especial para eles, que ampare e dê vida a tão proveitosa ideia. Afazer o povo às leituras sãs, educá-lo no culto do belo, ir-lhe encaminhando o espírito para a reflexão e concentração, trocando as diversões fáceis pela aplicação proveitosa, eis aí em resumo os grandes resultados desta ideia.

[...]

MACHADO DE ASSIS
O Futuro, nº 12, Crônica,
1º de março de 1863, p.404.

Rio de Janeiro, 15 de março de 1863.

Falei na minha crônica passada de uma reunião literária para instituir leituras públicas. Essa reunião não se efetuou como era de desejar, mas pelo que me consta trata-se de dar começo a propaganda da ideia. Já a aplaudi rápida e sinceramente. O que tenho de fazer agora é transcrever aqui a carta pela qual o Sr. A. de Pascual,[117] iniciador da ideia, convidou para a reunião o poeta A. E. Zaluar.[118] Nessa carta vão apontados a utilidade e os exemplos das leituras públicas. O leitor, se é literato, fica convocado por ela:

> Meu caro Zaluar.
>
> Foram os primeiros leitores públicos os homens de letras da livre e pensadora Grécia: Platão, Pitágoras e Aristóteles, Epicuro e Homero doutrinaram o povo, nas alamedas, nos jardins acadêmicos e peripatéticos, e mesmo mendigando nas ruas.
>
> Esse modo popular de instruir o povo, deleitando-o e acostumando-o ao belo, passou por muitas modificações até atermar-se nas universidades da idade média.
>
> O brado protestante dos reformadores alemães tornou popular o ensino dos gregos: Lutero, Hus, Calvino, Melanchthon,[119] Zwinglio[120] etc. foram leitores públicos, mas o exclusivismo da igreja Católica cortou as asas da leitura feita às massas, e limitou-a às acanhadas proporções da universidade, do Porto Royal e do templo, contrariando assim as tradições da sabedoria helênica e da liberdade

---

117 Antônio Diodoro de Pascual (Espanha, 1822-Rio de Janeiro, 1874), romancista, teatrólogo e ensaísta, veio para o Brasil e naturalizou-se brasileiro; autor, dentre outras, da obra *A morte moral* (novela, 1864).
118 Augusto Emílio Zaluar (Portugal, 1825-Rio de Janeiro, 1882), teatrólogo, romancista, contista, tradutor e jornalista; autor, entre outras, das obras *Peregrinação pela Província de S. Paulo* (1860-1861), *Contos da roça* (1868) e *O Doutor Benignus* (romance, 1875).
119 Philipp Melanchthon (1497-1560), reformador alemão, colaborou com Lutero na tradução da Bíblia.
120 Ulrico Zwinglio (1484-1531), teólogo suíço e principal líder da Reforma Protestante na Suíça.

cristã. Não deixou ouvir mais as vozes dos Paolos nas praças e encruzilhadas, nem outorgou o direito do livre pensamento, sufocando nas fogueiras públicas da Inquisição as centelhas do espírito humano ilustrado.

A revolução francesa, o sistema constitucional dela oriundo, as modificações liberais por que passaram os séculos 18º e 19º, ressuscitaram esse elemento de propaganda instrutiva para os povos, adotando a raça alemã e anglo-saxônica, pensadora e livre, o que haviam abafado os dominadores dos séculos baixos e supersticiosos.

Sem pretender remontar-me aos primeiros tempos da Inglaterra livre – Cromwell –; da Itália dos Macchiavelli, da França de 1793; da Espanha comuneira do século 16º – 1520 – e da Alemanha protestante, direi que na atualidade primam como leitores públicos homens de Estado consumados, literatos de primeira ordem, clérigos de acentuada inteligência, e fidalgos de antigos brasões.

Lord Derby, M. Gladstone, *lord* John Russell e *lord* Palmerston dão leituras públicas nos nossos dias nos centros populosos da Grã-Bretanha.

Charles Dickens, o romancista inglês por antonomásia, dá-as agora mesmo em Paris; o sábio Dr. Simons, alemão, fez em 1850 uma pingue fortuna nos Estados Unidos; Kossuth,[121] o governador da Hungria em 1848, o abade Gavazzi, o célebre padre Ventura e muitos outros não menos conhecidos talentos deram e dão leituras em Paris, Londres, nos Estados Unidos, na Itália e mesmo na panteísta Alemanha, onde esta classe de instrução popular tem alcançado o auge da popularidade.

V. sabe que nos Estados Unidos, na Inglaterra e nas grandes cidades alemãs são preferidas estas leituras de viagens, novelas, biografias, história e ciências aos teatros, ateneus e templos, devendo-se notar que o povo paga por ouvir os leitores com maior gosto do que para assistir grátis aos templos e academias.

As vantagens derivadas destas leituras são imensas e eminentemente populares, e ao seu talento deixo o desenvolvimento de tão interessante tópico.

---

121 Lajos Kossuth (Monok, condado de Zemplén, 1802-Turim, 1894), político húngaro, chefe da oposição radical à Dieta de 1847, lutou pela independência política e econômica da Hungria.

A indústria intelectual não pode por enquanto, – balda de fervorosos apóstolos, – arcar com o charlatanismo dos especuladores da matéria, traduzido em divertimentos públicos; mas, tende fé na inteligência e lutai com denodo para tornar familiar entre as massas a instrução de que tanto carecem para apressar no seu justo valor a própria dignidade de seres intelectuais e livres.

Dizer mais e melhor relativamente à ideia me parece trabalho vão. Aí entrego essas linhas à reflexão do leitor.

Tenho presente dois livros; ambos novos, ambos portugueses. Um é o *Esboço histórico de José Estêvão* por Jacinto Augusto de Freitas e Oliveira.[122] Escrúpulos de consciência me fazem confessar a verdade, e vem a ser que eu deste volume não li mais do que uma dúzia de páginas. Se isto não basta para julgar da fidelidade com que o autor apreciou os acontecimentos políticos que cercam a vida de José Estêvão, é suficiente para adquirir-se a certeza de que o finado orador português encontrou no seu biógrafo o mais sincero e entusiasta admirador dos seus talentos e das suas grandes qualidades políticas.

Notarei que o Sr. Freitas e Oliveira não se iludiu sobre o dever que lhe incumbia a resolução de escrever sobre José Estêvão; e é de ver-se a honestidade com que no prólogo declara que não lhe vão exigir imparcialidade porque escreve com as lágrimas nos olhos pela perda do amigo.

O volume contendo quatrocentas páginas, encerra alguns fragmentos dos admiráveis improvisos de José Estêvão. Relendo essas páginas, desentranhadas do todo das orações, e trazidas para o livro, na ordem dos sucessos, mais uma vez se vê quanto perdeu a tribuna política de Portugal na morte do fundador da *Revolução de Setembro*.

A afeição que o Sr. Freitas e Oliveira protesta no prefácio da obra é confirmada nas poucas páginas que li, tal é o respeito e a admiração filial

---

122 A obra de Jacinto Augusto de Freitas e Oliveira (1835-1886), *Esboço histórico de José Estêvão*, é uma biografia de José Estêvão Coelho de Magalhães (1809-1862), jornalista, deputado e orador português, que tomou parte em todas as lutas do lado liberal. Aclamou o "setembrismo" em 1836 e em 1840 fundou o jornal *A Revolução de Setembro*.

com que o autor fala do extinto orador. As suas escusas literárias é que se não confirmam; o livro me parece bem escrito; e para concluir acrescentarei que certas considerações gerais que acabo de passar pelos olhos notam-se tanto pelo fundo de verdade, como por certa aspereza de tom perfeitamente cabida no que fala em nome da probidade e da coerência política.

O outro tem por título *Luz coada por ferros*. É uma série de romances da Sra. D. Ana Augusta Plácido.[123] Traz na frente o retrato da autora.

Má ideia essa, que previne logo o espírito em favor da obra, por não poder a gente conciliar a ideia de menos boas produções com tão inteligentes olhos. Felizmente que a leitura confirma os juízos antecipados. A Sra. D. A. A. Plácido é o que dela disse o Sr. Júlio César Machado[124] no prefácio da obra, para o qual remeto os leitores.

A sensibilidade é o primeiro dom das mulheres escritoras; a autora de *Luz coada por ferros* possui esse dom em larga escala; há períodos seus que choram e fazem comover pelo sentimento de que se acham repassados; outras vezes a escritora compraz-se em nos fazer enlevar e cismar.

É, talvez, por isso que não tomei nota, se os há, dos senões do livro. Do nome e da obra tomei nota como obrigação firmada para futuros escritos. Uma mulher de espírito é brilhante preto; não é coisa para deixar-se cair no fundo da gaveta.

[...]

MACHADO DE ASSIS
O Futuro, 1º ano, nº 13, Crônica,
15 de março de 1863, p.434-6.

---

123 Ana Augusta Vieira Plácido (1832-1895), escritora, tradutora, dramaturga e jornalista, colaborou para os jornais portugueses *O Ateneu*, *O Nacional*, *Revista Contemporânea de Portugal e Brasil*, dentre outros. A obra *Luz coada por ferros* congrega alguns contos, uma novela e sete textos com o título "Meditações".

124 Júlio César Machado (Lisboa, 1835-idem, 1890), biógrafo, autor de comédias, contos, crônicas, dramas e romances, nos quais retratou de forma crítica e humorística a vida lisboeta da sua época. Publicou no jornal *A Semama*, com a ajuda de Camilo Castelo Branco, o romance *Estrela d'alva*, em formato de folhetim.

As revelações.[125]
Poesias de A. E. Zaluar.

1º vol. – Garnier, Editor. – Paris, 1863.

Dois motivos me levam a falar do livro do Sr. A. E. Zaluar; o primeiro é o próprio merecimento dele, a confirmação que essas novas páginas trazem ao talento do poeta; o segundo é ser o autor das *Revelações* um dos que conservam mais viva a fé poética e acreditam realmente na poderosa influência das musas.

Parece, à primeira vista, coisa impossível, um poeta que condene a sua própria missão, não acreditando nos efeitos dela; mas, se se perscrutar cuidadosamente, ver-se-á que este fenômeno é, não só possível, como até não raro.

O tom sinceramente elegíaco da poesia de alguns dos mestres contemporâneos deu em resultado uma longa enfiada desses filhos das musas, aliás talentosos, em cuja lira a desconfiança e o abatimento tomam o lugar da fé e da aspiração.

Longe a ideia de condenar os que, após longa e dolorosa provação, sem negarem a grandeza de sua missão moral, soluçam por momentos desconsolados e desesperançados. Desses sabe-se que a cada gota de sangue que lhes tinge os lábios corresponde um rompimento de fibras interiores; mas entre esses sofrimentos, muitas vezes não conhecidos de todo, e o continuado *lama sabactani* dos pretendidos infelizes há uma distância que a credulidade dos homens não deve preencher.

Não se contesta às almas poéticas certa sensibilidade fora do comum e mais exposta por isso ao choque das paixões humanas e das contrariedades da vida; mas não se estenda essa faculdade até à *sensiblerie*, nem se confunda a dor espontânea com o sofrimento calculado. A nossa língua tem exatamente dois termos para exprimir e definir essas duas classes de poetas; uns serão a *sensibilidade*, outros a *suscetibilidade*.

---

125 O título correto da obra é *Revelações*.

Destes últimos não é o autor das *Revelações*, o que no tempo presente é um verdadeiro mérito e um dos primeiros a serem apontados na conta da análise.

Análise escapa-me aqui, sem indicar de minha parte intuito determinado de examinar detida e profundamente a obra do Sr. Zaluar. Em matéria de crítica o poeta e o leitor têm direito a exigir do escritor mais valiosos documentos que os meus; esta confissão, que eu sempre tenho o cuidado de repetir, deve relevar-me dos erros que cometer e dispensar-me de um longo exame. É como um companheiro da mesma oficina que eu leio os versos do poeta e indico as minhas impressões. Nada mais.

O primeiro volume com que o Sr. Zaluar se estreou na poesia intitulava-se *Dores e flores*; foi justamente apreciado como um primeiro ensaio; mas desde então a crítica reconheceu no poeta um legítimo talento e o admitiu entre as esperanças que começavam a florir nesse tempo.

As torturas de Bossuet para descrever o sonho da heroína servem-me de aviso nesta conjuntura, mas tiram-me uma das mais apropriadas figuras, com que eu poderia definir o resultado mau e o resultado bom dessas esperanças nascentes. Direi em prosa simples que o autor das *Dores e flores* foi das esperanças que vingaram, e pôde atravessar os anos dando provas do seu talento sempre desenvolvido.

O que é pena (e é essa a principal censura a fazer às *Revelações*) é que durante o longo período que separa os dois livros o poeta não acompanhasse o desenvolvimento do seu estro com maior cópia de produções, e que no fim de tão longa espera o novo livro não traga com que fartar largamente tantos desejos. Mas, sendo assim, o que resta aos apreciadores do talento do poeta é buscar no insuficiente do livro as sensações a que ele os acostumou.

Para ser franco cumpre declarar que há reservas a fazer, e tanto mais notáveis, quanto que se destacam sensivelmente no fundo irrepreensível do livro. Mais de uma vez o poeta, porque escrevesse em horas de cansaço ou fastio, sai com a sua musa das regiões etéreas para vir jogar terra a terra com a frieza das palavras; esses abatimentos, que, por um singular acaso, na divisão do livro acham-se exatamente em ordem a indicar as alternativas dos voos da sua musa, servem, é certo, para pôr mais em relevo as suas belezas incontestáveis e as elevações periódicas do seu estro.

Pondo de parte esses fragmentos menos cuidados, detenho-me no que me parece traduzir o poeta. Aí, reconhecem-se[126] as suas qualidades, sente-se a sua poesia melodiosa, simples, terna; a sua expressão conceituosa e apropriada; a abundância contida e moderada do seu estro. Sempre que o poeta dá passagem às comoções de momento a sua poesia traz o verdadeiro e primitivo sabor, como na "Casinha de sapê" e outras.

A parte destinada à família e ao lar, que é por onde começa o livro, traz fragmentos de poesia melancólica, mas não dessa melancolia que anula toda a ação do poeta e faz ver na hora presente o começo de continuadas catástrofes. É esse um assunto eterno de poesia; a recordação da vida de criança, na intimidade do lar paterno, onde as mágoas e os dissabores, como os raios, não chegam até as plantas rasteiras, não passando dos carvalhos; essa recordação na vida do homem feito é sempre causa a lágrimas involuntárias e silenciosas; as do poeta são assim, e tão medrosas de aparecer, que essa parte do livro é a menos farta.

"Efêmeras" é o título da segunda parte do livro. Aí reuniu o poeta as poesias de assunto diverso, as que traduzem afetos e observações, os episódios íntimos e rápidos da vida. "Arrufos" é uma das poesias mais notáveis dessa parte; é inspirada visivelmente da musa fácil de Garrett, mas com tal felicidade, que o leitor, lembrando-se do grande mestre, nem por isso deixa de lhe achar um especial perfume.

Não acompanharei as outras efêmeras de merecimento, como sejam "A confissão", "Perdão" etc. O livro contém mais duas partes; uma, onde se acham algumas boas traduções do autor, e versos que lhe são dedicados por poetas amigos; outra que toma por título "Harpa brasileira", onde estão as poesias "A casinha de sapê", "O ouro", "O filho das florestas", "A flor do mato", "Os rios" etc.

Da "Casinha de sapê" já disse que é uma das melhores do livro; acrescentarei que ela basta para indicar a existência do fogo sagrado no espírito do poeta; a melancolia do lugar é traduzida em versos que deslizam suave, espontânea e naturalmente, e a descrição não pode ser mais verdadeira. Para apreciação detida do leitor, dou aqui algumas dessas estrofes:

---

126 "Reconhece-se", no original.

No cimo de um morro agreste,
Por entre uns bosques sombrios,
Onde conduz uma senda
De emaranhados desvios,
Uma casinha se vê
Toda feita de sapê!

Suave estância! Parece,
Circundada de verdura,
Como um templo recatado
No seio da espessura;
Naqueles ermos tão sós
Não chega do mundo a voz!

Apenas uma torrente,
Que brota lá dos rochedos
Murmura galgando as penhas
Suspira entre os arvoredos!
Tem ali a natureza
A primitiva beleza!

Lá distante... inda se escuta
Ao longe o bramir do mar!
Ouvem-se as vagas frementes
Nos alcantis rebentar!
Aquele eterno lamento
Chora nas asas do vento!

Mas na casinha, abrigada
Pelos ramos das mangueiras,
Protegida pelas sombras
Dos leques das bananeiras,
Aquele triste clamor
É como um gênio de amor!

Eu e Júlia nos perdemos
Na senda, uma vez, do monte;
Ao sol posto — cor de lírio
Era a barra do horizonte;
Toda a terra se cobria
D'um véu de melancolia!

O meu braço segurava
O seu corpo já rendido
Às emoções ao cansaço,
Como que desfalecido.
Seus olhos com que doçura
Se banhavam de ternura!

Paramos no tosco anglo
Da montanha verdejante.
Era deserto. Não tinha
A ninguém por habitante!
Só no lar abandonadas
Algumas pedras tisnadas!
[...]

"A flor do mato", "O ouro", "O filho das selvas" são também, como esta, de mérito superior.

No prefácio do livro, o Sr. Zaluar dá à poesia "Os rios" como o elo entre os seus volumes publicados e outro cuja publicação anuncia. Aí pretende ele entrar na contemplação séria da natureza e do infinito. Tendo atingido a completa virilidade do seu talento, o autor das *Revelações* compreende, e compreende bem, que é hora de sair inteiramente do ciclo das impressões individuais. Já, como ele mesmo observa, algumas das poesias deste livro fazem pressentir essa tendência. Direi que já era tempo, e, sem a menor intenção de fazer um cumprimento ao poeta, acrescento que a poesia ganhará com os seus prometidos tentames.

E se fosse dado a qualquer indicar caminho às tendências do poeta e modificar-lhe as intenções, eu diria que, não só a essa contemplação do infinito e da natureza, mas também à descoberta e consolação das dores da humanidade devia dirigir-se a sua musa. Ela tem bastante comoção nas palavras para consolar as misérias da vida e embalsamar as feridas do coração.

Em resumo, o livro do Sr. Zaluar, é, como disse ao princípio, uma confirmação de que não precisava o seu talento. A poetas como o autor das *Revelações*, não há mister de exortações e conselhos; ele sabe que a condição do talento é trabalhar e utilizar as suas forças. O tempo para os dons do espírito é um meio de desenvolvimento; a inspiração que se aplica cresce e se fortalece, em vez de diminuir e esgotar-se. As *Revelações* são uma prova disto. É principalmente a respeito da poesia que tem aplicação o dito de Buffon: – *A velhice é um preconceito.*

MACHADO DE ASSIS
Diário do Rio de Janeiro, ano XLIII, nº 87, Parte Literária, segunda-feira, 30 de março de 1863, p.1.

Rio de Janeiro, 1º de abril de 1863.

Um livro de versos nestes tempos, se não é coisa inteiramente disparatada, não deixa de fazer certo contraste com as labutações diárias e as gerais aspirações. E note-se que eu já não me refiro à censura banal feita às vistas burguesamente estreitas da sociedade, por meia dúzia de poetas, que no meio de tantas transações políticas, religiosas e morais, recusam transigir com a realidade da vida, e dar a César o que é de César, tomando para Deus o que é de Deus.

Eles dizem que essa mutualidade por transação do real e do ideal, em tais condições, abate a porção divina que os anima e os faz indignos da coroa de fogo da imortalidade.

Têm razão. Mas as aspirações a que me refiro, qualquer que seja o seu caráter prático, não dispensam a intervenção do espírito, e então não transigir com ela é abrir um combate absurdo. Há quem diga com desdém que este século é o do vapor e de eletricidade, como se essas duas conquistas do espírito, não viessem ao mundo como dois grandes agentes da civilização e da grandeza humana e não merecessem por isso a veneração e a admiração universal.

O que é certo, porém, é que em nosso país e neste tempo é coisa rara e para admirar um livro de versos, e sobretudo um livro de bons versos, porque maus, sempre há quem os escreva, e se encarregue, em nome de outras nove musas, que não moram no Parnaso, mas algures, de aborrecer a gente séria e civilizada. Veja, pois, o leitor com que prazer e açodamento venho hoje falar-lhe de uma coleção de versos e bons versos!

O Sr. Augusto Emilio Zaluar, autor das *Revelações*, o volume a que me refiro, é já conhecido de todos para que eu me dispense de acrescentar duas palavras à opinião geral. As *Revelações* contêm muitas poesias já publicadas em diversos jornais, mas conhecidas uns por uns, outras por outros, de modo que, reunidas agora, se oferecem, passe a expressão, ao estudo de uma assentada.

Não intento, nem me cabe fazer um juízo crítico da obra do poeta. Entendo que o exame de uma obra literária exige da parte do crítico mil qualidades e predicados que poucas vezes se reúnem em um mesmo indivíduo, havendo por isso muita gente que escreva *críticas*, mas poucos que mereçam o nome de *críticos*.

Dizer quais as impressões recebidas, como um simples leitor, não tão simples como o bufarinheiro, tenho a vaidade de supô-lo, eis aí a que me proponho e o que devo fazer sempre que por obrigação tenho de falar de algum livro.

Este que tenho à vista tem direito a uma honrosa menção. Se há nele poesias a que se poderia fazer mais de uma censura, se em algumas delas a inspiração cede à palavra, há outras, a maior parte, tão completas que bastariam para coroar poeta a quem não tivesse já essa classificação entre os homens.

Na "Harpa brasileira" encontramos uma parte destas. A "Casinha de sapê" é um fragmento poético dos mais completos do livro. A inspiração desliza entre a expressão franca e ingênua como o objeto da poesia. O espírito acompanha o poeta *por entre os bosques sombrios*, onde

Uma casinha se vê
Toda feita de sapê.

O contraste da solidão com o ruído remoto do mar e do vento, é descrito em poucos e lindos versos; a lembrança do passado, a descrição da casa abandonada e a melancolia do sítio cantada em versos igualmente melancólicos, tudo faz dessa composição uma peça acabada.

"O ouro", que se lhe segue, é composição das mais conceituosas. "O filho das florestas" dá em resultado uma conquista de verdadeiro poeta. Se o fundo não é inteiramente novo, a forma substitui pela concisão, pela propriedade e até pela novidade uma dessas *moralidades poéticas*, próprias dos poetas pensadores que se distinguem dos *poetas individuais* em nos não cantarem eternamente as mesmas mágoas.

"A família", "A minha irmã", "Confissão" etc., são outras poesias que se destacam do livro por um mérito superior. De resto, tenho uma censura a fazer ao poeta, ou antes, são os seus admiradores que lha fazem; e vem a ser, de ter dado entrada no livro a muita poesia alheia. Se esse fato nos traz ao conhecimento pedaços de boa poesia, não é menos verdade que toma o lugar que poderia ser ocupado com igual vantagem pelo autor.

O livro do Sr. Zaluar merece ser lido por todos quantos apreciam poetas. Marca grande progresso sobre o seu primeiro volume *Dores e flores* e revela bem que o poeta chegou à maturidade do seu talento.

Cifra-se nisto toda a bagagem literária da quinzena. Canta-se ou pensa-se a largos intervalos no nosso país. Anúncio tenho eu de boas novas. As folhas do Maranhão dão como a imprimir-se uma tradução da *Guerra Gaulesa* feita pelo erudito e elegante escritor maranhense Dr. Sotero dos Reis.[127]

É excesso acrescentar uma palavra a esta notícia; o nome do tradutor é uma garantia da obra, como é uma das honras da terra de Gonçalves Dias, Lisboa[128] e Odorico.[129]

---

127 Francisco Sotero dos Reis (São Luís do Maranhão, 1800-idem, 1871), jornalista, poeta, filólogo, latinista e tradutor da obra *De Bello Gallico* — sob o título *Guerra Gaulesa* —, do imperador romano Caio Júlio César (100 a. C.-44 a.C.).
128 João Francisco Lisboa (Maranhão, 1812-Portugal, 1863), escritor, historiador, jornalista, redator do *Jornal de Timon* (1852-1854).
129 Manuel Odorico Mendes (Maranhão, 1799-Londres, 1864), político, publicista e tradutor para o português das obras de Virgílio e Homero.

Para não impedir o leitor de ir assistir aos ofícios da semana santa devo concluir despedindo-me até depois da Páscoa...

Avisam-me agora que o não faça sem inserir nestas páginas o seguinte bilhete. É de um amigo meu:

"Boa nova! O Garnier[130] abriu assinaturas para a publicação de um poema do padre Sousa Caldas,[131] obra encontrada nas mãos de um herdeiro de seus numerosos escritos, e inteiramente inédita."

Satisfeito o pedido, convido o leitor a verificar por seus próprios olhos a notícia do meu oficioso correspondente.

MACHADO DE ASSIS
O Futuro, 1º ano, nº 14, Crônica,
1º de abril de 1863, p.466-8.

Rio de Janeiro, 15 de abril de 1863.

O mavioso Petrarca da Vila Rica deixou uma vez as liras apaixonadas, com que honrava a amante do seu coração, para tomar a chibata da sátira, e com ela sacudir a toga respeitada do governador de Minas.

O que era um governo no tempo de el-rei nosso senhor, de que poderes discricionários se revestia o representante da soberania da coroa, é coisa por demais sabida.

O de Minas estava naquele tempo nas mãos de D. Luís de Meneses. Gonzaga viu quantos perigos lhe estavam iminentes se atacasse face a face com o colosso do poder; mas a vida e a administração do governador estavam

---

130 Baptiste-Louis Garnier (Paris, 1823-Rio de Janeiro, 1893) foi um dos principais editores do Brasil da segunda metade do século XIX. Publicou as obras de Machado de Assis e José de Alencar, dentre outros escritores brasileiros, e os periódicos *Revista Popular* (1859-1862) e *Jornal das Famílias* (1863-1878).

131 Padre Antônio Pereira de Sousa Caldas (Rio de Janeiro, 1762-idem, 1814), orador sacro e autor de poesias sacras e profanas, reunidas e publicadas em Paris, reunidas pelo parente Antônio de Sousa Dias, em 1820 e 1821, e anotadas pelo escritor português Francisco Borja Garção Stockler, sob o título *Obras poéticas do revº Antônio Pereira de Sousa Caldas*.

pedindo um protesto da sua musa. Resolveu escrever a parte anedótica do governo de Minas em cartas que intitulava *Cartas chilenas* e que rezavam um governador do Chile. Com esse disfarce pôde salvar-se e mandar à posteridade mui preciosos documentos.

Ao Sr. Dr. Luís Francisco da Veiga[132] se deve a exumação das *Cartas chilenas*, mal e insuficientemente conhecidas, e que o digno brasileiro tirou da biblioteca de seu pai para as pôr completas na biblioteca da nação.

Este serviço às letras e à história dá-lhe pleno direito de aliar seu nome ao de uma tão importante obra. Se em vez de ir parar às suas mãos inteligentes e desveladas, os manuscritos das *Cartas chilenas* caíssem na posse de alguns indiferentes, certo que não teríamos hoje esses documentos, de cuja importância o Sr. Dr. Veiga se acha plenamente convencido.

Embora publicadas umas *nove* cartas em uma gazeta antiga, o fato de serem elas *treze* torna esta edição que as traz completas, digna do interesse que despertou nos que estimam as coisas pátrias.

Que esses animem e auxiliem o Sr. Dr. Veiga nas investigações dos preciosos documentos de que diz estar cheia a sua biblioteca. Se para os *eplucheurs* de obras fúteis for serviço esse de medíocre valor e nulo interesse, certo que o não é para a gente séria, isto é, a competente para julgar de tais coisas.

Outra publicação da quinzena digna de atenção pelo que encerra, posto que censurável pelo que não encerra, é o XI volume da Biblioteca Brasileira que se intitula: – *Apontamentos históricos, topográficos e descritivos da cidade de Paranaguá*, pelo Sr. Demétrio Acácio Fernandes da Cruz.

Abstendo-se inteiramente de considerações detidas e observações mais profundas, o autor dá numerosa notícia de tudo quanto pode fazer conhecer a cidade de Paranaguá sob o tríplice ponto de vista indicado pelo título.

Tudo, fundação, descrição topográfica e hidrográfica, zoologia, mineralogia, indústria, população, tudo enfim quanto pode dar um conhecimento exato da cidade de Paranaguá acha-se naquele livro.

---

[132] A primeira edição das *Cartas chilenas*, organizada por Santiago Nunes Ribeiro, foi publicada na *Minerva Brasiliense*, nº 8, 1845, mas é incompleta, contendo apenas sete cartas. A primeira completa (com as treze) é publicada no Rio de Janeiro, pelos editores Eduardo & Henrique Laemmert, em 1863, com prefácio de Luís Francisco da Veiga (1834-1899).

Atendendo sobretudo à aridez do trabalho, deve-se agradecê-lo ao autor, e dar como um exemplo a outros trabalhadores que façam o mesmo a respeito de todos os recantos do império.

Fecha a lista das publicações, na ordem cronológica, o primeiro volume do *Calabar*, romance do Sr. Mendes Leal,[133] que está sendo publicado no *Correio Mercantil*.

Não me proponho a avaliar, por incompetência e por inoportunidade, visto que a obra não está concluída, o alcance e a verdade histórica desta novela; o que desde já posso deixar afirmado, embora não seja novidade, é que essas páginas consagradas pelo ilustre autor da *Herança de Chanceler*, a um período importante da história brasileira, são escritos com aquele vigor e colorido, atributos da sua pena e por tantas páginas derramadas.

A redação do *Correio Mercantil* não pode receber senão muitos emboras pela publicação do *Calabar*.

[...]

MACHADO DE ASSIS
O Futuro, 1º ano, nº 15, Crônica,
15 de abril de 1863, p.499-500.

Rio de Janeiro, 1º de maio de 1863.

Os extremos *tocam-se*, dizem. Eu de mim, acho que é uma verdade; e, para não ir além da aplicação que ora me convém, lembro apenas que os pequenos infortúnios têm um ponto de contato com as grandes catástrofes; e a bancarrota de um negociante de grosso trato não o afligirá mais do que me aflige o desfalque de assunto para a crônica desta quinzena.

Afligia-me, devo eu dizer; porque a boa estrela que preside aos meus dias, sempre me depara, na hora arriscada, com uma tábua de salvação.

---

133 José da Silva Mendes Leal Júnior (Lisboa, 1820-Sintra, 1886), escritor ultrarromântico português, autor de dramas históricos, como *O homem da máscara negra* (1840) e *Os primeiros amores de Bocage* (1865).

Desta vez a tábua de salvação é uma carta, uma promessa e uma notícia. – Parecem três coisas, mas não são, porque a notícia e a promessa vão incluídas na carta.

A notícia é de um romance... por fazer; e é promessa que me faz em uma carta um amigo a cujos escrúpulos de modéstia não posso deixar de atender; e de quem não posso assoalhar o nome.

Estou certo de que o leitor não levaria a mal que eu desse neste ponto dois dedos de conversa acerca do meu salvador. Nada lhe direi; e a razão é que uma pintura viva e completa daria em resultado imediata contestação do retratado. Sucintamente posso dizer-lhe que só por vergonha é que o meu amigo não se faz anacoreta; mas se jamais veio ao mundo um homem com disposições à vida solitária e contemplativa é aquele; olha os homens por cima do ombro e prefere-lhes muito e muito as rolas e as cegonhas. Das cegonhas fala aplicando sempre a observação de Chateaubriand, que as viu saindo aos bandos da península grega para África, do mesmo modo por que saíam no tempo de Péricles e de Aspásia. Tal é o contraste da mobilidade das coisas humanas com a imobilidade do resto da natureza, acrescenta o autor dos *Mártires*; e o meu amigo adere do fundo d'alma a essa opinião. Pelletan tiraria de fato uma conclusão favorável à humanidade; mas o meu estranho amigo pensa diversamente e acredita de convicção que está com a verdade.

Não conteste o leitor, porque eu faço o mesmo.

Meu amigo, escreve-me ele, à força de não pensar no que me rodeia atingi a um estado de desapego das coisas da vida que às vezes me acredito o único escapo de um cataclismo universal. Imagina com que sabor volto de quando em quando o pensamento para os sucessos do tempo. É uma nova ocasião de confirmar-me nas minhas anteriores impressões.

Dias passados lembrei-me de ser poeta. Vê lá a que ponto cheguei! Tomo a poesia como uma coisa dependente da vontade, como a construção de um prédio ou a fabricação de um pergaminho.

Deixa passar a heresia.

Lembrei-me de ser poeta; e como não tenho vocação para isso, atribuirás tu esta disposição do espírito ao amor. O amor! Posso eu senti-lo? Reparo às vezes no cuidado com que, em todas as línguas que conheço, esta palavra é construída! Até as mais duras, como a de Pope, encontram o seu melhor som para exprimir este sentimento. Mas existe ele? Existe como deve ser, despido de toda a preocupação terrena, puro como o resumo que é de todos os outros amores? Nos livros dos poetas, decerto; na humanidade, não acredito.

E como não acredito, lembrei-me de escrever algumas páginas onde me ocupasse do contraste flagrante que há entre o sentimento e as hipóteses do fato. Imaginei um Pílades, três Orestes e uma Safo. Que se pode fazer com estas cinco figuras? Um romancinho, mais ou menos acidentado. O amor de Pílades e Safo; o amor de Safo e dos Orestes; a alternativa constante desta balança que se chama vida, cujas conchas se levantam e se abatem por singulares disposições do acaso e da criatura. Adubo a narração com a pintura do sofrimento de Pílades, e, se me parecer, acabo por fazê-lo lorpa de corpo e de alma, o que não será novo, mas será agradável de ler, porque não faz chorar. Que me dizes ao pensamento? Não dá para cem páginas de oitavo? Penso que sim; já tenho algumas folhas de papel escritas; não sei se acabarei; talvez acabe; e então posso colocar a minha obra sob a proteção da tua amizade, que a fará inserir no *Futuro*.

Talvez achem a história muito velha; responderei que ainda assim é bom repetir essas coisas; e como eu tenho de encarar a história por um ponto de vista pouco explorado, naturalmente lhe hão de achar novo sabor. Teu S.

Fico implorando o deus dos poetas para que esta promessa se torne realidade. Em todo o caso, embora não venha a obra prometida, ganho eu com ela que me forneceu matéria para encher as páginas da minha crônica.

MACHADO DE ASSIS
O Futuro, nº 16, Crônica,
1º de maio de 1863, p.531-2.

Rio de Janeiro, 15 de maio de 1863.

[...]

Estava eu nestes cuidados, quando recebi uma carta acompanhada de um rolo de papel.

A carta dizia:

Aí vão as páginas que te prometi. Não contando que desses publicidade à minha carta, guardava-me para concluir mais detidamente este trabalho. Já que foste indiscreto, paga a culpa da tua indiscrição. O que aí vai foi escrito às pressas; podia valer um pouco mais; assim nada vale. É do teu dever publicar estas linhas, e do meu assinar-me – Teu amigo – S.

Abri o rolo e li na primeira página: *Um parênteses na vida.*[134] A obsequiosidade do meu amigo Faustino de Novais veio em meu auxílio: o começo de *Um parênteses na vida* vai publicado neste volume.

Essa novela é um fato pessoal, ou pura imaginação de poeta?

Tentei resolver este problema; procurei através de cada período a realidade ou a fantasia do assunto, e confesso que fiquei sabendo o que sabia. Seja como seja, leia o leitor o conto e julgue-o como lhe parecer.

[...]

MACHADO DE ASSIS
O Futuro, 1º ano, nº 17, Crônica,
15 de maio de 1863, p.563-4.

Rio de Janeiro, 1º de junho de 1863.

O *Jornal de Recife* deu-nos duas notícias importantes, com a diferença de alegrar-nos a primeira tanto quanto nos contrista a segunda; refiro-me às melhoras de saúde de Gonçalves Dias e a morte de J. F. Lisboa, em Portugal. Será verdadeira a última ou não passa de deplorável engano? É lícito duvidar da exatidão dela, e, sem ofensa à folha pernambucana, deve-se esperar uma confirmação mais positiva. Não é que o fato seja impossível; mas o silêncio da imprensa portuguesa a respeito, silêncio impossível, a ter-se dado o caso,

---

134 O texto "Um parênteses na vida. Fragmentos de um manuscrito", assinado por "S.", publicado no número 17 de *O Futuro*, de 15 de maio de 1863, p.549-51, ficou inacabado.

abre lugar à dúvida. Mau era se a indiferença de um país amigo e irmão fosse a única elegia que tivesse na morte um homem tão ilustre como o autor do *Jornal de Timon*.

Pelo que respeita a Gonçalves Dias, a mesma folha refere-se a uma carta do poeta. Os seus sofrimentos não desapareceram de todo, nem deixam de ser grandes; mas o ilustre poeta está fora de perigo. Escreve de Dresden, e ia partir para Carlsrue, a fim de tomar banhos minerais. A esta notícia acrescenta que tem em mão vários trabalhos literários que pretende mandar imprimir em Leipzig. Doente, embora, o grande cantor nacional, emprega a sua atividade em encher de novas joias o seu já tão farto escrínio literário. Belo exemplo esse à mocidade de hoje, a quem pertence o futuro do país. É deste modo que o talento é sacerdócio. Que importa o labor de uma longa semana? Há, para muito descanso, o domingo da imortalidade.

[...]

Em S. Paulo publicou o Sr. Luís Ramos Figueira,[135] bacharel em belas--letras e estudante do 4º ano de direito, um volume a que deu por título *Dalmo ou Os mistérios da noite*. Em boa justiça devem-se louvores ao Sr. Figueira. Se a sua obra acusa descuidos, revela qualidade de imaginação e de apreciação; há nela muitas belezas derramadas por muitas páginas. Uma boa crítica não pode deixar de acolher a obra do Sr. Figueira como um presente que promete outros muitos, e a isso fica virtualmente emprazado o autor.

Pertence o Sr. Figueira à mocidade acadêmica de S. Paulo, onde os moços sabem entremear os estudos jurídicos com os literários, e não esquecem a vocação do berço pelo labor do curso acadêmico.

E já que estou no capítulo dos moços, falarei de um, verdadeira criança, não tanto pelos anos, como pela ingenuidade do coração e do espírito. É nada menos que um poeta. Se lhe falta a beleza da forma, sobra-lhe o sentimento da poesia, que é o essencial e o que não se adquire.

Quem pode alcançar dinheiro de um usurário? Este é um usurário das musas, e para alcançar os versos que abaixo transcrevo, foi-me preciso uma

---

[135] Luís Ramos Figueira (Angra dos Reis, RJ, 1843-Guaraquessava, PR, 1894), romancista, jornalista, formado pela Faculdade de Direito de São Paulo (1865), fundador e redator do periódico *Imprensa Acadêmica* (1864-1865), de São Paulo.

surpresa. Ainda assim custei a convencê-lo depois de que devia publicá-los. Consentiu sob condição de lhe não publicar o nome. Anuí. Os versos não são originais; são traduzidos de um poeta da Romênia. Não são perfeitos, mas são agradáveis de ler:

Sincero amor tu me juraste um dia
Até que a morte te deitasse o véu;
Tudo passou, tudo esqueceste, tudo,
Coisas do mundo, o erro não é teu.

"Ó meu amado, me disseste, eu quero,
"Eu quero dar-te o meu quinhão do céu!"
Dessas promessas olvidaste todas
Coisas do tempo, o erro não é teu!

Sabes que pranto derramei no dia
Em que juraste o teu amor ao meu;
Morri por ti, tu me esqueceste, embora,
Coisas do século, o erro não é teu.

Mudo abracei-te; teu ardente lábio
Celeste orvalho sobre mim verteu;
Veio depois a gota de veneno...
Coisas do sexo, o erro não é teu.

Tudo, a virtude, o amor, a fé, a honra,
Tudo o que prometias, te esqueceu;
Ah! nem remorsos nem amor conheces...
Coisas do sexo, o erro não é teu!

A lei do ouro e da banal vaidade
Dessa tua alma fé e amor varreu;
Curaste a chaga, amorteceste a sede,
Coisas do sexo, o erro não é teu.

Pesar de tudo, o coração amante
Há de bater de amor no peito meu
Ao pressentir-te. Ficas sempre um anjo...
Coisas do amor, o erro não é teu!

O meu poeta procurou conservar a mais estrita fidelidade. Não vi o original e não pude comparar; mas há expressões, que ele próprio indica, e que são verdadeiras belezas do original; aquele verso

Curaste a chaga, amorteceste a sede,

é uma delas.

Parece-me a poesia graciosa, e como tal a ofereço aos leitores.

O meu poeta, esse, encerrado na sua *torre de marfim*, adormece e procura esquecer-se, poetando para si. Não louvo nem condeno a reclusão voluntária; admiro e lastimo.

[...]

MACHADO DE ASSIS
O Futuro, 1º ano, nº 18, Crônica,
1º de junho de 1863, p.594-6.

Rio de Janeiro, 15 de junho de 1863.

Os homens que se ocupam seriamente das coisas do Brasil têm um duplo título ao nosso reconhecimento: o que resulta do próprio fato e o que procede da singularidade e da estranheza dele, no meio da indiferença e da exageração.

Por isso menciono logo no começo da crônica o livro do Sr. Wolff,[136] o *Brasil literário*, belo volume em francês, que se não encontra ainda ou não se encontra já nas livrarias.

---

[136] Ferdinand Joseph Wolff (Viena, 1796-idem, 1866) foi um intelectual austríaco, filósofo e historiador de literatura. Seu nome teve grande repercussão no Brasil porque publicou, em 1863, *Le Brésil littéraire*: histoire de la littérature brésilienne, dedicado a D. Pedro II e traduzido para o português por Jamil A. Haddad, em 1955.

Tive ocasião de folhear esse volume, mas apenas folhear. O autor procurou ser o mais minucioso possível, e pareceu-me que o foi. Reparei, é certo, na exclusão de alguns verdadeiros poetas e na menção de outros a quem Alceste podia dirigir esta interrogação:

> *Quel besoin si pressant avez-vous de rimer?*
> *Et qui diantre vous pousse à vous faire imprimer?*

Mas tudo é desculpável quando há no livro muito para agradecer. O Sr. Wolff recorreu-se do mais que podia para compor a sua obra; esse interesse e os verdadeiros resultados conseguidos, tornam o seu nome digno de gratidão dos brasileiros.

E relativamente às publicações literárias não tenho muito mais de que falar. Com um livro termino esse escasso capítulo. O livro é o 2º volume das lições de história pátria do Sr. Dr. Macedo.[137] Sabem todos que o excelente poeta da *Nebulosa* estuda e sabe a fundo a história nacional a que se dedica como um homem que lhe conhece a importância. Estes livros são destinados ao uso da mocidade.

Os que estimam as letras vão ter ocasião de apreciar uma novidade no país e ao mesmo tempo vão ter conhecimento de obras inéditas de autores conhecidos e estimados. Os meus leitores hão de lembrar-se de uma carta que eu publiquei, escrita pelo Sr. A. de Pascual ao Sr. A. E. Zaluar. Era um convite para instituir leituras públicas ao uso de Inglaterra e Alemanha. Não se efetuou a reunião necessária e anunciada e as leituras não se fizeram como fora de desejar. Entretanto a ideia ficou, e o Sr. Zaluar pretende realizá-la dentro de poucos dias. O primeiro curso é de seis leituras, como simples ensaio, a ver se o nosso público possui a necessária atenção, concentração e gosto para diversões dessa natureza.

Não desejo outra coisa mais do que o bom resultado da tentativa, a respeito da qual muitos louvores devem caber ao poeta das *Revelações*.

---

137 O primeiro volume das *Lições de História do Brasil para uso dos alunos do Imperial Colégio Pedro II*, de Joaquim Manuel de Macedo, foi publicado em 1861.

A imprensa conta mais um legionário, mas legionário tal que me coloca em uma difícil posição sobre o que lhe hei de dizer. O Sr. L. de Nerciat, acha-se à frente de um jornal francês intitulado *Le Nouvelliste de Rio de Janeiro*.[138] Suas vistas acerca do Brasil são, como declara, as mais cordatas e bem dispostas. É entretanto um órgão do partido legitimista, cuja bandeira hasteou, sem rebuço ou reserva. Ora, semelhante bandeira nesta terra faz o efeito do *calção e meia de seda* entre as calças largas da civilização. A discussão dessas ideias destina-se unicamente à população francesa; mas, não interessando, nem pela singularidade, ao resto da população e nem a uma boa parte daquela, não creio no sucesso do *Nouvelliste*.

Seja-lhe entretanto levada em conta a sua boa vontade a nosso respeito. Ponham-se de parte aquelas convicções; a pena do Sr. de Nerciat deseja acertar no estudo de nossas coisas. Se puder conservar a separação devida entre os dois objetos a que se destina a sua gazeta, terá a gratidão de todos, certos como estão todos de que, em terra americana, as suas opiniões antiquadas não convencem nem arrastam ninguém.

[...]

Terminarei transcrevendo para aqui a carta que o nosso ilustre poeta Gonçalves Dias escreveu de Dresden ao Dr. Antônio Henriques Leal,[139] no Maranhão.

> Desde o começo deste ano que estou lutando com um ataque de reumatismo, que me tem feito ver as estrelas e esgotado a pouca soma de paciência com que Deus foi servido dotar-me. Há dois dias que me levanto, mal posso andar de fraqueza e escrevo com dificuldade.
>
> Assim, pois, antes de partir para Carlsbad a fim de consertar o meu fígado e de ver se me desaparece um resto de ascite que me ficou, tenho de ir aos

---

138 O periódico *Le Nouvelliste de Rio de Janeiro*, de propriedade de H. Rautenfeld e redação de L. A. de Nerciat, era uma nova encadernação de *Le Nouvelliste, Journal Politique, Littéraire et Commercial, Paraissant Deux Fois par Semaine, le Dimanche et le Jeudi* (1847-1848), que circulou no Rio de Janeiro, entre 1847-1848.

139 Antônio Henriques Leal (Maranhão, 1828-Rio de Janeiro, 1885), biógrafo, crítico, jornalista, historiador, médico, redator do periódico *Universal Maranhense* (São Luís, 1849-1852).

banhos de Teplitz, aqui nas vizinhanças de Dresden, a ver se as minhas juntas querem tomar juízo.

Todo o ano passado foi perdido para mim, e este vai ainda pelo mesmo teor: levanto-me da cama agora. Maio, passo em Teplitz, junho e julho em Carlsbad, depois mais um, ou dois meses de resguardo, lá se vai o ano!

Quando me convencer de que isto não ata, nem desata, tomo uma resolução, e adeus. Vou-me para o nosso Maranhão até que os tempos mudem, se mudarem!

MACHADO DE ASSIS
O Futuro, 1º ano, nº 19, Crônica,
15 de junho de 1863, p.627-8.

Rio de Janeiro, 1º de julho de 1863.

Confirma-se a notícia da morte de João Francisco Lisboa, mais conhecido pelo pseudônimo de *Timon*.

Faleceu em Lisboa, no dia 25 de abril, na idade de 49 anos, deixando ao nosso país a glória de um nome respeitado entre os mais eminentes.

Todos os que conhecem seus escritos dispensam da minha parte, uma enumeração dos seus raros e elevados dotes, de seus profundos e sólidos estudos. A sua obra sobre o Padre Antonio Vieira virá confirmar a alta conta em que o tinham os seus compatriotas e todos quantos apreciam as boas letras.

Dizem que J. F. Lisboa se dispunha a escrever a história do Brasil para o que coligia documentos. É realmente para doer que a morte o viesse arrebatar antes de realizada essa tarefa. As páginas da história brasileira receberiam, deste modo, aquela robustez de estilo e alta apreciação que faziam supor nas mãos de Timon a pena de Tácito.

Os seus escritos vão ser publicados a expensas de Sua Majestade o Imperador.

A morte de J. F. Lisboa deve contristar por mais de um motivo. Não é só a perda de tão ilustre brasileiro que há a sentir, senão também o medíocre efeito que esse triste acontecimento produziu. Como se explica esta tal ou qual indiferença do Brasil vendo morrer um dos seus maiores pensadores? Haverá razões da circunstância e do momento ou vai amortecendo entre nós o amor da glória intelectual? Eu disse em uma das minhas crônicas passadas, dando notícia da morte de Timon, que não acreditava nela, em vista do silêncio que se notava na imprensa portuguesa diante de tal acontecimento. Era apenas uma conjectura de homem a quem parecia que escritores como aquele não são comuns e merecem uma calorosa menção no dia em que passam dos labores da vida para as alegrias imperecíveis da eternidade. Façam-se em todo o império algumas exceções, ninguém mais comemorou a morte de J. F. Lisboa.

O que é certo é que o país perdeu, e sem remédio, muita página brilhante que o ilustre maranhense se preparava a escrever em honra dele.

[...]

MACHADO DE ASSIS
O Futuro, 1º ano, no 20, Crônica,
1º de julho de 1863, p.658-60.

Rio, 24 de agosto de 1863.

Encetando hoje estas conversas não posso dissimular o sentimento de tristeza que me domina.

Olho em torno de mim e não vejo mais na arena aquela plêiade ardente que vinha todas as semanas, ao rés do chão, entrar nas justas literárias. Uns, levou-os a morte, outros prendem-se a cuidados mais sérios, alguns enfim foram-se para as justas políticas, e o folhetim, o garrido, o ameno, o viçoso folhetim perdeu os seus amigos e os seus leitores.

E contudo sempre me pareceu que o folhetim era uma função obrigatória e exclusiva, para a qual nunca devia soar a hora da morte ou a hora da política. Era um erro.

Tout arrive, dizia Talleyrand,[140] e foi preciso que eu visse o fato para acreditar que também ao folhetim devia chegar a hora da política e a hora da morte.

---

140 Charles-Maurice de Talleyrand-Périgord, mais conhecido como Talleyrand (Paris, 1754-idem, 1838), político e diplomata francês, foi ao lado de Fouché uma das figuras mais polêmicas da França. Machado faz referência a uma das máximas do

Nos bons tempos do folhetim era digna de ver-se a luta. O estímulo entrava por muito no trabalho de cada um, do que resultava trabalharem todos com maior proveito e glória. Hoje a melhor vontade há de nulificar-se no meio do caminho. É uma voz no deserto, sem eco nem competidores.

E é por isso que eu ficarei mui embaraçado se os leitores me perguntarem a que venho, eu, que nem tenho as razões de talento do mais ínfimo de outrora. Não sei, é a minha resposta; e não creio que melhor se possa dar em grande número de circunstâncias da vida.

Venho talvez para nada.

Sobre a extemporaneidade desta aparição há ainda a esterilidade dos tempos, do que se poderia tirar uma conclusão; é que se os homens não abandonassem o folhetim, o folhetim seria abandonado pelos acontecimentos.

Para conservar-se a gente segregada da repartição política, diga-me o leitor, onde irá buscar matéria? Na imaginação, responderá, o que eu acharia bem respondido, se a imaginação fosse nestas coisas matéria-prima e não um simples condimento especial.

O que é certo é que nas notas que tomei para organizar estas páginas apenas encontro três assuntos. E pelo tom em que elas já vão escritas posso acertadamente dizer que vão *mais cheias de queixas que de caixas*, como das frotas de açúcar da Bahia anunciava o Padre Antônio Vieira.

Mas é preciso dar de mão às queixas para tratar das caixas.

Resume-se a minha bagagem da semana em dois livros e uma estreia.

[...]

Falei no que o historiador pode tirar da história; passarei a falar no que a história fornece ao romancista.

"Querem romances?" pergunta Guizot.[141] "Por que não encaram de perto a história?"

---

diplomata: "Tout arrive et doit arriver par la combinaison et le jeu des événements. Tout s'en va et tout revient. On revient de tout et on revient à tout. Ceux qui disent qui'ils sont revenus de tout de sont jamais allés nulle part". Talleyrand-Perigord, *Mémoires et correspondances du Prince de Tayllerand*, p.17.

141 François Guizot (Nîmes, 1787-Saint-Ouen-le-Pain, 1874), político e historiador francês, como ministro da Instrução Pública foi responsável pelo lançamento do ensino primário na França. Suas principais obras são *Histoire de la civilisation en Europe* (1828) e *Histoire de la civilisation en France* (1829-1832).

Eis o que o Sr. B. Pinheiro,[142] romancista português, comprendeu desde que entrou no comércio das letras. *Sombras e luz*, romance histórico, que tenho diante dos olhos, é o terceiro livro deste gênero que o Sr. B. Pinheiro dá à publicidade. *Arzila* e a *Filha do povo* foram os dois primeiros. Interrogar a vida pública e a vida íntima dos tempos que foram, eis a ocupação predileta e exclusiva do autor. Ele divide o tempo entre o estudo da história e o estudo dos modelos. Para descansar da consulta das crônicas vai ler Herculano e Walter Scott, seus autores favoritos; em se fatigando destes volta de novo aos in-fólios dos velhos tempos.

Sombras e luz significam as glórias e os erros do reinado de D. Manuel. Tais são as promessas que o autor nos faz no prefácio e tal é o pensamento manifesto que domina o livro. É este livro isento de defeitos? Francamente não, e o principal defeito não é decerto o pouco desenvolvimento que o autor deu às bases indicadas no prefácio.

Declarando que o seu livro é um simples ensaio de romance histórico, como os precedentes, devia contudo o autor ter em vista uma explanação mais cabal do assunto, para o que não lhe faltava nem talento nem elementos de observação.

Disto resulta que os caracteres estão desenhados apressadamente, sem aquela demorada observação que o autor nos revela em muitas páginas. Tendo de ligar a ação imaginada à tela dos acontecimentos o autor cuidou menos dos sentimentos morais dos seus personagens, para tratar miudamente das situações e dos fatos. Em apoio desta observação citarei a visita que Eulália e Luís, de volta de Hamburgo, fazem a Duarte Pacheco. É evidente que esta visita tem por único fim apresentar em cena o herói da Índia; mas reparou o autor na inverossimilhança desta visita de dois jovens, raptados em criança para terra estrangeira, e voltando ao país natal não havia muitas horas? Eles que no exílio ocultavam-se para falar a língua pátria e que, pondo o pé em

---

[142] Bernardino Pereira Pinheiro (Coimbra, 1837-Lisboa, 1896), escritor português, emigrou para o Brasil onde se dedicou a atividades comerciais. Foi um dos fundadores do Grêmio Literário Português e colaborou nos jornais *A Reforma* e *A Semana*, dentre outros. De volta a Portugal, publica em Lisboa os romances *Arzila*, romance histórico cuja ação se passa no século XV, em 1862, e *Sombras e luz*, romance histórico do reinado de D. Manuel, em 1863.

Lisboa, já vinham influenciados por uma simpatia mais terna, podiam acaso sentir aquela admiração e entusiasmo por Duarte Pacheco?

Mas deixemos este pormenor e entremos em uma apreciação mais larga. À míngua de espaço farei apenas uma observação, mas capital, no meu entender.

Eulália e Luís, embora filhos de pais diversos, nunca tiveram conhecimento desse fato e antes se acreditavam irmãos. Como irmãos foram educados e por irmãos se tiveram em terra estranha. Que melhores elementos tinha o autor para enobrecer e fazer interessar os seus personagens? A afeição fraternal, aumentada na orfandade da pátria e da família, seria neles um vínculo nobre e apertado, legítimo e natural. Não creio que de outro modo pudessem interessar mais. Nele a proteção, nela o desvelo, em ambos a dedicação mútua, eis aí uma tela que dava lugar aos quadros mais comoventes e interessantes.

Em vez disso, o autor, apenas voltam os dois irmãos a Portugal, apresenta-os como sentindo um afeto menos desinteressado que o de irmãos. É ao princípio um sintoma, mais tarde é um fato positivo que se manifesta, não já por uma cena de enleio, mas por uma cena de paixão, com todos os pormenores, sem faltar o beijo longo e absorvente.

Ora, quaisquer que sejam as razões que se apresentem em contrário, eu tenho este amor por incestuoso. Não toma a educação grande parte nestas coisas? A fé em que estavam ambos do vínculo que os unia, não era um impedimento moral, não digo já à manifestação, mas ao nascimento de semelhante amor? Em duas almas bem formadas, não bastaria isso para repelir tal sentimento?

É verdade que Luís, desde o princípio, manifesta a desconfiança de que Eulália não é sua irmã; mas essa desconfiança não resulta de fato algum, é puramente uma desconfiança do coração, na qual sou forçado a ver menos involuntariedade do que parece haver. Acontece justamente aquilo que eu não quisera ver em uma obra, por muitos títulos recomendável como as *Sombras e luz*. Este amor é a glorificação dos instintos; os sentimentos morais não intervêm nele por modo nenhum.

O autor das *Sombras e luz*, quero acreditá-lo, há de convir comigo, que esta glorificação dos instintos, a despeito da vitória que lhe dê o favor público, nada tem com a arte elevada e delicada. É inteiramente uma aberração, que, como tal, não merece os cuidados do poeta e as tintas da poesia.

Faço esta observação com plena liberdade, podendo, em compensação, mencionar o muito que há para louvar nas *Sombras e luz*. Abundam nesse romance as situações dramáticas, as cenas pitorescas, o colorido da descrição; o estilo é correto, puro e brilhante; o diálogo vivo e natural.

O que sobretudo recomenda o livro e o autor é a convicção com que este se enuncia, tanto no entusiasmo pelas boas ideias e os grandes fatos, como na repulsão dos sucessos odiosos e dos princípios errôneos. É este o meio seguro de interessar o livro e arrastar o leitor.

Falo assim por experiência. Foi-me preciso ler e reler o capítulo X e a nota correspondente para dar o justo valor à ilusão em que o autor está acerca dessa formação de um tribunal comum a todos os povos e essa universalidade de dedicações à causa da verdade. Entre os que acreditam isso impossível e os que, com o Sr. B. Pinheiro, estão convencidos da sua praticabilidade, há um meio-termo que é a minha opinião.

Todos devemos crer no progresso e na vitória da justiça; mas o que presenciamos atualmente não alimenta a esperança de ver a sociedade universal depender, como diz o autor, *da vontade de um governo, do governo inglês, por exemplo.*

Esse parlamento comum a todos os povos seria uma simples transformação da instituição diplomática. Haveria as mesmas influências, as mesmas cabalas, o mesmo sucesso de força numérica, a mesma violência das leis do justo e do honesto. Que o autor manifestasse a esperança de ver o mundo, após o trabalho incessante dos filósofos e dos pensadores, chegar a um estado de poder aproximar-se da realização de um tal sonho, é o que assentaria bem na sua imaginação de poeta; mas daqui até lá quantas gerações não voltarão ao pó, e quantas vezes não há de a justiça cobrir o rosto de vergonha?

Nesta crítica à convicção íntima do autor é ainda um elogio que lhe faço rendendo preito à sinceridade do entusiasmo de que ele se toma pelas ideias humanitárias e grandiosas.

Em resumo, *Sombras e luz*, salvo os reparos que ligeiramente fiz, merece a atenção dos escritores; é mais uma prova que o Sr. B. Pinheiro nos dá de que toma a peito aperfeiçoar-se no gênero que encetou. Estou certo de que com o talento e a observação que possui desenvolverá, mais e mais, os já tão desenvolvidos elementos que se encontram nas *Sombras e luz*.

[...]

M. A.
Diário do Rio de Janeiro, ano XLIII, nº 231, Folhetim,
Conversas Hebdomadárias, segunda-feira, 24 de agosto de 1863, p.1.

Rio, 1º de setembro de 1863.

[...]

Voltemos bruscamente os olhos para outro assunto. Recebi de Buenos Aires uma ode escrita pelo poeta argentino Carlos Guido y Spano[143] sobre a invasão do México.[144] É um ardente protesto contra o ato de Sua Majestade o Imperador dos Franceses, isto é, o recurso da justiça contra a violação do direito em tempos que mais parecem de ferro que de luz.

Revolta-se a alma do homem e a musa do poeta contra a prepotência armada e disfarçada. Em casos tais, não se escolhem expressões, nem se dissimulam sentimentos; fala-se franca e rudemente como o permitem a dor e a irritação. Tal é o caráter da poesia de Carlos Guido.

Nem outro poderia ser o tom de uma poesia, que tratasse de tamanho infortúnio. Como dirigir em certos casos o ímpeto e o alvoroço? É a comoção do momento que domina tudo, como no cântico dos hebreus, ao escaparem das hostes do Faraó; a um tempo e tumultuariamente celebra Israel o poder do Senhor e a submersão do inimigo.

Quem dentre os heróis é semelhante a ti, Senhor?
Estendeste a mão e o mar os devorou...

---

143 Carlos Guido y Spano (Buenos Aires, 1827-idem, 1918), poeta argentino do romantismo, opositor da guerra contra o Paraguai, esteve várias vezes no Brasil. Principais obras: *Hojas al viento* (1871), *Ráfagas* (1879) e *Ecos lejanos* (1895).

144 Em 5 de maio de 1862, as forças de Napoleão III invadiram a cidade de Puebla, no México, com o objetivo de instalar uma monarquia favorável à França, sendo, no entanto, derrotados pelos mexicanos que, a partir dessa data, passaram a comemorar a vitória.

Ah! que não pudesse o poeta repetir as mesmas palavras de Israel! Não se abriu o mar; antes, cúmplice da violação, deu livre caminho às naus dos invasores. Estas foram levar a uma nação fraca a morte e a desolação. Tinham os soldados da invasão o direito do número e do valor marcial, isto é, o supremo direito nos conflitos, em que a consciência não toma parte. Entraram, destruíram, violentaram, arrasaram, e Puebla, lá diz o poeta,

podrá no ser ciudad, mas será templo.

Por esses feitos heroicos, queima-se incenso nos altares do Deus da justiça, e dizem que aumentou o sol da glória francesa.

E esta glória é já diversa daquela do tempo de Salústio. – Inverteram-se os papéis: é Roma quem combate por salvar-se e a antiga Gália quem manda ao longe suas hostes – para dominar.

Ó tempos...

M. A.

Diário do Rio de Janeiro, ano XLIII, nº 239, Folhetim, Conversas Hebdomadárias, terça-feira, 1º de setembro de 1863, p.1.

Peregrinação pela Província de S. Paulo, por A. E. Zaluar.

Um volume. – Garnier. – 1863.

Não sei que haja muitas coisas acima do prazer de viajar. Viajar é multiplicar a vida. De país em país, de costumes em costumes, o homem que nasceu com propensão e gosto para isso, renova-se e transforma-se. Mas, fique bem claro; é preciso ter gosto e propensão; é preciso ser poeta; os lorpas também viajam; mas, porque lhes falta o dom natural de apreciar e sentir as coisas, aborrecem-se por vaidade, ou divertem-se por aberração.

Aos que não podem ir ver com os olhos da carne as terras e os costumes alheios, reserva-se um prazer, um tanto ilusório, mas, ainda assim, suficiente para almas de boa têmpera: é a narração dos viajantes poetas. Diante de um livro de viagens, escrito por um poeta, o homem reparte-se; deixa em casa a *outra* de Xavier de Maistre,[145] e vai todo nas asas da imaginação aos lugares perlustrados pelo escritor.

Estou no caso; e não poucas vezes tenho empreendido excursões dessa natureza. Devo dizer que sou em extremo exigente: não quero perder de vista o viajante de modo tal que o livro me pareça romance; nem tê-lo tão presente que me faça crer que estou lendo uma autobiografia. Quero o viajante em um meio-termo, desaparecendo, quando é a vez da natureza, dos costumes ou dos fatos, e aparecendo, quando se torna preciso apreciá-los ou explicá-los.

Apesar do título restrito e das desculpas do prefácio, o *Itinerário de Paris a Jerusalém*[146] é, em algumas páginas, um livro para fazer sentir, e está perfeitamente no caso. Sempre que li a passagem do poeta pelo solo de Esparta, senti com ele a veneração e o respeito diante da última ruína da pátria de Licurgo. Não sei que mola oculta me fazia voltar aos tempos que se foram e me punha diante dos heróis antigos. Igual comoção me tomou diante do *tumulus* do cantor de Ílion.[147] As coisas e os monumentos são de si veneráveis e poéticos; mas, se uma pena mágica os não retratasse e referisse, é certo que os sentimentos se revelariam tíbios e por metade.

E já que falo do *Itinerário*, deixem-me citar o autor, em apoio do que asseverei acima. Tanto é verdade que o escritor não deve ser açodado em aparecer de contínuo nas suas narrativas, que o próprio Chateaubriand lá diz no prefácio — que o desculpem de *falar muitas vezes de si, mas é que não intentava dar aquelas páginas à publicidade*.

Estas considerações vêm muito a propósito encabeçando a *Peregrinação pela província de S. Paulo*, do Sr. A. E. Zaluar, onde o preceito é, a um tempo,

---

145 Xavier de Maistre (Chambéry, 1763-São Petersburgo, 1856), escritor francês, famoso pela obra *Voyage autour de ma chambre* (*Viagem ao redor de meu quarto*, 1794), na qual retoma o tema da duplicidade, da alma e da besta, chamando a esta de "a outra".

146 A obra *Itinéraire de Paris à Jérusalem* (*Itinerário de Paris à Jerusalém*), de Chateaubriand, publicada em Paris, em 1811, é conhecida como o primeiro relato de viagem romântico, tendo em vista a introdução da subjetividade do viajante.

147 Referência a Homero, a quem é atribuída a autoria da *Ilíada*, que narra a Guerra de Troia. O título da obra deriva de um outro nome grego para Troia, Ílion.

respeitado com severidade e infringido com muita frequência. Todavia, não esqueçam a natureza do livro: não é precisamente um livro de viagem, escrito com a intenção e no ponto de vista das obras desta natureza. É uma coleção de cartas, lavradas à proporção que o poeta visitava um município; no lugar em que descansava, à noite, anotava as impressões recebidas durante o dia. É propriamente um itinerário, mas um itinerário de poeta, onde o rio, a floresta, a montanha, não passam sem o tributo da poesia e do coração. Pede a verdade que se diga – que quando o poeta avista a natureza, dá-lhe a saudação devida, mas de cima do seu cavalo; não se apeia para penetrar nela. Vê-se que ele tem pressa de chegar à pousada, e que antes de lá chegar tem uma estrada para examinar e uma reflexão econômica ou administrativa para fazer.

Esta última observação é toda em louvor da obra do Sr. Zaluar. Os que gostam de sentir os influxos da poesia que as florestas de nossa terra oferecem, lá encontram com que satisfazer o espírito; mas, atravessando rapidamente os municípios da província de S. Paulo, o poeta nunca perde de vista o fim e a causa da viagem. Era então redator do *Paraíba*;[148] e escrevendo em cartas as suas impressões, tinha por fim apontar nas colunas daquela folha, que tão importante era, muitas questões de ordem prática, resolver algumas, suscitar outras, enfim tirar das suas excursões uma base para estudos futuros de incontestável proveito e oportunidade.

Se, por circunstâncias que não vem a pelo esmerilhar, a folha de Petrópolis cessou, e o fim do jornalista viajante ficou malogrado, nem por isso as cartas perderam do que valiam e do que poderiam valer. As questões suscitadas ou estudadas não são especiais aos lugares e aos tempos; existem hoje do mesmo modo e com a mesma importância. Nem o autor as restringe; quando as indica, tira os corolários gerais e procura ampliar os seus estudos pela universalidade das aplicações. É, portanto, um livro atual e genérico.

Isto no que respeita às considerações de ordem prática. No resto, como já disse, há muito que apreciar. Os desenhos rapidamente lapisados, à proporção que as telas naturais passavam à ilharga do poeta; as lendas poéticas

---

148 Fundado por Augusto Zaluar e Quintino Bocaiúva, *O Paraíba*, jornal de Petrópolis, circulou entre 1857-1860, saindo às quintas-feiras e aos domingos.

dos lugares introduzidas com felicidade no livro; o estudo dos costumes, a história dos edifícios, tudo isso se acha travado de modo a estabelecer a diversão para interessar mais o leitor.

Não se perca de vista o título destas linhas: é uma simples notícia bibliográfica. Nem o tempo, nem os meios intelectuais me dão lugar para coisa melhor. Sou obrigado a terminar, remetendo os leitores para a obra, e afirmando-lhes que não se hão de arrepender. Tenho por inútil uma recomendação mais calorosa. Quando um escritor de talento consegue a justa nomeada do Sr. A. E. Zaluar, o próprio nome é a sua recomendação.

O Sr. A. E. Zaluar não descansa; é um trabalhador infatigável. Compreende que o *talento obriga* e não se esquece nunca de que tem uma missão a desempenhar. Pode estar certo de que, tarde ou cedo, deste ou daquele modo, terá o proveito das tenacidades conscienciosas.

M. A.
Diário do Rio de Janeiro, ano XLIII, nº 313, Variedade,
Notícia Bibliográfica, segunda-feira, 16 de novembro de 1863, p.2.

1864

Rio de Janeiro, 10 de abril de 1864.

[...]
Houve no dia 4 nos salões do *Club* um sarau literário e musical dado pelo conselheiro José Feliciano de Castilho em despedida ao Dr. João Cardoso Meneses e Sousa.[149] Esteve brilhante e animado. O auditório era dos mais escolhidos. Homens de letras, homens de política, poetas, prosadores, deputados, senadores; clero, nobreza e povo. Recitaram nessa noite, verso e prosa, os Srs. Quintino Bocaiúva, Castilho (José), Dr. Pedro Luís,[150] M. de Melo,[151] F. X. de Novais, Dr. Luís Fortunato,[152] Machado de Assis,

---

149 João Cardoso Meneses e Sousa, barão de Paranapiacaba (Santos, 1827-Rio de Janeiro, 1915), poeta, historiador, biógrafo, tradutor, teatrólogo, censor teatral e advogado, autor das obras *Cântico do tupi* (1844) e *Camoneana brasileira* (1880).
150 Pedro Luís Pereira da Silva (Rio de Janeiro, 1839-São Paulo, 1884), poeta, advogado e deputado, autor dos livros de poesia *Os voluntários da morte* (1864) e *Prisca fides* (1876).
151 Manuel de Melo (?-?), autor do ensaio *Da glória em Portugal* (1872), em resposta ao livro de Francisco Adolgo Coelho, *A língua portuguesa* (1872).
152 Luís Fortunato de Brito Abreu e Sousa (?-?), advogado, foi um dos fundadores, no Rio de Janeiro, do Instituto dos Advogados Brasileiros, em 1843.

Dr. João Cardoso, Ernesto Cibrão,[153] Bethencourt da Silva,[154] Dr. De Simoni,[155] J. J. Teixeira,[156] e outros que não me ocorrem agora. Esta festa acabou pelas duas horas da noite.

Já que estou no capítulo da literatura deixe-me falar de um volumezinho que há dias desafia a curiosidade dos passantes, nas vidraças do Garnier.

Intitula-se *Diva*.

É um romance do autor da *Lucíola*. Todos se lembram do barulho que faz a *Lucíola*.[157] Terá este a mesma fortuna? Ouso duvidar. *Lucíola* tinha mais condições de popularidade. Primeiramente, assentava sobre o princípio da beleza moral no meio da perversão dos sentidos, princípio já gasto, mas que, segundo suponho, ainda dará tema a muitos livros. Não entro na discussão dele; *Lucíola* tinha mais a qualidade de ter uma ação complexa, movimentos dramáticos, mais profunda análise de sentimentos.

Diva tem uma ação mais simples e não tem movimentos dramáticos. Não se conclua daqui que eu a rejeito por isso; *Diva* como *Lucíola* não é precisamente um romance, é um estudo, é um perfil de mulher. Em escritos tais a complexidade é antes um desvio que um acerto. Mas eu explico assim os meus receios acerca do efeito do livro. Não basta para o sucesso das massas uma linguagem fluente e colorida, posto que nem sempre pura e castigada; nem ainda os toques delicados com que o autor da *Diva* tratou de completar a sua heroína.

---

153 Ernesto Pego de Kruger Cibrão [Inocêncio]. Poesias de Ernesto Cibrão, 1857-1860.

154 Francisco Joaquim Bethencourt da Silva (1831-Rio de Janeiro, 1911), poeta, prosador, jornalista e fundador do Liceu de Artes e Ofícios, em 1858, autor das obras *O poeta e o artista* (1865), *Desilusão* (1876), dentre outras.

155 Luís Vicente De Simoni (Gênova, 1792-Rio de Janeiro, 1881), médico, veio para o Brasil em 1817; tradutor de libretos de óperas e de dois livros de poesias, *Gemidos poéticos sobre os túmulos* e *Ramalhete poético do parnaso italiano*, respectivamente de 1842 e 1843.

156 Joaquim José Teixeira (Rio de Janeiro, 1811-idem, 1885), poeta, romancista, teatrólogo, tradutor e advogado, autor das obras *Elogio dramático* (1840), *Fábulas* (1865), *Versos* (1865), dentre outras.

157 Primeiro romance da trilogia que José de Alencar denominou de "perfis de mulheres", *Lucíola* causou muita polêmica quando foi publicado, em 1862, por trazer uma cortesã como protagonista e porque, para muitos, a obra não passava de imitação de *A dama das camélias* (1848), de Alexandre Dumas Filho (Paris, 1824-Marly-le-Roi, 1895).

Diva é a exaltação do pudor. Para um público afeito a outro gênero isto é já um elemento de mau êxito. Foi o autor sempre igual no desenvolvimento da ideia capital? É Emília um tipo completo da pudicícia? O desenvolvimento e a demonstração da minha opinião me levaria longe; mas creio poder dizer de passagem que se Emília não descendo do pedestal de castidade em que o autor a coloca, todavia leva os seus sentimentos de pudor a um requinte pueril, a uma pieguice condenável. Longe de mim a ideia de condenar a exageração, isto é a interpretação na arte; o contrário disso é o Realismo, e o autor da *Diva* não parece disposto a abandonar a escola sob cujos influxos escreveu a *Lucíola*. Mas, entre a interpretação dos sentimentos e dos fatos, e as preocupações pueris de Emília, há muita distância.

O fim da interpretações na arte é tornar os fatos e os sentimentos inteligíveis; ora o que se observa em *Diva* não é de natureza a produzir este resultado.

Devemos atribuir todos os atos, todos os movimentos de Emília aos seus sentimentos de pudor? Uma leitura atenta leva o espírito a uma conclusão contrária. Mais de uma vez o autor compraz-se em pintar a heroína como um tipo de altivez. Eu creio que, sem suprimir-se o pudor, é à altivez[158] que devemos atribuir muitas vezes as resoluções do espírito de Emília.

O autor reconhece tanto a incerteza e a vacilação do caráter de Emília, que faz dizer a Augusto, em cuja boca põe a narração da história: "Dirão que esta mulher nunca existiu; eu responderei que, nas salas nunca foi compreendida assim, mas que a mim nunca se apresentou de outro modo". Não garanto o texto, mas o sentido é este.

Ora, pergunto eu: Isto salva o autor e o livro? Se esta mulher singular, é uma exageração, cuida o autor que pode fazer entrar as exceções no domínio da arte? As obras imortais de todos os séculos não devem a sua imortalidade exatamente ao fato de tomarem seus caracteres entre os tipos gerais?

Estes reparos feitos à pressa, como correm em um escrito desta ordem, não invalidam os merecimentos da obra. Repito, há páginas de uma deliciosa leitura, tão naturais, tão verdadeiras, tão coloridas as fez o poeta. Mas é para sentir que diante de uma obra tão recomendável a admiração não possa ser absoluta e o aplauso sem reservas.

---

158 "A altivez", no original.

[...]

Publicou-se o *Almanaque Ilustrado* da *Semana Ilustrada*. É um belo volume, ornado de gravuras de madeira, trabalho dos discípulos do Instituto Artístico,[159] dos Fleiuss, Irmãos & Linde. Vinha a pelo dizer muitas palavras acerca deste estabelecimento onde os alunos são todos brasileiros, e que dará muita utilidade ao país introduzindo nele uma arte nova. Mas a hora urge, basta dizer que o *Almanaque* é já um belo resultado dos esforços dos Srs. Fleiuss e Linde.

[...]

SILENO

Imprensa Acadêmica, ano I, nº 1, Correspondência, domingo, 17 de abril de 1864, p.1.

Corte, 25 de abril de 1864.

[...]

Sinto não poder ter um capítulo literário nesta correspondência. O Rio de Janeiro não produz com frequência, e só de longe em longe aparece no horizonte um livro ou um poeta.

Todavia, para que esta parte não vá de todo vazia, dir-lhe-ei que se projeta para junho um grande sarau literário e musical no *Club*, a semelhança do que ali teve lugar ultimamente. Este terá mais uma novidade; terá a presença de senhoras. Temem alguns que elas vão e não achem em tais diversões o prazer que se lhes quer proporcionar. Mas, além de não ser isto verdade, decorre mais que, desde que se intercalar a dança, tudo o que houver de inconveniente desaparecerá.

Eu de mim digo que acho acertada a presença de senhoras. Não é que eu as queira letradas e pedantes, Armandas e Belisas.[160] O exemplo e Molière

---

159 Fundado em 1858 pelos irmãos Fleiuss, Henrique Fleiuss (Colona, 1823-Rio de Janeiro, 1882) e Carl Fleiuss (?-1878), e pelo pintor Carl Linde (?-1873), o Instituto Artístico inicia suas atividades como oficina tipo, xilolitográfica e estabelecimento de ensino para meninos naquelas artes gráficas. Por decreto de D. Pedro II, passou a se chamar Imperial Instituto Artístico, em 1863.

160 Armanda, Belisa e Arnolphe são personagens da peça *Les Femmes savantes* (*As sabichonas*, 1672), de Molière (1622-1673).

deixaram-me com opinião neste ponto; mas se fujo de um extremo não é para cair em outro. Se as não quero *bas bleus* e falansterianas, também não acho que todas deverão limitar-se ao governo do *pot-au-feu* ou a darem resposta ao *tarte à la creme* de Arnolphe. Há um meio-termo; e nesse estou eu.

Cuido, portanto, que o sarau de junho deve ser dos mais importantes.

A Campesina[161] celebrou o dia em que fez anos. É esta uma sociedade que progride consideravelmente e promete ainda muitas noites de prazer. Na última noite contentaram muitos amadores, damas e cavalheiros. Dos primeiros foram aplaudidos especialmente os Srs. Redondo[162] e Fontes.

Uma errata, meu Redator. Enganei-me quando disse que nada havia em matéria de livros. Há dois. É porém verdade que não são produtos do Rio de Janeiro. O primeiro é um *Ensaio estatístico da província do Ceará*, obra do Sr. Senador Tomás Pompeu.[163] Todo o império sabe com que desvelo e distinção o ilustre cearense se entrega a este gênero de estudo. Este volume é apenas o primeiro e conta 800 e tantas páginas. É um dos trabalhos mais completos. O segundo é um livro de Varnhagen sobre que não falo por não ter dele notícia mais detalhada.

[...]

SILENO
Imprensa Acadêmica, ano I, nº 5, Correspondência da Corte,[164] domingo, 1º de maio de 1864, p.1-2.

---

161 A Sociedade Musical Campesina, fundada na cidade de Nova Friburgo, era uma banda de música que tocava retretas, polcas, mazurcas e *schottisches*, em casamentos, aniversários, procissões e outras festividades. A Campesina teve início juntamente com o movimento republicano que se instalou em Nova Friburgo, em 1860. No final do século XIX, além da Campesina, havia outras três sociedades musicais na cidade: Euterpe, Estrela Friburguense e Recreio dos Artistas.

162 Manuel Ferreira Garcia Redondo (Rio de Janeiro, 1854-São Paulo, 1916), pseudônimo Gavarni, engenheiro, jornalista, professor, contista e teatrólogo, autor de *Arminhos* (contos, 1882), *Mário* (drama, 1882), *O dedo de Deus* (comédia, 1883) e *O urso branco* (comédia, 1884).

163 Tomás Pompeu de Sousa Brasil (1818-1877), político e advogado, autor de diversas obras, principalmente de História e Geografia.

164 Esta crônica não consta na *Bibliografia de Machado de Assis*, de Galante de Sousa.

Rio, 20 de junho de 1864.

[...]

A casa Garnier acaba de receber de Paris os exemplares de uma edição que mandou fazer da comédia do Sr. conselheiro J. de Alencar — *O demônio familiar*.

O público fluminense teve já ocasião de aplaudir esta magnífica produção daquela pena culta e delicada, entre as mais delicadas e cultas do nosso país.

A edição do Sr. Garnier é o meio de conservar uma bela comédia sob a forma de um belo volume. A nitidez e elegância do trabalho convidam a abrir este volume; é inútil dizer que a primeira página convida a lê-lo até o fim.

A casa Garnier vai abrindo deste modo a esfera das publicações literárias e animando os esforços dos escritores. É justo confessar que as suas primeiras edições não vinham expurgadas de erros, e era esse um argumento contra as impressões feitas em Paris. Agora esse inconveniente desapareceu; acha-se em Paris, à testa da revisão das obras portuguesas por conta da casa Garnier, um dos melhores revisores que a nossa imprensa diária tem possuído.

Já as últimas edições têm revelado um grande melhoramento.

[...]

M. A.

Diário do Rio de Janeiro, ano XLIV, nº 170, Folhetim, Ao acaso (Crônica da Semana), segunda-feira, 20 de junho de 1864, p.1.

Rio, 3 de julho de 1864.

[...]

Foi no dia de ontem que a Bahia festejou a sua independência, naturalmente como de costume, com ardor e entusiasmo.

Também ontem tivemos por cá a nossa festa, festa mais particular, mas de grande alcance: a festa da inauguração de uma sociedade literária.

É de grande alcance, porque todos estes movimentos, todas essas manifestações da mocidade inteligente e estudiosa, são garantias de futuro e trazem à geração presente a esperança de que a grandeza deste país não será uma utopia vã.

A sociedade a que me refiro é o Instituto dos Bacharéis em Letras;[165] efetuou-se a festa em uma das salas do colégio de D. Pedro II. À hora em que escrevo nada sei ainda do que lá se passou; mas estou certo de que foi uma festa bonita: entre os nomes dos associados há muitos de cujo valor tenho as melhores notícias, e que darão ao Instituto um impulso poderoso e uma iniciativa fecunda.

Tenho agora mesmo diante dos olhos um exemplar da *Revista Mensal dos Ensaios Literários*. Ensaios Literários é a denominação de uma sociedade brasileira de jovens inteligentes e laboriosos, filhos de si, reunidos há mais de dois anos, com uma perseverança e uma energia dignas de elogio.

Que faz esta sociedade? Discute, estuda, escreve, funda aulas de história, de geografia, de línguas, enfim, publica mensalmente os trabalhos dos seus membros. É uma congregação de vocações legítimas, para o fim de se ajudarem, de se esclarecerem, de se desenvolverem, de realizarem a sua educação intelectual.

Toda a animação é pouca para as jovens inteligências que estreiam deste modo. Se erram às vezes, indique-se-lhes o caminho; mas não se deixe de aplaudir-lhes tamanha perseverança e modéstia tão sincera.

[...]

M. A.

Diário do Rio de Janeiro, ano XLIV, nº 182, Folhetim, Ao acaso (Crônica da Semana), domingo, 3 de julho de 1864, p.1.

---

165 O Instituto dos Bacharéis de Letras foi fundado em 1863 por Benjamin Franklin Ramiz Galvão (Rio Pardo, RS, 1846-Rio de Janeiro, 1938), barão de Galvão, com o objetivo de "combinar e promover o progresso intelectual de seus associados".

Rio, 10 de julho de 1864.

[...]

A propósito do México mencionarei aqui, de passagem, um fato de que todos já têm conhecimento: — a publicação de um livro de Sua Majestade a Imperatriz Carlota,[166] intitulado, — *Recordações das minhas viagens à fantasia*.

O livro ainda não chegou às nossas plagas, creio eu. Hei de lê-lo apenas chegar. Há muitas razões para aguardar esta obra, com certa curiosidade. Primeiramente, o título, já de si atraente, — depois a autora, que, além da consideração pessoal que tem, recebe agora toda a luz dos acontecimentos que — em mal! — vão cercar o seu nome e o de seu marido.

Outro livro, e de viagens, não de outra imperatriz, mas de uma senhora patrícia nossa. *Trois ans en Italie* é o título; veio-nos da Europa onde se acha a autora, a Sra. Nísia Floresta Brasileira Augusta.[167]

A *fantasia* ou a *Itália* — é a mesma coisa; é, pelo menos, o que nos fazem crer os poetas e os romancistas, sussurrando aos nossos ouvidos o nome da Itália como o da terra querida das recordações e das fantasias, do céu azul e das noites misteriosas.

Três anos na Itália deve ser um verdadeiro sonho de poeta. Até que ponto a nossa patrícia satisfaz os desejos dos que a lerem? Não sei, porque ainda não li a obra. Mas, a julgar pela menção benévola da imprensa, devo acreditar que o seu livro merece a atenção de todos quantos prezam as letras e sonham com a Itália.

---

166 Maria Carlota Amélia Vitória Clementina Leopoldina (Laeken, 1840-Meise, 1927), também conhecida como Carlota do México, foi a única filha de Leopoldo I e da princesa Luísa Maria de Orléans, reis dos belgas. Foi esposa do arquiduque Maximiliano da Áustria, que, em 1864, tornou-se imperador do México. Após a morte do marido, Carlota enlouqueceu e passou sessenta anos confinada no castelo de Bouchot, onde morreu.

167 Nísia Floresta Brasileira Augusta, pseudônimo de Dionísia Gonçalves Pinto (Papari, atual Nísia Floresta, 1810-Ruão, França, 1885) foi educadora, escritora e poetisa. É considerada pioneira do feminismo no Brasil e foi provavelmente a primeira mulher a publicar textos em jornais. Nísia também dirigiu um colégio para moças no Rio de Janeiro e escreveu livros em defesa dos direitos das mulheres, dos índios e dos escravos.

Para os que sonham com os bailes tenho uma notícia na lista da semana: a instalação de uma nova sociedade destinada a dar partidas. Niterói carecia de uma sociedade deste gênero, verdadeiramente familiar, como não pode deixar de ser, e que dará à cidade fronteira um novo atrativo.

Creio não ser indiscreto anunciando que muito breve haverá novamente nos salões do Clube Fluminense um grande serão literário-musical, com a presença de senhoras, a fim de terminar a noite com um baile.

Ocultarei, por ora, os nomes dos promotores da festa que, a julgar pelo entusiasmo que já vou presenciando, há de ser esplêndida e única no gênero, entre nós.

Mais de uma vez tenho manifestado a minha opinião acerca deste gênero de reuniões literárias — nem tão sérias que fatiguem o espírito do maior número, nem tão frívolas que afastem os espíritos sérios. Achar um meio-termo desta ordem é já conseguir muito.

Por agora nada mais digo, pedindo apenas aos leitores que aguardem como coisa certa (o cometa é só lá para 1865) o anunciado serão, onde se achará a flor da sociedade fluminense.

Tenho limitado as proporções deste folhetim pelas causas já apontadas no começo, e por outra, que é a falta de espaço.

É preciso não atulhar a casa de mobília inútil.

Também não se perde nada, visto que a semana foi das mais indigentes e frias — política à parte.

Não recebi a *Cruz*,[168] mas recebi o primeiro número de um jornal de Cametá, verdadeira ressurreição do gênero de José Daniel.

Denomina-se *A Palmatória*, e traz como programa as seguintes linhas para as quais peço a atenção dos leitores:

> *A Palmatória* tem de defender a rapaziada de qualquer injusta acusação que se lhe faça; tem de entreter os jovens de ambos os sexos com a transcrição

---

168 *A Cruz*, jornal religioso, literário, histórico e filosófico, vinculado à Igreja Nossa Senhora da Candelária, do Rio de Janeiro, circulou, aos domingos, de 1861 a 1864.

de algumas cartinhas amorosas, que possam ser obtidas por meios (ainda que sagazes) honestos e dignos, não se compreendendo nas transcrições respectivas os nomes das pessoas a quem se dirigiram, nem os das que as dirigiram, ou qualquer frase que possa fazer conhecedor o público de quem são só correspondentes; tem de inserir algumas poesias, romances, anedotas, pilhérias e charadas, que possam deleitar, e finalmente de tratar, por meio de uma discussão apropriada entre os dois pretos escravos, o pai João Jacamim e o pai Henrique, de sancionar a necessária lei e regulamento sobre o tratamento e quantidade de palmatoadas com que devem ser premiados os poetas Araquias – o Palteira de sebo e escritor da variedade em inglês assinada – que apresentaram no *Liberal* suas respectivas e meritosas obras. Também aparecerá, de vez em quando, um espreitador noticiando as discussões havidas entre as vendedeiras de frutas e doces, ora em casa de certo magistrado, ora na de um constante jogador, e ora na de alguém que se torne indigno de exercer a magistratura. Tudo à semelhança do Espreitador por J. D. R. da Costa.

Que lhes parece? Será isto imprensa? Temo estender-me demais; vou reler o que escrevi. Até domingo.

M. A.

Diário do Rio de Janeiro, ano XLIV, nº 189, Folhetim, Ao acaso (Crônica da Semana), domingo, 10 de julho de 1864, p.1.

Rio, 17 de julho de 1864.

[...]
Acabo de receber a *Cruz* – *A tout seigneur, tout honneur*.
[...]
Enfim, a folha católica anuncia uma nova refutação a Ernesto Renan, obra do douto cônego português Soares Franco. Nada tenho a dizer a este respeito, a não ser uma declaração à *Cruz*, a saber, que é de estimar ler todas

as respostas a Renan[169] em linguagem cristã. A nossa fé lucra com isso, e não há temer de excessos condenáveis. A este respeito espero que a nova refutação não tenha que se lhe censurar.

Mas, se trouxe esta notícia para aqui, é para encaminhar-me a dar outra notícia muito curiosa aos meus leitores.

Li na *Nação*, folha de Lisboa, uma carta, em que o Sr. marquês de Lavradio faz importantes revelações aos leitores daquela folha. S. Excia. refutou Ernesto Renan, mas não seguiu o caminho dos diferentes refutadores, bispos, clérigos ou simples particulares. S. Excia. entendeu que refutar simplesmente a obra de Renan era fazer o que os mais faziam; S. Excia. foi além: refutou a obra, mas não leu a obra; fez uma refutação e um milagre.

Mas, por que não leu a obra? Não tinha licença? Tinha licença; há quarenta anos que S. Excia. está de posse de licença de ler obras ímpias; mas S. Excia. não quis cair no erro de que ele próprio censura os bispos refutadores. Que os bispos refutassem a obra, muito embora; mas, lê-la, é o que S. Excia. não pode levar a bem. Parodiando uma expressão célebre, S. Excia. é mais episcopal que os próprios bispos.

Naturalmente, os leitores perguntam consigo como é que o Sr. marquês refutou a obra sem lê-la; também eu fiz essa pergunta, mas encontrei logo a resposta na mesma carta. Para refutar a obra, S. Excia. leu as refutações dos outros.

A isto chamo eu ler a obra em segunda mão.

Se o Sr. marquês pudesse responder-me agora, eu estabeleceria o seguinte dilema, do qual duvido muito que S. Excia. saísse com facilidade.

Ou as refutações que leu não lhe deram uma ideia cabal do livro de Renan, e nesse caso nutro receios sobre o valor da obra do nobre marquês; ou deram-lhe a ideia do livro, clara e positiva como lá vem, apoiada pela transcrição de alguns fragmentos, e então sua Excia. leu o livro – se não para refutá-lo, ao menos para incorrer na censura que fez aos bispos.

---

169 Joseph Ernest Renan (Tréguier, 1823-Paris, 1892), escritor, filósofo e historiador francês, autor da obra, *A vida de Jesus* (1863), que causou polêmica e controvérsia entre os leitores ortodoxos dos textos bíblicos, dado que, na sua biografia, Jesus é retratado cheio de vida, e não como o nazareno crucificado.

Não tendo esperança de que este meu argumento tenha resposta, nem ainda que o Sr. marquês o leia, acrescentarei o que me parece ver no ato e na declaração de S. Excia.

Que razões de escrúpulo nutre S. Excia. para ler obras ímpias, e, se estes escrúpulos são reais, por que recebeu a permissão pontifícia e por que a conserva? Quanto à primeira parte, não compreendo tais escrúpulos, que os bispos mais severos, os modelos, mesmo o de Dublin, creio eu, não sentem, tanto que leram a obra; quanto à segunda parte peço licença para dizer que S. Excia., apesar de tudo, não está fora da humanidade, e nesse caso, conservar a licença de cair em um perigo é expor-se a cair nele, a cada hora.

Eis o que se me ofereceu dizer a propósito da obra de Renan refutada... por um óculo.

E acabo assim com o nobre marquês de Lavradio.

Qu'on se le passe!

Veja o leitor o que é falar sem conta nem medida; já me vai faltando o espaço.

[...]

Chegou de Paris o 2º volume da *Morte moral*, novela do Sr. A. D. de Pascual, a respeito da qual já tive ocasião de dizer algumas palavras.

[...]

M. A.

Diário do Rio de Janeiro, ano XLIV, nº 196, Folhetim, Ao acaso (Crônica da Semana), domingo, 17 de julho de 1864, p.1.

Rio de Janeiro, 11 de julho de 1864.

[...]

Quanto aos livros, apenas tenho conhecimento de duas publicações, ambas vindas da Europa. Um romance do Sr. A. D. de Pascual, *A morte moral*. Chegou apenas o primeiro volume. É editor o Garnier. De Pascual, como se sabe, é empregado no Ministério dos Estrangeiros e um dos mais distintos membros do Instituto Histórico. O outro livro é em francês, escrito em Paris por uma brasileira, Dona Nísia Floresta Augusta, senhora conhecida por sua dedicação às letras. Intitula-se a obra: *Trois ans en Italie*.

Anuncia-se um grande sarau literário, musical e dançante no *Club*. É festinha de minha paixão. Lá irei e narrarei o que vir.

O sarau é em agosto.

SILENO

Imprensa Acadêmica, ano I, nº 27, Correspondência da "Imprensa Acadêmica",[170] São Paulo, domingo, 17 de julho de 1864, p.2.

Rio, 1º de agosto de 1864.

[...]
Antes de concluir devo dar uma explicação aos meus leitores habituais.

Apareço algumas vezes à segunda-feira – hoje como na semana passada; mas isso não quer dizer que eu tenha mudado o meu dia próprio, que é o domingo.

A profissão do folhetim não é ser exato como um relógio; e ainda assim, todos sabem como, até na casa dos relojoeiros, os relógios divergem entre si.

Se é lícito ao relógio variar, não é ao folhetim que se deve pedir uma pontualidade de Monte Cristo.

Eu cismo nos meus folhetins sempre a horas mortas, e acontece que nem sempre posso fazê-lo a tempo de aparecer no domingo.

Fiquem avisados.

Disse – horas mortas – para seguir a linguagem comum; mas haverá acaso horas mais vivas que as da noite?

É esta pelo menos a opinião de um poeta nos seguintes versos, escritos no álbum de uma senhora de espírito:

---

170 Essa crônica não consta na *Bibliografia de Machado de Assis*, de Galante de Sousa.

"HORAS VIVAS"[171]

Noite: abrem-se as flores...
    Que esplendores!
Cíntia sonha amores
    Pelo céu!
Tênues as neblinas
    Às campinas
Descem das colinas
    Como um véu!

Mãos em mãos travadas,
    E abraçadas,
Vão aquelas fadas
    Pelo ar.
Soltos os cabelos,
    Em novelos,
Puros, louros, belos,
    A voar!

"— Homem, nos teus dias
    Que agonias!
Sonhos, utopias,
    Ambições!
Vivas e fagueiras
    As primeiras,
Como as derradeiras
    Ilusões.

---

[171] O poema "Horas vivas" é de Machado de Assis, que irá integrá-lo, com algumas modificações de pontuação, ao livro *Crisálidas*, publicado em setembro de 1864, com o subtítulo "No álbum da exa. sra. D. C. F. de Seixas – 1864".

> — Quantas, quantas vidas
> 	Vão perdidas!
> Pombas malferidas
> 	Pelo mal!
> Anos após anos,
> 	Tão insanos,
> Vêm os desenganos
> 	Afinal!
>
> "— Dorme: se os pesares
> 	Repousares,
> Vês? Por estes ares
> 	Vamos rir.
> Mortas, não; festivas
> 	E lascivas,
> Somos — horas vivas
> 	De dormir!"

M. A.

Diário do Rio de Janeiro, ano XLIV, nº 211, Folhetim, Ao acaso (Crônica da Semana), segunda-feira, 1º de agosto de 1864, p.1.

Rio, 22 de agosto de 1864.

Hoje é dia de gala para o folhetim. Visitam-me dois poetas ilustres.

Para recebê-los, eu devia estender os melhores tapetes, queimar os melhores óleos e ornar com as flores mais belas os mais ricos vasos de porcelana.

Não podendo ser assim, faço o que posso com os meus poucos teres.

Os meus hóspedes são americanos, um da América do Sul, outro da América do Norte; ambos poetas, — cantando um na língua de Camões, outro na de Milton, — e para que, além de talento, houvesse neste momento um elo de união entre ambos — um criou uma página poética sobre uma lenda do Amazonas — o outro criou outra página poética, traduzindo literal, mas inspiradamente, a página do primeiro.

O primeiro é John Greenleaf Whittier,[172] autor de um livro de baladas e poesias, intitulado: *In war time, Em tempo de guerra*; – livro, onde vem inserta a página poética em questão.

Chama-se o segundo, na linguagem simples das musas, – Pedro Luís, poeta fluminense, dotado de uma imaginação ardente e de uma inspiração arrojada e vivaz, autor da magnífica *Ode à Polônia*, que aí corre nas mãos de quantos apreciam as boas letras.

Tratando do poeta, não é ocasião de mencionar o deputado eloquente, cuja estreia despertou todas as esperanças nacionais e pôs em atividade todas as reações do clero.

A poesia de Whittier, traduzida pelo Sr. Dr. Pedro Luís, intitula-se – "O grito de uma alma perdida". É o modo por que os índios designam o grito melancólico de um pássaro que se ouve à noite nas margens do Amazonas.

A poesia tradução parece poesia original, tão naturais, tão fáceis, tão de primeira mão, são os seus versos.

Não quero privar os entendedores do prazer de compararem as duas produções, os dois originais, deixem-me assim chamá-los.

Aqui vai a do Sr. Dr. Pedro Luís:

O GRITO DE UMA ALMA PERDIDA

Quando, à tardinha, na floresta negra,
Resvala o Amazonas qual serpente,
Sombrio desde a hora em que o sol morre
Até que resplandece no oriente,

Um grito, qual gemido angustioso
Que o coração do mato soltaria
Chorando a solidão, aquelas trevas,
O não haver ali uma alegria,

---

[172] John Greenleaf Whittier (1807-1892), influente poeta e advogado norte-americano, atuou na campanha da abolição da escravidão nos Estados Unidos. É autor das obras *Voices of freedom* (1846), *Songs of labor* (1850) e *In war time* (1864), entre outras.

Agita o viajor, com som tão triste
De medo, do ansiar da extrema luta,
Que o coração lhe para nesse instante
E no seu peito, como ouvido, escuta.

Como se o sino além tocasse a mortos,
O guia estaca, o remo que segura
Deixa entregue à piroga, e se benzendo:
"É uma alma perdida", ele murmura.

"Senhor, conheço aquilo. Não é pássaro.
É alma de infiel que anda penando,
Ou então é de herege condenado
Que do fundo do inferno está gritando.

"Pobre louca! Mofar crê que ainda pode
Da perdição; à meia-noite grita,
Errante, a humana compaixão pedindo
Ou dos cristãos uma oração bendita.

"Os Santos, em castigo, a tornem muda!
A mãe do céu nenhuma reza ensina
Para quem, no mortal pecado, arde
Na fornalha da cólera divina!"

Sem replicar, o viandante escuta
Do pagão batizado essa mentira,
Tão cruel que de novo horror enchia
O grito amargurado que se ouvira.

Frouxamente arde o fogo da canoa;
Em torno aumenta a sombra da espessura
Dos altos troncos com cipós nodosos;
Silenciosa corre a água escura.

Porém no coração do viajante,
Secreto sentimento de bondade
Que a natureza dá, e a fé constante
Do Senhor na infinita piedade

Levam seus olhos à estrelada estância;
E ali os gritos ímpios censurando
Por toda a terra — a Cruz do perdão brilha
Esses céus tropicais alumiando.

"Meu Deus!" exalta a súplica fervente,
"Tu nos amas, a todos; condenado
Para si, pode estar teu filho errante,
Jamais será por ti abandonado.

"Todas as almas te pertencem, todas:
Ninguém se afasta, ó Deus Onipotente,
De teus olhos, nas asas matutinas,
Pois até lá no inferno estás presente.

"Apesar do pecado, da maldade,
Do crime, da vergonha e da amargura,
Da dúvida, e do mal — sempre ilumina
Teu meigo olhar a tua criatura.

Em teu ser, ó Princípio e Fim eterno!
Reata o fio dessa triste vida;
Oh! muda, muda em cântico de graças
Esse grito infeliz da alma perdida!"

Aqui vai agora o original:

THE CRY OF A LOST SOUL

In that black forest, where, when day is done,
With a snake's stillness glides the Amazon
Darkly from sunset to the rising sun.

A cry, as of the pained heart of the wood,
The long, despairing moan of solitude
And darkness and the absence of all good,

Startles the traveller, with a sound so drear
So full of hopeless agony and fear,
His heart stands still and listens like his ear.

The guide, as if he heard a death-bell toll,
Starts, drops his oar against the gunwhale's thole
Crosses himself, and whispers, — "A Lost Soul!"

"No, senor, not a bird. I know it well, —
It is the pained soul of some infidel
Or cursed heretic that cries from hell.

"Poor fool! With hope still mocking his despair,
He wanders, shrieking on the midnight air,
For human pity and for Christian prayer.

"Saints strike him dumb!" Our holy mother hath
No prayer for him who, sinning unto death,
Burns always in the furnace of God's wrath!

Thus to the baptized pagan's cruel lie,
Lending new horror to that mournful cry,
The voyager listens, making no reply.

Dim burns the boat-lamp; shadows deepen round,
From giant trees with snake-like creepers wound,
And the black water glides without a sound.

But in the traveller's heart a secret sense
Of nature plastic to benign intent,
And an eternal good in Providence,

Lifts to the starry calm of heaven his eyes;
And lo! Rebuking all earth's ominous cries,
The Cross of pardon lights tropic skies!

"Father of all!" he urges his strong plea,
"Thou lovest all' thy; erring child may be
Lost to himself, but never lost to Thee!

"All souls are Thine; the wings of morning bear
None from that Presence which is everywhere,
Nor hell itself can hide, for Thou art there.

Through sins of sense, perversities of will,
Through doubt and pain, through guilt and shame and ill,
The pitying eye is on thy creature still.

"Wilt Thou not make, Eternal Source and Goal!
In Thy long years, life's broken circle whole,
And change to praise the cry of a lost soul!"

Feitas as devidas honras da casa, como devia e como podia, aos dois eminentes filhos das musas, passo a lançar os olhos aos acontecimentos da semana.

[...]

Também adio para a semana seguinte a apreciação do romance do Sr. A. de Pascual, *A morte moral*, cujo 4º volume acaba de chegar de Paris.

Os leitores já conhecem naturalmente o volume das fábulas do Sr. Dr. J. J. Teixeira, algumas das quais viram primeiro a luz nas colunas do *Jornal do Comércio*.

As fábulas do distinto poeta são geralmente engenhosas e conceituosas, cheias de muito sal cômico e muita propriedade. É sobretudo um fabulista brasileiro. Não faz falar somente o mundo animal, faz falar o mundo animal do Brasil.

Dou os meus sinceros parabéns às letras nacionais.

[...]

M. A.
Diário do Rio de Janeiro, ano XLIV, nº 231, Folhetim,
Ao Acaso, segunda-feira, 22 de agosto de 1864, p.1-2.

[...]

Quer o Sr. Jobim[173] mais uma prova dos maus costumes da mocidade acadêmica de S. Paulo? Tenho diante de mim um folheto denominado: *Uma festa da inteligência*. É escrito pelo Sr. Belfort Duarte.[174]

O Sr. Belfort Duarte é membro efetivo e já foi orador de uma das sociedades que eu mencionei no folhetim antepassado, o Instituto Jurídico.

O dia 11 de agosto, aniversário da inauguração dos Cursos Jurídicos no Brasil, foi, como sempre festejado em S. Paulo.

O Instituto Jurídico festejou esse dia tão grato à família acadêmica. Essa festa é o objeto do folheto que tenho agora ante os olhos.

Talento brilhante e cultivado, espírito ardente e cheio de nobre entusiasmo, o Sr. Belfort Duarte comemorou a festa e o dia em algumas páginas que honram o seu nome e respondem perfeitamente às esperanças da mocidade. *Uma festa da inteligência* não é só uma leitura simples, é uma página que se deve guardar, tão brilhante e vigoroso é o seu estilo, tão nobres e elevadas são as suas ideias.

O Sr. Belfort Duarte, já o eu sabia, é daqueles talentos sérios e refletidos, cuja falange cresce e vigora cada dia, por bem do futuro do país.

---

173 Referência a Antônio Martins da Cruz Jobim, barão de Cambaí (Rio Pardo, 1809, RS-São Gabriel, 1869), comerciante, médico, conselheiro e senador, fundou e presidiu a Sociedade Imperial de Medicina, contribuiu largamente para a Guerra do Paraguai e para instituições de caridade.

174 Francisco de Paula Belfort Duarte (Maranhão, ?-?), jornalista, diplomado em Direito pela Academia de São Paulo (1864), advogado e deputado. Principais obras: *O romance de um moço rico* (peça, 1860), *Uma festa da inteligência* (1864), entre outras.

Tal é o Sr. Belfort Duarte, tal é a mocidade acadêmica, em que pese ao Sr. Jobim, que achou na defesa da *Imprensa* um insulto, e no seu discurso uma página oratória, — o que eu não contesto, se acaso é isso necessário ao sistema nervoso do ilustre senador.

[...]

M. A.

Diário do Rio de Janeiro, ano XLIV, nº 237, Folhetim, Ao acaso (Crônica da Semana), domingo, 28 de agosto de 1864, p.2.

Rio, 5 de setembro de 1864.

[...]

Passo a anunciar um livro. É mais uma obra do Sr. A. E. Zaluar, autor de muito belo verso e muita bela prosa.

Folhas do caminho é o título do livro que vai ser distribuído dentro em pouco tempo.

Não é um livro propriamente de viagem. É a reunião das fantasias, lendas, impressões, episódios, que durante o caminho foi achando a imaginação do autor.

Pude surpreender uma circunstância e venho denunciá-la: o livro é dedicado a uma senhora elegante e espirituosa do Rio de Janeiro. Tão graciosa lembrança é própria de um poeta e digna de uma musa: a musa compreenderá a obra do poeta. A felicidade do livro não podia ser mais segura nem mais decisiva.

[...]

Os leitores já têm conhecimento do romance *A morte moral*, de que eu prometi notícia mais detida, sem ter até hoje podido fazê-lo. Esta demora produziu um benefício para mim e para os leitores. À espera do que eu disser, leiam a carta que o Sr. conselheiro José Maria do Amaral[175] acaba de

---

175 José Maria do Amaral Filho (Rio de Janeiro, 1812-Niterói, 1885), poeta e conselheiro do Império, estudou Medicina e Direito em Paris e militou na imprensa a favor da República.

dirigir ao autor da *Morte moral*. É uma página honrosa para ambos, e gloriosa para mim que tenho o prazer de ser o primeiro a divulgá-la.

Ouçamos o ilustre escritor:

Meu caro Adadus Calpe. — Concluí ontem a segunda leitura da sua obra intitulada: *A morte moral*.

Ontem mesmo fui à sua casa — mas em vão — para tributar-lhe as honras devidas ao seu talento incontestável e mui superior, e também para agradecer-lhe a honra que me fez, presenteando-me com um exemplar do seu importante livro.

Hoje vai por mim esta carta testemunhar-lhe as minhas tenções frustradas ontem. Queira, pois, considerá-la como tributo de admiração e, ao mesmo tempo, como abraço afetuoso.

As formas e as dimensões de uma carta não comportam a análise formal de um livro da ordem do seu.

O título da obra, só por si, revela o intuito filosófico do autor.

Em verdade, a morte moral, embora nos seja apresentada como simples novela, é uma apreciação muito ponderosa do estado atual do gênero humano, estudado relativamente às condições da vida social.

Quatro volumes habilmente compostos, com vistas tão filosóficas, riquíssimos de importantes lances da vida real, comentados com notável critério, e com segura experiência do mundo, só podem ser dignamente analisados em escrito especial trabalhado com muita e mui séria meditação.

Contudo, aqui posso desde já declarar que a índole e ação dos admiráveis personagens da sua novela deixaram-me vivamente possuído das seguintes verdades.

A sociedade humana, tal qual está organizada, não é a luta do bem com o mal, como se diz vulgarmente, é mais que isso, é a soberania absoluta do mal e a vassalagem efetiva do bem.

O mal, que na ordem social tem por causa primária o princípio animal, posto em plena atividade por meio do predomínio dos sentidos, é força real e permanente.

O bem, que é o influxo do princípio psicológico realizado pela inteligência cultivada, é quase hipótese, é acidente.

Este fato deplorável, quero dizer, o predomínio do instinto animal, é a causa magna dos tristíssimos efeitos deste conjunto de contradições a que chamam estado social.

Visto que inegavelmente a sociedade é obra da civilização, no teor desta devemos procurar os motivos da péssima organização daquela. Ora, é forçoso confessar que a civilização dominante mantém, debaixo de aparências cristãs, a realidade gentílica – a sensualidade.

Esta faz consistir a vida quase exclusivamente nos deleites materiais, e o gozo desta natureza produz em último resultado – o egoísmo.

O egoísmo é, com efeito, a alma da civilização atual, porque só dele pode proceder uma ordem social, em que talvez dois terços dos sócios nominais são na realidade vassalos infelizes dos egoístas que constituem o outro terço.

Importa reagir contra esta civilização falsa e nociva, restabelecendo a verdadeira civilização cristã, que contrapõe ao predomínio da matéria o da alma, e ao gozo sensual o gozo mais moral que pode haver – a caridade.

A civilização que tem por princípio o materialismo, por doutrina a sensualidade e por consequência infalível o egoísmo, é necessariamente – "morte moral".

Para o leitor sério é esta a filosofia contida no seu livro e posta em ação pelas figuras principais do drama.

O pobre Aníbal, cego duas vezes por falta de vista e de educação, é o processo do egoísmo da civilização falsa, a condenação do presente.

César e Almerinda constituem o programa do futuro, quanto à parte política, à parte civil, e à parte doméstica da reforma social.

O padre Guise é o representante do princípio fundamental da verdadeira civilização cristã: *alteri ne facias, quod tibi nonios.*

Pela minha parte, basta-me esta preciosa essência da sua obra para considerá-la como escrito de ordem muito superior à das simples novelas; porque contém interessantíssimas teses relativas à organização social e mui dignas de serem estudadas e discutidas.

Por agora, pois, prescindo da forma notável do livro, apesar dos primores com que o talento do autor a enriqueceu.

Parece-me que os filhos desta terra amigos das letras, hão de congratular-se pela aquisição da *Morte moral*, e dar-lhe na literatura pátria o lugar de honra que na sua classe, incontestavelmente lhe pertence.

Admita estas breves considerações relativas ao seu livro, meu caro Adadus Calpe, como prova da atenção com que o li, e também como fundamento do tributo de respeito e afeição que venho prestar ao autor tão distinto pela inteligência como pela ilustração.

J. M. do Amaral.
Laranjeiras, 26 de agosto de 1864.

M. A.

Diário do Rio de Janeiro, ano XLIV, nº 245, Folhetim, Ao acaso (Crônica da Semana), segunda-feira, 5 de setembro de 1864, p.1.

Rio, 11 de setembro de 1864.

[...]

O Rio de Janeiro esteve luzido e elegante no dia 7, graças às luminárias, às exposições de casas de modas, ao povo que se aglomerava nas ruas, às bandas de música, aos vivas matutinos etc. etc.

Os leitores não esperam de mim uma descrição circunstanciada do que houve, nem eu lhes quero infligir semelhante coisa. Todos viram o que houve, e todos leram a descrição feita nos andares superiores dos jornais.

Sem intenção de fazer exclusões odiosas, mencionarei apenas três fatos: a festa da Petalógica,[176] a dos Ensaios Literários e a exposição do estabelecimento fotográfico do Pacheco.[177]

---

176 A Sociedade Petalógica ou Sociedade Petalógica do Rossio Grande, fundada por Francisco de Paula Brito (Rio de Janeiro, 1809-idem, 1861), reuniu os principais nomes do movimento romântico dos anos 1840-1860, como Gonçalves Dias, Laurindo Rabelo, Joaquim Manuel de Macedo, Machado de Assis e Manuel Antônio de Almeida.

177 Joaquim Insley Pacheco (?-1912) foi um dos mais afamados retratistas do Rio de Janeiro e do país. É provável que, entre 1849 e 1851, tenha estado nos Estados Unidos. Começou a carreira de retratista em Fortaleza, mas, no final de 1854 e início de 1855, Pacheco se transfere para a corte, vindo a retratar o imperador D. Pedro II, a imperatriz D. Leopoldina, a princesa Isabel e o conde D'Eu, dentre outros membros da família imperial.

A sociedade Petalógica, como é sabido, teve nascimento na antiga casa do finado e sempre chorado Paula Brito. Quando a sociedade nasceu já estava feita; não se mudou nada ao que havia, porque os membros de então eram aqueles que já se reuniam diariamente na casa do finado editor e jornalista.

Cuidavam muitos que, por ser *petalógica*, a sociedade nada podia empreender que fosse sério; mas enganaram-se; a Petalógica tinha sempre dois semblantes; um jovial, para as práticas íntimas e familiares; outro sisudo, para os casos que demandassem gravidade.

Todos a vimos, pois, sempre à frente das manifestações públicas nos dias santos da história brasileira. Ainda neste ano a velha associação (*honni soit qui mal y pense!*) mostrou-se animada do mesmo entusiasmo de todos os anos.

De outro lado, tivemos a sociedade Ensaios Literários, da qual já tenho falado diversas vezes, sempre com admiração.

Também ela celebrou a independência – a portas fechadas – na sala das suas sessões – onde se tocou, cantou e recitou –, acrescendo este ano a novidade da presença de algumas senhoras.

Os leitores sabem o que penso desta associação modesta, mas distinta, de moços de talento e de coragem no trabalho.

Enfim, o estabelecimento fotográfico do Pacheco também abriu as suas salas à visita do público.

A casa do Pacheco é a primeira desta corte – de um lado, pelo luxo e pelo gosto, do outro, pela perfeição dos trabalhos. O público fluminense já a conhece sob estes dois pontos de vista, e tem feito plena justiça ao distinto fotógrafo. Acrescentarei apenas a opinião de um homem autorizado em coisas de artes, como de letras: Porto-Alegre. Em uma carta, dirigida a um dos seus numerosos amigos desta corte, diz o ilustre poeta, referindo-se ao Pacheco, que *ele estava ficando um dos primeiros fotógrafos do mundo e que os seus trabalhos podiam competir com os melhores de Paris e de Berlim.*

[...]

M. A.

Diário do Rio de Janeiro, ano XLIV, nº 250, Folhetim, Ao acaso (Crônica da Semana), domingo, 11 de setembro de 1864, p.1.

Rio, 19 de setembro de 1864.

[...]
Aqui devia eu acabar se não houvesse de dar uma notícia grata para as letras.

Um jovem acadêmico de S. Paulo acaba de publicar um livro de versos. Chama-se o livro: *Vozes da América*, e o poeta: Fagundes Varela.

Varela é uma vocação poética das mais robustas que conheço; seus versos são inspirados e originais. Goza na academia de S. Paulo, e já fora dela, de uma reputação merecida; as esperanças que inspira, ele as vai realizando cada dia, sempre com aplauso geral e singular admiração.

Ainda não vi as *Vozes da América*. Mas por cartas e jornais de S. Paulo sei que é um livro, não só digno irmão dos que Varela publicou anteriormente, mas ainda um notável progresso e uma brilhante promessa de outras obras de subido valor.

Apenas receber o volume, hei de lê-lo, e direi com franqueza e lealdade aos leitores o que pensar dele. Estou certo de bater palmas.

M. A.

Diário do Rio de Janeiro, ano XLIV, nº 258, Folhetim, Ao acaso (Crônica da Semana), segunda-feira, 19 de setembro de 1864, p.1.

Rio, 26 de setembro de 1864.

[...]
Não por acaso, antes muito de indústria, guardei para o fim do folhetim a notícia da morte de Odorico Mendes.

A imprensa comunicou ao público que o ilustre ancião falecera em Londres a 17 do passado.

Odorico Mendes é uma das figuras mais imponentes de nossa literatura. Tinha o culto da antiguidade, de que era, aos olhos modernos, um intérprete perfeito. Naturalizara Virgílio na língua de Camões; tratava de fazer o mesmo ao divino Homero. De sua própria inspiração deixou formosos versos, conhecidos de todos os que prezam as letras pátrias.

181

E não foi só como escritor e poeta que deixou um nome; antes de fazer a sua segunda *Odisseia*, escrita em grego por Homero, teve outra, que foi a das nossas lutas políticas, onde ele representou um papel e deixou um exemplo.

Era filho do Maranhão, terra fecunda de tantas glórias pátrias, e tão desventurada a esta hora, que as vê fugir, uma a uma, para a terra da eternidade.

Há poucos meses, Gomes de Sousa;[178] agora Odorico Mendes; e, se é exata a dolorosa notícia trazida pelo último paquete, agrava-se de dia para dia a enfermidade do grande poeta, cujos *Cantos* serão um monumento eterno da poesia nacional.

Deus ampare, por glória nossa, os dias do ilustre poeta; mas, se ele vier a sucumbir depois de tantos outros que lágrimas serão bastantes para lamentar a dor da Níobe americana?

M. A.

Diário do Rio de Janeiro, ano XLIV, nº 266, Folhetim, Ao acaso (Crônica da Semana), terça-feira, 27 de setembro de 1864, p.1.

Rio, 3 de outubro de 1864.

O Brasil acaba de perder um dos seus primeiros poetas. Se ele tem em alguma conta a glória das musas, o dia em que um destes espíritos deixa a terra, para voar à eternidade, deve ser um dia de luto nacional.

E aqui o luto seria por um duplo motivo: luto por mágoa e luto por vergonha. Mágoa da perda de um dos maiores engenhos da nossa terra, talento robusto e original, imaginação abundante e fogosa, estro arrojado e atrevido. Vergonha de haver deixado inserir no livro da nossa história a página negra do abandono e da penúria do poeta, confirmando hoje, como no século de Camões, a dolorosa verdade destes versos:

---

178 Joaquim Gomes de Sousa (Itapecuru-Mirim, Maranhão, 1829-Londres, 1864), conhecido como Sousinha, diplomou-se em Matemática pela Escola Militar da Corte, em Medicina pela Universidade de Paris e elegeu-se deputado pelo Maranhão. Foi autor de trabalhos na área da Matemática e também organizou a *Anthologie universelle*, publicada em Leipzig, na Alemanha, pela Editora Brockaus.

> *O favor com que mais se acende o engenho*
> *Não o dá a pátria, não, que está metida*
> *No gosto da cobiça, e na rudeza*
> *De uma austera, apagada e vil tristeza.*

Todos sabem que a vida de Laurindo Rabelo[179] foi uma longa série de martírios. Se não tivesse altas e legítimas aspirações, como todos os que sentem vibrar em si uma corda divina, os padecimentos ser-lhe-iam menos sensíveis; mas, cheio daquela vida intelectual que o animava, dotado de asas capazes de subir às mais elevadas esferas, o poeta sentia-se duplamente martirizado, e a sua *paixão* atingia as proporções dos maiores exemplos de que reza a história literária de todos os países.

A figura de Prometeu é uma figura gasta em alambicados necrológios; mas eu não sei de outra que melhor possa representar a existência atribulada deste infeliz poeta, espicaçado, não por um, mas por dois abutres, a fatalidade e a indiferença. A fatalidade – se é lícito invocar este nome – assentou-se-lhe no lar doméstico, desde que ele abriu olhos à vida; mas, se ao lado dela não se viesse depois sentar a indiferença, a vida do poeta seria outra, e aquele imenso espírito não teria atravessado por este mundo – amargurado e angustiado.

Consola um pouco saber que, na *via dolorosa* que o poeta percorreu, se já lhe não assistia a fé nos homens, nunca se lhe amorteceu a fé em Deus. Os sentimentos religiosos de Laurindo Rabelo eram os mais profundos e sinceros; ele tinha em si a consciência da justiça divina, em quem esperava, como o último refúgio dos desamparados deste mundo. Em seus últimos momentos deu ainda provas disso; o seu canto do cisne foi uma oração que ele improvisou para ajudar-se a morrer. Os que ouviram essa inspiração religiosa dizem que não se podia ser nem mais elevado nem mais comovente. Assim acabou o poeta cristão.

---

[179] Laurindo José da Silva Rabelo (Rio de Janeiro, 1826-idem, 1864), de origem humilde, mestiço e desengonçado, o que valeu o apelido de "o poeta lagartixa", foi poeta popular, improvisador e boêmio. Principais obras: *Trovas* (1853), *Poesias* (1867) e *Obras poéticas* (1876).

Laurindo Rabelo era casado há alguns anos. A família foi então para ele o santuário do seu coração e o asilo da sua musa. Os seus labores nestes últimos tempos tendiam a deixar à companheira dos seus dias uma garantia de futuro. Não tinha outras ambições.

Um grande talento, uma grande consciência, um grande coração, eis o que se perdeu em Laurindo Rabelo. Do talento ficam aí provas admiráveis, nos versos que escreveu e andam dispersos em jornais e na memória dos amigos. Era um poeta na verdadeira acepção da palavra; estro inspirado e imaginação fecunda, falando a língua de Bocage, e admirando os que o ouviam e liam, tão pronta era a sua musa, tão opulenta a sua linguagem, tão novos os seus pensamentos, tão harmoniosos os seus versos.

Era igualmente uma grande consciência; consciência aberta e franca, dirigida por aquele rigorismo de Alceste, que eu ouvi censurar a mais de um Filinto do nosso tempo. O culto da justiça e a estima do bem eram-lhe iguais aos sentimentos de revolta produzidos pela injustiça e pelo mal. Ele desconhecia o sistema temperado de colorir os vícios medíocres e cantar as virtudes ilusórias.

Quanto ao coração, seus amigos e companheiros sabem se ele o tinha grande e nobre. Quando ele se abria aos afetos era sempre sem reservas nem refolhos; sabia amar o que era digno de ser amado, sabia estimar o que era digno de ter estima.

Se este coração, se esta consciência, se este talento, acaba de fugir aos nossos olhos, a pátria que o perdeu deve contar o dia da morte dele na lista dos seus dias lutuosos.

Há oito dias comemorava eu uma perda literária do país; hoje comemoro outra, e Deus sabe quantas não sucederão ainda nesta época infeliz para as musas! — Assim se vão as glórias pátrias, os intérpretes do passado diante das gerações do futuro, os que sabem, no turbilhão que leva as massas irrefletidas e impetuosas, honrar o nome nacional e construir o edifício da grandeza da pátria.

Ouço que se pretende fazer uma edição dos escritos de Laurindo Rabelo. É um duplo dever e uma dupla necessidade; o produto auxiliará a família viúva; a obra tomará lugar na galeria literária do Brasil.

Quanto a ti, infeliz poeta, pode-se dizer hoje o que tu mesmo dizias em uma hora de amarga tristeza:

> *A tua triste existência*
> *Foi tão pesada e tão dura,*
> *Que a pedra da sepultura*
> *Já te não pode pesar.*

* * *

[...]
Que a arte e os artistas vão ganhando neste país um lugar distinto, é o melhor desejo de todo o coração verdadeiramente brasileiro. Vem a propósito mencionar mais um esforço generoso e mais uma aplicação da arte inaugurada no país.

Os Srs. Fleiuss & Linde mantêm desde muito tempo no seu estabelecimento uma oficina de xilografia – gravura em madeira.

A atividade e a perseverança daqueles artistas conseguiram triunfar de todas as dificuldades; acudiram os alunos, apareceram as aptidões mais ou menos pronunciadas, e no fim de pouco tempo, puderam os inteligentes diretores do *Instituto Artístico* apresentar ao público alguns resultados mui satisfatórios.

Correram os tempos, novos alunos entraram para a escola xilográfica, os primeiros foram-se aperfeiçoando, foram-se iniciando os novos, e agora os Srs. Fleiuss & Linde anunciaram uma coleção de trabalhos de gravura em madeira, sob o título de *História Natural*, feitos pelos seus discípulos.

É sem dúvida de muito alcance este ato dos diretores do *Instituto Artístico*; uma nova indústria fica assim aberta à atividade e à vocação dos filhos do país. Contribuir para a *História Natural* é contribuir para um verdadeiro melhoramento.

[...]
Terminarei anunciando uma transmigração; morreu a *Cruz*, mas a alma passou para o *Cruzeiro do Brasil*, – continuando assim a mesma *Cruz*, revestida de novas galas, segundo a expressão singularmente modesta da redação.

Procurei as novas galas, mas confesso ingenuamente que as não encontrei. Quer-me parecer que ficaram na intenção dos redatores.

M. A.
Diário do Rio de Janeiro, ano XLIV, nº 272, Folhetim, Ao acaso (Crônica da Semana), segunda-feira, 3 de outubro de 1864, p.1.

Rio, 10 de outubro de 1864.

Dai-me boas semanas e eu vos darei bons folhetins.
Mas, que se pode fazer no fim de sete dias chochos, passados a ver chover, sem acontecimento de natureza alguma, ao menos destes que tenham para o folhetim direito de cidade?
[...]
E só agora vejo, na minha carteira da semana, o apontamento de uma notícia que eu estou certo de que há de alegrar os leitores, sejam escritores ou não.
Segundo me disseram, Sua Majestade o Imperador trata de mandar fazer uma edição das obras completas de Odorico Mendes. Os leitores conhecem, decerto, o nome e as obras do ilustre poeta, cuja morte em Londres as folhas noticiaram não há muitos dias. O ato imperial honra a memória do ilustre poeta; essa memória e esse ato são duas honras para o nome brasileiro.
Uma folha hebdomadária que se publica nesta corte, denominada *Portugal*, deu ontem aos seus leitores uma notícia que os enche de júbilo, como a todos os que prezam as letras e a língua que falamos.
De há muito que o autor do *Eurico*, recolhido à vida privada, assiste silencioso ao movimento de todas as coisas, políticas ou literárias.
Esse silêncio e esse isolamento, por mais legítimas que sejam as suas causas, são altamente prejudiciais à literatura portuguesa.
Mas, o culto das musas é, além de um dever, uma necessidade. O espírito que uma vez se votou a ele, dele vive e por ele morre. É uma lei eterna. No meio dos labores pacíficos a que se votou, A. Herculano não pôde escapar ao impulso íntimo. O historiador e poeta pode fazer-se agricultor, mas um

dia lá se lhe converte o arado em pena, e as musas voltam a ocupar o lugar que se lhes deve. As musas são a fortuna de César; acompanham o poeta através de tudo, na bonança, como na tempestade.

O que se anuncia agora, na correspondência de Lisboa do *Portugal*, é a publicação próxima de dois livros do mestre: *Contos do vale de Lobos*, é o primeiro; o segundo é uma tradução do poema de Ariosto.

Quando se trata de um escritor como Alexandre Herculano, não se encarece a obra anunciada: espera-se e aplaude-se.

Ler as obras dos poetas e dos escritores é hoje um dos poucos prazeres que se nos deixa ao espírito, em um tempo em que a prosa estéril e tediosa vai substituindo toda a poesia da alma e do coração.

Quando os tempos nem dão para um folhetim, não sei que se possa fazer outra coisa melhor.

[...]

M. A.

Diário do Rio de Janeiro, ano XLIV, nº 279, Folhetim, Ao acaso (Crônica da Semana), segunda-feira, 10 de outubro de 1864, p.1.

Rio, 17 de outubro de 1864.

[...]

Embora os leitores deixam assim correr a imaginação pelo ar, o folhetinista atravessa os mares e vai ver em longes terras da Europa um poeta e um livro.

Cantos fúnebres é o novo livro do Sr. Dr. Gonçalves de Magalhães. Não é completamente um livro novo; uma parte das poesias estão já publicadas. Compõe-se dos *Mistérios* (cantos à morte dos filhos do poeta), algumas nênias à morte de amigos, vários poemas e uma tradução da *Morte de Sócrates*, de Lamartine.

O autor dos *Cantos fúnebres* ocupa um lugar eminente na poesia nacional. O voto esclarecido dos julgadores já lho reconheceram; a sua nomeada é das mais legítimas.

Quando os *Mistérios* apareceram em volume separado, o público brasileiro aceitou e leu esse livrinho, assinado pelo nome já venerado do eminente poeta, com verdadeiro respeito e admiração.

O sucesso dos *Mistérios* foi merecido; nunca o autor dos *Suspiros poéticos* tinha realizado tão brilhante a união da poesia e da filosofia; ao pé de três túmulos, sufocado pelas próprias lágrimas, o poeta pôde mais facilmente casar essas duas potências da alma. A elevação do sentido e a melancólica harmonia do verso eram dignas do assunto.

Tão superior é o merecimento dos *Mistérios* que agora mesmo, no meio de um livro de trezentas e tantas páginas, eles ocupam o primeiro lugar e se avantajam em muito ao resto da obra.

Não li toda a tradução da *Morte de Sócrates*, nem a comparei ao original; mas as páginas que cheguei a ler pareceram-me dignas do poema de Lamartine. O próprio tradutor declara que empregou imenso cuidado em conservar a frescura original e os toques ligeiros e transparentes do poema. Essa devia ser, sem dúvida, uma grande parte da tarefa; para traduzir Lamartine é preciso saber suspirar versos como ele. As poucas páginas que li dizem-me que os esforços do poeta não foram vãos.

Os *Cantos fúnebres* encontrarão da parte do público brasileiro o acolhimento a que têm direito. Tanto mais devem procurar o novo livro quanto que este volume é o 6º da coleção das obras completas do poeta, que o Sr. Garnier vai editar.

O volume que tenho à vista é nitidamente impresso. A impressão é feita em Viena, aos olhos do autor, garantia para que nenhum erro possa escapar; sendo esta a edição definitiva das obras do poeta é essencial que ela venha limpa de erros.

Um bom livro, uma bela edição, – que mais pode desejar o leitor exigente?

[...]

M. A.

Diário do Rio de Janeiro, ano XLIV, nº 286, Folhetim, Ao acaso (Crônica da Semana), segunda-feira, 17 de outubro de 1864, p.I.

Rio, 24 de outubro de 1864.

[...]

Joaquim Serra[180] não é decerto um nome desconhecido aos leitores dos bons escritos e aos amigos dos talentos reais. J. Serra é um jovem maranhense, dotado de uma bela inteligência, que se alimenta dia por dia com sólidos estudos. A imprensa literária e política do Maranhão conta muitos escritos valiosos do nosso distinto patrício. J. Serra é hoje secretário do governo da Paraíba do Norte.

A morte de uma ilustração nacional, Odorico Mendes, filho do Maranhão, como ele, não deixou de lhe inspirar algumas linhas de saudade e de admiração. Como colega e como amigo, não me quero furtar ao desejo de reproduzir aqui essas linhas inspiradas e sentidas.

Os leitores me agradecerão, decerto, a lembrança da publicação e a justiça que faço ao autor.

Diz J. Serra:

"A SOTERO DOS REIS"

Uma a uma se vão precipitando no báratro as mais fulgurosas estrelas do grande império do Cruzeiro.

Longe, bem longe dos arrebóis de sua terra, lá nas brumosas campinas transatlânticas, repouca o velho peregrino, e venerando proscrito da pátria de Gonçalves Dias!

Silêncio! Nem sequer venha o ruído de um gemido despertar o exausto caminheiro, que descansa à sombra dos ciprestes!

Foi rude e penosa a sua jornada; mais rude e mais penoso ainda foi-lhe esse cerrar de olhos longe das brisas que lhe embalaram o berço, e que não lhe puderam roçar pelos cabelos no doloroso momento da última agonia.

---

180 Joaquim Maria Serra Sobrinho (São Luís do Maranhão, 1838-Rio de Janeiro, 1888), poeta, jornalista, teatrólogo e deputado. Principais obras: *Julieta e Cecília* (contos, 1863), *O salto de Leucade* (diálogo em verso, 1866) e *A casca da caneleira* (romance de autoria coletiva, 1866).

Estalou-se melancolicamente a corda harmoniosa da harpa inspirada do Virgílio cristão! Os sons angélicos de seu último lamento foram reboando, de eco em eco, desde as planícies verdejantes da antiga Lavino e por sobre o cerúleo azul da vaga Jônia, até os saudosíssimos campos da Dardânia.

Silêncio! Nem um gemido desperte o velho peregrino, que dorme sem os pesadelos dos antigos sonos, risonho e plácido depois de um lidar tão suarento!

A nobre fronte de poeta, a abençoada cabeça de apóstolo não reclina-se no regaço da amizade, nem achou recosto na terra querida da pátria.

Embora; descanse ainda entre as neblinas dessa gélida terra, o fatigado romeiro que trabalhou sem cessar e que nunca pesou no solo da pátria.

Desde a hora da libertação, na antemanhã de nossas glórias, com o verbo e com a lira, ele, poeta e herói, foi sempre o mais denodado na refrega.

As sombras do crepúsculo acharam-no ainda no labor; e, posto o sol, foi tempo que ele repousasse. Não pôde alcançar o seu lar no longo rodeio, que o infortúnio o obrigou a fazer.

Enfraqueceu além, e além tombou. Silêncio! que ele não seja interrompido no seu sono.

Despe as tuas galas, risonha ilha de S. Luís; cobre-te de dó e de tristezas, que o teu poeta, o teu orgulho e o teu herói já não são teus!

Como a Raquel do livro santo, tu nem podes ser consolada!

Morrem pela segunda vez os bardos de Mântua e de Ílion, e agora o trespasso vai abalar a terra virgem do Amazonas!

Silêncio! Nem as nênias saudosas desta terra, nem a apoteose sublime de além-túmulo despertam o peregrino adormecido.

Silêncio e paz.

M. A.

Diário do Rio de Janeiro, ano XLIV, nº 293, Folhetim, Ao acaso (Crônica da Semana), segunda-feira, 24 de outubro de 1864, p.1.

Rio, 1º de novembro de 1864.

Houve domingo dois eclipses: um do sol, outro do folhetim. Ambos velaram a sua face, – um, aos olhos dos homens, – outro aos olhos dos leitores. No caso do primeiro, houve uma lei astronômica; no do segundo, foi simplesmente um princípio de estratégia. Que olhos se guardariam para o folhetim, se todos estavam ocupados em ver o fenômeno celeste, através de vidros enfumados?

[...]

No dia de hoje é que o sol não pode deixar de ostentar-se em todo o seu fulgor. É o dia da maior glória do céu, porque é o dia de todos os santos — os santos de todos e os santos de cada um.

A lembrança do dia que é, levou-me a reler o sermão do padre A. Vieira, pregado no convento de Odivelas, faz hoje 221 anos. Aquela *boca de ouro* falava de modo a tirar à gente o gosto de falar mais, mesmo em folhetim, onde havia muito que dizer a propósito dos santos e dos meios de o ser.

O velho jesuíta fala largamente dos meios de ser santo; indica os que são próprios e cita os melhores exemplos. A pintura que ele faz dos primeiros martírios é de uma dolorosa verdade; nada falta, nem as cruzes, nem os touros de bronze, nem os banhos fervor e gelados, nem as árvores que rasgavam os corpos, nem a taça de chumbo derretido, nem a unção de greda e enxofre, nada falta do fúnebre aparelho, com que os primeiros pregadores da igreja fizeram jus à palma da canonização.

[...]

Não vão os leitores tomar à letra tudo quanto tenho dito; ninguém morre crucificado no tempo em que se não crucifica, nem vai lutar com os touros, depois que a luta dos touros tornou-se um prazer da gente civilizada. Nem é essa a condição essencial para ser santo. É ter o coração limpo, diz o padre Vieira, e neste ponto, com a ajuda do padre e de S. Bernardo, exorto a todos os meus leitores, no dia de hoje, cuja festa o referido pregador português define nestas belas palavras:

> A festa mais universal e a festa mais particular: a festa mais de todos e a festa mais de cada um, é a que hoje se celebra e nos manda celebrar a Igreja [...]. E este mesmo dia tão universal e tão de todos, é também o mais particular e mais próprio de cada um; porque hoje se celebram os santos de cada nação, os santos de cada reino, os santos de cada religião, os santos de cada cidade, os santos de cada família. Vede quão novo e quão particular é este dia. Não só

celebramos os santos desta nossa cidade, senão cada um de nós os santos de nossa família e do nosso sangue. Nenhuma família de cristãos haverá tão desgraciada, que não tenha muitos ascendentes na glória. Fazemos, pois, hoje, a festa a nossos pais, a nossos avós, a nossos irmãos, e vós que tendes filhos no céu, ou inocentes ou adultos, fareis também festa a vossos filhos. Ainda é mais nossa esta festa porque se Deus nos fizer mercê de que nos salvemos, também virá tempo, e não será muito tarde, em que nós entremos no número de todos os santos e também será nosso este dia. Agora celebramos e depois seremos celebrados; agora nós celebramos a eles, e depois outros nos celebrarão a nós.

Isto dizia o padre Vieira, no convento de Odivelas, no ano da graça de 1643, duzentos e vinte um anos antes da publicação do *Cruzeiro do Brasil*, folha em que, de envolta com a tortura da língua do grande jesuíta, ataca-se por todas as formas a dignidade de consciência humana, e onde de quando em quando se escreve uma linha em honra do Tibério do século XIX. Talvez que a última convenção de Turim altere um pouco os sentimentos do *Cruzeiro*, nesta última parte.

[...]

M. A.

Diário do Rio de Janeiro, ano XLIV, nº 301, Folhetim, Ao acaso (Crônica da Semana), terça-feira, 1º de novembro de 1864, p.1.

Rio, 8 de novembro de 1864.

Quisera lembrar-me neste momento o nome do autor de quem me ficou este verso:

La paresse est un don qui vient des immortels.

Quem quer que sejas, ó poeta – vivo ou morto, obscuro ou celebrado – daqui te envio um protesto de reconhecimento profundo e admiração eterna.

Porquanto, eu estava assaz confuso a respeito do modo por que havia legitimar o meu estado indolente, e não achava, nem no meu espírito, nem na minha memória, expressões capazes de me absolver aos olhos dos leitores.

Graças ao teu verso, estou inteiramente salvo; é na própria linguagem dos deuses, que os deuses me absolvem. Que os leitores os imitem na clemência, como o folhetim os imita na preguiça, e as sete colunas que se vão ler escaparão à censura que merecem, por milagre do meu poeta deslembrado.

É certo que os deuses deviam ficar um tanto espantados no dia em que saiu da cabeça do referido autor aquele verso de absolvição para os indolentes. Quem dotaria os mortais com tão precioso dom? Os deuses eram uns rudes trabalhadores, quer servissem os mortais, quer lhes amassem as mulheres; o javali de Erimanto, o touro de Europa, o rebanho de Admeto, e muitos outros símbolos mostram que a profissão dos deuses não era então uma sinecura como alguns empregos da nossa época sem templos, nem oráculos.

Bom tempo o dos oráculos! Não se escreviam então folhetins, faziam-se. Um pórtico ou Cerâmico ou uma sala de *hetaira* – à hora de Febo ou à hora de Cíntia – eram azados para aquelas confabulações aprazíveis, semeadas de sal ático, sem compromisso com leitores, sem colunas limitadas, sem horas de preguiça.

Tudo desapareceu com os tempos; rasgamos a clâmide em honra da casaca – espécie de asas de gafanhoto, menos a cor; entramos a lavrar as terras da prosa, cheios do mesmo ardor com que o filho de Alcmene lavava o curral de Áugias.

Bom tempo o dos oráculos!

Vou cortando muito mar nestas digressões da fantasia, mas não pode ser de outro modo, quando o céu sombrio e nevoento lança-me um olhar aborrecido através das vidraças. O céu triste faz-me triste, como a melancolia da mulher amada entristece o espírito do amante. É bom dizer isto para que não se atribua este amor pelo tempo dos oráculos a uma tibieza do meu espírito católico.

Esta observação leva-me a tocar de passagem num assunto de que tive conhecimento pelo paquete francês – e de um salto caio das recordações de um tempo poético para as considerações da pior prosa deste mundo, que é a prosa clerical.

Trata-se do monsenhor Pinto de Campos.[181] *A tout seigneur, tout honneur.*

Monsenhor Pinto de Campos acaba de escrever uma carta, em resposta a outra que lhe foi dirigida pela direção do Gabinete Português de Leitura no Recife,[182] e que o *Diário de Pernambuco*[183] publica, declarando aderir, como católico, à doutrina que ela contém.

O Gabinete consultou monsenhor Pinto de Campos sobre se devia admitir nas suas estantes a *Vida de Jesus*, de Renan; monsenhor Pinto de Campos responde que não a devia admitir, por algumas razões que ligeiramente desenvolveu.

Os leitores encontrarão essa carta no fim. É uma iguaria com que desejo lisonjear o paladar dos amadores.

Não discuto a carta por duas razões:

1ª, porque ela não é discutível;

2ª, porque, mesmo que se quisesse examinar os argumentos de monsenhor Pinto de Campos, o folhetim não comportaria um largo desenvolvimento.

Mas, não posso deixar de chamar a atenção dos leitores para a doutrina e para a argumentação da referida carta. Hão de sentir-se tomados do mesmo pasmo que ela me causou.

Não é que eu me iluda acerca do arrojo do clero; a esse respeito estou mais que muito edificado; mas sempre acreditei que neste país ninguém ousaria, afora o *Cruzeiro do Brasil*, proferir tais doutrinas e tecer tais argumentos.

Monsenhor Pinto de Campos começa por aconselhar o exílio do livro, e acaba por insinuar a queima dele. Na opinião de S. Revma. é o que devem fazer todos os *bons* católicos. Tal conselho nestes tempos de liberdade, nem mesmo provoca a indignação – é simplesmente ridículo.

Que teme por esse livro monsenhor Pinto de Campos? Ele mesmo declara que é um livro absurdo, onde a impiedade não raciocina com a lógica

---

181 Joaquim Pinto de Campos (Flores, Pernambuco, 1819-Lisboa, 1887), escritor, político, deputado e presbítero, autor de uma biografia sobre D. Pedro II, publicada na revista *O Futuro*.

182 Fundado em 1850, o Gabinete Português de Leitura do Recife foi criado para reunir os portugueses que estavam fora de seu país.

183 Fundado em 7 de novembro de 1825, pelo tipógrafo Antônio José de Miranda Falcão, o *Diário de Pernambuco* é o mais antigo periódico em circulação da América Latina.

da impiedade de Strauss,[184] – o que provaria antes a necessidade de exilar o livro de Strauss e não o de Renan.

Eu de mim, digo que li a *Vida de Jesus* sem perder a mínima parte das minhas crenças; mas não fui queimá-lo depois da leitura, nem adiro, como o *Diário de Pernambuco*, às doutrinas de monsenhor Pinto de Campos.

Estou plenamente convencido de que as iras do clero, as injúrias dos livros e dos púlpitos, tiveram grande parte no sucesso obtido pela obra de Renan. Neste ponto é impossível deixar de reconhecer que os refutadores foram de uma inépcia sem nome. Toda a gente quis ler o livro do Anticristo, e as edições foram sucessivamente esgotadas.

Todos sabem o que são essas injúrias e doestos, em completa oposição com a brandura evangélica. É coisa velha, e eu receio repetir uma observação de cabelos brancos.

> Começai, diz Pascal, por lastimar os incrédulos, que são muito infelizes; só se poderia injuriá-los no caso de que isso lhes servisse; mas, pelo contrário, faz-lhes mal.

Eu quisera que, num país livre e num tempo de civilização, ninguém se lembrasse de empregar essas ridiculezas sem utilidade. Infelizmente não é assim, e o paquete do Norte nos trouxe a notícia de que há ainda um escritor do clero brasileiro convencido de que, fora da fogueira e do doesto, não há salvação para a Igreja.

Falando assim da carta de monsenhor Pinto de Campos, deixo de parte a intenção do Gabinete na consulta que fez à Sua Reverendíssima. – Creio que a recente publicação de um opúsculo daquele sacerdote, onde se desenvolve muita soma de erudição, foi, sem dúvida, o que levou o Gabinete a pedir conselho sobre se devia ou não introduzir a *Vida de Jesus* nas suas estantes.

Não quero estender-me muito para deixar espaço à carta, que os leitores apreciarão em falta de coisa mais amena.

---

184 David Friedrich Strauss (Alemanha, 1808-idem, 1874), teólogo e exegeta alemão, discípulo de Hegel, autor da obra *Vida de Jesus*, de 1835, que causou escândalo nos meios religiosos da Alemanha.

[...]
Agora, para que os leitores entrem já no gozo de uma página amena, vou pingar o ponto final, e dar a palavra a monsenhor Pinto de Campos:

Ilmo. Sr. José da Silva Loyo. – Passo a responder à estimada carta que V. S. me dirigiu em data de ontem, na qual teve a bondade de consultar-me sobre a conveniência ou desconveniência de ser admitido nas estantes do Gabinete Português de Leitura o livro de Ernesto Renan, que tem por título – *Vida de Jesus*. – E louvando antes de tudo os justos escrúpulos de V. S., que de modo tão significativo patenteiam a piedade de seus sentimentos, dir-lhe-ei que, sem embargo de reconhecer quão destituída de autoridade é a minha palavra, para servir-lhe de regra no presente ensejo: todavia, fiel ao hábito em que estou de emitir com franqueza a minha opinião, sem me importar muito com as emergências ulteriores de sua livre manifestação, releva declarar a V. S. que a obra de Renan é um grito de impiedade contra a natureza divina de Jesus Cristo, e por conseguinte contra a origem espiritual e celeste da religião que 19 séculos têm professado, como a única verdadeira. E, pois, afagar um livro tal, colocá-lo na biblioteca de um estabelecimento literário, cujos membros e diretores pertencem à comunhão católica, é, se não aderir, mostrar pelo menos tendência a abraçar as monstruosas conclusões aí contidas; é, em todo caso, uma irreverência sacrílega para com o Filho de Deus, cuja divindade é negada por esse espírito das trevas chamado Ernesto Renan, o qual, sobre ser ímpio e blasfemo, é péssimo argumentador. O seu livro é um acervo de contradições, de incoerências e paralogismos de todo o lote!

Afastando-se da escola mítica da Alemanha, Renan, sem a mesma originalidade e habilidade de absurdos, que distinguem Hegel e Strauss, duas inteligências pervertidas, mas assombrosas em erudição, deles copiou boa parte dos despropósitos e blasfêmias que assoalha. Digo que se afasta da escola mítica, porque negando a divindade de Cristo, e autenticidade de seus milagres, admite contudo a existência material de ambos os fatos, a saber: reconhece que Jesus Cristo existiu, não como Deus, mas como puro homem; reconhece por igual que se deram todos os fatos milagrosos referidos nos Evangelhos, mas que todos esses milagres são explicáveis, e explicados pelas leis naturais, e que portanto despem-se de todo o caráter do sobrenaturalismo! Hegel e Strauss foram mil vezes mais consequentes. Negaram a conclusão porque negaram o princípio. Sabiam que, desde que admitissem a realidade histórica de Jesus Cristo, seriam forçados a reconhecer a sua divindade; porque ninguém contempla a figura do Filho do homem sem reconhecer nela um raio de beleza infinita, um milagre de perfeição divina!

Na cristologia, e filosofia de Hegel, que serviu de base ao livro do Dr. Strauss e, mais tarde, ao de Renan, o Cristianismo se converte em um ideal, criado pela humanidade, de modo que Jesus Cristo não é o autor do cristianismo, mas o cristianismo o criador de Jesus Cristo! Strauss aplicou a famosa dialética hegeliana aos Evangelhos, e todo o sistema do cristianismo ficou reduzido a uma série de mitos! A história, diz ele, desaparece de toda a parte onde o maravilhoso se apresenta; porque, sendo o milagre intrinsecamente impossível, toda a narração que o contém não pode ser história. O Evangelho é um tecido de milagres; ora, os milagres são impossíveis, logo impossível é também a história deles, e por consequência tal história não existe; não pode deixar de ser um mito.

Em tudo isto há erro, audácia e impiedade; mas há coerência. Strauss quis ser lógico. Não pode compreender a metafísica do milagre, ou a ação soberana de Deus; julgou que saltava a dificuldade negando tudo. Mas Renan! isso é um cadeador sutil de filigranas, cujo falso ouropelismo não resiste à análise. Quis imitar a Celso e Porfírio,[185] mas ficou muito atrás na diabólica argumentação. Só conseguiu provar a atividade incansável com que Satanás procura desvairar, e perder os que lhe não resistem fortes na fé: *Resistite fortes in fide*.

Podia ir longe na demonstração dos erros heréticos de Renan, se me permitissem os estreitos limites de uma carta escrita sob a pressão da urgência. Insisto, porém, em estabelecer como uma verdade, de consciência, que a leitura, e o apreço do livro de Renan é um tributo involuntário, senão sincero, ao príncipe das trevas, que aliás mais lógico que Renan, reconhece, ainda que a seu pesar, a divindade de Jesus Cristo, o melhor, e o mais extremoso amigo e benfeitor dos homens.

---

185 Celso (II d.C.) e Porfírio de Tiro, ou o Fenício (233-304), filósofos gregos, oponentes do cristianismo, cujas obras chegaram até nós de forma parcial. A obra de Celso, *Palavra verdadeira* (ou *Discurso verdadeiro*, ou *Doutrina verdadeira*) nos foi parcialmente preservada pela refutação que lhe consagrou Orígenes, no século III, em seu *Contra Celso*. Da obra *Contra os cristãos*, de Porfírio, em quinze volumes, restam apenas fragmentos.

Napoleão I, encontrando em mão de um seu general um opúsculo em que o imperador era bastante ultrajado, disse: — "General! quem lê o que contra mim se escreve, aprende a aborrecer-me".

Medite bem V. S. no que há de sublime neste pensamento, e o corrobore com a certeza de que, dentro em poucos minutos, chegava ao imperador a notícia de que o opúsculo era atirado às chamas, e conclua finalmente daqui qual deve ser o procedimento dos bons católicos em relação ao ímpio livro de que se trata, e que para nada lhe faltar, se acha condenado pela Igreja.

Sou com toda consideração. De V. S. amigo e obrigado.

Recife, 21 de outubro de 1864.
J. Pinto de Campos.

M. A.

Diário do Rio de Janeiro, ano XLIV, nº 307, Folhetim, Ao acaso (Crônica da Semana), terça-feira, 8 de novembro de 1864, p.1.

Rio, 14 de novembro de 1864.

[...]
Pouco tenho que dizer do pouquíssimo que houve na semana, ainda assim bastante, ainda assim muito, na capital do império, onde se publicam livros como caem as chuvas em alguns pontos do Norte — a grandes intervalos.

O Manual do pároco é um livrinho do Sr. cônego Fernandes Pinheiro,[186] editado pela casa Garnier. A mesma casa editou um volume de versos do Sr. Dr. J. Norberto,[187] intitulado *Flores entre espinhos.*

---

186 Joaquim Caetano Fernandes Pinheiro (Rio de Janeiro, 1825-idem, 1876), teólogo, secretário particular do bispo, conde de Irajá, crítico e historiador da literatura brasileira. Principais obras: *Curso elementar da literatura nacional* (1826), *Postilas de retórica e poética* (1871) e *Resumo de história literária* (1873).

187 Joaquim Norberto de Sousa Silva (Rio de Janeiro, 1820-Niterói, 1891), poeta, romancista, dramaturgo, historiador, biógrafo, crítico e historiador da literatura brasileira. Principais obras: *Modulações poéticas* (1841), *Romances e novelas* (1852), *Amador Bueno ou A fidelidade paulista* (peça teatral, 1855-1856) e *História da Conjuração Mineira* (1873).

O primeiro é um livro de suma utilidade, e que tem a rara vantagem de corresponder ao título, nesta época em que os títulos não correspondem às coisas.

Do segundo ainda nada posso dizer, pois que o não li.

Fica adiado para a semana.

[...]

Num dos meus folhetins passados inseri umas linhas do meu amigo J. Serra, em homenagem a Odorico Mendes, cuja morte todos deploramos.

Aqui vai uma poesia com que o mesmo talentoso amigo comemorou a morte do tradutor de Homero.

A poesia é oferecida a Gentil Braga.[188]

Diz o poeta:

ODORICO MENDES
(A Gentil Braga)

Plangente e triste o palmeiral sombrio,
Soluça e geme, e molemente o rio
Na verde margem suspirando está...
Tangendo as cordas do rouquenho alaúde,
Ao coro triste minha voz tão rude,
Sentida e amarga misturada é já.

Longe da pátria que ilustrou com a lira,
Brasílio cisne lá se abate e expira
Entre as neblinas da brumosa Albion;
D'além do oceano o sibilante vento
Traz o poeta o derradeiro alento
Como um perdido e gemebundo som!

---

[188] Gentil Homem de Almeida Braga (São Luís do Maranhão, 1835-idem, 1876), poeta, contista, jornalista, diplomado em Direito pela Faculdade do Recife e deputado. Principais obras: *Três liras* (1860), *Entre o céu e a terra* (1869) e *A casca da caneleira* (romance de autoria coletiva, 1866).

Quebrado o elo, que a retinha unida
Ao triste encerro que se chama vida,
Sua alma d'anjo para o céu se alçou;
Entre as dulias do imortal concerto,
Lá longe canta o que cantou tão perto,
Canções dulcíssimas qu'ele aqui soltou.

Bardo e tribuno, sempre grave e austero,
Tinha nos lábios o falar sincero
Que à turba move e seduz a atrai,
Hoje prostrado, se buscou repouso
É que caíra como o tronco anoso,
Que lá nas matas se debruça e cai.
Era um poeta de uma raça extinta,
De musa altiva, que não vai faminta
Lá junto aos grandes se arrojar no pó...
Deu para muitos um exemplo novo
Filho do povo sempre amou o povo;
Podendo tudo, viveu pobre e só!

Virgílio e Homero, lhe cedendo o passo,
E após sublime e fraternal abraço,
Quase vencidos o chamaram — irão —;
Na vasta fronte já rugosa e calva,
Do gênio o selo, do talento a lava
Era-lhe auréola de imortal condão,

E hoje é morto o valoroso atleta,
Tribuno heroico, gigantesco poeta
Que tantas glórias à sua pátria deu!
Hoje esta terra n'um cruel gemido,
Repete o eco que nos vem dorido
D'além oceano, que nos diz: morreu!

Plangente e triste o palmeiral sombrio
Soluça e geme, e molemente o rio
Na verde margem suspirando está,
Tangendo as cordas do rouquenho alaúde,
Ao coro triste, minha voz tão rude,
Sentida e amarga misturada é já...

M. A.

Diário do Rio de Janeiro, ano XLIV, nº 313, Folhetim, Ao acaso (Crônica da Semana), segunda-feira, 14 de novembro de 1864, p.1.

Rio, 22 de novembro de 1864.

As primeiras linhas desta revista são dirigidas a Teixeira de Melo,[189] autor das *Sombras e sonhos*, atualmente residente em Campos.

Meu caro Alexandre. – Lembrei-me há dias de ti, e parece que era um eco simpático, visto que também não há muitos dias te lembraste de mim. A distância não descasou os nossos espíritos, tão sinceramente amigos um do outro.

O que me fez lembrar de ti foi o silêncio e o isolamento a que te condenaste. Deixaste o bulício da corte, e foste esconder a tua musa no interior da província,[190] sem saudade do que deixavas, nem confiança no que podia vir.

Ora, se te condeno pela falta de confiança no que te podia vir das mãos do futuro – e muito deve ser para um talento como o teu – aplaudo-te no que se refere a não conservares saudades do que abandonavas, saindo da vida ruidosa deste centro, e procurando um refúgio ameno no interior da província.

---

189 José Alexandre Teixeira de Melo (Campos, RJ, 1833-Rio de Janeiro, RJ, 1907), poeta, jornalista, diplomado em Medicina (1859) e membro da Academia Brasileira de Letras. Principais obras: *Sombras e sonhos* (1858) e *Miosótis* (1877).

190 Teixeira de Melo, após concluir o curso de Medicina em 1859, voltou no ano seguinte à sua cidade natal, Campos dos Goytacazes, onde exerceu a clínica médica, e colaborou muito esparsamente na imprensa local até 1875, quando retornou à corte.

Lá, segundo creio, estás a dois passos dos espetáculos divinos da natureza, cercado das alegrias aprazíveis da família, influenciado pelo olhar do filho e pelo olhar da esposa, quase feliz ou inteiramente feliz, como não é comum lograr neste mundo.

Ainda hoje, como outrora, como sempre, a alma do poeta precisa de ar e de luz, – morre se as não tem, ou pelo menos, desmaia no caminho. Vê daí que luta, que esforço, que milagre não é conservar a gente o ideal e as ilusões, através desta lama podre em que patinha – verdadeiro consolo para os patos, mas tristíssimas agonias para os cisnes.

Que cisnes! e que patos! Como a maioria é dos últimos, os primeiros – ou têm a coragem de fugir-lhes e ir procurar águas mais límpidas e mais puras – ou então morrem asfixiados na podridão.

Há uma terceira hipótese a que não aludo por não desgostar ninguém.

Bem hajas tu, ó poeta, que tiveste coragem de ir buscar um refúgio para a musa. Não digo que onde quer que vás[191] não encontres os mesmos homens, mas ao menos terás mais tempo de conversar com os cedros e os ribeiros – dos quais ainda nenhum te caluniou, nem te mentiu, nem te enjoou.

Mas, repara bem, se te invejo o isolamento a que te condenaste, não aplaudo o silêncio da tua musa, da tua musa loura e pensativa, de quem eu andei tão namorado outrora.

É que, se podes tomar uma resolução de Alceste,[192] é só com a condição de não deixares no caminho a inspiração, como se fora bagagem inútil. Graças a Deus, é ela a maior consolação e a maior glória das almas destinadas a serem os intérpretes da natureza e do Criador. Os espíritos sérios, graves, positivos, não trocariam decerto, uma estrofe por um lance político de sua preparação; mas, a despeito desse desdém, continua provado que os referidos espíritos sérios e graves só têm de grave e de sério as denominações – que eles próprios se dão entre si.

Se, em vez de te refugiares como andorinha friorenta, houvesses ficado no tumulto da vida, quem sabe se – (tremo em pensá-lo!) – quem sabe se não acordavas um dia com alma de político?

---

191 "Vais", no original.
192 Alusão ao principal personagem de *O misantropo*, de Molière. Alceste diz sempre a verdade e, por sua franqueza inflexível, vive à margem da sociedade, cujos vícios e hipocrisia despreza.

Ah! então é que eu te dava por perdido de uma vez.

Não que eu comparta a opinião do Sr. barão de S. Lourenço, senador pela Bahia, a quem parece que os poetas não servem para nada em política, mormente quando são moços, isto é, quando ainda conservam um pouco de entusiasmo e um pouco de convicção.

Quando aquele senador disse algumas frioleiras nesse sentido, perante o Senado brasileiro, tive eu a honra de consagrar o fato nesta revista, acompanhado por alguns comentários da casa. O ilustre varão cantou daí a dias uma palinódia muito mal arranjada, sob pretexto de retificação.

Não, eu não sou dos que acham que os poetas são incapazes para a política. O que penso é que os poetas deviam evitar descer a estas coisas tão baixas, deviam pairar constantemente nas montanhas e nos cedros — como condores que são.

Afinal de contas, os homens que não são sérios e graves, são exatamente os homens graves e sérios. Demócrito continua a ter razão: só é sério aquilo que o não parece.

Mas eu insisto em lamentar que juntasses à tua solidão o teu silêncio. Quisera saber de ti, por que motivo fizeste emudecer a lira tão auspiciosa e apagar a inspiração tão prometedora. Contos largos, talvez. Ninguém cala a voz íntima e impetuosa, por causas símplices e passageiras; escreve daí um folhetim, em que me contes todas essas coisas.

Já te disse como e por que pensei em ti; agora vou dizer-te o modo por que pensaste em mim.

Ah! tu cuidavas que o anônimo te encobria![193] Tive quem me revelasse, e nem precisava, porque era ler aquelas cinquenta linhas de prosa da *Alvorada Campista*, para ver-te logo, tal qual és, tímido, receoso, delicado.

Se Casimiro de Abreu fosse vivo, e estivesse em Campos, ainda eu poderia hesitar. Éreis ambos os mais tímidos, os mais delicados, os mais receosos

---

193 "Anônimo" era o pseudônimo usado por Teixeira de Melo quando escrevia nos jornais da corte, no período da juventude em que conviveu com Machado de Assis e Casimiro de Abreu; depois, ao colaborar nos periódicos de sua terra natal — *Alvorada Campista* (fundado em 1859), *Monitor Campista* (fundado em 1834) e *Regeneração* (fundado em 1879), recorreu ao antigo pseudônimo.

caracteres que tenho visto. Mas Casimiro lá se foi caminho da eternidade, não vejo outro que pudesse escrever aquilo e por aquele modo.

Pois a publicação de um autógrafo meu,[194] só porque não tinhas autorização, carecia de tantas excusas, tantos rodeios, tantos sustos, tantos perdões? Não tinhas mais do que publicá-lo, embora me não conviesse – e está longe disso – era coisa sem grande resultado.

Se algum efeito mau produziu essa publicação, foi o do desgosto de não ter o autógrafo comigo, porque o incluía no meu livro, de que ainda não te mandei um exemplar, por não ter sobeja confiança no correio, e não saber ao certo onde devia mandá-lo.

Além deste, produziu outro efeito mau no meu espírito a tua publicação. É que eu preferia, em vez dos meus versos, ter versos teus, compostos agora, lá na tua solidão. Em resumo, em vez de dares à publicidade as obras alheias, cujos originais possuis, devias revelar ao público as novas meditações da tua musa, os teus melhores *sonhos* e as tuas *sombras* mais belas.[195]

Se os olhos de algum hipócrita correm agora por estas colunas, não hesito em crer que está natualmente pensando entre si que estas últimas linhas nada têm de sinceras; mas como escrevo para ti, que me acreditas, importo-me mediocremente com o juízo que possa fazer o referido hipócrita – se algum me lê.

Ora, eis aí tudo o que eu tinha para te dizer, aproveitando a via do folhetim, na esperança de que ele chegará às tuas mãos.

Concluo repetindo – que não podes nem deves deixar a musa em ócio, porque, além de um pecado, seria uma desconsolação. Se és feliz, escreve; se és infeliz, escreve também. O remédio assemelha-se um pouco às panaceias universais inventadas pelos charlatães, mas também é o único remédio que não se vende, porque Deus o dá aos seus escolhidos. É inútil

---

194 Possivelmente trata-se de um poema, já que Machado fará referência mais abaixo nesta carta a seu livro lançado dois meses antes – *Crisálidas*.

195 Alusão ao livro de estreia de Teixeira de Melo – *Sombras e sonhos* (1858), Tipografia de Teixeira e Cia. Composto de poemas acentuadamente líricos, de sabor levemente erótico, o livro foi bem recebido pela crítica que lhe foi contemporânea. Reinaldo Franco Monto saudou o seu aparecimento no *Diário do Rio de Janeiro*, em 29 de setembro de 1858; e Sílvio Romero o incluiu em sua *História da literatura brasileira*.

dizer que para ser escolhido não basta rimar algumas estrofes em horas de desfastio, – é preciso sentir a poesia, como tu, e morrer com ela, como Casimiro de Abreu.

[...]

Mais um volume acaba de publicar a importante casa Garnier: *Meandro poético*, coleção de poesias dos primeiros poetas brasileiros para uso da mocidade dos colégios. É coordenada pelo Sr. Dr. Fernandes Pinheiro. Está enriquecida com esboços biográficos e numerosas notas históricas, mitológicas e geográficas.

Já na semana passada dei notícia de um livrinho do Sr. Fernandes Pinheiro, editado pela mesma casa Garnier – *O manual do pároco*. Folgo de ver uma tal atividade; o Sr. Dr. F. Pinheiro não é, decerto, um talento criador, mas tem a discrição e a paciência para os trabalhos de compilação e investigação. Todo o arado é útil para as terras literárias.

Os poetas escolhidos para a presente coleção são, Cláudio Manuel, Alvarenga Peixoto, Silva Alvarenga, padre Caldas, Durão, F. Carlos,[196] J. Basílio da Gama, José Bonifácio, M. de Paranaguá, Natividade e outros.[197]

É um livro muito aproveitável para o ensino dos colégios.

A impressão, feita em Paris, é o que são as últimas impressões da casa Garnier: excelente.

Numa terra em que não há editores é preciso animar os que se propõem, como o Sr. Garnier, a facilitar a publicação de obras.

[...]

M. A.

Diário do Rio de Janeiro, ano XLIV, nº 321, Folhetim, Ao acaso (Crônica da Semana), terça-feira, 22 de novembro de 1864, p.1.

---

196 No original aparece como "J. Carlos", mas o correto seria "F. Carlos", pois se trata de frei Francisco de São Carlos.
197 Além dos autores mencionados, fazem parte da obra *Meandro poético*: João Gualberto Ferreira dos Santos Reis (1787-1861), Francisco Bernardino Ribeiro (1815-1837), Manuel Alves Branco, visconde de Caravelas (1797-1847) e Luís Paulino Pinto da França (1771-1824).

Rio, 29 de novembro.

[...]

Falemos de um poeta nascente.

É o Sr. Carlos Augusto Ferreira,[198] do Rio Grande do Sul, jovem de esperançoso talento, que vai publicar brevemente um volume de versos.

O *Mercantil* de Porto Alegre escreve a respeito do jovem poeta algumas linhas que eu transcreveria, se me sobrara espaço.

É moço, é órfão, é pobre; a pobreza, a mocidade, a orfandade, foram e são outros tantos motivos para as manifestações da sua musa auspiciosa.

Animá-lo é dever.

Pode vir a ser uma das glórias do país; não lhe cortemos, com uma desdenhosa indiferença, o ardor da sua vocação, que de tantos obstáculos triunfa.

Recebi uma carta de Barbacena, encapando um soneto do poeta mineiro Sr. padre Correia de Almeida.[199]

Os leitores desta folha tiveram ocasião de apreciar a formosíssima tradução de um canto da *Farsália* de Lucano, feita pelo Sr. conselheiro José Feliciano de Castilho.

O soneto do poeta mineiro, – um belo soneto, na verdade, – é dirigido ao elegante tradutor do poeta latino.

Vejam os leitores:

> *A história, que aproxima priscos anos,*
> *Tardio tribunal justo e severo,*
> *Horroriza tratando do ímpio Nero*
> *O mais torpe e funesto dos tiranos.*

---

198 Carlos Augusto Ferreira (Porto Alegre, 1844-Rio de Janeiro, 1913), poeta, romancista, teatrólogo, jornalista e membro da Sociedade Partenon Literário. Principais obras: *Cânticos juvenis* (poesia, 1867), *Rosas loucas* (poesia, 1868) e *Histórias cambiantes* (contos, 1874).

199 José Joaquim Correia de Almeida, pe. Almeida (Barbacena, 1820-idem, 1905), poeta e professor. Principais obras: *Sátiras, epigramas e outras poesias* (1854-1879), *A república dos tolos* (poema herói-cômico satírico, 1881) e *Puerilidades de um macróbio* (poesia, 1898).

No furor das cruezas e dos danos
Não lhe escapa um dos êmulos de Homero,
Pois é Lucano vítima do fero
Algoz que dominou sobre os romanos.

De Espanha era o poeta ilustre filho,
Mas, por pátria adotando amena Itália,
Deu à língua de Horácio novo brilho.

Inspirou-se nas águas da Castália,
E escreveu, como escreve hoje um Castilho,
O prélio sanguinoso de Farsália.

Depois de escrita a revista, chegou a notícia da morte de Gonçalves Dias, o grande poeta dos *Cantos* e dos *Timbiras*.

A poesia nacional cobre-se portanto de luto. Era Gonçalves Dias o seu mais prezado filho, aquele que de mais louçanias a cobriu.

Morreu no mar – túmulo imenso para o seu imenso talento.

Só me resta espaço para aplaudir a ideia que se vai realizar na capital do Maranhão: a ereção de um monumento à memória do ilustre poeta.

A comissão encarregada de realizar este patriótico pensamento compõe-se dos Srs. Antônio Rego, Dr. Alexandre Teófilo de Carvalho Leal, Francisco Sotero dos Reis, Pedro Nunes Leal e Dr. Antônio Marques Leal.[200]

Não é um monumento para o Maranhão, é um monumento para o Brasil. A nação inteira deve concorrer para ele.

Quanto a ti, ó Níobe desolada, ó mãe de Gonçalves Dias e Odorico Mendes, se ainda tens lágrimas para chorar teus filhos, cimenta com elas os monumentos da tua saudade e da tua veneração!

M. A.

Diário do Rio de Janeiro, ano XLIV, nº 328, Folhetim, Ao acaso (Crônica da Semana), terça-feira, 29 de novembro de 1864, p.1.

---

200 Escritores pertencentes ao chamado Grupo Maranhense, que vigorou no período de 1832 a 1868, sendo constituído por intelectuais de filiação neoclássica e romântica, que atuaram como poetas, romancistas, historiadores, ensaístas e biógrafos do passado do Maranhão.

1865

Rio, 3 de janeiro de 1865.

[...]
Volvo os olhos às últimas semanas e não vejo nenhum acontecimento literário, isto é, nenhuma publicação que deva assumir semelhante caráter.

Se bem me recordo, desde que me recolhi ao silêncio, houve dois livros; um *Compêndio da história universal* pelo Dr. Moreira de Azevedo; e a 2ª edição das *Lembranças de José Antônio*.

O primeiro destes livros é um bom livro. Tem os três principais méritos de tais livros: a exatidão, o método e o estilo. É um livro acomodado às inteligências infantis. Todos conhecem já o nome do Sr. Dr. Moreira de Azevedo, autor de diversos opúsculos de investigação histórica, dignos da nomeada que tem alcançado.

Falando do *Compêndio* do Sr. Dr. Moreira de Azevedo, ocorre-me a publicação recente de outro *Compêndio de história*, escrito originalmente em francês pelo ministro da Instrução Pública em França, e traduzido para o português pelo Sr. padre Joaquim Bernardino de Sena.

A este livro dispenso-me de tecer encômios.

Quanto às *Lembranças de José Antônio*,[201] não acrescentarei nada ao maior louvor que a obra obteve e vai obter ainda: a aceitação geral, não como uma obra de certas proporções literárias, mas como uma coleção de páginas amenas, chistosas, epigramáticas, cuja leitura faz rir sem esforço.

Este livro é uma recordação – é a recordação da Petalógica dos primeiros tempos, a Petalógica de Paula Brito – o café Procópio de certa época – onde ia toda a gente, os políticos, os poetas, os dramaturgos, os artistas, os viajantes, os simples amadores, amigos e curiosos – onde se conversava de tudo – desde a retirada de um ministro até a pirueta da dançarina da moda; onde se discutia tudo, desde o *dó* de peito do Tamberlick até os discursos do marquês de Paraná, verdadeiro campo neutro onde o estreante das letras se encontrava com o conselheiro, onde o cantor italiano dialogava com o ex-ministro.

Dão-me saudades da *Petalógica* lendo o livro de José Antônio – não porque esse livro reúna todos os caracteres daquela sociedade; dão-me saudades porque foi no tempo do esplendor da *Petalógica* primitiva que os versos de José Antônio foram compostos e em que saiu à luz a primeira edição das *Lembranças*.

Cada qual tinha a sua família em casa; aquela era a família da rua – *le ménage en ville* – entrar ali era tomar parte na mesma ceia (a ceia vem aqui por metáfora), porque o Licurgo daquela república assim o entendia, e assim o entendiam todos quantos transpunham aqueles umbrais.

Queríeis saber do último acontecimento parlamentar? Era ir à Petalógica. Da nova ópera italiana? Do novo livro publicado? Do último baile de E***? Da última peça de Macedo ou Alencar? Do estado da praça? Dos boatos de qualquer espécie? Não se precisava ir mais longe, era ir à Petalógica.

Os *petalógicos*, espalhados por toda a superfície da cidade, lá iam, de lá saíam, apenas de passagem, colhendo e levando notícias, examinando boatos, farejando acontecimentos, tudo isso sem desfalcar os próprios negócios de um minuto sequer.

Assim como tinham entrada os conservadores e os liberais, tinham igualmente entrada os *lagruístas* e os *chartonistas*: no mesmo banco, às vezes,

---

201 José Antônio Frederico da Silva (Rio de Janeiro, ?-?), poeta popular e colaborador da *Marmota Fluminense*, é autor da obra *Lembranças de José Antônio*, publicada pela Tipografia de Paula Brito em 1864.

se discutia a superioridade das *divas* do tempo e as vantagens do ato adicional; os sorvetes do José Tomás e as nomeações de confiança aqueciam igualmente os espíritos; era um verdadeiro *pêle-mêle* de todas as coisas e de todos os homens.

De tudo isso e de muitas coisas mais me lembro eu agora, a propósito do volume de *Lembranças*, que não posso deixar de recomendar aos leitores para as horas de tédio ou de cansaço.

Os dois primeiros livros de que falei são editados pelo Sr. Garnier, cuja livraria se torna cada vez mais importante. Falar do Sr. Garnier, depois de Paula Brito, é aproximá-los por uma ideia comum: Paula Brito foi o primeiro editor digno desse nome que houve entre nós. Garnier ocupa hoje esse lugar, com as diferenças produzidas pelo tempo e pela vastidão das relações que possui fora do país.

Melhorando de dia para dia, as edições da casa Garnier são hoje as melhores que aparecem entre nós.

Não deixarei de recomendar aos leitores fluminenses a publicação mensal da mesma casa, o *Jornal das Famílias*, verdadeiro jornal para senhoras, pela escolha do gênero de escritos originais que publica e pelas novidades de modas, músicas, desenhos, bordados, esses mil nadas tão necessários ao reino do bom-tom.

O *Jornal das Famílias* é uma das primeiras publicações deste gênero que temos tido; o círculo dos seus leitores vai se alargando cada vez mais, graças à inteligente direção do Sr. Garnier.

[...]

MACHADO DE ASSIS
Diário do Rio de Janeiro, ano XLV, nº 2, Folhetim, Ao acaso
(Crônica da Semana), terça-feira, 3 de janeiro de 1865, p.1.

Rio, 31 de janeiro de 1865.

[...]

Já que falo em poetas, escreverei aqui o nome de um jovem estreante na poesia, a quem não falta vocação nem espontaneidade, mas que deve curar de aperfeiçoar-se pelo estudo. É o Sr. Joaquim Nabuco.[202] Tem 15 anos apenas. Os seus versos não são decerto perfeitos, o jovem poeta balbucia apenas; falta-lhe compulsar os modelos, estudar a língua, cultivar a arte; mas, se lhe faltam os requisitos que só o estudo pode dar, nem por isso se lhe desconhece desde já uma tendência pronunciada e uma imaginação viçosa. Tem o direito de contar com o futuro.

Fiquemos no terreno da poesia, ao menos no papel, se isso nos consente a prosa desta terra e a gravidade desta situação.

[...]

M. A.

Diário do Rio de Janeiro, ano XLV, nº 26, Folhetim, Ao acaso (Crônica da Semana), terça-feira, 31 de janeiro de 1865, p.1.

Rio, 21 de fevereiro de 1865.

[...]

Os leitores hão de lembrar-se que, por ocasião da morte de Gonçalves Dias, o *Diário do Rio* indicou uma ideia à Câmara Municipal: a de dar à rua dos Latoeiros o nome do eminente poeta lírico, que ali morou durante muitos anos. Era uma homenagem à memória do poeta.

A Câmara Municipal atendeu a este conselho. O Sr. Dr. Dias da Cruz, um dos vereadores mais distintos, propôs à Câmara a mudança do nome da rua dos Latoeiros e a Câmara adotou a proposta sem discussão.

Folgamos de ver a municipalidade fluminense tomar a iniciativa de tais reformas; mas desejamos que ela não se detenha nesta.

Há outras ruas cujos nomes, tão ridículos e sensaborões, como o da rua dos Latoeiros, carecem de reforma igual. As ruas do Sabão, Fogo, Violas,

---

202 Joaquim Aurélio Barreto Nabuco de Araújo (Recife, 1849-Washington, 1910), político, diplomata, historiador, jurista e jornalista. Principais obras: *Camões e Os Lusíadas* (1872), *O abolicionismo* (1883), *Um estadista do Império* (1879-1899) e *Minha formação* (1900).

Pescadores e outras muitas podiam trocar os seus nomes por outros que recordassem uma individualidade histórica ou um feito nacional, mesmo independente da circunstância especial que se dá com a ex-rua dos Latoeiros.

É isso que se faz atualmente em Paris, graças à iniciativa do Sr. Haussmann.[203] Quase todos os poetas, prosadores, dramaturgos e estadistas célebres da França deram os seus nomes às ruas da capital do mundo.

As boas disposições da Câmara devem ser aproveitadas. O Sr. vereador Dias da Cruz parece-nos, pela iniciativa que tomou, o mais próprio para redigir um projeto neste sentido, e completo em todas as suas partes, que a Câmara não teria dúvida em aprovar.

Entretanto, demos desde já os nossos emboras à Câmara Municipal, que, ao inverso das anteriores, saiu do programa ramerrameiro e tacanho, e não hesitou em fazer uma homenagem a um grande poeta.

[...]

M. A.

Diário do Rio de Janeiro, ano XLV, nº 45, Folhetim, Ao acaso (Crônica da Semana), terça-feira, 21 de fevereiro de 1865, p.1.

Rio, 27 de fevereiro de 1865.

[...]

Um exemplo, às pressas, para dar uma ideia somente dos muitos inconvenientes que cercam a vida do folhetim:

Que um florista exponha nas suas vidraças um ramo de flores; que um poeta remeta ao folhetinista um livro de versos; que um inventor o convide a ver uma máquina de moer qualquer coisa; se, depois do exame prévio,

---

203 Georges-Eugène Haussmann (Paris, 1809-idem, 1891), barão de Haussmann, prefeito de Paris, entre 1852 e 1870, período em que empreendeu radical reforma urbana na capital francesa, que o tornaria conhecido na história do urbanismo e das cidades.

o folhetim dissera que prefere as flores criadas por Deus, ou trabalhadas por Batton ou Constantino; que os versos não foram cuidados; enfim que a máquina não realiza os intuitos do inventor – cai-lhe sobre a cabeça a excomunhão maior – e o folhetim fica condenado eternamente. Nem escapa ao côvado literário; medem-no, e inscrevem-no no registro geral: – uma polegada de competência. Pode julgar, quando muitos os liliputianos.

Imaginem agora os leitores que soma de pachorra e de filosofia não é preciso ao folhetim, quando ele é despretensioso e tem sincera consciência de si, para escrever tranquilamente esta única resposta.

Mon verre n'est pas grand, mais je bois dans mon verre.

M. A.

À última hora chega-nos às mãos uma poesia do nosso amigo Dr. Teixeira de Melo. É uma bela inspiração patriótica. Não dispomos de muito espaço para mais; aqui vão os versos do distinto poeta brasileiro:

"Ao Paraguai!"
Aos Voluntários da Pátria.

O Brasil vai trazer de um novo escravo
Um povo livre. – A algema brutaliza!
Horda de vis sicários que inda beijam
A própria mão que férrea os tiraniza.

Vai dar uma lição tremenda ao déspota
Que o povo à escravidão contente guia;
E ao grêmio das nações chamar o escravo
Que adora a escravidão e a tirania.

Vilão e sanguinário, os seus escravos
Lopes verá passar livres do jugo,
Livres a seu pesar, qu'importa aos bravos
Que vão das mãos tirá-los do verdugo?

Tirano em miniatura, há de a arrogância
Ante nossos canhões depor em terra!
Sus! à guerra, valentões paladinos
Da luz, da liberdade, à guerra! à guerra!

Ides regar de sangue aqueles campos
Onde impera o terror da tirania;
Porém do vosso sangue generoso
A liberdade há de nascer um dia!

Filho da glória, o santo entusiasmo,
Que dá da pátria o amor, te guia inflama;
Arde-te a face à injúria feita à pátria,
Que nunca embalde o sangue te reclama.

E o paraguaio, embrutecido aos ferros
De antiga escravidão e ao servilismo,
Vacila e treme! e só o instiga o látego
Que Lopes deu por cetro ao despotismo.

Qu'importa ao servo a glória da conquista,
Os louros da vitória dos tiranos?
Eles não têm amor à liberdade...
São paraguaios, não americanos!

Obedecem à voz da tirania,
Ao aceno da fera que os domina.
Ide, valente troço de guerreiros,
Mudar daqueles bárbaros a sina.

Ide ensinar àqueles salteadores,
Que o Mato Grosso, as guerras estenderam,
Dos seus covis a estrada ensanguentada,
E a aprenderem de novo o que esqueceram.

Aprenderem que às nossas baionetas
Já deveram a pátria e a liberdade,
E que um povo d'ingratos que isto esquece
É indigno de viver nossa idade.

Heróis, vingai o ultraje feito à pátria,
E a luz levai àquela escuridão!
Mostrai àqueles vis que um brasileiro
Vale cem dos escravos d'Assunção.

Ao Paraguai, valentes campeadores,
A luz, a liberdade e a paz levai!
A glória vos sorri, vos abre os braços:
Ao Paraguai, irmãos, ao Paraguai!

Dr. J. A. TEIXEIRA DE MELO.

Campos, fevereiro de 1865.

Diário do Rio de Janeiro, ano XLV, nº 51, Folhetim, Ao acaso (Crônica da Semana), terça-feira, 28 de fevereiro de 1865, p.I.

Rio, 7 de março de 1865.

[...]
Voltemos um pouco o rosto para as coisas literárias.

A imprensa do Maranhão deu-nos uma boa notícia, que aliás, devera ter sido conhecida antes nesta corte, onde se deu o fato. É a de terem aparecido os manuscritos dos dramas de Gonçalves Dias, *Beatriz de Cenci* e *Boabdil*. Esses manuscritos apareceram de um modo singular. A viúva do poeta fizera um anúncio pedindo a entrega dos manuscritos que existissem nas mãos de alguns particulares. Logo no dia seguinte aparecera-lhe em casa um preto que entregou os dramas de que já falamos e desapareceu.

Não se encontraram somente os dramas na caixa entregue pelo preto; encontraram-se também várias poesias, e alguns trabalhos sobre instrução pública.

Deus queira que atrás desses apareçam os outros. Não é de crer que, se alguém os possui, queira conservá-los, fazendo assim um profundo desfalque às letras brasileiras. E uma vez reunidos todos, ou perdidas as esperanças de encontrar o resto, faz-se necessária uma nova e completa edição das obras do grande poeta.

[...]

Guardamos para a última coluna a notícia de um livrinho de versos que acabamos de receber da Paraíba do Norte. Tem por título *Mosaico*, e por autor Joaquim Serra, jovem maranhense, de cujo talento já temos apresentado aos leitores irrecusáveis provas.

O livro de um poeta, digno deste nome, é sempre credor da nossa atenção; este, porém, tem um duplo direito; além do nome do autor tem o nosso nome, a quem o autor dedica a sua obra. Somos obrigados por um sentimento de gratidão a mencionar o fato nestas colunas. Cremos que este caso faz exceção na poética dos leitores.

A lembrança do autor do *Mosaico* é para nós tanto mais honrosa e agradável ao coração, quanto que resulta de espontânea simpatia, sem que nunca trocássemos um aperto de mão. É por isso que o poeta quis dar-me um apertado abraço, através do mar que nos separou sempre, e que não nos servirá de obstáculo um dia.

O *Mosaico* compõe-se de traduções de Vigny, Victor Hugo, Musset, Laprade,[204] Mickiewicz,[205] Méry[206] e muitos outros poetas, que Joaquim Serra estudou com perfeita madureza e reproduziu com brilhante fidelidade. Transcreveremos em outra ocasião algumas peças deste interessante volume.

---

204 Pierre Martin de Victor Richard Laprade (1812-1883), conhecido como Victor Laprade, poeta romântico, professor de Literatura e crítico católico. Principais obras: *Les Parfums de Madeleine* (1839), *La Colère de Jesus* (1840), *Psiquê* (1841), *Poèmes évangéliques* (1852) e *Le Livre du père* (1877).
205 Adam Bernard Mickiewcz (Zaosie, 1798-Istambul, 1855), poeta e dramaturgo, figura atuante na luta pela independência de seu país, conhecido pelo *Soneto de Crimeia*, entre outras obras.
206 Joseph Méry (1798-1866), poeta, romancista e contista francês.

De novo agradecemos ao jovem colega e amigo a prova de simpatia que acaba de nos manifestar, e daqui lhe repetimos a palavra dos admiradores do seu talento: avante!

M. A.

Diário do Rio de Janeiro, ano XLV, nº 57, Folhetim, Ao acaso (Crônica da Semana), terça-feira, 7 de março de 1865, p.1.

Rio, 15 de março de 1865.

[...]
É força acabar. Fá-lo-emos com a transcrição de um soneto de Bruno Seabra. O soneto já vai sendo coisa rara, depois de ter sido a forma harmoniosa de Petrarca, Camões, Bocage e Barbier.[207] Hoje ninguém quer sentar-se neste leito de Procusto, e fazem bem. Não diremos o mesmo a Bruno Seabra, cujo trabalho transcrevemos e recomendamos aos leitores. Todos conhecem a musa do autor das *Flores e frutos*: estes belos versos serão lidos com interesse:

Nas margens do Uruguai – nossa bandeira
Já leva de vencida a gente ignava;
Já ovante tremula e a afronta lava
De uma selvagem raça traiçoeira!

Eia!... mais esta vez – entre em fileira,
E, destroçando a coorte – vil escrava,
Às mais bravas nações mostre que é brava,
E fique ilesa a honra brasileira!

Brasileiros! marchar!... não se difama
Impunemente – de um país a história!
Marchai... a Pátria – a Mãe – é quem vos chama!

---

207 Henri Auguste Barbier (Paris, 1805-Nice, 1882), poeta francês, autor de *Jambos* (1831), poemas satíricos nos quais combateu a sociedade resultante da revolução de 1830.

Ide os louros colher d'alta Memória,
O pátrio pundonor que vos inflama
É que faz cidadãos, – é que dá glória!

BRUNO SEABRA.

M. A.
Diário do Rio de Janeiro, ano XLV, nº 64, Folhetim, Ao acaso (Crônica da Semana), quarta-feira, 15 de março de 1865, p.1.

Rio, 21 de março de 1865.

Devemos começar esta revista por uma reparação.

Apesar de mencionada entre as nossas notas, esqueceu-nos dar na última revista uma breve resposta à Sra. D. Olympia da Costa Gonçalves Dias.

A viúva do poeta, tomando em consideração algumas linhas que escrevemos acerca do achado dos dramas *Beatriz di Cenci* e *Boabdil*, respondeu-nos por esta folha, retificando alguns enganos que nos tinham escapado.

Um deles era a publicação do fato, que dissemos ter sido feita no Maranhão, antes de ter sido feito no Rio de Janeiro. A Sra. Gonçalves Dias lembra-nos que a primeira notícia foi dada nos jornais do Rio a 5 de fevereiro. Confessamos que nos escapou a notícia, e aceitamos cordialmente a retificação.

O segundo engano foi quanto ao dia em que foram entregues os manuscritos. Dissemos que fora no dia seguinte ao do primeiro anúncio, quando essa entrega só se efetuou cinco dias depois. Neste ponto, a culpa não é nossa; fomos guiados pela notícia do Maranhão.

Quanto ao agradecimento que a viúva do poeta nos dá pelos votos que fizemos pelo aparecimento de todos os manuscritos extraviados, não podemos aceitá-los, senão como pura expressão de delicadeza: esses votos constituem um dever de todo aquele filho do país em que tamanho poeta floresceu e viverá.

Saldadas estas contas, entremos nos assuntos da semana.

[...]

M. A.

Diário do Rio de Janeiro, ano XLV, nº 70, Folhetim, Ao acaso (Crônica da Semana), terça-feira, 21 de março de 1865, p.1.

Rio, 28 de março de 1865.

[...]

Os livros não são da nossa exclusiva competência; isso, porém, não impede que façamos, uma vez por outra, menção de algumas obras valiosas. Temos sobretudo esse dever quando não se trata de um livro, mas do livro dos livros, do livro por excelência.

Era ansiosamente esperado o 2º volume da Bíblia, ricamente editada pela livraria Garnier. O último paquete trouxe o 2º volume. Uma encadernação rica e de gosto, uma impressão nítida, um papel excelente, gravuras finíssimas, copiadas das melhores telas, tais são as qualidades deste como do 1º volume.

O vaso é digno do óleo.

Os leitores nos dispensam de dizer por que a Bíblia é o livro por excelência. Melhor que ninguém já o disse Lamartine; o grande poeta pergunta o que não haverá nessa obra universal, desde a história, a poesia épica, a tragédia e a filosofia, até o idílio, a poesia lírica, é a elegia – desde o Deuteronômio, Isaías e o Eclesiástico, até Ruth, Jeremias e o Cântico dos Cânticos. Reuni todas estas formas do espírito humano em uma encadernação de luxo, e dizei se há livro mais precioso e mais digno de figurar no gabinete, entre Milton e Homero.

[...]

M. A.

Diário do Rio de Janeiro, ano XLV, nº 76, Folhetim, Ao acaso (Crônica da Semana), terça-feira, 28 de março de 1865, p.1.

Rio, 2 de maio de 1865.

[...]

E depois disto, demos de mão à política para passar a coisas literárias.

Os que procuram resgatar a pureza da língua, trazendo à luz de uma constante publicidade as obras clássicas dos velhos autores, sempre nos tiveram entre os seus aplaudidores mais entusiastas.

É essa uma espécie de reação, cujos resultados hão de ser benéficos e duradouros.

Os autores da *Livraria clássica*,[208] a cuja reimpressão está procedendo o editor Garnier, estão no número dos que merecem os nossos sufrágios.

Todos sabem com que solicitude e proficiência os Srs. Castilhos se entregam ao estudo da língua materna, matéria em que alcançaram ser juízes competentes.

A *Livraria clássica*, obra que mereceu desde a sua aparição merecidos aplausos, é uma coleção dos melhores fragmentos de autores clássicos. Os Srs. Castilhos procuraram sobretudo reunir aqueles escritos que pudessem mais facilmente insinuar-se no espírito do público.

Era já rara a *Livraria*. E demais uma obra tão importante carecia uma edição melhor que a primitiva. É isso o que vai fazer o Sr. Garnier. Os dois primeiros volumes publicados são os dos *Excertos* do padre Manuel Bernardes.

O padre Bernardes é um dos escritores de mais elevado conceito literário. Nada acrescentaremos ao que dele diz o Sr. A. F. de Castilho no estudo que acompanha os *Excertos*. Demais, ninguém que tenha missão escrever a língua portuguesa, pode deixar de conhecer o autor da *Floresta* e dos *Exercícios morais*.

A edição feita pelo Sr. Garnier é das melhores que têm saído das oficinas de Paris.

Aguardamos ansiosamente os volumes seguintes.

---

[208] Os irmãos, Augusto Frederico e José Feliciano de Castilho, deram início à *Livraria clássica portuguesa*, em 1845, onde escreveram biografias e juízos críticos com referência ao padre Manuel Bernardes (1644-1710) e a Garcia de Resende (1470-1536).

E com isto concluímos a parte literária da semana.
[...]

M. A.

Diário do Rio de Janeiro, ano XLV, nº 106, Folhetim, Ao acaso (Crônica da Semana), terça-feira, 2 de maio de 1865, p.1.

[...]
Uma grande parte da semana é de assuntos literários: um poema e dois dramas. O poema não é novo, é uma nova edição que acaba de chegar de Viena. Já daqui ficam os leitores sabendo que se trata da *Confederação dos Tamoios*[209] do Sr. Dr. D. J. Gonçalves de Magalhães.

É uma edição revista, correta e aumentada pelo autor.

Não sabemos até que ponto o poeta atendeu às críticas de que o seu poema foi objeto quando apareceu. Não tivemos tempo de cotejar a crítica com as duas edições. Mas o poeta declara que fez acrescentamentos e modificações, e corrigiu muitos versos que, ou não saíram perfeitos da primeira vez, ou deveram as suas imperfeições à má cópia.

Lemos algumas páginas soltas, e reconhecemos, mesmo sem comparar as edições, que o verso está mais trabalhado e limado, e mais atendidas as leis da harmonia. Aqui receamos fazer crítica de detalhe lembrando que alguns versos escaparam ao cuidado do autor nesta nova edição; o autor declara que esta edição é a definitiva, mas, como não há de ser a última, pois que muitas mais merece o poema, tomamos a liberdade de recordar ao poeta que uma nova revisão tornaria a obra mais aperfeiçoada ainda.

No prefácio trata o autor dos motivos que o levaram a preferir o verso solto à oitava rima. São excelentes as suas razões em favor do alvitre que tomou; mas lá nos parece que o poeta adianta algumas ideias pouco aceitáveis.

---

[209] A publicação, em 1856, de *A Confederação dos Tamoios*, de Gonçalves de Magalhães, deu origem à polêmica em que estiveram envolvidos, de um lado, José de Alencar, que fez críticas severas à obra, e, de outro, Porto-Alegre e D. Pedro II, que a defenderam.

Não se nega ao endecassílabo a energia, a harmonia e a gravidade; mas, concluir contra a rima em tudo e por tudo, parece-nos que é ousar demais. Tal é, entretanto, o pensamento do Sr. Dr. Magalhães nas seguintes palavras: "Não há pensamento sublime, nem lance patético, nem grito de dor que toque o coração com a graça atenuante do consoante". E, embora o Sr. Dr. Magalhães, para mostrar que até na prosa o consoante é mau, tenha rematado tão dissonantemente o seu período, julgamos que a rima pode reproduzir um pensamento sublime e um lance patético, sem que isto tire ao verso solto a superioridade que lhe reconhecem os mestres.

Feito este reparo, mencionemos a nova edição da *Confederação dos Tamoios*, como uma notícia literária. Parece que hoje a vida intelectual é menor que no tempo em que apareceu o poema do Sr. Dr. Magalhães; se o não fosse, teríamos esperança de ver o poema sujeito a uma nova análise, onde os seus esforços seriam reconhecidos, os seus descuidos, se alguns existem, corrigidos a tempo, com o que ganhariam o poeta e a literatura, que se honra em dar-lhe um lugar distinto.

[...]

M. A.
Diário do Rio de Janeiro, ano XLV, nº 119, Folhetim, Ao acaso (Crônica da Semana), terça-feira, 16 de maio de 1865, p.1.

Uma estreia literária

Cenas do interior
Romance por Luís José Pereira da Silva
Tip. Perseverança. – 1865

A estreia literária de um jovem de talento é sempre um motivo de satisfação para os que amam verdadeiramente a literatura. O estreante de quem venho falar hoje é uma vocação legítima, e o seu livro uma obra de merecimento e vivas esperanças. Aplaudo-me de ser o primeiro a comunicar esta notícia ao público literário do nosso país.

A esse público talvez não seja estranho o nome do Sr. Luís José Pereira da Silva,[210] autor de artigos esparsos em alguns jornais; mas os escritos ligeiros, as páginas fugitivas, não puderam até hoje criar para o Sr. Pereira da Silva um nome, como lhe deve caber pela publicação do seu primeiro livro.

Este livro, que é a sua verdadeira estreia, é um romance, com o modesto título de *Cenas do interior*. Nada mais simples, e todavia nada mais prometedor. Os quadros de costumes, a vida interior do país, são um terreno vasto, onde a musa do romance, da poesia e do teatro, tem ainda muito que observar e colher.

Mais de uma pena brasileira tem-se dado a estes trabalhos. Um dos maiores talentos que o Brasil tem produzido, o chorado Dr. Manuel de Almeida, escreveu um livro excelente, que anda nas mãos de todos: *Memórias de um sargento de milícias*, que é um modelo do gênero. Alencar e Macedo também escreveram obras dignas de ser estudadas, especialmente o primeiro, autor do *Guarani*. Pinheiro Guimarães publicou há anos *O comendador*, narrativa interessante e digna de muito apreço. E há ainda outros, que me não ocorrem agora, e que têm produzido páginas valiosas e estudos sérios sobre os costumes do país, debaixo da forma popular do romance.

Aparece agora o Sr. Pereira da Silva com as *Cenas do interior*, e se não é uma obra completa e aperfeiçoada, nem por isso deixa de revelar da parte do autor muitas qualidades apreciáveis, talento viçoso e espírito observador.

A ação do romance passa-se em Pernambuco. Abre por uma festa popular, o clássico presepe, organizado em Ponte de Uchoa, para onde corre toda a gente da vizinhança, como no *derby day*, Londres inteira, desde a Câmara dos Comuns até a praça do comércio, vai assistir às corridas de Epsom.

Em Ponte de Uchoa, e no dia da inauguração do presepe, apresenta-nos o autor as personagens do romance. Vemos chegar ali conduzidos no grande carroção, o capitão-mor Oliveira, a mulher, a filha Henriqueta e o filho Américo; depois da missa do galo assistimos ao *fado*, e travamos conhecimento

---

210 Luís José Pereira da Silva (Valença, 1837-?, 1908), poeta, novelista, teatrólogo, professor, tradutor e advogado. Pseudônimos: Ota, Brazilicus e Lips. Principais obras: *Os desterrados* (1854), *Cenas do interior* (1865), *Riachuelo* (poesia, 1868) e *Olmárcia* (poema-romance, 1871). Colaborou nos periódicos *Marmota*, *Correio Mercantil* e *Jornal do Comércio*.

com Pedrinho, Maria e Manuel Joaquim; no dia seguinte vemos o velho João da Silva, e temos diante de nós quase todas as personagens da obra.

Alfredo de Vasconcelos e Ernesto, personagens importantes, João Silvério e Lúcia, personagens secundárias, só mais tarde os conhecemos.

Tal é o pessoal da obra.

Que caracteres representam essas personagens? Que sentimentos as animam? Até que ponto respeitou o autor a verdade humana?

A primeira dificuldade com que o autor tinha de lutar era a de uma ação complexa, ou antes, a de uma ação dupla. Com efeito, pondo de lado as circunstâncias que ligam as famílias de João da Silva e do capitão-mor, o drama de Pedrinho e Maria, e o drama de Henriqueta e Ernesto, correm como duas linhas paralelas, sem se tocarem, e interessando-nos diversamente. Sem exigir para o romance o rigor das regras dramáticas, parece-me que se pode fazer ao Sr. Pereira da Silva esta crítica preliminar.

E essa crítica é tanto mais cabida, quando se reconhece que, ocupando-se exclusivamente com os amores de Maria e Pedrinho, só de certo ponto em diante é que o autor nos desvia para mostrar-nos os sentimentos de Henriqueta e Ernesto; e o amor de Henriqueta, que então parecia entrar como episódio, torna-se no fim do romance o centro das atenções, e produz a peripécia do drama. O objeto principal do romance passa então para o segundo plano.

Disse que o autor tinha esta dificuldade com que lutar, e a luta é manifesta desde que o autor vê-se obrigado a passar de um para outro assunto, ligados entre si pelo encontro das pessoas, e nunca pela contiguidade da ação, do que resulta atenuar por vezes o interesse.

Esta observação, feita no sincero desejo de indagar todos os defeitos, não é a única que nos sugere o belo livro do Sr. Pereira da Silva.

Maria e Henriqueta são as duas criaturas mais interessantes do romance. A mocidade e o coração ligam a filha do trabalhador e a filha do capitão-mor. Mas, é para sentir que os sentimentos tão naturais, tão bem estudados em Maria, não o sejam igualmente em Henriqueta.

Henriqueta ama o primo Ernesto, e é amada por ele; mas Henriqueta cedera um dia aos sentimentos reprovados de um homem, e essa triste falta da sua adolescência é o ponto negro que lhe mancha o céu da vida. Que situação mais aflitiva do que esta? Henriqueta desde que começa a interessar o leitor, interessa-o muito, e o autor, com uma observação delicada e rara, sabe estudar, em todos os pontos, o coração da moça.

Mas esse amor é a vida inteira de Henriqueta ou um episódio? Ao princípio decidimo-nos pela primeira hipótese, mas de certo ponto em diante modifica-se este juízo.

Vejamos.

Henriqueta tem comunicado a Ernesto a sua falta, e isto por um meio delicado — mandando por sobre a mesa dele um manuscrito que é o livro íntimo das suas confissões. A luta que se produz no espírito do moço, entre o amor e as leis da sociedade, é habilmente descrita. Neste ínterim chega à fazenda Alfredo de Vasconcelos, o primeiro amor de Henriqueta e a causa do seu erro. Ernesto sufoca o amor, e aconselha a Henriqueta que se case com Alfredo. Lúcia, a cria e amiga da moça, é quem lhe entrega a carta de Ernesto, e aconselha a mesma coisa.

Diz Lúcia:

— Eu acho que nhanhã fazia bem; e vingava-se do Sr. moço Ernesto.

— Está bem, penteia-me, dá-me o meu melhor vestido enfeita-me bem; quero descer, quero aparecer a ambos, bela, encantadora, como nunca me viram. Olhas para mim?

[...]

— Há de ir como está; nhanhã está divina, nunca esteve assim.

Henriqueta foi ao espelho certificar-se das palavras de Lúcia.

O amor que estabelece esta competência, por meio das graças pessoais, está longe de ser um amor profundo, verdadeiro, sincero. Quando se chega àquele diálogo, já a bela situação de Henriqueta não inspira a nossa piedade.

Mas o caráter de Henriqueta tem ainda outra inconsequência. Alfredo, entrando na fazenda do capitão, fê-lo unicamente por um motivo: para reparar a falta que cometera; ia pedir Henriqueta em casamento. A resposta da moça é dada no conselho de família; é uma recusa formal, em linguagem que a moça não tinha o direito de usar com a consciência arrependida do moço; ela refere tudo quanto se passara com o seu primeiro amante.

O capitão-mor, sabedor de tais circunstâncias, decide casá-los à força; Henriqueta vai até o altar, recusa, e morre envenenada.

Todos estes atos da moça não estão de acordo com a lógica moral dos sentimentos.

Não se compreende também que Ernesto, amigo de Alfredo, e sabedor dos sentimentos que o trouxeram a reparar uma falta passada, arme-se contra ele e o mate.

Diz-nos o Sr. Pereira da Silva que a ação do seu romance é verídica, e que, por uma lutuosa circunstância, foi ele obrigado a precipitar o desfecho. Destas duas razões, a segunda é respeitável, mas eu sempre lhe lembro que podia precipitar o desfecho sem o duelo final. Quanto à primeira razão, a crítica severa não pode aceitá-la. Prefere-se a verdade à veracidade; e já alguém disse que é melhor ver sentimentos verdadeiros debaixo das roupagens impossíveis, do que sentimentos impossíveis com vestuários exatos. Condé[211] chorava ouvindo os versos de Corneille,[212] mesmo quando Paulina e Camila envergavam as roupas do tempo de Luís XIV. O autor das *Cenas do interior* era obrigado a tirar do episódio histórico aquilo que lhe desse os elementos da ação, tendo sempre presente que os caracteres verdadeiros e os sentimentos humanos estão acima da veracidade rigorosa dos fatos.

Há no próprio romance do Sr. Pereira da Silva exemplos de que ele conhece esta lei literária, fora da qual não há arte possível. O tipo de João da Silva é completo; o capitão-mor, austero e sisudo, mas rude e desabrido, está estudado com muita verdade; o mesmo direi de Margarida e Ernesto, a quem só reprovo o duelo final. Américo é também um caráter lógico e verdadeiro.

Qualidades de observação não faltam, pois, ao autor, não lhe faltam igualmente qualidades de estilo; e, se excetuarmos um ou outro descuido, a linguagem do romance é pura e boa.

---

211 Luís II de Bourbon, quarto príncipe de Condé, conhecido como o Grande Condé (Paris, 1621-Fontainebleu, 1686), ao retirar-se para o seu castelo de Chantilly, em 1675, consagrou-se ao mecenato, protegendo Molière, Racine e La Bruyère.

212 Pierre Corneille (Rouen, 1606-Paris, 1684), dramaturgo francês, chamado de "fundador da tragédia francesa", escreveu, entre outras, as peças *Le Cid* (*O Cid*, 1637), *Cinna* (*Cina*, 1642), *Horacio* (1640) e *Rodogune* (1644).

A descrição das festas do Natal, e em geral a observação dos costumes do interior e do tempo, nada deixa a desejar. O que se chama cor local não falta ao romance, e, se alguma coisa noto, é que o cuidado de ser fiel à cor local prejudica algumas vezes, como disse acima, o cuidado de ser fiel à cor humana.

O resumo da minha opinião é que o romance do Sr. Pereira da Silva merece ser lido e apreciado. Avultam-lhe qualidades; quanto aos defeitos, são eles da ordem dos que escapam aos escritores de maior nome e maior responsabilidade.

Tomei a liberdade de lhos apontar por me parecer que ele prefere uma crítica franca e sincera, a um acolhimento silencioso ou um aplauso frenético e desarrazoado. A intolerância produz este, o desdém produz aquele; mas um talento como o do Sr. Pereira da Silva pode viver independente da intolerância de uns, e pode afrontar o desdém de outros.

MACHADO DE ASSIS
Diário do Rio de Janeiro, ano XLV, nº 152, Folhetim, sábado, 24 de junho de 1865, p.I.

Um livro de versos

Poesias *do Sr. Dr. Bernardo J. da Silva Guimarães. Liv. Garnier – 1865*

Com o Sr. Bernardo Guimarães[213] dá-se um fenômeno, que não é raro em literatura: a sua popularidade não é igual ao seu talento. Isto não quer dizer que ele seja desconhecido; ao contrário, os que prezam as boas letras sabem de cor muitos dos seus versos; mas um talento tão robusto, como o do autor dos *Cantos da solidão*, tinha direito à mais vasta popularidade.

Qual seja a causa deste fato, não é meu intuito indagá-lo agora; se o menciono, é como exemplo às vocações sôfregas, a fim de que aprendam,

---

[213] Bernardo Joaquim da Silva Guimarães (Ouro Preto, 1825-idem, 1884), romancista e poeta brasileiro, autor, entre outros, dos romances *O ermitão de Muquém* (1858), *O seminarista* (1872) e *A escrava Isaura* (1875).

com o poeta, a preferir uma superioridade tranquila, mas certa do futuro, a uma nomeada ruidosa, mas disputável.

Pois que falo em superioridade, direi desde já que este, no meu conceito, avantaja-se a todos os poetas líricos atuais, e tem um lugar marcado na galeria dos contemporâneos. Julgando assim, é possível que eu não seja o intérprete fiel da opinião literária; mas presumo que outra não pode ser a sentença do futuro.

O Sr. Bernardo Guimarães tinha já adquirido a estima dos homens de letras, com a publicação dos *Cantos da solidão*, há treze anos. Hoje, aos trinta e seis de idade, aparece de novo, com um volume das suas poesias completas, precedidas de algumas palavras símplices e despretensiosas. O volume contém, mais ou menos, quatrocentas páginas, e o poeta pede desculpa de o não dar mais copioso. É isto uma crítica que ele faz a si próprio, e que a merece. Eu não quisera decerto que, no intuito de apresentar uma obra menos exígua, forjasse o autor mais uma centena de páginas; isso é bom para os poetas que têm a rara fortuna de cantar, ainda quando não sentem nada dentro de si; mas, apesar das desculpas apresentadas no prefácio, o espaço de treze anos era suficiente para que ele nos desse hoje uma coleção mais numerosa dos seus cantos.

O livro do Sr. Bernardo Guimarães divide-se em quatro partes, que correspondem a duas épocas distintas. É assim fácil estudar o espírito e as tendências atuais do poeta, e de algum modo predizer a sua carreira no futuro. Direi em poucas palavras o que penso e o que sinto, tão franco nas censuras como nos louvores, certo de que o poeta prefere a estima à adulação.

É o Sr. Bernardo Guimarães um poeta verdadeiramente nacional; a sua musa é brasileira legítima; essa nacionalidade, porém, não se traduz por um alinhavo de nomes próprios, nem por uma descrição seca de costumes. Desde que o gênio de Gonçalves Dias abriu aos olhos da geração moderna uma fonte nova de inspiração de harmonia, surgiu dos recantos obscuros da literatura uma chusma de poetas, que julgaram ter entendido o mestre, desde que reduzissem a poesia a uma indigesta nomenclatura. Alguns, como tivessem talento real, destacaram-se no meio dos esforços impotentes dos outros; mas nenhum com mais felicidade que o Sr. Bernardo Guimarães, cuja nacionalidade poética é o resultado da sua índole e da sua educação.

Tem o Sr. Bernardo Guimarães uma fisionomia própria e definida; a sua musa é sempre a mesma, quer se enfeite de rosas, quer se coroe de lírios; os seus versos trazem consigo um cunho de família; o autor pode colher as suas inspirações em diversas fontes, pode esclarecer o espírito com estudos diversos, mas quando lhe chega a hora de reproduzir as suas impressões, a língua que fala é uma e própria.

O tom dominante de seus versos é a elegia. Basta percorrer o livro rapidamente para conhecer a verdade desta observação. A "Dedicatória dos cantos da solidão" é toda afinada por esse tom, e distingue-se por algumas imagens, habilmente traçadas, pela harmonia e sentimento dos versos. Não digo que seja a melhor poesia do livro, nem que possa competir com o "Ermo" e o "Idílio"; mas é uma bela amostra da força poética do autor, e até das suas predileções íntimas. Os três últimos versos encerram uma ideia linda e nova, e fecham a poesia com chave de ouro.

Ideias, imagens e forma! Aí temos um poeta; este pode ler-se sem perigo para o gosto: tem o que a natureza inspira, e o que dá a arte, sabendo conciliá-las ambas, na justa proporção que a cada uma compete. Está longe de partilhar o culto exclusivo da forma, que parece ser a nova religião, cujo dogma é arquiteturar palavras, e dispensar ideias, substituir a energia do sentido pelo inchado da expressão, e transformar a arte em ofício.

O "Ermo" é talvez a composição mais notável do livro, e tem a vantagem de nos indicar, a um tempo, a índole do autor e a medida de seu talento. O Sr. Bernardo Guimarães tem sobretudo um raro instinto para compreender a natureza; nunca é tão poeta como quando está diante de uma cascata, ou no seio de uma floresta. O "Ermo" é uma composição de primeira ordem; a inspiração é viva, o verso harmonioso, as imagens belas e muitas vezes originais; os versos não se sucedem como autômatos; trazem uma ideia ou exprimem um sentimento; e lendo aquelas treze páginas, tão vivamente inspiradas, o espírito se nos transporta para a floresta, respiramos o ar do deserto, ouvimos as fontes, vivemos do ermo. O autor que tem um olhar superior, não vê só o corpo da floresta, os coqueiros e os jequitibás; faz mais alguma coisa, sente-lhe a alma, o elemento oculto que anima a solidão, e trava com esse espírito, invisível aos olhos profanos, a doce conversa que o vulgacho não pode ouvir.

No "Ermo", o poeta convida a musa a ir ver a natureza, onde ela se ostenta mais virgem e mais formosa; a descrição da floresta é feita em cerca de trinta versos magníficos de vigor e de colorido; chora depois as tribos extintas, comemora as suas façanhas, descreve com sobriedade e rapidez a vida indígena, cujo amor às solidões da floresta, tanto se harmoniza com as preferências íntimas do poeta. A descrição da derrubada e do incêndio é excelente; o poeta pinta esses espetáculos, como quem os viu e conhece; depois chora sobre essa violação do santuário do ermo; mas, interrogando o machado e o fogo, acha que eles são os agentes da civilização e do progresso; tanto basta para consolar a virgem da floresta, a quem prediz, em troca das graças naturais e agrestes, as galas da civilização e a força do poder; mas, acrescenta o poeta, (para quem o espetáculo do ermo vale ainda mais que o espetáculo das cidades) mas, se ela um dia volver os olhos ao passado, talvez tenha saudade de seus bosques e da sua rude infância.

Lê-se o "Ermo" e repete-se a leitura, sem passar-se adiante, saboreando vagarosamente as impressões que a poesia deixa ao espírito; sintoma esse de que é aquela a linguagem verdadeira das musas, e se alguém há que não experimente tais comoções, pode desistir de entender jamais uma página de poesia.

Voltando a página, dá-se com os olhos no "Devanear do cético". Aqui entramos em nova ordem de ideias, e eu sentiria realmente se aqueles versos correspondessem ao estado do espírito do poeta; é a dúvida, não a dúvida fria e seca, mas a dúvida aflitiva, que interroga os céus, os astros, a ciência, e nada colhe que a esclareça e eleve. Será essa dúvida sincera? Quando o poeta pergunta repetidas vezes onde está Deus, dá-me vontade de voltar à página anterior,[214] e enviá-lo ao ermo; não é que eu faça uma confusão de panteísta; mas, quem sabe pisar com tanto amor e respeito o santuário do deserto, quem tão profundamente conhece a natureza, não tem que perguntar: lá tem a fonte onde estancar a sede que o devora.

Em todo caso, sincera ou não, a musa do poeta exprime as suas incertezas, soluça as suas dores, em bons versos e elegantes períodos.

---

214 "A página anterior", no original.

Pode-se supor que há realmente certa sinceridade na dúvida do poeta, quando se lê a epístola que começa: — *Não vês amigo?* — Ali o poeta comemorando o seu aniversário, volve um olhar ao passado, lança outro ao futuro, e articula as mesmas incertezas do "Devanear do cético"; mas, antes quero crer que essa ânsia de interrogar o desconhecido deriva de um estado transitório do espírito, e que esse estado é o efeito de uma série de desilusões. É natural interrogar o artífice, quando se descrê da obra, e lançar à conta do Criador as decepções que os homens nos produzem. Que é preciso por que o poeta creia? Basta que lhe apareça aos olhos uma sepultura: as "Elegias" à morte de seu irmão, e à de um escravo, são ungidas de fé, e cheias de espírito religioso. Os versos, perfeitamente construídos, respiram uma doce tristeza, doce pelo tom de resignação e de saudade que domina em todos eles. Aí, como no "Destino do vate", o autor eleva-se à altura de um poeta cristão.

As "Inspirações da tarde" formam uma coleção de páginas deliciosas, escritas em boa hora de inspiração; nada há mais mimoso neste livro — propriedade e graça de locução, melodia de verso, tudo isso aplicado a descrever aquela hora tão solene: como seja o momento do ocaso, e a hora melancólica, não encontrareis aí demasiada luz, nem alegria descabida; os versos assemelham-se aos últimos reflexos do sol dourando o céu azul e o cimo enevoado das colinas.

Nestas pinturas delicadas, em que se pede ao verso certa transparência, e à palavra uma suavidade como de harpa eólia, é que o Sr. Bernardo Guimarães é essencialmente poeta. Veja-se, por exemplo, o "Idílio"; o "Idílio" não é só uma joia de poesia brasileira; pode figurar, com honra, ao lado das mais belas composições do gênero que os clássicos portugueses nos deixaram. Esta é a poesia que comove e enternece, a verdadeira poesia, estrofes escritas com alma, e que os jovens estreantes das letras devem reler muitas vezes entre duas liras de Gonzaga.

Mas querem os leitores saber como o poeta abusa da comoção que nos produz? Os olhos vão correndo pelos versos do "Idílio", e a alma enche-se pouco a pouco da tristeza do poeta: pois bem, no melhor da nossa melancolia, quando se nos umedecem os olhos, e o coração palpita mais apressado, volta-se o poeta para a sua amada e diz-lhe:

> *[...] os sonhos agoureiros*
> *Varre da mente, e vamos tomar chá.*

Este desfecho chama-nos bruscamente à realidade; é como se nos despenhassem do alto de uma serra a um vale profundo: mas a graça está em que o poeta tem o cuidado de nos fazer um leito macio; e aquele chá, contra o qual protesta o nosso coração, está posto ali tão delicadamente, que a gente quase perdoa o poeta, e nem por isso fica-o estimando menos.

O "Idílio" pertence à segunda época, e é escrito com o frescor das primeiras inspirações; mas se exceptuarmos, além dessa, mais uma meia dúzia de composições do mesmo valor, o poeta da segunda época parece querer seguir uma nova estrada; o "Nariz perante os poetas", escrito embora com a facilidade e a cadência naturais ao Sr. Bernardo Guimarães, não é digno do seu talento; não se reconhece o autor do "Ermo" nas estrofes ao cavalo "Cisne" e à "Saia-balão". O "Dilúvio de papel", poesia desigual, mas cheia de *verve*, de originalidade e de expressão, deixa-nos longe das estrofes ao "Escravo" e do "Hino à tarde". Não é sem muita estranheza que eu procuro ligar o autor da "Nostalgia" ao da última estrofe da página 219. Ora, se eu insisto neste reparo, é por ver que as poesias do gênero do "Nariz perante os poetas" formam uma grande parte da segunda época, e, apesar das boas páginas que ainda se encontram aí, receio que o autor queira romper com a tradição da sua adolescência poética, e afinar a sua lira por um tom menos estimado.

Estou longe de negar a intenção cômica e a suma graça da "Saia-balão" e do "Dilúvio de papel", poesias que, neste sentido, se avantajam ao "Cisne" e ao "Nariz"; mas não é essa a feição poética do autor, e, francamente, eu antes queria vê-lo correndo os bosques e ouvindo as cachoeiras, do que seguindo as evoluções ridículas da moda, ou cantando as virtudes do "Cisne" e do charuto.

Se as pessoas competentes quiserem cotejar estes meus reparos com as poesias aludidas, dar-me-ão razão certamente. Eu disse que havia em algumas daquelas poesias intenção cômica, e assim parece que as poderíamos incluir no gênero da sátira; mas serão, nesse caso, irrepreensíveis aquelas poesias? O autor conserva no gênero satírico a altura a que sobe no gênero elegíaco? É evidente que não. Há ali bons versos e observações chistosas, e assim deve acontecer, porque trata-se de um homem de talento; mas o autor, que tanto se demorou nos bosques, não adquiriu a perspicácia suficiente para ver os ridículos humanos. Acha-se até naquelas poesias, aquilo que se não encontra em nenhuma outra parte do livro – exceto na "Orgia dos duendes" – acha-se da parte do autor um evidente desejo de fazer efeito aos olhos do leitor.

A "Orgia dos duendes"[215] vem logo depois do "Idílio", como a uma tarde da primavera sucede uma noite de tempestade. É uma poesia aquela que há de agradar à massa geral dos leitores, mas que os espíritos severos desejariam vê-la excluída da coleção. O autor põe a imaginação em atividade para descrever-nos uma orgia de duendes: evoca todos os vultos fantásticos, acumula as expressões de bruxaria, procura dar ao verso uma cor apropriada ao assunto, e apesar disso não consegue reproduzir a orgia prometida. Em vão os crocodilos, os esqueletos, as *taturanas*, as bruxas, os sapos, a *mula sem cabeça* (que entra em cena por meio de um mau verso), em vão todo esse povo agita chocalhos, adufos, campainhas, canelas de frade – não conseguem auxiliar a intenção do autor; como se tudo conspirasse, até os versos não parecem da família dos outros, e quando eu fiz no começo deste artigo uma observação contrária, já excetuava interiormente os versos da "Orgia", que além de pálidos, são incorretos.

O "Cisne", o "Charuto", o "Cigarro" e o "Nariz" são verdadeiras distrações poéticas, que o autor podia ter tido em uma hora menos propícia, mas que não devem pesar na balança da posteridade, quando se quiser mediar a glória dele.

"Olhos verdes", "Uma filha do campo", e "Ilusão desfeita", repousam o espírito da fadiga que lhe produz a "Orgia dos duendes": a primeira destas poesias é simples e bonita; a "Filha do campo" é formosa e ingênua, respira

---

215 "A Orgia dos duendes" (1865), "O elixir do pajé" (1875) e "A origem do mênstruo" (1875) são poemas estranhos ao romantismo literário, por contemplarem a obscenidade e o satanismo. Para Antonio Candido, a "A orgia dos duendes" pode ser considerado "um dos fulcros do nosso satanismo" (*Formação da literatura brasileira*, v.I, p.175).

a pureza dos bosques, e tem a graça da terra em que nasceu; "Ilusão desfeita" compensa algumas ideias usadas, pela beleza dos versos, e por uma comparação feliz e original com que termina.

Os fragmentos das "Evocações" podiam e deviam ser acabados; aqui não faço censura, teço um elogio: faz pena que naquelas horas de boa inspiração, o poeta não deixasse correr francamente o espírito pelos campos do passado. O passado tem sempre muito que colher, e já aos trinta e seis anos é dele que se vive. Nas três "Evocações", como no "Prelúdio", há certo desalinho, que bem pode ser descuido ou cansaço. Há ali alguns versos, raros, que não competem com a naturalidade dos outros, mas em geral são modulados pela mesma corda do "Idílio" e das "Inspirações da tarde". O poeta evoca, uma por uma, todas as criaturas por quem palpitou, fá-las sentar diante de si, recorda com elas o viver de outrora, as horas e os lugares das suas expansões amorosas. Os que tiverem amado entenderão o poeta, e será esse o maior elogio das "Evocações".

"Lembrança", "Nostalgia", "Lembrar-me-ei de ti", choram lágrimas de saudade e de tristeza; belos e sentidos versos, uma dor sincera, traduzida em queixumes melodiosos, eis o que são e o que valem essas três composições que nos levam aos mais belos dias do poeta. Prefiro a "Nostalgia" dentre as três; o quadro aí é mais vasto; o poeta escuta as brisas, as vagas e as nuvens, que lhe pedem para voltar aos montes em que nasceu; escuta-as, e depois de volver um rápido olhar sobre a sua vida, envia apenas à terra da pátria, as saudades e as queixas do exílio. É o mesmo poeta lamartiniano que enternece, e faz vir lágrimas aos olhos.

Assim quero eu vê-lo sempre; a preocupação de fazer sorrir e pasmar os leitores, deve o poeta, se a tem, afastá-la do seu espírito. A originalidade produz-se por si, está como que na massa do sangue; mas o melhor meio de não obtê-la é ir em cata dela, como na "Orgia dos duendes".

Na idade em que se acha o Sr. Bernardo Guimarães, corre-lhe o dever de acatar as tradições das suas estreias; a musa, que a mão dos entendidos coroou de merecidos louros, não deve gastar a sua força e a sua inspiração em puras brincadeiras do espírito, sem representação literária no futuro. E, se apesar desses descuidos, a lira do Sr. Bernardo Guimarães possui ainda os mesmos sons dos primeiros anos, deve aproveitá-la para melhores cantares.

Ocupa o autor uma posição eminente na literatura; poeta de inspiração e de sentimento, senhor de uma forma correta e pura, descontados os descuidos de metrificação, formado na boa escola, e alimentado pelas sãs doutrinas literárias, pode subir mais, e enriquecer a nossa pátria com outras e mais peregrinas obras. É esse o voto dos seus admiradores sinceros.

E se eu, que me conto nesse número, fiz alguns reparos ao livro excelente com que o poeta marcou a segunda data da sua vida literária, foi por cumprir um tríplice dever: ficar fiel à minha consciência, à estima pelo autor e à castidade da poesia.

MACHADO DE ASSIS
Diário do Rio de Janeiro, ano XLV, nº 220, Folhetim,
quinta-feira, 31 de agosto de 1865, p.1.

Ideal do crítico

Exercer a crítica afigura-se a alguns que é uma fácil tarefa, como a outros parece igualmente fácil a tarefa do legislador; mas, para a representação literária, como para a representação política, é preciso ter alguma coisa mais que um simples desejo de falar à multidão. Infelizmente é a opinião contrária que domina, e a crítica, desamparada pelos esclarecidos, é exercida pelos incompetentes.

São óbvias as consequências de uma tal situação. As musas, privadas de um farol seguro, correm o risco de naufragar nos mares sempre desconhecidos da publicidade. O erro produzirá o erro; amortecidos os nobres estímulos, abatidas as legítimas ambições, só um tribunal será acatado, e esse, se é o mais numeroso, é também o menos decisivo. O poeta oscilará entre as sentenças mal concebidas do crítico, e os arestos caprichosos da opinião; nenhuma luz, nenhum conselho, nada lhe mostrará o caminho que deve seguir, — e a morte próxima será o prêmio definitivo das suas fadigas e das suas lutas.

Chegamos já a estas tristes consequências? Não quero proferir um juízo, que seria temerário, mas qualquer pode notar com que largos intervalos aparecem as boas obras, e como são raras as publicações seladas por um talento verdadeiro. Quereis mudar esta situação aflitiva? Estabelecei a crítica, mas a crítica fecunda, e não a estéril, que nos aborrece e nos mata, que não reflete nem discute, que abate por capricho ou levanta por vaidade; estabelecei a crítica pensadora, sincera, perseverante, elevada – será esse o meio de reerguer os ânimos, promover os estímulos, guiar os estreantes, corrigir os talentos feitos; condenai o ódio, a camaradagem e a indiferença – essas três chagas da crítica de hoje – ponde em lugar deles, a sinceridade, a solicitude e a justiça – é só assim que teremos uma grande literatura.

É claro que a essa crítica, destinada a produzir tamanha reforma, deve-se exigir as condições e as virtudes que faltam à crítica dominante – e para melhor definir o meu pensamento, eis o que eu exigiria no crítico do futuro.

O crítico atualmente aceito não prima pela ciência literária; creio até que uma das condições para desempenhar tão curioso papel, é despreocupar-se de todas as questões que entendem com o domínio da imaginação. Outra, entretanto, deve ser a marcha do crítico; longe de resumir em duas linhas – cujas frases já o tipógrafo as tem feitas – o julgamento de uma obra, cumpre-lhe meditar profundamente sobre ela, procurar-lhe o sentido íntimo, aplicar-lhe as leis poéticas, ver enfim até que ponto a imaginação e a verdade conferenciaram para aquela produção. Deste modo as conclusões do crítico servem tanto à obra concluída, como à obra em embrião. Crítica é análise – a crítica que não analisa é a mais cômoda, mas não pode pretender a ser fecunda.

Para realizar tão multiplicadas obrigações, compreendo eu que não basta uma leitura superficial dos autores, nem a simples reprodução das impressões de um momento; pode-se, é verdade, fascinar o público, mediante uma fraseologia que se emprega sempre para louvar ou deprimir; mas no ânimo daqueles para quem uma frase nada vale, desde que não traz uma ideia – esse meio é impotente, e essa crítica negativa.

Não compreendo o crítico sem consciência. A ciência e a consciência, eis as duas condições principais para exercer a crítica. A crítica útil e verdadeira será aquela que, em vez de modelar as suas sentenças por um interesse, quer seja o interesse do ódio, quer o da adulação ou da simpatia, procure reproduzir unicamente os juízos da sua consciência. Ela deve ser sincera, sob pena de ser nula. Não lhe é dado defender nem os seus interesses pessoais, nem os alheios, mas somente a sua convicção, e a sua convicção deve formar-se tão pura e tão alta, que não sofra a ação das circunstâncias externas. Pouco lhe deve importar as simpatias ou antipatias dos outros; um sorriso complacente, se pode ser recebido e retribuído com outro, não deve determinar, como a espada de Breno,[216] o peso da balança; acima de tudo, dos sorrisos e das desatenções, está o dever de dizer a verdade, e em caso de dúvida, antes calá-la, que negá-la.

Com tais princípios, eu compreendo que é difícil viver; mas a crítica não é uma profissão de rosas, e se o é, é-o somente no que respeita à satisfação íntima de dizer a verdade.

Das duas condições indicadas acima decorrem naturalmente outras, tão necessárias como elas, ao exercício da crítica. A coerência é uma dessas condições, e só pode praticá-la o crítico verdadeiramente conscioso. Com efeito, se o crítico, na manifestação dos seus juízos, deixa-se impressionar por circunstâncias estranhas às questões literárias, há de cair frequentemente na contradição, e os seus juízos de hoje serão a condenação das suas apreciações de ontem. Sem uma coerência perfeita, as suas sentenças perdem todo o vislumbre de autoridade, e abatendo-se à condição de ventoinha, movida ao sopro de todos os interesses e de todos os caprichos, o crítico fica sendo unicamente o oráculo dos seus inconscientes aduladores.

O crítico deve ser independente — independente em tudo e de tudo — independente da vaidade dos autores e da vaidade própria. Não deve curar de inviolabilidades literárias, nem de cegas adorações; mas também deve ser independente das sugestões do orgulho, e das imposições do amor próprio. A profissão do crítico deve ser uma luta constante contra todas essas dependências pessoais, que desautoram os seus juízos, sem deixar de perverter a opinião. Para que a crítica seja mestra, é preciso que seja imparcial — armada contra a insuficiência dos seus amigos, solícita pelo mérito dos seus adversários — e neste ponto, a melhor lição que eu poderia apresentar aos olhos do crítico, seria aquela expressão de Cícero, quando César mandava levantar as estátuas de Pompeu: — "É levantando as estátuas do teu inimigo que tu consolidas as tuas próprias estátuas".

---

216 Breno, chefe da tribo dos sênones, após ter vencido os romanos na batalha do Ália, teria atirado sua pesada espada na balança que pesava o ouro do resgate e pronunciado a célebre frase: "vae victis", que significa: "ai dos vencidos".

A tolerância é ainda uma virtude do crítico. A intolerância é cega, e a cegueira é um elemento do erro; o conselho e a moderação podem corrigir e encaminhar as inteligências; mas a intolerância nada produz que tenha as condições de fecundo e duradouro.

É preciso que o crítico seja tolerante, mesmo no terreno das diferenças de escola: se as preferências do crítico são pela escola romântica, cumpre não condenar, só por isso, as obras-primas que a tradição clássica nos legou, nem as obras meditadas que a musa moderna inspira; do mesmo modo devem os clássicos fazer justiça às boas obras dos românticos e dos realistas, tão inteira justiça, como estes devem fazer às boas obras daqueles. Pode haver um homem de bem no corpo de um maometano, pode haver uma verdade na obra de um realista. A minha admiração pelo *Cid* não me faz obscurecer as belezas de *Ruy Blas*.[217] A crítica que, para não ter o trabalho de meditar e aprofundar, se limitasse a uma proscrição em massa, seria a crítica da destruição e do aniquilamento.

Será necessário dizer que uma das condições da crítica deve ser a urbanidade? Uma crítica que, para a expressão das suas ideias, só encontra fórmulas ásperas, pode perder as esperanças de influir e dirigir. Para muita gente será esse o meio de provar independência; mas os olhos experimentados farão muito pouco caso de uma independência que precisa sair da sala para mostrar que existe.

Moderação e urbanidade na expressão, eis o melhor meio de convencer; não há outro que seja tão eficaz. Se a delicadeza das maneiras é um dever de todo homem que vive entre homens, com mais razão é um dever do crítico, e o crítico deve ser delicado por excelência. Como a sua obrigação é dizer a verdade, e dizê-la ao que há de mais suscetível neste mundo, que é a vaidade dos poetas, cumpre-lhe, a ele sobretudo, não esquecer nunca esse dever. De outro modo, o crítico passará o limite da discussão literária, para cair no terreno das questões pessoais; mudará o campo das ideias, em campo de palavras, de doestos, de recriminações, – se acaso uma boa dose de sangue frio, da parte do adversário, não tornar impossível esse espetáculo indecente.

---

217 Drama trágico de Victor Hugo, encenado no Théâtre Renaissance, em Paris, em 3 de novembro de 1838.

Tais são as condições, as virtudes e os deveres dos que se destinam à análise literária; se a tudo isto juntarmos uma última virtude, a virtude da perseverança, teremos completado o ideal do crítico.

Saber a matéria em que fala, procurar o espírito de um livro, descarná-lo, aprofundá-lo, até encontrar-lhe a alma, indagar constantemente as leis do belo, tudo isso com a mão na consciência e a convicção nos lábios, adotar uma regra definida, a fim de não cair na contradição, ser franco sem aspereza, independente sem injustiça, tarefa nobre é essa que mais de um talento podia desempenhar, se se quisesse aplicar exclusivamente a ela. No meu entender é mesmo uma obrigação de todo aquele que se sentir com força de tentar a grande obra da análise conscienciosa, solícita e verdadeira.

Os resultados seriam imediatos e fecundos. As obras que passassem do cérebro do poeta para a consciência do crítico, em vez de serem tratadas conforme o seu bom ou mau humor, seriam sujeitas a uma análise severa, mas útil; o conselho substituiria a intolerância, a fórmula urbana entraria no lugar da expressão rústica – a imparcialidade daria leis, no lugar do capricho, da indiferença e da superficialidade.

Isto pelo que respeita aos poetas. Quanto à crítica dominante, como não se poderia sustentar por si – ou procuraria entrar na estrada dos deveres difíceis, mas nobres – ou ficaria reduzida a conquistar de si própria os aplausos que lhe negassem as inteligências esclarecidas.

Se esta reforma, que eu sonho, sem esperanças de uma realização próxima, viesse mudar a situação atual das coisas, que talentos novos! que novos escritos! que estímulos! que ambições! A arte tomaria novos aspectos aos olhos dos estreantes; as leis poéticas – tão confundidas hoje, e tão caprichosas – seriam as únicas pelas quais se aferisse o merecimento das produções – e a literatura, alimentada ainda hoje por algum talento corajoso e bem encaminhado – veria nascer para ela um dia de florescimento e prosperidade. Tudo isso depende da crítica. Que ela apareça, convencida e resoluta – e a sua obra será a melhor obra dos nossos dias.

MACHADO DE ASSIS
Diário do Rio de Janeiro, ano XLV, nº 258, Folhetim,
domingo, 8 de outubro de 1865, p.1.

1866

A temperatura literária está abaixo de zero. Este clima tropical, que tanto aquece as imaginações, e faz brotar poetas, quase como faz brotar as flores, por um fenômeno, aliás explicável, torna preguiçosos os espíritos, e nulo o movimento intelectual. Os livros que aparecem são raros, distanciados, nem sempre dignos do exame da crítica. Há decerto, exceções, tão esplêndidas quanto raras, e por isso mesmo mal compreendidas do presente, graças à ausência de uma opinião. Até onde irá uma situação semelhante, ninguém pode dizê-lo, mas os meios de iniciar a reforma, esses parecem-nos claros e símplices, e para achar o remédio basta indicar a natureza do mal.

A nosso ver, há duas razões principais desta situação: uma de ordem material, outra de ordem intelectual. A primeira, que se refere à impressão dos livros, impressão cara, e de nenhum lucro pecuniário, prende-se inteiramente à segunda que é a falta de gosto formado no espírito público. Com efeito, quando aparece entre nós essa planta exótica chamada editor, se os escritores conseguem encarregá-lo, por meio de um contrato, da impressão das suas obras, é claro que o editor não pode oferecer vantagens aos poetas, pela simples razão de que a venda do livro é problemática e difícil. A opinião que devia sustentar o livro, dar-lhe voga, coroá-lo enfim no capitólio moderno, essa, como os heróis de Tácito, brilha pela sua ausência. Há um círculo limitado de leitores; a concorrência é quase nula, e os livros aparecem e morrem nas livrarias. Não dizemos que isso aconteça com todos os livros, nem com todos os autores, mas a regra geral é essa.

Se a ausência de uma opinião literária torna difícil a publicação dos livros, não é esse o menor dos seus inconvenientes; há outro, de alcance maior, porque é de futuro: é o cansaço que se apodera dos escritores, na luta entre a vocação e a indiferença. Daqui se pode concluir que o homem que trabalha, apesar de tais obstáculos, merece duas vezes as bênçãos das musas. Um exemplo: apareceu há meses um livro primoroso, uma obra selada por um verdadeiro talento, aliás conhecido e celebrado. *Iracema* foi lida, foi apreciada, mas não encontrou o agasalho que uma obra daquelas merecia. Se alguma vez se falou na imprensa a respeito dela, mais detidamente, foi para deprimi-la; e isso na própria província que o poeta escolheu para teatro do seu romance. Houve na corte, quem se ocupasse igualmente com o livro, mas a apreciação do escritor, reduzida a uma opinião isolada, não foi suficiente para encaminhar a opinião e promover as palmas a que o autor tinha incontestável direito. Ora, se depois desta prova, o Sr. conselheiro José de Alencar atirasse a sua pena a um canto, e se limitasse a servir ao país no cargo público que ocupa, é triste dizê-lo, mas nós cremos que a sua abstenção estava justificada. Felizmente, o autor do *Guarani* é uma dessas organizações raras que acham no trabalho a sua própria recompensa, e lutam menos pelo presente, do que pelo futuro. *Iracema*, como obra do futuro, há de viver, e temos fé de que será lida e apreciada, mesmo quando muitas das obras que estão hoje em voga, servirem apenas para a crônica bibliográfica de algum antiquário paciente.

A fundação da Arcádia Fluminense[218] foi excelente num sentido: não cremos que ela se propusesse a dirigir o gosto, mas o seu fim decerto foi estabelecer a convivência literária, como trabalho preliminar para obra de maior extensão. Nem se cuide que esse intento é de mínimo valor: a convivência dos homens de letras, levados por nobres estímulos, pode promover ativamente o movimento intelectual; a Arcádia já nos deu algumas

---

218 Em 1865, Machado de Assis fundava a Arcádia Fluminense, espaço para a realização de saraus literários e artísticos nos salões do Clube Fluminense.

produções de merecimento incontestável, e se não naufragar, como todas as coisas boas do nosso país, pode-se esperar que ela contribua para levantar os espíritos do marasmo em que estão.

Qual o remédio para este mal que nos assoberba, este mal de que só podem triunfar as vocações enérgicas, e ao qual tantos talentos sucumbem? O remédio já tivemos ocasião de indicá-lo em um artigo que apareceu nesta mesma folha: o remédio é a crítica. Desde que, entre o poeta e o leitor, aparecer a reflexão madura da crítica, encarregada de aprofundar as concepções do poeta para as comunicar ao espírito do leitor; desde que uma crítica consciensiosa e artista, guiar a um tempo, a musa no seu trabalho, e o leitor na sua escolha, a opinião começará a formar-se, e o amor das letras virá naturalmente com a opinião. Nesse dia, os cometimentos ilegítimos não serão tão fáceis; as obras medíocres não poderão resistir por muito tempo; o poeta, em vez de acompanhar o gosto mal formado, olhará mais seriamente para sua arte; a arte não será uma distração, mas uma profissão, alta, séria, nobre, guiada por vivos estímulos; finalmente, o que é hoje exceção, será amanhã uma regra geral.

Os que não conhecerem de perto o autor destas linhas, vão naturalmente atribuir-lhe, depois desta exposição, uma intenção imodesta que ele não tem. Não, o lugar vago da crítica não se preenche facilmente, não basta ter mostrado algum amor pelas letras para exercer a tarefa difícil de guiar a opinião e as musas, nem essa tarefa pode ser desempenhada por um só homem; e as eminentes e raras qualidades do crítico, são de si tão difíceis de encontrar, que eu não sei se temos no Império meia dúzia de pensadores próprios para esse mister.

Assim que, estas semanas literárias não passam de revistas bibliográficas; seguramente que nos não limitaremos a noticiar livros, sem exame, sem estudo; mas daí a exercer influência no gosto, e a pôr em ação os elementos da arte, vai uma distância infinita. Se os livros, porém, são poucos, se raro aparecem as vocações legítimas, como preencher esta tarefa? A esta pergunta dos nossos leitores, temos uma resposta fácil. Se as publicações não são frequentes, há obras na estante nacional, que podem nos dias de carência ocupar a atenção do cronista; e é assim por exemplo, que uma das primeiras obras de que nos ocuparemos será a *Iracema* do Sr. José de Alencar.

Antes, porém, de trazer para estas colunas a irmã mais moça de Moema[219] e de Lindoia,[220] tão formosa, como elas, e como elas tão nacional, diremos alguma coisa do último romance do Sr. Dr. Macedo, *O culto do dever*, que acaba de ser publicado em volume. A próxima revista será consagrada ao livro do autor da *Moreninha*, que no meio das suas preocupações políticas, não se esquece das musas. Mas que fruto nos traz ele da sua última excursão ao Parnaso? É o que veremos na próxima semana.

MACHADO DE ASSIS
Diário do Rio de Janeiro, ano XLVI, nº 7, Semana Literária, terça-feira, 9 de janeiro de 1866, p.2.

O autor da *Nebulosa* e da *Moreninha* tem jus ao nosso respeito, já por seus talentos, já por sua reputação. Nem a crítica deve destinar-se a derrocar tudo quanto a mão do tempo construiu, e assenta em bases sólidas. Todavia, respeito não quer dizer adoração estrepitosa e intolerante; o respeito neste caso é uma nobre franqueza, que honra tanto a consciência do crítico, como o talento do poeta; a maior injúria que se pode fazer a um autor é ocultar-lhe a verdade, porque faz supor que ele não teria coragem de ouvi-la. Nem todas as horas são próprias ao trabalho das musas; há obras menos cuidadas e menos belas, entre outras mais belas e mais cuidadas: apontar ao poeta quais elas são, e porque o são, é servir diretamente à sua glória. Por agora só nos ocuparemos com o último livro do Sr. Dr. Macedo; aplicando aquelas máximas salutares à ligeira análise que vamos fazer, falaremos sem rodeios nem disfarce, procuraremos ver se o autor atendeu a todas as regras da forma escolhida, se fez obra d'arte ou obra de passatempo, e resumindo a nossa opinião em termos claros e precisos, teremos dado ao autor do *Culto do dever* o culto de uma nobre consideração.

---

219 Personagem do poema épico *Caramuru* (1781), de Santa Rita Durão (Cata Preta, 1722-Lisboa, 1784).
220 Personagem do poema épico *O Uraguai* (1769), de José Basílio da Gama (São José do Rio das Mortes, atual Tiradentes, 1741-Lisboa, 1795).

Não se cuide que é fácil apreciar o *Culto do dever*. A primeira dúvida que se apresenta ao espírito do leitor é sobre quem seja o autor deste livro. O Sr. Dr. Macedo declara num preâmbulo que recebeu o manuscrito das mãos de um velho desconhecido, há cinco ou seis meses. Se a palavra de um autor é sagrada, como harmonizá-la, neste caso, com o estilo da obra? O estilo é do autor do *Moço loiro*; não sereis vós, mas a fisionomia é vossa; aí o escritor está em luta com o homem. Nisto não fazemos injúria alguma ao Sr. Dr. Macedo; a história literária de todos os países está cheia de exemplos semelhantes. A verdade, porém, é que o livro traz no rosto o nome do Sr. Dr. Macedo, como *autor* do romance e esta interpretação parece-nos a mais aceitável. Em todo o caso, apraz-nos ter de falar a um nome conhecido, sobre o qual pesa a larga responsabilidade do talento.

O autor declara que a história é verdadeira, que é uma história de ontem, um fato real, com personagens vivas; a ação passa-se nesta corte, e começa no dia de Reis do ano passado; assim, pois, é muito possível que os próprios personagens do *Culto do dever* estejam lendo estas linhas. Pode a crítica apreciar livremente as paixões e os sentimentos em luta neste livro, analisar os personagens, aplaudi-los ou condená-los, sem ferir o amor-próprio de criaturas existentes? Realidade ou não, o livro está hoje no domínio do público, e naturalmente fará parte das obras completas do Sr. Dr. Macedo; o fato sobre que ele se baseia já passou ao terreno da ficção; é coisa própria do autor. Nem podia deixar de ser assim; a simples narração de um fato não constitui um romance, fará quando muito uma *gazetilha*; é a mão do poeta que levanta os acontecimentos da vida e os transfigura com a varinha mágica da arte. A crítica não aprecia o caráter de tais ou tais indivíduos, mas sim o caráter das personagens pintadas pelo poeta, e discute menos os sentimentos das pessoas que a habilidade do escritor.

Aos que não tiverem lido o *Culto do dever* parecerá excessivo este nosso escrúpulo; todavia, o escrúpulo é legítimo à vista de uma circunstância: há no romance uma cena, a bordo do vapor *Santa Maria*, na qual o autor faz intervir a pessoa de Sua Alteza o Sr. conde d'Eu,[221] companheiro de viagem

---

221 Dom Luís Felipe Maria Fernando Gastão de Orléans, conde d'Eu (Neuilly-sur-Seine, 1842-oceano Atlântico, 1922), nobre francês, militar, consorte da princesa imperial, D. Isabel Cristina Leopoldina de Bragança, filha de Dom Pedro II.

de uma das personagens, cuja mão o príncipe aperta cordialmente. Não é crível que a liberdade da ficção vá tão longe; e nós cremos sinceramente na realidade do fato que serve de assunto ao *Culto do dever*.

O dever é a primeira e a última palavra do romance; é o seu ponto de partida, é o seu alvo; cumprir o dever, à custa de tudo, eis a lição do livro. Estamos de acordo com o autor nos seus intuitos morais. Como os realiza ele? sacrificando a felicidade de uma moça no altar da pátria; uma noiva que manda o noivo para o campo da honra; o traço é lacedemônio, a ação é antiga.

Faites votre devoir et laissez faire aux dieux.

Angelina tem uma expressão idêntica para convencer o noivo. É à força da sua palavra, imperiosa mas serena, que Teófilo vai assentar praça de voluntário, e parte para a guerra. Angelina faz tudo isso por uma razão que o autor repete a cada página do livro: é que ela foi educada por um pai austero e rígido; Domiciano influiu no coração de sua filha o sentimento do dever, como pedra de toque para todas as suas ações: o próprio Domiciano morre vítima da austeridade da sua consciência. Há nesta simples exposição elementos dramáticos; o autor tem diante de si uma tela vasta e própria para traçar um grande quadro e preparar um drama vivo. Por que o não fez? O autor dirá que não podia alterar a realidade dos fatos; mas esta resposta é de poeta, é de artista? Se a missão do romancista fosse copiar os fatos, tais quais eles se dão na vida, a arte era uma coisa inútil; a memória substituiria a imaginação; o *Culto do dever* deitava abaixo *Corina*,[222] *Adolfo*,[223] *Manon Lescaut*.[224] O poeta daria a demissão, e o cronista tomaria a direção do Parnaso. Demais, o autor podia, sem alterar os fatos, fazer obra de artista, criar em vez de repetir; é isso que não encontramos no *Culto do dever*. Dizia

---

222 Heroína que dá nome ao romance *Corine ou l'Italie* (*Corina ou a Itália*, 1807), de Madame de Staël (Paris, 1766-idem, 1814).

223 Nome da personagem do romance de mesmo nome, *Adolphe* (1816), de Benjamin Constant (Lausanne, 1767-Paris, 1830).

224 Personagem do romance *L'Histoire du chevalier des Grieux et de Manon Lescaut* (*História do cavaleiro des Grieux e de Manon Lescaut*, 1731), de Antoine François Prévost, mais conhecido como Abade Prévost (Hesdin, 1697-Courteuil, 1763).

acertadamente Pascal que sentia grande prazer quando no autor de um livro, em vez de um orador, achava um homem. Debalde se procura o homem no *Culto do dever*; a pessoa que narra os acontecimentos daquele romance, e que se diz testemunha dos fatos, será escrupulosa na exposição de todas as circunstâncias, mas está longe de ter uma alma, e o leitor chega à última página com o espírito frio e o coração indiferente.

E, contudo, não faltam ao poeta elementos para interessar; o nobre sacrifício de uma moça que antepõe o interesse de todos ao seu próprio interesse, o coração da pátria ao seu próprio coração, era um assunto fecundo; o poeta podia tirar daí páginas deliciosas, situações interessantes.

Qual era o meio de mostrar a grandeza do dever que Angelina pratica? Seguramente que não é repetindo, como se faz no romance, a palavra *dever*, e lembrando a cada passo as lições de Domiciano. A grandeza do dever, para que a situação de Angelina nos interessasse, devia nascer da grandeza do sacrifício, e a grandeza do sacrifício da grandeza do amor. Ora, o leitor não sente de modo nenhum o grande amor de Angelina por Teófilo; depois de assistir à declaração na noite de Reis, à confissão de Angelina a seu pai, e à partida de Teófilo, para Portugal, o leitor é solicitado a ver o episódio da morte de Domiciano, e outros, e o amor de Angelina, palidamente descrito nos primeiros capítulos, não aparece senão na boca do narrador; a resolução da moça para que Teófilo vá para o Sul, é-lhe inspirada sem luta alguma; a serenidade das suas palavras, longe de impor ao espírito do leitor, lança-o em grande perplexidade; Angelina afirma, é verdade, que vai sentir muito com a separação de Teófilo; mas se o diz, não faz senti-lo. Quando Rodrigo mata, em desforço de uma injúria, o pai de Ximenes, e esta vai pedir vingança ao rei, que luta não se trava no coração da amante do Cid![225] O dilema aí é cruel: pedir o sangue do amante em paga do sangue do pai. Ximenes estorce-se, lamenta-se, lava-se em lágrimas; metade de sua vida matou a outra metade, como ela mesma diz; o leitor sente toda a grandeza da dor, toda a nobreza do sacrifício: Ximenes é uma heroína sem deixar de ser uma mulher.

---

225 Rodrigo e Ximenes são personagens da peça *El Cid*, de Corneille.

Se trazemos este exemplo não é pelo gosto de opor à obra do poeta brasileiro a obra de um gênio trágico; nossa intenção é indicar, por comparação de um modelo, quais os meios de fazer sentir ao leitor a extensão de um sacrifício. Francamente, a Angelina da vida real, a Angelina que talvez esteja lendo estas linhas, há de desconhecer-se na própria obra do poeta.

Teófilo deve sentir a mesma estranheza quando ler o livro do Sr. Dr. Macedo. Quando, ao tratar-se em casa de Angelina do nobre sacrifício do Imperador e de seus augustos genros, partindo para a guerra, a tia Plácida faz uma observação intempestiva, Teófilo responde-lhe com duas falas inspiradas de patriotismo e decidida coragem. O ato do cidadão que não acode à voz da pátria é qualificado por ele de covarde e mais que infame. A conclusão do leitor é óbvia: Teófilo vai adiar o casamento, vai partir para a guerra; nada nos autoriza a crer que ele se guie pela moral do Talleyrand. Pois bem, acontece exatamente o contrário. Quando mais tarde o narrador, testemunha dos fatos, lembra-lhe o dever de ir para o Sul, Teófilo responde com o amor de Angelina, dizendo que a honra da pátria está confiada a milhões de filhos, e que a esperança da moça está somente nele; lembram-lhe as suas palavras; ele responde que *foi imprudente em proferi-las*; dizem-lhe que Angelina só se casará depois da guerra; ele dispõe-se a ir falar à noiva, e destruir *esses escrúpulos desabridos*.

Teófilo vai ter com Angelina, a noiva mostra-se inabalável; a sua condição é que o moço vá para o Sul, prometendo esperá-lo na volta da campanha. *Não devo*, responde ela com a serena impassibilidade do *non possumus* pontifício. Todos a cercam, instam todos; Angelina não recua um passo. Mas que faz Teófilo? Gasta três dias em rogativas inúteis; roja-se aos pés da moça para alcançar a sanção daquilo que ele, pouco antes, condenava como ato infamante. Não alcançando nada, trama-se uma conspiração: Teófilo reporta-se à vontade de sua mãe, que deve chegar da fazenda; a mãe é prevenida a tempo; convenciona-se que ela recusará licença ao filho para partir; segundo a opinião primitiva de Teófilo, aquilo era nada menos que a conspiração dos covardes; o moço, porém, não se preocupa muito com isso; rompe a conspiração; a mãe nega ao filho a licença de partir, o irmão e a irmã falam no mesmo sentido; é tudo vão: Angelina persiste em que o noivo deve ir para o Sul. A figura da moça, confessemo-lo, impõe aqui pelo contraste; será uma grandeza, mas é uma grandeza que se alenta da fraqueza dos outros. O certo é que, não podendo alcançar outra resposta, Teófilo resolve-se a partir, o que dá lugar à cena dos bilhetes escritos, entre os dois noivos; Angelina escreve ocultamente uma ordem de partir, ao passo que Teófilo escreve em outro papel, ao mesmo tempo, a sua resolução de obedecer; os dois bilhetes são lidos na mesma ocasião. A ideia será original, mas a cena não tem gravidade; e se foi trazida para salvar Teófilo, o intento é inútil, porque aos leitores perspicazes, Teófilo transige com a obstinação de Angelina, não se converte.

Ora, o Teófilo da vida real quererá reconhecer-se nesta pintura? Duvidamos muito. Se o autor quisesse pintar em Teófilo a instabilidade do caráter, a contradição dos sentimentos, nada teríamos que lhe dizer: a figura era completa. Mas não; desde o começo Teófilo é apresentado aos leitores como um moço honrado, sério, educado em boa escola de costumes; Domiciano não se farta de elogiá-lo. A intenção do autor é visível: mas a execução traiu-lhe a intenção.

Dissemos acima que Teófilo partira para Portugal, logo depois da sua declaração a Angelina; os leitores terão curiosidade de saber o motivo dessa partida, que dá lugar a uma longa cena, idêntica à da conspiração. O motivo é ir recolher uma herança deixada por um parente de Teófilo; há o mesmo concerto unânime de rogativas; mas, nem Angelina, nem Domiciano consentem que o moço fique. É dever, responde Angelina; e devemos dizer que a repetição desta palavra torna-se quase uma ostentação de virtude. Parte o moço e deixa a todos consternados. O que torna, porém, esta cena inútil e sobreposse, é que a aflição geral nasce de uma dificuldade que não existe. Se a noiva está pedida, se os dois noivos se amam, se nem a mãe, nem o irmão do rapaz lhe impõem o dever de partir, não havia um meio simples, um recurso forense, para remediar a situação? Um advogado não fazia as vezes do herdeiro? Esta pergunta é tão natural que durante a leitura do capítulo esperamos sempre ouvi-la da boca de um dos personagens, e contávamos que aquela solução traria a felicidade a todos, arrancando-os a um mal imaginário.

Domiciano, descrito pelo autor como o tipo do dever, seria mais bem acabado se a sua virtude fosse mais discreta e menos exigente. Os sacrifícios que ele pratica são realmente dolorosos; mas essa virtude não paira numa região elevada; amesquinha-se, dilui-se, no capítulo em que o bom do velho fala de uma violeta dada por Angelina a Teófilo. Essa violeta, no entender de Domiciano, é um erro grave, causou-lhe uma dor profunda; o leitor admira-se de uma virtude tão minuciosa; mas a crítica de tamanho alvoroço no pai de Angelina, não é o leitor quem a faz, é o próprio narrador que não podendo ter-se, pergunta-lhe com uma gravidade cômica, quantas flores não lhe deu a mulher antes de se casarem. Desde esse capítulo o interesse por Domiciano não é tamanho como devera ser; as suas belas palavras, recusando abandonar o trabalho, apesar da certeza de que morre, impressionam, decerto, mas o espírito está prevenido pela cena da violeta, e não se apaixona por aquela santa dignidade.

Tais contrastes, tais omissões, tornam os personagens do *Culto do dever* pouco aceitáveis da parte de um apreciador consciencioso. Em geral, as personagens estão apenas esboçadas; o espírito não as retém; ao fechar o livro dissipam-se todas como sombras impalpáveis; como elas não comovem, o coração do leitor não conserva o menor vestígio de sensação, a menor impressão de dor.

Faltariam ao poeta as tintas necessárias para produzir uma obra melhor? Sinceramente, não; contestando o merecimento do *Culto do dever*, seria ridículo negar o talento do Sr. Dr. Macedo. O que desejamos, sobretudo, é que os talentos provados, os talentos reconhecidos, tenham sempre em vista o interesse da sua glória, e não se exponham ao desastre de produzir um livro mau. O *Culto do dever* é um mau livro, como a *Nebulosa* é um belo poema. Esta será a linguagem dos amigos do poeta, a linguagem dos que amam deveras as boas obras, e almejam antes de tudo, o progresso da literatura nacional.

O que esses desejam sinceramente é que o Sr. Dr. Macedo, nos lazeres que lhe deixar a política, escreva uma nova obra, evocando a musa que outras vezes o inspirou; as letras ganharão com isso; o seu nome receberá novo lustre, ficando-nos o prazer de registrar nestas mesmas colunas o esplendor da sua nova vitória.

Isto em relação ao poeta.

Pelo que diz respeito às letras, o nosso intuito é ver cultivado, pelas musas brasileiras, o romance literário, o romance que reúne o estudo das paixões humanas aos toques delicados e originais da poesia – meio único de fazer com que uma obra de imaginação, zombando do açoite do tempo, chegue inalterável e pura, aos olhos severos da posteridade.

MACHADO DE ASSIS
Diário do Rio de Janeiro, ano XLVI, nº 13, Semana Literária, terça-feira, 16 de janeiro de 1866, p.2-3.

A escola poética, chamada escola americana, teve sempre adversários, o que não importa dizer que houvesse controvérsia pública. A discussão literária no nosso país é uma espécie de *steeple-chase*, que se organiza de quando em quando; fora disso a discussão trava-se no gabinete, na rua, e nas salas. Não passa daí. Nem nos parece que se deva chamar escola ao movimento que atraiu as musas nacionais para o tesouro das tradições indígenas. Escola ou não, a verdade é que muita gente viu na poesia americana uma aberração selvagem, uma distração sem graça, nem gravidade. Até certo ponto tinha razão: muitos poetas, entendendo mal a musa de Gonçalves Dias, e não podendo entrar no fundo do sentimento e das ideias, limitaram-se a tirar os seus elementos poéticos do vocabulário indígena; rimaram as palavras, e não passaram adiante; os adversários, assustados com a poesia desses tais, confundiram no mesmo desdém os criadores e os imitadores, e cuidaram desacreditar a ideia fulminando os intérpretes incapazes.

Erravam decerto: se a história e os costumes indianos inspiraram poetas como José Basílio, Gonçalves Dias, e Magalhães, é que se podia tirar dali criações originais, inspirações novas. Que importava a invasão da turbamulta? A poesia deixa de ser a misteriosa linguagem dos espíritos, só porque alguns maus rimadores foram assentar-se ao sopé do Parnaso? O mesmo se dá com a poesia americana. Havia também outro motivo para condená-la: supunham os críticos que a vida indígena seria, de futuro, a tela exclusiva da poesia brasileira, e nisso erravam também, pois não podia entrar na ideia dos criadores, obrigar a musa nacional a ir buscar todas as suas inspirações no estudo das crônicas e da língua primitiva. Esse estudo era um dos modos de exercer a poesia nacional; mas, fora dele, não está aí a própria natureza, opulenta, fulgurante, vivaz, atraindo os olhos dos poetas, e produzindo páginas como as de Porto-Alegre e Bernardo Guimarães?

Felizmente, o tempo vai esclarecendo os ânimos; a *poesia dos caboclos* está completamente nobilitada; os rimadores de palavras, já não podem conseguir o descrédito da ideia, que venceu com o autor de *I-Juca Pirama*, e acaba de vencer com o autor de *Iracema*. É deste livro que vamos falar hoje aos nossos leitores.

As tradições indígenas encerram motivos para epopeias e para églogas; pode inspirar os seus Homeros e os seus Teócritos. Há aí lutas gigantescas, audazes capitães, ilíadas sepultadas no esquecimento; o amor, a amizade, os costumes domésticos, tendo a simples natureza por teatro, oferecem à musa lírica, páginas deliciosas de sentimento e de originalidade. A mesma pena que escreveu *I-Juca-Pirama* traçou o lindo monólogo de *Marabá*;[226] o aspecto feroz do índio Kobé e a figura poética de Lindoia são filhos da mesma cabeça; as duas partes dos *Natchez*[227] resumem do mesmo modo a dupla inspiração da fonte indígena. O poeta tem muito para escolher nessas ruínas já exploradas, mas não completamente conhecidas. O livro do Sr. José de Alencar, que é um poema em prosa, não é destinado a cantar lutas heroicas, nem cabos de guerra; se há aí algum episódio, nesse sentido, se alguma vez troa nos vales do Ceará a pocema da guerra, nem por isso o livro deixa de ser exclusivamente votado à história tocante de uma virgem indiana, dos seus amores, e dos seus infortúnios. Estamos certos de que não falta ao autor da *Iracema* energia e vigor para a pintura dos vultos heroicos e das paixões guerreiras; Irapuã e Poti a esse respeito são irrepreensíveis; o poema de que o autor nos fala deve surgir à luz, e então veremos como a sua musa emboca a tuba épica; este livro, porém, limita-se a falar ao sentimento, vê-se que não pretende sair fora do coração.

Estudando profundamente a língua e os costumes dos selvagens, obrigou-se o autor a entrar mais ao fundo da poesia americana; entendia ele, e entendia bem, que a poesia americana não estava completamente achada; que era preciso prevenir-se contra um anacronismo moral, que consiste em

---

226 *I-Juca-Pirama* e *Marabá* são poemas indianistas de Gonçalves Dias.
227 Obra da fase indianista de Chateaubriand, publicada em 1826.

dar ideias modernas e civilizadas aos filhos incultos da floresta. O intuito era acertado; não conhecemos a língua indígena; não podemos afirmar se o autor pôde realizar as suas promessas, no que respeita à linguagem da sociedade indiana, às suas ideias, às suas imagens; mas a verdade é que relemos atentamente o livro do Sr. José de Alencar, e o efeito que ele nos causa é exatamente o mesmo a que autor entende que se deve destinar o poeta americano; tudo ali nos parece primitivo; a ingenuidade dos sentimentos, o pitoresco da linguagem, tudo, até a parte narrativa do livro, que nem parece obra de um poeta moderno, mas uma história de bardo indígena, contada aos irmãos, à porta da cabana, aos últimos raios do sol *que se entristece*. A conclusão a tirar daqui é que o autor houve-se nisto com uma ciência e uma consciência, para as quais todos os louvores são poucos.

A fundação do Ceará, os amores de Iracema e Martim, o ódio de duas nações adversárias, eis o assunto do livro. Há um argumento histórico, sacado das crônicas, mas esse é apenas a tela que serve ao poeta; o resto é obra da imaginação. Sem perder de vista os dados colhidos nas velhas crônicas, criou o autor uma ação interessante, episódios originais, e mais que tudo, a figura bela e poética de Iracema. Apesar do valor histórico de alguns personagens, como Martim e Poti (o célebre Camarão, da guerra holandesa), a maior soma de interesse concentra-se na deliciosa filha de Araken. A pena do cantor do *Guarani* é feliz nas criações femininas; as mulheres dos seus livros trazem sempre um cunho de originalidade, de delicadeza, e de graça, que se nos gravam logo na memória e no coração. Iracema é da mesma família. Em poucas palavras descreve o poeta a beleza física daquela Diana selvagem. Uma frase imaginosa e concisa, a um tempo, exprime tudo. A beleza moral vem depois, com o andar dos sucessos: a filha do Pajé, espécie de Vestal indígena, vigia do segredo da jurema, é um complexo de graças e de paixão, de beleza e de sensibilidade, de casta reserva e de amorosa dedicação. Realça-lhe a beleza nativa a poderosa paixão do amor selvagem, do amor que procede da virgindade da natureza, participa da independência dos bosques, cresce na solidão, alenta-se do ar agreste da montanha.

Casta, reservada, na missão sagrada que lhe impõe a religião do seu país, nem por isso Iracema resiste à invasão de um sentimento novo para ela, e que transforma a vestal em mulher. Não resiste, nem indaga; desde que os olhos de Martim se trocaram com os seus, a moça curvou a cabeça àquela doce escravidão. Se o amante a abandonasse, a selvagem iria morrer de desgosto e de saudade, no fundo do bosque, mas não oporia ao volúvel mancebo nem uma súplica nem uma ameaça. Pronta a sacrificar-se por ele, não pediria a mínima compensação do sacrifício. Não pressente o leitor, através da nossa frase inculta e sensabor, uma criação profundamente verdadeira? Não se vê na figura de Iracema, uma perfeita combinação do sentimento humano com a educação selvagem? Eis o que é Iracema, criatura copiada da natureza, idealizada pela arte, mostrando através da rusticidade dos costumes, uma alma própria para amar e para sentir.

Iracema é tabajara; entre a sua nação e a nação potiguara há um ódio de séculos; Martim, aliado dos potiguaras, andando erradio, entra no seio dos tabajaras, onde é acolhido com a franqueza própria de uma sociedade primitiva; é estrangeiro, é sagrado; a hospitalidade selvagem é descrita pelo autor com cores simples e vivas. O europeu abriga-se na cabana de Araken, onde a solicitude de Iracema prepara-lhe algumas horas de folgada ventura. O leitor vê despontar o amor de Iracema ao contato do homem civilizado. Que simplicidade, e que interesse! Martim cede a pouco e pouco à influência invencível daquela amorosa solicitude. Um dia lembra-lhe a pátria e sente-se tomado de saudade: – "Uma noiva te espera?" pergunta Iracema. O silêncio é a resposta do moço. A virgem não censura, nem suplica; dobra a cabeça sobre a espádua, diz o autor, como a tenra planta da carnaúba, quando a chuva peneira na várzea. Desculpe o autor se desfolhamos por este modo a sua obra; não escolhemos belezas, onde as belezas sobram, trazemos ao papel estes traços que nos parecem caracterizar a sua heroína, e indicar ao leitor, ainda que remotamente, a beleza da filha de Araken.

Heroína, dissemos, e o é, decerto, naquela divina resignação. Uma noite, no seio da cabana, a virgem de Tupã torna-se esposa de Martim; cena delicadamente escrita, que o leitor adivinha, sem ver. Desde então Iracema dispôs de si; a sua sorte está ligada à de Martim; o ciúme de Irapuã e a presença de Poti, precipitam tudo; Poti e Martim devem partir para a terra dos potiguaras; Iracema os conduz, como uma companheira de viagem. A esposa de Martim abandona tudo, o lar, a família, os irmãos, tudo para ir perecer ou ser feliz com o esposo. Não é o exílio; para ela o exílio seria ficar ausente do esposo, no meio dos seus. Todavia, essa resolução suprema custa-lhe sempre, não arrependimento, mas tristeza e vergonha, no dia em que após uma batalha entre as duas nações rivais, Iracema vê o chão coalhado de sangue dos seus irmãos. Se esse espetáculo não a comovesse, ia-se a simpatia que ela nos inspira; mas o autor teve em conta que era preciso interessá-la, pelo contraste da voz do sangue e da voz do coração.

Daí em diante, a vida de Iracema é uma sucessão de delícias, até que uma circunstância fatal vem pôr termo aos seus jovens anos. A esposa de Martim concebe um filho. Que doce alegria não banha a fronte da jovem mãe! Iracema vai dar conta a Martim daquela boa nova; há uma cena igual nos *Natchez*; seja-nos lícito compará-la à do poeta brasileiro.

Quando René, diz o poeta dos *Natchez*, teve certeza de que Celuta trazia um filho no seio, acercou-se dela com santo respeito, e abraçou-a delicadamente para não machucá-la. Esposa, disse ele, o céu abençoou as tuas entranhas.

A cena é bela, decerto; é Chateaubriand quem fala; mas a cena de *Iracema* aos nossos olhos é mais feliz. A selvagem cearense aparece aos olhos de Martim, adornada de flores de maniva, trava da mão dele, e diz-lhe:

— Teu sangue já vive no seio de Iracema. Ela será mãe de teu filho.
— Filho, dizes tu? Exclamou o cristão em júbilo.
Ajoelhou ali, e cingindo-a com os braços, beijou o ventre fecundo da esposa.

Vê-se a beleza deste movimento, no meio da natureza viva, diante de uma filha da floresta. O autor conhece os segredos de despertar a nossa comoção por estes meios simples, naturais, e belos. Que melhor adoração queria a maternidade feliz, do que aquele beijo casto e eloquente? Mas tudo passa; Martim sente-se tomado de nostalgia; lembram-lhe os seus e a pátria; a selvagem do Ceará, como a selvagem da Luisiana, começa então a sentir a sua perdida felicidade. Nada mais tocante do que essa longa saudade, chorada no ermo, pela filha de Araken, mãe desgraçada, esposa infeliz, que viu um dia partir o esposo, e só chegou a vê-lo de novo, quando a morte já voltara para ela os seus olhos lânguidos e tristes.

Poucas são as personagens que compõem este drama da solidão, mas os sentimentos que as movem, a ação que se desenvolve entre elas, é cheia de vida, de interesse, e de verdade. Araken é a solenidade da velhice contrastando com a beleza agreste de Iracema: um patriarca do deserto, ensinando aos moços os conselhos da prudência e da sabedoria. Quando Irapuã, ardendo em ciúme pela filha do pajé, faz romper os seus ódios contra os potiguaras, cujo aliado era Martim, Araken opõe-lhe a serenidade da palavra, a calma da razão. Irapuã e os episódios da guerra, fazem destaque no meio do quadro sentimental que é o fundo do livro; são capítulos traçados com muito vigor, o que dá novo realce ao robusto talento do poeta.

Irapuã é o ciúme e o valor marcial; Araken a austera sabedoria dos anos; Iracema o amor. No meio destes caracteres distintos e animados, a amizade é simbolizada em Poti. Entre os indígenas a amizade não era este sentimento, que à força de civilizar-se, tornou-se raro; nascia da simpatia das almas, avivava-se com o perigo, repousava na abnegação recíproca; Poti e Martim, são os dois amigos da lenda, votados à mútua estima e ao mútuo sacrifício.

A aliança política os uniu; o contato fundiu-lhes as almas; todavia, a afeição de Poti difere da de Martim, como o estado selvagem do estado civilizado; sem deixarem de ser igualmente amigos, há em cada um deles, um traço característico que corresponde à origem de ambos; a afeição de Poti tem a expressão ingênua, franca, decidida; Martim não sabe ter aquela simplicidade selvagem.

Martim e Poti sobrevivem à catástrofe de Iracema, depois de enterrá-la ao pé de um coqueiro; o pai desventurado toma o filho órfão de mãe, e arreda-se da praia cearense. Umedecem-se os olhos ante este desenlace triste e doloroso, e fecha-se o livro, dominado ainda por uma profunda impressão.

Contar todos os episódios desta lenda interessante seria tentar um resumo impossível; basta-nos afirmar que os há, em grande número, traçados por mão hábil, e todos ligados ao assunto principal. O mesmo diremos de alguns personagens secundários, como Caubi e Andira, um jovem guerreiro, outro guerreiro ancião, modelados pelo mesmo padrão a que devemos Poti e Araken.

O estilo do livro é como a linguagem daqueles povos: imagens e ideias, agrestes e pitorescas, respirando ainda as auras da montanha, cintilam nas cento e cinquenta páginas da *Iracema*. Há, sem dúvida, superabundância de imagens, e o autor com uma rara consciência literária, é o primeiro a reconhecer esse defeito. O autor emendará, sem dúvida a obra, empregando neste ponto uma conveniente sobriedade. O excesso, porém, se pede a revisão da obra, prova em favor da poesia americana, confirmando ao mesmo tempo o talento original e fecundo do autor. Do valor das imagens e das comparações, só se pode julgar lendo o livro, e para ele enviamos os leitores estudiosos.

Tal é o livro do Sr. José de Alencar, fruto do estudo, e da meditação, escrito com sentimento e consciência. Quem o ler uma vez, voltará muitas mais a ele, para ouvir em linguagem animada e sentida, a história melancólica da *virgem dos lábios de mel*. Há de viver este livro, tem em si as forças que resistem ao tempo, e dão plena fiança do futuro. É também um modelo para o cultivo da poesia americana, que, mercê de Deus há de avigorar-se com obras de tão superior quilate. Que o autor de *Iracema* não esmoreça, mesmo a despeito da indiferença pública; o seu nome literário escreve-se hoje com letras cintilantes: *Mãe, Guarani, Diva, Lucíola*, e tantas outras; o Brasil tem o direito de pedir-lhe que *Iracema* não seja o ponto final. Espera-se dele outros poemas em prosa. Poema lhe chamamos a este, sem curar de saber se é antes uma lenda, se um romance: o futuro chamar-lhe-á obra-prima.

MACHADO DE ASSIS
Diário do Rio de Janeiro, ano XLVI, n.º 19, Semana Literária, terça-feira, 23 de janeiro de 1866, p.2-3.

Devíamos falar hoje do último livro do Sr. Fagundes Varela; o talentoso autor do prefácio que acompanha os *Cantos e fantasias*,[228] diz ali que um dos

---

228 Trata-se de José Ferreira de Meneses (Rio de Janeiro, 1845-idem, 1881), como Machado de Assis irá identificar na "Semana literária" seguinte. Ferreira de Meneses foi jornalista, escritor e poeta, colaborador, entre outros periódicos, da *Revista Popular* (1859-1852) e do *Jornal das Famílias* (1863-1878). Principais obras: *Flores sem cheiro* (1863) e *Sinazinha* (*Jornal das Famílias*, 1865).

modelos do mavioso poeta foi o autor das *Inspirações do claustro*; esta alusão trouxe-nos à memória um dos talentos mais estimados da nossa terra, e lembrou-nos de algum modo o cumprimento de uma promessa feita algures. Além de que, convém examinar se há realmente alguma filiação entre o poeta baiano e o poeta fluminense. Trataremos pois de Junqueira Freire e de sua obra, adiando para a semana próxima o exame do belo livro do Sr. Varela. Nisto executamos o programa desta revista; quando a semana for nula de publicações literárias, — e muitas o são, — recorreremos à estante nacional, onde não faltam livros para folhear, em íntima conversa com os leitores.

Nem todos os poetas podem ter a fortuna de Junqueira Freire,[229] que atravessou a vida cercado de circunstâncias romanescas, e legendárias. A sua figura destaca-se no fundo solitário da cela comprimindo ao peito o desespero e o remorso. Como dizem de Malebranche,[230] poderia dizer-se dele que é uma águia encerrada no templo, batendo com as vastas asas as abóbadas sombrias e imóveis do santuário. Rara fortuna esta, que nos arreda para longe dos tempos atuais, em que o poeta, depois de uma valsa de Strauss, vai chorar uma comprida elegia; este é decerto o mais infeliz: qualquer que seja a sinceridade da sua dor, nunca poderá se acreditado pelo vulgo, a quem não é dado perscrutar toda a profundidade da alma humana.

Junqueira Freire entrou para o claustro, levado por uma tendência ascética; esta nos parece a explicação mais razoável, e é a que resulta, não só da própria natureza do seu talento, como do texto de alguns dos seus cantos. Três anos ali esteve, e de lá saiu, após esse tempo, trazendo consigo um livro e uma história. Todas as ilusões, desesperos, ódios, amores, remorsos, contrastes, vinham contados ali, página por página. Não é palestra de sacristia,

---

229 Luís José Junqueira Freire (Salvador, 1832-idem, 1855), poeta romântico, autor das obras *Inspirações do claustro* (1855) e *Elementos de retórica nacional* (1869), entre outras.

230 Nicolas Malebranche (Paris, 1638-idem, 1715), sacerdote e filósofo francês, criticou os pensadores que estudavam as relações da alma com o corpo, sem considerar sua união com Deus. Sua principal obra é *De la recherche de la vérité* (*Da procura da verdade*, 1674, 1675).

nem mexerico de locutório; é um livro profundamente sentido, uma história dolorosamente narrada em versos, muitas vezes duros, mas geralmente saídos do coração. Compreende-se que um livro escrito em condições tais, devia atrair a atenção pública; o poeta vinha falar da vida monástica, não como filósofo, mas como testemunha, como observador, como vítima. Não discutia a santidade da instituição; reunia em algumas páginas a história íntima do que vira e sentira. O livro era ao mesmo tempo uma sentença e uma lição; não significava uma aspiração poética, pretendia ser uma obra de utilidade; a epígrafe de P.-L. Courier,[231] inscrita no prefácio, parece-nos que não exprime senão isto. De todas estas circunstâncias nasceu, antes de tudo, um grande interesse de curiosidade. Que viria dizer aquela alma, escapa do mosteiro, heroica para uns, covarde para outros? Essa foi a nossa impressão, antes de lermos pela primeira vez as *Inspirações do claustro*. Digamos em poucas palavras o que pensamos do livro e do poeta, a quem parece que os deuses amavam, pois que o levaram cedo.

No prefácio que acompanha as *Inspirações do claustro*, Junqueira Freire procura defender-se previamente de uma censura da crítica: a censura de inconsequência, de contradição, de falta de unidade no livro, censura que, segundo ele, deve recair sobretudo no caráter diferente dos "Claustros", a apologia do convento, e do "Monge", condenação da ordem monástica. Teme, disse ele, que lhe chamem o livro uma coleção de orações e de blasfêmias. Caso raro! o poeta via objeto de censura exatamente naquilo que faz a beleza da obra; defendia-se de um contraste, que representa a consciência e a unidade do livro. Sem esse dúplice aspecto, o livro das *Inspirações* perde o encanto natural, o caráter de uma história real e sincera; deixa de ser um drama vivo. Contrário a si mesmo, cantando por inspirações opostas, aparece-nos o homem através do poeta; vê-se descer o espírito da esfera da ilusão religiosa para o terreno da realidade prática; assiste-se às peripécias

---

[231] Paul-Louis Courier (Paris, 1773-Véretz, 1825), helenista, político e escritor francês. Marcou sua oposição à Restauração com violentos panfletos. Morreu assassinado na floresta de Larçay. Publicou *Eloge d'Hélène* (*Elogio de Helena*, 1803), dentre outras obras.

daquela transformação; acredita-se na palavra do poeta, pois que ele sai, como Eneias, dentre as chamas de Troia. O escrúpulo portanto, era demasiado, era descabido; e a explicação que Junqueira Freire procura dar ao dúplice caráter das suas *Inspirações*, sobre desnecessária, é confusa.

A poesia dos "Claustros" é uma apologia da instituição monástica; estava então no pleno verdor das suas ilusões religiosas. O convento para ele é o refúgio único e santo às almas sequiosas de paz, revestidas de virtude. A voz do poeta é grave, a expressão sombria, o espírito ascético. Não hesita em clamar contra o século, a favor do mosteiro, contra os homens, a favor do frade. Confundindo na mesma adoração os primeiros solitários, com os monges modernos, a instituição primitiva, com a instituição atual, o poeta levanta um grito contra a filosofia, e espera morrer abraçado à cruz do claustro.

O que faz interessar esta poesia é que ela representa um estado sincero da alma do poeta, uma aspiração conscienciosa; a designação do século XVIII, feita por ele, para tirar os seus versos do círculo das impressões atuais, e constituí-los em simples apreciação histórica, nada significa ali, e se alguma coisa pudesse significar, não seria a favor do prestígio do livro. Os "Claustros", o "Apóstolo entre as gentes", e algumas outras páginas, exprimindo o estado contemplativo do poeta, completam essa unidade do livro que ele não viu, por virtude de um escrúpulo exagerado. Não diz ele próprio algures, saudando a profissão de um religioso:

> *Eu também ideei a linda imagem*
> *Da placidez da vida;*
> *Eu também desejei o claustro estéril*
> *Como feliz guarida.*

Pois bem, as páginas aludidas representam nada menos que a imagem ideada pelo poeta; dar-lhes outra explicação é mutilar a alma do livro.

O poeta canta depois o "Monge". É o anverso da medalha; é a decepção, o arrependimento, o remorso. Aqui já o claustro não é aquele refúgio sonhado nos primeiros tempos; é um cárcere de ferro, o homem se estorce de desespero, e chora as suas ilusões perdidas. Quereis ver que profundo abismo separa o "Monge" dos "Claustros", ligando-os todavia, por uma sucessão natural? O próprio monge o diz:

> *Corpo nem alma os mesmos me ficaram.*
> *Homem que fui não sou. Meu ser, meu todo*
> *Fugiu-me, esvaeceu-se, transformou-se.*
> *Vivo, mas acabei meu ser primeiro.*
> *[...]*
> *Dista, dista de mim minh'alma antiga.*

Aquele *ser primeiro*, aquela *alma antiga*, é o ser, é a alma dos "Claustros". A transformação do poeta fica aí perfeitamente definida no livro. E para avaliar a tremenda queda que a alma devia sentir basta comparar essas duas composições, tão diversas entre si, na forma e na inspiração; elas resumem a história dos três anos de vida do convento, aonde o poeta entrou cheio de crença viva, e donde saiu extenuado e descrente, não das coisas divinas, mas das obras humanas. Da comparação entre essas duas poesias, fruto de duas épocas, é que resulta a autoridade de que vem selada aquela sentença contra a instituição monacal. Sem excluir da comparação o "Apóstolo entre as gentes", devemos todavia lembrar que há nessa poesia um tom geral, um espírito puramente religioso, que não deriva da inspiração dos "Claustros", nem se prende à existência dos mosteiros. O poeta canta simplesmente a missão do apóstolo; a história e a religião são as suas musas. Falando a um sentimento mais universal, pois que a filosofia não tem negado até hoje a grandeza histórica do apostolado cristão, Junqueira Freire eleva-se mais ainda que em todas as outras poesias, e acha até uma nova harmonia para os seus versos, que são os mais perfeitos do livro. Aí é ele mais poeta e menos frade; alguns versos mesmo deviam produzir estranha impressão aos solitários do mosteiro; o poeta não hesita em proclamar a unidade religiosa de todos os homens, a mesma divindade dominando em todas as regiões, sob nomes diversos. Os últimos versos, porém, resumem a superioridade do sacerdote cristão; superioridade que o poeta faz nascer da constância e do infortúnio:

Nos áditos do místico pagode
O ministro de Brama aspira incensos.
O áugure de Teos, assentado
Na trípode tremente auspícios canta.
O piaga de Tupã, severo e casto,
Nas ocas tece os versos dos oráculos.
E o sacerdote do Senhor, — sozinho, —
Coberto de baldões, a par do réprobo,
Ante o mundo ao martírio o colo curva,
E aos céus cantando um hino sacrossanto,
Como as notas finais do órgão do templo,
Confessa a Deus, e — confessando — morre.

A sentença de impiedade que o poeta antevia, se lha deram, não teve nem efeito nem base. Combatendo o anacronismo e a ociosidade de uma instituição religiosa, Junqueira Freire não se desquitava da fé cristã. A impiedade não estava nele, estava nos outros. Veja-se, por exemplo, os versos a *Frei Bastos*,[232] um Bossuet, na frase do poeta, que se afogava, ébrio de vinho.

No imundo pego da lascívia impura.
[...]
Desces do altar à crápula homicida,
Sobes da crápula aos fulmíneos púlpitos.
Ali teu brado lisonjeia os vícios,
Aqui atroa apavorando os crimes.
E os lábios rubros dos femíneos beijos
Disparam raios que as paixões aterram.

Ora, vejamos: este espetáculo era próprio para avigorar o espírito do poeta, na sua dedicação à vida monástica? Imagine-se uma alma jovem, de

---

[232] Francisco Xavier de Santa Rita Bastos Baraúna, chamado frei Bastos (Bahia, 1785-idem, 1846), frade franciscano e poeta brasileiro, famoso por seus sonetos, pregações e bebedeiras, ficou conhecido como o "Bossuet brasileiro".

elevadas aspirações, ascética por índole, buscando na solidão do claustro um refúgio e um descanso, e indo lá encontrar os vícios e as paixões cá de fora; compare-se e veja-se, se a elegia do "Monge" não é o eco sincero e eloquente de uma dor eloquente e sincera.

"Meu filho no claustro" e a "Freira", exprimem o mesmo sentimento do "Monge"; mas aí o quadro é mais restrito, e a inspiração menos impetuosa. O monólogo da "Freira" é sobretudo lindo pela originalidade da ideia, e por uma expressão franca e ingênua, que contrasta singularmente com a castidade de uma esposa do Senhor.

Fora dessas poesias, que compõem a história do monge e do poeta, muitas outras há nas *Inspirações do claustro*, filhas de inspiração diversa, e que servem para caracterizar o talento de Junqueira Freire: "Milton", o "Apóstata", o "Converso", o "Misantropo", o "Renegado", várias nênias à morte de alguns religiosos. Todas nascem do claustro; pelo assunto e pela forma; vê-se que foram compostas na solidão da cela; esta observação procede mesmo em relação ao "Renegado", canção do judeu. Uma só poesia faz destaque no meio de todas essas: é a que tem referência a uma mulher e a um amor. Entraria o amor, por alguma coisa, na resolução que levou Junqueira Freire para o fundo do mosteiro? Ou, pelo contrário, precipitou ele o rompimento do monge e do claustro? A este respeito, como de tudo quanto diz respeito ao poeta, apenas podemos conjeturar; nada sabemos de sua vida, senão o que ele próprio refere no prefácio. Qualquer que seja porém, a explicação dessa página obscura, nem por isso deixa ela de ser uma das mais dolorosas da vida do poeta, um elemento de apreciação literária e moral do homem.

Tratamos até aqui do frade; vejamos o poeta. Junqueira Freire diz no prefácio que não é poeta, e não o diz para preencher essa regra de modéstia literária, que é comum nos prólogos; sentia em si, diz ele, a reflexão gelada de Montaigne, que apaga os ímpetos. Teria razão o autor das *Inspirações*? Achamos que não. Não é inspiração que lhe falta, nem fervor poético; colorido, vigor, imagens belas e novas, tudo isso nos parece que sobram em Junqueira Freire. O seu verso, porém, às vezes incorreto, às vezes duro, participa das circunstâncias em que nascia; traz em si o cunho das impressões que rodeavam o poeta; Junqueira Freire pretendia mesmo dar-lhe o caráter de *prosa medida*, e por honra da musa e dele, devemos afirmar que o sistema muitas vezes lhe falhou. Tivesse ele o cuidado de aperfeiçoar os seus versos, e o livro ficaria completo pelo lado da forma. O que lhe dá sobretudo um sabor especial, é a sua grande originalidade, que deriva não só das circunstâncias pessoais do autor, mas também da feição própria do seu talento; Junqueira Freire não imita ninguém; rude embora, aquela poesia é propriamente dele; sente-se ali essa preciosa virtude que se chama – individualidade poética. Com uma poesia sua, uma língua própria, exprimindo ideias novas e sentimentos verdadeiros, era um poeta fadado para os grandes arrojos, e para as graves meditações. Quis Deus que ele morresse na flor dos anos, legando à nossa bela pátria a memória de um talento tão robusto quanto infeliz.

MACHADO DE ASSIS
Diário do Rio de Janeiro, ano XLVI, nº 25, Semana Literária,
terça-feira, 30 de janeiro de 1866, p.3.

Aqui temos um livro do Sr. F. Varela, que é ao mesmo tempo uma realização e uma promessa: – realiza as esperanças das *Noturnas* e das *Vozes da América*, e promete ainda melhores páginas no futuro.

O Sr. F. Varela é um dos talentos mais vitais da nova geração; e lendo os seus versos explica-se naturalmente o entusiasmo dos seus companheiros da academia de S. Paulo, onde o nome do autor das *Noturnas* goza de uma indisputável primazia. A academia de S. Paulo, como é natural em uma corporação inteligente, deu sempre um belo exemplo de confraternidade literária, rodeando de aplauso e animação os seus talentos mais capazes. Nisto o Sr. Ferreira de Meneses, autor do prefácio que acompanha os *Cantos e fantasias*, é um órgão fiel do pensamento de todos; e saudando esta reunião, no mesmo livro, de dois nomes prestimosos, de dois moços de talento, saudamos ao mesmo tempo o progresso da academia e o futuro das letras brasileiras.

O Sr. Ferreira de Meneses, que conviveu com o poeta dos *Cantos e fantasias* indica no prefácio a que aludimos os autores que servem de modelo ao

Sr. Varela, e entre eles, *lord* Byron. Não nos parece inteiramente exata esta apreciação. É verdade que, durante algum tempo, a poesia de *lord* Byron influiu poderosamente nas jovens fileiras da academia; mas, se o autor das *Vozes da América*, aprecia, como todos nós, a musa do cantor de *Child-Harold*, nem por isso reproduz os caracteres do grande poeta, e damos-lhe por isso os nossos parabéns.

Houve um dia em que a poesia brasileira adoeceu do mal *byrônico*; foi grande a sedução das imaginações juvenis pelo poeta inglês; tudo concorria nele para essa influência dominadora: a originalidade da poesia, a sua doença moral, o prodigioso do seu gênio, o romanesco da sua vida, as noites de Itália, as aventuras de Inglaterra, os amores da Guicioli, e até a morte na terra de Homero e de Tibulo. Era, por assim dizer, o último poeta; deitou fora um belo dia as insígnias de *noble lord*, desquitou-se das normas prosaicas da vida, fez-se romance, fez-se lenda, e foi imprimindo o seu gênio e sua individualidade em criações singulares e imorredouras.

Quis a fatalidade dos poetas, ou antes o privilégio dos gênios criadores, que este espírito tão original, tão próprio de si, aparecesse um dia às imaginações de alguns, como um modelo poético. Exaltou-se-lhes a imaginação, e adoeceram, não da moléstia do cantor de *D. Juan*, mas de outra diversa, que não procedia, nem das disposições morais, nem das circunstâncias da vida. A consequência era natural; esse desespero do poeta inglês, a que alude o Sr. Ferreira de Meneses, não existia realmente nos seus imitadores; assim, enquanto ele operava o milagre de fazer do ceticismo um elemento poético, os seus imitadores apenas vazavam em formas elegantes um tema invariável e uniforme. Tomaram-se de uns ares, que nem eram melancólicos, nem alegres, mas que exprimiam certo estado da imaginação, nocivo aos interesses da própria originalidade. A culpa seria dos imitadores ou do original? Dos imitadores não era; são fáceis de impressionar as imaginações vivas, e as que se deixaram adoecer tinham nisso a razão da sua desculpa. É supérfluo dizer que, na exposição deste fato, não temos intenção de acusar a poesia quando ela exprime os tédios, as tristezas, os desfalecimentos da alma humana; a vida é um complexo de alegrias e pesares, um contraste de esperança e de abatimento, e dando ao poeta uma alma delicada e franzina, uma imaginação viva e ardente, impôs-lhe o Criador o duelo perpétuo da realidade e da aspiração. Daqui vem a extrema exaltação do poeta, na pintura do bem, como na pintura do mal; mas exprimir essas comoções diversas e múltiplas da alma é o mesmo que transformar em sistema o tédio e o ceticismo?

Um poeta houve, que, apesar da sua extrema originalidade, não deixou de receber esta influência a que aludimos; foi Álvares de Azevedo; nele, porém, havia uma certa razão de consanguinidade com o poeta inglês, e uma íntima convivência com os poetas do norte da Europa. Era provável que os anos lhe trouxessem uma tal ou qual transformação, de maneira a afirmar-se mais a sua individualidade, e a desenvolver-se o seu robustíssimo talento; mas verdade é que ele não sacrificou o caráter pessoal da sua musa, e sabia fazer próprios os elementos que ia buscar aos climas estranhos. Faremos, a seu tempo, um estudo deste poeta, e então diremos o que nos ocorre ainda a respeito dele; por agora limitamo-nos a atribuir-lhe uma parte da influência exercida em algumas imaginações pela poesia byrônica, e nisso fazemos um ato póstumo de justiça literária.

Ora, pois, é o Sr. Varela uma das vocações que escaparam a essa influência; pelo menos, não há vestígio claro nas suas belas poesias. E como o nosso juízo não é decisivo, é apenas uma opinião, podemos estar neste ponto em desacordo com o autor do prefácio, sem por isso deixarmos de respeitar a sua opinião e apreciar o seu talento. No que estamos de pleno acordo, é no juízo que ele forma do poeta, apesar dos defeitos próprios da mocidade; é o Sr. Varela uma vocação real, um poeta espontâneo, de verdadeira e amena inspiração. Diz o autor do prefácio que os descuidos de forma são filhos da sua própria vontade e do desprezo das regras. Se assim é, o sistema é antipoético; a boa versificação é uma condição indispensável à poesia; e não podemos deixar de chamar a atenção do autor para esse ponto. Com o talento que tem, corre-lhe o dever de apurar aqueles versos, a minoria deles, onde o estudo da forma não acompanha a beleza e o viço do pensamento. Desde já lhe notamos aqui os versos alexandrinos, que realmente não são alexandrinos, pois que lhes falta a cesura dos hemistíquios; outros descuidos aparecem ainda no volume dos *Cantos e fantasias*: vocábulos mal cabidos, às vezes, rimas imperfeitas; descuidos todos que não avultam muito no meio das belezas, mas que o nosso dever obriga-nos a indicar conscienciosamente.

Feitos estes reparos, entremos na leitura do livro do Sr. Varela. Divide-se em três partes: "Juvenília", "Livro das sombras" e "Melodias do estio". Destes títulos só os dois primeiros definem o grupo de poesias que lhes corresponde; o último, não; e há aí poesias que nos parecem caber melhor no "Livro das sombras"; isto, porém, é crítica de miunças, e veio ao correr da pena. O que importa saber é o valor dos versos do Sr. Varela. A primeira parte, como o título indica, compõe-se das expansões da juventude, dos devaneios do amor, dos palpites do coração, tema eterno que nenhum poeta esgotou ainda, e que há de inspirar ainda o último poeta. Toda essa primeira parte do livro, à exceção de algumas estrofes, feitas em hora menos propícia, é cheia de sentimento e de suavidade; a saudade é, em geral, a musa de todos esses versos; o poeta quer *rever et non pleurer*, como Lamartine; descrição viva, imagens poéticas, uma certa ingenuidade do coração, que interessa e sensibiliza; nada de arrojos mal cabidos, nem gritos descompassados; a mocidade daqueles versos é a mocidade crente, amante, resignada, falando uma linguagem sincera, vertendo lágrimas verdadeiras.

O título de "Livro das sombras", que é a segunda parte do volume, faz crer que um abismo a separa do poema de "Juvenília"; mas realmente não é assim. As sombras no livro do Sr. Varela são como as sombras da tarde, as sombras transparentes, douradas pelo último olhar do dia, não as da noite e da tempestade. Não há mesmo diferenças notáveis entre os dois livros, a não ser que, no segundo, inspira-se o poeta de assuntos diversos e variados, e não há aí a doce monotonia do primeiro. O "Cântico do Calvário", porém, avantaja-se a todos os cantos do volume: são versos escritos por ocasião da morte de um filho; há aí verdadeiro lirismo, paixão, sensibilidade e belos efeitos de uma dor sincera e profunda. São esses também os versos mais apurados do livro, descontados uns raros descuidos. A ideia com que fecha essa formosa página é bela e original, nasce naturalmente do assunto, e é representada em versos excelentes. Quase o mesmo podemos dizer dos versos ao "Mar", que tantos poetas hão cantado, desde Homero até Gonçalves Dias; a paráfrase de Ossian,[233] "Colmar", encerra igualmente os mais belos

---

233 Ossian é o nome atribuído pelo poeta escocês James Macpherson (Ruthven, 1736-Belville, 1796) a um suposto poeta guerreiro irlandês, do ciclo feniano das

versos do poeta, e tanto quanto é possível parafrasear o velho bardo fê-lo com felicidade o Sr. Varela. "Colmar" pertence já ao livro das "Melodias do estio"; como se vê, a nossa apreciação é rápida, tendo por fim, resumir o nosso pensamento, acerca de um livro que merece a atenção da análise, e de um poeta que tem jus ao aplauso dos entendedores.

Se há neste volume mais de uma imperfeição, se por vezes aparecem os descuidos de forma e de locução, não façamos desses cochilos de Homero grande cabedal; aconselhemos, sim, ao autor que não erija em sistema um defeito que pode diminuir o mérito das suas obras. Vê-se pelos bons versos que ele nos dá, quanto lhe é fácil produzir certo apuro na forma; emendar não prova nunca contra o talento, e prova sempre a favor da reflexão; e o tempo, cremos ter lido isto algures, só respeita aquilo que é feito com tempo; máxima salutar que os poetas nunca deviam esquecer.

Quanto ao cabedal da natureza, a inspiração, a espontaneidade, essa tem-na o Sr. Varela em larga escala; sabemos que é um moço estudioso, e vê-se pelas suas obras, que possui a rara qualidade do gosto e do discernimento. Os que prezam as boas letras interessam-se pela ascensão progressiva do nome do Sr. Varela, e predizem-lhe um futuro glorioso. Que ele não perca de vista esse interesse e essa predição.

Aconselhando-lhe a perserverança e o trabalho, o culto desvelado e incessante das musas, a nossa intenção é simplesmente corresponder aos hábitos de atividade que lhe supomos; não entra, porém, no nosso espírito a ideia de exigir dele uma prova de infatigabilidade literária; há quem faça um crime da produção lenta, e ache virtude nos hábitos das vocações sôfregas; pela nossa parte, nunca deixaremos de exigir, mesmo dos talentos mais fecundos, certas condições de reflexão e de madureza, que não dispensam uma demora salutar. Ao tempo e à constância no estudo, deve-se deixar o cuidado do aperfeiçoamento das obras. Com estas máximas em vista e um talento real, como o do Sr. Varela, é fácil ir longe.

Desperta-nos as mesmas considerações um volume que acabamos de receber do Rio Grande do Sul. Intitula-se *Um livro de rimas*, e é escrito pelo

---

narrativas heroicas em torno de Fionn Mac Cumhail e seu bando. Macpherson publicou em 1762 dois poemas épicos "Temora" e "Fungal".

Sr. I. de Vasconcelos Ferreira.[234] Tem o poeta rio-grandense talento natural e vocação fácil; falta-lhe estudo e talvez gosto; alguns anos mais, e podemos esperar dele um livro aperfeiçoado e completo. O que lhe aconselhamos, porém, é que, além do extremo cuidado na escolha das imagens, que as há comuns e nem sempre belas, no livro das *Rimas*, procure o Sr. Ferreira tratar da sua forma, que em geral é pobre e imperfeita. Faça das musas, não uma distração, mas um culto; é o meio de atingir à bela, à grande, à verdadeira poesia.

MACHADO DE ASSIS

Diário do Rio de Janeiro, ano XLVI, nº 31, Semana Literária, terça-feira, 6 de fevereiro de 1866, p.1-2.

Limita-se a pouco a nossa *Semana* de hoje; trabalhos de ordem diversa distraíram-nos dos assuntos literários; mas a pontualidade, que é também uma virtude de jornalista, não nos permite ficar silenciosos. Felizmente temos uma boa notícia, para dar em linhas breves, mas sinceras; e para ela convidamos a atenção de quantos se interessam pelo adiantamento das letras pátrias.

Veio a notícia em questão pelo último correio de Goiás. A imensa extensão deste país coloca a nossa rica província de Goiás muito além da Europa; para os que veem no Pão de Açúcar as colunas de Hércules da civilização, Goiás assemelha-se àquela região inóspita e escura que os antigos imaginavam existir além do mundo até então descoberto. Sem meios fáceis de comunicação, arredada dos centros populosos, extensa e quase deserta, Goiás parece condenada a receber da sede do Império, apenas os presidentes e as circulares eleitorais. Pois bem, já recebeu mais alguma coisa; Goiás possui uma sociedade literária, criada há pouco menos de um ano, e sustentada pela vontade enérgica dos seus iniciadores.

---

234 Inácio de Vasconcelos Ferreira (Viamão, 1838-Porto Alegre, 1888), poeta, teatrólogo, contista, letrista, jornalista e membro do Partenon Literário. Principais obras: *Um livro de rimas* (1863), *Tretas e petas* (prosa, 1869) e *Cantos e contos* (poesia e prosa, 1870).

Temos presente o relatório do presidente do *Gabinete Literário Goiano*;[235] aí vemos que a existência da sociedade não tem sido fácil, e que nem todos os sócios têm desenvolvido a mesma soma de perseverança na sustentação dela. Apesar disso, o *Gabinete Literário* existe e promete crescer. Como os recursos particulares não fossem suficientes, os diretores do *Gabinete Literário* pediram auxílio à representação provincial; os deputados goianos não se fizeram rogar e votaram uma verba especial para auxílio do *Gabinete*.

Possui o *Gabinete* uma biblioteca, criada pelos fundos da sociedade e aumentada pelas ofertas de alguns sócios que para lá mandaram muitos livros. Não é ainda muito, mas o presidente exprime a esperança de que a sociedade venha a ter maior desenvolvimento. Parece que o *Gabinete Literário* reduz por enquanto a sua missão a oferecer leitura fácil, e animar as vocações literárias. Já não é pequena tarefa; e nós acreditamos que com os elementos que tem, isto é, a perseverança e a vontade dos seus fundadores, o *Gabinete Literário Goiano* pode cumprir muito à vontade seu programa. Quando mesmo o *Gabinete* não oferecesse à província mais do que uma ligeira distração literária, ainda assim devia ser sustentado, em favor dos nossos patrícios goianos. Que o *Gabinete Literário* não esmoreça na sua tarefa; modesto e limitado, ainda, pode desenvolver-se até prestar à província de Goiás serviços de imenso alcance.

Concluindo, não podemos deixar de nos congratularmos com os leitores do *Diário do Rio* pela próxima publicação do novo romance de Victor Hugo *Les travailleurs de la mer*,[236] nas colunas desta folha. Já o nosso diretor político, e redator principal deu parte ao público desta boa nova literária, prestando ao ilustre proscrito a homenagem devida ao seu grande talento.

Fala-se com grande entusiasmo da nova obra do autor dos *Miseráveis* e da *Nossa Senhora de Paris*. Os amigos do poeta referem maravilhas do livro

---

235 O Gabinete Literário Goiano foi fundado em 1864, na tentativa de difusão dos ideais liberais, em voga na Europa. Esteve no auge nas décadas de 1860 e 1870, e foi presidido pelo médico Francisco Antônio de Azeredo, de 1872 a 1884. O Gabinete Literário Goiano funciona até hoje.

236 O romance *Les travailleurs de la mer* (*Os trabalhadores do mar*, 1866), de Victor Hugo, foi publicado em folhetins não assinados, embora a tradução fosse de Machado de Assis, de 15 de março a 29 de julho de 1866, no *Diário do Rio de Janeiro*.

que dentro de pouco tempo deve ser universal. É com ansiedade que todos nós, os que apreciamos as boas letras, aguardamos o irmão mais moço da grande família literária do poeta.

MACHADO DE ASSIS
Diário do Rio de Janeiro, ano XLVI, nº 43, Semana Literária, terça-feira, 20 de fevereiro de 1866, p.2.

Seremos breve. Pretendíamos concluir hoje a apreciação das obras dramáticas do Sr. J. de Alencar; soubemos, porém, nestes últimos dias da existência de dois livros chegados da Europa pelo último paquete, um do Sr. Dr. Magalhães, *Opúsculos históricos e literários*, outro do Sr. Dr. Pereira da Silva,[237] *La Litterature portugaise, son passé, son état actuel*.

O livro do Sr. Dr. Magalhães é uma reunião de escritos de diversas épocas, espalhados em revistas e jornais. Além da história da revolução maranhense, contém diversos estudos filosóficos literários e morais, e o romance intitulado *Amância*, publicado há muitos anos numa revista.

Confessamos que não nos foi possível fazer uma leitura demorada desses escritos, como exige uma obra que traz o nome do Sr. Dr. Magalhães; mas por mais rápida que fosse, achamos nessa leitura o prazer de uma boa prosa de reflexões justas, e de estudos conscienciosos. O estilo do Sr. Dr. Magalhães participa da natureza das suas tendências como poeta. Nem sempre as nossas ideias se conciliam com as do Sr. Dr. Magalhães; nem sempre estamos de acordo com as suas apreciações; mas, fora destas reservas, que não apontaremos minuciosamente, praz-nos ver no livro do Sr. Dr. Magalhães uma face do seu talento e uma prova daquele amor literário, que ele não perdeu, nem perderá, estamos certos disso.

---

237 João Manuel Pereira da Silva (Nova Iguaçu, 1817-Paris, 1898), romancista, historiador, crítico literário e biógrafo, um dos introdutores do romantismo no Brasil. Principais obras: *Religião, amor e pátria* (romance, 1839), *Parnaso brasileiro* (1843-1848) e *Plutarco brasileiro* (1847).

O livro do Sr. Pereira da Silva compõe-se de uns artigos publicados na *Revue Contemporaine*,[238] e escritos em língua francesa. Os nossos irmãos portugueses já agradeceram ao escritor brasileiro o serviço que ele lhes prestou tratando em uma das revistas mais estimadas da Europa de um assunto que tanto lhes interessa. Escusado é dizer que essa mesma razão de interesse, prevalece para nós, os brasileiros. Os cisnes do Mondego, como os da Guanabara, falam todos a língua de Camões.

O livro do Sr. Pereira da Silva é uma apreciação simpática dos autores antigos e modernos portugueses. A sua crítica é geralmente justa, delicada, convencida; nem sempre é profunda, é verdade, e muitas vezes desejaríamos que o autor se demorasse no estudo de certos livros; mas é preciso lembrar que o Sr. Pereira da Silva tinha de dar antes uma notícia, do que uma apreciação de obras, em grande parte estranhas aos leitores franceses. Pelo que respeita à língua do livro do Sr. Pereira da Silva, confessamos humildemente que não nos achamos habilitados a dar uma opinião. A admissão do escrito na *Revue Contemporaine* não é já uma razão em favor da linguagem da obra? Em qualquer caso, nunca julgaremos, em matérias desta natureza, só pelas impressões recebidas.

Diário do Rio de Janeiro, ano XLVI, nº 68, Semana Literária, terça-feira, 20 de março de 1866, p.2.[239]

Três livros solicitam hoje a nossa atenção: *Curso de Literatura Portuguesa e Brasileira*, pelo Sr. Francisco Sotero dos Reis; *Cancros sociais*, drama pela Sra. D. Maria Ribeiro;[240] e *Lendas e canções populares*, pelo Sr. Juvenal Galeno.[241]

---

238 Revista literária, política e filosófica, a *Revue Contemporaine* foi lançada em Paris, em abril de 1852, circulando até 1857. A segunda série vai de 1858 a agosto de 1870. A terceira série, de janeiro de 1885 a agosto/setembro de 1886.
239 Até 17 de outubro de 1866, a série "Semana literária" é publicada sem a assinatura Machado de Assis.
240 Maria Angélica Ribeiro (Parati, 1829-?, 1880), dramaturga, autora, entre outras, das peças *Gabriela* (1868), *Um dia de opulência* (1877) e *Ressurreição do primo Basílio* (1878).
241 Juvenal Galeno da Costa e Silva (Fortaleza, 1836-idem, 1931), conhecido como "o pioneiro do folclore do Nordeste", é autor dos livros *Prelúdios poéticos* (1856), *Lendas e canções populares* (1865) e *Cenas populares*, entre outros.

São todos publicados agora, sem que, todavia, sejam completamente novos; o drama da Sra. D. Maria Ribeiro foi representado muitas vezes no Ginásio; o livro do Sr. Sotero dos Reis compõe-se de lições professadas no Instituto de Humanidades, no Maranhão, algumas das quais foram publicadas nos jornais fluminenses; finalmente, das canções do Sr. Juvenal Galeno (do Ceará) já algumas têm visto a luz em diversas folhas do Brasil.

[...]

O livro do Sr. Sotero dos Reis, como dissemos acima, compõe-se de algumas lições professadas pelo distinto literato no Instituto de Humanidades, do Maranhão. O plano do Sr. Sotero dos Reis é vasto, e abrange o estudo da literatura, desde a formação da língua e das primeiras obras literárias de Portugal. As lições deste primeiro volume, em número de 27, compreendem cerca de três séculos, e já se vê pela natureza do assunto, que é este volume o que oferece leitura menos amena e variada. O Sr. Sotero dos Reis é um dos escritores brasileiros que mais têm estudado a nossa formosa língua; a cadeira do Instituto de Humanidades está bem ocupada pelo ilustre tradutor dos *Comentários de César*,[242] e dando o exemplo de lecionar deste modo a literatura portuguesa e brasileira, faz ele um grande serviço aos escritores do nosso país.

Cumpre dizer que na primeira parte do volume ocupou-se o autor com o desenvolvimento da língua até os nossos dias; e tratou sucintamente dos autores mais notáveis do Brasil e Portugal; mas esta primeira parte é apenas uma espécie de introdução, e a crítica e exame dos autores começa apenas na segunda parte, compreendendo essa e a terceira, os três séculos aludidos. O estudo da língua é dos mais descurados no Império: o autor do *Curso de Literatura* é uma das raras exceções, e para avaliar o cuidado e o zelo com que ele estuda a língua de Camões e de Vieira, basta ler este primeiro volume, e a conscienciosa análise que ele faz da formação e desenvolvimento do nosso idioma. Quanto à parte crítica das obras e dos autores, nada podemos julgar, pela razão de que o autor não tinha no período que abrange, campo

---

242 Tradução do latim da obra *Comentários sobre a Guerra Gálica de Júlio César*, publicada em 1863, texto em que Júlio César relata as operações militares durante as Guerras da Gália (58 a.C.-52 a.C.), das quais ele saiu vencedor.

suficiente para exercer os seus talentos de análise. Análise não é decerto o juízo sucinto dos escritores feito na primeira seção do volume; e a apreciação rápida de Bernardim Ribeiro[243] e das comédias de Sá de Miranda[244] não nos podem dar uma opinião definitiva; cremos, porém, que o Sr. Sotero dos Reis, a quem não é estranho o método de Villemain,[245] dará, na continuação dos seus discursos, o desenvolvimento preciso à análise literária.

Como professor da língua, corre ao Sr. Sotero dos Reis o dever de pôr nos seus estudos os preceitos que leciona, e a esse respeito o *Curso de Literatura* é digno de ser estudado pelos nossos jovens escritores. Não há, talvez, nesse livro aquela eloquência e animação que, mais que o amor das letras, convida o espírito dos ouvintes; mas devemos recordar que a própria matéria do livro limitado a um período embrionário das letras não se prestava a isso. Em resumo, louvamos o livro, como exemplo, e independente disso, como obra de erudição e de talento. [...]

Esperemos que o *Curso* fique completo, e apreciaremos então o talento de análise, as qualidades de gosto, do ilustre tradutor dos *Comentários de César*. A nossa presunção é que o Sr. Sotero dos Reis saber-se-á manter, como apreciador, na posição que ocupa, como filólogo. O trabalho que agora comete é árduo e complicado; mas as suas forças dão garantia de bom sucedimento.

As *Canções populares* do Sr. Juvenal Galeno são um ensaio feliz em muitos pontos; o autor mostra ter qualidade especial do gênero; algumas das canções são bem escritas, e todas originais; o que o autor não parece cuidar com zelo e rigor é a versificação e a língua; e se muitas das suas canções primam pela ingenuidade e verdade da expressão, outras há que, postas na boca de um tipo imaginado, exprimem apenas os sentimentos do autor. Tal

---

243 Bernardim Ribeiro (Torrão, 1482?-?, 1552?), escritor e poeta português renascentista, cuja principal obra é a novela *Saudades*, mais conhecida como *Menina e moça* (1554).

244 Francisco de Sá de Miranda (Coimbra, 1481-Amares, 1558), contemporâneo de Camões, foi o autor português mais lido no século XVI. Além de composições poéticas, escreveu a tragédia *Cleópatra*, as comédias *Estrangeiros* e *Vilhalpandos* e algumas cartas em verso.

245 Abel-François Villemain (Paris, 1790-idem, 1870), político e escritor francês, cuja principal obra é o seu *Cours de la Littérature Française* (5 v., 1828-1829).

é, por exemplo, a canção do "Deputado". O "Senador" de Béranger[246] devia estar presente aos olhos do autor do "Deputado". Não sabemos se o gênero poético escolhido pelo Sr. Juvenal Galeno terá muitos imitadores; a *canção* é um gênero especial; para alcançar uma conveniente superioridade torna-se preciso ao Sr. Juvenal Galeno estudar mais profundamente a língua, e a versificação e os modelos: o seu talento é um filho da natureza; cumpre à arte desenvolvê-lo e educá-lo. Tais são os nossos sentimentos; aplaudindo a tentativa presente, aguardamo-nos para louvar-lhe as suas obras futuras.

Diário do Rio de Janeiro, ano XLVI, nº 79, Semana Literária, terça-feira, 3 de abril de 1866, p.2.

O belo sexo está fornecendo assunto para as nossas crônicas; tivemos a semana passada um livro de uma senhora; desta vez temos outro livro, igualmente de uma senhora; o outro era um drama, este é uma coleção de versos. Se não as há em abundância, também não são raras as escritoras em nosso país; e se ainda não tivemos uma Staël, nem por isso deixa de haver talentos notáveis. Estamos certos de que os resultados seriam mais brilhantes, se acaso fosse mais larga a educação intelectual; havia lugar para se manifestarem os verdadeiros talentos, quando os houvesse; e em caso contrário, os estudos adequados, regulares, próprios, não seriam nocivos ao espírito das esposas e das mães de família. Há uma opinião, aliás partilhada por homens de muito talento, entre os quais contamos amigos especiais, que entende dever-se excluir a mulher dos exercícios literários; não são estes os nossos sentimentos; a contemplação do belo não é incompatível com a prática da moral; que os romances de pacotilha possam ter influência nociva nos costumes, sendo além disso a expressão de sociedades estranhas e decadentes, isso cremos nós; mas o amor da boa arte não pode deixar de elevar e fortalecer as virtudes austeras e o exercício do bem.

No estado atual das coisas, quando uma senhora cultiva as letras, séria e conscienciosamente, a crítica não pode deixar de louvá-la e animá-la. Essa

---

246 Pierre Jean de Béranger (Paris, 1780-idem, 1857), poeta e libretista, autor de canções em louvor a Revolução Francesa, da qual foi adepto. Principais obras: *Chansons Morales et Autres* (1815) e *Chansons Nouvelles et Dernières* (1833).

animação e esse louvor cabem à Sra. D. Adélia Josefina de Castro Fonseca,[247] autora dos *Ecos da minha alma*, livrinho que temos presente. Muita gente haverá que não conheça ainda cabalmente o nome da autora deste livrinho; mas todos conhecem decerto estes formosos versos de Gonçalves Dias:

> — *Donde vens, viajor?*
>   — *De longe venho.*
> — *Que viste?*
>   — *Muitas terras.*
>   — *E qual delas*
> *Mais te soube agradar?*
>   — *São todas belas;*
> *Fundas recordações de todas tenho.*
> — *E admiraste o quê?*
>   — *Ah! onde as flores*
> *Cada vez a manhã tornam mais linda,*
> *Onde gemeu Paraguaçu de amores,*
> *E os ecos falam de Moema ainda;*
> *Ali, Safo cristã, virgem formosa,*
> *A vida aos sons da lira dulcifica:*
> *D'escutar a sereia harmoniosa,*
> *Ou de vê-la, a vontade presa fica!*

Estes versos foram oferecidos à Sra. D. Adélia Fonseca. É ela a Safo cristã de que fala o ilustre autor dos *Cantos*. Não precisa maior elogio a um talento, do que esta sagração feita pela mão do nosso Garrett. Acrescentemos que, não só Gonçalves Dias dedicou versos à autora, mas também o visconde da Pedra Branca[248] consagrou-lhe mais de um canto de sua preciosa lira.

---

247 Adélia Josefina de Castro Fonseca (Salvador, 1827-Rio de Janeiro, 1920), colaboradora do *Almanaque de Lembranças Luso-Brasileiro*, publicação editada em Portugal, no período de 1872 a 1898.

248 Domingos Borges de Barros, visconde de Pedra Branca (Salvador, 1780-?, 1855), político e escritor, autor, entre outras, das obras *Poesias oferecidas às senhoras brasileiras por um baiano* (1825) e *Os túmulos* (1825).

O livro, como indica o título, compõe-se de expansões íntimas, versos a poetas, versos a amigos, versos de amor, versos de amizade. Não seremos nós quem lhe censure este caráter de poesia pessoal. Dizem uns que ela está morta, outros que devia morrer; mas para matar a poesia pessoal, fora preciso matar a alma humana, e já se vê que não é possível. Quando o poeta exprime os seus sentimentos íntimos, o amor, a amizade, o ciúme, não traz somente ao campo da imprensa as suas impressões pessoais, fala daquilo que é comum a todos os homens, tem um eco em todas as almas; neste ponto não há poesia menos pessoal do que esta. Se assim não fosse, em que lugar ficariam Petrarca e Lamartine?

O livro da Sra. D. Adélia Fonseca é um livro desses. Possui a autora um talento real, e um sincero amor pelas letras. Os seus versos são símplices, naturais, ingênuos. Achamos às vezes alguns versos frouxos, mas em geral a autora versifica com cuidado e meditação. O que nos agrada, sobretudo, é que este livro exprime uma verdadeira individualidade feminina; não há essa pompa afetada, essa falsa imitação dos tons másculos, que algumas escritoras procuram mostrar nas suas obras, como recomendação dos seus talentos. A autora deste livro não esqueceu que a sensibilidade devia ser o primeiro elemento dos seus escritos; fê-lo: é um livro sincero, sobre ser um livro de talento. O livro não é volumoso, e cremos, nesse caso, que a autora fez alguma escolha precisa para fazê-lo completo: fez bem; não importa a exiguidade do livro; basta ver que há nele muita harmonia, muita sensibilidade, inteligência esclarecida, pronunciada vocação. Que a autora não interrompa os seus trabalhos literários; corre-lhe o dever de desenvolver ainda mais o seu talento poético, e dar, em novas provas, um exemplo profícuo às letras brasileiras.

O livro da Sra. D. Adélia Fonseca foi-nos remetido pelo nosso amigo e colega Constantino do Amaral Tavares;[249] agradecemos-lhe sinceramente a ocasião que nos deu de falar de uma vocação legítima, embora fôssemos

---

249 Constantino do Amaral Tavares (Salvador, 1828-idem, 1889), oficial da Marinha, escritor, membro do Instituto Histórico e Geográfico Brasileiro e sócio do Conservatório Dramático. Principais obras: *Minhas poesias* (1856) e *Um casamento da época* (drama, 1862).

obrigado a adiar para mais tarde o estudo das obras dramáticas do autor do *Cego* e do *Cobé*.

Diário do Rio de Janeiro, ano XLVI, nº 85, Semana Literária, terça-feira, 10 de abril de 1866, p.2.

Como dissemos na última semana, o Sr. conselheiro Miguel Maria Lisboa,[250] representante do Brasil em Bruxelas, remeteu para o Rio de Janeiro duas obras suas; *Romances históricos* (em verso) e *Relação de uma viagem a Venezuela, Nova Granada e Equador*. O primeiro destes livros é uma 2ª edição, correta, aumentada, e seguida de algumas poesias soltas; a primeira edição foi publicada há vinte anos. O segundo é a relação de uma viagem feita pelo Sr. Lisboa, na qualidade de ministro do Brasil, em 1853, às três repúblicas americanas. Os dois volumes são primorosamente impressos, e acompanhados de gravuras, algumas finíssimas. Antes de tudo cumpre agradecer ao Sr. Lisboa o lembrar-se das musas, ainda no meio das tarefas de que o incumbiu o seu país, mostrando assim quanto é compatível servir a pátria como diplomata e como poeta.

Os *Romances históricos* chamam logo a atenção do leitor pela novidade da forma; o autor, com raras exceções, baniu dos seus versos a rima, e adotou o assoante, forma de versificação usada pelos poetas da língua espanhola. Segundo ele, o verso assoante reclama maior aplicação da parte do poeta, pois que é mais difícil agradar sem a rima do que com a rima, na qual a música dos sons disfarça os defeitos do estilo e de imagens. Esta teoria tem um defeito: é ser absoluta. O autor tem razão em aplaudir o assoante; apesar de estranho ao gênio da língua portuguesa e ao uso geral, pode-se empregá-lo algumas vezes como estudo de forma; mas não se pode concluir de um modo absoluto que a rima seja um meio fácil de versificação, menos ainda considerá-la como a parte *fascinante* da poesia, sendo o assoante a parte

---

250 Miguel Maria Lisboa, barão de Japurá (Rio de Janeiro, 1808-Lisboa, 1881), diplomata, oficial da Marinha na Guerra do Paraguai. Principais obras: *Romances históricos* (1843), *Relação de uma viagem a Venezuela, Nova Granada e Equador* (1866) e *Memória sobre os limites entre o Império e a Guiana Francesa* (1849).

sólida. Estamos longe de contestar que a ausência da rima impõe ao poeta a obrigação de uma forma extremamente cuidada para a boa harmonia do verso; e nesse caso, o assoante teria de ceder o passo ao verso puramente solto; mas, reconhecido isto, cumpre reconhecer também que o emprego simétrico do vocábulo consoante, sem forçar o pensamento, sem comprometer a harmonia, sem violar a sintaxe, é um trabalho de grande valor e exige tanta arte quanta inspiração. A rima, a bem dizer, é uma peia; aos ouvidos incultos e pouco exigentes basta a identidade dos sons, mas um poeta consciencioso tem sempre em conta que essa condição não é suficiente; a rima, sendo de si um elemento de harmonia, exige um emprego discreto, cria também dificuldades porque é preciso que a locução consoante intervenha naturalmente no verso, correspondendo à ideia, sem parecer que só a necessidade a trouxe. Estas considerações, que submetemos ao juízo do distinto autor dos *Romances históricos*, em nada podem diminuir o valor dos seus versos; praz-nos reconhecer que nesta transplantação de uma forma estranha, o Sr. Lisboa, homem de estudo e de meditação, houve-se de modo que acompanhou de perto os originais que estudou, dando ao assoante, em português, os mesmos efeitos que ele produz na língua de Zorrilha.[251] Se nos lembrarmos que os poetas espanhóis, usando de uma forma familiar aos seus, não lutam contra os riscos de uma novidade, veremos logo que o trabalho do Sr. Lisboa, além do mérito intrínseco, tem um mérito que deve entrar em conta nas apreciações da crítica.

O romance deste livro é puramente narrativo; o autor escolheu na história portuguesa, na história brasileira e na história hebraica, alguns assuntos mais prestadios à exigência da forma poética. Domina em todos eles uma discreta simplicidade, locução pura, belas imagens, e essa boa economia da narração que consiste em não amortecer o interesse, nem fatigar o espírito. Tal é a impressão geral que nos deixam estas páginas, impressão confirmada por uma segunda leitura, atenta e prevenida. Vemos no livro do Sr. Lisboa uma obra de meditação, escrita, não segundo os caprichos

---

[251] José Zorrilla y Moral (Valladolid, 1817-Madri, 1893), poeta espanhol. O tema de seus poemas (*Los cantos del trovador*, 1841) e dramas (*Don Juan Tenorio*, 1844) é inspirado nas lendas e tradições populares espanholas.

da pena, mas ao influxo de certas condições poéticas, e de algumas teorias próprias. Uma dessas teorias, relativa à construção do verso, merece reparo da nossa parte, e fá-lo-emos com a franqueza que nos é habitual. O Sr. Lisboa entende que deve operar a sinalefa das vogais em todos os casos, mesmo quando elas concorrem no centro de um vocábulo. Que isso possa convir algumas vezes à harmonia da versificação, é coisa que não pretendemos contestar, e mais de um exemplo protestaria se o fizéssemos; mas, o defeito desta regra do Sr. Lisboa é ser absoluta, e a observação feita ao autor, segundo ele confessa, de ter esta regra produzido nos seus romances alguns versos duros, é uma observação bem sabida; diz o Sr. Lisboa que esses defeitos são do poeta e não da regra; é uma explicação modesta que não aceitamos, em honra da aptidão do autor. O defeito é da regra; basta ler os seus romances, tão artisticamente versificados, para ver que se o autor não tivesse adotado a regra em questão, os versos duros desapareceriam. Cumpre observar também que não se encontra nos versos chamados de arte maior, e de que há poucas páginas neste livro, o mesmo cuidado com que o autor trabalhou a redondilha. O livro do Sr. Lisboa, sob aparências desambiciosas, está escrito com muito apuro, feitas as reservas que apontamos acima; apraz-nos mencioná-lo, convidando o autor a uma produção mais vasta ainda, num gênero tão pouco cultivado ou mal cultivado entre nós.

O Sr. Lisboa teve de fazer em 1853, uma viagem às repúblicas de Venezuela, Nova-Granada e Equador. Já nesse tempo ocupava um lugar na diplomacia, e nesse caráter é que fez a viagem. Esta circunstância entra por muito na apreciação deste livro; sem que o autor insista longamente no caráter público de que estava revestido quando operou o laborioso trajeto de Santomaz até Quito, vê-se todavia o funcionário através do viajante; donde resulta que a *Relação da viagem* tem sobretudo um interesse histórico e um interesse político. A organização social, os atrasos ou melhoramentos públicos, os erros ou os acertos administrativos, dos países por onde andou, eis os pontos que mais vivamente solicita a atenção do Sr. Lisboa. Isto não importa dizer que os espetáculos da natureza não encontrem da parte do viajante uma atenção de poeta e de turista; e para isso basta lembrar a escabrosa ascensão a Silla de Caracas, serra altíssima visitada por

Humboldt;[252] ascensão perigosa e árdua a que só o amor do pitoresco e a curiosidade legítima do viajante, quando não é a necessidade da ciência, pode atrair um homem e fazê-lo abandonar os cômodos da vida urbana; a cascata de Tequendama, a vista do Chimboraso, a savana do Bogotá, a beleza dos rios, das planícies e das serras, quando esses espetáculos aparecem aos olhos do autor, arrancam-lhe expressões de entusiasmo e páginas de apreciação. Apesar de tudo, o que domina na *Relação da viagem*, não é o interesse poético. Escrevendo o livro na intenção de fazer conhecidas aos seus patrícios aquelas repúblicas, o Sr. Lisboa é antes de tudo um funcionário público; o caráter social e administrativo do país, os seus costumes, a sua organização, eis o principal cuidado do autor; não há cidade nem vila, por menos importante que seja, que não mereça da parte dele uma menção especial, não só quanto à história e fundação, como ao estado atual, às edificações, à população, aos hábitos privados e públicos. O poeta ou o turista, atravessando em vapor, um canal ou um rio, cuidará exclusivamente do espetáculo externo, referirá os acidentes das paisagens, as curiosidades do terreno, em resumo tudo aquilo que se prestar ao pitoresco ou ao poético da viagem; o Sr. Lisboa, sem esquecer essa parte da viagem, começará pela apreciação do vapor em que navega, pelas suas dimensões e qualidades, dirá se é de uma companhia ou de um proprietário, quantas viagens faz, finalmente todas as notícias que interessam principalmente os espíritos práticos. Isto não é nem censura nem louvor: é definição. Resulta daí que a *Relação da viagem*, se não tem interesse poético ou romanesco, é todavia interessante por mais de um título, e merece a atenção dos que apreciam a leitura de viagens.

É preciso ler atentamente as quatrocentas páginas deste livro para ver que longa, que trabalhosa, que arriscada viagem não fez o autor, desde que chegou a Santomaz. Tendo de atravessar países pouco adiantados, não só por começarem ainda a sua existência, como por terem gasto esses poucos dias de vida independente em revoluções e comoções políticas, o autor sofreu

---

252 Friedrich Heinrich Alexander, barão de Humboldt (Berlim, 1769-idem, 1859), mais conhecido como Alexander von Humboldt, foi geógrafo, naturalista, explorador alemão, diretor da obra *Voyage aux régions equinoxiales du Nouveau Continent* (*Viagem às regiões equinociais do Novo Mundo*, 30 v., 1807).

todas as consequências de uma civilização combatida por causas diversas: más estradas, rios perigosos, florestas bravias, descampados solitários, tais são os caminhos que se lhe abriam diante; a viagem do rio Madalena basta para resumir todos os contratempos e labores de uma viagem semelhante. O método do autor contribui poderosamente para apreciar essas dificuldades tamanhas; o itinerário da subida do rio Madalena é tudo o que há de mais simples e narrativo; o autor limita-se a referir os acidentes desse trajeto, um por um, dia por dia, e a lisura da narração faz-nos sentir com ele toda a extensão dos perigos e dos incômodos.

Compreende-se que nem todo o livro compõe-se dessa parte penosa das viagens; além das surpresas que a natureza oferece ao viajante, lá o esperam as capitais e as cidades importantes, onde facilmente se esquecem as torturas do caminho. Na qualidade de diplomata em que ia, o Sr. Lisboa não encontrava nos pontos populosos e civilizados as contrariedades que esperam o simples viajante. Desde logo abriam-se-lhe todas as portas, davam-se-lhe todas as franquezas. O autor corresponde a essa cortesia apreciando demoradamente os costumes e os progressos dos povos, notando-lhes os defeitos, aponta-lhes os atrasos, sempre de um modo simpático e mantendo o necessário equilíbrio entre os deveres da justiça e os movimentos do coração. Pena é que essas apreciações não sejam sempre desassombradas de um preconceito político, às vezes mesmo de um preconceito de raça, sintoma evidente que o próprio autor reconhece. Filho de um país monárquico, onde vivem à sombra de grande princípio constitucional, um príncipe honrado e um povo dócil, o Sr. Lisboa atribui exclusivamente os males dos países que atravessou às instituições que os regem. Esta questão já não é literária, e escapa aos limites deste escrito, além de não estar em nossas forças, pois que a investigação dela exige uma análise de filosofia social.

Não deixaremos, porém, escapar uma observação do Sr. Lisboa, quando atravessou de Laguayra a Barcelona, na escuna *Democracia*; era este navio imundo e asqueroso, sem cômodos, sem mantimentos, sem abrigo, e além de tudo comandado por um capitão brutal e grosseiro. Fazendo esta pintura, acha o autor que o nome da escuna era o mais cabido, e que nunca viu coisa que mais se parecesse com o reinado da democracia, do que aquilo. A figura é demasiado expressiva, o juízo demasiado franco para não vermos da parte do autor um sincero desdém pelas instituições democráticas. Mas semelhante reparo é cabido da parte de um brasileiro? A constituição do império não proclamou positivamente esse princípio quando abriu as avenidas do poder ao valor pessoal? A constituição brasileira não é senão um contrato político entre a monarquia e a democracia, os dois únicos elementos deste país, onde, como o autor sabe, não existe o elemento aristocrático, isto é, a nobreza fundada nas tradições e na história; adotando assim o sistema que melhor podia garantir a paz doméstica, o legislador reconheceu no princípio democrático uma força política. A democracia não é, portanto, uma coisa que deva inspirar da parte do distinto escritor tão enérgica apreciação; mas, se o autor quis apenas significar a desordem pública, a anarquia social, estamos de pleno acordo com ele, e achamos perfeita a comparação que nos faz na *Relação da viagem;* mas isso já não é democracia.

Há neste livro outra observação relativa à invasão da raça anglo-saxônica, que tomaríamos em consideração, se já não houvéssemos abusado dos leitores, inserindo em colunas literárias, considerações de ordem estranha. Cinjamo-nos ao livro, e sobretudo aproveitemos o espaço que se nos escasseia. Já dissemos o modo por que o Sr. Lisboa encarou a sua obra, e que utilidade procurou dar-lhe; cremos que satisfaremos o autor dizendo-lhe que os resultados correspondem às suas intenções, estudando com escrúpulo as três repúblicas americanas, reunindo as suas observações sobre o estado social, material e intelectual dos povos, o Sr. Lisboa apresenta aos leitores brasileiros um livro interessante, curioso, claro, singelo. Às observações de ordem prática, juntam-se as de ordem diversa, as belezas e os terrores da natureza, as belas paisagens e os feios aspectos do solo. Uma das passagens mais interessantes do livro é a descrição da célebre *Cova dos Guácharos*, caverna imensa e misteriosa, situada na província de Cumaná, em Venezuela, visitada por Humboldt. Destas digressões encontram-se algumas no livro, e repousam agradavelmente o espírito do leitor.

Em resumo, apesar dos reparos que nos mereceram os dois livros do Sr. Lisboa, são ambos dignos da atenção dos estudiosos; oferecendo igualmente uma leitura amena e interessante; a nossa divergência em certos pontos, não altera o juízo geral que fazemos tanto dos *Romances históricos*, como da *Relação da viagem*. Que o ilustrado diplomata compreenda outras obras literárias, é o desejo do autor destas linhas.

Diário do Rio de Janeiro, ano XLVI, n.º 115, Semana Literária, terça-feira, 15 de maio de 1866, p.2.

Chama-nos a atenção em primeiro lugar uma formosa novidade literária, de que naturalmente os leitores do *Diário do Rio* já têm conhecimento. Aludimos à epístola dirigida pelo nosso prezado amigo o Sr. Dr. Caetano Filgueiras[253] ao autor deste escrito. A alguns parecerá que somos suspeitos neste assunto; mas, além de que a honra que nos foi feita reclama um agradecimento público, é nossa convicção profunda que em todos os louvores que consagramos aos versos do Sr. Dr. Caetano Filgueiras somos apenas o eco e a expressão do sentimento de todos os homens de gosto. Autoridades competentes estão de acordo em reconhecer o harmonioso, o abundante, o aperfeiçoado desses versos, tão vivamente inspirados, tão donosamente compostos. Honram o autor, honrando-nos a nós próprios, ao mesmo tempo que exprimem da parte do Sr. Dr. Caetano Filgueiras o sentimento de afeição que nos liga, desde o tempo em que o autor destas linhas começava a versificar algumas ruins estrofes. As primeiras animações vieram dele, e dele vieram os primeiros conselhos. Solícito pelo progresso alheio, o Sr. Dr. Caetano Filgueiras felicitava-se quando via que os conselhos e animações não eram de todo perdidos, e realizava assim essas duas coisas, tão comuns na boca, tão raras no coração e no espírito, a amizade pessoal e a fraternidade literária.

Os que tratam de perto com o autor da *Epístola* conhecem as suas qualidades pessoais; o talento, esse é geralmente reconhecido, como dos

---

253 Caetano Alves de Sousa Filgueiras (Salvador, 1830-Paraíba, 1882), poeta, romancista, teatrólogo, jornalista e advogado, autor do prefácio ao livro *Crisálidas* (1864), de Machado de Assis. Principais obras: *Arremedos de poesia* (1851), *Constantino* (peça, 1864) e *A baronesa de Caiapó* (1868), paródia à *Grã-duquesa de Gerolstein* (1867), ópera de Jacob Hoffenbach (1819-1880).

mais graciosos e naturais da geração presente. Aplicado ao estudo dos monumentos poéticos do passado, e acompanhando com interesse as belas obras contemporâneas, o Sr. Dr. Filgueiras adquiriu um fundo sólido de conhecimentos literários. A *Epístola* é uma feliz amostra das suas precisosas habilitações. Vê-se aí o poeta que sente e observa a natureza, e ao mesmo tempo o erudito que medita as lições da arte e da língua. A inspiração e a meditação combinam-se nessa curta epístola de modo a produzir a beleza, e a novidade das imagens, a harmonia e correção dos versos, e finalmente a pureza e o castigado da linguagem, que revela da parte do autor acurado e longo estudo dos monumentos clássicos.

Sabemos que na publicação coletiva dos versos do nosso amigo, o erudito e o observador completarão a obra do poeta, adicionando algumas notas para desenvolvimento do texto. Que esse livro não se faça esperar, é o desejo dos que aplaudem sinceramente os sucessos legítimos. Somos desse número. Na condição em que nos achamos em relação à obra e ao poeta será menos cabido este aplauso? A consciência do autor da *Epístola* e dos homens imparciais respondem por nós. Em qualquer caso sempre nos resta o direito de agradecer publicamente a lembrança de verdadeira afeição que liga o nosso nome a uma obra de tão alto merecimento.

Vejamos agora outra novidade literária da semana. Os Srs. Manuel Antônio Major[254] e Melo Morais Filho[255] publicaram um pequeno folheto intitulado *Um perfil de mulher*. É um livrinho desambicioso, menos que um romance, apenas um episódio, rapidamente escrito, mas ainda assim suficiente para demonstrar da parte dos seus autores talentos que se não devem deixar na obscuridade. Não faremos a propósito de *Perfil de mulher* longos

---

254 Manuel Antônio Major (Rio de Janeiro, 1838-idem, 1873), membro da Sociedade Ensaios Literários, do Rio de Janeiro; suas principais obras são: *Uma fisionomia de artista*: Furtado Coelho (1866) e *José de Alencar*: traços biográficos (no *Guarani*, folha ilustrada e literária, 1871). Colaborou na revista da Sociedade Ensaios Literários (1864-1872), *Cosmo Literário* (1864), *Arquivo Literário* (1869).

255 Alexandre José de Melo Morais Filho (Salvador, 1843-Rio de Janeiro, 1919), poeta, cronista, diplomata e folclorista, publicou *Cancioneiro dos ciganos* (1885), *Ciganos no Brasil* (1886), *Festas populares do Brasil* (1886), entre outras obras.

comentários ou amplas investigações; é um simples ensaio, um livrinho de pequeno fôlego, de horizonte limitado; o que se aprecia nele, não é a própria obra, mas a aptidão dos autores que são legitimamente esperançosos e capazes. Do Sr. Major conhecemos alguns escritos que revelam bastante leitura e inteligência; aplaudi-lo, e bem assim ao seu colaborador, em obras de mais alento, é o nosso desejo e a nossa esperança.

De Pernambuco chegou-nos uma notícia importante, e que não pode deixar de ser consignada nestas colunas. Instalou-se na capital da província o Conservatório Dramático Pernambucano,[256] fato este que entraria na ordem comum dos sucessos, se não fosse a solenidade com que ele se realizou. Propõe-se o Conservatório Pernambucano a restaurar a arte dramática; é essa a declaração feita nos discursos do presidente e dos demais membros. O intuito é grandioso; não podia vir mais a propósito do que atualmente. A literatura nacional, já escassa de si, vê-se a braços com uma chaga tremenda, que é corrupção do gosto. As musas brasileiras, para triunfarem, precisam lutar contra esse estado geral, triste resultado de causas diversas, entre elas o abandono em que a arte tem jazido até hoje.

Arrancar o teatro a este estado de coisas, por meio do conselho, da animação e da crítica, eis o empenho do Conservatório Pernambucano, e, quando mesmo não alcançasse tudo, bastaria ter chamado os poetas a essa cruzada, para bem merecer das letras pátrias. Os nomes dos que estão à testa dessa instituição dão fiança de si. Conhecemos alguns escritos dos Srs. Drs. Soares de Azevedo[257] e Torres Bandeira,[258] homens de talento e de ilustração, alimentados pelas suas doutrinas literárias, capazes de dirigir convenientemente uma cruzada destas. Não precisam eles dos nossos conselhos nem das nossas animações; nem é esse o caráter destas linhas. Mencionando a inauguração do Conservatório Pernambucano, o nosso

---

256 O Conservatório Dramático Pernambucano foi fundado em 1854.
257 José Soares de Azevedo (Porto, Portugal, 1800-Recife, 1876), poeta, jornalista e professor, autor de *Poesias seletas* (1879).
258 Antônio Rangel de Torres Bandeira (Recife, 1826-idem, 1872), poeta, teatrólogo e jornalista, publicou *Oblação ao cristianismo: tentativas poéticas* (1844), *O eremita de Jafa* (1844), *Elogio dramático e sonetos* (1845) e *Cântico à Virgem das Mercês* (1871).

fim é contribuir por nossa parte para que todos quantos amam as musas, voltem os olhos e os braços para aquela instituição, ajudando-a com os seus esforços e as suas luzes.

Diário do Rio de Janeiro, ano XLVI, n.º 121, Semana Literária, terça-feira, 22 de maio de 1866, p.2.

Mencionamos hoje a segunda e recente edição de um livro de versos. O poeta nasceu português, lá numa aldeia do Minho; a musa não, a musa veio ele encontrá-la no seio das florestas americanas, à margem do Amazonas, coroada de flores silvestres, e também de algumas saudades roxas, que são as flores de todos os países e de todas as almas. Suspirou com ela, as penas do exílio, as aspirações da glória, os entusiasmos da juventude. É um livro metade americano, metade europeu, musa que despiu os ornatos de folhas verdes, para vestir o linho sagrado, sem perder nesta civilização a formosura agreste e a ingenuidade nativa. São nossos em parte estes *Cantos matutinos*; saudemo-los como tais.

O Sr. Gomes de Amorim[259] reuniu neste livro de quase 400 páginas todos os seus versos, desde os primeiros que suspirou na foz do rio Negro até os últimos que compôs no seu retiro de Portugal. A primeira edição trouxe um prefácio, que vem reproduzido nesta segunda, como parte indispensável da obra. O poeta conta aí que azares da sorte o trouxeram para esta parte do mundo, e por que feliz encontro veio a ser poeta. Nada mais sincero do que esse prefácio, que expõe singelamente os fatos, sem pretensão alguma, como se fosse uma conversa íntima com amigos. Livro sincero: recomendação demais. Não resumiremos aqui a vida do autor dos *Cantos matutinos*: seria repetir aos leitores brasileiros aquilo que eles terão visto na primeira edição da obra. Chamaremos, porém, a atenção dos leitores para as aventuras que

---

[259] Franscico Gomes de Amorim (A-ver-o-Mar, Póvoa de Varzim, 1827-Lisboa, 1891), poeta e dramaturgo português, amigo de Garrett, que o influenciou em sua obra, da qual se destacam: *Cantos matutinos* (1858), *Fígados de tigre* (peça, 1857), *Os selvagens* (romance, 1875) e *As duas fiandeiras* (1881).

precederam à revelação poética do Sr. Gomes de Amorim, e essa como que influência providencial que trouxe uma criatura através do oceano para batizá-la com o fogo sagrado no seio inviolado das florestas. Deixando as terras em que nascera, apenas na idade de dez anos, fizeram-lhe timbre de voltar opulento e estabelecido. O Sr. Gomes de Amorim transtornou essas esperanças; voltou poeta. Era essa a vontade imperiosa do destino. Que outro nome lhe daremos, senão este, à circunstância extraordinária ocorrida ao autor dos *Cantos*, no meio de uma povoação das margens do Amazonas? O poeta foi achar em casa de uma família indígena, e dentro de um cesto forrado com folhas de bananeira uns quatro ou cinco livros velhos. Entre esses viu o poema *Camões*, de Almeida Garrett. Foi uma revelação esse livro. Deixemos o próprio poeta narrar as impressões que recebeu, vendo pela primeira vez uma das obras mais formosas da nossa língua:

> Aquele poema transformou-me repentinamente, e sem eu saber como: principiei a ver debaixo de outro aspecto os rios, os lagos, as florestas, e as montanhas. Pareceu-me que as flores derramavam maior perfume, e se vestiam de mais vivas cores; que o céu e os astros brilhavam pela primeira vez aos meus olhos, e que toda a natureza tornava formas novas e sublimes. Julguei entender o canto das aves, o murmúrio das águas, e o gemer da brisa entre as açucenas bravas e as mimosas pudicas. As harmonias do verso vibraram na minha alma; ouvia dentro em mim outra voz que balbuciava, traduzindo as minhas sensações por meio das palavras cortadas, vagas, incoerentes, e inteligíveis para o mundo, e que eu não sei como nem onde as aprendia. Cuidei-as inspiradas por Deus, e sei que me foram reveladas por essa elegia sublime do grande poeta que já não vive.

Tal é a singela narração do poeta. Quem, senão o destino, poria aquele livro imortal, dentro daquela casa do deserto? Desculpem se arriscamos estas interrogações que nos põem mal com os filósofos. A verdade é que o jovem europeu, errante no seio da mata americana, aspirando os haustos puros do deserto, atirando ao arco, perseguindo a onça, fazendo-se homem primitivo, ouve repentinamente um eco eloquente e saudoso da pátria, e esse eco tomava a forma de um livro, escrito em uma língua que devia ser desde então a língua dele. Devia produzir-lhe profunda impressão aquele fragmento da saudade, *gosto amargo de infelizes*, a ele, que por tão grande espaço de águas estava separado dos seus. Fez-se poeta; foi essa a revelação. Conversão poética semelhante à conversão religiosa do apóstolo, na intervenção do inesperado e do maravilhoso. Tudo concorria para tornar completa a revolução que se operou no espírito do autor dos *Cantos*. Aprendia a poesia no próprio templo de Cibele: balbuciava-lhe a musa no santuário da natureza. Esta é a originalidade da sua vida e a originalidade dos seus versos.

Mas quereis ver o que é a simetria providencial? O mesmo poeta que o convertera, em tão estranhas circunstâncias, foi o mesmo que anos depois exalou em seus braços o último suspiro. Entre um e outro havia um vínculo ideal, uma espécie de paternidade literária, que foi a melhor influência exercida no espírito de Gomes de Amorim. A aventura da vila de Alenquer determinou para sempre essa amizade íntima e profunda que ligou o autor dos *Cantos matutinos*, àquele que foi visconde na sociedade e príncipe nas letras. Consórcio tocante, que faz das duas existências uma só biografia, e dá ao talento de ambos, com as diferenças de proporção, um certo cunho de família, honroso para o autor dos *Cantos*.

A musa do Sr. Gomes de Amorim é de uma natural singeleza, que faz lembrar, mesmo quando revolve as páginas da história ou pisa os tapetes da sala, a pátria agreste e rude em que modulou os seus primeiros cantos. Esta singeleza é a sinceridade do livro. Não folhearemos página por página a nova edição, cumprindo apenas notar que o autor corrigiu, refundiu, ou suprimiu algumas das peças que faziam parte da primeira. Incômodos de saúde, declara o autor, não lhe deixaram fazer completo esse trabalho.

Dizer que o talento do Sr. Gomes de Amorim é de bom quilate, e que o seu nome ocupa um lugar distinto nas letras portuguesas, é repetir uma convicção unânime. Basta ler os *Cantos matutinos* para receber a confirmação deste juízo; e, se alguma vez um descuido de forma aparece, compensa-se o descuido por muita coisa bonita e singela, pura e original, em que abundam as páginas do livro. O poeta conta os espetáculos da natureza com um sentimento de admiração e de saudade, que é ao mesmo tempo o cunho e o destino de sua individualidade. Como ele próprio diz, na poesia em que se despede da América, a terra do exílio foi-lhe uma nova pátria. De qualquer dos lados do Atlântico, em que ele estivesse, ficava-lhe sempre ausente uma parte da alma. A "Onda mensageira" que é uma das mais belas páginas do livro, dá-nos mesmo a entender que a saudade do exílio deve ter-se estendido um pouco além das paisagens e dos bosques. O "Adeus ao Pará", não no ocultaremos, causa-nos uma doce impressão, e isso não só porque a poesia é das mais formosas do livro, senão também porque a lemos com alma de brasileiro. Que maior orgulho há aí do que ver que o estrangeiro, apartando-se das nossas plagas, deixa nela uma parte do coração? Este, além disso, fez-se poeta debaixo do nosso céu, ao ruído dos nossos rios, no meio da vida rústica do nosso interior. Não sabemos, se aos compatriotas do poeta as páginas deste gênero produzem a mesma impressão que em nós. Há nas nossas terras aquela virtude antiga que supunha serem os hóspedes enviados por Júpiter. O autor dos *Cantos matutinos* encontrou alguns inconvenientes nos seus primeiros dias de residência no Brasil, mas tais e tão poucos, que não podem ter destruído a ideia da nossa hospitalidade tradicional.

Poderíamos escolher, entre tantas, as poesias que mais nos impressionam e sensibilizam; muitas há que merecem uma demorada apreciação. Já citamos "O adeus ao Pará" e a "Onda mensageira". Citaremos ainda o "Amazonas" e o "Deserto", ocultando muitas outras, que nos levariam a ocupar maior espaço do que aquele de que podemos hoje dispor. O "Amazonas" é das mais completas do volume. O poeta contempla e enumera todas as belezas do grande rio, o leito e as margens, as águas e as florestas. Prediz o futuro, supõe ver em anos próximos o império da civilização entrar pela selva dentro e fazer do santuário do deserto cidades populosas; descreve em algumas estrofes cheias, essa vitória da civilização. Mas o poeta vem logo depois do profeta. Como o nosso Bernardo Guimarães, na poesia "O ermo", o autor dos *Cantos matutinos* conjura esse triunfo certo do gênio dos povos, em favor do gênio da solidão. Um dos mais belos pedaços desta poesia são as estrofes que o autor simula serem proferidas pelo grande rio. Para dar uma ideia do dizer singelo, a melodia natural dos versos do Sr. Gomes de Amorim, transcrevemos aqui os seguintes versos:

Minhas lânguides selvagens,
Astros do céu do Equador,
A quem as brandas aragens
Levam dos bosques a flor,
Não têm na face mimosa
A cor vermelha da rosa
Nem a alvura do jasmim,
Mas têm a cútis morena
Macia como a açucena,
Mais lisa do que o cetim.

Há nos *Cantos matutinos* algumas poesias marítimas, e são das mais apreciáveis, pelo movimento, colorido e originalidade. Em algumas delas precisaria que o poeta desse menos atenção ao elemento técnico, e maior desenvolvimento ao espetáculo do mar; mas este reparo em nada atenua o valor dessas composições, aliás corretas. Poesias descritivas, poesias de amor, poesias de saudade, e mesmo algumas políticas, enchem o volume dos *Cantos* e convidam à leitura dos conhecedores da arte.

O livro vem acompanhado de uma carta do Sr. Antônio Feliciano de Castilho,[260] o eminente poeta, que tem dotado a nossa língua com tão peregrinas páginas. O colaborador de Ovídio nos *Amores* e nas *Metamorfoses*, fez ao autor dos *Cantos matutinos* foi uma observação exata; é que este livro, em qualquer parte que se abra, atrai desde logo a atenção do leitor; rara virtude essa, e que não assenta, nem na pompa da linguagem, nem no arrojo da inspiração, mas unicamente no dizer singelo com que o autor expressa sentimentos sinceros e puros. Este caráter especial dos *Cantos* parece derivar dessa convivência, ao princípio intelectual, e depois também pessoal, com o

---

260 Antôno Feliciano de Castilho de Barreto e Noronha (Lisboa, 1810-Rio de Janeiro, 1879), jornalista, escritor, advogado e bibliotecário da Biblioteca Nacional de Lisboa (1843), colaborou em vários periódicos do Rio de Janeiro, onde fundou o jornal *Íris* (1848-1849). Principais obras: *Arte de ser amado*: romance histórico em versos e em cartas (1837), *Os amores de P. Ovídio Nasão* (1858), *A Escola Coimbrã* (1866) e *Polêmica literária* (1868).

autor das *Folhas caídas*. A influência exercida por Garrett no espírito do Sr. Gomes de Amorim devia produzir este benéfico resultado.

Estas linhas devem ser consideradas mais como notícias que como apreciação. A regra que nos impusemos nesta revista foi tratar somente das obras brasileiras; os *Cantos matutinos* entram nessa categoria de obras, por sua origem e por seu caráter. O poeta começou a vida no meio dos nossos costumes, fez-se poeta no meio das nossas matas; mesmo independente desse espírito de universalidade que faz dos poetas, cidadãos de todas as línguas e de todos os países, há neste condições especiais que o recomendam especialmente à crítica brasileira. O próprio autor diz algures que tem duas pátrias; e nessa frase resume a história de sua vida. De nossa parte convimos nisto: é que se ele tem duas pátrias para cantar, tem duas para felicitá-lo.

Diário do Rio de Janeiro, ano XLVI, nº 127, Semana Literária, terça-feira, 29 de maio de 1866, p.1-2.

O assunto *político* é a preocupação do momento. Hoje todos os olhos estão voltados para a casa dos legisladores. Que viria fazer a poesia, a poesia que não vota nem discute, no dia em que o congresso da nação está reunido para discutir e votar? Não estranhem, pois, os leitores destas revistas, se não fazemos hoje nenhuma apreciação literária. Apenas mencionaremos a próxima chegada do poema épico do Sr. Porto-Alegre,[261] *Colombo*, impresso em Berlim, onde se acha o ilustre poeta. Os que cultivam as letras, e os que as apreciam, já conhecem por terem lido e relido, alguns belos fragmentos do poema agora publicado. Muitos dos principais episódios têm vindo à luz em revistas literárias.

O talento do Sr. Porto-Alegre acomoda-se perfeitamente ao assunto do poema; tem as energias, os arrojos, os movimentos que requer a história de Cristóvão Colombo, e o feito grandioso da descoberta de um continen-

---

261 Manuel de Araújo Porto-Alegre, barão de Santo Ângelo (Rio Pardo, 1806-Lisboa, 1879), escritor, político, jornalista, pintor, caricaturista, crítico de arte e fundador da revista *Lanterna Mágica* (1844). O poema épico *Colombo* foi publicado em 1860.

te. Nenhum assunto oferece mais vasto campo à invenção poética. Tudo conspirou para levantar a figura de Colombo, até mesmo a perseguição, que é a coroa dos Galileus da navegação, como dos Galileus da ciência. Descobrindo um continente virgem à atividade dos povos da Europa, atirando-se à realização de uma ideia através da fúria dos elementos e dos obstáculos do desconhecido, Colombo abriu uma nova porta ao domínio da civilização. Quando Victor Hugo, procurando a mão que há de empunhar neste século o archote do progresso, aponta aos olhos da Europa a mão da *eterna nação yankee*, como dizem os americanos, presta indiretamente uma homenagem à memória do grande homem que dotou o XV século com um dos feitos mais assombrosos da história. Tal é o herói, tal é a história, que o Sr. Porto-Alegre escolheu para assunto do poema épico com que acaba de brindar as letras pátrias.

O assunto de *Colombo* devia ser tratado por um americano; folgamos de ver que esse americano é filho deste país. Não é somente o seu nome que fica ligado a uma ideia grandiosa, mas também o nome brasileiro. Como se houve o Sr. Porto-Alegre na concepção do poema? Já conhecemos alguns fragmentos, que, embora formosos, não nos podem dar todo o conjunto da obra. Mas o nome do Sr. Porto-Alegre é uma fiança. O autor das *Brasilianas* é um espírito educado nas boas doutrinas literárias, robustecido por fortes estudos, afeito à contemplação dos modelos clássicos. Junte-se a isto um grande talento, de que tantas provas possui a literatura nacional. Estamos certos de que as nossas esperanças serão magnificamente realizadas. Os fragmentos conhecidos são primorosos; por que o não será o resto?

Um poema épico, no meio desta prosa atual em que vivemos, é uma fortuna miraculosa. Pretendem alguns que o poema épico não é do nosso tempo, e há quem já cavasse uma vasta sepultura para a epopeia e para a tragédia, as duas belas formas da arte antiga. Não fazemos parte do cortejo fúnebre de Eurípedes e Homero. As formas poéticas podem modificar-se com o tempo, e é essa a natureza das manifestações da arte; o tempo, a religião e a índole influem no desenvolvimento das formas poéticas, mas não as aniquilam completamente; a tragédia francesa não é a tragédia grega, nem a tragédia shakespeariana, e todas são a mesma tragédia. Este acordo do moderno com o antigo era o pensamento de Chénier, que muitos séculos depois de Ovídio e Catulo[262] ressuscitava o idílio e a alegria da Antiguidade.

Findou a idade heroica, mas os heróis não foram todos na voragem do tempo. Como fachos esparsos no vasto oceano da história, atraem os olhos da humanidade, e inspiram os arrojos da musa moderna. Casar a lição antiga ao caráter do tempo, eis a missão do poeta épico. Os estudos e o talento do Sr. Porto-Alegre revelam uma índole apropriada para uma obra semelhante.

Apreciaremos o novo poema nacional com a consciência e imparcialidade que costumamos usar nestes escritos, — o que não exclui a admiração e a simpatia pelo autor. A nossa máxima literária é simples: aprender investigando. Um livro do Sr. Porto-Alegre dá sempre que investigar e que aprender.

Temos o dever de ser breves. Como dissemos acima, a preocupação do momento é o assunto político. A atenção pública está voltada para a reunião das duas casas do parlamento. As musas, num dia destes, recolhem-se à colina sagrada.

Diário do Rio de Janeiro, ano XLVI, nº 133, Semana Literária, terça-feira, 5 de junho de 1866, p.1-2.

Se o espaço e os trabalhos de ordem diversa no-lo houvessem permitido, este artigo de hoje compor-se-ia de duas partes, sendo uma delas a apreciação de um dos nossos autores, conforme usamos sempre, e a outra a transcrição de duas cartas literárias. Não podendo ser assim, limitamo-nos a transcrever as duas cartas, que pelo assunto, e pelo estilo, desobrigam-nos do mais. A primeira destas cartas foi escrita por alguns literatos de Pernambuco ao Sr. Antônio Feliciano de Castilho; a segunda é uma resposta do ilustre poeta português aos nossos patrícios do norte. Felicitando os literatos pernambucanos pela honrosa resposta que lhes dirigiu a pena elegantíssima e superior do autor dos *Ciúmes do bardo*, apressamo-nos a apresentar aos leitores as duas referidas cartas. Estamos certos de que,

---

262 Caio Valério Catulo (Verona, 84 a.C-54 a. C.), poeta romano, ligado ao grupo dos chamados poetas novos, que rompeu com o passado romano (mitológico); ficou famoso por sua poesia erótica.

apreciando mais uma vez a bela prosa do Sr. A. F. de Castilho, os leitores do *Diário* terão hoje a primeira de todas as nossas revistas literárias.[263]

Eis as cartas:

Exmo. Sr. Antônio Feliciano de Castilho. — À presença de V. Exa. vimos nós, vozes obscuras no coro universal dos seus admiradores. Nunca o opulento idioma que, por nossos avós, é comum às duas nações irmãs[264] de ambos os hemisférios, teve intérprete mais mavioso, elegante, polido, sábio, ameno, variado, numeroso e magistral, do que na pessoa de V. Exa. Seja na pena do prosador, seja na lira de poeta, não conheceu jamais a língua portuguesa estro capaz de lutar com V. Exa., senão V. Exa. mesmo, cujas obras admiráveis bastariam para eternizar o formoso dizer lusitano, se jamais o volver dos tempos aspirasse a condená-lo.

Todos, e cada um de nós, desde o uso da razão, nos costumamos a venerar, tanto por suas qualidades morais, como pela inatingível altura de sua inteligência, ao mestre de nós todos; àquele cujas páginas têm deliciado, instruído, ilustrado os seus contemporâneos.

Não sabemos pois exprimir se maior foi a dor ou a indignação, que sentimos, ao ler que uns mancebos obscuros, arrastados pela vaidade e pela inveja, haviam ousado apedrejar uma das maiores glórias de Portugal, e que o Brasil por tantos títulos acolhe como se fosse sua.

Porém, Exmo. Sr., ser injuriado por tais bocas, é receber o último selo do mérito superior. A obra dos demolidores sociais é essa mesma: abaixar os grandes vultos de seus pedestais, mutilá-los, decapitá-los, para os reduzir às proporções lilliputianas dos próprios demolidores.

---

263 Os "literatos de Pernambuco" vinham prestar seu apoio a Antônio Feliciano de Castilho, tendo em vista em vista a polêmica travada entre o escritor e Antero de Quental, conhecida como "Questão Coimbrã", e que suscitou violenta resposta no Brasil em virtude das considerações depreciativas envolvendo os leitores da ex--colônia. O folheto "Bom senso e bom gosto", que Antero de Quental dirigiu a Castilho, publicado em Coimbra em 1865, foi reproduzido no *Jornal do Comércio* de 22 de novembro de 1866.

264 "As duas nações irmãs", no original.

Quem são os inimigos de Antônio Feliciano de Castilho? São os inimigos confessos e ostentosos de Deus, da igreja, do sentimento de amor à pátria, das terras onde se fala o idioma português, das instituições, dos soberanos, das fontes do belo na Grécia e Roma, dos nossos clássicos, de tudo quanto, enfim, ou os séculos nos hão legado de venerando, ou o consenso unânime da atual e ilustrada geração proclama digno de nossos respeitos.

Se os revolucionários separassem V. Exa. de tão alta companhia, derramando-lhe elogios, enquanto enchem de impropérios quanto há merecedor de reverência, então deverá V. Exa. dar-se por infamado.

Esses pobres mancebos, exasperados por ver que ante V. Exa. retumba nos ares, há muitos decênios, o – *Io trionfo!* – ao general vitorioso, já que não podem subir até lhe cuspir na *túnica palmata*,[265] pretendem imitar o escravo ébrio, que atrás do carro ebúrneo ia, com ademães de energúmeno, insultando a quem era alvo dos aplausos universais. Despreze-os, Exmo. Sr., é já chegado ao *Clivus Capitolinus*,[266] e seu nome em letras de ouro a ninguém será dado riscá-lo dos *Fastos triunfais* da literatura do nosso idioma. Ou antes, vingue-se V. Exa. continuando cada vez com maior brilho a opulentar-se com suas inexauríveis riquezas, para que ainda lhe devam mais, duas nações que já tanto lhe devem.

Receba V. Exa. com benignidade os ardentes votos dos seus admiradores por sua dilatada vida e contínuas prosperidades.

Sinceros apreciadores e criados.

Recife, 10 de fevereiro de 1866.

Ilmos. e Exmos. Srs. — Parece-me que não pode haver maior gosto, logo abaixo de amar, que o sentirmo-nos amados.

Foi este o que V. Exas. tão generosamente se comprouveram de me dar na sua formosa alocução (poderia chamar-lhe apoteose) datada de 12 de fevereiro deste ano.

---

[265] Vestimenta dos generais romanos vencedores, a túnica palmata era uma toga púrpura, luxuosamente bordada com imagens de personagens e eventos.
[266] *Clivus Capitolinus* designa a parte dianteira do templo de Júpiter Capitolino, localizado no monte Capitolino, uma das sete colinas de Roma.

Beijo a V. Exas. as mãos, tanto mais entranhadamente agradecido, quanto mais vivemos apartados e quase estranhos, apesar do comum da nossa estirpe e das nossas glórias seculares, dos nossos costumes e da nossa correligiosidade para com o belo, o bom, e o verdadeiro.

Romeiro dos – lugares Santos –, que tais considero eu as escolas primárias, ainda hoje e por toda a parte em poder dos fiéis, duas vezes passei sem me poder demorar senão poucas horas por essa terra do Recife, e de Olinda tão poética de natureza como de nome, tão ilustre pelos seus grandes homens pretéritos como pelos atuais, e tão hospedeira pelo trato como pela amenidade de céu e solo; mas nessas poucas horas colhi saudades para toda a vida; saudades que já lá me teriam levado outra vez.

me si fala meis paterentur ducere vitam
auspiciis [...]

Sim, meus senhores, meus ilustres e caríssimos confrades! o afeto que V. Exas. me testemunham corresponde ao que eu tributo já de muito aos moradores desse paraíso transatlântico; assim eu pudesse expressar-vo-lo agora, que m'o acrescentastes com tantos incentivos para a gratidão, que necessariamente há de ficar muda.

Ainda mal para mim que a opulentíssima coroa que me tecestes, e com tão aprazíveis flores matizastes, não pôde deixar de ser desfeita a ramo e ramo pela mão inexorável da consciência.

Onde o entusiasmo de amigos, consócios e irmãos, vos figurou estardes vendo um triunfador já no clivo capitolino, existe apenas, se a mim próprio me não engana a vaidade, a sombra de um Cincinato[267] emboscado na cultura do seu torrãozinho, que ainda não alcançou vitória alguma, dado lhe não faleçam espíritos para pelejar pela ventura da sua Roma, para arriscar e deixar tudo por servi-la, se necessário for.

Qual seja a Roma deste pobre trabalhador sabei-o vós, senhores, e só por isso lhe quereis tanto, e com tais brados o esforçais!

---

267 Lúcio Quíncio Cincinato (519 a.C.-439 a.C.), general, cônsul e ditador romano que, chamado pelo Senado para apaziguar uma contenda entre os tribunos e os plebeus, retornou à vida pastoril após cumprir a tarefa.

A sua Roma, Roma incruenta e gloriosa, Roma para as conquistas imensas, sem a mínima usurpação, verdadeira Roma do verdadeiro Júpiter ótimo máximo, é o povo que se deve alumiar cada vez mais de dia para dia, para que de dia para dia se humane, se melhore, se cristianize, se engrandeça, se felicite.

Para esta, não sei se utopia social, se profecia religiosa, ousei cobiçar antes de tudo que se desbravasse a gandara milenária, sáfara, maninha e empedernada, da plebe, riquíssimo solo e subsolo das nações, onde a luz, os fluidos sutis, e as influições do céu nunca chegaram.

Mostrei como da escola tradicional, instrumento ronceiro, pesado, inútil, nocivo talvez, se podia fazer sem nenhum custo, uma charrua a vapor, de relhas inumeráveis, de movimentos fáceis e harmoniosos, que lavrasse, adubasse e semeasse ao mesmo tempo e muitíssimo.

Era (e há de ser!) a abolição da escravatura pueril (*sinite parvulos venire ad me*).

Era (e há de ser!) o evangelho terrestre, a boa nova de amor para os corações das mães.

Era (e há de ser!) para o povo servo da ignorância, o princípio das liberdades que a filosofia invoca e promete debalde há tantos anos.

Este ensino ridente nas aparências, e no interior o mais sério, e tão fácil que basta o querer-se para o haver às mãos,[268] e tão amores – todo ele, que chegar a pôr-lhes os olhos é abraçá-lo, este ensino, não fruto de ciência e raro engenho, mas só da boa vontade e do trabalho perseverante, este é que é o meu poema, os meus *Lusíadas*, o que me há de sobreviver, o único pelo qual já pode ser que o meu nome, afestoado de saudades, não esqueça.

Depois do bom, o belo. Cincinato pode cultivar também um jardinzinho.

A literatura e a poesia, delícias minhas de meio século, não puderam receber de mim, por mais que a vossa imaginação naturalmente bondosa vos finja o contrário, se não escassas e muito imperfeitas homenagens que bem pouco valiam a pena de ser praguejadas de invejosos.

Mas se, poeta, no interior e para mim mesmo, não logrei pendurar jamais a minha lira, nos loureiros altos, e muito menos arrojá-la para entre as constelações, d'onde ficasse brilhando, reparti sempre, a boa mente com a mão larga,

---

268 "As mãos", no original.

o fruto do meu granjeio estudioso, e nas observações da minha experiência aqueles a quem só por terem encetado a carreira depois de mim, me pareceu que não devia de negar esse benefício, embora não pedido, embora até não desejado.

Derramei pois aos que supunha carecentes deles, os conselhos, os ditames, os aforismos, que dos mestres antigos e dos grandes séculos das artes recebera, que o próprio uso me ensinara também, em que a reflexão me confirmara e em que os meus tropeços e quedas me haviam feito advertir, para os assinalar em roteiro aos inexpertos que após viessem.

Vi nascer e ir crescendo tendências desgraçadas e vergonhosas no tocante ao gosto e até no siso, ao saber e até à probidade: calei os nomes dos culpados, mas os maus exemplos que aspiravam a arvorar-se em doutrina, esses forcejei para os repelir, para os conjurar como públicos malefícios, que em verdade eram.

Disto em que também não havia senão muito amor, provieram os ódios e os impropérios.

Benvindos sejam eles por tal preço, e dobrados que fossem! benvindos e benditos, porque a uma sujeitaram a atenção geral para as coisas da arte, que ameaçavam ir-se desmandadas de foz em fora, e à outra porque me cercaram mais demonstrações de estima da parte dos entendidos e honrados, do que eu jamais imaginei possíveis nos meus sonhos de vaidade, quando porventura os tinha, se é que os tinha, lá na idade a que tudo se releva, à conta da ignorância.

Mas se o favor unânime dos sábios, meus conterrâneos, me comoveu e maravilhou, que direi eu do vosso, de tão longe, tão espontâneo e tão excessivo! Direi só que mais vos engrandece a vós do que a mim mesmo; pois o que daqui se liquida afinal, é que vós outros prefizestes uma clara façanha de vingadores, enquanto eu unicamente sou e hei de sempre ser um homem de bons desejos.

A minha carreira, senhores, está pelo fim.

Para mim é supérfluo esforçardes-me já agora;

Salve senescentem [...]

Como o Entelo nos jogos fúnebres de Anquises,[269] se algum dia combati, apraz-me assistir sentado aos exercícios dos combatentes.

---

269 Anquises foi um príncipe troiano, primo do rei Príamo, que ficou conhecido por possuir seis excelentes cavalos e por ser amante da deusa Afrodite, com quem teve o filho Eneias.

Segundo o vosso exemplo, quero ficar aplaudindo os esforços alheios.

Não faltam hoje aquém e além-mar, nas bem fadadas terras da nossa língua, engenhos que lutem com justa rivalidade, e a quem, mesmo vencidos, se devam palmas.

É para esses que eu vo-las peço: a eles, todos as devemos.

Vive Deus! que nunca houve era mais abundosa do que esta se vai mostrando de bons e ótimos engenhos! É por isso mesmo que mais abominável, que mais sacrílego se torna o acinte sistemático dos depravadores, que, não pagos de se perderem a si, querem, como os anjos orgulhosos, arrastar os espíritos de luz na sua queda.

Creio firmemente que a peste do falso, do túmido ao abstruso, dos fogos-fátuos, das argúcias impertinentes, das ideias em caleidoscópio, das abundâncias indigentes, das imoralidades tontas, das grosserias insípidas, das erudições ignorantes, e das ainda mais ignorantes profecias, há de passar como todas as pestes, e já começa a decair; mas enquanto dura, vai o seu contágio produzindo males irressarcíveis.

Alerta pois lá e cá! o perigo é comum. Preservemos a língua, a literatura e a poesia da decadência oprobriosa a que no-la-iam expondo.

Esse voto fiz eu e hei de cumpri-lo na minha pequena parte. Vós que assim me aprovastes e galardeastes as intenções, envidai no mesmo empenho todas as vossas forças, já que tantas possuis.

Permiti-me a honra de me assinar de V. Exas. — Ilmos e Exmos. Srs. Dr. Pedro Autran da Matta Albuquerque, monsenhor Joaquim Pinto de Campos, Dr. Joaquim José de Campos, Dr. João José Pinto Junior, José Bento da Cunha Figueiredo Junior, Dr. José Antonio de Figueiredo, Dr. Antonio Herculano de Sousa Bandeira, Dr. Jerônimo Villela de Castro Tavares, Dr. Vicente Pereira do Rego, Dr. Antônio Joaquim de Moraes e Silva, Bernardo Pereira do Carmo Junior, José Honório Bezerra de Meneses, Dr. João Alfredo Correia de Oliveira, Dr. Hermógenes Sócrates Tavares de Vasconcelos, J. Diniz Ribeiro da Cunha, João Hircano, Alves Maciel, Dr. Praxedes Gomes de Sousa Pitanga, Dr. Tristão de Alencar Araripe, Dr. João José da Silva, Dr. Francisco Pinto Pessoa, padre Joaquim Graciano de Araújo, Francisco Teixeira de Sá, Dr. José Bernardo Galvão Alcoforado, Dr. Gabriel Soares Raposo da Câmara, Pedro

Afonso Ferreira, Dr. Cipriano Fenelon Guedes Alcoforado, Miguel José de Almeida Pernambuco.[270]

Respeitoso confrade e servo para sempre e obrigadíssimo

ANTÔNIO FELICIANO DE CASTILHO
Lisboa, 23 de fevereiro de 1866.

Diário do Rio de Janeiro, ano XLVI, nº 139, Semana Literária, terça-feira, 12 de junho de 1866, p.2.

Embora não tenhamos hoje bastante espaço, não adiaremos por mais tempo duas palavras acerca de uma publicação empreendida pelo Sr. Joaquim Norberto de Sousa Silva, e particularmente das obras do poeta Silva Alvarenga, que formam parte dessa publicação. Os trabalhos do gênero da *Brasília*,[271] do Sr. Norberto, não produzem uma brilhante reputação literária, e todavia as suas dificuldades são tais, e tamanha responsabilidade envolvem que seria injusto deixar de mencioná-los sem uma palavra de louvor.

Coligindo as obras de Silva Alvarenga, reunindo os fatos de sua vida, e as apreciações de compatriotas e estrangeiros a respeito de tão melodioso poeta, o Sr. Norberto de Sousa prestou um verdadeiro serviço às letras brasileiras. Alvarenga foi um daqueles poetas que, em pleno estado colonial, procurou dar à poesia brasileira uma feição própria e preparar assim a independência literária como mais tarde devia realizar-se a independência política.

---

270 Grande parte dos "literatos de Pernambuco", que subcrevem a carta dirigida a Castilho, é constituída por advogados, formados pela Faculdade de Direito do Recife – instituição de prestígio, foco da invasão socialista nos anos 1870 –, da qual alguns se tornaram catedráticos e diretores, desfrutando de uma posição social e intelectual de destaque.

271 As edições de Gonzaga (*Marília de Dirceu*, 1862), Silva Alvarenga (*Obras poéticas*, 1864), Alvarenga Peixoto (*Obras poéticas*, 1865), Gonçalves Dias (*Poesias*, 1870), Álvares de Azevedo (*Obras*, 1873), Laurindo Rabelo (*Obras poéticas*, 1876) e Casimiro de Abreu (*Obras completas*) constituem a "Brasília – Biblioteca dos Melhores Autores Nacionais Antigos e Modernos", que Joaquim Norberto dirigiu para a editora Garnier.

Nacionalizar a poesia, é este um desejo unânime nos escritores deste país. Mais ou menos, todos procuram imitar o exemplo de Alvarenga e Basílio da Gama, dando assim à musa brasileira uma fisionomia própria. É ocioso repetir aquela observação que fizemos em outra revista: para alguns a nacionalidade poética reduz-se a uma tecnologia local. Mas estes desvios não podem destruir, em coisa alguma, o trabalho consciencioso e elevado dos que se dispõem a formar a verdadeira literatura nacional.

A mesma razão que nos impede uma apreciação mais longa, tolhe-nos de exprimir o nosso pensamento no que concerne a esta nacionalização literária. Fá-lo-emos algum dia em que se nos ofereça mais folgado campo.

Entretanto, cumpria mencionar a publicação, aliás não recente, das obras de Silva Alvarenga, que deve servir de muito ao intuito dos escritores contemporâneos. É ele um dos exemplos do que pode criar a poesia quando quiser contemplar a paisagem americana. Silva Alvarenga punha ao serviço da sua ideia um belo talento, cheio daquela delicadeza e daquela graça que caracterizam, como lembra Costa e Silva,[272] o poeta Metastásio[273] e o poeta Gonzaga. Não fez tudo; mas no meio de outras tradições e de uma escola autorizada, o que fez era já digno de entrar por muito na história da poesia brasileira.

Não nos cansaremos de repetir à mocidade brasileira, da qual somos parte obscura, que a leitura e o estudo dos nossos clássicos são uma necessidade e um proveito. O passado literário, quer seja o da velha Europa, quer seja o da infância americana, encerra sempre lições fecundas e necessárias. Para facilitar uma parte desse estudo é que as publicações como a *Brasília* vêm a propósito, e devem ser aplaudidas.

Diário do Rio de Janeiro, ano XLVI, nº 145, Semana Literária, terça-feira, 19 de junho de 1866, p.2.

---

272 José Maria da Costa e Silva (Lisboa, 1788-idem, 1854), poeta, dramaturgo e tradutor, autor, entre outras, das obras: *O passeio* (poesia, 1816) e *Emília e Leonido, ou, Os amantes suevos* (poesia, 1836).

273 Pietro Trapassi, mais conhecido como Pietro Metastasio (Roma, 1698-Viena, 1782), poeta e escritor italiano, um dos mais importantes libretistas de ópera do século XVIII. Produziu uma série de dramas, óperas, oráculos e cantatas.

Quando, há cerca de dois ou três meses, tratamos das *Vozes da América* do Sr. Fagundes Varela, aludimos de passagem às obras de outro acadêmico, morto aos 20 anos, o Sr. Álvares de Azevedo. Então, referindo os efeitos do mal *byrônico* que lavrou durante algum tempo na mocidade brasileira, escrevemos isto: "Um poeta houve que, apesar da sua extrema originalidade, não deixou de receber esta influência a que aludimos; foi Álvares de Azevedo. Nele porém havia uma certa razão de consaguineidade com o poeta inglês e uma íntima convivência com os poetas do norte da Europa. Era provável que os anos lhe trouxessem uma tal ou qual transformação, de maneira a afirmar-se mais a sua individualidade, e a desenvolver-se o seu robustíssimo talento". A estas palavras acrescentávamos que o autor da *Lira dos vinte anos* exercera uma parte de influência nas imaginações juvenis. Com efeito, se *Lord* Byron não era então desconhecido às inteligências educadas, se Otaviano e Pinheiro Guimarães já tinham trasladado para português alguns cantos do autor de *Giaour*,[274] uma grande parte de poetas, ainda nascentes e por nascer, começaram a conhecer o gênio inglês através das fantasias de Álvares de Azevedo, e apresentaram, não sem desgosto para os que apreciam a sinceridade poética, um triste ceticismo de segunda edição. Cremos que este mal já está atenuado, senão extinto.

Álvares de Azevedo era realmente um grande talento; só lhe faltou o tempo, como disse um dos seus necrólogos. Aquela imaginação vivaz, ambiciosa, inquieta, receberia com o tempo as modificações necessárias; discernindo no seu fundo intelectual aquilo que era próprio de si, e aquilo que era apenas reflexo alheio, impressão da juventude, Álvares de Azevedo acabaria por afirmar a sua individualidade poética. Era daqueles que o berço vota à imortalidade. Compare-se a idade com que morreu aos trabalhos que deixou, e ver-se-á que seiva poderosa não existia naquela organização rara. Tinha os defeitos, as incertezas, os desvios, próprios de um talento novo, que não podia conter-se, nem buscava definir-se. A isto acrescente-se que a íntima convivência de alguns grandes poetas da Alemanha e de Inglaterra produziu, como dissemos, uma poderosa impressão naquele espírito, aliás

---

[274] Poema de Byron, publicado em 1813, o primeiro de uma série de obras a abordar o Oriente e o tema dos vampiros.

tão original. Não tiramos disto nenhuma censura; essa convivência, que não poderia destruir o caráter da sua individualidade poética, ser-lhe-ia de muito proveito, e não pouco contribuiria para a formação definitiva de um talento tão real.

Cita-se sempre, a propósito do autor da *Lira dos vinte anos*, o nome de *Lord Byron*, como para indicar as predileções poéticas de Azevedo. É justo, mas não basta. O poeta fazia uma frequente leitura de Shakespeare, e pode-se afirmar que a cena de Hamlet e Horácio, diante da caveira de Yorick, inspirou-lhe mais de uma página de versos. Amava Shakespeare, e daí vem que nunca perdoou a tosquia que lhe fez Ducis.[275] Em torno desses dois gênios, Shakespeare e Byron, juntavam-se outros, sem esquecer Musset, com quem Azevedo tinha mais de um ponto de contato. De cada um desses caíram reflexos e raios nas obras de Azevedo. "Os boêmios" e o "Poema de frade", um fragmento inacabado, e um borrão por emendar, explicarão melhor este pensamento.

Mas esta predileção, por mais definida que seja, não traçava para ele um limite literário, o que nos confirma na certeza de que, alguns anos mais, aquela viva imaginação, impressível a todos os contatos, acabaria por definir-se positivamente.

Nesses arroubos da fantasia, nessas correrias da imaginação, não se revelava somente um verdadeiro talento; sentia-se uma verdadeira sensibilidade. A melancolia de Azevedo era sincera. Se excetuarmos as poesias e os poemas humorísticos, o autor da *Lira dos vinte anos* raras vezes escreve uma página que não denuncie a inspiração melancólica, uma saudade indefinida, uma vaga aspiração. Os belos versos que deixou impressionam profundamente; "Virgem morta", "À minha mãe", "Saudades", são completas neste gênero. Qualquer que fosse a situação daquele espírito, não há dúvida nenhuma que a expressão desses versos é sincera e real. O pressentimento da morte, que Azevedo exprimiu em uma poesia extremamente popularizada, aparecia

---

[275] Jean-François Ducis (Versalhes, 1733-?, 1816), poeta e dramaturgo francês, membro da Academia Francesa de Letras, adaptador das peças de Shakespeare às praxes do teatro clássico francês, dentre as quais *Hamlet* (1760), *Roméo et Juliette* (1722), *Le Roi Lear* (1783), *Macbeth* (1784) e *Othelo* (1792).

de quando em quando em todos os seus cantos, como um eco interior, menos um desejo que uma profecia. Que poesia e que sentimento nessas melancólicas estrofes!

Não é difícil ver que o tom dominante de uma grande parte dos versos ligava-se a circunstâncias de que ele conhecia a vida pelos livros que mais apreciava. Ambicionava uma existência poética, inteiramente conforme à índole dos seus poetas queridos. Este *afã dolorido*, expressão dele, completava-se com esse pressentimento de morte próxima, e enublava-lhe o espírito, para bem da poesia que lhe deve mais de uma elegia comovente.

Como poeta humorístico, Azevedo ocupa um lugar muito distinto. A viveza, a originalidade, o chiste, o *humour* dos versos deste gênero são notáveis. Nos "Boêmios", se pusermos de parte o assunto e a forma, acha-se em Azevedo um pouco daquela versificação de Dinis,[276] não na admirável cantata de *Dido*,[277] mas no gracioso poema do "Hissope". Azevedo metrificava às vezes mal, tem versos incorretos, que havia de emendar sem dúvida; mas em geral tinha um verso cheio de harmonia, e naturalidade, muitas vezes numeroso, muitíssimas eloquente.

Ensaiou-se na prosa, e escreveu muito; mas a sua prosa não é igual ao seu verso. Era frequentemente difuso e confuso; faltava-lhe precisão e concisão. Tinha os defeitos próprios das estreias, mesmo brilhantes como eram as dele. Procurava a abundância e caía no excesso. A ideia lutava-lhe com a pena, e a erudição dominava a reflexão. Mas se não era tão prosador como poeta, pode-se afirmar, pelo que deixou ver e entrever, quanto se devia esperar dele, alguns anos mais.

O que deixamos dito de Azevedo podia ser desenvolvido em muitas páginas, mas resume completamente o nosso pensamento. Em tão curta idade, o poeta da *Lira dos vinte anos* deixou documentos valiosíssimos de um talento robusto e de uma imaginação vigorosa. Avalie-se por aí o que

---

276 Antônio Dinis da Cruz e Silva (Lisboa, 1731-Rio de Janeiro, 1799), poeta português, fundador da Arcádia Lusitana em 1756, autor do poema herói-cômico "O Hissope" (1803).

277 A "Cantata de Dido", inspirada no Livro IV da *Eneida*, é a obra mais célebre do poeta neoclássico português Pedro Antônio Correia Garção (Lisboa, 1724-?, 1772).

viria a ser quando tivesse desenvolvido todos os seus recursos. Diz-nos ele que sonhava, para o teatro, uma reunião de Shakespeare, Calderón[278] e Eurípedes, como necessária à reforma do gosto e da arte. Um consórcio de elementos diversos, revestindo a própria individualidade, tal era a expressão de seu talento.

Agora uma transcrição para terminar esta revista. Na semana passada publicamos uma carta dirigida pelos literatos pernambucanos ao ilustre poeta português A. F. de Castilho. Os homens de letras da Bahia seguiram o mesmo exemplo de seus colegas de Pernambuco e redigiram a seguinte carta, que, segundo cremos, já foi remetida para Lisboa.

ANTÔNIO FELICIANO DE CASTILHO E A ESCOLA COIMBRÃ

A velhice dos grandes talentos parece que deve de ser sempre brilhante, porque assemelha-se ao sol de tarde estiva ao descambar no ocidente, fúlgido como na aurora, cortejado de nuvens transparentes por onde coam-se os esplendores desse rei luminoso dos dias.

A autoridade na velhice dos gênios criadores deveria de ser respeitada com a mesma singularidade com que são recebidas essas duas lâmpadas do mundo pelos nimbos que se rompem, dando passagem aos majestosos condutores da luz diurna.

A velhice das ilustrações incontroversas requer, no conceito dos que se começam a ilustrar os mesmos respeitos e deferências que exigia nas eras remotas a pessoa inviolável do patriarca a guiar sua tribo por caminhos não trilhados e sinuosos, sem uma exprobração, sem um arrependimento, sem uma desconfiança, sem uma desconsideração dos viandantes para com o seu amestrado guia.

De então para cá fortaleceu-se a preponderância de um homem sobre muitos, a influência do encanecido nos livros sobre os que encetam a carreira

---

[278] Pedro Calderón de la Barca (1600-1681), dramaturgo e poeta espanhol, expoente do teatro barroco. Entre suas obras (autos sacramentais, zarzuelas, comédias religiosas e entremezes), destacam-se *El magico prodigioso*, *La vida es sueño* e *El gran teatro del mundo*.

dessas bisarmas do século XIX, e quando aos alentados caminheiros do porvir chegam a tocar o marco almejado, que regozijos não lhes vão pelas almas ao pronunciarem o verbo da gratidão àquele que lhes servira de estímulo, ao pai espiritual, ao novo patriarca, ao mestre!

Mas porventura compreendem todos o que quer dizer esta palavra mestre? Avaliam quais as locubrações que são precisas para ganhar-se um dia de ascendência no espírito de tantos? Pesam o valor da abnegação com que o mineiro do pensamento esforça-se, cavando tesouros para repartir com os outros, despindo-se de todos os desejos para somente anelar a felicidade dos que o cercam, e dizer orgulhoso, — as minhas glórias não estão em mim — sabem todos o que é isso? Não: porque muitos discípulos ainda existem, que eivados de ambição ou de inveja, não se contentam de negar o seu mestre, não se pejam de desacreditar o que aprenderam por gosto, mas díscolos e repetenados, apoderam-se da pena e, lavrando os títulos hediondos da malevolência que coaxa, julgam-se vitoriosos esses argonautas do progresso, quando insultam o seu palinuro! Maldita ingratidão!

Admira que nos quadros da natureza e na primeira idade do mundo o gênio sublime da criação tenha manifestado essa reverência das nuvens para o sol e da tribo para o patriarca, amesquinhando destarte a índole daqueles que, lendo nesse grande livro do universo, submetem-se à triste condição de ignorantes, porque desconceituam a mão que lhes traçou a derrota, e a varinha que extraiu do deserto água pura para lhes matar a sede da ciência. É que muitas vezes está marcado pelo destino que esses astrozinhos humanos (corpos que não brilham com luz própria), reúnam-se num ponto e, reduzidos a sombras, condensem-se numa grande nuvem que há de ser espancada pelos raios de um homem sol, e quando os contempladores desse imenso triunfo aplaudem esse homem, deslumbre todas as inteligências o brilhantismo com que o mestre destacou-se dos discípulos maus, à semelhança do astro do dia quando ressurge no meio de uma tempestade.

Eis o que justamente aconteceu há pouco. Certos literatos ainda engoiados entenderam deslustrar o mérito de quem lhes foi mestre, e reproduziram a fábula da rã, ou (para não materializarmos a comparação), mostraram Telêmaco dando com os pés em Mentor.

Estas ideias nos acudiram ao pensamento, quando por notícias exatas e ainda mais por uma gazeta portuguesa soubemos que alguns moços, aliás de esperança, tentavam pela imprensa apoucar ou nulificar a magnitude do Milton lusitano.

Indignaram-nos sobremaneira essa desabrida indiferença e vaidade com que dois ou três filhos do Tejo queriam desmentir a venerabilidade desse vulto literato tão acatado nos dois países onde se fala a língua de Camões.

Nós não propugnamos a opinião do *magister dixit*, não queremos autocracia da razão, mas não desconhecemos certas superioridades intelectuais a ponto de reduzi-las à expressão de nihilidade como fizeram com esse êmulo de Garrett e de Alexandre Herculano, esse homem a quem a natureza roubou a luz dos olhos talvez porque era muito juntar-se a vista que contempla as maravilhas da criação divina com o resplendor que difunde a vista dos criadores humanos.

Antônio Feliciano de Castilho, esse poeta insigne e tão popular, esse acoroçoador da mocidade inteligente, essa sublimidade na cegueira, esse profeta da redenção literária, esse baluarte da poesia metrificada contra as predestinações de Pelletan, esse guia tão fidedigno com a escuridão nos olhos, esse crânio sempre fervente, essa prova irrefragável de Deus, era refutado irrisoriamente por quem deveria dar graças à Providência pela continuação da vida de um tão autorizado mestre.

Quem tiver lido os instauradores da *Escola Coimbrã* verá que é justo o nosso ressentimento com essas *capacidades gigantescas e inovadoras*, que foram cabalmente desmascarados por dois folhetos que ultimamente saíram a lume no Rio de Janeiro, e que se intitulam: *A águia no ovo e nos astros* e a *Escola Coimbrã na sua aurora e em seu zênite*.

A análise chistosa e magistral, que trazem essas poucas folhas, basta para amordaçar os adversários do autor dos *Quadros históricos de Portugal*, do *Tratado de metrificação*, da tradução dos *Amores de Ovídio*, do drama *Camões*, da *Noite do castelo*, dos *Ciúmes do bardo*, das *Escavações poéticas*, das *Cartas de Eco a Narciso*, do *Amor e melancolia* etc.

Convençam-se essas águias depenadas que hão de passar pelas decepções dos voos de Ícaro, quando forcejem topetar ao cedro que por tanto tempo as abrigou e lhes inspirou os voos.

Os entusiastas de Castilho, os brasileiros preconizadores do gênio, vencem a larga distância que os separa de Lísias para protestarem altamente contra os que depreciam a lira mais afinada de Portugal.

A Atenas brasileira perderia muito dos seus foros literários, se não acompanhasse Pernambuco e Maranhão na ideia de que o nome de Castilho já não pode apagar-se das modernas glórias de Portugal, porque está lançado no livro imenso da posteridade.

Bahia, 25 de maio de 1866. Virgílio Clímaco Damásio – João Pedro da Cunha Vale Júnior – Manuel Pessoa da Silva – Antônio Joaquim Rodrigues da Costa – Gustavo Adolfo de Sá – Joaquim Aires d'Almeida Freitas – A. A. de Mendonça – Francisco Moniz Barreto – Rozendo Moniz Barreto.[279]

Diário do Rio de Janeiro, ano XLVI, nº 151, Semana Literária, terça-feira, 26 de junho de 1866, p.1-2.

A visita do professor Agassiz,[280] que regressou ontem aos Estados Unidos, se não tivesse outras vantagens, e muitas, teria esta: a de provar de um modo positivo que as preleções e conferências podem ser adotadas na nossa sociedade, e devem sê-lo. Este uso europeu e norte-americano é um meio duplamente vantajoso; não só ganham os ouvintes, como os que lhes apresentam os resultados dos seus estudos e investigações. Logo depois do professor Agassiz deu preleções científicas o nosso amigo o Sr. Dr. Capanema,[281] merecendo de ouvintes competentes, palavras de merecido louvor. Tanto o

---

279 Alguns desses "homens de letras da Bahia" são médicos, formados pela Faculdade de Medicina da Bahia, caso de Virgílio Clímaco Damásio (1838-1913), João Pedro da Cunha Vale Júnior (1832-1869) e Antônio Joaquim Rodrigues da Costa (1833-1873).
280 Jean Louis Rodolphe Agassiz (Môtier, Suíça, 1807-Cambridge, Inglaterra, 1873), geólogo, zoólogo e chefe da expedição Tayer, que percorreu o Brasil, entre 1865-1866, e cujos resultados foram publicados no livro *A journey in Brazil* (*Viagem ao Brasil*), de 1868.
281 Guilherme Schüch de Capanema (1823-1908), engenheiro, físico e geólogo, participou da Comissão Científica do Império (1859-1861).

professor estrangeiro como o professor nacional, viram correr ao seu convite um simpático auditório, sem falar o augusto chefe do estado.

Este fato desperta-nos uma reflexão. Por que não se fará igualmente preleções literárias, à imitação das preleções científicas? O público que concorre a ouvir os discursos sobre geologia, por que não concorreria a ouvir os que tratassem de literatura, de história, de poesia, e de belas artes? É evidente que não faltariam ouvintes a estas preleções. Quanto às vantagens de difundir os conhecimentos literários, por este meio, não nos parece que se possa opor objeção alguma. Os homens de letras, segundo o gênero dos seus estudos, segundo as preferências de vocação, organizariam trabalhos que serviriam ao mesmo tempo a si e ao público. Formar-se-ia deste modo uma opinião literária, e dar-se-ia ao gosto aquelas proporções e apuro de que ele precisa.

Esta reflexão que fazemos sem desenvolvê-la nem aprofundá-la, talvez seja uma ilusão da nossa boa vontade, e nem mereça dois minutos de atenção da parte dos homens de letras proeminentes do nosso país. Nem por isso deixaremos de insistir por ela. Um exemplo vem em nosso auxílio, o do Sr. Sotero dos Reis, que há meses no Maranhão fez algumas preleções sobre literatura portuguesa e brasileira, com êxito feliz. Acreditamos que se qualquer dos nossos homens de letras tivesse a mesma iniciativa no Rio de Janeiro, o resultado seria igual ao que teve o professor Sotero dos Reis.

As preleções, começando por familiarizar o público de um lado com as ideias e a história literárias, de outro com os monumentos poéticos do arquivo humano, teriam ainda a vantagem de reviver entre nós certo espírito literário, que já existiu, e agora amorteceu. Não há negá-lo, isto contribuiria bastante para o desenvolvimento das letras e maior glória nacional.

Limitando-se a estas palavras, a nossa semana de hoje pode conter alguma coisa de bom, se porventura a reflexão que nos ocorreu merecer da parte dos competentes um momento de atenção. Se é uma ilusão isto, ficaremos com ela.

Diário do Rio de Janeiro, ano XLVI, nº 157, Semana Literária,
terça-feira, 3 de julho de 1866, p.2.

O *Diário do Rio* já anunciou a chegada a esta corte de um jovem poeta português, o Sr. J. Dias de Oliveira.[282] Disse-se então que o Sr. Dias de Oliveira trazia um pequeno volume de versos que se dispunha a apresentar ao juízo dos brasileiros. Com efeito, o Sr. Dias de Oliveira poucos dias depois distribuiu por alguns homens de letras e amadores o folheto em questão. *Lira íntima* é o título, e lê-se da primeira à última página, sem parar, tão pequeno é o livro, e tão agradáveis são os versos. É uma simples história de amor, menos que uma história, menos que um episódio; apenas um cântico. Mas é quanto basta para conhecer-se no autor um mancebo de real talento, de inspiração e de futuro; o seu verso, sempre brando e harmonioso, é construído sem esforço e naturalmente. Nem todas as imagens neste volume são completas, e algumas são repetidas; mas em geral são bonitas e apropriadas. Acrescentaremos que o Sr. Dias de Oliveira tem sobretudo uma forma elegante.

É um cântico o livro de que tratamos, e vibrado numa só corda. Sem dúvida o poeta revelará em novas páginas a extensão do seu talento, do qual a *Lira íntima* é apenas uma bela amostra. Dizendo-lhe isto, não queremos insinuar-lhe que force as suas tendências.

> *Ne forçons pas notre talent,*
> *Nous ne ferions rien avec grace.*

A objeção que se lhe poderia fazer em oposição ao caráter pessoal da sua poesia não teria valor algum. Seja elegíaco se essa é a sua vocação, e uma vez que seja verdadeiro, é quanto basta. A teoria que pretende reduzir toda a poesia às preocupações filosóficas e sociais do século, sob pretexto de que a poesia não deve cantar certa ordem de sentimentos pessoais, e todas as aspirações do coração, essa teoria não deve pesar no espírito de um poeta de talento, como o Sr. Dias de Oliveira. Cante o autor as suas alegrias íntimas, quando as houver; exprima na linguagem das musas as suas melancolias, quando for esse o estado do seu coração. Seja poeta sincero e natural, cultive,

---

282 José Dias de Oliveira (Porto, 1843-Pará, 1872), poeta, filho de comerciantes, veio para o Brasil em 1866, pouco depois da publicação do livro *Lira íntima*. No Porto, colaborou nos periódicos *Grinalda* e *Mocidade*, este sendo uma continuação do *Bardo*. No Pará, José Dias de Oliveira exerceu por alguns anos o comércio.

como já faz, a forma poética de que dispõe. Na idade de vinte anos, já tem suficientes meios para criar um nome e uma posição nas letras portuguesas.

Diário do Rio de Janeiro, ano XLVI, nº 163, Semana Literária, terça-feira, 10 de julho de 1866, p.2.

O nome do Sr. Júlio de Castilho é conhecido neste país, e não só o nome, mas também o talento, que é dos mais legítimos da atual mocidade portuguesa. Como prosador e poeta, sabemos todos que o Sr. Júlio de Castilho reúne, com extrema facilidade, estas duas qualidades que se completam uma à outra: a elegância e a simplicidade. Mas se os leitores brasileiros não tivessem ainda prova das aptidões literárias do Sr. Júlio de Castilho, tê-la-iam agora, que se nos oferece apresentar nestas colunas um fragmento inédito de um poema do distinto escritor.

O assunto do poema é a pintura, arte que o Sr. Júlio de Castilho cultiva atualmente com desvelado amor. Quando os seus novos estudos não lhe trouxessem nada mais que este poema, ainda assim devia dar por bem pago o seu tempo. Só conhecemos a introdução inteiramente inédita; mas, tanto quanto o pórtico faz adivinhar o edifício, pode-se esperar um livro de alto merecimento. É escrito em verso alexandrino, que o Sr. Júlio de Castilho trabalha com raro esmero, e para prova bastam os que oferecemos hoje aos leitores. Vejam os leitores a variedade, o número, a harmonia destes versos que nos parecem dignos de serem estimados pelo ilustre cego de quem descende o jovem escritor, e de quem recebe uma herança invejável.

INTRODUÇÃO

I

Queres, pintor novel, começar a adestrar-te
no emprego dos pincéis, nos usos da grande arte
que ilustrou Rafael, Velázques e Murilo?
pois ouve. À minha voz irás seguindo o trilho,
descobrindo horizonte, e vencendo os oiteiros.

Rude pastor não raro aponta aos caminheiros
senda que entre pinhais os leve a salvamento.
Tal sou eu.

Descansava a pastorear o armento;
flauteava na avena um canto pastoril;
vi-te passar. Reluz-te a fronte juvenil;
tens a esp'rança no olhar; e a senda não atinas!
transviado e só te vês entre as soidões alpinas!
o sol cresce, e é mister chegar antes da noite!
mato em redor! não vês albergue que te acoite,
e ante a selva sem luz caiu-te o coração.
Ouviste a minha frauta! avistas-me! um clarão
te luziu; vens; chegaste; inquires onde eu possa
apontar-te um caminho, um guia, alguma choça,
algum casal perdido. Anuo; eis-me contigo.

Que demandas? a glória?! É longe, é longe, amigo;
tarde lá chegarás. A encosta são pinhais,
são penedos a pino; o ingresso, matagais
que afugentam! Além... um cabeço escalvado;
além... um dorso; além... abismo disfarçado,
que entre folhage oculto afunda o caminhante.
Mal sabes quanta força importa o ir avante!
que riscos! que pavor!

Mas galga-me esse monte,
mal presumes que Éden! que esplêndido horizonte!
descortinada a terra, e devassado o céu!
o saber seminu, despindo o último véu!
tudo azul, Deus, sim Deus, a abrir por toda a parte!
Tal é, tal deve ser, o cume da grande arte.

Vai pois; o nobre ardor não te falece. A ciência,
essa o trabalho a alcança; avante! busca, e vence-a.

Eu mal posso indicar-te a estrada pela terra;
o mais... pertence a Deus. O arcano onde se encerra
o sacro fogo, o fogo eterno, onipotente,
o fogo que destrói, restaura, e cria, — a mente
a ti próprio o dará. Cresce, e maneja dextro
lira, escopro, ou pincel; o fogo chama-se extro;
o fogo é o gênio; o fogo hás de encontrá-lo em ti.
Mão suprema ao nascer t'o pôs no peito; aqui.
Senti-lo-ás sempre a arder; ser-te-á peso, e alegria;
tormento, e animação; solidão, e companhia.
Luz a que hás de entrever ora céus ora inferno.
Fogo que é morte, e é vida; arde verão o inverno;
entre os gelos da noite, e ao resplendor do sol.
Esse é o gênio; essa a luz centelha do Senhor,
que te faz criador após o Criador.

Se em ti presumes o estro, esforça-te, e caminha;
e dize: "Deus bafeje esta empresa tão minha.
"O céu fadou-me artista; artista é sacerdote.
"Conspiro para o bem, e o gênio foi meu dote;
"Avante! invoco a luz de Sanzio[283] e de Correggio!"

Sim! põe sempre alta a mira onde quer que te vás.
É duro o estádio; é longo; é ímprobo; é falaz.
Mas quem diz que amanhã, galgando o último cume,
(feliz!) o novo sol não te saudará nume!
Como eles, se amanhã tu vingarás a meta!
se serão teus pincéis teu cetro de poeta!
Oh! Quem sabe?...

---

283 Rafael Sanzio (6 de abril de 1483-6 de abril de 1520), frequentemente referido apenas como Rafael, foi um dos mestres da pintura e da arquitetura da escola de Florença durante o Renascimento.

É poeta o pintor. A poesia
não vive só no livro; a eterna sinfonia
das harpas celestiais, ouve-a o pintor também.

O poeta aspira ao céu pela estrada do bem,
que ensombram os dosséis das árvores do belo.
O poeta é o cismador magnânimo e singelo,
que entre o fosco presente olha ao longe o futuro.
O poeta é o cantor, consolador das almas,
distribui sem inveja o lírio, o louro, as palmas.
É o alumiador que surpreende o ideal,
e deslumbra com ele os umbrais do real.
É o eterno pintor. A terra é-lhe pequena.
Não lhe é tela o papel, nem lhe é pinceis a pena;
e a tela é bem mais nobre, os pincéis bem mais seus;
e o assunto do seu quadro é: Mundo, Céu, e Deus.
O fogo que acendeu, nas outras almas lavra.
A tela é a alma humana; os pincéis, a palavra.
Esse é o poeta do livro, o poeta das canções:
Homero, Dante, Hugo. Seu reino, os corações.

―――

Mas (oh! compensação!) não menos é poeta
quem pensa co'os pincéis, quem vence co'a palheta.

Ressuscitar um morto e fazê-lo imortal!
Convencer co'a palheta! elevar ao ideal!
Uma tela a pensar! a falar! a exprimir!
Uma tela a cantar! a arrastar! a carpir!
Oh! celeste condão! tome o pintor as tintas,
e pedras serás tu, se não fizer que sintas
ora espanto, ora gelo, ora fúria, ora pranto!
Há nele um nume oculto, um poder sacrossanto,
vis ignota aos mortais em quem não luz a chama,

> e a quem a Providência ao belo ideal não chama.
> Sim! pintor é poeta.

> E que poeta enorme
> não é esse, que à hora em que a cidade dorme,
> congregou todo um povo em fúlgido teatro,
> e as vertentes do belo as abre todas quatro,
> sobre a turba suspensa: a poesia, a escultura,
> a jorros torrenciais os cantos, e a pintura!
> Que poeta não é! que gênio! a turba admira
> a união sobrehumana entre pincel e lira,
> entre escopro e tiorba. Aplaude absorta em pasmo,
> e às nuvens do alto céu a leva o entusiasmo.
> As dores, as paixões, o bélico transporte,
> as lágrimas do amor, a vida, o riso, a morte,
> tudo em ritmo, e harmonia, a melodia exprime.
> Filha, núncia do bem! língua de um Deus sublime.
> Tais são as três irmãs, as três Graças; as fontes
> caudais do eterno bem; as três celestes pontes
> entre o mundo infinito, e a madre natureza.
> Vou cantá-las. Um Deus proteja a excelsa empresa.

Diário do Rio de Janeiro, ano XLVI, nº 169, Semana Literária, terça-feira, 17 de julho de 1866, p.2.

Apressamo-nos a retificar uma asseveração inexata que nos escapou quando tratamos dos *Cantos matutinos* do Sr. F. Gomes de Amorim. Não continha esse volume todos os versos do poeta, e uma segunda coleção acaba de ser publicada em Lisboa, com o título de *Efêmeros*. O equívoco era tanto mais indesculpável, quanto que não devíamos esquecer a célebre elegia do Sr. Gomes de Amorim à morte de Garrett, que não fazia parte dos *Cantos matutinos*, e vem inserta no volume dos *Efêmeros*, e bem assim outras composições, geralmente conhecidas e estimadas.

Analisamos, em outra ocasião, a fisionomia literária do Sr. Gomes de Amorim, o caráter da sua poesia, expressão do seu estro. O livro dos *Efêmeros* não altera a nossa opinião; é o mesmo ar e a mesma individualidade; somente os traços são mais viris e mais acentuados; vê-se que o talento do poeta chegou a maior desenvolvimento; a forma, que era geralmente correta, no meio de uma naturalidade despretensiosa, teve agora da parte do poeta mais desvelada atenção, sem perder as qualidades de espontânea e simples que a distinguiam antes. Não esqueçamos também que a elegia foi sempre a corda mais vibrada na lira do autor, e que este livro, correspondendo àquela fase da vida em que se desvanecem as primeiras ilusões, o talento do autor achou naturalmente novas inspirações que vazou em belas formas. Quanto aos descuidos, em que fizemos rápido reparo a propósito dos *Cantos*, se reaparecem às vezes, no livro dos *Efêmeros*, são mais raros e mais leves; pecados veniais que o próprio poeta faz remir com muitas páginas sentidas e formosas.

Todos se lembram da elegia à morte de Garrett, transcrita em muitos jornais de Portugal e do Brasil, elegia que, além do mérito próprio, apareceu rodeada de circunstâncias especiais — a assistência que o poeta dera ao extinto mestre, a amizade que os ligava, o último adeus do discípulo e do gênio. A popularidade que esses versos trouxeram ao autor dos *Efêmeros* não cessou com o estarem longe as circunstâncias do momento; ao contrário, hoje como ontem, são todos unânimes em apreciar aquela dor maviosa e sincera, cântico de amigo e de patriota, que saudava a um tempo o desaparecimento de um grande espírito e de um grande coração. O texto que nos *Efêmeros* difere em alguns pontos, se a memória nos não falha, do texto publicado nos jornais e na primeira edição dos *Cantos*. O poeta, segundo o conselho dos mestres, corrigiu a elegia, onde pareceu que a reflexão devia modificar o primeiro esforço da inspiração. Procurando melhorar deste modo as suas páginas, o poeta consultou o interesse do seu nome, e observou um salutar exemplo, embora nos pareça que a primeira estrofe do texto primitivo seja preferível à do texto atual. Fora desse caso, estamos com o autor nas substituições que fez, e aplaudimo-las.

No gênero elegíaco avultam nos *Efêmeros* muitas páginas dignas de nota. Tais são, por exemplo, "Quando eu era poeta", "Oremos", "O céu é sua pátria", "Melancolias", "Memento". Nesta última lembra o poeta, um por um, os seus amigos e companheiros, os membros do cenáculo a que presidia o autor de *D. Branca*, todos mortos, todos separados, uns pela sepultura, outros pelos destinos. Não encontrareis nessas poesias o vivo colorido que distinguem os seus quadros de marinha; sóbrio de imagens, empregando apenas as que o assunto reclama, o poeta limita-se a cantar com a sinceridade do sentimento e a eloquência da saudade. Essa é, como dissemos, a corda principal da sua lira; ao contrário de Montaigne, o poeta ama a tristeza, e sabe exprimi-la sem o alambicado e o verniz dos melancólicos de convenção.

Os quadros de marinha, a que aludimos, em que o poeta mais de uma vez ensaiou a mão, enchem algumas páginas dos *Efêmeros*. Notamos, na análise dos *Cantos matutinos*, que o poeta costumava dar, nessas poesias, maior soma de emprego ao elemento técnico. O mesmo reparo subsiste nas poesias dos *Efêmeros*. Assim que, essas composições são pinturas de costumes marítimos, bem estudadas, é certo, e verdadeiramente exatas. Seria indesculpável se o mar não interviesse nessas concepções; o poeta, que o conheceu de perto, pinta-lhe as tormentas, os furores, as catástrofes, com animação, colorido e viveza. Parece que sempre o contemplou nessas horas de tribulação; é sempre tempestuoso que ele aparece nos seus versos. O leitor desejaria mais vezes a pintura dos aspectos calmos do oceano, nas horas em que o vento dorme. Estamos certo que o talento do autor encontraria nesses quadros vasto campo às suas apreciáveis qualidades. Citemos, entretanto, depois destas observações, as "Duas fragatas", "A corveta", "Palestra", "O cruzeiro", "A um homem do mar".

Indicar as qualidades do poeta, mencionar os reparos, citar as suas mais belas composições, é tudo quanto podemos fazer neste rápido escrito. Sem nos estendermos em mais larga apreciação, recomendamos aos leitores brasileiros esta nova coleção que acabamos de folhear com rapidez. Não somente as páginas que lhe apontamos, mas ainda outras produzirão no espírito agradável impressão. Para repousa das pinturas exclusivamente do mar ou das composições docemente elegíacas, reuniu o poeta neste livro alguns contos e quadros de costumes, alguns lindíssimos, como "Marianinha", em cuja leitura encontrará não somente o repouso, mas também o prazer do espírito. As tendências elegíacas do poeta não excluem, em algumas horas, o *humour*, o chiste, a diversão agradável e nova. A este respeito podemos apontar o prólogo dos *Efêmeros*, página verdadeiramente humorística, à maneira de Edgar Poe, e que faz supor, aos que não conhecem o poeta, um livro diverso daquele que nos dá.

O poeta dedica os seus *Efêmeros* à cidade do Rio de Janeiro. A cidade deve honrar-se com a dedicatória. Não é somente a homenagem de um homem de talento, que viveu no nosso país, e que o ama de longe; é igualmente um movimento de coração, ainda comovido pela maneira galharda com que a cidade do Rio de Janeiro se houve a respeito do poeta. Nas notas que acompanham os versos, vem transcrita a carta dirigida pelo Sr. Gomes de Amorim ao nosso prezado amigo o Sr. Francisco Paz,[284] digno certamente da amizade e da confiança do poeta. Essa carta, tão amarga, tão dolorosa, tão agradecida, espécie de testamento em que o poeta reuniu mágoas e decepções, narra a história de que resultou a oferta delicada que temos à vista. A cidade lha agradecerá, dando-lhes os merecidos louvores aos seus talentos e aos seus versos.

Diário do Rio de Janeiro, ano XLVI, n.º 175, Semana Literária, terça-feira, 24 de julho de 1866, p.2-3.

Recebemos dois folhetos do Maranhão, um assinado pelo Sr. Dr. Joaquim Serra, mancebo de talento e de ilustração, e uma das mais viçosas esperanças da terra de Gonçalves Dias, sem deixar de ser já uma bela realidade; o outro é um romance, *A casca da caneleira*,[285] escrito, como diz o

---

284 Francisco Ramos Paz (Viana do Castelo, Portugal, 1838-Rio de Janeiro, 1919), bibliófilo, veio para o Brasil em 1850, passando a exercer as funções de caixeiro. Participou da tradução da obra *Brasil pitoresco*, de Charles Ribeyrolles, e integrou a sociedade Retiro Literário Português; sua biblioteca foi doada para a Biblioteca Nacional do Rio de Janeiro.

285 Impressa na tipografia de Belarmino de Matos, em São Luís do Maranhão, *A casca da caneleira*, qualificada de *steeple chaise* (salto de obstáculos) por seus autores, obedecia, segundo Wilson Martins, a um duplo objetivo: "por um lado, escrever uma novela coletiva no desenvolvimento de cuja intriga o autor de cada capítulo devia deixar uma dificuldade tão grande quanto possível para o autor seguinte, e, por

frontispício, por *uma boa dúzia de esperanças*. O Maranhão é uma das nossas províncias mais literárias; ali nasceram Gonçalves Dias, J. F. Lisboa, Odorico Mendes, e outros talentos de larga esfera. Há ali verdadeiro amor das musas, cultiva-se ali a língua com desvelo e seriedade. A mocidade atual do Maranhão foi educada no meio de tradições respeitáveis e alentada por um espírito generoso que não pode deixar de ser fecundo.

O folheto do Sr. Dr. Serra intitula-se o *Salto de Leucade*. É uma fantasia, escrita em verso alexandrino, um diálogo ameno sobre uma ideia engenhosa; dois homens, traídos pelas amantes, encontram-se junto do mar, dispostos a terminar os seus dias. No fim de alguma conversa, tomam ambos a resolução filosófica de conservar a vida. O poeta empregou no diálogo uma frase natural e traços de fino espírito. Pede a lealdade literária que façamos aqui um ligeiro reparo. O distinto poeta cita o nosso nome no seu prefácio, com algumas palavras altamente lisonjeiras, sobretudo vindo de tão ilustrado juiz; a essas palavras acrescenta a palavra *amigo*, e foi um verdadeiro prazer que nos deu, porque o somos realmente, e folgamos de ter por amigos homens como o Sr. J. Serra. Ora, é exatamente à sombra desta qualidade, que traçamos aqui uma observação. Dissemos um dia, falando dos versos alexandrinos do Sr. Fagundes Varela, que havia entre eles alguns a que faltava a cesura dos hemistíquios, regra indispensável a todos os versos alexandrinos. Esta observação cabe a alguns versos do Sr. Serra, sem dúvida esquecidos na rapidez do trabalho. Assinalando-os, damos ao nosso distinto compatriota uma prova de verdadeira amizade literária. Tanto mais quando a obra em que notamos estes pequenos senões ficaria completa se eles desaparecessem.

---

outro lado, *ridicularizar* a literatura moderna ou realista, então representada pela Escola de Coimbra". *História da inteligência brasileira*, v.III, p.253. Sacramento Blake, no *Dicionário bibliográfico brasileiro* (v.3, p.128), identifica os autores que assinaram a obra (com pseudônimos): Antônio Marques Rodrigues (Rufo Salero), Antônio Henriques Leal (Judel de Babel-Mandebe), Caetano C. Cantanhede (Iwan Orloff), F. G. Sabas da Costa (Golondron de Bivac), Francisco Dias Carneiro (Stephany von Ritter), Francisco Sotero dos Reis (Nicodemus), Gentil Homem de Almeida Braga (Flávio Reimar), Joaquim Serra (Pietro de Castellamare), Joaquim de Sousa Andrade (Conrado Rotanski), Raimundo Filgueiras (Pedro Botelho) e Trajano Galvão de Carvalho (James Blumm).

Depois de apreciar o Sr. J. Serra, como poeta, podemos apreciá-lo como prosador, no romance a que nos referimos acima, em que ele teve parte. Sabemo-lo por terceiro, visto que os autores deste livro curioso são apenas indicados por pseudônimos. O fato deste *steeple-chase* literário não é novo; já foi realizado uma vez em França. Os autores da *Casca de caneleira* tiveram uma feliz ideia de repetir a tentativa francesa. A ação do romance, apesar das circunstâncias em que foi escrito, tem certa unidade; e isso é menos de admirar que uma certa unidade de estilo que se nota em todo ele. Louvemos sem restrições a graça, a viveza, o colorido desse estilo, que revela o talento e o estudo esmerado da parte dos autores. A fantasia dos autores, achando campo vasto aos seus devaneios, traçou páginas excelentes, no gosto daquelas com que a mocidade francesa no período de Luís Felipe, encheu a biblioteca moderna. O primeiro e o último capítulo abrem e fecham engraçadamente este lindo folheto.

Do que dissemos concluímos que as diversas penas que trabalharam na *Casca da caneleira*, se se deitarem a escrever cada qual o seu livro, farão trabalhos de mérito, e é isso exatamente o que lhes aconselhamos, augurando-lhes desde já um êxito seguro.

Diário do Rio de Janeiro, ano XLVI, nº 181, Semana Literária, terça-feira, 31de julho de 1866, p.2.

Poesia

Abaixo publicamos uma poesia que serve de prólogo ao livro de versos que vai publicar brevemente o talentosos poeta português o Sr. José Dias de Oliveira, atualmente residente nesta corte.

Já tivemos ocasião de falar do Sr. Dias de Oliveira e da sua decidida vocação para o cultivo das musas, que lhe são de todo o ponto propícias.

O livro que o Sr. Dias de Oliveira vai publicar contém todos os seus versos, e muitos são, apesar dos verdes anos do poeta.

Não lhe faltará o acolhimento que merecem as obras dos moços de talento, e que o público fluminense sabe fazer de uma maneira sempre justa e generosa.

Como amostra, julgamos dever publicar os seguintes versos que, como dissemos servem de prólogo ao livro.

CONVULSÕES
A minha mãe

I

Ó mãe! eu sei que o teu olhar me segue
Desde que abandonei da minha infância
      O trilho todo em flor;
Eu sei que teu espírito sagrado
Vela sempre por mim sempre a cobrir-me
      De bênção e d'amor

Mas inda assim o meu viver foi triste!
Andei longe de ti, dos pobres loucos
      Seguindo a inspiração!
Tinha no crânio a chama dos poetas,
E o seu ardente amor-lento suicídio
      Tinha-o no coração!

Ouve, pois, minha história: a história negra
Que eu escrevi com lágrimas de sangue...
      Quando pude chorar!
Quando ao sudário, que estás vendo agora
Eu pude, ó mãe! para mostrar-t'o um dia
      Meu coração colar.

II

Tu sabes quanta luz dourou meu lenço!
Sabes que o teu amor cobriu minh'alma
      De suave calor,
Ora quem deixa esse calor bendito
Precisa de o buscar, mais forte ainda,
      N'outro qualquer amor!

Eu busquei-o! Em meu peito havia um mundo,
Que estava por abrir, flor que nascera
    Da semente do bem!
Era o mundo do amor, mundo infinito,
O só que pode compensar na terra
    A tua ausência, ó mãe!

Eu lancei-me a buscar quem o quisesse!
Quem quisesse esse mundo; um lábio ardente
    Que o pudesse sorver!
Alguém que abrisse a porta ao peregrino,
Alguém que me banhasse esta existência
    N'um olhar de mulher...

Perdoa a confidência; a voz d'um filho
É sempre ouvida com respeito santo
    Por quem o acalentou...
Esse lábio, esse olhar... não me apareceram,
E se os havia onde os buscava ansioso,
    Não sei quem m'os roubou!

Eu parei no caminho e desvairado,
Perguntei a mim mesmo o que era feito
    De tantas ilusões;
E quem me havia espedaçado a esperança?
Quem me havia quebrado a asas puras
    A mil aspirações?

Diário do Rio de Janeiro, ano XLVI, nº 248,
quarta-feira, 17 de outubro de 1866, p.2.[286]

---

[286] Embora anônima, a nota pertence a Machado de Assis, que fez referência ao poeta José Dias de Oliveira, autor de *Lira íntima*, na "Semana Literária" de 10 de julho de 1866.

1867

Aerólites,[287] Poesias do Sr. J. Dias de Oliveira.

Rio de Janeiro – de 1867.

O Sr. Dias de Oliveira pertence à novíssima geração literária de Portugal, herdeira das tradições e das glórias que a geração quase extinta sagrou e levantou. Está naquela idade bem-aventurada em que o coração enche-se todo de esperanças, e em que os olhos d'alma passeiam arroubados do jardim de Armida[288] ao jardim das Hespérides;[289] idade feliz, idade magna, feita para amores e sonhos, cheia de ambições generosas e crenças inesgotáveis. Aos vinte e um anos admira-se pouco os heróis de Homero, mas chora-se e palpita-se com o pálido amante de Julieta; a cólera de Aquiles vale menos que um suspiro lançado aos ventos da noite no jardim de Capuleto.[290]

---

287 "Aerólitos", no original.
288 Armida era uma das mais belas e sedutoras heroínas de *Jerusalém libertada*, de Torquato Tasso. Graças aos seus encantos, Armida conseguiu reter o belo Rinaldo em seus jardins, afastando-o de lutar contra os cruzados.
289 Na mitologia grega, o jardim das Hespérides (deusas primaveris que representavam o espírito fertilizador da Natureza) foi a morada dessas ninfas.
290 É no jardim dos Capuleto, cena II da tragédia *Romeu e Julieta*, de William Shakespeare, que o casal de adolescentes vive a famosa cena do balcão, em que declaram o amor que um sente pelo outro e decidem ficar juntos em segredo.

O livro que temos presente é um resultado desta ordem de impressões juvenis.

Acha-se há poucos meses entre nós o autor dos *Aerólites*. Veio ao Brasil por simples desejo de visita, com a qual há de ganhar a sua musa, e retemperar-se-lhe o talento, na contemplação das magnificências com que a natureza nos dotou e ao simples respirar destas auras abençoadas e puras. As inspirações da terra do exílio casar-se-ão às saudades da terra natal, e deste consórcio estamos certos que hão nascer muitas páginas belas e novas.

Todavia o livro que agora publica o Sr. Dias de Oliveira é puramente europeu. Todas as composições ou quase todas, foram escritas ainda nas terras pátrias. Mas antes de mandá-lo para lá, quis o autor que o seu livro fosse ajuizado e apreciado pelos brasileiros, a cujas terras veio, como um irmão pelo sangue, pela língua e pelas tradições.

O autor dos *Aerólites* possui, entre outras, duas qualidades preciosas: o sentimento e a espontaneidade. Não é a sonoridade do vocábulo que o deslumbra; o autor prefere a expressão sincera e simples dos sentimentos que o agitam, sem todavia excluir a opulência da forma, e com isto merece já todos os nossos aplausos. A poesia, com efeito, para ter condições de existência, precisa não cingir-se unicamente aos lavores engenhosos do verso, ao estudo exclusivo das fórmulas estabelecidas; é preciso mais, é preciso que o poeta tenha uma alma, isto é, que seja homem, se quiser falar aos outros homens. Não damos nisto novidade alguma; mas é conveniente lembrá-lo, pois que a teoria contrária parece ir tomando mais consistência do que devia.

O autor dos *Aerólites* não a adota, nem podia fazê-lo, porque falando a linguagem das musas cede a essa necessidade interior, que faz as verdadeiras vocações poéticas.

Basta percorrer algumas páginas dos *Aerólites* para ver que o Sr. Dias de Oliveira possui em alto grau esse sentimento poético que é a primeira unção do talento. Exprime-o com sinceridade, em belos versos e estrofes bem feitas. Dir-se-á que o poeta descrê demais? É possível; mas esse espírito de descrença, que não é dominante no livro, desaparece sempre para dar lugar a um hino de esperança, a uma expansão de fé. Sombras passageiras, basta o mais leve raio do sol para dissipá-las. A mocidade e a poesia vivem dessa alternativa, que em resumo é o fundo da existência humana. De que viveria o autor, poeta e moço, se não dessas *miragens* que ele tão bem cantou numa da primeiras páginas, e desse *gelo*, que é uma das últimas do livro? Pouca coisa nos aflige porque pouca coisa nos consola, dizia Pascal,[291] e os poetas, mais que os outros homens, realizam esta observação do filósofo. Almas impressíveis, a menor decepção os abate, a menor miragem os enleva.

Espontâneos são todos os versos deste livro, o que não exclui a ideia de uma correção e de um trabalho de arte, sempre necessários à boa poesia. A sua forma raras vezes peca; em geral é tratada com desvelo e ciência. A índole poética do autor não lhe permite entrar nos assuntos heroicos ou em certo gênero lírico que exige o arroubo pindárico. O seu gênio é todo elegíaco; e este livro escrito ao acaso, ao sabor das circunstâncias, exprime as suas emoções e tristezas, conforme lhas davam as horas más ou propícias. É nesse gênero que o autor deve conservar-se; essa é sua principal e exclusiva feição literária. Há no livro dos *Aerólites* páginas lindíssimas, que impressionam e fazem sentir, pela simples razão de que o poeta as escreveu sem sair do seu elemento.

Nem todas as produções deste volume estão na mesma altura; mas em geral, mesmo as que são menos cuidadas, revelam os dotes poéticos do autor. As melhores, e são quase todas, valem uma senha legítima para entrar no cenáculo das musas, onde já a sua toma um lugar, distinto agora, brilhante no futuro.

Para fundamentar esta ligeira apreciação, poderíamos transcrever aqui algumas das estrofes que já relemos com muito prazer. Só haveria embaraço na escolha. Preferimos enviar o leitor para o volume dos *Aerólites*, com a certeza de que saudará como nós a estreia do poeta.

Não resistimos porém ao desejo de transcrever as primeiras estrofes da poesia "Adeus", que dará ao leitor uma ideia do valor do poeta e do seu modo de exprimir-se:

---

291 A citação de Pascal, traduzida por Machado de Assis, é a seguinte: "Une fois n'est pas coutume! Peu de chose nous console parce que peu de chose nous afflige". *Œuvres complètes de Blaise Pascal*, p.25.

Voz que se principia e não se acaba,
Por que um suspiro íntimo a entrecorta,
É o adeus – parte d'alma que já morta
No pó das ilusões, murcha, desaba!

Que triste não seria o amor do Tasso
Nos lábios de Leonor pousando o beijo
Extremo, vaporoso como o harpejo
Da lira que lhe então caiu do braço!

Adeus! Quem sobre o abismo se debruça
Das ilusões que a morte há desfolhado,
Deixa-o sempre cair sobre o passado
Naquela triste voz de quem soluça!

Palavra tão singela abrindo um mundo!
Nota tão pura e meiga um céu fechando!
Mundo, que só tem luz de quando em quando!
Céu, que é todo de luz e amor fecundo!

Do poema de amor, depois de escrito,
Estrofe derradeira, último verso!
Cinco letras, e nelas o universo!
Cinco letras, e nelas o infinito!

Estreia, dissemos acima, e dissemos mal, porque já do mesmo autor possuímos um folheto publicado na Europa. *Lira íntima* é o título, e pelo assunto vê-se que é apenas a manifestação de um afeto exclusivo por um exclusivo objeto – uma adoração a um altar –, sem nenhuma outra preocupação estranha.

Já aí manifestou o autor dos *Aerólites*, ainda que em menor escala, as qualidades que agora lhe notamos e aplaudimos.

Quando um homem de talento, como o autor dos *Aerólites*, faz estreias como estas, tem obrigação de não abandonar a forma literária que adotou.

Só deve abandonar as musas quem realmente só as evocou debalde; mas os que privam assim tão de perto e tão galhardamente, esses têm um futuro certo, que não se deve renunciar por motivo algum. É esse o nosso primeiro conselho ao Sr. Dias de Oliveira, e estamos certos de que correspondemos inteiramente às suas próprias intenções.

Cultivar as letras com solicitude e discrição, buscando no estudo o alimento necessário à inteligência, não se pode dar melhor conselho a um poeta que começa tão bem, e com tanta modéstia, buscando fundar a sua nobreza literária, que tão de direito lhe é. O livro dos *Aerólites* é uma obra de talento; o autor revela aí que tem em suas mãos adquirir uma posição notável na literatura do seu país. Pode fazê-lo; para isso basta deitar mãos à obra. Não deserte ele nunca do santuário onde entrou, e que, no meio de todas as decepções humanas, é um dos melhores refúgios que podem achar o espírito e o coração. Serão estas por agora as nossas últimas palavras ao Sr. Dias de Oliveira, mas é de crer e esperamos que não sejam as últimas. Temos o direito de exigir-lho.

Fecharemos este capítulo bibliográfico com uma boa notícia que a todos agradará saber: o magnífico discurso do Sr. Dr. Vieira de Castro,[292] há pouco ouvido no salão do Teatro Lírico, vai ser publicado em livro.[293] Ficará assim arquivada uma bela página do distinto orador português.

Consta que haverá segunda preleção, desta vez em favor do Asilo dos Inválidos da Pátria.[294] Antes de termos ouvido a palavra eloquente do Sr.

---

292 José Cardoso Vieira de Castro (Santo Ildefonso, 1837-Luanda, 1872), escritor e político português, amigo de Camilo Castelo Branco, notabilizou-se pelos seus dotes oratórios e ambição desmedida. Condenado pelo assassínio da esposa, foi degredado para Angola, onde veio a falecer. Foi autor de uma biografia sobre Camilo Castelo Branco, publicada em 1861.

293 Trata-se da obra *Discurso sobre a caridade*, recitado aos 26 de janeiro de 1867, no Salão do Teatro Lírico do Rio de Janeiro.

294 Construído em 1868 por D. Pedro II na ilha de Bom Jesus, na baía de Guanabara, o Asilo dos Inválidos da Pátria, que funcionou até 1976, era um espaço reservado, num primeiro momento, para receber os militares, doentes e mutilados, que combateram na Guerra do Paraguai (1864-1870) e na repressão de duas insurreições internas: a Guerra de Canudos (1896-1897) e a Guerra do Contestado (1912-1916).

Dr. Vieira de Castro, apenas levado pela fama que o precedeu, fomos ansiosos escutá-lo e aplaudi-lo. Se era assim antes, muito mais será agora que já podemos apreciar os seus raros méritos e avaliar a legitimidade da sua reputação. As profundas recordações que nos deixou precisam ser despertadas.

Antes porém dessa segunda preleção é natural que tenhamos já impresso o primeiro discurso, que não podia deixar de sê-lo, tão notável é pela elegância e correção do estilo, pela novidade das imagens, pelo calor, pelo movimento, por tudo enfim que faz admirar os grandes oradores na tribuna e no livro.

M. DE ASSIS
Diário do Rio de Janeiro, ano XLVII, nº 46, Folhetim,
Bibliografia, sexta-feira, 22 de fevereiro de 1867, p.I.

1868

Um poeta

Ilmo. Sr. Dr. Machado de Assis.

Tijuca, 18 de fevereiro de 1868.

Recebi ontem a visita de um poeta.
O Rio de Janeiro não o conhece ainda; muito breve o há de conhecer o Brasil. Bem entendido, falo do Brasil que sente; do coração e não do resto.
O Sr. Castro Alves[295] é hóspede desta grande cidade, de alguns dias apenas. Vai a S. Paulo concluir o curso que encetou em Olinda.
Nasceu na Bahia, a pátria de tão belos talentos; a Atenas brasileira que não cansa de produzir estadistas, oradores, poetas e guerreiros.
Podia acrescentar que é filho de um médico ilustre. Mas para quê? A genealogia dos poetas começa com seu primeiro poema. E que pergaminhos valem estes selados por Deus?

---

295 Antôno Frederico de Castro Alves (Curralinho, 1847-Salvador, 1871), poeta das causas abolicionista e republicana, é autor, entre outras, das obras *A cachoeira de Paulo Afonso* (1876), *Espumas flutuantes* (1870) e *Gonzaga ou a Revolução de Minas* (1875).

O Sr. Castro Alves trouxe-me uma carta do Dr. Fernandes da Cunha,[296] um dos pontífices da tribuna brasileira. Digo pontífice, porque nos caracteres dessa têmpera, o talento é uma religião, a palavra um sacerdócio.

Que júbilo para mim! Receber Cícero que vinha apresentar Horácio, a eloquência conduzindo pela mão a poesia, uma glória esplêndida mostrando no horizonte da pátria a irradiação de uma límpida aurora!

Mas também quanto, nesse instante, deplorei minha pobreza, que não permitia dar a tão caros hóspedes régio agasalho. Carecia de ser Hugo ou Lamartine os poetas-oradores, para preparar esse banquete da inteligência.

Se ao menos tivesse nesse momento junto de mim a plêiade rica de jovens escritores, à qual pertencem, o senhor, o Dr. Pinheiro Guimarães, Bocaiúva, Muzzio,[297] Joaquim Serra, Varela, Rozendo Muniz,[298] e tantos outros!...

Entre estes por que não lembrarei o nome de Leonel de Alencar,[299] a quem o destino fez ave de arribações na terra natal? Em literatura não há suspeição? todos nós, que nascemos em seu regaço, não somos da mesma família?

Mas a todos, o vento da contrariedade os tem desfolhado por aí como flores de uma breve primavera.

Um fez da pena espada para defender a pátria. Alguns têm as asas crestadas pela indiferença; outros, como douradas borboletas, presas da teia da aranha, se debatem contra a realidade de uma profissão que lhes tolhe o voo.

Finalmente estava eu na Tijuca.

O Sr. conhece esta montanha encantadora. A natureza a colocou a duas léguas da corte, como um ninho para as almas cansadas de pousar no chão.

Aqui tudo é puro e são. O corpo banha-se em águas cristalinas, como o espírito na limpidez deste céu azul.

---

296 Joaquim Jerônimo Fernandes da Cunha (Juazeiro, 1827-?, 1903), advogado e senador do Império de 1871 a 1889, é autor da obra *Ninfeias*.

297 Henrique César Muzzio (Rio de Janeiro, 1831-Paris, 1874), médico, funcionário do Conselho Naval e membro do Conservatório Dramático Brasileiro, autor de *Tipos nacionais* (1863).

298 Rosendo Muniz Barreto (Salvador, 1845-Rio de Janeiro, 1897), médico, filho do famoso repentista Francisco Muniz Barreto e voluntário da Guerra do Paraguai, autor de *Cantos da aurora* (1868), *Voos icários* (1873) e *Favos e travos* (romance, 1874).

299 Leonel Martiniano de Alencar, barão de Alencar (Rio de Janeiro, 1832-idem, 1921), advogado, político e diplomata, irmão de José de Alencar.

Respira-se à larga, não somente os ares finos que vigoram o sopro da vida, porém aquele hálito celeste do Criador, que bafejou o mundo recém-nascido. Só nos ermos em que não caíram ainda as fezes da civilização, a terra conserva essa divindade do berço.

Elevando-se a estas eminências, o homem aproxima-se de Deus. A Tijuca é um escabelo entre o pântano e a nuvem, entre a terra e o céu. O coração que sobe por este genuflexório para se prostrar aos pés do Onipotente, conta três degraus: em cada um deles, uma contrição.

No alto da *Boa Vista*, quando se descortina longe, serpejando pela várzea, a grande cidade réptil, onde as paixões rastejam; a alma que se havia atrofiado nesse foco do materialismo, sente-se homem. Embaixo era uma ambição; em cima uma contemplação.

Transposto esse primeiro estádio, além para as bandas da Gávea, há um lugar que chamam *Vista Chinesa*. Este nome lembra-lhe naturalmente um sonho oriental pintado em papel de arroz. É uma tela sublime, uma decoração magnífica deste inimitável cenário fluminense. Dir-se-ia que Deus entregou a algum de seus arcanjos o pincel de Apeles,[300] e mandou-lhe encher aquele pano de horizonte. Então o homem sente-se religioso.

Finalmente chega-se ao *pico da Tijuca* o ponto culminante da serra, que fica do lado oposto. Daí os olhos deslumbrados veem a terra como uma vasta ilha a submergir-se entre os dois oceanos, o oceano do mar e o oceano do éter. Parece que estes dois infinitos, o abismo e o céu, abrem-se para absorver um ao outro. E no meio dessas imensidades, um átomo, mas um átomo rei de tanta magnitude. Aí o ímpio é cristão e adora o Deus verdadeiro.

Quando a alma desce destas alturas e volve ao pó da civilização, leva consigo uns pensamentos sublimes que do mais baixo remontam à sua nascença, pela mesma lei que faz subir ao nível primitivo a água derivada do topo da serra.

Nestas paragens não podia meu hóspede sofrer jejum de poesia. Recebi-o dignamente. Disse à natureza que pusesse a mesa, e enchesse as ânforas das cascatas de linfa mais deliciosa que o falerno do velho Horácio.

---

300 Apeles (Jônia, século IV a.C.), retratista oficial de Alexandre, o Grande, é considerado o mais importante pintor da Antiguidade.

A Tijuca esmerou-se na hospitalidade. Ela sabia que o jovem escritor vinha do norte, onde a natureza tropical se espaneja em lagos de luz diáfana, e orvalhada de esplendores abandona-se lasciva como uma odalisca às carícias do poeta.

Então a natureza fluminense que também, quando quer, tem daquelas impudências celestes, fez-se casta e vendou-se com as alvas roupagens das nuvens. A chuva a borrifou de aljôfares; as névoas delgadas resvalavam pelas encostas como as fímbrias da branca túnica roçagante de uma virgem cristã.

Foi assim, a sorrir entre os nítidos véus, com um recato de donzela, que a Tijuca recebeu nosso poeta.

O Sr. Castro Alves lembrava-se, como o senhor e alguns poucos amigos, de uma antiguidade de minha vida, que [eu] outrora escrevera para o teatro. Avaliando sobre medida minha experiência neste ramo difícil da literatura, desejou ler-me um drama, primícia de seu talento.

Essa produção passou pelas provas públicas já em cena competente para julgá-la. A Bahia aplaudia com júbilos de mãe a ascensão da nova estrela de seu firmamento. Depois de tão brilhante manifestação, duvidar de si, não é modéstia unicamente, é respeito à santidade de sua missão de poeta.

Gonzaga,[301] é o título do drama que lemos em breves horas. O assunto, colhido na tentativa revolucionária de Minas, grande manancial de poesia histórica ainda tão pouco explorado, foi enriquecido pelo autor com episódios de vivo interesse.

O Sr. Castro Alves é um discípulo de Victor Hugo, na arquitetura do drama, como no colorido da ideia. O poema pertence à mesma escola do ideal; o estilo tem os mesmos toques brilhantes.

Imitar Victor Hugo só é dado às inteligências de primor. O Ticiano[302] da literatura possui uma palheta que em mão de colorista medíocre mal

---

301 A peça foi escrita durante as férias de Castro Alves no Recife, entre 1866 e 1867, sendo representada pela primeira vez em 1º de setembro de 1867 sob ovação do público. O drama foi reimpresso, em 1876, na tipografia de Serafim José Alves.
302 Ticiano (Pieve di Cadore, 1473-Veneza, 1576), pintor italiano, um dos principais representantes da escola veneziana no Renascimento, autor, entre outros, do quadro *Vênus de Urbino* (1538).

produz borrões. Os moldes ousados de sua frase são como os de Benevenuto Cellini;[303] se o metal não for de superior afinação, em vez de estátuas saem pastichos.

Não obstante, sob essa imitação de um modelo sublime, desponta no drama uma inspiração original, que mais tarde há de formar a individualidade literária do autor. Palpita em sua obra o poderoso sentimento da nacionalidade, essa alma da pátria, que faz os grandes poetas, como os grandes cidadãos.

Não se admire de assimilar eu o cidadão e o poeta, duas entidades que no espírito de muitos andam inteiramente desencontradas. O cidadão é o poeta do direito e da justiça; o poeta é o cidadão do belo e da arte.

Há no drama *Gonzaga* exuberância de poesia. Mas deste defeito, a culpa não foi do escritor; foi da idade. Que poeta aos vinte anos não tem essa prodigalidade soberba de sua imaginação, que se derrama sobre a natureza, e a inunda?

A mocidade é uma sublime impaciência. Diante dela a vida se dilata, e parece-lhe que não tem para vivê-la mais que um instante. Põe os lábios na taça da vida, cheia a transbordar de amor, de poesia, de glória, e quisera estancá-la de um sorvo.

A sobriedade vem com os anos; é virtude do talento viril. Mais entrado na vida, o homem aprende a poupar sua alma. Um dia, quando o Sr. Castro Alves reler o *Gonzaga*, estou convencido que ele há de achar um drama esboçado, em cada personagem desse drama.

Olhos severos talvez enxerguem na obra pequenos senões.

Maria, achando em si forças para enganar o governador em um transe de suprema angústia, parecerá a alguns menos amante, menos mulher, do que devera. A ação dirigida uma ou outra vez pelo acidente material, antes do que pela revolução íntima do coração terá na opinião dos realistas, a naturalidade moderna.

---

[303] Benvenuto Cellini (Florença, 1500-idem, 1571), escultor, ourives e escritor, autor do grupo em bronze *Perseu segurando a cabeça da Medusa*, um dos maiores monumentos da Renascença.

Mas são esses defeitos da obra, ou do espírito em que ela se reflete? Muitas vezes já não surpreendeu seu pensamento a fazer a crítica de uma flor, de uma estrela, de uma aurora. Se o deixasse, creia que se ele lançaria a corrigir o trabalho do supremo artista. Não somos homens debalde: Deus nos deu uma alma, uma individualidade.

Depois da leitura de seu drama, o Sr. Castro Alves recitou-me algumas poesias. "A cascata de Paulo Afonso", "As duas ilhas" e "A visão dos mortos", não cedem às excelências da língua portuguesa neste gênero. Ouça-as o senhor que sabe o segredo desse metro natural, dessa rima suave e opulenta.

Nesta capital da civilização brasileira que o é também da nossa indiferença, pouco apreço tem o verdadeiro mérito, quando se apresenta modestamente. Contudo, deixar que passasse por aqui ignorado e desapercebido o jovem poeta baiano, fora mais que uma descortesia. Não lhe parece?

Já um poeta o saudou pela imprensa; porém não basta a saudação: é preciso abrir-lhe o teatro, o jornalismo, a sociedade, para que a flor desse talento cheio de seiva se expanda às auras da publicidade.

Para Virgílio do jovem Dante nesse ínvio caminho da vida literária, lembrei-me do senhor. Nenhum tem os mesmos títulos. Para apresentar ao público fluminense o poeta baiano, é necessário não só ter foro de cidade na imprensa da corte, como haver nascido neste belo vale do Guanabara, que ainda espera seu cantor.

Seu melhor título, porém, é outro. O Sr. foi o único de nossos modernos escritores que se dedicou à cultura dessa difícil ciência, que se chama a crítica. Uma porção do talento que recebeu da natureza, em vez de aproveitá-lo em criações próprias, não duvidou aplicá-lo a formar o gosto e desenvolver a literatura pátria.

Do Sr., pois, ao primeiro crítico brasileiro, confio a brilhante vocação literária que se revelou com tanto vigor.

J. DE ALENCAR
Correio Mercantil, ano XXV, nº 53,
sábado, 22 de fevereiro de 1868, p.2.

Literatura

A S. Ex.ª o Sr. conselheiro José de Alencar

Rio de Janeiro, 29 de fevereiro de 1868.

Exmo. Sr. – É boa e grande fortuna conhecer um poeta; melhor e maior fortuna é recebê-lo das mãos de V. Exa., com uma carta que vale um diploma, como uma recomendação que é uma sagração. A musa do Sr. Castro Alves não podia ter mais feliz introito na vida literária. Abre os olhos em pleno Capitólio. Os seus primeiros cantos obtêm o aplauso de um mestre.

Mas se isto me entusiasma, outra coisa há que me comove e confunde, é a extrema confiança de V. Exa. nos meus préstimos literários, confiança que é ao mesmo tempo um motivo de orgulho para mim. De orgulho, repito, e tão inútil fora dissimular esta impressão, quão arrojado seria ver nas palavras de V. Exa. mais do que uma animação generosa.

A tarefa da crítica precisa destes parabéns; é tão árdua de praticar, já pelos estudos que exige, já pelas lutas que impõe, que a palavra eloquente de um chefe é muitas vezes necessária para reavivar as forças exaustas e reerguer o ânimo abatido.

Confesso francamente que, encetando os meus ensaios de crítica, fui movido pela ideia de contribuir com alguma coisa para a reforma do gosto que se ia perdendo e efetivamente se perdeu. Meus limitadíssimos esforços não podiam impedir o tremendo desastre. Como impedi-lo se, por influência irresistível, o mal vinha de fora, e se impunha ao espírito literário do país, ainda mal formado e quase sem consciência de si? Era difícil plantar as leis do gosto, onde se havia estabelecido uma sombra de literatura, sem alento sem ideal, falseada e frívola, mal imitada e mal copiada. Nem os esforços dos que, como V. Exa., sabem exprimir sentimentos e ideias na língua que nos legaram os mestres clássicos, nem esses puderam opor um dique à torrente invasora. Se a sabedoria popular não mente, a universalidade da doença podia dar-nos alguma consolação; mas é bem triste a consolação quando não se antolha o remédio ao mal.

Se a magnitude da tarefa era de assombrar espíritos mais robustos, outro risco havia, e a este já não era a inteligência a que se expunha, era o caráter. Compreende V. Exa. que, onde a crítica não é instituição formada e assentada, a análise literária tem de lutar contra esse entranhado amor paternal que faz dos nossos filhos as mais belas crianças do mundo. Não raro se originam ódios onde era natural travarem-se afetos. Desfiguram-se os intentos da crítica; atribui-se à inveja o que vem da imparcialidade; chama-se antipatia o que é consciência. Fosse esse, porém, o único obstáculo, estou convencido que ele não pesaria no ânimo de quem põe acima do interesse pessoal o interesse perpétuo da sociedade, porque a boa fama das musas o é também.

Cansados de ouvir chamar bela à poesia, os novos atenienses resolveram bani-la da república. O elemento poético é hoje um tropeço ao sucesso de uma obra. Aposentaram a imaginação. As musas, que já estavam apeadas dos templos, foram também apeadas dos livros. A poesia dos sentidos veio sentar-se no santuário, e assim generalizou-se uma crise funesta às letras. Que enorme Alfeu não seria preciso desviar do seu curso para limpar este presepe de Áugias?[304]

Eu bem sei que no Brasil, como fora dele, severos espíritos protestam com o trabalho e a lição contra esse estado de coisas; mas tal é a feição geral da situação ao começar a tarde do século. Mas sempre há de triunfar a vida inteligente. Basta que se trabalhe sem trégua. Pela minha parte, estava e está acima de minhas posses semelhante papel, mas eu entendia e entendo – adotando a bela definição do poeta que V. Exa. dá em sua carta – que há para o cidadão da arte e do belo deveres imprescritíveis, e que quando uma tendência do espírito o impele para certa ordem de atividade, é sua obrigação prestar esse serviço às letras.

---

304 Na mitologia grega, Áugias, rei da Élida, era filho do rei Hélios (Sol) de quem herdou um rebanho de cerca de três mil bois, mas que durante trinta anos jamais limpara os estábulos onde os animais ficavam alojados, razão pela qual essas instalações e suas imediações acumularam camada tão grande de excrementos que chegava a ter alguns metros de altura. Coube a Hércules, a mando do rei Eristeu de Micenas, a tarefa da limpeza dos estábulos, que o herói realizou desviando o curso do rio Alfeu, que levou com as águas a montanha de excrementos. Esse foi o quinto dentre os doze trabalhos de Hércules.

Em todo caso não tive imitadores. Tive um antecessor ilustre, apto para este árduo mister, erudito e profundo, que teria prosseguido no caminho das suas estreias, se a imaginação possante e vivaz não lhe estivesse exigindo as criações que depois nos deu. Será preciso acrescentar que aludo a V.Exa.?

Escolhendo-me como o Virgílio do jovem Dante que nos vem da pátria de Moema, impõe-me V. Exa. um dever, cuja responsabilidade seria grande se a própria carta de V. Exa. não houvesse aberto ao neófito as portas da mais vasta publicidade. A análise pode agora esmerilhar nos escritos do poeta belezas e descuidos. O principal trabalho está feito.

Procurei o poeta cujo nome havia sido ligado ao meu, e com a natural ansiedade que nos produz a notícia de um talento robusto, pedi-lhe que me lesse o seu drama e os seus versos.

Não tive, como V. Exa., a fortuna de os ouvir diante de um magnífico panorama. Não se rasgavam os horizontes diante de mim; não tinha os pés nessa formosa Tijuca, que V. Exa. chama um escabelo entre a nuvem e o pântano. Eu estava no pântano. Em torno de nós agitava-se a vida tumultuosa da cidade. Não era o ruído das paixões nem dos interesses; os interesses e as paixões tinham passado a vara à loucura: estávamos no carnaval.

No meio desse tumulto abrimos um oásis de solidão.

Ouvi o *Gonzaga* e algumas poesias.

V. Exa. já sabe o que é o drama e o que são os versos, já apreciou consigo, já resumiu a sua opinião. Esta carta, destinada a ser lida pelo público, conterá as impressões que recebi com a leitura dos escritos do poeta.

Não podiam ser melhores as impressões. Achei uma vocação literária, cheia de vida e robustez, deixando antever nas magnificências do presente as promessas do futuro. Achei um poeta original. O mal da nossa poesia contemporânea é ser copista – no dizer, nas ideias e nas imagens. Copiá-las é anular-se. A musa do Sr. Castro Alves tem feição própria. Se se adivinha que a sua escola é a de Victor Hugo, não é porque o copie servilmente, mas porque uma índole irmã levou-a a preferir o poeta dos *Orientais* ao poeta das *Meditações*. Não lhe aprazem certamente as tintas brandas e desmaiadas da elegia; quer antes as cores vivas e os traços vigorosos da ode.

Como o poeta que tomou por mestre, o Sr. Castro Alves canta simultaneamente o que é grandioso e o que é delicado, mas com igual inspiração e método idêntico: a pompa das figuras, a sonoridade do vocábulo, uma forma esculpida com arte, sentindo-se por baixo desses louvores o estro, a espontaneidade, o ímpeto. Não é raro andarem separadas estas duas qualidades da poesia: a forma e o estro. Os verdadeiros poetas são os que têm ambas. Vê-se que o Sr. Castro Alves as possui; veste as suas ideias com roupas finas e trabalhadas. O receio de cair em um defeito não o levará a cair no defeito contrário? Não me parece que lhe haja acontecido isso; mas indico-lhe o mal para que fuja dele. É possível que uma segunda leitura dos seus versos me indicasse alguns senões fáceis de remediar; confesso que os não percebi no meio de tantas belezas.

O drama, esse li-o atentamente, depois de ouvi-lo, li-o e reli-o, e não sei bem se era a necessidade de o apreciar, se o encanto da obra, que me demorava os olhos em cada página do volume.

O poeta explica o dramaturgo. Reaparecem no drama as qualidades do verso; as metáforas enchem o período; sente-se de quando em quando o arrojo da ode. Sófocles pede as asas a Píndaro.[305] Parece ao poeta que o tablado é pequeno; rompe o céu de lona e arroja-se ao espaço livre e azul.

Esta exuberância, que V. Exa., com justa razão atribui à idade, concordo que o poeta há de reprimi-la com os anos. Então conseguirá separar completamente a língua lírica da língua dramática; e do muito que devemos esperar temos prova e fiança na que nos dá hoje.

Estreando no teatro com um assunto histórico, e assunto de uma revolução infeliz, o Sr. Castro Alves consultou a índole do seu gênio poético. Precisava de figuras que o tempo houvesse consagrado; as da Inconfidência tinham além disso a auréola do martírio. Que melhor assunto para excitar a piedade? A tentativa abortada de uma revolução que tinha por fim consagrar a nossa independência merece do Brasil de hoje aquela veneração que as raças livres devem aos seus Espártacos.[306] O insucesso fê-los criminosos; a vitória

---

305 Píndaro (Tebas, 518 a.C.-Argos, 438 a.C.), poeta grego, autor de "Epinícios" ou "Odes triunfais".
306 Espártaco, escravo que liderou a mais importante revolta, no século I a.C., contra os romanos e o poder imperial de Roma.

tê-los-ia feito Washingtons.[307] Condenou-os a justiça legal; reabilita-os a justiça histórica.

Condensar estas ideias em uma obra dramática, transportar para a cena a tragédia política dos Inconfidentes, tal foi o objeto do Sr. Castro Alves, e não se pode esquecer que, se o intuito era nobre, o cometimento era grave. O talento do poeta superou a dificuldade; com uma sagacidade, que eu admiro em tão verdes anos, tratou a história e a arte por modo que, nem aquela o pode acusar de infiel, nem esta de copista. Os que, como V. Exa., conhecem esta aliança hão de avaliar esse primeiro merecimento do drama do Sr. Castro Alves.

A escolha de Gonzaga para protagonista foi certamente inspirada ao poeta pela circunstância dos seus legendários amores, de que é história aquela famosa *Marília de Dirceu*. Mas não creio que fosse só essa circunstância. Do processo resulta que o cantor de Marília era tido por chefe da conspiração em atenção aos seus talentos e letras. A prudência com que se houve desviou da sua cabeça a pena capital. Tiradentes,[308] esse era o inspirador e o agitador; serviu à conjuração com uma atividade rara; era mais um conspirador do dia que da noite. A justiça o escolheu para a forca. Por tudo isto ficou o seu nome ligado ao da tentativa de Minas.

Os amores de Gonzaga traziam naturalmente ao teatro o elemento feminino, e de um lance casavam-se em cena a tradição política e a tradição poética, o coração do homem e a alma do cidadão. A circunstância foi bem aproveitada pelo autor; o protagonista atravessa o drama sem desmentir a sua dupla qualidade de amante e de patriota; casa no mesmo ideal os seus dois sentimentos. Quando Maria lhe propõe a fuga, no terceiro ato, o poeta não hesita em repelir esse recurso, apesar de ser iminente a sua perda. Já então a revolução expira; para as ambições, se ele as houvesse, a esperança era nula; mas ainda era tempo de cumprir o dever. Gonzaga prefere seguir

---

307 George Washington (1732-1799) foi o primeiro presidente constitucional dos Estados Unidos de 1789 a 1797.
308 Joaquim José da Silva Xavier, conhecido como Tiradentes (Fazenda do Pombal, 1746-Rio de Janeiro, 1792), dentista, tropeiro, minerador e comerciante, participou da Inconfidência Mineira, sendo o único a ser executado, e por isso reconhecido como o mártir da Inconfidência.

a lição do velho Horácio corneliano; entre o coração e o dever a alternativa é dolorosa. Gonzaga satisfaz o dever e consola o coração. Nem a pátria nem a amante podem lançar-lhe nada em rosto.

O Sr. Castro Alves houve-se com a mesma arte em relação aos outros conjurados. Para avaliar um drama histórico não se pode deixar de recorrer à história; suprimir esta condição é expor-se à crítica, a não entender o poeta.

Quem vê o Tiradentes do drama não reconhece logo aquele conjurador impaciente e ativo, nobremente estouvado, que tudo arrisca e empreende, que confia mais que todos no sucesso da causa, e paga enfim as demasias do seu caráter com a morte na forca e a profanação do cadáver? E Cláudio, o doce poeta, não o vemos todo ali, galhofeiro e generoso, fazendo da conspiração uma festa e da liberdade um drama, gamenho no perigo, caminhando para a morte com o riso nos lábios como aqueles emigrados do Terror? Não lhe rola já na cabeça a ideia do suicídio que praticou mais tarde, quando a expectativa do patíbulo lhe despertou a fibra de Catão, casando-se com a morte, já que se não podia casar com a liberdade? Não é aquele o denunciante Silvério,[309] aquele o Alvarenga, aquele o padre Carlos?[310] Em tudo isto é de louvar a consciência literária do autor. A história nas suas mãos não foi um pretexto; não quis profanar as figuras do passado, dando-lhes feições caprichosas. Apenas empregou aquela exageração artística, necessária ao teatro, onde os caracteres precisam de relevo, onde é mister concentrar em pequeno espaço todos os traços de uma individualidade, todos os caracteres de uma época ou de um acontecimento.

Concordo que a ação parece às vezes desenvolver-se pelo acidente material. Mas esses raríssimos casos são compensados pela influência do princípio contrário em toda a peça.

---

309 Joaquim Silvério dos Reis Montenegro Leiria Grutes (Monte Real, 1756-São Luís, 1819) foi um dos delatores dos inconfidentes, o que rendeu uma série de benefícios: trinta moedas de ouro, pensão vitalícia, título de fidalgo, entre outros.
310 Padre Carlos Correia de Toledo (Taubaté, 1731-Lisboa, 1803), rico sacerdote, viveu por algum tempo na Europa; ao voltar a Minas Gerais, dedicou-se aos negócios e à agricultura. Participou ativamente na Inconfidência Mineira, foi deportado para Portugal e ficou enclausurado entre os franciscanos de Lisboa.

O vigor dos caracteres pedia o vigor da ação; ela é vigorosa e interessante em todo o livro; patética no último ato. Os derradeiros adeuses de Gonzaga e Maria excitam naturalmente a piedade, e uns belos versos fecham este drama que pode conter as incertezas de um talento juvenil, mas que é com certeza uma invejável estreia.

Nesta rápida exposição das minhas impressões, vê V. Exa. que alguma coisa me escapou. Eu não podia, por exemplo, deixar de mencionar aqui a figura do preto Luís. Em uma conspiração para a liberdade, era justo aventar a ideia da abolição. Luís representa o elemento escravo. Contudo o Sr. Castro Alves não lhe deu exclusivamente a paixão da liberdade. Achou mais dramático pôr naquele coração os desesperos do amor paterno. Quis tornar mais odiosa a situação do escravo pela luta entre a natureza e o fato social, entre a lei e o coração. Luís espera da revolução, antes da liberdade, a restituição da filha; é a primeira afirmação da personalidade humana; o cidadão virá depois. Por isso, quando no terceiro ato, Luís encontra a filha já cadáver, e prorrompe em exclamações e soluços, o coração chora com ele, e a memória, se a memória pode dominar tais comoções, nos traz aos olhos a bela cena do rei Lear carregando nos braços Cordélia morta. Quem os compara não vê nem o rei nem o escravo; vê o homem.

Cumpre mencionar outras situações igualmente belas. Entra nesse número a cena da prisão dos conjurados no terceiro ato. As cenas entre Maria e o governador também são dignas de menção, posto que prevalece no espírito o reparo a que V. Exa. aludiu na sua carta. O coração exigiria menos valor e astúcia da parte de Maria; mas, não é verdade que o amor vence as repugnâncias para vencer os obstáculos? Em todo o caso uma ligeira sombra não empana o fulgor da figura.

As cenas amorosas são escritas com paixão: as palavras saem naturalmente de uma alma para outra, prorrompem de um para outro coração. E que contraste melancólico não é aquele idílio às portas do desterro, quando já a justiça está prestes a vir separar os dois amantes?

Dir-se-á que eu só recomendo belezas e não encontro senões? Já apontei os que me pareceram ver. Acho mais — duas ou três imagens que me não parecem felizes; e uma ou outra locução suscetível de emenda. Mas que é isto no meio das louçanias da forma? Que as demasias do estilo, a exuberância das metáforas, o excesso das figuras devem obter a atenção do autor, é coisa tão segura que eu me limito a mencioná-las; mas como não aceitar agradecido esta prodigalidade de hoje, que pode ser a sábia economia de amanhã?

Resta-me dizer que, pintando nos seus personagens a exaltação patriótica, o poeta não foi só fiel à lição do fato, misturou talvez com essa exaltação um pouco do seu próprio sentir. É a homenagem do poeta ao cidadão. Mas, consorciando os sentimentos pessoais aos dos seus personagens, é inútil distinguir o caráter diverso dos tempos e das situações. Os sucessos que em 1822 nos deram uma pátria e uma dinastia apagaram antipatias históricas que a arte deve reproduzir quando evoca o passado.

Tais foram a impressões que me deixou este drama viril, estudado e meditado, escrito com calor e com alma. A mão é inexperiente, mas a sagacidade do autor supre a inexperiência. Estudou e estuda; é um penhor que dá. Quando voltar aos arquivos históricos ou revolver às paixões contemporâneas, estou certo que o fará com a mão na consciência. Está moço; tem um belo futuro diante de si. Venha desde já alistar-se nas fileiras dos que devem trabalhar para restaurar o império das musas.

O fim é nobre, a necessidade, evidente. Mas o sucesso coroará a obra? É um ponto de interrogação que há de ter surgido no espírito de V. Exa. Contra estes intuitos, tão santos quanto indispensáveis, eu sei que há um obstáculo, e V. Exa., o sabe também: é a conspiração da indiferença. Mas a perseverança não pode vencê-la? Devemos esperar que sim.

Quanto a V. Exa., respirando nos degraus da nossa Tijuca o hausto puro e vivificante da natureza, vai meditando, sem dúvida, em outras obras-primas com que nos há de vir surpreender cá embaixo. Deve fazê-lo sem temor. Contra a conspiração da indiferença, tem V. Exa. um aliado invencível: é a conspiração da posteridade.

MACHADO DE ASSIS
Correio Mercantil, ano XXV, nº 60,
sábado, 1º de março de 1868, p.2.

Riachuelo
Poema épico em cinco cantos, por Luís José Pereira Silva
(A Machado de Assis)

Meu amigo,

Entro tímido e receoso neste perigosíssimo campo! Assusta-me o burburinho imenso que soa ao longe nos arraiais da crítica; e eu, pouco habituado a tais refregas, mais monge que soldado, confesso que me falece o ânimo de que precisava para sair afoitamente do esconderijo em que vivo, estranho às pelejas em que tantos se arriscam. Saio, finalmente, mas Deus sabe que temores me assaltam.

Tu que, no remanso da paz, descansavas à sombra dos louros que ceifaste, por esforço próprio, sem auxílio estranho, foste obrigado a empunhar armas. Chamou-te o general em chefe,[311] restava-te obedecer, ainda que mesmo que te não agradasse o terreno em que havias de caminhar. Foi-te dado, por distinção, um posto superior, e essa homenagem ao mérito ofendeu a antiguidade dos cabos de esquadra que não querem ver-te tão alto, ainda sem jus ao hábito de S. Bento de Avis,[312] sem, ao menos, um diploma de bacharel!

Não podias, pois, escapar do tiroteio. Os projéteis andavam rasteiros, e tu, novo Aquiles, foste ferido num calcanhar! Não faças caso.

Deves supor que aludo às seguintes linhas, que li, há dias, num jornal desta corte:

"Se aquele que não tem conhecimento das línguas para estudar e analisar clássicos; que tem apenas habilidade de ler e escrever folhetins, mereceu

---

[311] Referência à carta aberta de José de Alencar dirigida a Machado de Assis, no *Correio Mercantil*, em 22 de fevereiro de 1868.

[312] A Ordem de São Bento de Avis (inicialmente chamada de Milícia de Évora ou Freires de Évora) foi uma ordem religiosa militar de cavaleiros portugueses, criada por D. Afonso Henriques, no século XII. Trazida para o Brasil, em 1808, pelo príncipe regente D. João VI, a ordem foi abolida por D. Pedro I, em 1834, restaurada em 1843, sem o caráter religioso, com o nome de Imperial Ordem de São Bento de Avis, e extinta em 1891.

foros de cidade no jornalismo, e o título pomposo de primeiro crítico brasileiro, não tenho medo de errar etc."[313]

É clara a alusão, e não me surpreendeu.

É opinião do signatário do folhetim, que não é obrigado a seguir em tudo os pensamentos alheios.

No mesmo caso estou eu, e é por isso que enviando-te um exemplar do *Riachuelo*, vou prevenir-te sobre o valor do mimo, segundo o meu voto, que submeto à tua apreciação.

Eu creio que escrever um poema épico é a mais difícil empresa a que pode abalançar-se um poeta.

Não citarei poemas estranhos, visto que não tens *conhecimento das línguas para estudar e analisar clássicos*; mas como ninguém te nega *habilidade de ler*, devo supor que tudo o que lês é escrito na língua materna, e por isso te falarei de poemas que deves conhecer.

Sabes que existem muitos, e que são bem poucos os que têm podido salvar-se à indiferença pública, sejam épicos ou de outro gênero.

Camões atraiu para o seu a glória que, bem repartida, sobejaria para imortalizar outros muitos; fala-se — bem pouco — da *Ulisseia*, de Gabriel Pereira de Castro;[314] do *Ulissipo*, de Antônio de Sousa Macedo;[315]; do *Caramuru*, de Frei José de Santa Rita Durão[316] e de poucos mais.

---

313 O ataque a Machado de Assis, referido por Faustino Xavier, aparece numa publicação anônima, e bastante agressiva, intitulada *Literatura pantagruélica: os abestruzes no ovo e no espaço (Uma ninhada de poetas)*.

314 Gabriel Pereira de Castro (Braga, 1571-Lisboa, 1632), poeta e magistrado português, autor do poema heroico em oitava rima e dez cantos, *Ulisseia, ou Lisboa edificada*, em que conta a fundação de Lisboa pelo herói Ulisses, publicado por seu irmão Luís Pereira de Castro em 1636.

315 Antônio de Sousa Macedo, barão de Mullingar (Porto, 1606-Lisboa, 1682), escritor e jornalista português, foi diretor de um dos primeiros jornais de Lisboa, *Mercúrio Português* (1663-1666), autor de *Ulissipo* (1640), poema épico que tem por argumento a fundação de Lisboa, e é considerado superior à *Ulisseia*, referido na nota anterior.

316 Frei Santa Rita Durão (Cata Preta, 1722-Lisboa, 1784), religioso agostiniano brasileiro do período colonial e orador, seu poema épico *Caramuru* (1781), tido como precursor do indianismo, foi influenciado pelo modelo camoniano.

O *Afonso*, de Francisco Botelho,[317] o *Viriato trágico*, de Brás Garcia de Mascarenhas,[318] o *Condestabre*, de Francisco Rodrigues Lobo,[319] o *Afonso, o africano*, de Vasco Mousinho de Quevedo,[320] a *Espanha libertada*, de D. Bernarda Ferreira de Lacerda,[321] e outros, debatem-se, quase asfixiados, nas águas do Letes, sujeitos à imersão completa, apesar do prestígio adquirido por alguns dos autores, com trabalhos de outro gênero.

Hoje que a poesia, despida das pesadas galas de outrora, é toda vaporosa e ligeira, não deve passar desapercebido o poeta que, afrontando as dificuldades inerentes à epopeia, apresenta um trabalho dessa ordem, que se pode ler, que agrada, que entusiasma, algumas vezes, e que também outras vezes comove.

Neste caso eu penso que está o RIACHUELO. Tem defeitos, e muitos; mas são em maior número as belezas, e o poema, no fim de tudo, merecia aceitação mais lisonjeira para o laborioso poeta, que se deu a um trabalho árido e fatigante para coligir dados, sem os quais de pouco lhe valeria, para o efeito, a imaginação que a natureza lhe dera.

Dói-me deveras, meu amigo, a frieza com que a sociedade recebe estas revelações do talento e da aplicação!

---

317 Francisco Botelho de Morais e Vasconcelos (Torre do Moncorvo, 1670-Salamanca, 1747), escritor português, viveu muitos anos em Salamanca, foi autor de várias obras, entre as quais, o poema épico *El Alfonso, o, La fundación del reyno de Portugal* (1711).

318 Brás Garcia de Mascarenhas (Oliveira do Hospital, Avô, 1596-idem, 1656), militar e poeta português, autor de *Viriato trágico* (1699), poema heroico em vinte cantos, dirigido a D. João IV de Portugal (1640-1656).

319 Francisco Rodrigues Lobo (1579-1621), escritor português, um dos mais importantes discípulos de Camões, é autor de romances bucólicos, églogas e sonetos, e da obra *O condestabre de Portugal*: D. Nuno Álvares Pereira (1627).

320 Vasco Mousinho de Quevedo (Setúbal, 1560/70?-1620/30), poeta português influenciado por Camões, é autor de *Afonso, o africano*: poema heroico da presa de Arzila e Tânger, editado em Lisboa, em 1611, tendo por modelo o poema *O Godofredo, ou, Jerusalém libertada* (1581), de Torquato Tasso (1544-1595).

321 Bernarda Ferreira de Lacerda (Porto, 1595-Évora, 1644), poeta portuguesa sob o domínio filipino, elegeu o castelhano como forma linguística da sua produção literária; autora da obra *Hespaña libertada* (*Espanha libertada*), poema épico cuja primeira parte foi publicada em 1618, e a segunda em 1673.

E dói-me ainda mais, quando o assunto do poema é um dos mais gloriosos feitos da atual guerra do Brasil com o Paraguai, e o livro apareceu no momento que o Império festejava os seus triunfos, precursores de uma completa vitória.[322]

Que importa que eu seja estrangeiro? Não tenho eu pátria, também; não abrigo no coração esse sentimento inato que se chama patriotismo?

Daqui resulta que o poema, que eu aprecio unicamente pelo lado literário, deve ter para ti duplo valor. Ali acharás perpetuado os feitos de muitos teus patrícios, talvez amigos, cujos nomes têm sido apenas registrados nas colunas dos jornais, tendo por consequência uma duração efêmera, se não tiverem o vigor necessário para se gravarem na memória do povo.

A primeira oitava convida à leitura do resto. Há certa imponência nestes vigorosos versos:

> *Glória aos valentes da brasília armada!*
> *E tu, gigante pátria minha, exulta!*
> *Tremenda afronta foi por nós vingada,*
> *Lavando-a o sangue da nação estulta!*
> *Vês? — Inda desce e rola ensanguentada*
> *Do rio a onda, em cuja riba inculta*
> *Da pugna horrível os destroços restam*
> *Que ao mundo em pasmo nossa glória atestam!*

No segundo canto há uma ideia verdadeiramente poética, o que me parece desenvolvida com gosto e critério.

> *Cena medonha, vai passar-se agora,*
> *Tétrica cena, lamentosa e triste!*
> *Nem um raio de sol os céus colora,*
> *Nem branca nuvem lá nos céus existe!*

---

[322] A famosa batalha do Riachuelo (11 de junho de 1865), no rio Paraná, feito que sob o comando do almirante Barroso, futuro barão do Amazonas (Francisco Manuel Barroso da Silva, 1804-1882), garantiu a hegemonia nas comunicações fluviais com o Paraguai, na guerra contra esse país.

*Jaz muda a natureza e se apavora
Do quadro horrível, cujo horror consiste
Descer das nuvens, e pausada e lenta
Outra nuvem mais negra, outra sangrenta.*

*E paira a nuvem negra, e se embalança
Por sobre os vasos de brasília armada
Desce depois, e sempre, até que alcança
Sobre as vagas pousar. Então, delgada,
Rasga-se a nuvem, e nos ares lança
A doce e pura essência perfumada
Que por vezes do céu baixar costuma
Nas asas brancas da gelada bruma.*

*E surge aos ares uma imagem santa
Da virgem meiga, mas chorosa e langue;
C'o a destra leve o níveo véu levanta
E os olhos mostra a gotejarem sangue.
Tristeza pálida e cruel quebranta
As róseas flores do semblante exangue,
E aqui e ali, na túnica alvacenta
Divisa-se uma nódoa macilenta.*

*Afasta as dobras que do ebúrneo seio
Recata aos olhos a pureza amena;
Nem mago encanto, nem já doce enleio;
Só dor amarga, só tristeza e pena
Inspira o colo de feridas cheio.
Mas fala a virgem, e na voz condena
Quem lhe murchara de donzela as flores,
Quem lhe rasgara aquele céu de amores:*

Era a imagem da pátria contando a seus filhos as mágoas que a pungiam, e incitando-os a que a livrassem de outras maiores.

Segue-se, feita pela virgem, a narração das afrontas que sofrera no começo da luta com o Paraguai. Não quero transcrever o poema; não posso, todavia, deixar de apontar-te uma belíssima oitava, continuação do episódio citado,

> *Inda pálido o sol a luz esconde,*
> *Testemunha da cena ensanguentada;*
> *Inda o eco das florestas vos responde,*
> *Das vítimas a voz entrecortada,*
> *Que inda geme e soluça, ao longe, aonde*
> *Existe a terra pátria abençoada!*
> *E luto vestem só, perdido o encanto,*
> *O sol, a pátria, a natureza em pranto!*

Há defeitos nesses versos; há mesmo erros muito repreensíveis, mas que não deixam de encontrar-se na citada *Ulisseia*, do douto jurisconsulto Gabriel Pereira de Castro, e em outros poemas, onde passavam como liberdades poéticas, porque os nomes dos autores os defendiam da justa classificação de incorreções gramaticais.

Entretanto, esse começo do segundo canto constitui uma linda ficção, digna de qualquer dos bons poemas da nossa língua, e seria injustiça exigir mais do poeta que se estreia em gênero tão difícil.

É igualmente notável o episódio de Marcílio Dias,[323] em luta, braço a braço, com quatro valentes inimigos. Apontar-te-ei a última oitava dessa narração, e será também a derradeira das citações do poema:

> *Esvaído depois, pérfido o alento,*
> *O herói guerreiro enfraqueceu na luta...*
> *Ao contrário valeu o atroz momento,*
> *A cólera, o furor somente escuta,*

---

[323] Marcílio Dias (Rio Grande, 1838-Corrientes, Argentina, 1865), militar brasileiro, herói da batalha do Riachuelo (11/6/1865), decisiva para a derrota do Paraguai na guerra contra o Brasil.

> *E o golpe descarrega violento*
> *Sobre o marujo, que na barba hirsuta*
> *Procura, do inimigo, apoio ainda;*
> *Mas foge a mão, vacila, e a luta finda.*

Basta. Isto não é crítica. É simplesmente uma carta a um amigo.

Lê o *Riachuelo*, analisa-o e não o poupes, na certeza de que os teus conselhos serão úteis ao autor.

Luís José Pereira Silva é modesto, como todo homem de verdadeiro talento. É mais que modesto, é tímido, não se apresenta. Apresentemo-lo nós. A minha missão termina aqui. Pertence-te mostrá-lo ao público, tal qual é, e para isso não precisa ele da recomendação do

Teu amigo F. X. de Novais

Rio de Janeiro. Abril de 1868.

Jornal do Comércio, ano 48, nº 103, Publicações a Pedido, domingo, 12 de abril de 1868, p.1.

Um poeta

(*Carta a F. X. de Novais*)[324]

Rio de Janeiro, 21 de abril de 1868.

Meu amigo.

Quer a cortesia que eu acuda ao teu convite de 12 deste mês. Mas posso fazê-lo sem mostrar-me pretensioso? Confesso que hesitei durante algum tempo.

---

[324] Faustino Xavier de Novais (Porto, 1820-Rio de Janeiro, 1869), escritor português, folhetinista satírico, fundador das revistas *O Bardo* (1852-1855) e colaborador do *Periódico dos Pobres* (1834-1858), *Eco Popular* (1847-1860) e *Clamor Público* (1856-1857). No Brasil, para onde veio em 1858, fundou, no Rio de Janeiro, *O Futuro* (1861-1863). Obras: *Poesias* (1855), *Novas poesias* (1858), *Cenas da foz* (teatro, 1858) e *Manta de retalhos* (folhetins, 1865). Foi cunhado de Machado de Assis.

É a situação igual àquela em que me vi, não há muito, quando o ilustre autor do *Iracema* teve a generosidade e a benevolência de apresentar-me um poeta e um livro. Agradeci a confiança; mas tratei de defini-la. Apesar dos termos em que me era manifestada, tão acima do que eu podia ambicionar, apenas vi nela uma animação aos meus esforços, um benévolo parabém, um honroso aperto de mão. Já era aceitar muito quem vale tão pouco; mas a natureza pôs em todos nós uma parcela de vaidade. Podemos disfarçá-la; não suprimi-la.

Agora vens tu, com a mesma confiança, pedir-me a apreciação de um livro e de um poeta. As circunstâncias são mais graves. Ao primeiro convite respondi como pude; mas como responder a este que, precisamente pelo fato de suceder ao outro, parece dar por assentada uma posição que seria gloriosa se fosse legítima?

Adverte, meu amigo, que eu hesito assim pela consideração de que há em frente de nós um público de leitores, não por mim que sei extremar a benevolência da justiça, a ilusão da realidade.

Não quero aos olhos do público parecer que aceito um papel de juiz, eu que, no foro literário, mal posso alinhavar razões. Não levanto com isto um castelinho de palavras; exprimo a minha profunda convicção. Sinto-me débil e incompetente para a magistratura literária. E não me custa dizê-lo; não me custa recusar cortesmente um título que o meu coração pode agradecer sem que o sancione a minha consciência. Consciência? Se o sancionasse já não seria consciência; seria vaidade pueril. A minha não vai até lá.

Animações merecê-las-ia talvez; nada mais. Creio que as merece quem fez algumas tentativas num gênero de literatura tão difícil, sem presunção de possuir todos os elementos necessários para ela, mas com a firme resolução de os procurar correndo o tempo e mediante o estudo.

Sabes, meu amigo, com que intenções fiz essas tentativas. Eram desambiciosas e sinceras. Não pretendia galgar nenhum posto eminente; tão pouco pretendia defender interesses que não fossem comuns aos homens de letras. Expunha objeções, tecia louvores, conforme me iam impressionando os livros. A dissimulação não foi a musa desses escritos; preferi a franqueza. Alheio ao fetichismo e aos rancores literários, nem aplaudi por culto, nem censurei por ódio. A esperança de ganhar afetos ou o receio de criar ressentimentos, não me serviram de incentivo ou obstáculo. E é certo que mais de uma vez, comparando a minha obscuridade com a reputação dos que eu então apreciava, perguntei a mim mesmo se, na opinião geral, o louvor não parecia adulação e a censura inveja. Felizmente eu dava as razões do meu parecer; podia ser julgado por elas.

Insisto neste ponto porque era sem dúvida o merecimento daqueles escritos. Outros não tinham decerto, ou se os tinham eram em grau limitadíssimo.

Bem vês que em tais condições, cumprindo uma tarefa voluntária, talvez despercebida do público, tinha eu as mãos francas para abrir um livro, lê-lo, analisá-lo. Não havia nisto nenhum caráter solene; ninguém me atribuía a intenção de ser aferidor de méritos, mas só, mas unicamente, um espectador da plateia literária, usando do duplo direito de aplaudir e de reprovar.

Está esse duplo direito ao alcance de qualquer; é igual ao do cidadão no estado político. O cidadão tem o direito de aplaudir ou censurar um ato público. Não influirá, nem decidirá; mas expõe a sua opinião. Não tem outra raiz o meu direito.

Foi sem dúvida por ver a boa vontade com que meti ombros à tarefa, a independência e a cortesia com que a desempenhei, o zelo com que procurava analisar escritos geralmente lidos, raras vezes comentados; foi sem dúvida por tudo isto que o autor do *Guarani* me honrou com uma carta que o arquivo literário nacional não pode perder porque é um primor de estilo.

Quiseste fazer o mesmo. Já me tardava que se manifestasse o teu coração tão nobre e cheio de entusiasmo. Mas desta vez (só desta vez) preferia que não tivesse coração. Verias então friamente que, se me não assombram as responsabilidades, acanham-me as eminências; e que o segundo exemplo de um convite público faz crer realizada uma posição de que estou e me sinto longe!

Era preciso dizer tudo isto antes de escrever em poucas linhas a minha opinião acerca do livro do Sr. L. J. Pereira Silva.

Conhecia já alguns versos do autor, e confesso que não tinha a respeito do seu talento poético a mesma opinião que tenho hoje. É natural. Às vezes acontece o contrário; passa-se de uma opinião absoluta a uma opinião restrita. Só o talento feito dá lugar ao juízo definitivo. Com os outros modifica-se muita vez a opinião à medida que se vão conhecendo os elementos e as provas.

O poema *Riachuelo*[325] aumentou a minha confiança no talento do Sr. Pereira Silva. É evidentemente um progresso, que eu aplaudo de todo o coração.

A grandeza do assunto fascinou o poeta. Aquela magnífica batalha que iniciou a longa série das nossas vitórias no Sul, pareceu-lhe que exigia as proporções de um poema. A ode estaria mais com a feição do seu talento; o poema pedia-lhe esforço. Mas a dificuldade, longe de o abater, deu-lhe ânimo e resolução; o poeta travou da lira épica, e escreveu um livro.

Aceitemo-lo como um fruto de inspiração e vontade, posto reconheçamos no poeta uma vocação essencialmente lírica. Se o plano apresenta imperfeições, derramam-se pelo livro belezas dignas de nota. A estrofe em geral é vigorosa e corrente; a descrição da batalha está feita com animação e colorido; os episódios estão variados de maneira que sustentam com o calor da inspiração o interesse da narrativa. Os pedaços que citaste são na verdade uma boa amostra de poesia e talento; o livro contém outros muitos que eu poderia mencionar aqui se não receasse alongar a carta.

Creio que o poeta leu e releu Camões, a fim de aprender com ele; e fez bem, porque o mestre é de primeira ordem. A oitava rima que adotou do mestre querem alguns espíritos severos que seja uma forma monótona; eu penso que fez bem em empregá-la, tanto mais que o poeta a sabe esculpir com opulência e harmonia.

Não quer isto dizer que todos os versos estejam isentos de mácula. Há alguns frouxos, outros duros, outros prosaicos; a rima que em geral é rica e feliz, uma ou outra vez me pareceu forçada e descabida; mas lembremo-nos que o poema tem cinco cantos. Em troca de alguns maus versos há muitíssimos bons.

Parece-me que o poeta consultaria melhor os interesses da inspiração dando menos lugar a algumas descrições minuciosas. A fidelidade com que

---

325 Na esteira de *O culto do dever* (1866), de Joaquim Manuel de Macedo, *Riachuelo*, poema épico de José Pereira da Silva, inscreve-se no contexto da chamada "literatura de guerra", inspirada na Guerra do Paraguai.

nos conta todos os incidentes da batalha é, às vezes, escrupulosa demais. A relação dos tiros recebidos pelas duas frotas, a apreciação dos danos causados, a nomenclatura marítima, deviam ter dado trabalho ao poeta para as acomodar no verso; mas eu creio que a necessidade era fictícia.

Os defeitos que apontei não tiram ao livro do Sr. Pereira Silva as qualidades que lhe reconheço. São defeitos explicáveis; estou que o poeta os reconhecerá comigo. Tem este livro uma qualidade valiosíssima – é sincero; respira de princípio a fim a emoção do poeta, o entusiasmo de que ele está possuído. O patriotismo, que vai produzindo milagres de bravura nas terras do inimigo, produziu nas terras da pátria o esforço de um talento real e consciencioso.

O poeta está agora obrigado ao cultivo assíduo das musas; abandoná-las seria descortesia e ingratidão.

Cuido, meu amigo, que os reparos que fiz, não hão de magoar o autor do *Riachuelo*; é filho de uma sociedade literária, onde a modéstia anda casada ao estudo. Demais, a franqueza é uma homenagem que se presta à dignidade do talento; a lisonja seria uma injúria.

Aí tens em poucas linhas o que penso do livro e do poeta. Não é sentença; é puramente uma opinião.

Espero tirar um proveito da tua carta. Dizem que te fizeste monge; e efetivamente estás recolhido à cela. Mas cuidas que se não descobre por baixo do burel a espada do soldado? Não deste baixa; estás em tréguas. A profissão monástica é simplesmente uma dissimulação de combatente que descansa dos conflitos passados, planejando operações futuras.

É de todo o ponto cabida neste caso a alegoria militar. Um filho de Tolentino é um combatente; escala a fortaleza dos vícios e ridículos. A musa é a sua Minerva protetora.

Não creio que vestisses o barel por cansaço ou desânimo. Foi outra coisa. Tu não és um poeta satírico; és também um poeta sonhador. Quando compões uma sátira para o público suspiras contigo uma elegia. O satírico triunfou muito tempo; agora foi o sonhador que venceu.

Compreendo o triunfo. Para certas almas recolher-se à solidão e ao silêncio é uma necessidade e uma afirmação. Mas a tua carta parece-me ser o rebate de uma nova campanha. Deus queira que sim. As musas têm direito de exigir a atividade de teu talento, já provado e aclamado pelos patrícios de Tolentino e pelos de Gregório de Matos.[326]

Na literatura, como na religião, temos a igreja triunfante e a igreja militante. Uma é a condição da outra. Já trabalhaste muito para a primeira; mas a segunda exige que trabalhes mais, e sempre. Triunfa-se militando.

MACHADO DE ASSIS
Diário do Rio de Janeiro, ano 51, n.º 112, Literatura, sexta-feira, 24 de abril de 1868, p.2.

A casa de João Jacques Rousseau Episódio de uma viagem na Suíça[327] Ernesto Cibrão

A história desse livro passa-se naquela Suíça, onde viveu a baronesa de Staël,[328] a mesma que disse das viagens: *"Voyager est, quoi qu'on en dise, un des plus tristes plaisirs de la vie"*. Não prevaleceu a opinião no espírito do autor deste episódio que, durante largo tempo, gozou do prazer, triste ou alegre, de ver coisas novas e novos homens.

Para que lhe aproveitasse a viagem bastava ser poeta, o que importa dizer que soube viajar; porque há uma ciência de viajar, como há uma ciência de viver. O conselho de Sterne,[329] quando recomendava que se introduzisse a arte na vida, bem pode ser aplicado ao viajar, que pede igualmente uma arte, e que arte! Vão lá perguntar por isso aos que não seriam capazes de dar dois passos para ir ver os museus da Itália ou as montanhas da Suíça.

---

326 Gregório de Matos Guerra (Salvador, 1636-Recife, 1695), alcunhado o Boca do Inferno, foi o maior poeta do barroco brasileiro. As *Obras poéticas* de Gregório de Matos foram publicadas em 1775.
327 Rio de Janeiro: Tipografia do Imperial Instituto Artístico, 1868. 100 p.
328 Anne Louise-Germaine Necker, mais conhecida como Madame de Staël (Paris, 1766-idem, 1817), escritora, romancista e grande leitora de Rousseau, teve influência decisiva na eclosão do romantismo na França, autora de *De la littérature* (1800), *Corinne* (1807) e *De l'Allemagne* (1813).
329 Laurence Sterne (Colnmel, 1713-Londres, 1768), escritor irlandês, famoso pelo seu romance *A vida e as opiniões do cavalheiro Tristam Shandy* (1759) e *Viagem sentimental pela França e Inglaterra* (1768).

O autor desse livro, que é poeta e artista, não foi, é verdade, acordar os ecos da planície dos Cipiões; mas, em compensação, viu muitas outras coisas que os artistas e os poetas sabem ver. Levava a musa consigo, e esta companheira de viagem é de todo modo incorrigível. É viajante que não faz acréscimo de despesa, nem ocupa lugar nos trens de ferro ou à mesa das hospedarias. Acompanha o poeta como uma sombra invisível: e quando ele a evoca, surge como o gênio do velho Próspero, aquele travesso e obediente Ariel, que sabia levantar as tempestades e acalmar os furacões; também ela possui o condão de dominar a natureza; ninguém melhor que ela interroga uma ruína, desenrola uma paisagem, devaneia à beira dos lagos ou no topo das montanhas. É tão preciosa na quietação do lar como nas fadigas do caminho. Lépida e corajosa, não há serras que lhe detenham os pés delicados, nem torrentes que lhe amedrontem os olhos curiosos. Tinha o autor esta excelente companheira de viagem, e creio que soube aproveitá-la, coisa que não podia deixar de fazer, porque era de todo impossível tapar-lhe os olhos para não ver e os lábios para não contar. Quis versos e ela deu-lhos — deu-lhos como a musa os sabe dar, como as flores dão os seus perfumes — sem esforço, nem retribuição, nem arrependimento. Quis livros, e ela gastou alguns serões em reler e coordenar as notas esparsas do viajante, preparando assim uma série de livros que o autor promete ir apresentando ao público a seu tempo.

Este é filho da Suíça, alentou-se daqueles ares que Voltaire, que Rousseau, que Staël respiraram, como ares de liberdade. Se a origem obrigava, a obra não a desmentiu: é uma página do coração humano. Não é propriamente uma narração de viagem, é um romance, cujo herói o autor foi encontrar junto ao lago de Genebra, um romance que lhe caía do céu, quando menos o esperava, e tão simples, tão dramático, tão interessante, que o autor, como delicioso poeta que é, fez dos elementos diversos, uma obra, pondo-lhe o selo de um estilo ameno, original e puro.

O título do romance não é, como pode parecer a alguns, um meio de sedução; longe de ser um incidente, a casa de João Jacques é a origem da ação e o principal elemento da luta; e não se infira daqui que o que se vai ler é querela de antiquários, uma discussão de cronistas. Os personagens não saem de uma esfera modesta, e os amores de duas jovens criaturas, que nada têm com o autor do *Contrato social*, enchem a maior parte das páginas deste livro. O autor do *Emílio* está julgado nas suas ideias. O que importa notar, a propósito deste romance, é que fazendo da memória de Rousseau o elemento capital da ação, o autor honrou a um tempo a figura do grande filósofo e a gratidão dos cidadãos de Genebra. Ou seja verídica, ou seja imaginária a luta de Pedro Olten e João Cessy, a propósito de João Jacques, essa luta exprime a veneração póstuma consagrada ao gênio, fora das controvérsias de escola e das convenções de partido. Bastaria este pensamento para angariar em favor do livro todas as simpatias do leitor.

Analisar por menor a ação de um romance, que aparece pela primeira vez, não é o que mais convém neste lugar. Limitar-me-ei a afirmar que nenhum leitor se arrependerá de ler este livro, e que todos acharão nele um crescente interesse, cenas comoventes, belas paisagens, e por vezes algumas páginas eruditas. A figura do herói está bem traçada, e a paixão de Olten e Cessy pela figura do imortal filósofo é de excelente efeito. Voltem os leitores a página e conhecerão melhor a obra.

É o primeiro romance do autor que tive ocasião de ler, podendo garantir que este deixa-me tão agradável e firme impressão como os belos dramas que o autor já apresentou ao público fluminense.

Estou [certo] que este será o juízo dos leitores, e, predizendo ao livro um sucesso decisivo, aplaudo desde já o poeta, e o convido para novos cometimentos.

MACHADO DE ASSIS
[Prefácio],[330] Rio de Janeiro,
1º de dezembro de 1868.

---

330 O prefácio de Machado de Assis ao romance de Ernesto Cibrão não consta no volume de *Crítica literária*, nem nas edições da Garnier, da Jackson e das *Obras completas*, da Aguilar, de 1959 e 1962, em três volumes, e na de 2008, em quatro volumes. A obra integra a Biblioteca de Machado de Assis, da Academia Brasileira de Letras, mas não foi arrolada na Coleção por Jean-Michel Massa.

1869

Martins Guimarães[331]

I

Demoremo-nos diante deste perfil literário. Examinemos linha por linha as feições deste talento superior, paciente, estudioso, que lá da capital paulistana nos envia mais um livro de versos para que a opinião pública o julgue e sentencie.

Quem é Martins Guimarães?

Três volumes de versos já atestam ao mundo o seu rico talento: *Capela poética*, *Ramalhete poético* e *Bouquet poético*. Agora vem o quarto volume: *Nuvens da América*. Poucos poetas têm sido tão fecundos como este; verdade é que cada volume não tem mais de 25 páginas, mas o valor de uma obra não está na quantidade, está no mérito.

Uma pérola vale mais que um seixo: eu prefiro o diamante *Regente*[332] às pirâmides do Egito. O tamanho não vem ao caso; cavalo grande besta de pau.

---

331 As três críticas sobre Martins Guimarães, publicadas na *Semana Ilustrada*, não foram assinaladas na *Bibliografia de Machado de Assis*, de José Galante de Sousa, nem nos *Dispersos de Machado de Assis*, de Jean-Michel Massa.
332 O diamante Regente foi descoberto em 1702 por um escravo índio perto do Golconda, pesando, bruto, 410 quilates.

Martins Guimarães é poeta filosófico; — mais do que isso — é poeta humanitário. As dores da humanidade, os erros da prepotência, as audácias do verdugo, eis os assuntos mais do peito do nosso poeta. Pode-se aplicar a frase que ele mesmo escreveu; não é homem de "— fanatismos ou apocrifidades —".

Muita gente há que vacila entre a sua prosa e a sua poesia; eu não hesito; a sua poesia faz-me o mesmo efeito da sua prosa: é sempre alta, filosófica, fluente.

Engenhoso é o título dado ao novo volume: *Nuvens da América*: São nuvens, e nuvens douradas pelo sol do estro do Sr. Martins Guimarães, que nem a Índia o tem mais quente.

Inimigos não faltam ao talento. Mas com o Sr. Martins Guimarães é inútil bulir. O poeta escreve na última página duas dedicatórias em que dá de rijo nos seus inimigos. Por exemplo:

A V. M.

Aí vão as *Nuvens da América* — se à semelhança das abelhas, me ferroarem estas pobres boninas; merecendo-as, não me poupem.

Não me derramem os nobres críticos, venenos a feri-los de morte; e deixam-as passar.

Não há nisto amargura; há simplesmente nobreza, verdadeira nobreza de quem despreza os zoilos.

Pois assim é que é.

A outra dedicatória é mais explícita:

A Messias F. Pena

Aí vão as *Nuvens da América*, são humildes para descortinarem através os nossos reposteiros, repousando elas juntas às vossas composições, não haverá eclipse?!...

Se houver como dizíeis será eclipse de luzes.

O livro abre por um artigo em prosa, intitulado "O século". São duas páginas eloquentes a respeito do século em que vivemos. Como o Sr. Martins Guimarães pertence à escola dos videntes, tem fé que as luzes irão dissipando as trevas, e democratizando o mundo.

Seguem as poesias, das quais darei aqui os títulos antes de as apreciar: "Este mundo", "Os cadafalsos", "Os conquistadores", "A ocupação de Humaitá", "Aos adônis deputados pela Província de S. Paulo", "O templo", "Minha mãe", "A Portugal", "Ao Príncipe das Trevas", "Aos filósofos", "À deusa", "Ao Carnaval".

Ao todo 13: número fatídico.

A poesia "Este mundo" é um resumo das misérias sociais. Começa por uma reflexão simples, mas enérgica:

> *Há homens bafejados da boa sorte,*
> *Atirados ao tapete da felicidade;*
> *Empolgando uma cadeira de degraus,*
> *Sobem a passos largos a uma posição*
> *Elevada e superior, e como subida,*
> *Não tem isso uma proba definição.*

Seis versos, e que quadro! que pintura simples e enérgica do que são os mimosos da fortuna!

Diz mais o poeta:

> *Sem poder e nome vejo aquarteladas*
> *Em seus albergues as nulidades.*

Depois pinta como eles sobem ao poder, como lá se sustentam vaidosos, como caem, esquecendo a fortuna passageira.

> *Que os leva navegando nos torpedos,*
> *E inconstante volve-os aos escabelos.*

O quadro segue medonho e franco; o poeta mostra o que são os "cálculos do esterquilínio"; os "clandestinos mortais"; o que é o "quantum metálico"; – diz-nos que

> [...] as molas dos aparelhos
> Se tocam com o fogo da mentira.

E depois de todo este quadro famoso, de princípio a fim, conclui com esta magistral estrofe:

> Não daria, nem Henrique Dias[333] não,
> Por um outrem pretensioso aristocrata;
> Que a eles não presta-se adoração,
> Supondo-se acima deles autocrata;
> Desprezando esses grandes de coração,
> De virtudes com a vitória na mão.

Assim termina a ode "Este mundo", página digna de Lamennais,[334] se escrevesse em verso, digna de Victor Hugo se escrevesse em português. Paremos por aqui. Vinho de Chipre vai devagar.

GIL
Semana Ilustrada, nono ano, nº 456, domingo,
5 de setembro de 1869, p.3.346-647.

Martins Guimarães

II

Intitula-se "Os cadafalsos" a segunda poesia. Martins Guimarães diz sempre alguma coisa a este respeito em todos os seus livros. Tem horror

---

[333] Henrique Dias (?-Recife, 1662), filho de escravos africanos libertos, comandou o Terço de Homens Pretos e Mulatos do Exército Patriota, também denominado dos Henriques, nas duas batalhas dos Guararapes (1648 e 1649) contra os holandeses.

[334] Hughes Félicité Robert de Lamennais (Saint-Malo, França, 1782-Paris, 1854), teólogo e filósofo socialista cristão, desligou-se da Igreja por discordar das posições do papa Gregório XVI. Autor, entre outras, das obras: *Palavras de um crente* (1834) e *O livro do povo* (1838).

aos patíbulos; é o Beccaria[335] do Parnaso. Desta vez foi bem inspirado, e posto que a sua nova ode não tenha nada igual àqueles dois versos, dele mesmo, na "Capela".

É um cadáver em que o sol se estampa;
Que mais? Uma reza, uma tumba e tampa,

contudo há pedaços admiráveis. Começa dizendo que "recua de pavor dos madeiros"; depois pinta que é a instituição do patíbulo, a que chama energicamente: "anacrônica degolação". Segue esta magistral estrofe:

Assinalam nas trevas os cadafalsos,
Sua razão de ser mais apurada;
Aos lampejos do justo alumiando,
Do passado em aferrolho e opressão;
Entre nós a descortinar aí estão,
Os cadafalsos a matar são um leão.

Agarra o poeta o leão, e mostra como, "apesar de faminto", vai tombando às "descargas de luzes deste século". Nem Píndaro subiu tão alto. Vejam por exemplo esta estrofe, se há nada que a iguale em toda a antiguidade... que digo? em todos os tempos:

Nos escandinavos tribunais juízes,
Alevanta-se a sacrílega impiedade
E a natureza não se revolta quando
Deve falar a filosofia e o coração;
Se abraça o Homem, é contra a religião!
Condena-se à ímpia morte o cidadão.

---

[335] Cesare Beccaria (Milão, 1738-idem, 1794), jurista, filósofo e literato, influenciado pela ideias de Montesquieu e Helvétius, fez parte da redação do jornal *Il Café* (1764-1765). Na obra *Dos delitos e das penas* (1764), Beccaria condena o direito de vingança coletiva aplicada nos julgamentos.

A principal feição desta estrofe é o claro-escuro, a misteriosa penumbra em que mergulha o pensamento do poeta, por maneira que o sublime, livre das quatro partes da oração, sobe mais alto que um balão. Falei em verso; vejam o que é tratar de um poeta.

Segue-se a poesia "Os conquistadores"; – "príncipes de horror", lhes chama o poeta. Não tem nada notável, a não ser um exemplo de verso quebrado, à maneira de Victor Hugo; é a última estrofe:

> *Porque de árbitros se não decide – a paz*
> *Antes da guerra, na frase do sábio*
> *Rei? Estas guerras cobrem de funerários,*
> *Crepes, esposas e filhos enlutados:*
> *Vendo entrar de frontes laureadas,*
> *Os capitães como virgens engrinaldadas?!...*

A "Ocupação de Humaitá" é digna do assunto. Que grandeza! que originalidade nesta estrofe em que celebra o triunfo:

> *Morais ou materiais esses triunfos,*
> *São triunfos do dever e liberdade;*
> *O auriverde nacional pendão,*
> *Como guia subiu na civilização;*
> *Golpeando horizontes armi-purpúreos,*
> *Que se rasgaram dourados à nação.*

Poderia citar outras estrofes desta poesia e outras belezas; para quê? Não vemos nisto um raio do estro do poeta?

Prossigamos.

Segue-se a poesia "Aos adônis deputados pela Província de S. Paulo à Assembleia Geral Legislativa".

Aqui começa uma dúvida. A província elegeu Adônis, muitos Adônis? Ou os deputados são rapazes gamenhos e merecem aquele nome já popular? Não sei. É o primeiro segredo do poeta; vejamos o resto.

Traz uma epígrafe a poesia; são dois versos do próprio poeta, paráfrase de outros do Dr. Duarte de Azevedo. Mas o poeta, como honesto que é, cita os seus e os do Dr. Duarte, e faz deste modo:

> *Como um bando de gaivotas, pairando*
> *Sobre um mar de anil serenando.*

Paráfrase dos seguintes versos:

> *Como um bando gentil de gaivotas*
> *Serenando nas bordas do mar.*
> *Duarte de Azevedo*

Segue a saudação aos Adônis:

> *Parabéns, parabéns, plêiade ilustre*
> *Do saber e da virtude um triúnviro.*

Triúnviro é excelente; mas a coisa não para aqui: o poeta tem fôlego para mais. Continua ele:

> *[...] um triúnviro*
> *Eleito na justiça dos comícios*
> *Assi confiando a sábios eminentes*
> *O depósito do poder deste distrito*
> *Foi confiado a varões sapientes.*

Victor Hugo diz que nenhuma palavra deve ser excluída da poesia, e declara ter feito um 89 no tinteiro: aprendeu com ele Martins Guimarães. Distrito era palavra prosaica até o ano passado; fê-la poética Martins Guimarães.

Seria desconhecer Martins Guimarães supor que ele deixasse passar tão boa ocasião de mostrar os seus sentimentos filantrópicos. Inimigo da escravidão, exclama o poeta:

> *Seja vosso farol, seja a pátria*
> *Porque vós da pátria já sois astros,*
> *Guia a si a luz celeste, a luz da terra,*
> *Em dúplice facho luz e resplandente*
> *Não só guiando a América do Brasil,*
> *Como emancipando o elemento servil.*

Memorável estrofe que será a prova do coração deste grande e ilustre bardo.

Esta poesia é um verdadeiro programa. Sabendo-se em S. Paulo que os deputados vão às vezes tarde para a Câmara, o poeta observa que não devem ir além do meio-dia, e diz:

> *Que vos guie Minerva, deusa da sabedoria,*
> *Que vos inspire à luz meridiana,*
> *Desta soberba América, AO MEIO-DIA,*
> *Para assim fixardes bem o sol.*

Não é possível dar com mais graça uma lição de regimento interno. Só Martins Guimarães possui talento para tanto. O poeta deseja que os Adônis voltem "com a palma da vitória na mão", e conclui dizendo que a pátria é: o "Eldorado esplendente da cidade".

Três estrofes conta apenas o "Templo"; citarei a última que dá ideia das outras. Não dissimularei a intenção do poeta que foi sem dúvida dar a ideia da Santíssima Trindade, fazendo essa poesia em três estrofes — *tres en uno* —, três estrofes distintas e só uma ode verdadeira. Vejam a última:

> *Essas crenças da divina majestade,*
> *Transmitida do sagrado Gólgota;*
> *Não são uma trágica verdade?!...*
> *Creio sê-lo a palavra ungida de Cristo,*
> *Creio então uma falsidade?!...*
> *Se o fosse, fanatismo e apocrifidades,*
> *Seriam banidas das humanidades?!...*

Por hoje concluiremos a tarefa, citando a poesia "Minha mãe". É do gênero elegíaco; faz chorar as pedras. Que tristeza nestes versos:

> *Vai-me esta vida a passo atribulado,*
> *Ela não é mais, não, matizada,*
> *Pela arboragem da campina*
> *Ao descambar do hino d'alvorada.*

Diz-se beberagem, camaragem, carruagem; porque se não dirá arboragem? Foi essa sem dúvida a reflexão do poeta. Que não venham por aí os praguentos defensores da língua, que a língua não é senado emperrado; a língua é um negociante que enriquece; se não compra gêneros novos está no chão.

Hesitei se se podia dizer: descambar o hino; mas reconheci que sim, principalmente quando o hino é d'alvorada, – hora em que tudo descamba. A explicação não é clara; mas eu trato de Martins Guimarães:

> *Meu coração nos moldes talhado*
> *Da pura natureza é uma batalha;*
> *Donde me dispanha a vida*
> *Do cálculo para mim mortalha.*

Cálculo mortalha – é uma alusão à profissão do poeta que luta com o borrador e a razão.

Paremos aqui por hoje; direi o resto em um terceiro artigo.

GIL

Semana Ilustrada, nono ano, nº 457, domingo,
12 de setembro de 1869, p.3.651; p.3.654.

Poesia

O atual ministro do Chile nesta corte e no Rio da Prata, o Sr. Guilherme Blest Gana,[336] é um distinto poeta, autor de um volume de versos, algumas comédias, e dramas.

---
336 Guilherme Blest Gana (Santiago, 1829-idem, 1905), poeta chileno, diplomata e correspondente da Academia Brasileira de Letras.

Os poetas da América espanhola são pouco conhecidos entre nós, do mesmo modo que os nossos são pouco conhecidos nas repúblicas do continente. Grande e recíproca vantagem seria, se houvesse relações íntimas entre as duas literaturas. Blest Gana, Matta,[337] Palma,[338] Cortes,[339] Cisneros[340] apertariam gostosamente as mãos a Alencar, B. Guimarães, Macedo, Varela e tantos.

Traduziu um amigo nosso uma das mais mimosas poesias do Sr. Blest Gana; damos em seguida a tradução; é uma amostra do talento do distinto chileno.

Dr. SEMANA

O primeiro beijo
(G. Blest Gana)

Lembranças daquela idade
De inocência e de candor,
Não turbeis a soledade
Das minhas noites de dor,
    Passai, passai,
Lembranças do que lá vai.

---

[337] Guillermo Matta Goyenechea (Copiacó, 1829-Santiago do Chile, 1899), poeta romântico, ensaísta e político chileno liberal-progressista, influenciado por suas viagens e leituras europeias e especialmente por Victor Hugo. Expoente do Romantismo em seu país. Perseguido, exilou-se na Inglaterra. É autor de *Cuentos en verso* (1853), *A la América* (1857), *Poesias* (1858, 2v.), *Poemas de Guillermo Matta, histórias em verso e fragmentos de um poema inédito* (1858), *Canto a la Pátria* (1864), *A Mexico* (1867) e *Nuevas poesias* (1887, 2v.).

[338] Manuel Ricardo Palma Soriano (Lima, 1833-Miraflores, 1919), escritor, político, poeta, cônsul do Peru (1865), editor do jornal político e satírico *El Diablo* e criador do gênero literário conhecido como "Tradiciones", contos em que mistura história e ficção, escritos tanto para divertir como para educar, autor, entre outras, da obra *Las tradiciones peruanas* (1860).

[339] Manuel José Cortes (Bolívia, 1811-?, 1865), historiador, polemista, jornalista, político e professor, cultivou o gênero satírico e foi precursor do romantismo boliviano, autor de *Bosquejo de los progresos de Hispano-America, Ensayo sobre la Historia de Bolívia, El viernes santo* e *Canto a la naturaleza del oriente de Bolívia*.

[340] Luis Benjamin Cisneros (Lima, 1837-idem,1904), poeta, escritor, político, diplomata e dramaturgo, um dos principais expoentes do romantismo peruano, autor de *Com a morte do rei Afonso XII* (1886) e *Amor aurora* (1883-1889).

Minha prima era bonita...
E eu não sei por que razão
Ao recordá-la, palpita
Com violência o coração.
Pois se ela era tão bonita,
Tão gentil, tão sedutora,
Que agora mesmo, inda agora,
Uma como que ilusão
Dentro em meu peito se agita,
E até a fria razão
Me diz que era bem bonita.

Que eu, a prima contava
Quatorze anos, me parece;
Mas minha tia afirmava
Que eram só, — nem tal me esquece!
Treze os que a prima contava.
Fique-lhe à tia essa glória,
Que em minha vivaz memória
Jamais a prima envelhece,
E sempre está como estava,
Quando, segundo parece,
Já seus quatorze contava.

Quantas horas, quantas horas
Passei ditoso a seu lado!
Quantas passamos auroras
Ambos correndo no prado,
Ligeiros como essas horas!
Seria amor? Não seria;
Nada sei; nada sabia;
Mas nesse extinto passado
De conversas sedutoras,
Quando me achava a seu lado
Adormeciam-me as horas.

*De como lhe eu dei um beijo
É curiosíssima história.
Desde esse ditoso ensejo
Inda conservo a memória
De como lhe eu dei um beijo.
Sós, ao bosque, um dia, qual
Aquele antigo casal
Cuja inocência é notória,
Fomos por mútuo desejo,
E ali começou a história
De como lhe eu dei um beijo.*

*Crescia formosa flor
Perto de uma ribanceira;
Contemplando-a com amor,
Diz ela desta maneira:
— Quem me dera aquela flor!
De um salto à flor me atirei;
Faltou-me o chão; resvalei.
Grita, atira-se ligeira,
Levada pelo terror,
Chega ao pé da ribanceira...
E eu, eu não lhe trouxe a flor.*

*De ventura e de alegria
A coitadinha chorava;
Vida minha! repetia,
E em seus braços me apertava
Com infantil alegria.
De gelo e fogo me achei
Naquele transe. E não sei
Como aquilo se passava,
Mas um beijo nos unia,
E a coitadinha chorava
De ventura e de alegria.*

Depois... revoltoso mar
É nossa pobre existência!
Fui obrigado a deixar
Aquela flor de inocência
Sozinha à beira do mar.
Ai! do mundo entre os enganos
Hei vivido muitos anos,
E apesar dessa experiência,
Costumo ainda exclamar:
Dita da minha existência,
Ficaste à beira-mar!

Lembranças daquela idade
De inocência e de candor,
Alegrai a soledade
Das minhas noites de dor.
   Chegai, chegai,
Lembranças do que lá vai.

M. A.
Semana Ilustrada, nono ano, n.º 458, domingo,
19 de setembro de 1869, p.3.662-3.

Martins Guimarães

III

Não é o nosso Martins Guimarães homem que deixe assunto por tratar. Poeta de larga esfera, abrange com o seu estro toda a sorte de coisas da terra, do céu e do inferno.

"Ao Príncipe das Trevas" é uma das melhores poesias. O diabo nunca ouviu coisas mais feias nem mais francas. Aquilo que todos nós dizemos baixinho e em prosa, disse-o Martins Guimarães alto e em verso.

Uma das coisas que mais zangam o poeta é que o diabo ouse afrontar o Eterno; esta estrofe é excelente:

> *Tu ousas ter c'o Eterno contenda!*
> *Se é a ti que o cetro destes mundos*
> *De astros, d'estrelas, e satélites,*
> *Do globo da terra e mares profundos*
> *Pensas pertencer-te, insensato Belzebu;*
> *Some-te, idiota, em pélagos do fundo.*

Não sei se o idiota atende ao mandado do poeta e vai ao pélago do fundo, mas a verdade é que o poeta diz a coisa sem rebuço, nem temor; é da têmpera dos Catões.

Noto, porém, a novidade, para mim excelente, de mudar uma frase que já estava velha. Até aqui dizíamos: *fundo do pélago*; o poeta diz: *pélago do fundo*. Era tempo de fazer esta reforma, que eu recomendo aos filólogos.

Não cuidem que o poeta fica por aí. Diz mais ainda. Martins Guimarães não larga a presa sem tê-la esfolado. Vejam esta estrofe:

> *Intentas, pois, em guerra aberta*
> *Saíres dessa condenação eterna,*
> *E voares com as asas de teu reino*
> *À terra, e do paraíso ao seio?*
> *Sempre aí verás anjo maldito,*
> *Bode negro, satanás cabrito!*

Tem seus versos de amor o nosso poeta, e pensamentos de fazer estourar de inveja a Propércio. Ora, vejam-me esta estrofe:

> *Adeus, ó borboleta maltizada,*
> *Que na fronte me pousasteis;*
> *E o pó d'ouro de tuas asas*
> *Fascinou-me por demais o coração*
> *Que sofreu, amou e amar-te,*
> *Que por ti ardeu em irradiação.*

De uma coisa devo eu avisar Martins Guimarães. Quando um poeta é de sua força, não atende a certas regras antigas e tolas. Por que razão faz ele contração nas palavras *com a*, dizendo *co'a*; isto é bom para os que, escravizados a uma lei incompreensível, anacrônica, e arcadiana, querem os versos medidos, e são obrigados a torturar assim a língua. Mas a escola moderna, de que Martins Guimarães é um modelo, não se escora a tais muletas: liberta-se delas.

Não tenho ânimo de prosseguir nesta análise. É melhor ler a obra do poeta. Lê-la vale mais do que receber estas impressões de segunda mão.

Por isso remetemos os leitores para o monumental livro das *Nuvens da América*, folheto que há de assombrar as gerações futuras, como está assombrando as gerações presentes, monumento erguido ao simbolismo do escuro e do complicado. Uma complicação escura, eis a vida; a poesia é uma irradiação do complexo; a inspiração uma concentração do escuro.

Dou entretanto aqui mais um fragmento das produções de Martins Guimarães.

A MISTERIOSA

Estrela d'aurora, anjo matutino,
Filha do céu, face rutilante;
Amo-te como o passarinho,
Ama, a pio e pio, o implume;
Filho, nas ramagens de seu ninho,
Assim te amo eu, anjo divino.

Tu és o ser que me encanta a vida,
Ornando-te de flores matizadas;
Brilhas-me na imagem dos sentidos,
De lindas grinaldas enramilhetadas;
Se não te prendo nos meus sonhos
Que são sempre ternos e tristonhos.

Puderas da vida ser-me o jardim,
Se ao menos de teus lábios soa-se;
Um riso desses lábios de querobim.
Tu és a pérola que me vai fugida;
Como a flor pelo rio abaixo,
Assim tu me foges ó q'rida.

Ah não me fujas visão da vida,
Desse palácio de graças enfeitado;
Ó celeste deusa olorosa em gala,
Do borzeguim ao topete ataviada.
Traze-me a ventura ao mundo,
Ó estrela que idolatro profundo.

Virgem do céu casta e pura,
De olhos azuis a dardejarem fogo;
Através das pestanas conduz,
O cintilar de acessos olhos;
O rosto te iluminam de luz,
Desse rosto pois o que traduz?!...

Mistério semblante de alabastro,
Ante teus altares ó sedutora;
Ajoelho, donzela deslumbrante,
Paira-me em ti o pensamento;
Nesta hora te vê como o brilhante,
Ofuscando a luz do diamante.

Fascinou-me a tua fronte bela,
E teu peito a pulsar arcando;
Teu virgem rosto de donzela,
Traduz um brinco sedutor;
Deslumbrado com toda a majestade,
Incendiando-me de terno amor.

GIL

Semana Ilustrada, nono ano, nº 460, domingo,
3 de outubro de 1869, p.3.678-9.

Coisas

20 de dezembro.

Se eu fosse ministro de Estado, ou simplesmente da ordem terceira de S. Francisco, começaria fazendo um programa substancial em que resumisse algumas promessas de boa execução. Mas quem desconhece que o folhetim não dá para tanto? O folhetim é o anão do circo Chiarini;[341] enquanto os vários artistas executam os mais difíceis saltos, o anão deve apenas divertir a plateia dizendo o que lhe vem à cabeça.

O folhetim é filho do acaso e da fantasia. Sua musa é o capricho, seu programa a inspiração.

Não repararam no teor e desenvolvimento de uma conversa sem assunto? Fala-se de um chapéu que passa; — vem à ideia as fábricas de Paris; segue-se uma discussão sobre Offenbach; entra em cena a Alemanha; ocorre falar de Goethe e de literatura; até cair na *Angelina, ou Dois acasos felizes*, obra do Sr. Azurara,[342] professor de Guaratiba.

Ora aí tem como de um chapéu se chega a um romance, passando pela Alemanha com música de Offenbach.

É o folhetim.

Este romance *Angelina ou Dois acasos felizes* foi publicado há três dias. Tem 78 páginas e 13 capítulos. É uma obra digna de ser lida.[343]

Abundam páginas de descrição e de sentimento, as reflexões sisudas sobre as coisas humanas, e sobretudo arrebatadora novidade de forma.

---

341 Giuseppe Chiarini (Roma, 1823-Panamá, 1897) foi talvez o diretor de circo mais influente do século XIX, tendo excursionado pela Europa, América do Norte e do Sul, Ásia e Austrália.

342 José Joaquim Pereira de Azurara (Campos, ?-?), jornalista, teatrólogo, romancista e contista, autor também do romance *Coincidências fatais* (1870).

343 A obra de Pereira de Azurara foi comentada na seção "Badaladas", do Dr. Semana, publicada em 26 de dezembro de 1869, na *Semana Ilustrada*. Uma vez que o referido pseudônimo era usado por vários jornalistas da *Semana*, optou-se por não incorporar a crônica aos textos de crítica literária de Machado de Assis, até que se faça exame mais rigoroso da colaboração de Machado naquela seção.

Quer o leitor ver um painel de Greuze,[344] um mimo, uma gentileza literária? É a descrição de Angelina, a dama principal do romance do Sr. Azurara. Transcrevo todo este pedaço que me parece digno de atenção:

> Era Angelina uma jovem, como sabeis, de 15 a 16 anos; de altura regular e de compleição delicada. Seu rosto era angélico!... Seus cabelos, tão pretos que rivalizavam com o azeviche, os quais andavam perenemente trançados e atados, nas extremidades, por uma fita purpurina; e, quando oleados, tornavam-se cambiantes; e eram tão longos que tocavam quase a barra do vestido (em 1820 não se usava cauda nos vestidos). Seus olhos eram sidérios, a despeito de serem tão negros como a mais negra jabuticaba, e eram circundados por duas sobrancelhas tão espessas quão bem talhadas. Seu nariz era pequeno; seus beiços, puníceos, sendo o superior subjugado por um buçozinho encantador; e por entre eles saía uma voz inteiramente orfênica. O rubor de suas faces prefulgia sobre um mitológico moreno. Sua cintura era quase imperceptível; seus braços, bem torneados; enfim, era um belo tipo de brasileira.

Esta moça, segundo nos diz o autor, teve uma infância bem cuidada, graças a uma irmã de sua mãe.

> Quando ela completou 6 anos, seu pai, não podendo educá-la melhor, mandou-a para casa de uma tia, irmã de sua mãe, a fim de com ela (tia) aprender a coser, a bordar, a crivar, a fazer renda; enfim, para aprender a tudo quanto naqueles tempos constituía uma modesta educação. Também aprendeu a ler.

Tenho notado nos nossos atuais escritores o uso de palavras vulgares e conhecidas com desprezo de termos poéticos ou simplesmente clássicos.

O autor de *Angelina* rompe brilhantemente com essa tradição. Ele sabe empregar vocábulos eufônicos, legítimos e coruscantes de graça.

---

344 Jean-Baptiste Greuze (Tournus, 1725-Paris, 1805), pintor e desenhista francês, aclamado por Diderot por sua inspiração popular e moralizante, embora o artista aspirasse pelo reconhecimento como pintor histórico, o que lhe foi negado pela Academia, para onde entrou, em 1769.

Veja-se, por exemplo, este fragmento:

> Carlos, logo ao apartar de sua prima, sentiu o gravame do mal que lhe fizera; e, *obnóxio*, durante a sua ida para a fazenda, arrependeu-se de ter-se *zumbrido* à sensualidade, conspurcando a honra daquela que desejava para esposa!... Mas, tarde arrependeu-se!

Tudo isto são belezas que merecem ser estudadas por toda a gente. Não desconheço, entretanto, que o autor de *Angelina*, com este louvável desejo de fugir à regra comum, cai em cacofonias represensíveis.

Assim é, por exemplo, quando fala da "inconclusa resolução de Angelina" saindo da casa da tia e indo procurar algures um abrigo. Diz o autor: "Era a *única guisa* de livrar-se etc.". Mas que vale uma gota de defeitos num oceano de qualidades?

Insisto na boa escolha que fez o autor de termos não indignos. Para que havemos dizer *encarnado*, *ama*, *falta* etc., como qualquer barbeiro? O autor usa de – *punício*, *notrice*, *inópia*, *zumbrir-se*, *impérvio*, *famulentos* etc.

Mostra que estudou.

Termina o romance com esta pergunta: "Agora resta-me perguntar-vos, meus leitores, deverei continuar a escrever?"

Sem dúvida.

Esperamos um segundo romance.

[...]

Felizmente aí temos o autor de *Angelina ou Os dois acasos felizes*, que vai restaurando as belezas da língua, *zumbrindo-se* ao estudo, que é a *notrice* do escritor.

[...]

LARA
Jornal da Tarde, ano I, nº 77, Folhetim do Jornal da Tarde,[345]
segunda-feira, 20 de dezembro de 1869, p.I.

---

345 As quatro crônicas do "Folhetim do Jornal da Tarde" não constam na *Bibliografia de Machado de Assis*, de José Galante de Sousa.

1870

Um poeta fluminense

Corimbos, *poesias de Luís C. P. Guimarães Júnior*

Há coisa de seis anos encontrei na rua um moço desconhecido, melhor dissera uma criança — e gentil criança que ele era! — o qual me disse rapidamente com a viveza impetuosa da sua idade:

— Está no prelo um livrinho meu; é oferecido ao senhor. Parto hoje mesmo para S. Paulo; já dei ordem na tipografia para lhe mandarem um exemplar.

— Obrigado. Como se chama o senhor?

— Luís Guimarães.

Poucos dias depois recebi o livrinho anunciado. Eram as primícias de um talento legítimo, inexperiente, caprichoso, que poderia vir a ser águia mais tarde, mas que não passava ainda de um beija-flor, galante e brincão, todo asas, todo travessuras, todo sede de aromas e de mel.

Noticiei o livrinho ao público, e escrevi ao poeta agradecendo-lhe o mimo e convidando-o a que não parasse naquela primeira obra.[346] Inútil conselho a quem sentia em si o misterioso impulso da inspiração. Luís Guimarães

---

346 O romance de estreia de Luís Caetano Pereira Guimarães Júnior, *Lírio branco*, foi objeto de rápido comentário de Machado de Assis, na "Crônica", publicada em *O Futuro*, de 1º de janeiro de 1863.

entrou a compor versos de amor e artigos de prosa, de que eu tinha conhecimento pelos jornais. Quem se não lembra com saudade dessa infatigabilidade dos primeiros anos? Luís Guimarães não escapou à regra, abençoada regra que lhe deu azo a ir assentando, moderando o estilo, preparando enfim a vocação para obras de maior tomo. A sua musa tinha naquele tempo incertezas, caprichos, exuberâncias, mas era musa, e havia de sofrer as impetuosidades no dia em que viesse a reflexão, essa indispensável colaboradora do talento.

Luís Guimarães correspondeu às esperanças que as suas estreias haviam inspirado. Ao cabo de seis anos, ei-lo que chega do Norte, onde fora concluir os estudos acadêmicos, trazendo em uma das mãos o diploma de bacharel, e na outra um livro de poesias. Esta coincidência é premeditada ou fortuita? Quis ele depositar na mesma ocasião, o diploma nas mãos da família, o livro nas mãos da pátria, mostrando assim que nem a poesia prejudicou o direito, nem o direito anulou a poesia? Não sei. Basta dizer que a coincidência existe, e que se a política ou a magistratura nos vier roubar o cidadão, cá nos fica o poeta com todos os seus sonhos e melodias, porque o autor de *Corimbos* (oxalá me não engane!) é dos que hão de ter vinte anos toda a sua vida. Não se tome à má parte esta profecia que não alude à compostura necessária ao homem. Quer apenas dizer que este inspirado poeta está vendido, corpo e alma, à musa loura e travessa da mocidade, a musa que coroou de rosas Anacreonte, a despeito da calva e das cãs.

Corimbos é o nome do livro. Os traços gerais da poesia de Luís Guimarães são hoje os mesmos de outrora; mas o livro de *Corimbos* destaca melhor a sua fisionomia poética, e a este respeito como a outros é a verdadeira data da sua vocação literária. Não precisa esmerilhar muito para achar entre os seus escritos do primeiro período de produção, páginas cheias de inspiração e de graça; mas esses primeiros caprichos de uma imaginação sôfrega e viva exprimiam ainda as adoráveis incoerências de um talento não educado. Os seus últimos escritos mostram a intervenção do tempo e da reflexão. Dá-se com a literatura o que se dá com o amor. Mme. de Staël dizia que os segundos amores eram os mais profundos, porque os primeiros nasciam da simples necessidade de amar. Com a poesia é a mesma coisa. O coração noviço e a imaginação inexperiente cedem às primeiras seduções, porventura as melhores, mas não as mais capazes de dominar a vida inteira.

O livro de *Corimbos* representa, pois, um talento desenvolvido e refletido, que nada perdeu com o estudo e o trabalho. É também um livro original. O amor é a corda exclusiva da lira do poeta. Uma ou outra composição de inspiração diferente não desmente este caráter geral da obra. Os que condenam a poesia pessoal, perguntarão, sem dúvida, o que vem fazer este poeta com as suas revelações íntimas. Ele poderá responder que as vem comunicar de alma para alma, que é essa a verdadeira comunhão do sentimento e da poesia.

A poesia pessoal, quando não se tem alguma coisa para mostrar ao público, seja a originalidade da forma, seja a novidade das ideias, ou enfim qualquer dessas modificações do sentimento, que são tão várias como os caracteres, a poesia pessoal que não é isto, é realmente uma coisa fatigante e sem interesse. Mas nesse caso só se lhe condena o que lhe falta; não é a poesia que nos cansa, e é a incompetência do poeta.

Luís Guimarães está livre dessa acusação. Os seus versos têm a novidade de forma e de ideia que interessa e arrasta, e a naturalidade do sentimento que transmite ao leitor as emoções do poeta. Folheiem as nossas leitoras esse livro mimoso, leiam a "Sepultura dela", "Consuelo", "Recuerdo", "Três cartas dela", "Estâncias", "O vagalume" e tantas outras.

As "Estâncias" são lindíssimos versos de saudade profunda e serena, cheios de harmonia e de melancolia. O "Poema do pescador" é uma espécie de Cântico dos cânticos, uma serenata amorosa feita em melodiosas quadras. Que estou eu a citar? Melhor é que os leitores vejam o livro; o seu coração fará melhor a crítica do poeta do que o que pode fazer a minha pena.

Também traz versos alexandrinos este volume de Luís Guimarães. Condenar hoje o verso alexandrino já passou à categoria das ideias singulares. O verso alexandrino triunfou no Brasil e em Portugal; quase não há poeta que lhe não tenha metido a mão. Ainda agora acabo de ler um interessante artigo de Latino Coelho[347] a respeito do mestre dos alexandrinos. Querem saber o que pensa desse verso o secretário da Academia? "... Antes haveriam de deliciar a escrupulosa autoridade poética do nosso respeitável amigo o Sr.

---

347 José Maria Latino Coelho (Lisboa, 1825-Sintra, 1891), mais conhecido como Latino Coelho, foi militar, escritor, jornalista, político, e notabilizou-se com obras de foro histórico e ensaístico, dentre as quais *A Iberia* (1852), *A oração da coroa* (1877), *O sonho de um rei* (1879), *Vasco da Gama* (1882).

Castilho, o iniciador, o evangelista, e o pregador desta ameníssima espécie de metro." Cito de propósito a Latino Coelho, que é considerado em ambos os países como escritor de apuradíssimo gosto.

Os alexandrinos de Luís Guimarães são cadentes, cheios e corretos. Luís Guimarães de há muito trabalhava neste metro; mas, como acontece nos primeiros ensaios, a obra não lhe saía boa. O poeta não desanimou, nem se enamorou de sua obra. Como os verdadeiros talentos, os que têm confiança em si, tratou de acertar mediante o trabalho e o estudo. Abençoada disposição de ânimo! é este o único meio de chegar à perfeição.

No meio de tantos louvores que lhe faço, sinceros, filhos do coração, sem que o coração prejudique a análise, não terá Luís Guimarães alguns defeitos? Tem; pode-se-lhe achar algum verso malsoante, alguma expressão obscura e descabida, alguma rima imperfeita, defeitos que não prejudicam o talento, descuidos raros no meio de numerosas belezas.

Em suma, este livro dos *Corimbos* é uma vitória e uma obrigação. Colha o poeta os louros da primeira, mas não esqueça a responsabilidade da segunda. – A sua musa pertence ao país.

Não deixarei de apresentar aos leitores uma amostra da poesia de Luís Guimarães. Será a melhor notícia que posso dar do poeta e da obra. Vejam a página seguinte.

M.

ESTÂNCIAS

Dá-me a ventura que fugiu contigo,
Dá-me uma flor das flores que voaram;
Ao pé de mim, Maria, aqui comigo
    Só lágrimas ficaram.

À minha voz já não responde um eco;
O vento nos meus pés geme expirando;
E do nosso jardim deserto e seco
    As rosas vão murchando.

As andorinhas que tu vias dantes
Do céu da tarde as névoas percorrendo,
Já vão longe, Maria, tão distantes,
    Que o inverno vem descendo.

Na quieta face da lagoa fria
Onde ambos nós vogávamos sorrindo,
Não vejo mais teu rosto, não, Maria,
    Que as trevas vêm caindo.

Se às vezes ouço o teu vestido branco
Turbar das noites a mudez sombria,
Chego tremendo, — apalpo a relva e o banco
    É tudo vão, Maria.

Parece às vezes, meu amor, parece
Que a tua voz responde à voz da lira,
Mas não! É a folha seca que estremece,
    É o vento que suspira.

Perdida estás, visão do meu passado,
E vós meus dias, vós ireis passando,
Como as águas de um rio abandonado
    Na escuridão rolando...

Nem uma rosa boiará nas águas,
Nem de estrelas um raio fugidio:
Curtindo penas e espalhando mágoas
    Irás secando, ó rio!

Irás secando. E o pé lasso e pesado
Do viajante calcará sem medo
A campa que sepulta o meu passado
    E fecha o meu segredo.

Quem saberá que ali n'aquele canto,
N'aquela relva festival, macia,
Dormem meus ossos, meu amor, meu pranto?
Nem tu, nem tu, Maria!

L. Guimarães Júnior
Semana Ilustrada, décimo ano, nº 473, domingo,
2 de janeiro de 1870, p.3.779; p.3.782-3.

Um poeta

Entre o céu e a terra, *por Flávio Reimar*

Quando eu vejo um poeta entrar na política, lembra-me logo aquela deliciosa princesa do conto de Perrault,[348] condenada a ser ferida por uma roca e a morrer do golpe fatal. A felicidade está em que alguma fada benfazeja transforme a morte anunciada em prolongado sono. Essa fada benfazeja é a musa, que nem sempre abandona os seus à voracidade sombria da política. Então, como no conto aludido, tudo dorme ao redor do poeta e tudo acorda a um tempo, a fim de que a mocidade da alma ache diante de si a mocidade das coisas.

É o caso de Flávio Reimar. Flávio Reimar desceu um dia das regiões da poesia para entrar na vida prática das coisas públicas. Figurou no parlamento geral e provincial. Manuseou o orçamento; é verdade, manuseou o orçamento, aquele repolhudo orçamento anual com que as câmaras brindam os contribuintes e o fisco. E não morreu este poeta, e escapou ao orçamento, ao parlamento e ao esquecimento, e ressurge tão vivo, tão galhardo, tão rapaz como dantes – apenas realçado por um toque de filosofia melancólica, que caracteriza ainda melhor, que lhe dá uma feição mais poética e original.

---

348 Charles Perrault (Paris, 1628-idem, 1703), escritor e poeta francês, estabeleceu as bases para um novo gênero literário, o conto de fadas, o que lhe conferiu o título de "Pai da literatura infantil". Suas histórias mais conhecidas são *Le Petit Chaperon Rouge* (Chapeuzinho Vermelho), *La Belle au Bois Dormant* (A Bela Adormecida), *Le Maître Chat ou le Chat Botté* (O Gato de Botas), *Cendrillon ou la Petite Pantoufle de Verre* (Cinderela), *La Barbe Bleue* (Barba Azul) e *Le Petit Poucet* (O Pequeno Polegar).

Flávio Reimar é o nome literário. O nome civil do poeta é Gentil Homem de Almeida Braga.[349] O segundo nome faz lembrar o cavalheiro distinto, como o primeiro recorda o talentoso escritor. Grande felicidade esta de merecer estima como poeta e como homem.

Entre o céu e a terra é o título do livro em prosa que Flávio Reimar me enviou do Maranhão. Ele lá explica no prólogo a razão deste título, que lhe não parece congruente com o livro. Eu creio que o é, se lhe procurarmos a razão do título, não na letra, mas no espírito da obra. Aqueles escritos diversos, reunidos caprichosamente num volume, não são bem do céu nem da terra, posto falem da terra e do céu — de coisas alegres e coisas tristes, de filosofia e saudade, de lágrimas e sorrisos — evocações do passado e arroubos de imaginação, episódios e fantasias, descrições e devaneios, coisas cá de baixo e coisas lá de cima. O título exprime a unidade do livro no meio da diversidade dos assuntos.

Conquanto não fossem escritas todas de uma assentada, têm estas páginas a unidade do estilo, que é o característico dos escritores feitos. Nota-se também uma grande preocupação de boa linguagem, que merece repetidos louvores. Gosta o autor de polir a sua língua e seguir as lições dos seus ilustres conterrâneos Lisboa e Sotero. Vê-se que frequenta os velhos clássicos do nosso idioma. Não desanima em tão louváveis práticas, que bem necessário é o exemplo.

Longo seria este artigo, se eu quisesse dar aos leitores uma ideia cabal de todo o livro. Nem seria fácil, porque teria de analisar muitas páginas soltas, páginas que não admitem análises nem resumos. O escrito de maior fôlego do livro é o que tem por título "Reminiscências de um transmigrado"; dividido em 12 capítulos, contendo cada qual uma recordação da vida anterior; obra de alegre fantasia e amena erudição, travada às vezes de tristeza, outras vezes (em mal!) de alusões políticas, ainda assim raras e despidas de azedume, porque os ares da poesia têm o condão de sacudir do espírito a poesia cá de baixo.

---

[349] Gentil Homem de Almeida Braga ou Flávio Reimar (São Luís, 1834-?, 1876), jurista, professor, poeta e ensaísta, autor de *Clara verbena*, *Parnaso maranhense* (1861) e *Entre o céu e a terra* (1868), entre outros.

Afora essas "Reminiscências", ligadas entre si por um tênue vínculo, todos os outros escritos são inteiramente distintos e separados. Pelo assunto, pela forma, pelas proporções escapam à análise, o que é uma felicidade para o leitor que entrará assim em terra desconhecida para ele.

Receio apontar algumas páginas ao leitor curioso. Não quero que pareça exclusão de outras igualmente belas. O livro todo merece ser lido, porque é bom. Mas se algum leitor quiser conhecer da árvore por algumas flores apenas, recorra à "Carlotinha mangueira", ao "Pobre Serapião", à "Aninha", à "Singela recordação", ao "Caçador de pacas" — páginas repassadas de poesia verdadeira e algumas vezes de dolorosa filosofia. Se lhe apraz o riso franco, a jovialidade do estilo, o capricho da imaginação, leia-me aquele ponto sobre "Se os holandeses não tivessem perdido a Batalha de Guararapes", e aquele outro que tem por título "Se o preto Nicolau houvesse descoberto a cidade de Axuí". Um destes e unidos e outros lhe dará ideia completa do estilo e da imaginação de Flávio Reimar.

Eu bem quisera dizer alguma coisa desagradável ao poeta, mas o seu livro está por tal modo longe de regras e modelos, é obra tão pessoal e caprichosa, que a crítica só lhe pode exigir duas coisas: que seja interessante e tenha estilo. Preenche o poeta estas condições; não é possível exigir-se mais.

Exijo mais. Quem sabe descrever tão bem como o autor de *Entre o céu e a terra*, quem conhece o segredo de narrar as coisas e exprimir os sentimentos com tanta verdade, quem já possui uma boa dose de filosofia da vida, deve tentar um livro homogêneo — um romance, por exemplo — forma para a qual creio que Flávio Reimar possui os necessários requisitos. Mas aí me vou eu convertendo em conselheiro de uma imaginação, que há de dar ao seu país as obras a que ele tem direito, sem fazer cabedal das minhas sugestões, as quais, é certo, nada mais exprimem do que o desejo de ver entrar de novo na arena um talento nascido para enfrentar a luz e a publicidade.

M.
Semana Ilustrada, décimo ano, nº 477, domingo,
30 de janeiro de 1870, p.3.811; p.3.814.

Mosaico brasileiro

Com este título publicou a casa Garnier um novo título do Sr. Dr. Moreira de Azevedo. É uma coleção de anedotas, ditos agudos, curiosidades, máximas e pensamentos de alguns homens notáveis do Brasil. Livro despretensioso, mas interessante, e revelador dos estados e fadigas a que dá o autor nos assuntos da história pátria.

Os que têm acompanhado o Sr. Dr. Moreira de Azevedo desde a publicação do seu *Pequeno panorama*, não podem deixar de reconhecer os seus dotes de investigação, o seu paciente amor às coisas pátrias, a sua esclarecida inteligência empregada em revolver papéis velhos, tarefa aparentemente enfadonha para outros, mas deliciosa para os que, como ele, votam à verdade histórica o culto da adoração.

O gênero de trabalho a que se dedicou o Sr. Moreira de Azevedo não é o que mais admiradores encontra. Por isso mesmo é a sua tarefa meritória em dobro. Nem todos calculam o trabalho que dá muitas vezes a composição de um livro como este *Mosaico brasileiro*; mas o autor acha boa paga na satisfação de ter feito um livro útil. E úteis são todos os seus livros, e todos hão de servir de exemplo, norma e fonte a investigadores e escritores futuros.

Prossiga o distinto autor nos seus trabalhos, e não se poupe, como até hoje, às fadigas que lhe eles impõem.

Se me sobrasse espaço faria uma ou duas citações do *Mosaico brasileiro*; guardá-las-ei para depois.

A edição é do Sr. Garnier. O livro foi primorosamente impresso em Paris. O Sr. Garnier é infatigável; publica uma obra quase todas as semanas, sem prejuízo do seu *Jornal das Famílias*,[350] que continua a ser uma revista interessante e lida, graças à variedade dos artigos, à perfeição dos desenhos e à novidade dos figurinos. O *Jornal das Famílias* tem quase a mesma idade da *Semana Ilustrada*.[351] Conta já os seus 8 anos completos, boa idade para

---

350 Editado por Garnier, o *Jornal das Famílias* (1863-1878) era destinado ao público feminino. Machado de Assis foi um dos principais colaboradores da revista, que era uma transformação da *Revista Popular* (1859-1862).
351 A *Semana Ilustrada* foi uma revista de caricaturas, fundada em 1860 por Henrique Fleiuss (Colona, 1824-Rio de Janeiro, 1882), e que circulou até 1876. Contou no

afiançar a existência prolongada de uma gazeta. Quando uma gazeta chega aos 8 anos sem desmerecer do passado, pode-se dizer que está segura...

GIL

Semana Ilustrada, décimo ano, nº 477, domingo, 30 de janeiro de 1870, p.3.814-5.

[...]
Assentado, pois, que há a mais íntima harmonia entre o soneto e a espinhela caída, tratemos de anunciar aos leitores do *Jornal da Tarde* um livro de prosa e verso escrito por um estudante de medicina, que longe de abandonar a ciência, ocupa os seus lazeres meditando em coisas da arte.

O livro que trato é dividido em duas partes: um romance intitulado – *As aventuras de um estudante ou As esperanças malogradas de Henrique*, e uma coleção de versos intitulada – *Pétalas divagantes*.[352] Chama-se o autor João José de Sousa Meneses Júnior.[353]

Antes de mais nada chamo o autor a contas. Por que reuniu a prosa e os versos no mesmo livro, prejudicando assim ambas as coisas? O romance é por si um livro independente; e os versos, posto que não sejam muitos, bem podiam tomar um volume separado. Cuido que o Sr. Meneses receou talvez que as duas obras saíssem pequenas, mas isso não é mais que uma ilusão de modéstia. O mérito de um livro não se mede pelo tamanho. É bem mesquinho o livro que imortalizou La Rochefoucault;[354] e para atravessar os séculos bastou a Anacreonte um grupo de odes faceiras.

---

seu quadro de colaboradores com nomes como Machado de Assis, Quintino Bocaiúva, Joaquim Manuel de Macedo, Joaquim Nabuco, Bernardo Guimarães e outros.

352 A obra de Meneses Júnior foi comentada na seção "Badaladas", do Dr. Semana, publicada em 13 de fevereiro de 1870, na *Semana Ilustrada*. O motivo da não inclusão dessa crônica é o mesmo exposto em relação ao romance de Pereira de Azurara, na nota no 335.

353 João José de Sousa Meneses Júnior (?-?), médico formado pela Faculdade de Medicina da Bahia, autor da tese *Influência dos miasmas palustres sobre a saúde do homem*, defendida em 1873.

354 François de La Rochefoucault (Paris, 1613-idem, 1680), moralista francês, um dos maiores cultores do gênero de máximas e epigramas, autor de *Reflexões ou sentenças e máximas morais* (1664).

Não param nisto as minhas censuras. Por que não corrigiu o Sr. Meneses as suas obras de alguns defeitos que ali estão a amesquinhá-las? Por que razão não desenvolveu alguns capítulos do romance? qual o motivo que o obrigou a tratar por alto algumas situações verdadeiramente dramáticas? Estas perguntas não se fazem a talentos medíocres; mas talentos da ordem do Sr. Meneses são obrigados a tratar o mundo literário com mais algum respeito.

Feitas estas censuras, passarei a dizer as imensas belezas que traz este livro, e começarei pelo romance, que é obra de *primissimo cartello*.

Até hoje é coisa reconhecida a dificuldade de condensar em um prefácio o pensamento de um livro. O Sr. Meneses venceu brilhantemente essa dificuldade. Eis o prefácio do romance:

> Este livro que ides ver é a prova mais renhida de um constante amor; é a primeira folha de minha mocidade; ainda está envolvida nos arroubados encantos da vida e nas tristonhas efígies da morte.

Estas simples linhas dão ideia do romance; o romance *Aventuras de um estudante* é realmente a prova mais renhida de um constante amar.

Poucas pessoas terão amado mais, nem com maior ardor que o protagonista do romance.

Começa a narração por uma viagem no mar. Largos traços de mão de mestre. O autor conhece o mar, os seus mistérios, os seus gritos e os seus silêncios, e sabe como ele recorda mil coisas ausentes que se gozaram em terra. Transcreverei este fragmento que resume o estilo e o pensamento do autor:

> Olha-se para o oceano encapelado ainda pelo tanger das rodas do vapor sobre seu dorso, se recorda dos momentos em que ajoelhado em presença de um anjo, ele lhe atira um riso de ironia sarcástica.
>
> Mirando-se as estrelas, por elas se contam os dias em que um remexer de seus travessos olhos lhe arrebatou a vida... um balbuciar de róseos lábios o querendo embeber em sonhos divinos... um arfar de seios que pendem amor... revolvendo o seu coração em espaçoso céu... uns cabelos bem negros em duas tranças pendidas sobre um alvo pescoço em que se avista a circulação das

cerúleas veias... transportar o seu corpo para o trono celeste... uma estreitada cintura, uns dentes de jaspe, uns pomos bastante entumecidos nos quais se percebe os diversos regos que existem em redor deles...

Quem não vê neste quadro o pincel do artista e o pensamento do filósofo, ambos animados pelo amor? Nestes e noutros quadros o Sr. Meneses é exímio. Querem ver, por exemplo, uma citação histórica feita com propriedade e graça?

A poucos passos dali está colocado o farol, na primeira posição desse território: que sublimes paisagens se vão nos mostrando à medida que subimos para o cume desta coluna de Vendôme! Bem como Napoleão nas pirâmides do Egito contemplava nos seus soldados quarenta séculos, assim eu dessas alturas contemplava as primorosidades da natureza.

Tem razão o poeta; as primorosidades da natureza são os soldado do gênio. A notícia da ascensão de Bonaparte ao cume das pirâmides para contemplar quarenta séculos nos seus soldados tem grandíssimo valor histórico e estou que não escapará aos investigadores.

Henrique chega a Alagoas depois da viagem descrita em duas páginas animadíssimas. Tem vontade de almoçar em terra; desce e vai a um hotel, onde é servido imediatamente. Mas parece que o destino já o esperava ali mesmo; no meio do almoço ouve tocar piano e cantar as "Saudades da Bahia". Larga o almoço, senta-se à janela e "começa a derramar lágrimas". Súbito aparece na janela fronteira a mulher que ele amara outrora; apareceu-lhe acompanhada de um "esbelto mancebo". O esbelto mancebo pede a Henrique que vá lá a casa dele. Henrique treme ao ouvir semelhante proposta; "o convite de um desconhecido causa-lhe horror". O esbelto mancebo reitera o pedido por meio de uma carta a qual "coisa mais célebre! traz o nome de Henrique por extenso!".

O estudante cede e vai. Aqui dou a palavra ao autor:

Um belo almoço já se achava sobre a mesa, para o qual ela e seu marido (o esbelto mancebo) me convidaram, e fizeram com que eu aceitasse o pedido.

Almocei. Durante esses momentos de refeição trocamos diversas frases. Afinal ela diz ao marido:

— Eis aí o moço que por diversas vezes lhe tenho falado. Eis o Henrique que outrora amei com todo o ardor da mocidade; mas de quem a sorte fatal me fizera separar por causa dos desarranjos que sofrera meu bom pai.

— Sr. Dr. a sua senhora era na verdade a fada que me guiava sempre pelas estradas do céu... era aquela por quem transpunha os escolhos da vida... tinha um amor dos mais elevados por ela... desejava com ela casar-me; mas a roda da fatalidade nos separou em germes... eram dois botões que fugiam para não mais se verem... outrora era o anjo que me velava à cabeceira... hoje é esposa virtuosa, que juntamente com V. S. espero render toda a estima e respeito.

— Colega, pegando no cálix de vinho, as almas grandes em todas as épocas da vida manifestam seu verdadeiro valor... Foste o primeiro amador de minha mulher; mas, lei fatal, raras vezes aquela que primeiro se ama vem a ser nossa esposa...

Depois destas palavras o protagonista do romance fica amigo dos donos da casa, a tal ponto que o marido de Herênia (o esbelto mancebo) escreve à irmã pedindo que se case com Henrique. O vapor está a partir para o Recife; Henrique não se pode demorar e despede-se dos seus hóspedes. A despedida foi simples. Eis como a descreve o autor:

— Que tenhas, Henrique, uma feliz viagem, diz Herênia, é o que eu desejo, (e cai desmaiada).

— Desejava acompanhá-lo a bordo, diz o doutor, mas como Herênia acha-se incomodada peço-lhe desculpa. Espero que seja feliz, e que amanhã seja recebido por Júlia e meu pai, com todo o agrado que merece um rapaz jovem dedicado às ciências.

Vãos desejos! Quando Henrique chega a Pernambuco vai ter com o pai de Júlia, o que há de saber? Que a menina, o anjo a quem ele amava, havia morrido por causa de um sorvete que tomou estando suada. Esta morte é o sinal de uma longa série de desgraças: morre o pai de Júlia, morre o doutor, morre Herênia. O autor termina este capítulo com estas melancólicas palavras:

Tudo é assim: o anjo devastador muitas vezes custa avezinhar-se de uma habitação; mas quando ali chega decepa famílias inteiras.

Em quarenta dias desapareceu do mundo uma família numerosa da qual só resta Leolina que está na Inglaterra se educando.

Assim acaba o primeiro capítulo do romance. Cabe-lhe bem o título que lhe deu o autor: "Fatos inopinados". Não tenho espaço para mais. Veremos noutro artigo o resto do romance.

LARA

Folha da Tarde, ano I, nº 92, Folhetim do Jornal da Tarde, Coisas, segunda-feira, 14 de fevereiro de 1870, p.1.

Imagino que o leitor deve estar ansioso por conhecer o resto do romance do Sr. Meneses Júnior *As aventuras de um estudante*. É natural; o capítulo primeiro deixou a situação do estudante assim complicada. Que lhe sucederá mais depois de tantas mortes, desastres e lágrimas?

Abramos o segundo capítulo.

Este é justamente o oposto do outro. "Prelúdio de venturas" intitula-se esta nova fase da vida de Henrique. Depois da borrasca o mar de leite. A noite converte-se em aurora. A sepultura faz-se berço. O que era enterro passa a ser batizado.

Eu comparo este capítulo ao prazer que deve ter o preso no primeiro dia em que sai do xilindró. Imaginemos um sujeito batido por uma dúzia de *fatos inopinados* e ouvindo já os acordes de um *prelúdio de venturas*. Por isso lá diz o ditado: *Não há bem que sempre dure nem mal que nunca acabe*.

Eu já disse ao leitor que o Henrique do romance é um dos homens que mais tem amado neste mundo. Quase não faz outra coisa em todo o romance. Almoça às vezes, como nas Alagoas, e vai às vezes à festa dos Aflitos, como na Bahia; mas tudo isso são intermédios. A principal ocupação de Henrique é amar. Estou que se o amor não existisse ele era capaz de inventá-lo.

Será isto um defeito literário? Não. O amor é um grande elemento poético; e quando um homem de talento sabe aproveitá-lo, como fez o Sr. Meneses Júnior, merece todos os louvores da crítica e do público.

Vamos ter com Henrique na Bahia. O rapaz ainda não voltou a si da longa série de mortes na família do comendador. Entretanto precisa amar; lembra-se que há na cidade uma D. Elisa, e trata de ir-lhe oferecer a flama secreta. Não se demora o encontro. Eis como ele mesmo nos conta esse feliz acaso sucedido perto da igreja dos Aflitos:

... As senhoras, esse sexo que seduz, passeavam aos pares de braços enlaçados, semelhantes a esses festões de rosas que engrinaldam as frontes das donzelas do Empíreo. De repente ouvi uma voz... Elisa, era um moço que chamava por sua mana... Corro a observar essa virgem... era um anjo de luzes... estava vestida de branco com fitas verdes nos cabelos.

Reparem bem nesta circunstância da moça vestida de branco com fitas verdes nos cabelos. Isto é um símbolo. Quer dizer a candura de mãos dadas com a esperança. Nestas pequenas coisas é que se revela a alma poética do Sr. Meneses Júnior.

A menina das fitas verdes é a desejada Elisa. Aí vai o nosso Henrique prosseguir no seu fadário amoroso. Nem de propósito: surge-lhe um amigo, que, no mesmo instante, faz a apresentação do estilo.

Diz o amigo anônimo:

— Trago aqui um moço de altas qualidades, meu distinto colega Henrique, que desejo que se relacione em casa de V. Exa., a quem ele dedica muita amizade.

— Sr. doutor, disse ela para mim, estimo muito aos rapazes belos e de qualidades sublimes, desde já pode contar com a minha afeição e respeito. Moro perto daqui na rua do Rosário nº *** o senhor poderá frequentar nossa casa quando quiser, que dará muito prazer.

— Senhora, as vossas palavras me agradaram sumamente. Só de uma pessoa tão instruída poderia eu, um humilde estudante, ter um recebimento tão honroso. Desde hoje pode ter esperança que este criado a defenderá em todas as partes em que houver qualquer afronta a V. Exa.

Depois deste rasgo cavalheiresco, igual a outros muitos de Orlando e seus confrades, o nosso Henrique conversa largamente com Elisa, ao pé de uma mangueira, *cofre dos segredos humanos.*

Separam-se. O colega, que era perspicaz, chega a Henrique e diz-lhe que percebeu o namoro. Henrique não é homem de negar os seus amores. Quando ele não recuou diante de um marido nas Alagoas, havia de recuar diante de um simples curioso na Bahia! Confessa-lhe tudo. O outro diz que é necessário persistir no namoro. A resposta de Henrique é sublime: "Serei forte, qual guerreiro que depois de decepado o braço que sustentava a espada, o levanta do chão, e marcha contra o inimigo com todo o ardor da vitória, regozijando pelo bem da pátria... Constância não me faltará".

Henrique não se demora em ir visitar Elisa. Logo no dia seguinte aparece em casa da gentil donzela. Eu desejava que o autor fizesse aqui a apresentação da família da moça. Mas essa falta é compensada por muitas coisas belas, entre outras a entrada de Henrique, que é assim narrada:

No dia seguinte fui à casa de Elisa, que deu-me o braço e levou-me para uma sala onde havia um piano e diversas cadeiras.

Ela tinha acabado de [tomar] um banho; ainda trazia os cabelos embaraçados e soltos sobre os ombros, que desciam além da dobra do joelho. Uma rica toalha pendia de seu braço esquerdo e o roupão que trajava deixou-me encarar esses limões, que são o mais belo ornato de uma mulher bem feita.

— Dr. Henrique, não repare o meu traje. Estava no banho. Ouvi falar no seu nome, nem pude enxugar o corpo: pode ver a toalha que nem se molhou. Vesti o roupão [e corri] precipitadamente para vê-lo. Não quis perder o tempo no *toilette*, enfeitando-me de flores e essências de jasmins; porque quando amo desejo que meus amantes me observem tal qual sou. Quero antes que eles adorem a minha pessoa, que as falsas roupas de que costumo usar.

— Tens razão; assim deve ser; hoje com este vestuário me pareces mais faceira...

Já se vê por estas últimas palavras que o nosso Henrique não é peco. Logo à primeira visita vai tratando a moça na segunda pessoa do singular. Quer dizer com isto que um verdadeiro namorado não conhece modos indiretos nem atenções gramaticais.

A moça não lhe fica atrás. Larga a toalha, corre ao piano, toca de uma assentada o Ernani, a valsa do Beijo, a Casta Diva e a Grã-duquesa, e pergunta ao entusiasmado mancebo:

"– Gostaste?"

Ao que ele responde sem titubear:

"– Muito. Só este predicado me faria teu amante".

Assim termina o capítulo do "Prelúdio de venturas".

"Devaneios de namorados" é o título do terceiro capítulo. Uma das belezas deste livro é a perfeita harmonia entre os títulos e os assuntos. Achar um título capaz não é coisa que aconteça a todos. O Sr. Meneses Júnior nisto é felicíssimo.

Estes "Devaneios" têm nada menos de treze páginas. Começa por uma deliciosa descrição pastoril. Vemos os pastores *indo refrescar o calor da esposa nas virentes campinas*. Os pastores levam flautas como nos versos da Arcádia. O quadro é divino. A natureza traja todas as suas galas... que há de ver o estudante? Dê-se-lhe a palavra:

> Fiquei perplexo: as minhas ideias se amplexaram, as fibras do meu coração estavam se estalando um por uma. Neste êxtase via a deidade que guardava minh'alma e meus pensamentos me acenar com aqueles dedinhos que só ela os possui.

Henrique não hesita; manda aprontar o cavalo e *rompe a atmosfera* até encontrar Elisa. Vai a um templo com ela. Nadam ambos em um mar de felicidade. Por isso não compreendo a razão que levou o poeta a escrever estas linhas: "A fragrância dos incensos que se expandia por todos os lados, mitigava a *dor pungente* que estrangulava o interior de nossas almas".

Acaba-se a festa e os nossos dois amantes deixam a igreja extáticos e calados. Henrique conduz Elisa à casa onde ela ia passar o dia. Aqui fala ele mesmo: "Chegamos enfim à parte onde ia depositá-la: fiquei estacionário; um aperto de mãos, e uns ósculos que saem de purpúreos lábios, foram as nossas despedidas".

De tarde volta o estudante a ver a sua amada. Henrique já não pode viver sem Elisa. Sente-se que há entre ambos aquele poderoso vínculo do amor que prende eternamente os destinos de duas criaturas nascidas uma para a outra.

Não me esquivo ao prazer de citar estes trechos do autor:

Que constância!... disse baixinho comigo, como me ama!... Será sonho ou verdade?

— Quer entrar? me disse ela.

— Sim, Elisa, nunca pus obstáculos a convites tais.

Saltei do cavalo, confesso que por um triz que caio, e ele me despedaça sob os pés; tal foi a precipitação e ânsia demasiada em que estava de sentir o arfar do seu melindroso e ofegante seio e os amenos eflúvios que deles se desprendiam.

Subi as escadas. Minhas pernas tremiam; minhas artérias tinham tais palpitações que pareciam quebrar as fibras musculares e derramar todo sangue fora da epiderme.

Que bela pintura do amor! Como se veem os terríveis desse sentimento que a natureza pôs no coração do homem como um raio do céu! Poucos quadros conheço mais enérgicos, mais vivos, mais delirantes do que este. Henrique faz lembrar Werther, conquanto o Sr. Meneses Júnior ainda não seja Goethe.

Sinto que me acabasse o espaço, sem que eu tivesse analisado todo este capítulo terceiro que é talvez o melhor do livro. Prometo continuar brevemente. Não se impaciente o leitor com estes adiamentos. A zurrapa é como o purgante: bebe-se de um trago. Mas os vinhos finos são como os bons livros: sorvem-se gota a gota. Imagem da felicidade, que de uma assentada empacha, e paulatinamente faz subir ao sétimo céu.

LARA

Jornal da Tarde, ano I, nº 98, Folhetim do Jornal da Tarde, Coisas, segunda-feira, 21 de fevereiro de 1870, p.I.

Rio, 2 de março de 1870.

Levemos esta cruz ao Calvário, costuma dizer-se quando se trata de uma empresa fatigante. Com as *Aventuras de Henrique* a verdadeira expressão é esta: levemos este herói ao capitólio. O capitólio neste caso é o amor. Henrique e amor é tudo um.

No artigo passado deixamos o nosso estudante em casa de Elisa com as pernas trêmulas e as fibras musculares a romperem a epiderme. A moça não é nenhuma ingrata. Compreende que um rapaz que *rasga a atmosfera* montado num cavalo, para ir vê-la, deve ter amor até aos gorgomilhos.

Apenas o rapaz toma algum fôlego, Elisa convida-o a ir para a janela.

"– Aí, (diz a amada de Henrique) podemos conversar lautamente."

Não estranhem o advérbio: é um almoço de amor.

Agora se querem ver o zelo com que Elisa trata do seu amante, leia-se este período:

> Pronunciando tais palavras tomou das minhas mãos o chicotinho que trazia de montaria, e o meu chapéu de castor branco, que tudo com o maior desvelo colocou sobre uma mesa redonda que estava no centro da sala. Caminhamos bem juntos até à janela; aí comecei a admirá-la.

O poeta é um pouco realista. Não esquece que o chapéu é de castor, e não só de castor, mas até branco, e que ela pôs na mesa, que era redonda, e que estava no centro da sala. Que homem minucioso! Parece um passaporte.

Henrique não é sujeito que ame aí qualquer bicho careta; quando escolhe mulher para o seu coração, é sempre coisa de dar na vista. Se querem saber o que é a D. Elisa que atualmente possui o coração do nosso herói, vejam esta descrição, que é um quadro de Greuze:

"Trajava um vestido branco de uma espécie de cetim, era a imagem de uma inocente pomba, decotado, e a furto deixava perceber os seus benquistos seios que meus olhos pareciam engoli-los...".

Paremos aqui. Não é para censurar a revolução gramatical do estudante. Desde 89 todas as revoluções são dignas de respeito. O que eu noto aqui é a alusão dos benquistos seios; é talvez a vigésima vez que o estudante alude àquelas "obras com que amor matou de amores", como diz Camões. Daqui concluo eu que Henrique é grande amador dos seios túrgidos. Não tem mau gosto. Eu também não mando o meu quinhão ao vigário.

Prossigamos:

"... Era um pouco curto na frente (o vestido) o que consentia divisar os seus mimosos e pequeninos pés, e partes de suas bem torneadas pernas."

O que eram os braços de Elisa?

Os seus melindrosos braços estavam adornados de ricos braceletes, nos quais estampavam-se semblantes de notabilidades e virtudes passadas; eram todos cobertos de uma tênue escumilha pelos poros da qual se avistava uma alvura deslumbrante, e uma simples camada de um negro pelo que tanto encanto os dava.

Agora vejamos o que era o rosto, e sobretudo o que eram os lábios:

O seu rosto tinha da rosa o carmim, do lírio a alvura [de] sua cútis. Os seus lábios eram desses que não têm rival, e quando se os beija parece que a vida se esvai pelo ponto de contato, qual foge de um corpo a eletricidade, quando se o põe em comunicação com outro.

Isto é de lamber os beiços e perder toda a eletricidade. A magnífica pena do Sr. Meneses Júnior tem o dom de excitar a imaginação do leitor. É o último triunfo da arte e da poesia.

E não pensem que o autor só tem na sua palheta estas cores; se querem as cores nebulosas, fantásticas, incompreensíveis, também ela as tem, em magna quantidade.

Exemplo:

"O seu colo (sempre o colo) eram objetos sagrados, templos secretos. E semelhando-se à borboleta que partindo das crisálidas alam no espaço, ela nascendo do cálix de uma rosa vinha esvoaçar por entre as válvulas do meu coração."

Haverá nada mais suavemente místico do que esta moça que, em vez de ficar assentada na sala, esvoaça por entre as válvulas do coração do amante?

Ó sublime abnegação! Amor, divino amor!

Quem não puder experimentar as conversas amorosas das duas jovens almas, julgue-as por esta notícia que no-la dá o poeta:

"Grande era a arrogância com que trocávamos as nossas discussões sinceras..."

No entanto, Elisa nutre alguma dúvida a respeito do amor de Henrique. Mas o jovem estudante, que tinha aprendido retórica, trata de explicar a sua paixão por meio de algumas imagens formosas e coruscantes.

A primeira é esta:

"O nosso amor é chama voraz que por mais [...] calórico que nele se imprima sempre serve de medicamento aos nossos pesares."

Mas a melhor de todas as imagens do poeta, a que eu ponho acima dos melhores exemplos de Homero e Shakespeare, a imagem admirável, a figura que por si só imortalizaria este livro, é a seguinte:

> Qual pescador que separado de sua esposa e extremosos filhinhos, vaga pela amplidão das encapeladas ondas, sob o fuzilar dos raios, na tormenta em meio, julgando a vida nas profundidades do espaço ir-se arrojar... balouça... lida... teima... só com desejos do consolar aos seus... assim te adoro.

Que verdade! que animação! que delicadeza de toques! O poeta bem mostra que frequentou o mar — aquele *fato clandestino* de que nos falou em outro capítulo.

No meio das falas de amor em que os dois jovens se esqueciam do resto do mundo, anuncia-se a procissão do Rosário. Henrique faz uma linda descrição dos andores e das irmandades: — *o que iam servindo de arrimo àqueles seres infinitos*.

Passada a procissão era natural que os dois voltassem às suas anteriores conversas. O poeta compreendeu as coisas por outro modo e compreendeu bem. A influência do ato religioso perdura no espírito do rapaz; a sua primeira pergunta é relativa a esse ato.

Diz o poeta:

> Passados tais momentos de acatamentos voltei-me a Elisa, e perguntei-lhe:
> — Que tal achaste a procissão?
> — Mui tocante: foi a sua resposta. Ela pensativa retirou-se da janela e deixou-me só a encarar o resto do povo que se achava ainda na rua.

Concorde o leitor comigo; a resposta da moça e a sua retirada não têm explicação. Elisa não compreende o amor de Henrique; é uma namoradeira vulgar.
Felizmente bateram ave-marias.
Deixo a palavra ao autor:

> Pareceu-me emudecer a natureza: os pássaros deixaram de trinar... só o chorão, esse amigo verdadeiro da desventura, é que de vez em quando soltava um gemido atrabiliário nas escuras capoeiras solitário.
> No mar vagava a canoinha cujas velas enfunadas pela viração sutil, faziam perceber o eloquente voo desta águia das águias...
> ... Neste desprezar da alma vi um quer que seja nos seus formosos olhos luzentes, que me esclarecia que eles não eram constantes, e que o mundo não era mais que a ossada de uma pérfida mulher estrangulada entre os dentes do abutre feroz; que a vida humana era o fato mais peremptório e inútil do firmamento; e a morte era a coroa de flores colocada na fronte do esquecimento e do sofrimento...

Basta por hoje; já não tenho espaço.

LARA
Jornal da Tarde, ano I, nº 106, Folhetim do Jornal da Tarde, Coisas, quarta-feira, 2 de março de 1870, p.1.

Poesias póstumas[355]
Faustino Xavier de Novais

Foi este livro para mim, e há de ser para o público, uma revelação e um contraste.

Faustino Xavier de Novais desceu ao túmulo com a reputação de poeta satírico, rapidamente criada em ambos os países da língua portuguesa. Mas a sátira não resumia todo o seu talento: era, digamo-lo assim, a face que ele voltava para o mundo exterior. Todos o admiravam como um brilhante castigador de coisas ridículas do tempo, que observava com rara sagacidade e fustigava com singular intrepidez. E todavia aquela gargalhada honesta e galhofeira não era a única expressão do poeta, que também sabia suspirar e chorar.

Abram este livro, e verão que ele conhecia também a musa melancólica, pessoal, egoísta — a musa indiferente e superior aos vícios do mundo, eterna devaneadora de fugitivas quimeras. Guardava porém esses versos de sua inspiração solitária, e, se alguns raros deu à imprensa, fê-lo com supostos nomes — não sei se por modéstia do talento, se por orgulho do coração.

Nesses versos — que aqui vão em grande cópia —, achará o público qualidades notáveis e verdadeiro mérito, quanto baste para escurecer ou desculpar os senões que por ventura lhes aponte a crítica severa. Lancemos entretanto à conta da morte uma parte da culpa, que não era o autor deste livro daqueles escritores para quem a inspiração dispensa a reflexão.

Não sei se, além da morte, será cúmplice nisto certo desânimo que parecia quebrantar as forças morais do poeta e despi-lo às vezes de toda a ambição literária. Talvez. Mas num espírito como o dele, por maior que fosse esse desânimo, não seria nunca um estado definitivo. Suceder ao desânimo a exaltação era coisa extremamente fácil naquela organização passiva e dócil a todas as impressões exteriores.

Como poeta satírico, já o disse, teve Faustino de Novais a boa fortuna de granjear com rapidez uma popularidade indisputável. O livro de suas estreias foi a data da sua reputação. Daí para cá poliu a forma, dominou o

---

[355] Rio de Janeiro: Tipografia do Imperial Instituto Artístico, 1870.

estro, adquiriu novos títulos à estima dos sabedores; mas não aumentou o nome que já havia conquistado desde o primeiro dia.

Por que razão arrepiou caminho durante algum tempo nesse gênero em que colhera os primeiros triunfos? Este livro o dirá.

Compete à crítica apreciar agora os livros do poeta, apontar o bom, notar o mau, analisar as tendências e as feições da sua musa, que era rude e singela. Ao biógrafo convirá dizer que era este poeta filho exclusivo de suas obras, não tendo tido a fortuna de passar da academia para os labores literários, e alcançando o que sabia por simples esforço da vontade. Aos amigos cabe apenas chorá-lo. Há cinco anos escrevia Alexandre Herculano a Faustino de Novais estas palavras: "Deus sumiu o segredo da paz do espírito no abraço do filho com a mãe, do homem com a letra". Falava da vida agrícola o grande escritor; o nosso poeta deu mais amplo sentido ao conselho, como se lhe parecesse precária toda a paz que não fosse eterna. E, porque do claro engenho que Deus lhe deu já havia deixado vivos sinais nas obras anteriores, quis que nesta lhe ficasse o coração.

M. A.
[Prefácio], [3 de setembro de 1870][356]

---

356 Embora não datado, José Galante de Sousa admite, em *Bibliografia de Machado de Assis* (p.454), essa data como sendo a da composição do prefácio de Machado de Assis, com base na notícia do aparecimento do volume *Poesias póstumas*, de Faustino Xavier de Novais, no jornal *A Reforma*, que informa: "Com o título de *Poesias póstumas*, publicou-se no Instituto Artístico um nítido volume de formosos versos de Faustino Xavier de Novais./ É um livro de grande mérito literário, verdadeira revelação de uma nova face do eminente satírico. Novais, na elegia, tem a inspiração tão remontada como os melhores poetas líricos portugueses./ Infelizmente esse grande talento pertence hoje ao número dos mortos" (ano II, nº 198, sábado, 3 de setembro de 1870, p.1).

1872

Névoas matutinas
Lúcio de Mendonça[357]

Rio, 24 de janeiro de 1872.

Meu caro poeta.

Estou que quer fazer destas linhas o introito de seu livro. Cumpre-me ser breve para não tomar tempo ao leitor. O louvor e a censura fazem-se com poucas palavras. E todavia o ensejo era bom para uma longa dissertação que começasse nas origens da poesia helênica e acabasse nos destinos prováveis da humanidade. Ao poeta daria de coração um *away*, com duas ou três citações mais, que um estilista deve trazer sempre na algibeira, como o médico o seu estojo, para estes casos de força maior.

---

357 Lúcio Eugênio de Meneses e Vasconcelos Drumond Furtado de Mendonça (Piraí, hoje, Barra de Piraí, 1854-Rio de Janeiro, 1909), advogado, jornalista, magistrado, republicano, idealizador da Academia Brasileira de Letras. Outras obras: *Alvoradas* (1875), *Esboços e perfis* (contos, 1889), *Canções de outono* (1896), *Horas do bom tempo* (memórias, 1901).

O ensejo era bom, porque um livro de versos, e versos de amores, todo cheio de confidências íntimas e pessoais, quando todos vivemos e sentimos em prosa, é caso para reflexões de largo fôlego.

Eu sou mais razoável.

Aperto-lhe primeiro a mão. Conhecia já há tempo o seu nome, ainda agora nascente, e duas ou três composições avulsas; nada mais. Este seu livro, que daqui a pouco será do público, veio mostrar-me mais amplamente o seu talento, que o tem, bem como os seus defeitos, que não podia deixar de os ter. Defeitos não fazem mal, quando há vontade e poder de os corrigir. A sua idade os explica, e não até se os pede; são por assim dizer estranhezas de menina, quase moça: a compostura de mulher virá com o tempo.

E para liquidar de uma vez este ponto dos senões, permita-me dizer-lhe que o principal deles é realizar o livro a ideia do título. Chamou-lhe certamente *Névoas matutinas*. Mas por que *névoas*? Não as têm a sua idade, que é antes de céu limpo e azul, de entusiasmo e arrebatamento e de fé. É isso geralmente o que se espera ver num livro de rapaz. Imagina o leitor, e com razão, que de envolta com algumas perpétuas, virão muitas rosas de boa cor, e acha que estas são raras. Há aqui mais saudades que esperanças, e ainda mais desesperanças que saudades.

É *plena primavera*, diz o senhor na dedicatória dos seus livros; e contudo, o que é que envia à dileta de sua alma? *Ide, pálidas flores peregrinas*, exclama logo adiante com suavidade e graça. Não o diz por necessidade de compor o verso; mas porque efetivamente é assim; porque nesta sua primavera há mais folhas pálidas que verdes.

A razão, meu caro poeta, não a procure tanto em si, como no tempo; é do tempo esta poesia prematuramente melancólica. Não lhe negarei que há na sua lira uma corda sensivelmente elegíaca, e desde que a há, cumpria tangê-la. O defeito está em torná-la exclusiva. Nisto cede à tendência comum, e quem sabe também se alguma intimidade intelectual? O estudo constante de alguns poetas talvez influísse na feição geral do seu livro. Quando o senhor suspira estes belos versos:

> *À terra morta num inverno inteiro*
> *Voltam a primavera e as andorinhas...*
> *E nunca mais vireis, ó crenças minhas,*
> *Nunca mais voltarás, amor primeiro!*

nenhuma objeção lhes faço, creio na dor que eles exprimem, acho que são um eco sincero do coração. Mas, quando o senhor chama à sua alma uma *ruína*, já me achará mais incrédulo. Isto lhe digo eu com conhecimento de causa, porque também eu cedi em minhas estreias a esse pendor do tempo.

Sentimento, versos cadentes e naturais, ideias poéticas, ainda que pouco variadas, são qualidades que a crítica lhe achará neste livro. Se ela lhe disser, e deve dizer-lho, que a forma nem sempre é correta, e que a linguagem não tem ainda o conveniente alinho, pode responder-lhe que tais senões o estudo se incumbirá de os apagar.

O público vai examinar por si mesmo o livro. Reconhecerá o talento do poeta, a brandura do seu verso (por isso mesmo se não adapta aos assuntos políticos, de que há algumas instâncias neste livro), e saberá escolher entre estas flores as mais belas, das quais algumas mencionarei, como sejam: "Tu", "Campesina", "A volta", "Galope imortal".

Se, como eu suponho, for o seu livro recebido com as simpatias e animações que merece, não durma sobre os louros. Não se contente com uma ruidosa nomeada; reaja contra as sugestões complacentes do seu próprio espírito; aplique o seu talento a um estudo continuado e severo; seja enfim o mais austero crítico de si mesmo.

Deste modo conquistará certamente o lugar a que tem pleno direito. Assim o deseja e espera o seu colega

MACHADO DE ASSIS
[Carta-Prefácio][358]

Dois livros

Com brevíssimo intervalo publicou o Sr. Dr. Luís Guimarães Júnior dois livros.

Noturnos é o título do primeiro em data e valor. Chama-se o segundo *Curvas e zigue-zagues*, e compõe-se de pequenos artigos publicados em jornais, contos e fantasias humorísticas, que se leem entre dois charutos, depois do

---

358 A carta-prefácio de Machado de Assis à obra *Névoas matutinas*, de Lúcio de Mendonça, será incorporada ao livro *Murmúrios e clamores: poesias completas*.

café, ou à noite à hora do chá. Tem seu merecimento esse livro, se o tomarmos como o autor no-lo dá, e também se atendermos ao gênero, que não é vulgar entre nós, e que o autor domina com muita habilidade e aticismo.

Não é vulgar igualmente o gênero dos *Noturnos*, e com razão disse a imprensa que é esse o primeiro livro do Sr. Guimarães Júnior. Creio até que não temos obra perfeitamente semelhante a ele, e se alguma existe não terá o mesmo mérito.

Na literatura estrangeira sabemos que muitos escritores têm tratado com grande mérito esse gênero literário. O Sr. Guimarães Júnior estudou-os com afinco e desvelo; determinou-se a fazer alguma coisa em português, e saiu-se com uma composição que o honra.

Tudo nessa casta de obras é difícil. De longe nada mais fácil que escrever páginas soltas, e coligi-las num volume. Quem folheia porém os *Noturnos*, e lê esses pequenos poemas em prosa, cada um deles tão completo em si mesmo, reconhece logo que a empresa não é fácil como lhe parece.

Além disso, não é bastante exigir arte do escritor; é necessário também que ele tenha a feição rara e especial desta ordem de composições. Não conheço entre nós quem a possua como o Sr. Luís Guimarães Júnior, cujas poesias em geral são *noturnos* metrificados.

Estas linhas são apenas uma notícia da obra do talentoso poeta. Não entramos em maiores análises. Os leitores fluminenses conhecem já o livro, de que lhes falamos. Terão apreciado páginas elegantes e sentidas dele; terão admirado "Serafina", "A alcova", "Na chácara", "A jangada", e tantas outras que serão sempre lidas com encanto.

O estilo é cheio de galas e, como obra humana que é, tem seus senões; mas oxalá tivéramos sempre livros desses, ainda com tais senões, aliás leves e de correção fácil.

Abre este livro com uma carta do Sr. conselheiro J. de Alencar, que honrou as páginas do Sr. Guimarães Júnior, escrevendo-lhe também um noturno. Dizer o que vale é inútil para quem conhece a opulenta imaginação do autor do *Guarani*.

M.

Semana Ilustrada, ano XII, nº 592, domingo,
14 de abril de 1872, p.4.734.

Guillermo Matta[359]

Carta ao Sr. conselheiro Lopes Neto[360]

Confiou-me V. Exa. para julgar um dos mais fecundos poetas da América Latina, que o meu ilustrado amigo Henrique Muzzio apreciaria cabalmente, a não impedi-lo[361] a doença que nos priva de seus escritos. Entre a ousadia de me fazer juiz e o desprimor de lhe desobedecer, confesso que me acho perplexo e acanhado.

A ideia, porém, de que sirvo neste caso ao elevado sentimento americano com que V. Exa. está aliando a literatura de dois povos me dá algum ânimo de vir a público. Claro está que não virei como juiz, e sim dizer em poucas e singelas palavras a impressão que me causa, e não de hoje, o eminente poeta chileno.

Não de hoje, digo eu, porque os seus versos não me eram desconhecidos. Os primeiros que li dele mostrou-mos o seu compatriota Guilherme Blest Gana, maviosíssimo poeta e um dos mais notáveis e polidos talentos do Chile. Vinham impressos num jornal de Santiago. Era um canto ao México, por ocasião da catástrofe que destruiu o trono de Maximiliano.

Havia ali muito fogo lírico, ideias arrojadas, e, ainda que a composição era extensa, o poeta soubera conservar-se sempre na mesma altura. Hipérbole também havia, mas era defeito esse menos do poeta que da língua e da raça, naturalmente exagerada na expressão. A leitura do canto logo me despertou o desejo de ler as obras do autor. Obtive-as posteriormente e li-as com a atenção que exigia um talento de tão boa têmpera.

---

359 A troca de nome do poeta chileno Guillermo Matta, apresentado como Guilherme Malta, e um subtítulo inexistente no periódico –, "Un cuento endemoniado e La mujer misteriosa por Guilherme Malta" – aparecem no volume póstumo, *Crítica*, organizado por Mário de Alencar, e permanecerão em outras edições da crítica literária de Machado de Assis.

360 Felipe Lopes Neto, barão de Lopes Neto (Recife, 1814-Florença, 1895), político e diplomata brasileiro, presidente da Exposição Universal de Filadélfia (1876).

361 "impedir-lhe", no original.

Não são mui recentes, como V. Exa. sabe, os seus dois volumes de versos. A única edição que conheço, a segunda, traz a data de 1858, e compreende os escritos de 1847 a 1853, tempo da primeira juventude do poeta. Não quer isto dizer que se arrufasse com as musas, e o canto a que me referi acima prova que também elas lhe não perderam a afeição dos primeiros dias.

Estou que o poeta terá publicado nos jornais muitas composições novas, e é de crer que algumas conserve inéditas. De qualquer modo que seja, os seus dois volumes, como qualidade, justificam a nomeada de que goza o poeta em toda a América espanhola; e, como quantidade, poderiam encher uma vida inteira.

A poesia e a literatura das repúblicas deste continente que falam a língua de Cervantes e Calderón conta já páginas dignas de apreço e credoras de admiração. O idioma gracioso e enérgico que herdaram de seus pais adapta-se maravilhosamente ao sentimento poético dessas regiões. Falta certamente muita coisa, mas não era possível que tudo houvessem alcançado nações recém-nascidas e mal assentes em suas bases políticas.

Além disso, parece que a causa pública tem roubado muito talento às tarefas literárias; e sem falar no poeta argentino que há muito empunhava o bastão de primeiro magistrado do seu país,[362] aí está Blest Gana, que a diplomacia prendeu em suas teias intermináveis. Penélope defraudou Circe, o que é uma inversão da fábula de Homero. Matta era deputado há um ano, e não sei se o é ainda hoje; não admirará que o parlamento o haja totalmente raptado às letras. A mesma coisa se dá na nossa pátria; mas já os enfeitiçados da política vão compreendendo que não há incompatibilidade entre ela e as musas, e, sem de todo lançarem o hábito às ervas, o que não é fácil, é certo que voltam de quando em quando a retemperar-se na imortal juvença da poesia.

A anarquia moral e material é também em alguns de seus países elemento adverso aos progressos literários; mas a dolorosa lição do tempo e das rebeliões meramente pessoais que tanta vez lhes perturbam a existência não

---

[362] Referência a Bartolomeu Mitre (1821-1906), presidente da Argentina de 1862 a 1868, e primeiro ocupante da Cadeira I do Quadro de Correspondentes da Academia Brasileira de Letras.

tardará que lhes aponte o caminho da liberdade, arrancando-os às ditaduras periódicas e estéreis. Causas históricas e constantes têm perpetuado o estado convulso daquelas sociedades, cuja emancipação foi uma escassa aurora entre duas noites de despotismo. Tal enfermidade, se aproveita ao egoísmo incurável dos ditadores de um dia, não escapa à sagacidade dos estadistas patriotas e sinceros. Um deles, ministro de Estado da Colômbia, há cerca de um ano, francamente dizia, em documento oficial, que, na situação do seu país, era uma aparência a república, e encontrava na ignorância do povo a causa funesta da inanidade das instituições. "Nossas revoluções", dizia o Sr. Camacho Roldán,[363] "nascem espontaneamente e se alimentam e crescem neste estado doentio do corpo social, em que, sob uma tenuíssima crosta de população educada, se estende uma massa enorme de população ignorante, joguete de todas as ambições, matéria inerte que se presta indiferentemente ao bem e ao mal, elemento sem vida própria, que o furacão levanta e agita em todas as direções". Concluía o sagaz estadista propondo que se acudisse "à constituição interior da sociedade".

Algum progresso tem já havido, no Peru, e, não longe de nós, a Confederação Argentina parece ir fechando a era lutuosa da caudilhagem. De todos, porém, é o Chile a mais adiantada república. O mecanismo constitucional não está ali enferrujado pelo sangue das discórdias civis, que poucas foram e de limitada influência.

Em frente da autoridade consolidada vive a liberdade vigilante e pacífica. O que um ministro da Colômbia propunha como necessidade do seu país vai sendo desde muito uma realidade na República Chilena, onde a educação da infância merece do poder público aquela desvelada atenção, que um antigo diria ser a mais bela obra do legislador.

Muitos patrícios nossos, a instâncias de V. Exa., têm revelado numerosos documentos dos progressos do Chile. É de bom agouro esta solicitude. Valemos alguma coisa; mas não é razão para que desdenhemos os títulos que possa ter uma nação, juvenil como a nossa, e no seu tanto operária da

---

363 Salvador Camacho Roldán (Casarane, 1828-Cundinamara, 1900), economista, jurista, editor, pioneiro nos estudos de Sociologia na Colômbia. Principais obras: *Notas de viaje* (1890), *Escritos varios* (1892-1895), *Memorias* (1925).

civilização. Não imitemos o parisiense de Montesquieu, que se admirava de que houvesse persas.[364] Entre a admiração supersticiosa e o desdém absoluto, há um ponto, que é a justiça.

A justiça reconhece em Guillermo Matta um poeta notável. Os livros que temos dele, como disse, são obras da primeira juventude, e, quando o não dissessem as datas, diria-o claramente o caráter de seus versos. Geralmente revelam sentimento juvenil, seiva de primeira mão, verdadeira pompa da primavera, com suas flores e folhagens caprichosamente nascidas, e ainda mais caprichosamente entrelaçadas.

Há também seus tons de melancolia, seus enfados e abatimentos, arrufos entre o homem e a vida, que o primeiro raio de sol apaga. Mas não é esse o tom geral do livro, nem revela nada artificial; seria talvez influxo do tempo, mas influxo que parece casar-se com a índole do poeta.

É justo dizer que uma ou outra vez, mas sobretudo nos dois poemas e nos fragmentos de poema que ocupam o primeiro volume, há manifesta influência de Espronceda[365] e Musset. Influência digo, e não servil imitação, porque o poeta o é deveras, e a feição própria, não só lhe não demudou ao bafejo dos ventos de além-mar, mas até se pode dizer que adquiriu realce e vigor. O imitador servil copiaria os contornos do modelo; não passaria daí, como fazem os macaqueadores de Victor Hugo, que julgam ter entrado na família do poeta, só com lhe reproduzir a antítese e a pompa da versificação. O discípulo é outra coisa: embebe-se na lição do mestre, assimila ao seu espírito o espírito do modelo. Tal se pode dizer de Guillermo Matta nos seus dois poemas "Un cuento endemoniado", "La mujer misteriosa" e nos fragmentos.

Há nessas composições muitas páginas comoventes, outras joviais, outras filosóficas, e descrições variadas, algumas delas belíssimas imagens e ideias, às vezes discutíveis, mas sempre nobremente expressas, também as achará o leitor em grande cópia. O defeito desses poemas, ou contos – que é a

---

364 Alusão às *Cartas persas*, de Montesquieu (1689-1755).
365 José Ignacio Javier Oriol Encarnación de Espronceda y Delgado (Almenadrejo, 1808-Madri, 1842), poeta espanhol, expoente do romantismo, autor das obras, entre outras, *El estudiante de Salamanca* (1840) e *El diablo mundo* (1841).

designação do autor — me parece ser a prolixidade. O próprio poeta o reconhece, no "Cuento endemoniado", e contrito pede ao leitor que lhe perdoe:

> [...] las digresiones
> Algo extensas que abundan en mi obra.

A poesia chamada pessoal ocupa grande parte do 2º volume, talvez a maior. Os versos do poeta são em geral uma contemplação interior, coisas do coração, e muita vez coisas de filosofia. Quando ele volve os olhos em redor de si é para achar na realidade das coisas um eco ao seu pensamento, um contraste ou uma harmonia entre o mundo externo e o seu mundo interior. A musa de Matta é também viajante e cosmopolita.

Onde quer que lhe depare assunto à mão, não o rejeita, colhe-o para enfeitá-lo com outros, e oferecê-los à sua pátria. Ora canta uma balada da Idade Média, ora os últimos instantes de Safo. Vasco Núñez[366] recebe um louro, Pizarro,[367] um estigma. Quevedo[368] e Cervantes, Lope de Vega[369] e Platen,[370] Aristófanes e Goethe, Espronceda e V. Hugo, e ainda outros têm cada um o seu baixo-relevo na obra do poeta. Ofélia tem uma página, Lélia,[371] duas. A musa voa dos Andes ao Tirreno, do presente ao passado, tocada sempre de inspiração e sequiosa de cantar. Mas o principal assunto do poeta é ele mesmo. Essa poesia pessoal, que os trovadores de má morte deslavaram em versos pífios e chorões, encanta-nos ainda hoje nas páginas do poeta chileno.

---

366 Vasco Núñez de Balboa (Badajoz, 1475-Panamá, 1519), explorador e fidalgo espanhol, célebre por ser considerado o descobridor do Pacífico.
367 Francisco Pizarro González (Estremadura, 1476-Lima, 1541), conquistador e explorador espanhol, entrou para a história como o "conquistador do Peru".
368 Francisco Gómez de Quevedo y Santibánez Villegas (Madri, 1580-Villanueva de los Infantes, 1645), escritor do século de ouro espanhol, autor das obras *El panarso español* (1648) e *Historia da la vida del buscón* (1626).
369 Félix Lope de Vega (1562-1635), dramaturgo e poeta espanhol, autor de *Romancero espiritual* (1619), *Jerusalén conquistada* (1609) e *Arte nuevo de hacer comedias* (1606).
370 August Platen-Hallermünde, conde von Platen (Ansbach, 1796-Siracusa, 1835), poeta alemão, autor de comédias satíricas antirromânticas, dirigidas contra Heine e Immermann (*O Édipo romântico*, 1829), produziu também os *Sonetos venezianos* (1825), sua obra-prima.
371 Personagem do romance homônimo da escritora francesa George Sand (1804-1876).

Escreveu Matta no período em que o sol do romantismo, nado nas terras da Europa, alumiava amplamente os dois hemisférios, e em que cada poeta acreditava na elevada missão a que viera ao mundo. Aquela fé perdeu-se, ou amorteceu muito, como outras coisas boas que vão baixando nesta crise do século. O "Canto do poeta", ode dedicada a Blest Gana, exprime a serena e profunda confiança do cantor, não só na imortalidade da inspiração, mas também na superioridade da poesia sobre todas as manifestações do engenho humano. A poesia é o verbo divino, *el verbo de Dios*, e o poeta, que é o órgão do verbo divino, domina por isso mesmo os demais homens: *el poeta es el unico*. Com este sentimento quase religioso, exclama o autor do "Canto":

> *Salmo del orbe, cántico infinito,*
>   *Verbo eterno que inflamas*
> *El alma, y como un fúlgido aerolito*
> *Rasgas tinieblas y esplendor derramas!*
>   *Verbo eterno, aparece,*
> *Eh bien redime, el bien rejuvenece.*
> *[...]*
> *Alza la frente! de la imagen bella*
>   *La forma allí circula;*
> *Perfumes pisa su graciosa huella,*
> *Y creación de luz, en luz ondula,*
>   *Poeta, alza la frente!*
> *La eterna idea es hija de tu mente!*

A musa que assim canta os destinos da poesia encarna friamente a morte e fita os olhos na vida de além-túmulo. Entre outras páginas em que este sentimento se manifesta, namoram-me as que ele chamou "Para siempre", e que são um sinônimo de amor, animado e vivo, e verdadeiramente do coração. Nem todas as estrofes estão irrepreensíveis como pensamento; mas há delas que o cantor de Teresa[372] não recusaria assinar. Como o poeta de Elvira, afiança ele a imortalidade à sua amada:

---

372 Lamartine.

Los dos lo hemos jurado para siempre!
Nada puede en el mundo separarnos;
Consolarnos los dos, los dos amarnos,
Debemos en el mundo, caro bien.
Apesar de las críticas vulgares
Los cantos de mi lira serán bellos,
Immortales quizá... yo haré con ellos
Diadema de armonias a tu bien.

Eses cantos son tuyos; son las flores
Del jardín de tu alma. En ella nacen,
Crecen, aroman, mueran y renacen,
Que es un germen eterno cada flor.
Yo recojo el perfume, y transvasado
Del alma mía en el crisol intenso,
En estrofa sublime lo condenso
O lo esparzo en un cántico de amor.

Mi amante corazón es una selva
En sombras rica, en armonías grata;
Y el eco anuda y a su vez dilata
Con la canción que acaba otra canción.
Lira viviente, cada nota alada
Vibra en sus cuerdas, su emoción expresa;
Ave incansable de cantar no cesa,
Tan poco el labio de imitar el son.

Oh! si pudieses asomar tus ojos
Dentro en mi alma! Si leer pudieras...
Cuántas odas bellíssimas leyeras,
Cuántos fragmentos que sin copia están!
Todo un poema, enfin, todo un poema
Transfigurado, armónico, infinito,
En caracteres gráficos escrito
Que tus ojos no más traducirán.
[...]

Geralmente é sóbrio de descrições, e quando as faz sabe envolver a realidade em boas cores poéticas. A imaginação é viva, o estro caudal, o verso correntio e eloquente. Não direi que todas as páginas sejam igualmente belas: algumas de inferior valia; mas tão ampla é a obra, que ainda fica muita coisa de compensação.

Quisera transcrever uma de tantas composições, como "Panteísmo", "Canción", "Crepúsculo", "Lástimas", "La noche" e muitas mais; o público, porém, ante cujos olhos vão estas linhas, tem já nos trechos apontados uma amostra do que vale a inspiração do poeta quando abre livremente as asas.

Livremente, porque há ocasiões em que ele a si mesmo impõe o dever de ser breve e conceituoso, ganhando na substância o que perde na extensão. Vê-se que conhece o segredo de condensar uma ideia numa forma ligeira e concisa que surpreenda agradavelmente o leitor. A prolixidade que eu achei nos poemas, e sobretudo "Cuento endemoniado", não era defeito do poeta, mas um resultado da exageração dos modelos que seguiu.

Assim é que, para conter os ímpetos de sua alma, e juntamente aconselhar aos débeis a prudência, imaginara a galante alegoria da pomba:

> *Tus blancas alas agitas,*
> *Paloma, en raudo volar,*
> *Y en tus vueltas infinitas*
> *A una blanca vela imitas*
> *Que se aleja adentro el mar.*
> *[...]*
> *Allí tus débiles plumas*
> *Al aire se esparcirán...*
> *Ah! no de águila presumas!*
> *No abandones, ay! tus brumas*
> *Por el sol del huracán!*

Nem sempre se atém a essas generalidades. O problema da vida e da morte a miúdo lhe ocupa o pensamento. Não é já o poeta que anuncia a duração dos seus versos; é o homem que perscruta o seu destino. A conclusão não é sempre igual; às vezes crê, às vezes duvida; ora afirma, ora interroga apenas; mas esta mesma perplexidade é a expressão sincera do seu espírito.

O filósofo segue as alternativas da alma do poeta. O que a semelhante respeito encontro no livro é singularmente rápido e lacônico, como se o autor temesse encarar por muito tempo o problema terrível. "Que será?", por exemplo, é o singelo título destes singelíssimos versos:

> ¿Hay mas allá? La tumba es un abismo
> ¿O en un trono de luces se transforma?
> Queda en la tierra parte de mí mismo,
> ¿O de una idea agena soy la forma?
> ¿Me ha creado el amor ó el egoísmo?

Noutra página – "Preguntas sin respuestas":

> Santas visiones que jamás hallamos,
> Mas que siempre seguimos y que vemos
> Y con ansia del alma deseamos,
>
> Decidme: ¿és realidad cuanto creemos?
> Decidme: ¿és ilusión cuanto esperamos?
> Y en la tumba morimos ó nacemos?

A tais interrogações, muitas vezes repetidas, responde o mesmo poeta em mais de uma página. "Linha recta" é a denominação desta conceituosa quintilha:

> La muerte es una faz más luminosa;
> La muerte es una vida más perfecta;
> El espíritu humano no reposa;
> Contiene un nuevo espíritu la fosa,
> Como en la línea curva está la recta.

Não se propôs ele a dar-nos um sistema filosófico, não escreveu sequer um livro de versos. Escreveu versos, conforme lhos foi ditando o sentimento da ocasião, e, quando os colecionou, não se deteve a compará-los e conciliá-los, que isso seria tirar o caráter legítimo da obra, a variedade do sentir e do pensar. Esse é geralmente o encanto desta casta de livros. Junqueira Freire seria completo sem a contradição dos "Claustros"[373] com o "Monge"?

Conviria talvez dizer alguma coisa a respeito da linguagem e da versificação do poeta. Uma e outra me parecem boas; mas a um estrangeiro, e sobretudo estrangeiro não versado na língua do autor, facilmente escapam segredos só familiares aos naturais. Nem a língua, nem a poética da língua, conheço eu de maneira que possa aventurar juízo seguro. Os escritores europeus dizem que o idioma castelhano se modificou muito, ou antes que se corrompeu passando ao novo continente.

Nas mesmas repúblicas da América parece que há diferenças notáveis. Dizia-me um escritor do Pacífico que o castelhano que geralmente se escreve na região platina é por extremo corruto; e ali mesmo, há coisa de poucos anos, bradava um jornalista em favor da sua língua, que dizia inçada de escusados lusitanismos, graças à vizinhança do Brasil.

Assim será, não sei. Mas, a ser exato o que se lê numa memória da academia espanhola de Madri, lida e publicada em novembro do ano passado, a corrupção da língua nos países hispano-americanos, longe de aumentar, tem-se corrigido e melhorado muito, não só por meio de obras de engenho e imaginação, como por livros didáticos especiais. Um poeta da ordem de Matta tem natural direito àquela honrosa menção, e pela posição literária que ocupa e a popularidade do seu nome influirá largamente no movimento geral.

Estou que não conhecemos ainda todo o poeta. O que domina nos dois volumes publicados é o tom suave e brando, a nota festiva ou melancólica, mas pouco, muito pouco, daquela corda do canto ao México, que o poeta tão ardentemente sabe vibrar. Guardará ele consigo alguns trabalhos da nova fase em que entrou, como o seu compatriota Blest Gana, que teima em esconder das vistas públicas nada menos que um poema? Um e outro,

---

373 Referência a *Inspirações do claustro* (1855).

como Barra Lastarria,[374] como Errázuriz,[375] como Arteaga,[376] devem muitas páginas mais às letras americanas, a que deram tanto lustre Arboleda[377] e Basílio da Gama, Heredia[378] e Gonçalves Dias.

MACHADO DE ASSIS
Jornal do Comércio, ano 51, nº 183, Literatura, terça-feira, 2 de julho de 1872, p.3.

Filigranas

Com este título acaba de publicar o editor Garnier um novo livro de Luís Guimarães Júnior.

São páginas de um longo folhetim, mas de um folhetim como os sabe escrever o autor dos *Zigue-zagues*. Sua musa tão depressa é jovial como melancólica, e a sua pena conhece variados tons de estilo.

Há de tudo neste interessante livro: aqui uma paisagem, ali um retrato, além um quadro de gênero; dão o braço o conto e a fantasia, a elegia e a facécia, e tudo pende a arrastar o leitor que se deixa ir por essas duzentas e cinquenta páginas fora e fecha o livro com pena de se ter acabado.

Diz-me o autor que este volume é o último produto da musa do folhetim. Último será? Não duvidamos da palavra nem da resolução dele; sobretudo não duvidamos do seu talento para obras de mais largo fôlego. Dos contos

---

374 Eduardo de La Barra Lastarria (Santiago do Chile, 1839-Valparaíso, 1900), diplomata, engenheiro, geógrafo, filósofo, crítico literário, escritor, cuja obra se inscreve dentro do romantismo, autor de *Poesias líricas* (1866), *Saludables advertencias a los verdaderos católicos y al clero político* (1871), *Francisco Bilbao ante la sacristia*: refutación de um folleto (1872) e *El radicalismo chileno* (1875).
375 Fernado Errázuriz Aldunate (Santiago do Chile, 1777-idem, 1841) foi presidente do Chile em 1831, tendo participado ativamente na independência do seu país.
376 Juan Domingo Arteaga Alemparte (Concepción, 1835-Santiago, 1880), político e jornalista chileno, tradutor da *Eneida*, de Virgílio.
377 Julio Arboleda (Cauca, 1817-Montaña de Berruecos, 1862), poeta colombiano, político, orador, ensaísta, dramaturgo, autor do poema épico incompleto *Gonzalo de Oyón* (1851).
378 José María Heredia y Heredia (Santiago de Cuba, 1803-Toluca, México, 1839), dramaturgo, crítico, tradutor, autor de obras de pedagogia, orador, poeta cubano, autor do *Himno del desterrado* (1825).

que já nos deu podemos deduzir a sua aptidão para o romance, e neste campo esperamos brevemente alguma obra digna das letras pátrias.

Não cremos, todavia, que possa afirmar ser este o seu último livro do gênero. Algum dia, quando menos espere, irá tentá-lo outra vez a musa do folhetim, e, se não houver logo à mão um jornal, que fará ele senão um livro?

Entre com afoiteza nos cometimentos a que o chamam os seus destinos literários. Seremos dos primeiros a animá-lo nessa tendência do seu espírito; mas não nos zangaremos se, no intervalo de dois ramalhetes, desfolhar algumas rosas e jasmins; tudo são flores, que a mesma terra produzirá.

M.

Semana Ilustrada, ano XII, nº 619, domingo,
20 de outubro de 1872, p.4.950-1.

Nebulosas

Com este título acaba de publicar a Sra. D. Narcisa Amália,[379] poetisa fluminense, um volume de versos, cuja introdução é devida à pena do distinto escritor Dr. Peçanha Póvoa.[380]

Não sem receio abro um livro assinado por uma senhora. É certo que uma senhora pode poetar e filosofar, e muitas há que neste particular valem homens, e dos melhores. Mas não são vulgares as que trazem legítimos talentos, como não são raras as que apenas se pagam de uma duvidosa ou aparente disposição, sem nenhum outro dote literário que verdadeiramente as distinga.

A leitura das *Nebulosas* causou-me a este respeito excelente impressão. Achei uma poetisa, dotada de sentimento verdadeiro e real inspiração, a espaços de muito vigor, reinando em todo o livro um ar de sinceridade e de modéstia que encanta, e todos esses predicados juntos, e os mais que lhe notar a crítica, é certo que não são comuns a todas as cultoras da poesia.

---

[379] Narcisa Amália de Campos (Rio de Janeiro, 1852-idem, 1924), poeta, escritora, professora, jornalista a favor da causa abolicionista e da defesa da mulher.
[380] José Joaquim Peçanha Póvoa (Rio de Janeiro, 1837-Vitória, 1904), ensaísta, crítico, jornalista, advogado, diplomata. Principais obras: *Anos acadêmicos* (1870), *Jesuítas e reis* (lendas e contos, 1884).

Há, sem dúvida, alguma página menos aperfeiçoada, algum verso menos harmonioso, alguma imagem menos própria; mas, além que esses senões melhor os conhecerá e emendará a autora com o tempo (e um talento verdadeiro não deixa de os conhecer e emendar), é antes de admirar que o seu livro não saísse menos puro, dadas as condições de estreia.

Quisera transcrever aqui mais de uma página das *Nebulosas*; receio estender-me demais; limito-me a dar algumas estrofes. Sejam as primeiras estas que se chamam "Saudades", e que a leitora há de sentir que o são.

Tenho saudades dos formosos lares
Onde passei minha feliz infância;
Dos vales de dulcíssima fragrância,
Da fresca sombra dos gentis palmares.

Minha plaga querida! inda me lembro
Quando, através das névoas do ocidente,
O sol nos acenava adeus languente
Nas balsâmicas tardes de setembro.

Lançava-me correndo na avenida
Que a laranjeira enchia de perfumes.
Quando escutava trêmula os queixumes
Das águas na lagoa adormecida!

Eu era de meu pai, pobre poeta,
O astro que o porvir lhe iluminava;
De minha mãe que louca me adornava
Era na vida a rosa predileta.

Mas...
... tudo se acabou. A trilha olente
Não mais percorrerei desses caminhos
Não mais verei os míseros anjinhos
Que aqueciam na minha mão algente!
[...]

Vê o leitor a harmonia natural desses versos, não menor nem menos suave que a destas estrofes da "Confidência", versos a D. Joana de Azevedo, de uma amiga a outra amiga:

> *Pensas tu, feiticeira, que me esqueço,*
> *Que olvido a nossa infância tão florida,*
> *Que as tuas meigas frases nego apreço?*
>
> *Esquecer-me de ti, minha querida?*
> *Posso acaso esquecer a luz divina*
> *Que rebrilha nas trevas desta vida?*
> *[...]*
>
> *Sem ti não tem o sol um raio terno,*
> *Contigo o mundo tredo – é paraíso,*
> *E a taça do viver é mel eterno!*
>
> *Oh! envia-me ao menos um sorriso!*
> *Dá-me um sonho dos teus dourado e belo,*
> *Que bem negro o porvir além divido,*
> *Que a existência sem ti é um pesadelo.*

São tristes geralmente os seus versos, quando não são políticos (que também os há bons e de energia não vulgar); a musa da Sra. D. Narcisa Amália não é a alegria; ela mesma o diz na poesia que intitulou "Sadness", e que transcrevo por inteiro, e será esta a última citação:

> *Meu anjo inspirador não tem nas faces*
> *As tintas coralíneas da manhã;*
> *Nem tem nos lábios as canções vivaces*
>   *Da cabocla pagã!*
>
> *Não me pesa na fronte deslumbrante*
> *Coroa de esplendor e maravilhas,*
> *Nem rouba ao nevoeiro flutuante*
>   *As nítidas mantilhas.*

*Meu anjo inspirador é frio e triste
Como o sol que enrubesce o céu polar
Trai-lhe o semblante pálido do antiste
    O acerbo meditar.*

*Traz na cabeça estema de saudades,
Tem no lânguido olhar a morbideza;
Veste a clâmide eril das tempestades
    E chama-se Tristeza.*

Aqui termino as transcrições e a notícia, recomendando aos leitores as *Nebulosas*.

M.

Semana Ilustrada, ano XII, nº 629, domingo,
29 de dezembro de 1872, p.5.030-1.

1873

Voos icários

Um livro novo do Sr. Dr. Rosendo Moniz Barreto chama naturalmente a atenção de todos. O fecundo poeta baiano já nos havia dado um primeiro livro de versos, *Cantos da aurora*, e não há muito tempo. Os *Voos icários*, digno irmão daquele, é a segunda oferta que a sua musa faz, sendo que desta vez, além dos versos do poeta, temos uma introdução de F. Otaviano. Os que conhecem e admiram o talento de F. Otaviano adivinham facilmente o que vale essa magnífica página com que ele adornou a entrada do livro; aí se encontram as qualidades peculiares do elegante prosador, também poeta, posto no-lo roubasse a política.

Uma introdução de F. Otaviano é um documento em favor dos *Voos icários*. Que virei eu dizer mais se não que este livro confirma a opinião que tínhamos do Sr. Rosendo Moniz?

Por todas as suas faces se manifesta aqui o poeta: patriota, humanitário, homem de coração. Como patriota dá-nos seus cantos ardentes ao Brasil e à Bahia, aos heróis e aos fastos da nossa última guerra. Humanitário, escreve a "Ignobilis idea", o "Vae prostitutae" e outras páginas de igual força. Homem de coração, enfim, suspira os seus versos de amor — alegrias, tristezas, esperanças, todas as alternativas do sentimento, e sentimento de poeta, por ventura mais apurado que o dos outros homens.

Há mais neste poeta: há a musa fraternal, a que lhe inspira os cantos aos talentos triunfantes e legítimos, a Gonçalves Dias, a Artur Napoleão,[381] a E. Rossi,[382] e A. Ristori;[383] há enfim a musa faceta, de que nos dá páginas como "Leque", "Fogo e gelo", "O balão e as senhoras" e outras mui graciosas e joviais.

Dotado de grande facilidade, o Sr. Dr. Rosendo Moniz canta todos os assuntos que a musa lhe depara, e basta ler os seus versos para ver que lhe nasceram espontâneos e impetuosos. É o entusiasmo que lhe inspira estrofes como esta que destaco da sua patriótica poesia ao General Câmara:[384]

> *Espantalho de morte, a morte rábida,*
> *ébria de sangue e vomitando fumo,*
> *quantas vezes te disse: — Eu te consumo! —*
> *e quantas vezes se frustrou!*
> *É a voz do destino, em ti vibrada,*
> *falava-te por Deus: — Não temos nada!*
> *a heroicidade és tu, teu guia eu sou.*

Destes arrojos literários achará o leitor em muitas páginas dos *Voos icários*; basta ler as estrofes consagradas a Osório,[385] a Ernesto Rossi e a tantos cujo nome desafia a musa impetuosa do vate.

Mas o mesmo poeta que tão alto canta conhece as notas brandas da lira, e suspira estas mimosas quadras que eu transcrevo do seu "Arroubo":

---

381 Artur Napoleão dos Santos (Porto, 1843-Rio de Janeiro, 1925), pianista, compositor, editor de partituras, autor da *Caissana brasileira*, livro de problemas de xadrez.

382 Ernesto Rossi (1827-1896), ator italiano, levou ao palco *Hamlet*, *Otelo* e outras peças do repertório shakespeariano.

383 Adelaide Ristori (Cividale del Friuli, 1822-Roma, 1906), atriz dramática italiana, amiga e correspondente de d. Pedro II por mais de vinte anos, apresentou-se no Teatro Lírico Fluminense, em 1869.

384 José Antônio Correia da Câmara (Porto Alegre, 1824-idem, 1893), visconde de Pelotas, político e militar, participou da Guerra do Paraguai (1864-1870), tendo chefiado a captura e a morte de Solano Lopes, em Cerro Corá.

385 Manuel Luís Osório (Conceição do Arroio, 1808-Rio de Janeiro, 1879), barão, visconde e marquês do Erval, político e militar, participou da Guerra do Paraguai.

Perante o mar tão plácido,
pronto a lamber teus pés,
e as auras que, afagando-te,
perguntam quem és;

minh'alma te diz: amo-te!
rendida ao teu fulgor;
e, quanto é mais seu ídolo,
mais crê no eterno amor.

Comparando os dois trechos apontados vê já o leitor que a lira do Sr. Dr. Rosendo Moniz está longe daquela monotonia que raros talentos fizeram amar. A inspiração do Sr. Dr. Rosendo Moniz tanto se alimenta dos assuntos grandiosos como dos objetos ternos. Não é só isso; não menos a convidam os quadros que os filósofos mais amam, e ainda nesta parte uma citação dirá melhor que tudo; seja ela destes versos da sua "Visita à necrópole":

Que vim aqui fazer? Que homens são estes
que hoje buscam dos mortos a morada?
Trazem luto nas almas qual nas vestes?
Na dor aprendem que também são nada?
[...]

Quero por sócia tão somente a prece
que suba calma e pura aos pés do Infindo,
à meia-noite, à hora em que parece
que de cansada a terra está dormindo.

Com estas poucas transcrições tem o leitor uma amostra de quase todo o poeta. Na parte faceta há também muita coisa digna de ser apontada; e, posto não seja a parte principal do livro, nem por isso merece menos a atenção dos leitores e da crítica.

Isso não é crítica; é apenas um aperto de mão ao gentil poeta, a cujos primeiros voos assisti, posto nos não conhecêssemos; era a imprensa de sua província que me trazia notícia dos seus cantos de ensaio. Os voos que mais tarde desferiu justificaram plenamente a opinião que os primeiros fizeram conceber. Não me resta senão desejar que prossiga na carreira encetada, com talento igual ao que até agora revelou.

M. DE ASSIS
Semana Ilustrada, ano XIII, nº 633, domingo,
26 de janeiro de 1873, p.5.062.

Joaquim Serra

Quadros é o título que o Sr. Joaquim Serra deu ao seu recente livro de versos. Divide-se ele em duas partes, "Sertanejas" e "Dispersas", e abre por uma elegante carta de Salvador de Mendonça.[386] O autor de *Um coração de mulher* devia-nos este livro, e eu diria que nos devia mais do que este, se o não visse na política militante, cuja só tarefa basta para devorar o tempo, senão também o viço da imaginação.

Não lhe devorou ainda a imaginação, e bem o prova com este seu livro dos *Quadros*.

A primeira parte é uma galeria de cenas do interior, de lendas populares, de superstições ingênuas, transcritas da natureza e dos costumes, com o seu próprio e natural colorido. Nem todos os quadros estarão acabados; alguns são por ventura esboços; trazem contudo os traços verdadeiros, e pode-se dizer que estão assim melhor. Uns são sombrios como as "Almas penadas", outros graciosos como o "Feitor" e o "Roceiro de volta", e algum até malicioso como a "Desobriga".

Um só tipo lhe basta às vezes, como o "Mestre de reza", para desenhar um excelente perfil; é uma das graciosas páginas da coleção; e os que estão acostumados à extrema facilidade da versificação de Joaquim Serra conhecê-lo-ão nestas estrofes, que juntamente darão ideia da poesia:

---

386 Salvador de Menezes Drummond Furtado de Mendonça (Itaboraí, 1841-Rio de Janeiro, 1913), advogado, jornalista, diplomata, um dos idealizadores do movimento republicano. Principais obras: *O romance de um moço rico* (teatro, 1860), *Marabá* (romance, 1875) e *Cartas americanas* (1878-1883).

Mora n'aquela casa de uma porta,
 Ao lado da ribeira:
Na frente tem uma horta
No fundo uma ingazeira

Reside ali o homem milagreiro
 O apóstolo da roça;
E de velhas devotas um viveiro
 A sua pobre choça!

 Salve o mestre de reza,
Na vila personagem popular;
Ei-lo que passa... vale quanto pesa!...
 Deixemo-lo passar!

Se vos não interessa esta poesia singela, contada à lareira, e preferis mais enérgica pintura, voltai a página e lede o seu belo "Rasto de sangue", nada menos que uma luta do touro e do jaguar, se luta se pode chamar à carreira impetuosa de um com o outro abraçado no dorso:

Voam por esses páramos,
O touro em grandes brados,
Saltar querem das órbitas
Seus olhos inflamados!

Espuma! arqueja! a língua
Da boca vai pendente!
Garras e dentes crava-lhe
A fera impaciente!

Muitos são os quadros de que eu quisera citar ainda alguns trechos; numa notícia rápida é esta a melhor maneira de fazer conhecer um livro. Quem não adivinhará, por exemplo, o que é o "Feitor" – "palestra de escravas na roça" – ao ler esta graciosa quadra:

Eu pensei que as escravas da roça
Eram todas parceiras iguais;
Mas aqui uma é sinhá-moça
E parece ter ganja demais.

Isto é simples, natural, copiado *d'après nature* — quase sem arte, mas só na aparência, que às vezes o que mais custa é ser singelo.

Da segunda parte do livro umas poesias são originais, outras traduzidas. Entre as primeiras uma das mais galantes é a que tem por título — "A.." — cinco quadras apenas. A formosa elegia à morte de Gonçalves Dias merece igualmente o aplauso do leitor; a forma adotada era difícil, mas o poeta houve-se com muita felicidade. Das traduções há, entre outras, a "Luz do harém", de Th. Moore,[387] e o "Caminho do céu", de Ricardo Palma,[388] que, em gêneros diversos, figuram ambas muito honrosamente no livro.

Dir-se-á que não acho algum defeito no livro? Acho; quisera que desaparecesse um ou outro descuido de forma, o que não é exigir o exclusivismo dela. Há alguns versos, por exemplo, como estes:

Dobrados jaziam ao lado,

Aqueles não queriam a imunidade,

que com algum trabalho poderiam ficar mais fluentes. É defeito que não pode envergonhar: tinha-o Ferreira — o puríssimo Ferreira — nos seus versos.

---

[387] Thomas Moore (Dublim, 1779-Sloperton, 1852), poeta irlandês, orgulhoso de suas raízes (*Irish melodies*, 1807-1834), voltou-se para o orientalismo (*Lalla Rookh*, 1817), conhecido pela letra de *The minstrel boy* (*O menestrel*) e *The last rose* (*A última rosa*). Byron confiou-lhe a publicação de suas *Memórias*. Machado de Assis faz referência ao poema "The harp that once through Tara's halls".

[388] Ricardo Palma (Lima, 1833-Miraflores, 1919), escritor, político e advogado formado pela Universidade de San Marcos, exilou-se no Chile, em 1861, por questões políticas, viajou pela Europa e América, autor de *Tradiciones peruanas* (1872).

O senão que aponto não tira o mérito ao livro dos *Quadros*; vai indicado antes como conselho a um amigo, e conselho de admirador, que deve ser insuspeito. O talento de Joaquim Serra já recebeu há muito o batismo do apreço público. Esta nova coleção de versos encontrará a mesma estima que os seus precedentes escritos, e, se *Um coração de mulher* é ainda o primeiro deles, nenhum dos outros se avantaja a estes *Quadros*.

M. de Assis

Semana Ilustrada, ano XIII, nº 634, domingo,
2 de fevereiro de 1873, p.5.067; p.5.070.

Notícia da atual literatura brasileira

Instinto de nacionalidade

Quem examina a atual literatura brasileira reconhece-lhe logo, como primeiro traço, certo instinto de nacionalidade. Poesia, romance, todas as formas literárias do pensamento buscam vestir-se com as cores do país, e não há negar que semelhante preocupação é sintoma de vitalidade e abono de futuro. As tradições de Gonçalves Dias, Porto-Alegre e Magalhães são assim continuadas pela geração já feita e pela que ainda agora madruga, como aqueles continuaram as de José Basílio da Gama e Santa Rita Durão. Escusado é dizer a vantagem deste universal acordo. Interrogando a vida brasileira e a natureza americana, prosadores e poetas acharão ali farto manancial de inspiração e irão dando fisionomia própria ao pensamento nacional. Esta outra independência não tem Sete de Setembro nem campo de Ipiranga; não se fará num dia, mas pausadamente, para sair mais duradoura; não será obra de uma geração nem duas; muitas trabalharão para ela até perfazê-la de todo.

Sente-se aquele instinto até nas manifestações da opinião, aliás malformada ainda, restrita em extremo, pouco solícita, e ainda menos apaixonada nessas questões de poesia e literatura. Há nela um instinto que leva a aplaudir principalmente as obras que trazem os toques nacionais. A juventude literária, sobretudo, faz deste ponto uma questão de legítimo amor-próprio. Nem toda ela terá meditado os poemas de *Uraguai* e *Caramuru* com aquela atenção que tais obras estão pedindo; mas os nomes de Basílio da Gama e Durão são citados e amados, como precursores da poesia brasileira. A razão é que eles buscaram em roda de si os elementos de uma poesia nova, e deram os primeiros traços de nossa fisionomia literária, enquanto outros, Gonzaga por exemplo, respirando aliás os ares da pátria, não souberam desligar-se das faixas da Arcádia nem dos preceitos do tempo. Admira-se-lhes o talento, mas não se lhes perdoa o cajado e a pastora, e nisto há mais erro que acerto.

Dado que as condições deste escrito o permitissem, não tomaria eu sobre mim a defesa do mau gosto dos poetas arcádicos nem o fatal estrago que essa escola produziu nas literaturas portuguesa e brasileira. Não me parece, todavia, justa a censura aos nossos poetas coloniais, iscados daquele mal; nem igualmente justa a de não haverem trabalhado para a independência literária, quando a independência política jazia ainda no ventre do futuro, e, mais que tudo, quando entre a metrópole e a colônia criara a história a homogeneidade das tradições, dos costumes e da educação. As mesmas obras de Basílio da Gama e Durão quiseram antes ostentar certa cor local do que tornar independente a literatura brasileira, literatura que não existia ainda, que mal poderá ir alvorecendo agora.

Reconhecido o instinto de nacionalidade que se manifesta nas obras desses últimos tempos, conviria examinar se possuímos todas as condições e motivos históricos de uma nacionalidade literária; esta investigação (ponto de divergência entre literatos), além de superior às minhas forças, daria em resultado levar-me longe dos limites deste escrito. Meu principal objeto é atestar o fato atual: ora, o fato é o instinto de que falei, o geral desejo de criar uma literatura mais independente.

A aparição de Gonçalves Dias chamou a atenção das musas brasileiras para a história e os costumes indianos. *Os timbiras*, "I-Juca-Pirama", "Tabira" e outros poemas do egrégio poeta acenderam as imaginações; a vida das tribos, vencidas há muito pela civilização, foi estudada nas memórias que nos deixaram os cronistas, e interrogadas dos poetas, tirando-lhes todos alguma coisa, qual um idílio, qual um canto épico.

Houve depois uma espécie de reação. Entrou a prevalecer a opinião de que não estava toda a poesia nos costumes semibárbaros anteriores à nossa civilização, o que era verdade — e não tardou o conceito de que nada tinha a poesia com a existência da raça extinta, tão diferente da raça triunfante —, o que parece um erro.

É certo que a civilização brasileira não está ligada ao elemento indiano, nem dele recebeu influxo algum; e isso basta para não ir buscar entre as tribos vencidas os títulos da nossa personalidade literária. Mas se isto é verdade, não é menos certo que tudo é matéria de poesia, uma vez que traga as condições do belo ou os elementos de que ele se compõe. Os que, como o Sr. Varnhagen, negam tudo aos primeiros povos deste país, esses podem logicamente excluí-los da poesia contemporânea. Parece-me, entretanto, que, depois das memórias que a este respeito escreveram os Srs. Magalhães e Gonçalves Dias, não é lícito arredar o elemento indiano da nossa aplicação intelectual. Erro seria constituí-lo um exclusivo patrimônio da literatura brasileira; erro igual fora certamente a sua absoluta exclusão. As tribos indígenas, cujos usos e costumes João Francisco Lisboa cotejava com o livro de Tácito e os achava tão semelhantes aos dos antigos germanos, desapareceram, é certo, da região que por tanto tempo fora sua; mas a raça dominadora que as frequentou, colheu informações preciosas e no-las transmitiu como verdadeiros elementos poéticos. A piedade, a minguarem outros argumentos de maior valia, devera ao menos inclinar a imaginação dos poetas para os povos que primeiro beberam os ares destas regiões, consorciando na literatura os que a fatalidade da história divorciou.

Esta é hoje a opinião triunfante. Ou já nos costumes puramente indianos, tais quais os vemos nos *Timbiras*, de Gonçalves Dias, ou já na luta do elemento bárbaro com o civilizado, tem a imaginação literária do nosso tempo ido buscar alguns quadros de singular efeito, dos quais citarei, por exemplo, a *Iracema*, do Sr. J. de Alencar, uma das primeiras obras desse fecundo e brilhante escritor.

Compreendendo que não está na vida indiana todo o patrimônio da literatura brasileira, mas apenas um legado, tão brasileiro como universal, não se limitam os nossos escritores a essa só fonte de inspiração. Os costumes civilizados, ou já do tempo colonial, ou já do tempo de hoje, igualmente oferecem à imaginação boa e larga matéria de estudo. Não menos que eles, os convida a natureza americana, cuja magnificência e esplendor, naturalmente, desafiam a poetas e prosadores. O romance sobretudo apoderou-se de todos esses elementos de invenção, a que devemos, entre outros, os livros dos Srs. Bernardo Guimarães, que brilhante e ingenuamente nos pinta os costumes da região em que nasceu, J. de Alencar, Macedo, Sílvio Dinarte (Escragnolle Taunay), Franklin Távora, e alguns mais.

Devo acrescentar que neste ponto manifesta-se às vezes uma opinião, que tenho por errônea; é a que só reconhece espírito nacional nas obras que tratam de assunto local, doutrina que, a ser exata, limitaria muito os cabedais da nossa literatura. Gonçalves Dias, por exemplo, com poesias próprias seria admitido no panteão nacional; se exceptuarmos os *Timbiras*, os outros poemas americanos e certo número de composições, pertencem os seus versos pelo assunto a toda a mais humanidade, cujas aspirações, entusiasmo, fraquezas e dores geralmente cantam; e excluo daí as belas "Sextilhas de frei Antão", que essas pertencem unicamente à literatura portuguesa, não só pelo assunto que o poeta extraiu dos historiadores lusitanos, mas até pelo estilo que ele habilmente fez antiquado. O mesmo acontece com os seus dramas, nenhum dos quais tem por teatro o Brasil. Iria longe se tivesse de citar outros exemplos de casa, e não acabaria se fosse necessário recorrer aos estranhos. Mas, pois que isto vai ser impresso em terra americana e inglesa, perguntarei simplesmente se o autor do *Song of Hiawatha* não é o mesmo autor da *Golden legend*,[389] que nada tem com a terra que o viu nascer, e cujo cantor admirável é; e perguntarei mais se o *Hamlet*, o *Otelo*, o *Júlio César*, a *Julieta e Romeu* têm alguma coisa com a história inglesa nem com o território britânico, e se, entretanto, Shakespeare não é, além de um gênio universal, um poeta essencialmente inglês.

Não há dúvida que uma literatura, sobretudo uma literatura nascente, deve principalmente alimentar-se dos assuntos que lhe oferece a sua região; mas não estabeleçamos doutrinas tão absolutas que a empobreçam. O que se deve exigir do escritor, antes de tudo, é certo sentimento íntimo, que o

---

389 *Song of Hiawatha* (1855) e *Golden legend* (1855) são poemas de Henry Wadsworth Longfellow (1807-1882).

torne homem do seu tempo e do seu país, ainda quando trate de assuntos remotos no tempo e no espaço. Um notável crítico da França, analisando há tempos um escritor escocês, Masson,[390] com muito acerto dizia que do mesmo modo que se podia ser bretão sem falar sempre do tojo, assim Masson era bom escocês sem dizer palavra do cardo, e explicava o dito acrescentando que havia nele um *escotismo* interior, diverso e melhor do que se fora apenas superficial.

Estes e outros pontos cumpria à crítica estabelecê-los, se tivéssemos uma crítica doutrinária, ampla, elevada, correspondente ao que ela é em outros países. Não a temos. Há e tem havido escritos que tal nome merecem, mas raros, a espaços, sem a influência quotidiana e profunda que deveriam exercer. A falta de uma crítica assim é um dos maiores males de que padece a nossa literatura; é mister que a análise corrija ou anime a invenção, que os pontos de doutrina e de história se investiguem, que as belezas se estudem, que os senões se apontem, que o gosto se apure e eduque, para que a literatura saia mais forte e viçosa e se desenvolva e caminhe aos altos destinos que a esperam.

O romance

De todas as formas várias as mais cultivadas atualmente no Brasil são o romance e a poesia lírica; a mais apreciada é o romance, como aliás acontece em toda parte, creio eu. São fáceis de perceber as causas dessa preferência da opinião, e por isso não me demoro em apontá-las. Não se fazem aqui (falo sempre genericamente) livros de filosofia, de linguística, de crítica histórica, de alta política e outros assim, que em alheios países achem fácil

---

[390] David Mather Masson (Aberdeen, 1822-?, 1907), crítico, historiador e professor de Literatura Inglesa na University College em Londres, Historiógrafo Real da Escócia (1893), autor da *Vida de Milton*, em seis volumes. Machado refere-se a um artigo publicado na *Revue des Deux Mondes*, de 1º de julho de 1866, intitulado "La critique contemporaine en Angleterre", de Louis Étienne (1828-1899). Na segunda parte do artigo, "David Masson", Étienne trata da obra do historiador escocês e afirma: "Comme on peut être un parfait Breton sans parler de l'ajonc et da la bruyère, M. Masson est bon Écossais sans dire un mot du chardion" (p.905), frase traduzida, provavelmente de memória, por Machado.

acolhimento e boa extração; raras são aqui essas obras e escasso o mercado delas. O romance pode-se dizer que domina quase exclusivamente. Não há nisto motivo de admiração nem de censura, tratando-se de um país que apenas entra na primeira mocidade, e esta não ainda nutrida de sólidos estudos. Isso não é desmerecer o romance, obra d'arte como qualquer outra, e exige da parte do escritor qualidades de boa nota.

Aqui o romance, como tive ocasião de dizer, busca sempre a cor local. A substância, não menos que os acessórios, reproduzem geralmente a vida brasileira em seus diferentes aspectos e situações. Naturalmente os costumes do interior são os que conservam melhor a tradição nacional; os da capital do país, e em parte os de algumas cidades, muito mais chegados à influência europeia, trazem já uma feição mista e ademãos diferentes. Por outro lado, penetrando no tempo colonial, vamos achar uma sociedade diferente, e dos livros em que ela é tratada alguns há de mérito real.

Não faltam a alguns de nossos romancistas qualidades de observação e de análise, e um estrangeiro não familiar com os nossos costumes achará muita página instrutiva. Do romance puramente de análise raríssimo exemplar temos, ou porque a nossa índole não nos chame para aí, ou porque seja esta casta de obras ainda incompatível com a nossa adolescência literária.

O romance brasileiro recomenda-se especialmente pelos toques de sentimento, quadros da natureza e de costumes, e certa viveza de estilo mui adequada ao espírito do nosso povo. Há em verdade ocasiões em que essas qualidades parecem sair da sua medida natural, mas em regra conservam-se estremes de censura, vindo a sair muita coisa interessante, muita realmente bela. O espetáculo da natureza, quando o assunto o pede, ocupa notável lugar no romance, e dá páginas animadas e pitorescas, e não as cito por me não divertir do objeto exclusivo deste escrito, que é indicar as excelências e os defeitos do conjunto, sem me demorar em pormenores. Há boas páginas, como digo, e creio até que um grande amor a este recurso da descrição, excelente, sem dúvida, mas (como dizem os mestres) de mediano efeito, se não avultam no escritor outras qualidades essenciais.

Pelo que respeita à análise de paixões e caracteres são muito menos comuns os exemplos que podem satisfazer à crítica; alguns há porém de merecimento incontestável. Esta é, na verdade, uma das partes mais difíceis do romance, e ao mesmo tempo dos mais superiores. Naturalmente exige da parte do escritor dotes não vulgares de observação, que, ainda em literaturas mais adiantadas, não andam a rodo nem são a partilha do maior número.

As tendências morais do romance brasileiro são geralmente boas. Nem todos eles serão de princípio a fim irrepreensíveis; alguma coisa haverá[391] que uma crítica austera poderia apontar e corrigir. Mas o tom geral é bom. Os livros de certa escola francesa, ainda que muito lidos entre nós, não contaminaram a literatura brasileira, nem sinto nela tendências para adotar as suas doutrinas, o que é já notável mérito. As obras de que falo foram aqui bem-vindas e festejadas, como hóspedes, mas não se aliaram à família nem tomaram o governo da casa. Os nomes que principalmente seduzem a nossa mocidade são os do período romântico; os escritores que se vão buscar para fazer comparações com os nossos – porque há aqui muito amor a essas comparações – são ainda aqueles com que o nosso espírito se educou, os Victor Hugos, os Gauthiers, os Mussets, os Gozlans,[392] os Nervals.

Isento por esse lado o romance brasileiro, não menos o está de tendências políticas, e geralmente de todas as questões sociais – o que não digo por fazer elogio, nem ainda censura, mas unicamente para atestar o fato. Esta casta de obras conserva-se aqui no puro domínio da imaginação, desinteressada dos problemas do dia e do século, alheia às crises sociais e filosóficas. Seus principais elementos são, como disse, a pintura dos costumes, a luta das paixões, os quadros da natureza, alguma vez estudo dos sentimentos e dos caracteres, com esses elementos, que são fecundíssimos, possuímos já uma galeria numerosa e a muitos respeitos notável.

No gênero dos contos, à maneira de Henri Murger,[393] ou à de Trueba,[394] ou à de Charles Dickens, que tão diversos são entre si, tem havido tentativas mais ou menos felizes, porém raras, cumprindo citar, entre outros, o nome

---

391 No original lê-se "haverão".
392 Léon Gozlan (Marselha, 1803-Paris, 1866), romancista e dramaturgo francês, autor de *Balzac en pantoufles* (1856) e *Le Médicin du Pecq* (1839).
393 Louis-Henri Murger (Paris, 1822-idem, 1861), romancista e poeta francês, conhecido como autor de *Scènes de la vie bohème* (1854).
394 Antonio Maria de Trueba (Galdames, 1816-Bilbao, 1889), escritor espanhol, autor de *El libro de los cantares* (1852) e *Cuentos populares* (1853).

do Sr. Luís Guimarães Júnior, igualmente folhetinista elegante e jovial. É gênero difícil, a despeito da sua aparente facilidade, e creio que essa mesma aparência lhe faz mal, afastando-se dele os escritores, e não lhe dando, penso eu, o público toda a atenção de que ele é muitas vezes credor.

Em resumo, o romance, forma extremamente apreciada e já cultivada com alguma extensão, é um dos títulos da presente geração literária. Nem todos os livros, repito, deixam de se prestar a uma crítica minuciosa e severa, e, se a houvéssemos em condições regulares, creio que os defeitos se corrigiriam, e as boas qualidades adquiririam maior realce. Há geralmente viva imaginação, instinto do belo, ingênua admiração da natureza, amor às coisas pátrias, e além de tudo isso agudeza e observação. Boa e fecunda terra, já deu frutos excelentes, e os há de dar em muito maior escala.

A poesia

A ação da crítica seria sobretudo eficaz em relação à poesia. Dos poetas que apareceram no decênio de 1850 a 1860, uns levou-os a morte ainda na flor dos anos, como Álvares de Azevedo, Junqueira Freire, Casimiro de Abreu, cujos nomes excitam na nossa mocidade legítimo e sincero entusiasmo, e bem assim outros de não menor porte. Os que sobreviveram calaram as liras, e se uns voltaram as suas atenções para outro gênero literário, como Bernardo Guimarães, outros vivem dos louros colhidos, se é que não preparam obras de maior tomo, como se diz de Varela, poeta que já pertence ao decênio de 1860 a 1870. Neste último prazo outras vocações apareceram e numerosas, e basta citar um Crespo,[395] um Serra, um Trajano,[396] um Gentil Homem de Almeida Braga, um Castro Alves, um Luís Guimarães, um Rozendo Moniz, um Carlos Ferreira, um Lúcio de Mendonça, e tantos mais, para mostrar que a poesia contemporânea pode dar muita coisa; e se

---

395 Antônio Cândido Gonçalves Crespo (Rio de Janeiro, 1846-Lisboa, 1883), naturalizado português, poeta na linha do realismo, autor de *Miniaturas* (1871) e *Noturnos* (1882).

396 Trajano Galvão de Carvalho (Mearim, 1830-São Luís, 1864), poeta, filólogo, romancista, músico, diplomata, autor de *As três liras* (1863) e *A casca da castanheira* (1866).

algum destes, como Castro Alves, pertence à eternidade, seus versos podem servir e servem de incentivo às vocações nascentes.

Competindo-me dizer o que acho da atual poesia, atenho-me só aos poetas de recentíssima data, melhor direi a uma escola agora dominante, cujos defeitos me parecem graves, cujos dotes – valiosos, e que poderá dar muito de si, no caso de adotar a necessária emenda.

Não faltam à nossa atual poesia fogo nem estro.[397] Os versos publicados são geralmente ardentes e trazem o cunho da inspiração. Não insisto na cor local; como acima disse, todas as formas a revelam com mais ou menos brilhante resultado, bastando-me citar neste caso, a outras duas recentes obras, as *Miniaturas* de Gonçalves Crespo e os *Quadros* de J. Serra, versos extremados dos defeitos que vou assinalar. Acrescentarei que também não falta à poesia atual o sentimento da harmonia exterior. Que precisa ela então? Em que peca a geração presente? Falta-lhe um pouco mais de correção e gosto; peca na intrepidez às vezes da expressão, na impropriedade das imagens, na obscuridade do pensamento. A imaginação, que a há deveras, não raro desvaira e se perde, chegando à obscuridade e à hipérbole, quando apenas brincava a novidade e a grandeza. Isso na alta poesia lírica – na ode, diria eu, se ainda subsistisse a antiga poética; na poesia íntima e elegíaca encontram-se os mesmos defeitos, e mais um amaneirado no dizer e no sentir, o que tudo mostra na poesia contemporânea grave doença que é força combater.

Bem sei que as cenas majestosas da natureza americana exigem do poeta imagens e expressões adequadas. O condor que rompe dos Andes, o pampeiro que varre os campos do Sul, os grandes rios, a mata virgem com todas as suas magnificências de vegetação – não há dúvida que são painéis que desafiam o estro, mas, por isso mesmo que são grandes, devem ser trazidos com oportunidade, e expressos com simplicidade. Ambas essas condições faltam à poesia contemporânea, e não é que escasseiem modelos, que aí estão, para só citar três nomes, os versos de Bernardo Guimarães, Varela e Álvares de Azevedo. Um único exemplo bastará para mostrar que a oportunidade e a simplicidade são cabais para reproduzir uma grande imagem ou exprimir uma grande ideia. Nos *Timbiras*, há uma passagem em

---

397 No original lê-se "astro".

que o velho Ogib ouve censurarem-lhe o filho, porque se afasta dos outros guerreiros e vive só. A fala do ancião começa com estes primorosos versos:

> *São torpes os anuns, que em bandos folgam,*
> *São maus os caiteteis que em varas pascem;*
> *Somente o sabiá geme sozinho,*
> *E sozinho o condor aos céus remonta.*

Nada mais oportuno nem mais singelo do que isto. A escola a que aludo não exprimiria a ideia com tão simples meios, e faria mal, porque o sublime é simples. Fora para desejar que ela versasse e meditasse longamente estes e outros modelos que a literatura brasileira lhe oferece. Certo, não lhe falta, como disse, imaginação; mas esta tem suas regras, o estro leis, e, se há casos em que eles rompem as leis e as regras, é porque as fazem novas, é porque se chamam Shakespeare, Dante, Goethe, Camões.

Indiquei os traços gerais. Há alguns defeitos peculiares a alguns livros, como, por exemplo, a antítese, creio que por imitação de Victor Hugo. Nem por isso acho menos condenável o abuso de uma figura que, se nas mãos do grande poeta produz grandes efeitos, não pode constituir objeto de imitação, nem sobretudo elemento de escola.

Há também uma parte da poesia que, justamente preocupada com a cor local, cai muitas vezes numa funesta ilusão. Um poeta não é nacional só porque insere nos seus versos muitos nomes de flores ou aves do país, o que pode dar uma nacionalidade de vocabulário e nada mais. Aprecia-se a cor local, mas é preciso que a imaginação lhe dê os seus toques, e que estes sejam naturais, não de acarreto. Os defeitos que resumidamente aponto não os tenho por incorrigíveis; a crítica os emendaria; na falta dela, o tempo se incumbirá de trazer às vocações as melhores leis. Com as boas qualidades que cada um pode reconhecer na recente escola de que falo, basta a ação do tempo, e, se entretanto aparecesse uma grande vocação poética, que se fizesse reformadora, é fora de dúvida que os bons elementos entrariam em melhor caminho, e à poesia nacional restariam[398] as tradições do período romântico.

---

398 "Restaria", no original.

O teatro

Esta parte pode reduzir-se a uma linha de reticência. Não há atualmente teatro brasileiro; nenhuma peça nacional se escreve, raríssima peça nacional se representa. As cenas teatrais deste país viveram sempre de traduções, o que não quer dizer que não admitissem alguma obra nacional quando aparecia. Hoje, que o gosto público tocou o último grão da decadência e perversão, nenhuma esperança teria quem se sentisse com vocação para comprar obras severas de arte. Quem lhas receberia, se o que domina é a cantiga burlesca ou obscena, o cancã, a mágica aparatosa, tudo o que fala aos sentidos e aos instintos inferiores?

E todavia a continuar o teatro, teriam as vocações novas alguns exemplos, não remotos, que muitos as haviam de animar. Não falo das comédias do Pena, talento sincero e original, a quem só faltou viver mais para aperfeiçoar-se e empreender obras de maior vulto; nem também das tragédias de Magalhães e dos dramas de Gonçalves Dias, Porto-Alegre e Agrário.[399] Mais recentemente, nestes últimos doze ou quatorze anos, houve tal ou qual movimento. Apareceram então os dramas e comédias do Sr. J. de Alencar, que ocupou o primeiro lugar na nossa escola realista, e cujas obras *Demônio familiar* e *Mãe* são de notável merecimento. Logo em seguida apareceram várias outras composições dignas do aplauso que tiveram, tais como os dramas dos Srs. Pinheiro Guimarães, Quintino Bocaiúva e algum mais; mas nada disso foi adiante. Os autores cedo se enfastiaram da cena, que a pouco e pouco foi decaindo até chegar ao que temos hoje, que é nada.

A província ainda não foi de todo invadida pelos espetáculos de feira; ainda lá se representam o drama e a comédia — mas não aparece, que me conste, nenhuma obra nova e original. E com estas poucas linhas fica liquidado este ponto.

---

399 Agrário de Sousa Meneses (Salvador, 1834-idem, 1863), advogado, dramaturgo, jornalista, deputado, autor das peças *Calabar* (1858), *Matilde* (1854) e *Os miseráveis* (1863).

A língua

Entre os muitos méritos dos nossos livros nem sempre figura o da pureza da linguagem. Não é raro ver intercalados em bom estilo os solecismos da linguagem comum, defeito grave, a que se junta o da excessiva influência da língua francesa. Este ponto é objeto de divergência entre os nossos escritores. Divergência, digo porque, se alguns caem naqueles defeitos por ignorância ou preguiça, outros há que os adotam por princípio, ou antes por uma exageração de princípio.

Não há dúvida que as línguas se aumentam e alteram com o tempo e as necessidades dos usos e costumes. Querer que a nossa pare no século de quinhentos é um erro igual ao de afirmar que a sua transplantação para a América não lhe inseriu riquezas novas. A este respeito a influência do povo é decisiva. Há portanto certos modos de dizer, locuções novas, que de força entram no domínio do estilo e ganham direito de cidade.

Mas se isso é um fato incontestável, e, se é verdadeiro o princípio que dele se deduz, não me parece aceitável a opinião que admite todas as alterações da linguagem, ainda aquelas que destroem as leis da sintaxe e a essencial pureza do idioma. A influência popular tem um limite; e o escritor não está obrigado a receber e dar curso a tudo o que o abuso, o capricho e a moda inventam e fazem correr. Pelo contrário, ele exerce também uma grande parte de influência a este respeito, depurando a linguagem do povo e aperfeiçoando-lhe a razão.

Feitas as exceções devidas, não se leem muito os clássicos no Brasil. Entre as exceções poderia eu citar até alguns escritores cuja opinião é diversa da minha neste ponto, mas que sabem perfeitamente os clássicos. Em geral, porém, não se leem, o que é um mal. Escrever como Azurara[400] ou Fernão Mendes[401] seria hoje um anacronismo insuportável. Cada tempo tem o

---

[400] Gomes Eanes de Azurara (1410-1474), cronista português, guarda-mor da Torre do Tombo, autor da *Crônica da tomada de Ceuta*, 3ª parte da *Crônica de D. João I* (1450).

[401] Fernão Mendes Pinto (Montemor-o-Velho, 1510-Pragal, 1583), explorador português, autor da obra *Peregrinação* (1614).

seu estilo. Mas estudar-lhes as formas mais apuradas[402] da linguagem, desentranhar deles mil riquezas que, à força de velhas, se fazem novas – não me parece que se deva desprezar. Nem tudo tinham os antigos, nem tudo temos os modernos; com os haveres de uns e outros é que se enriquece o pecúlio comum.

Outra coisa de que eu quisera persuadir a mocidade é que a precipitação não lhe afiança muita vida aos seus escritos. Há um prurido de escrever muito e depressa; tira-se disso glória, e não posso negar que é caminho de aplausos. Há intenção de igualar as criações do espírito com as da matéria, como se elas não fossem neste caso inconciliáveis. Faça muito embora um homem a volta do mundo em oitenta dias; para uma obra-prima do espírito são precisos alguns mais.

Aqui termino esta notícia. Viva imaginação, delicadeza e força de sentimento, graças de estilo, dotes de observação e análise, ausência às vezes de gosto, carência às vezes de reflexão e pausa, língua nem sempre pura, nem sempre copiosa, muita cor local, eis aqui por alto os defeitos e as excelências da atual literatura brasileira, que há dado bastante e tem certíssimo futuro.

MACHADO DE ASSIS
O Novo Mundo, vol. III, nº 30,
24 de março de 1873, p.107-8.

---

402 No original lê-se "apurada".

1874

Um novo livro

O Sr. Sabas da Costa,[403] digno filho da pátria de Gonçalves Dias, Lisboa, Sotero, Serra e tantos homens de outra e desta geração, merecedores das letras, acaba de publicar o primeiro volume de um romance histórico intitulado *A revolta*.

Há já neste volume interesse, vida e movimento; lê-se com prazer e fecha-se desejoso de ler o segundo. O estilo corrente, elegante, colorido, é de boa escola e é dos primeiros merecimentos do autor.

Nossos parabéns às letras pátrias, e um *avante!* ao digno escritor.

M.

Semana Ilustrada, ano XIV, nº 721, domingo,
4 de outubro de 1874, p.5.767.

---

[403] Francisco Gaudêncio Sabas da Costa (Maranhão, 1829-?, 1874), teatrólogo, romancista, autor de *Francisco II ou A liberdade da Itália* (drama histórico, 1861), *A casca da caneleira* (1866) e *Pedro V ou O moço velho* (drama, 1862).

1875

O visconde de Castilho[404]

Não, não está de luto a língua portuguesa; a poesia não chora a morte do visconde de Castilho. O golpe foi, sem dúvida, imenso; mas a dor não pode resistir à glória; e ao ver resvalar no túmulo o poeta egrégio, o mestre da língua, o príncipe da forma, após meio século de produção variada e rica, há um como deslumbramento que faria secar todas as lágrimas.

Longa foi a vida do visconde de Castilho; a lista de seus escritos numerosíssima. O poeta dos *Ciúmes de bardo* e da *Noite do castelo*, o tradutor exímio de Ovídio, Virgílio e Anacreonte, de Shakespeare, Goethe e Molière, o contemporâneo de todos os gênios, familiar com todas as glórias, ainda assim não sucumbiu no ócio a que lhe davam jus tantas páginas de eterna beleza. Caiu na liça, às mãos com o gênio de Cervantes, seu conterrâneo da península, que ele ia sagrar português, a quem fazia falar outra língua, não menos formosa e sonora que a do Guadalquivir.

A Providência fê-lo viver bastante para opulentar o tesouro do idioma natal, o mesmo de Garrett e G. Dias, de Herculano e J. F. Lisboa, de Alencar

---

[404] Antes do texto de Machado de Assis, informam os editores: "Do nosso amigo, Sr. M. de Assis recebemos as seguintes linhas:".

e Rebelo da Silva.[405] Morre glorificado, deixando a imensa obra que perfez à contemplação e exemplo das gerações vindouras. Não há lugar para pêsames, onde a felicidade é tamanha.

Pêsames, sim, e cordiais merece aquele outro talento possante, último de seus irmãos, que os viu morrer todos, no exílio ou na pátria, e cuja alma, tão estreitamente vinculada à outra, tem direito e dever de pranteá-lo.

A língua e a poesia cobrem-lhe a campa de flores e sorriem orgulhosas do lustre que ele lhes dera. É assim que desaparecem da terra os homens imortais.

Semana Ilustrada, ano XV, nº 760, domingo, 4 de julho de 1875, p.6.074.

Literatura

A J. Tomás da Porciúncula[406]

Meu prezado colega,

Ainda não é tarde para falar de Varela. Não o é nunca para as homenagens póstumas, se aquele a quem são feitas as merece[407] por seus talentos e ações. Varela não é desses mortos comuns cuja memória está sujeita à condição da oportunidade; não passou pela vida como a ave no ar, sem deixar vestígio; talhou para si uma larga página nos anais literários do Brasil.

---

405 Luís Augusto Rebelo da Silva (Lisboa, 1822-idem, 1871), jornalista, historiador, romancista, político, autor de romances históricos, *A mocidade de D. João V* (1852) e *Lágrimas e tesouros* (1863).

406 José Tomás da Porciúncula (Petrópolis, 1854-Rio de Janeiro, 1901), médico, político filiado ao Clube Republicano, governou o Maranhão como primeiro presidente republicano, líder da ala florianista, ministro plenipotenciário do Uruguai. Porciúncula, juntamente com Carlos Alberto de Meneses (1855-1904) e Raimundo Teixeira Mendes (1855-1927), foi redator de *A Crença* (1873-1875), periódico ligado à causa republicana e redigido por acadêmicos da Faculdade de Direito de São Paulo.

407 "Merecem", no original.

É vulgar a queixa de que a plena justiça só comece depois da morte; de que haja muita vez um abismo entre o desdém dos contemporâneos e a admiração da posteridade. A enxerga de Camões é cediça na prosa e no verso do nosso tempo; e por via de regra a geração presente condena as injúrias do passado para com os talentos, que ela admira e lastima. A condenação é justa, a lástima é descabida, porquanto, digno de inveja é aquele que, transpondo o limite da vida, deixa alguma coisa de si na memória e no coração dos homens, fugindo assim ao comum olvido das gerações humanas.

Varela é desses bem-aventurados póstumos. Sua vida foi atribulada; seus dias não correram serenos, retos e felizes. Mas a morte, que lhe levou a forma perecível, não apagou dos livros a parte substancial do seu ser; e esta admiração que lhe votamos é certamente prêmio, e do melhor.

Poeta de larga inspiração, original e viçoso, modulando seus versos pela toada do sentimento nacional, foi ele o querido da mocidade do seu tempo. Conheci-o em 1860, quando a sua reputação, feita nos bancos acadêmicos, ia passando dali aos outros círculos literários do país. Seus companheiros de estudo pareciam adorá-lo; tinham-lhe de cor os magníficos versos com que traduzia os sonhos de sua imaginação vivaz e fecunda. Havia mais fervor naquele tempo, ou eu falo com as impressões de uma idade que passou? Parece-me que a primeira hipótese é a verdadeira. Vivia-se da imaginação e poesia; cada produção literária era um acontecimento. Ninguém mais do que Varela gozou essa exuberância juvenil; o que ele cantava imprimia-se no coração dos moços.

Se fizesse agora a análise dos escritos que nos deixou o poeta das *Vozes da América*, mostraria as belezas de que estão cheios, apontaria os senões que porventura lhe escaparam. Mas que adiantaria isso à compreensão pública? A crítica seria um intermediário supérfluo. O "Cântico do Calvário", por exemplo, e a "Mimosa" não precisam comentários nem análises; leem-se, sentem-se, admiram-se, independente de observações críticas.

"Mimosa", que acabo de citar, traz o cunho e revela perfeitamente as tendências da inspiração do nosso poeta. É um conto da roça, cuja vida ele estudou sem esforço nem preparação, porque a viveu e amou. A natureza e a vida do interior eram em geral as melhores fontes da inspiração de Varela; ele sabia pintá-las com fidelidade e viveza raras, com uma ingenuidade de expressão toda sua. Tinha para esse efeito a poesia de primeira mão, a genuína, tirada de si mesmo e diretamente aplicada às cenas que o cercavam e à vida que vivia.

Adiantando-se o tempo, e dadas as primeiras flores do talento em livros que todos conhecemos, planeou o poeta um poema, que deixou pronto, embora sem as íntimas correções, segundo se diz. Ouvi um canto do *Evangelho nas selvas*, e imagino por ele o que serão os outros. O assunto era vasto, elevado, poético; tinha muito por onde seduzir a imaginação do autor das *Vozes da América*. A figura de Anchieta, a Paixão de Jesus, a vida selvagem e a natureza brasileira, tais eram os elementos com que ele tinha de lutar e que devia forçosamente vencer, porque iam todos com a feição do seu talento, com a poética ternura de seu coração. Ele soube escolher o assunto, ou antes o assunto impôs-se-lhe com todos os seus atrativos.

O *Evangelho nas selvas* será certamente a obra capital de Varela; virá colocar-se entre outros filhos da mesma família, o *Uraguai*[408] e os *Timbiras*, entre os *Tamoios* e o *Caramuru*.

A literatura brasileira é uma realidade, e os talentos como o do nosso poeta o irão mostrando a cada geração nova, servindo ao mesmo tempo de estímulo e exemplo. A mocidade atual, tão cheia de talento e legítima ambição, deve pôr os olhos nos modelos que nos vão deixando os eleitos da glória, como aquele era – da glória e do infortúnio, tanta vez unidos na mesma cabeça. A herança que lhe cabe é grande, e grave a responsabilidade. Acresce que a poesia brasileira parece dormitar presentemente; uns mergulharam na noite perpétua; outros emudeceram, ao menos por instantes; outros enfim, como Magalhães, Porto-Alegre, prestam à pátria serviços de diferente natureza. A poesia dorme, e é mister acordá-la; cumpre cingi-la das nossas flores rústicas e próprias, qual as colheram Dias, Azevedo e Varela, para só falar dos mortos.

MACHADO DE ASSIS
A Crença, ano I, nº 19, sexta-feira,
20 de agosto de 1875, p.1-2.

---

408 "Araguai", no original.

1876

[...]

O que eu não esbocei, decerto, foi o jantar dado ao Blest Gana. Qual esboçar! Saiu-me acabado... dos dentes, acabado como ele merecia que fosse, porque era escolhido. A imprensa da capital brilhou; meteu-se à testa de uma ideia de simpatia, e levou-a por diante, mostrando-se capaz de união e perseverança. O jantar era o menos; o mais, o essencial era manifestar a um cavalheiro digno de todos os respeitos e afeições a saudade que ele ia deixar entre os brasileiros, e foi isso o que claramente e eloquentemente disseram por parte da imprensa um jornalista militante, Quintino Bocaiúva, e um antigo jornalista, o visconde do Rio Branco.

Respeito as razões que teve o Chile para não fazer duas da única legação que tem para cá dos Andes, ficando exclusivamente no Rio de Janeiro o ministro que por tantos anos representou honestamente o seu país; mas sempre lhe digo que nos levou um amigo velho, que nos amava e a quem amávamos como ele merecia.

Blest Gana costumava dizer, nas horas de bom humor, que era poeta de vocação e diplomata de ocasião. Era injusto consigo mesmo; a vocação era igual em ambos os ramos. Somente a diplomacia abafava o poeta, que não podia acudir ao mesmo tempo a uma nota que passava e a uma estrofe que vinha do céu. Ainda se estivesse aqui só, vá; sempre lhe daríamos algum tempo de poetar. Mas ache um homem algum lazer poético andando a braços com a Patagônia e o Dr. Alsina![409]

Sou amigo do ilustre chileno há dez anos; e ainda possuo e possuirei um retrato seu, com esta graciosa quadrinha:

> *Verás en ese retrato*
> *De semejanza perfecta,*
> *La imagen de un mal poeta*
> *Y un poco peor literato.*

Nem mau poeta, nem pior literato; excelente em ambas as coisas, e amigo e bom; – razões de sobra para lastimar que a necessidade política no-lo levasse.

MANASSÉS

Ilustração Brasileira, ano I, nº 1, História de Quinze Dias,
1º de julho de 1876, p.7; p.10.

[...]

Agora uma página de luto. Nem tudo foram flores e alegrias durante a quinzena. As musas receberam um golpe cruel.

Veio do Norte a notícia de haver falecido o Dr. Gentil Homem de Almeida Braga. Todos os homens de gosto e cultores de letras pátrias sentiram o desaparecimento desse notabilíssimo que o destino fez nascer na pátria de Gonçalves Dias para no-lo roubar com a mesma idade com que nos arrebatou o grande poeta.

Poeta também, e prosador de elevado merecimento, o Dr. Gentil Homem de Almeida Braga deixou algumas páginas – poucas em número, mas verdadeiros títulos, que honram o seu nome e nos fazem lembrar dele.

O Dr. Gentil Homem nas letras pátrias era conhecido pelo pseudônimo de *Flávio Reimar*. Com ele assinou belas páginas literárias, como o livro *Entre o*

---

[409] Valéntin Alsina (1802-1869), escritor, jurista, governador da província de Buenos Aires (1852; 1857-1859), opositor dos governos de Juan Manuel de Rosas e de Justo José Urquiza.

céu e a terra, livro que exprime bem o seu talento original e refletido. Deixou, segundo as folhas do Maranhão, a tradução da *Evangelina*, de Longfellow. Deve ser um primor. J. Serra já há meses nos deu na *Reforma* um excelente *specimen* desse trabalho.

Perdemo-lo; ele foi, prosador e poeta, dormir o sono eterno que já fechou os olhos de Lisboa e Odorico. Guardemos seus escritos, enriqueçamos com eles o pecúlio comum.

MANASSÉS
Ilustração Brasileira, ano I, nº 4, História de Quinze Dias,
15 de agosto de 1876, p.59.

Estrelas errantes

Este é o título de um livro de versos, há onze anos publicado. Seu autor, o Sr. F. Quirino dos Santos,[410] moço de talento e de trabalho, teve o gosto de ver esgotada aquela edição, e acertou de fazer segunda, aumentando à primeira coleção outro tanto e mais, por modo que as *Estrelas errantes* são ao mesmo tempo um livro conhecido e um livro novo.

Folguei de reler o que era antigo, e de ler o que é absolutamente de hoje. Não é vulgar coisa um poeta: sobretudo um poeta que, a distância de doze anos, ata perfeitamente o fio de suas qualidades e reaparece com a mesma imaginação viva, o mesmo ardor dos primeiros tempos. Mais: sem desmentir sua feição poética, põe ele nos produtos de hoje certa reflexão, um polido de linguagem, que o tempo lhe ensinou. Acresce portanto um mérito, sem que os outros hajam desaparecido. Não é isso mesmo o progresso?

As exuberâncias que o Sr. Pinheiro Chagas[411] lhe notara em 1864 não as perdeu o poeta; mas disciplinou-as. É assim com todos os talentos

---

410 Francisco Quirino dos Santos (Campinas, 1841-São Paulo, 1886), poeta, dramaturgo, romancista, historiador, crítico, jornalista, advogado, autor de *A judia* (drama, 1863) e *A nova luz* (romance, 1873).
411 Manuel Joaquim Pinheiro Chagas (Lisboa, 1842-idem, 1895), jornalista, romancista, dramaturgo, historiador, autor de *Poema da mocidade* (1865), *O terremoto de Lisboa* (romance, 1874) e *A morgadinha de Valflor* (teatro, 1869).

verdadeiros. E sua poesia não deixou de ser pessoal, essencialmente lírica. Há quem acredite que essa poesia tem de morrer, se já não morreu. Eu creio que primeiro morrerão os vaticínios do que ela. Pessoal é ela, e por isso mesmo me comove; se contas as tuas dores e alegrias de homem, eu, que sou homem, folgarei ou chorarei contigo. Essa solidariedade do coração faz que a poesia chamada pessoal venha a ser, ao cabo de tudo, a mais impessoal do mundo. Eu não fui ao lago com Elvira, mas sinto a comoção de Lamartine. *Ainda uma vez, adeus!* exclama Gonçalves Dias, e todos sentimos confranger-nos o coração de saudade. Não! a poesia pessoal não morreu; morrerão, é certo, os simples biógrafos, os que põem em verso todas as anedotas de seus dias vulgares. Que me importa que ela te desse uma flor em certa despedida? Uma despedida e uma flor são coisas ordinárias; mas canta-as, com alma; pede à musa de Garrett ou de Varela o segredo da harmonia e a teu próprio coração a nota de sinceridade, e eu sentirei contigo essa dama que não conheço, beijarei mentalmente essa flor que nunca vi.

É poeta pessoal o Sr. Quirino dos Santos, e não é só isso. Nos versos que são somente páginas íntimas, sabe ele, por meio de singeleza e verdade, encantar nossa atenção. Mas há também versos de outra casta. Há esse "Dois Colombos", dedicado ao nosso Carlos Gomes, que a Itália nos confiscou para restituir-nos em obras-primas. Há esse "Filho da lavadeira", melancólica balada que começa por estes versos:

> *Um dia nas margens do claro Atibaia*
> *Estava a cativa sozinha a lavar;*
> *E um triste filhinho, do rio na praia,*
> *Jazia estendido no chão a rolar.*
> *A pobre criança que o vento açoitava*
> *De frio e de fome chorava e chorava.*

São versos estes, e de bom cunho, naturais, sentidos, próprios do assunto. Há ainda outros, como os versos a José Bonifácio, em que o tom não é já plangente, mas viril. Nuns e noutros, aqui e ali, a crítica pode notar um defeito, uma expressão frouxa, uma imagem menos feliz, um verso menos acabado. A impressão de todo é boa, e tanto basta para elogio de um livro.

O Sr. Quirino dos Santos é jornalista, profissão que lhe há de tomar mais tempo do que convinha às musas dar-lhe. Ainda assim quero crer que, entre dois artigos, comporá uma estrofe e a guardará na gaveta onde irá formando um livro novo. Ele nos diz no prefácio desta segunda edição: "ainda me não desenganei dos versos". Felizes, digo eu, os que não se desenganam deles! Versos são coisas de pouca monta; não é com eles que andam as máquinas, nem eles influem por nenhum modo na alta e baixa dos fundos. Paciência! Há no interior do homem um ouvido que não entende senão a língua das comoções puras, e para falá-la o melhor vocabulário é ainda o do padre Homero.

Não se desengane o poeta dos versos; tanto melhor para ele e para os apreciadores de seu talento legítimo.

M. A.
Ilustração Brasileira, ano I, nº 4,
15 de agosto de 1876, p.63.

[...]

A ser exata a suposição de que o livro de Dumas fizesse isso, eu mandava desde já prender o Sr. Antônio Moutinho de Sousa,[412] que aí chegou com uma edição de *D. Quixote*. Tenha que ver se a leitura do livro de Cervantes produzia na cidade uma leva de broquéis e lanças; se os cavaleiros andantes nos surgiam a cada esquina, a tirar bulha com os moinhos de vento, e de casaca. As Dulcineias haviam de estimar o caso, porque em suma é seu papel gostar de que as adorem e sirvam. Mas, por essa única vantagem, quanta cabeça partida! quanto braço deslocado!

---

412 Antônio Moutinho de Sousa (Porto, 1834-idem, 1898), dramaturgo português, autor dos dramas *Amor e honra* e *Pelaio ou A vingança de uma afronta*, ambos de 1856, *Fumo sem fogo*, de 1861, e a comédia *Finalmente*, de 1861, aprovada por Machado de Assis ao tempo em que foi censor do Conservatório Dramático, que a julgou, equivocadamente, uma tradução do francês.

A edição de *D. Quixote*, com gravuras de Gustave Doré,[413] é simplesmente um primor. Sabe-se que ela é feita pela Companhia Literária – uma companhia que se organizou somente para editar obras.

Companhia Literária! Veja o leitor que ligação de vocábulos. Companhia de seguros, de transportes, de estrada de ferro, de muitas coisas comerciais, industriais e econômicas, essas são as que povoam o nosso globo; uma Companhia Literária, é a primeira vez que os dois termos aparecem assim casadinhos de frescos, como a opereta do Artur.[414]

Pois é a tal Companhia que vai editar o *D. Quixote*, aquele famoso cavaleiro da Mancha, que tem o condão de entusiasmar a doutos e indoutos. Aí o vamos ver com a sua lança em riste, a fazer rir os almocreves, e a perturbar as comitivas que passam, a pretexto de que levam castelãs roubadas. Vamos rir de ti, outra vez, generoso cavaleiro; vamos rir de tua sublime dedicação. Tu tens o pior que pode ter um homem em todos, sobretudo nesse século, – tu és quimérico, tu não vives da nossa vida, não és metódico, regular, pacato, previdente; tu és Quixote, D. Quixote.

Bem hajam Cervantes e a Companhia Literária! Bem haja o Moutinho, que após treze anos de ausência, tendo-nos levado o Manuel Escota,[415] traz-nos muitos tipos não menos admiráveis, sem contar os da imprensa da Companhia, que são nítidos, como os mais nítidos.

MANASSÉS
Ilustração Brasileira, ano I, nº 5, História de Quinze Dias,
1º de setembro de 1876, p.71.

---

413 Gustave Doré (1832-1883), desenhista, gravador e pintor francês, ilustrou mais de 120 obras, entre as quais as de Rabelais (1854 e 1873), Perrault (1862), os *Contos engraçados*, de Balzac (1885), o *Inferno*, de Dante (1861), *Dom Quixote* (1863), a *Bíblia* (1866).
414 Trata-se da peça *A casadinha de fresco* (1876), de Artur Azevedo (1855-1908), paródia de *La petite mariée*, opereta de Lecocq, com libreto de Leterrier e Vanloo.
415 Alusão à comédia *Manuel Escota entre as 10 e as 11*, do ator e teatrólogo brasileiro José Joaquim de Magalhães Abreu (?-?).

[...]

Suponha o público que é um sol, e olhe em volta de si: verá o *Globo*[416] a rodeá-lo, mais forte do que era até há pouco e prometendo longa vida.

Eu gosto de todos os globos, desde aqueles (lácteos) que tremiam quando Vênus entrou no céu (v. *Lusíadas*), até o da rua dos Ourives, que é um *Globo* como se quer.

Falando no sentido natural, direi que o *Globo* honra a nossa imprensa e merece ser coadjuvado por todos os que amam essa alavanca do progresso, a mais potente de todas. Hoje a imprensa fluminense é brilhante. Contamos órgãos importantes, neutros ou políticos, ativos, animados e perseverantes. Entre eles ocupa lugar distinto o *Globo*, a cujo talentoso redator e diretor, Sr. Quintino Bocaiúva, envio meus emboras, não menos que ao seu folhetinista Oscar d'Alva,[417] cujo verdadeiro nome anda muita gente ansiosa para saber qual seja.

MANASSÉS

Ilustração Brasileira, ano I, n.º 6, História de Quinze Dias, 15 de setembro de 1876, p.94.

---

416 *O Globo* (1874-1878), periódico dirigido por Quintino Bocaiúva e Salvador de Mendonça.
417 Luís Caetano Guimarães Júnior veio de Londres para o Rio de Janeiro, em 1876, para cuidar do inventário do pai, morto, em abril daquele ano. Nesse período, Guimarães Júnior foi cronista de *O Globo*, sob o pseudônimo de Oscar d'Alva.

1877

[...]

Aquiles, Eneias, Dom Quixote, Rocambole

Estes quatro heróis, por menos que o leitor os ligue, ligam-se naturalmente como os elos de uma cadeia. Cada tempo tem a sua *Ilíada*; as várias *Ilíadas* formam a epopeia do espírito humano.

Na infância o herói foi Aquiles – o guerreiro juvenil, altivo, colérico, mas simples, desafetado, largamente talhado em granito, e destacando um perfil eterno no céu da loura Hélade. Irritado, acolhe-se às tendas; quando os gregos perecem, sai armado em guerra e trava esse imortal combate com Heitor, que nenhum homem de gosto lê sem admiração; depois, vencido o inimigo, cede o despojo ao velho Príamo, nessa outra cena, que ninguém mais igualou ou nem há de igualar.

Esta é a *Ilíada* dos primeiros anos, das auroras do espírito, é a infância da arte.

Eneias é o segundo herói, valente e viajor como um alferes romano, poético em todo o caso, melancólico, civilizado, mistura de espírito grego e latino. Prolongou-se este Eneias pela Idade Média, fez-se soldadão cristão, com o nome de Tancredo, e acabou em cavalarias altas e baixas.

As cavalarias, depois de estromparem os corpos à gente, passaram a estrompar os ouvidos e a paciência, e daí surgiu o Dom Quixote, que foi o terceiro herói, alma generosa e nobre, mas ridícula nos atos, embora sublime nas intenções. Ainda nesse terceiro herói luzia um pouco da luz aquileida, com as cores modernas, luz que o nosso gás brilhante e prático de todo fez empalidecer.

Tocou a vez a Rocambole. Este herói, vendo arrasado o palácio de Príamo e desfeitos os moinhos da Mancha, lançou mão do que lhe restava e fez-se herói de polícia, pôs-se a lutar com o código e o senso comum.

O século é prático, esperto e censurável; seu herói deve ter feições consoantes a essas qualidades de bom cunho. E porque a epopeia pede algum maravilhoso, Rocambole fez-se inverossímil; morre, vive, cai, barafusta e some-se, tal qual como um capoeira em dia de procissão.

Veja o leitor, se não há um fio secreto que liga os quatro heróis. É certo que é grande a distância entre o herói de Homero e o de Ponson du Terrail,[418] entre Troia e o xilindró. Mas é questão de ponto de vista. Os olhos são outros; outro é o quadro; mas a admiração é a mesma, e igualmente merecida.

Outrora excitavam pasmo aquelas descomunais lanças argivas. Hoje admiramos os alçapões, os nomes postiços, as barbas postiças, as aventuras postiças.

Ao cabo, tudo é admirar.

MANASSÉS
Ilustração Brasileira, ano I, nº 14, História de Quinze Dias,
15 de janeiro de 1877, p.216.

[...]
Se eu disser que a vida é um meteoro, o leitor pensará que vou escrever uma coluna de filosofia, e eu vou apenas noticiar-lhe o *Meteoro*,[419] um jornal

---

418 Pierre Alexis Ponson du Terrail (Montmaur, 1829-Bordeaux, 1871), romancista, mestre do romance-folhetim, autor da série *Rocambole* (1857-1870).
419 *O Meteoro*, periódico satírico fundado em 1877, era impresso na Tipografia Liberal, dirigido por Joaquim Roberto de Azevedo Marques (1824-1892), tendo por redator Paulo Antônio do Vale (1824-1886).

de oito páginas, que inscreve no programa: "O *Meteoro* não tem pretensões à duração".

Bastam essas quatro palavras para ver que é jornal de espírito e senso. Geralmente, cada folha que aparece promete, pelo menos, três séculos e meio de existência, e uma regularidade cronométrica. O *Meteoro* nem promete durar, nem aparecer em dias certos. Virá quando puder vir.

Variado, gracioso, interessante, em alguns lugares, sério e até científico, o *Meteoro* deixa-se ler sem esforço nem enfado. Pelo contrário; lastima-se que seja meteoro e deseja-se-lhe um futuro de planeta, pelo menos que dure tanto como o planeta em que ele e nós habitamos.

Planeta, meteoro, duração, tudo isso me traz à mente uma ideia de um sábio francês moderno. Por cálculos que fez, é opinião dele que, de dez em dez mil anos, haverá na terra um dilúvio universal, ou pelo menos continental, por motivo do deslocamento dos oceanos, produzido pelo giro do planeta.

Um dilúvio periódico! Que será feito então da imortalidade das nossas obras? Salvo se puserem na arca um exemplar das de todos os poetas, músicos e artistas. Oh! mas que arca não será essa! Se não temesse uma vaia, diria que será arcabuz.

MANASSÉS
Ilustração Brasileira, ano II, nº 33, História de Quinze Dias,
1º de novembro de 1877, p.142-3.

I

Toda a história desses quinze dias está resumida em um só instante, e num acontecimento único: a morte de José de Alencar. Ao pé desse fúnebre sucesso, tudo o mais empalidece.

Quando começou a correr a voz de que o ilustre autor do *Guarani* sucumbira ao mal que de há muito o minava, todos recusavam dar-lhe crédito; tão impossível parecia que o criador de tantas e tão notáveis obras pudesse sucumbir ainda no pleno vigor do espírito.

Quando uma individualidade se acentua fortemente e alcança, através dos anos e dos trabalhos, a admiração de todos, parece ao espírito dos demais homens que é incompatível com ela a lei comum da morte. Uma individualidade dessas não cai do mesmo modo que as outras; não é um incidente vulgar, por mais vulgar e certo que seja o destino que a todos está reservado; é um acontecimento, em alguns casos é um luto público.

II

José de Alencar ocupou nas letras e na política um lugar assaz elevado para que seu desaparecimento fosse uma comoção pública. Era o chefe aclamado da literatura nacional. Era o mais fecundo de nossos escritores. Essa imaginação vivíssima parecia exprimir todo o esplendor da natureza da sua pátria. A política o furtou alguns anos; a alta administração alguns meses; e na política, como na administração, como no foro, deu testemunho de que possuía, além daquela imaginação, a inteligência das coisas positivas.

Não contarei a vida de José de Alencar; é das mais cheias e das mais exemplares. A imprensa jornalística a revelou ao país, em artigos de estudo poético, singular estreia para a primeira das imaginações brasileiras. Um dia, mais tarde, veio uma crítica e um ensaio de romance; uma comédia depois; e daí em diante não teve mais repouso aquele espírito, cuja lei era o trabalho.

Como romancista e dramaturgo, como orador e polemista, deixa de si exemplos e modelos dignos dos aplausos que tiveram e hão de ter. Foi um engenho original e criador; e não foi só isso, que já seria muito; foi também homem de profundo estudo, e de aturada perseverança. José de Alencar não teve lazeres; sua vida era uma perpétua oficina.

III

Já a esta hora a notícia do desastre das nossas letras corre o Império; já o fio telegráfico a levou, através do Atlântico, por onde nos trouxe não há muito a notícia da morte do autor do *Eurico*.

Ambas as literaturas do nosso idioma estão de luto; com pouco intervalo as feriu a lei da morte.

Que a geração que nasce e as que hão de vir aprendam no modelo literário que acabamos de perder as regras de nossa arte nacional e o exemplo do esforço fecundo e de uma grande vida. A geração atual pode legar com orgulho aos vindouros a obra vasta e brilhante do engenho desse poeta da prosa, que soube todos os tons da escala, desde o mavioso até o épico.

Poucas linhas são estas, poucas e pálidas, mas necessárias ainda assim, porque é a expressão de um dever de brasileiro e de admirador.

MANASSÉS
Ilustração Brasileira, ano II, nº 36, História de Quinze Dias,
15 de dezembro de 1877, p.196-7.

1878

Não quis acabar este ano de 1877 sem lançar um luto mais na alma da nação brasileira, ainda mal convalescida do golpe que lhe produziu a morte de José de Alencar. Poucas semanas depois de expirar o autor do *Guarani*, era fulminado o chefe do gabinete de 3 de agosto; e esses dois homens, diversos em tantas coisas, e em tantas outras iguais, adversários na política e na tribuna, vieram enfim a reconciliar-se na morte e na imortalidade.

A imprensa prestou já ao conselheiro Zacarias[420] as justas homenagens a que tinha direito esse eminente estadista. Já lhe chorou a morte inesperada e tão cruel para a nação inteira, e especialmente para a tribuna política, para a ciência, para o partido liberal e para a administração política.

O que ele foi durante mais de trinta anos, como deputado, senador, ministro, professor e jurisconsulto, está escrito em atos e palavras perduráveis; e não irei eu repetir, data por data, sucesso por sucesso, a história desse atleta, que sabia arrancar a admiração aos próprios adversários.

E neste ponto cabe ponderar que a vida do conselheiro Zacarias, quando os futuros biógrafos a escreverem, servirá de exemplo e estudo às novas gerações políticas. Elas examinarão o característico dessa individualidade, cujo

---

420 Zacarias de Góis e Vasconcelos (1815-1877), político conservador até 1861, formou nesse ano uma liga constitucional também com os liberais, que foi declarada como um novo partido, o Progressista.

talento se ligava às virtudes mais austeras, e que, não sabendo a linguagem das multidões, gozava de mais larga popularidade; chefe liberal, acatado e independente; homem a todos os respeitos superior e afirmativo de sua pessoa.

O futuro poderá conhecer os talentos e os serviços do eminente estadista; mas o que será letra morta para ele é o modo e o gênio da eloquência que o céu lhe dera; essa palavra constante e única, que sabia ser e era ordinariamente familiar, mas sempre enérgica, e quando convinha sarcástica, e, quando sarcástica, inimitável.

Verão, entretanto, os homens futuros, ao lerem os debates do nosso tempo, que o conselheiro Zacarias preenchia todos os deveres do parlamentar. Nenhum ramo da administração lhe era desconhecido; ele discutia com igual propriedade, elevação e perícia, as finanças ou os negócios diplomáticos, os assuntos de guerra ou de marinha, as questões de colonização ou de magistratura.

Das quatro vezes em que foi ministro, três vezes presidiu ministérios; e em cada uma daquelas quatro regeu uma pasta diferente, indo da Marinha à Justiça e do Império à Fazenda. Estudara antes, durante e depois; estudou sempre. Era homem de sua família e de seu gabinete. Tinha a paixão do saber, e a consciência do dever imposto pela posição no partido a que pertencia, e no parlamento em que era um dos principais vultos.

Orador e polemista, nunca recuou diante de nenhum adversário, nem de nenhuma questão; sua dialética era de aço, sua intrepidez não tinha desânimo. Ou no poder ou fora dele, a tribuna o viu sempre de pé, dominando os que o ouviam, e, mais do que isso, dominando-se a si próprio. Era absoluto senhor da palavra; nem se desviava, nem se continha; dizia o que queria e como queria.

Ninguém poderia supor, há algumas semanas, que esse homem robusto, não só de espírito, mas também de corpo, cairia tão depressa para nunca mais levantar-se. A morte tomou-o de surpresa; e a notícia dela, que consternou toda esta cidade, lançará o luto e a dor a todo o Império do Brasil.

Não há conservadores, nem liberais, quando se trata de um vulto daquela estatura, cujo fato melhor fará sentir o que ele valia, e de quem a posteridade dirá que era um homem, um verdadeiro homem.

[...]

Um derradeiro fato:

Apareceu mais um campeão na imprensa diária: o *Cruzeiro*, jornal anunciado há algumas semanas. Desejamos longa vida ao nosso novo e brilhante colega.

MANASSÉS

Ilustração Brasileira, ano II, nº 37, História de Quinze Dias, janeiro de 1878, p.215-6.

[...]

Saltando outra vez ao nosso país, à nossa cidade, à nossa rua do Ouvidor, ocorreu neste mês, há poucos dias, o desaparecimento do *Diário do Rio de Janeiro*.[421]

O decano da imprensa fluminense mais uma vez se despede dos seus colegas. Longa foi a sua resistência, e notórios os seus esforços; mas tinha de cair e caiu.

Não me lembro sem saudade desse velho lidador. Não lhe tem valido talento nem perseverança, nem sacrifício. A morte vem lentamente infiltrar-se nele, até que um dia, uma manhã, quando ninguém espera, anuncia-se que o *Diário do Rio* deixa de existir.

Naquelas colunas mais de uma pena ilustre tem provado suas forças. Não citarei os antigos; citarei por alto Alencar, Saldanha, Bocaiúva, Viana; partidos diferentes, diversos estilos, mas todos publicistas de ilustre nomeada.

E caiu o velho lidador!

VI

O *Monitor Sul-Mineiro*[422] iniciou a ideia de um monumento no lugar em que repousam as cinzas de José de Alencar. Esta ideia, comunicada ao Rio

---

421 *Diário do Rio de Janeiro* (1821-1878), conhecido pela alcunha de Diário do Vintém ou Diário da Manteiga, passou por várias direções, entre elas, a de José de Alencar, Quintino Bocaiúva e Salvador de Mendonça.

422 *Monitor Sul-Mineiro*, "semanário de literatura, indústria e notícias", dirigido por Bernardo Saturnino da Veiga (1842-1902), começou a circular na cidade mineira de Campanha da Princesa, em 1872.

de Janeiro foi saudada pela imprensa com as palavras merecidas de louvor e animação.

Pela minha parte, aplaudo com ambas as mãos o nobilíssimo projeto.

Já disse nestas colunas o que sentia acerca do elevado mérito do autor do *Guarani*; fiz coro com todos quantos apreciaram em vida aquele talento superior, que soube deixar um vivo sulco onde quer que passou, política ou literatura, eloquência ou jurisprudência.

Levantar o monumento merecido é dever dos que lhe sobrevivem, é dever sobretudo dos que trabalham na imprensa, ou por meio de livros, ou por meio de jornais, que uns e outros foram honrados com os escritos daquele espírito potente.

Parabéns ao *Monitor Sul-Mineiro*.

[...]

MANASSÉS
Ilustração Brasileira, ano II, nº 38, História de Quinze Dias, fevereiro de 1878, p.234.

[...]

A morte do conselheiro José Tomás Nabuco de Araújo[423] foi a grande mancha na história dos últimos trinta dias.

O que perdeu o país nesse homem ilustre e sábio, não é preciso que o digamos aos leitores da *Ilustração*.

Jurisconsulto profundo, parlamentar distintíssimo, político moderado, era um dos homens mais notáveis da geração que vai desaparecendo. Como Zacarias, sua sorte foi inesperada e a todos tomou de sobressalto. Hoje repousa no eterno leito, deixando na história largo sulco de sua passagem.

---

[423] José Tomás Nabuco de Araújo (1813-1878), político, magistrado e jornalista brasileiro. Uma das mais destacadas figuras da história do Segundo Império. Sua evolução política e todo o panorama de sua época foram retratados por seu filho Joaquim Nabuco em *Um estadista do Império* (1899).

Dizem que deixou pronto o projeto do código civil. Tanto melhor! Teremos enfim código, e redigido por mão de mestre.

MANASSÉS
Ilustração Brasileira, ano II, nº 40, História de Quinze Dias, abril de 1878, p.268.

Literatura realista

O primo Basílio, *romance do Sr. Eça de Queirós.* Porto — 1878

Um dos bons e vivazes talentos da atual geração portuguesa, o Sr. Eça de Queirós, acaba de publicar o seu segundo romance, *O primo Basílio*. O primeiro, *O crime do padre Amaro*, não foi decerto a sua estreia literária. De ambos os lados do Atlântico, apreciávamos há muito o estilo vigoroso e brilhante do colaborador do Sr. Ramalho Ortigão,[424] naquelas agudas *Farpas*, em que aliás os dois notáveis escritores formavam um só. Foi a estreia no romance, e tão ruidosa estreia, que a crítica e o público, de mãos dadas, puseram desde logo o nome do autor na primeira galeria dos contemporâneos. Estava obrigado a prosseguir na carreira encetada; digamos melhor, a colher a palma do triunfo. Que o é, e completo, e incontestável.

Mas esse triunfo é somente devido ao talento real do autor? *O crime do padre Amaro* revelou desde logo as tendências literárias do Sr. Eça de Queirós e a escola a que abertamente se filiava. O Sr. Eça de Queirós é um fiel e aspérrimo discípulo do realismo propagado pelo autor do *Assomoir*.[425] Se fora simples copista, o dever da crítica era deixá-lo, sem defesa, nas mãos do entusiasmo cego, que acabaria por matá-lo; mas é homem de talento,

---

[424] Ramalho Ortigão (Porto, 1836-Lisboa, 1915), escritor, jornalista, historiador, autor de algumas obras em parceria com Eça de Queirós (1845-1900): *O mistério da estrada de Sintra* (1870) e *As farpas* (1871-1882).

[425] *L'Assomoir* (1877) e *La Faute de l'abbé Mouret* (1875), romances de Émile Zola (1840-1902), abordam, o primeiro, a classe trabalhadora na Paris da década de 1860, o segundo, a vida de um padre dividido entre a vocação religiosa e o amor por uma mulher.

transpôs ainda há pouco as portas da oficina literária; e eu, que lhe não nego a minha admiração, tomo a peito dizer-lhe francamente o que penso, já da obra em si, já das doutrinas e práticas, cujo iniciador é, na pátria de Herculano e no idioma de Gonçalves Dias.

Que o Sr. Eça de Queirós é discípulo do autor do *Assomoir*, ninguém há que o não reconheça. O próprio *O crime do padre Amaro* é imitação do romance de Zola, *La Faute de l'abbé Mouret*. Situação análoga; iguais tendências; diferença do meio; diferença do desenlace; idêntico estilo; algumas reminiscências, como no capítulo da missa, e outras; enfim, o mesmo título. Quem os leu a ambos não contestou decerto a originalidade do Sr. Eça de Queirós, porque ele a tinha, e tem, e a manifesta de modo afirmativo; creio até que essa mesma originalidade deu motivo ao maior defeito na concepção de *O crime do padre Amaro*. O Sr. Eça de Queirós alterou naturalmente as circunstâncias que rodeavam o padre Mouret, administrador espiritual de uma paróquia rústica, flanqueado de um padre austero e ríspido; o padre Amaro vive numa cidade de província, no meio de mulheres, ao lado de outros que, do sacerdócio, só têm as batinas e as propinas; vê-os concupiscentes e maritalmente estabelecidos, sem perderem um só átomo de influência e de consideração. Sendo assim, não se compreende o terror do padre Amaro, no dia em que do seu erro lhe nasce um filho, e muito menos se compreende que o mate. Das duas forças que lutam na alma do padre Amaro, uma é real e efetiva – o sentimento da paternidade; a outra é quimérica e impossível – o terror da opinião, que ele tem visto tolerante e cúmplice nos desvios dos seus confrades; e, não obstante, é esta a força que triunfa. Haverá aí alguma verdade moral?

Ora bem, compreende-se a ruidosa aceitação de *O crime do padre Amaro*. Era realismo implacável, consequente, lógico, levado à puerilidade e à obscenidade. Víamos aparecer na nossa língua um realista sem rebuço, sem atenuações, sem melindres, resoluto a vibrar o camartelo no mármore da outra escola, que aos olhos do Sr. Eça de Queirós parecia uma simples ruína, uma tradição acabada. Não se conhecia no nosso idioma aquela reprodução fotográfica e servil das coisas mínimas e ignóbeis. Pela primeira vez, aparecia um livro em que o escuso e o – digamos o próprio termo, pois tratamos de repelir a doutrina, não o talento, e menos o homem – em que o escuso e o torpe eram tratados com um carinho minucioso e relacionados com uma exação de inventário. A gente de gosto leu com prazer alguns quadros, excelentemente acabados, em que o Sr. Eça de Queirós esquecia por minutos as preocupações da escola; e, ainda nos quadros que lhe destoavam, achou mais de um rasgo feliz, mais de uma expressão verdadeira; a maioria porém atirou-se ao inventário. Pois que havia de fazer a maioria senão admirar a fidelidade de um autor, que não esquece nada, e não oculta nada? Porque a nova poética é isso, e só chegará à perfeição no dia em que nos disser o número exato dos fios de que se compõe um lenço de cambraia ou um esfregão de cozinha. Quanto à ação em si, e os episódios que a esmaltam, foram um dos atrativos de *O crime do padre Amaro*, e o maior deles; tinham o mérito do pomo defeso. E tudo isso, saindo das mãos de um homem de talento, produziu o sucesso da obra.

Certo da vitória, o Sr. Eça de Queirós reincidiu no gênero, e trouxe-nos *O primo Basílio*, cujo êxito é evidentemente maior que o do primeiro romance, sem que, aliás, a ação seja mais intensa, mais interessante ou vivaz, nem mais perfeito o estilo. A que atribuir a maior aceitação deste livro? Ao próprio fato da reincidência; e, outrossim, ao requinte de certos lances, que não destoaram do paladar público. Talvez o autor se enganou em um ponto. Uma das passagens que maior impressão fizeram, em *O crime do padre Amaro*, foi a palavra final, palavra de calculado cinismo, dita pelo herói. O herói de *O primo Basílio* remata o livro com um dito análogo; e, se no primeiro romance é ele característico e novo, no segundo é já rebuscado, tem um ar de *cliché*; enfastia. Excluído esse lugar, a reprodução dos lances e do estilo é feita com o artifício necessário, para lhes dar novo aspecto e igual impressão.

Vejamos o que é *O primo Basílio*, e comecemos por uma palavra que há nele. Um dos personagens, Sebastião, conta a outro o caso de Basílio, que, tendo namorado Luísa em solteira, estivera para casar com ela; mas, falindo o pai, veio para o Brasil, donde escreveu desfazendo o casamento. — Mas é a *Eugênia Grandet!*[426] exclama o outro. O Sr. Eça de Queirós incumbiu-se

---

[426] *Eugénie Grandet* (1833), romance de Honoré de Balzac (1799-1850), narra a história de amor recalcado da jovem que dá título à obra e a vida da pequena província francesa de Saumur.

de nos dar o fio da sua concepção. Disse talvez consigo: — Balzac separa os dois primos, depois de um beijo (aliás, o mais casto dos beijos); Carlos vai para a América; a outra fica, e fica solteira. Se a casássemos com outro, qual seria o resultado do encontro dos dois na Europa? — Se tal foi a reflexão do autor, devo dizer, desde já, que de nenhum modo plagiou os personagens de Balzac. A Eugênia deste, a provinciana singela e boa, cujo corpo, aliás robusto, encerra uma alma apaixonada e sublime, nada tem com a Luísa do Sr. Eça de Queirós. Na Eugênia, há uma personalidade acentuada, uma figura moral, que por isso mesmo nos interessa e prende; a Luísa — força é dizê-lo —, a Luísa é um caráter negativo, e, no meio da ação ideada pelo autor, é antes um títere do que uma pessoa moral.

Repito, é um títere; não quero dizer que não tenha nervos e músculos; não tem mesmo outra coisa; não lhe peçam paixões nem remorsos; menos ainda consciência. Casada com Jorge, faz este uma viagem ao Alentejo, ficando ela sozinha em Lisboa; aparece-lhe o primo Basílio, que a amou em solteira. Ela já o não ama; quando leu a notícia da chegada dele, doze dias antes, ficou muito "admirada"; depois foi cuidar dos coletes do marido. Agora, que o vê, começa por ficar nervosa; ele fala-lhe das viagens, do patriarca de Jerusalém, do papa, das luvas de oito botões, de um rosário e dos namoros de outro tempo; diz-lhe que estimara ter vindo justamente na ocasião de estar o marido ausente. Era uma injúria; Luísa faz-se escarlate; mas, à despedida dá-lhe a mão a beijar, dá-lhe até a entender que o espera no dia seguinte. Ele sai; Luísa sente-se "afogueada, cansada", vai despir-se diante de um espelho, "olhando-se muito, gostando de se ver branca". A tarde e a noite gasta-as a pensar ora no primo, ora no marido. Tal é o introito de uma queda, que nenhuma razão moral explica, nenhuma paixão, sublime ou subalterna, nenhum amor, nenhum despeito, nenhuma perversão sequer; Luísa resvala no lodo, sem vontade, sem repulsa, sem consciência; Basílio não faz mais do que empuxá-la, como matéria inerte que é. Uma vez rolada ao erro, como nenhuma flama espiritual a alenta, não acha ali a saciedade das grandes paixões criminosas: rebolca-se simplesmente. Assim, essa ligação de algumas semanas, que é o fato inicial e essencial da ação, não passa de um incidente erótico, sem relevo, repugnante, vulgar. Que tem o leitor do livro com essas duas criaturas sem ocupação nem sentimentos? Positivamente nada.

E aqui chegamos ao defeito capital da concepção do Sr. Eça de Queirós. A situação tende a acabar, porque o marido está prestes a voltar do Alentejo, e Basílio começa a enfastiar-se; e, já por isso, já porque o instiga um companheiro seu, não tardará a trasladar-se a Paris. Intervém, neste ponto, uma criada, Juliana, o caráter mais verdadeiro e completo do livro. Juliana está enfarada de servir; espreita um meio de enriquecer depressa; logra apoderar-se de quatro cartas; é o triunfo, é a opulência. Um dia, em que a ama lhe ralha com aspereza, Juliana denuncia as armas que possui. Luísa resolve fugir com o primo; prepara um saco de viagem, mete dentro alguns objetos, entre eles um retrato do marido. Ignoro inteiramente a razão fisiológica ou psicológica desta precaução de ternura conjugal: deve haver alguma; em todo o caso, não é aparente. Não se efetua a fuga, porque o primo rejeita essa complicação; limita-se ele a oferecer o dinheiro para reaver as cartas – dinheiro que a prima recusa –, despede-se e retira-se de Lisboa. Daí em diante o cordel que move a alma inerte de Luísa passa das mãos de Basílio para as da criada. Juliana, com a ameaça nas mãos, obtém de Luísa tudo, que lhe dê roupa, que lhe troque a alcova, que lha forre de palhinha, que a dispense de trabalhar. Faz mais: obriga-a a varrer, a engomar, a desempenhar outros misteres imundos. Um dia Luísa não se contém; confia tudo a um amigo da casa, que ameaça a criada com a polícia e a prisão, e obtém assim as fatais letras. Juliana sucumbe a um aneurisma; Luísa, que já padecia com a longa ameaça e perpétua humilhação, expira alguns dias depois.

Um leitor perspicaz terá já visto a incongruência da concepção do Sr. Eça de Queirós, e a inanidade do caráter da heroína. Suponhamos que tais cartas não eram descobertas, ou que Juliana não tinha a malícia de as procurar, ou enfim que não havia semelhante fâmula em casa, nem outra da mesma índole. Estava acabado o romance, porque o primo, enfastiado, seguiria para França, e Jorge chegaria do Alentejo: os dois esposos voltavam à vida anterior. Para obviar a esse inconveniente, o autor inventou a criada e o episódio das cartas, as ameaças, as humilhações, as angústias, e logo a doença e a morte da heroína. Como é que um espírito tão esclarecido, como o do autor, não viu que semelhante concepção era a coisa menos congruente e interessante do mundo? Que temos nós com essa luta intestina entre a ama e a criada, e em que nos pode interessar a doença de uma e a morte de ambas? Cá fora, uma senhora que sucumbisse às hostilidades de pessoa de seu serviço, em consequência de cartas extraviadas, despertaria certamente grande interesse, e imensa curiosidade; e, ou a condenássemos, ou lhe perdoássemos, era sempre um caso digno de lástima. No livro é outra coisa. Para que Luísa me atraia e me prenda, é preciso que as tribulações que a afligem venham dela mesma; seja uma rebelde ou uma arrependida; tenha remorsos ou imprecações; mas, por Deus!, dê-me a sua pessoa moral. Gastar o aço da paciência a fazer tapar a boca de uma cobiça subalterna, a substituí-la nos misteres ínfimos, a defendê-la dos ralhos do marido, é cortar todo o vínculo moral entre ela e nós. Já nenhum há, quando Luísa adoece e morre. Por quê? Porque sabemos que a catástrofe é o resultado de uma circunstância fortuita, e nada mais; e consequentemente por esta razão capital: Luísa não tem remorsos, tem medo.

Se o autor, visto que o realismo também inculca vocação social e apostólica, intentou dar no seu romance algum ensinamento ou demonstrar com ele alguma tese, força é confessar que o não conseguiu, a menos de supor que a tese ou ensinamento seja isto: – A boa escolha dos fâmulos é uma condição de paz no adultério. A um escritor esclarecido e de boa-fé, como o Sr. Eça de Queirós, não será lícito contestar que, por mais singular que pareça a conclusão, não há outra no seu livro. Mas o autor poderia retorquir: – Não, não quis formular nenhuma lição social ou moral; quis somente escrever uma hipótese; adoto o realismo, porque é a verdadeira forma da arte e a única própria do nosso tempo e adiantamento mental; mas não me proponho a lecionar ou curar; exerço a patologia, não a terapêutica. A isso responderia eu com vantagem: – Se escreveis uma hipótese, dai-me a hipótese lógica, humana, verdadeira. Sabemos todos que é aflitivo o espetáculo de uma grande dor física; e, não obstante, é máxima corrente em arte que semelhante espetáculo no teatro não comove a ninguém; ali vale somente a dor moral. Ora bem; aplicai esta máxima ao vosso realismo, e sobretudo proporcionai o efeito à causa, e não exijais a minha comoção a troco de um equívoco.

E passemos agora ao mais grave, ao gravíssimo.

Parece que o Sr. Eça de Queirós quis dar-nos na heroína um produto da educação frívola e da vida ociosa; não obstante, há aí traços que fazem supor, à primeira vista, uma vocação sensual. A razão disso é a fatalidade das obras do Sr. Eça de Queirós – ou, n'outros termos, do seu realismo sem condescendência: é a sensação física. Os exemplos acumulam-se de página a página; apontá-los seria reuni-los e agravar o que há neles desvendado e cru. Os que de boa-fé supõem defender o livro, dizendo que podia ser expurgado de algumas cenas, para só ficar o pensamento moral ou social que o engendrou, esquecem ou não reparam que isso é justamente a medula da composição. Há episódios mais crus do que outros. Que importa eliminá-los? Não poderíamos eliminar o tom do livro. Ora, o tom é o espetáculo dos ardores, exigências e perversões físicas. Quando o fato físico lhe não parece bastante caracterizado com o termo próprio, o autor acrescenta-lhe outro impróprio. De uma carvoeira, à porta da loja, diz ele que apresentava a sua "gravidez bestial". Bestial, por quê? Naturalmente, porque o adjetivo avoluma o substantivo; e o autor não vê ali o sinal da maternidade humana; vê um fenômeno animal, nada mais.

Com tais preocupações de escola, não admira que a pena do autor chegue ao extremo de correr o reposteiro conjugal; que nos talhe as suas mulheres pelos aspectos e trejeitos da concupiscência; que escreva reminiscências e alusões de um erotismo, que Proudhon chamaria onissexual e onímodo; que, no meio das tribulações que assaltam a heroína, não lhe infunda no coração, em relação ao esposo, as esperanças de um sentimento superior, mas somente os cálculos da sensualidade e os "ímpetos de concubina"; que nos dê as cenas repugnantes do *Paraíso*; que não esqueça sequer os desenhos torpes de um corredor de teatro. Não admira; é fatal; tão fatal como a outra preocupação correlativa. Ruim moléstia é o catarro; mas por que hão de padecer dela os personagens do Sr. Eça de Queirós? Em *O crime do padre Amaro* há bastantes afetados de tal achaque; em *O primo Basílio* fala-se apenas de um caso: um indivíduo que morreu de catarro na bexiga. Em compensação há infinitos "jatos escuros de saliva". Quanto à preocupação constante do acessório, bastará citar as confidências de Sebastião a Julião, feitas casualmente, à porta e dentro de uma confeitaria, para termos ocasião de ver reproduzidos o mostrador e as suas pirâmides de doces, os bancos, as mesas, um sujeito que lê um jornal e cospe a miúdo, o choque das bolas de bilhar, uma rixa interior, e outro sujeito que sai a vociferar contra o parceiro; bastará citar o longo jantar do conselheiro Acácio (transcrição do personagem de Henri Monnier[427]); finalmente, o capítulo do Teatro de S. Carlos, quase no fim do livro. Quando todo o interesse se concentra na casa de Luísa, onde Sebastião trata de reaver as cartas subtraídas pela criada, descreve-nos o autor uma noite inteira de espetáculo, a plateia, os camarotes, a cena, uma altercação de espectadores. Que os três quadros estão acabados com muita arte, sobretudo o primeiro, é coisa que a crítica imparcial deve reconhecer; mas por que avolumar tais acessórios até o ponto de abafar o principal?

Talvez esses reparos sejam menos atendíveis, desde que o nosso ponto de vista é diferente. O Sr. Eça de Queirós não quer ser realista mitigado, mas intenso e completo; e daí vem que o tom carregado das tintas, que nos assusta, para ele é simplesmente o tom próprio. Dado, porém, que a doutrina do Sr. Eça de Queirós fosse verdadeira, ainda assim cumpria não acumular tanto as cores, nem acentuar tanto as linhas; e quem o diz é o próprio chefe da escola, de quem li, há pouco, e não sem pasmo, que o perigo do movimento realista é haver quem suponha que o traço grosso é o traço exato. Digo isto no interesse do talento do Sr. Eça de Queirós, não no da doutrina que lhe é adversa; porque a esta o que mais importante é que o Sr. Eça de Queirós escreva outros livros como *O primo Basílio*. Se tal suceder, o realismo na nossa língua será estrangulado no berço; e a arte pura, apropriando-se do que ele contiver aproveitável, porque o há, quando se não despenha no excessivo, no tedioso, no obsceno e até no ridículo, a arte pura, digo eu, voltará a beber aquelas águas sadias do *Monge de Cister*, do *Arco de Sant'Ana* e do *Guarani*.

A atual literatura portuguesa é assaz rica de força e talento para podermos afiançar que este resultado será certo, e que a herança de Garrett se transmitirá intacta às mãos da geração vindoura.

ELEAZAR
O Cruzeiro, ano I, nº 105, Folhetim do Cruzeiro, terça-feira, 16 de abril de 1878, p.1.

---

427 Henri-Bonaventure Monnier (?, 1799-Paris, 1877), dramaturgo, ator e caricaturista, autor de inúmeras peças, entre elas, *Cendrillon ou La Pantoufle merveilleuse* (1879).

Literatura realista

Há quinze dias escrevi nestas colunas uma apreciação crítica do segundo romance do Sr. Eça de Queirós, *O primo Basílio*; e, daí para cá, apareceram dois artigos em resposta ao meu,[428] e porventura algum mais em defesa do romance. Parece que a certa porção de leitores desagradou a severidade da crítica. Não admira; nem a severidade está muito nos hábitos da terra; nem a doutrina realista é tão nova que não conte já, entre nós, mais de um férvido religionário. Criticar o livro era muito; refutar a doutrina era demais. Urgia, portanto, destruir as objeções e aquietar os ânimos assustados; foi o que se pretendeu fazer, e foi o que se não fez.

Pela minha parte, podia dispensar-me de voltar ao assunto. Volto (e pela última vez) porque assim o merece a cortesia dos meus contendores; e, outrossim, porque não fui entendido em uma das minhas objeções.

E, antes de ir adiante, convém retificar um ponto. Um dos meus contendores acusa-me de nada achar bom em *O primo Basílio*. Não advertiu que, além de proclamar o talento do autor (seria pueril negá-lho) e de lhe reconhecer o dom da observação, notei o esmero de algumas páginas e a perfeição de um dos seus caracteres. Não me parece que isso seja negar tudo a um livro, e a um segundo livro. Disse comigo: — Este homem tem faculdades de artista, dispõe de um estilo de boa têmpera, tem observação; mas o seu livro traz defeitos que me parecem graves, uns de concepção, outros da escola em que o autor é aluno, e onde aspira a tornar-se mestre; digamos-lhe isto mesmo, com a clareza e franqueza, a que têm jus os espíritos de certa esfera. — E foi o que fiz, preferindo às generalidades do diletantismo literário a análise sincera da obra e a reflexão paciente e longa. Censurei e louvei, crendo haver assim provado duas coisas: a lealdade da minha crítica e a sinceridade da minha admiração.

Venhamos agora à concepção do Sr. Eça de Queirós, e tomemos a liberdade de mostrar aos seus defensores como se deve ler e entender uma objeção. Tendo eu dito que, se não houvesse o extravio das cartas, ou se

---

428 S. Saraiva (*Gazeta de Notícias*, dia 20 de abril); Amenophis-Effendi (idem, 24). (N. A.)

Juliana fosse mulher de outra índole, acabava o romance em meio, porque Basílio, enfastiado, segue para França, Jorge volta do Alentejo, e os dois esposos tornariam à vida antiga, replicam-me os meus contendores de um modo, na verdade, singular. Um achou a objeção fútil e até cômica; outro evocou os manes de Judas Macabeu, de Antíoco e do elefante de Antíoco. Sobre o elefante foi construída uma série de hipóteses destinadas a provar a futilidade do meu argumento. Por que Herculano fez de Eurico um presbítero? Se Hermengarda tem casado com o gardingo logo no começo, haveria romance? Se o Sr. Eça de Queirós não houvesse escrito *O primo Basílio*, estaríamos agora a analisá-lo? Tais são as hipóteses, as perguntas, as deduções do meu argumento; e foi-me precisa toda a confiança que tenho na boa-fé dos defensores do livro, para não supor que estavam a mofar de mim e do público.

Que me não entendessem, vá; não era um desastre irreparável. Mas, uma vez que me não entendiam, podiam lançar mão de um desses dois meios: reler-me ou calar. Preferiram atribuir-me um argumento de simplório; involuntariamente, creio; mas, em suma, não me atribuíram outra coisa. Releiam-me; lá verão que, depois de analisar o caráter de Luísa, de mostrar que ela cai sem repulsa nem vontade, que nenhum amor nem ódio a abala, que o adultério é ali uma simples aventura passageira, chego à conclusão de que, com tais caracteres como Luísa e Basílio, uma vez separados os dois, e regressando o marido, não há meio de continuar o romance, porque os heróis e a ação não dão mais nada de si, e o erro de Luísa seria um simples parêntese no período conjugal. Voltariam todos ao primeiro capítulo; Luísa tornava a pegar no *Diário de Notícias*, naquela sala de jantar tão bem descrita pelo autor; Jorge ia escrever os seus relatórios; os frequentadores da casa continuariam a ir ali encher os serões. Que acontecimento, logicamente deduzido da situação moral dos personagens, podia vir continuar uma ação extinta? Evidentemente nenhum. Remorsos? Não há probabilidades deles; porque, ao anunciar-se a volta do marido, Luísa, não obstante o extravio das cartas, esquece todas as inquietações, "sob uma sensação de amor e desejo, que a inunda". Tirai o extravio das cartas, a casa de Jorge passa a ser uma nesga do *paraíso*; sem essa circunstância, inteiramente casual, acabaria o romance. Ora, a substituição do principal pelo acessório, a ação transplantada dos caracteres e dos sentimentos para o incidente, para o fortuito, eis o que me pareceu incongruente e contrário às leis da arte. Tal foi a minha objeção. Se algum dos meus contendores chegar a demonstrar que a objeção não é séria, terá cometido uma ação extraordinária. Até lá, ser-me-á lícito conservar uma pontazinha de ceticismo.

Que o Sr. Eça de Queirós podia lançar mão do extravio das cartas, não serei eu que o conteste; era seu direito. No modo de o exercer é que a crítica lhe toma contas. O lenço de Desdêmona tem larga parte na sua morte; mas a alma ciosa e ardente de Otelo, a perfídia de Iago e a inocência de Desdêmona, eis os elementos principais da ação. O drama existe, porque está nos caracteres, nas paixões, na situação moral dos personagens; o acessório não domina o absoluto; é como a rima de Boileau: *il ne doit qu'obéir*. Extraviem-se as cartas; faça uso delas Juliana; é um episódio como qualquer outro. Mas o que, a meu ver, constitui o defeito da concepção do Sr. Eça de Queirós é que a ação, já despida de todo o interesse moral, adquire um interesse anedótico, um interesse de curiosidade. Luísa resgatará cartas? Eis o problema que o leitor tem diante de si. A vida, os cuidados, os pensamentos da heroína não têm outro objeto, senão esse. Há uma ocasião em que, não sabendo onde ir buscar o dinheiro necessário ao resgate, Luísa compra umas cautelas de loteria; sai branco o número. Suponhamos (ainda uma suposição) que o número saía premiado; as cartas eram entregues; e, visto que Luísa não tem mais do que medo, restabelecia-se-lhe a paz de espírito e, com ela, a paz doméstica. Indicar a possibilidade desta conclusão é patentear o valor da minha crítica.

Nem seria de admirar o desenlace pela loteria, porque a loteria tem influência decisiva em certo momento da aventura. Um dia, arrufada com o amante, Luísa fica incerta se irá vê-lo ou não; atira ao ar uma moeda de cinco tostões; era cunho, devia ir e foi. Esses traços de caráter é que me levaram a dizer, quando a comparei com a Eugênia de Balzac, que nenhuma semelhança havia entre as duas, porque esta tinha uma forte acentuação moral, e aquela não passava de um títere. Parece que a designação destoou ao espírito dos meus contendores, e houve esforço comum para demonstrar que a designação era uma calúnia ou uma superfluidade. Disseram-me que, se Luísa era uma títere, não podia ter músculos e nervos, como não podia ter medo, porque os títeres não têm medo. Supondo que este trocadilho de ideias veio somente para desenfadar o estilo, abstenho-me de o considerar mais tempo; mas não irei adiante sem convidar os defensores a todo o transe a que releiam, com pausa, o livro do Sr. Eça de Queirós: é o melhor método quando se procura penetrar a verdade de uma concepção. Não direi, com Buffon, que o gênio é a paciência; mas creio poder afirmar que a paciência é metade da sagacidade; ao menos na crítica.

Nem basta ler; é preciso comparar, deduzir, aferir a verdade do autor. Assim é que, estando Jorge de regresso, e extinta a aventura do primo, Luísa cerca o marido de todos os cuidados, – "cuidados de mãe e ímpetos de concubina". Que nos diz o autor nessa página? Que Luísa se envergonhava um pouco da maneira "porque amava o marido; sentia vagamente que naquela violência amorosa havia pouca dignidade conjugal. Parecia-lhe que tinha apenas um *capricho*. Que horror! Um capricho por seu marido! Que lhe importaria de resto? Aquilo fazia-a feliz". Não há absolutamente nenhum meio de atribuir a Luísa esse escrúpulo de dignidade conjugal; está ali porque o autor no-lo diz; mas não basta; toda a composição do caráter de Luísa é antinômica com semelhante sentimento. A mesma coisa diria dos remorsos que o autor lhe atribui, se ele não tivesse o cuidado de os definir (p.440). Os remorsos de Luísa, permita-me dizê-lo, não é a vergonha da consciência, é a vergonha dos sentidos; ou, como diz o autor: "um gosto infeliz em cada beijo". Medo, sim; o que ela tem é medo; disse-o eu, e di-lo ela própria: "Que feliz seria, se não fosse a infame!".

Sobre a linguagem, alusões, episódios e outras partes do livro, notadas por mim como menos próprias do decoro literário, um dos contendores confessa que os acha excessivos, e podiam ser eliminados, ao passo que outro os aceita e justifica, citando em defesa o exemplo de Salomão, na poesia do *Cântico do cânticos*:

> *On ne s'attendait guère*
> *A voir la Bible en cette affaire;*

e menos ainda se podia esperar o que nos diz do livro bíblico. Ou recebeis o livro, como deve fazer um católico, isto é, em seu sentido místico e superior, e em tal caso não podeis chamar-lhe erótico; ou só o recebeis, no sentido literário, e então nem é poesia nem é de Salomão; é drama, e de autor anônimo. Ainda, porém, que o aceiteis como um simples produto literário, o exemplo não serve de nada. Nem era preciso ir à Palestina. Tínheis a *Lisístrata*;[429] e se a *Lisístrata* parecesse obscena demais, podíeis argumentar com algumas frases de Shakespeare, e certas locuções de Gil Vicente e de Camões. Mas o argumento, se tivesse diferente origem, não teria diferente valor. Em relação a Shakespeare, que importam algumas frases obscenas, em uma ou outra página, se a explicação de muitas delas — está no tempo, e se a respeito de todas nada há sistemático? Eliminai-as ou modificai-as, nada tirareis ao criador das mais castas figuras do teatro, ao pai de Imógene, de Miranda, de Viola, de Ofélia, eternas figuras, sobre as quais hão de repousar eternamente os olhos dos homens. Demais, seria mal cabido invocar o padrão[430] do romantismo para defender os excessos do realismo.

Gil Vicente usa locuções que ninguém hoje escreveria, e menos ainda faria repetir no teatro; e não obstante as comédias desse grande engenho eram representadas na corte de D. Manuel e D. João III. Camões, em suas comédias, também deixou palavras hoje condenadas. Qualquer dos velhos cronistas portugueses emprega, por exemplo, o verbo próprio quando trata do ato que hoje designamos com a expressão *dar à luz*; o verbo era então polido; tempo virá em que *dar à luz* seja substituída por outra expressão; e nenhum jornal, nenhum teatro, a imprimirá ou declamará como fazemos hoje. A razão disto, se não fosse óbvia, podíamos apadrinhá-la com Macaulay:[431] é que há termos delicados num século e grosseiros no século seguinte. Acrescentarei que, noutros casos, a razão pode ser simplesmente tolerância do gosto.

Que há pois comum entre exemplos dessa ordem e a escola de que tratamos? Em que pode um drama de Israel, uma comédia de Atenas, uma

---

429 *Lisístrata*, comédia de Aristófanes (447 a.C.-385 a.C.), contra a guerra, escrita em 411 a.C.
430 "Patrão", no original.
431 Thomas Babington Macaulay, barão de (Rotley Temple, 1800-Londres, 1859), historiador e político britânico, membro do Conselho Supremo da Índia (1834-1838), é autor da obra inacabada *História da Inglaterra* (1848-1861).

locução de Shakespeare ou de Gil Vicente justificar a obscenidade sistemática do realismo? Diferente coisa é a indecência relativa de uma locução, e a constância de um sistema que, usando aliás de relativa decência nas palavras, acumula e mescla toda a sorte de ideias e sensações lascivas; que, no desenho e colorido de uma mulher, por exemplo, vai direito às indicações sensuais. Não peço, decerto, os estafados retratos do romantismo decadente; pelo contrário, alguma coisa há no realismo que pode ser colhido em proveito da imaginação e da arte. Mas sair de um excesso para cair em outro não é regenerar nada; é trocar o agente da corrupção.

Um dos meus contendores persuade-se que o livro podia ser expurgado de alguns traços mais grossos; persuasão, que no primeiro artigo disse eu que era ilusória, e por quê. Há quem vá adiante, e creia que, não obstante as partes condenadas, o livro tem um grande efeito moral. Essa persuasão não é menos ilusória que a primeira; a impressão moral de um livro não se faz por silogismo, e, se assim fosse, já ficou dito também no outro artigo qual era a conclusão deste. Se eu tivesse de julgar o livro pelo lado da influência moral, diria que, qualquer que seja o ensinamento, se algum tem, qualquer que seja a extensão da catástrofe, uma e outra coisa são inteiramente destruídas pela viva pintura dos fatos viciosos; essa pintura, esse aroma de alcova, essa descrição minuciosa, quase técnica, das relações adúlteras, eis o mal. A castidade inadvertida que ler o livro chegará à última página sem fechá-lo, e tornará atrás para reler outras.

Mas não trato disso agora; não posso sequer tratar mais nada; foge-me o espaço. Resta concluir, e concluir aconselhando aos jovens talentos de ambas as terras da nossa língua, que não se deixem seduzir por uma doutrina caduca, embora no verdor dos anos. Este messianismo literário não tem a torça da universalidade nem da vitalidade; traz consigo a decrepitude. Influi, decerto, em bom sentido e até certo ponto, não para substituir as doutrinas aceitas, mas para corrigir o excesso de sua aplicação. Nada mais. Voltemos os olhos para a realidade, mas excluamos o realismo; assim não sacrificaremos a verdade estética. Um dos meus contendores louva o livro do Sr. Eça de Queirós por dizer a verdade, e atribui a algum hipócrita a máxima de que nem todas as verdades se dizem. Vejo que confunde a arte com a moral; vejo mais que se combate a si próprio. Se todas as verdades se dizem, por que excluir alguma? Ora, o realismo dos Srs. Zola e Eça de Queirós, apesar de tudo, ainda não esgotou todos os aspectos da realidade. Há atos íntimos e ínfimos, vícios ocultos, secreções sociais que não podem ser preteridos nessa exposição de todas as coisas. Se são naturais, para que escondê-los? Ocorre-me que a Voltaire,[432] cuja eterna mofa é a consolação de bom senso (quando não transcende o humano limite), a Voltaire se atribui uma resposta, da qual apenas citarei metade: *Très naturel aussi, mais je porte des culottes.*

Quanto ao Sr. Eça de Queirós, e aos seus amigos deste lado do Atlântico, repetirei que o autor de *O primo Basílio* tem em mim um admirador de seus talentos, adversário de suas doutrinas, desejoso de o ver aplicar, por modo diferente, as fortes qualidades que possui; que, se admiro também muitos dotes de seu estilo, faço restrições à linguagem; que o seu dom de observação, aliás pujante, é complacente em demasia; sobretudo, é exterior, é superficial. O fervor dos amigos pode estranhar este modo de sentir e a franqueza de o dizer. Mas então o que seria a crítica?

ELEAZAR
O Cruzeiro, ano I, nº 119, Folhetim do Cruzeiro,
terça-feira, 30 de abril de 1878, p.1.

[...]
E agora um traço negro. Registrou a semana um fato triste e consolador ao mesmo tempo. Morreu um homem que era inteligente, ilustrado e laborioso; mas que era também um homem bom. Os qualificativos estão já tão gastos que dizer homem bom parece que é não dizer nada. Mas quantos merecem rigorosamente esta qualificação tão simples e tão curta? O grande assombra, o glorioso ilumina, o intrépido arrebata; o bom não produz nenhum desses efeitos. Contudo, há uma grandeza, há uma glória, há uma intrepidez em ser simplesmente bom, sem aparato, nem interesse, nem cálculo; e sobretudo sem arrependimento.

---

432 François Marie Arouet, conhecido como Voltaire (Paris, 1694-idem, 1778), escritor, ensaísta, filósofo, autor de várias obras, como *Zadig ou O destino* (1748), *Cândido ou O otimismo* (1759) e *Micrômegas* (1752).

Era-o o Dr. Dias da Cruz;[433] e, se a sua morte foi um caso triste, o seu saimento foi um caso consolador, porque essa virtude sem mácula pode subir ao céu sem desgosto: levou as lágrimas dos olhos que enxugara.

ELEAZAR

O Cruzeiro, ano I, nº 152, Notas Semanais, domingo, 2 de junho de 1878, p.1.

[...]
Parece que *O primo Basílio*, transportado ao teatro, não correspondeu ao que legitimamente se esperava do sucesso do livro e do talento do Sr. Dr. Cardoso de Meneses.[434] Era visto: em primeiro lugar, porque em geral as obras, geradas originalmente sob uma forma, dificilmente toleram outra; depois, porque as qualidades do livro do Sr. Eça de Queirós e do talento deste, aliás fortes, são as mais avessas ao teatro. O robusto Balzac,[435] com quem se há comparado o Sr. Eça de Queirós, fez má figura no teatro, onde apenas se salvará o *Mercadet*,[436] ninguém que conheça mediocremente a história literária do nosso tempo ignora o monumental desastre de *Quinola*.[437]

---

433 Francisco de Meneses Dias da Cruz (Rio de Janeiro, 10 de fevereiro de 1826-idem, 26 de maio de 1878), professor, médico, político, membro da Academia Nacional de Medicina, do Conservatório Dramático e de outras associações de letras e ciências, comendador da Ordem da Rosa, cavaleiro da Ordem de Cristo, fundador dos jornais *A Voz da Nação*, *Diário do Povo* e *A Reforma*. Autor da *Memória histórica* (1863) e outras de medicina.

434 Antônio Frederico Cardoso de Meneses e Sousa (Taubaté, 1849-?, 1915), teatrólogo, compositor, jornalista, advogado, autor de *Uma aranha em palpos de aranha* (drama, 1874), *Como se fazia um deputado*, *Camões* e *Amores de um sacristão*.

435 Balzac também atuou como dramaturgo, tendo levado ao palco uma adaptação do romance *Pai Goriot* (1835), sob o título *Vautrin*, peça em cinco atos que estreou em 14 de março de 1840 no teatro da Porte Saint-Martin, em Paris, mas que, dois dias depois, foi proibida pela polícia, que viu nela uma sátira ao rei Luís Felipe de Orléans.

436 Comédia de Balzac encenada em Paris, em 1849, cujo personagem que dá nome à peça, Mercadet, representa um agiota sem escrúpulo e arrivista.

437 *Os recursos de Quinola*, peça de Balzac encenada no teatro do Odéon, em Paris, em 1842.

Se o mau êxito cênico de *O primo Basílio* nada prova contra o livro e o autor do drama, é positivo também que nada prova contra a escola realista e seus sectários. Não há motivo para tristezas nem desapontamentos; a obra original fica isenta do efeito teatral; e os realistas podem continuar na doce convicção de que a última palavra da estética é suprimi-la. Outra convicção, igualmente doce, é que todo o movimento literário do mundo está contido nos nossos livros; daí resulta a forte persuasão em que se acham de que o realismo triunfa no universo inteiro; e que toda a gente jura por Zola e Baudelaire. Este último nome é um dos feitiços da nova e nossa igreja; e, entretanto, sem desconhecer o belo talento do poeta, ninguém em França o colocou ao pé dos grandes poetas; e toda a gente continua a deliciar-se nas estrofes de Musset, e a preferir "L'Espoir en Dieu"[438] à "Charogne".[439] Caprichos de gente velha.

[...]

ELEAZAR
O Cruzeiro, ano I, nº 187, Notas Semanais, domingo, 7 de julho de 1878, p.1.

O Sr. Eça de Queirós e Eleazar[440]

Numa carta que me escreveu o Sr. Eça de Queirós, datada de Newcastle, 29 de junho,[441] há um período que pertence à publicidade. É este: "Quero

---

438 "L'Espoir en Dieu" ("Esperança em Deus"), poema de Alfred de Musset.
439 "Une Charone" ("Uma carniça"), um dos poemas de *As flores do mal* (1857), de Baudelaire.
440 Abaixo do título, informa a redação de *O Cruzeiro*: "Recebemos a seguinte carta do nosso colaborador Eleazar:".
441 No intuito de informar o leitor, transcreve-se, na íntegra, a carta de Eça de Queirós: "Newcastle-on-Tyne, Inglaterra, 29 de junho de 1878.// Excelentíssimo Senhor e prezado colega./ Uma correspondência do Rio de Janeiro para a *Atualidade* (jornal do Porto) revela ser o Sr. Machado de Assis, nome tão estimado entre nós, o autor do belo artigo sobre *O primo Basílio* e o realismo publicado no *Cruzeiro* de 16 de abril, assinado com o pseudônimo de Eleazar. Segundo essa correspondência,

também por esta carta rogar a V. queira em meu nome oferecer meu reconhecimento aos seus colegas de literatura e de jornal pela honrosa aceitação que lhes mereceu *O primo Basílio*. Um tal acolhimento da parte de uma literatura tão original e tão progressiva como a do Brasil é para mim mais uma honra inestimável e para o realismo, no fim de tudo, uma confirmação esplêndida de influência e de vitalidade".

Cumpro com a maior satisfação a incumbência do eminente escritor, que, se continua a divergir de mim, no que toca às doutrinas literárias, cujo iniciador é em nosso idioma, não se magoou com a franqueza da minha crítica: — o que é ainda uma prova do seu superior talento.

Acrescentarei que o Sr. Eça de Queirós promete tratar, em prazo breve, e largamente, das doutrinas que considera como elevado fator do progresso

---

há ainda sobre o romance mais dois folhetins de Vossa Excelência nos números 23 e 30 de abril. Creio que outros escritores brasileiros me fizeram a honra de criticar *O primo Basílio*: — mas eu apenas conheço o folhetim de Vossa Excelência do dia 16, que foi transcrito em mais de um jornal português. O meu editor, Senhor Chardron, encarregou-se de coligir essas apreciações de que eu tenho uma curiosidade, quase ansiosa. Enquanto as não conheço, não posso naturalmente falar delas — mas não quis estar mais tempo sem agradecer a Vossa Excelência o seu excelente artigo do dia 16. Apesar de me ser em geral adverso, quase severo, e de ser inspirado por uma hostilidade quase partidária à Escola Realista — esse artigo todavia pela sua elevação, e pelo talento com que está feito honra o meu livro, quase lhe aumenta a autoridade. Quando conhecer os outros artigos de Vossa Excelência poderei permitir-me discutir as suas observações sobre Arte — não em minha defesa pessoal (eu nada valho), não em defesa dos graves defeitos dos meus romances — mas em defesa da Escola que eles representam e que eu considero como um elevado fator de progresso moral da sociedade moderna.// Quero também por esta carta rogar a Vossa Excelência queira, em meu nome, oferecer o meu reconhecimento aos meus colegas de literatura e de jornal pela honrosa aceitação que lhes mereceu *O primo Basílio*. Um tal acolhimento da parte de uma literatura tão original e tão progressiva como a do Brasil é para mim uma honra inestimável — e para o realismo, no fim de tudo, uma confirmação esplêndida de influência e de vitalidade.// Esperando ter em breve oportunidade de conversar com Vossa Excelência — através do oceano — sobre estas elevadas questões da Arte — rogo-lhe queira aceitar a expressão do meu grande respeito pelo seu belo talento.// Eça de Queirós// Adresser au Consulat du Portugal". Machado de Assis, *Correspondência de Machado de Assis*, tomo II, 1870-1889, p.141-2.

moral na sociedade moderna: notícia sobremodo agradável a todos, e não menos a mim, seu admirador e seu adversário.

ELEAZAR
O Cruzeiro, ano I, nº 213, Boletim, sexta-feira,
2 de agosto de 1878, p.1.

[...]
Não é meu costume falar de livros nesta crônica; abro uma exceção, aliás três. A primeira é para mencionar uma publicação dos acadêmicos de S. Paulo, *Direito e Letras*, revista do Ateneu Jurídico e Literário, a cuja frente vejo dois nomes dos mais esperançosos. Tristão da Fonseca e Afonso Celso Júnior. O corpo da redação corresponde aos distintos diretores. O primeiro número revela talento e estudo; e parece ser um prenúncio de vida, de cuja falta aliás se queixa um dos colaboradores, lastimando a apatia acadêmica. Não há apatia onde se pode empreender um trabalho desta ordem.

Vem igualmente de S. Paulo o outro livro, o *Marido da doida*, drama de um distinto escritor, o Dr. Carlos Ferreira,[442] já representado nesta corte, com aplauso do público e da imprensa. Não obstante as incertezas próprias de um talento que não chegou ainda à inteira maturidade, é trabalho de merecimento e de esperanças... De esperanças, para quê? O Dr. Carlos Ferreira cultiva um gênero que pouco tem vivido, e ora parece morto. Diz-se que o francês não tem *la tête épique*; pode dizer-se que o brasileiro não tem a cabeça dramática; nem a cabeça nem o coração. Tempo houve em que puderam aparecer e ser louvados alguns dramas e comédias; mas a espaços, por motivos de ocasião. Por agora, a ocasião passou.

Resta dizer aos leitores que já temos um começo de *Dicionário Universal*, em nossa língua pelo plano do de Larousse; é editado em Lisboa, pelo Sr. Francisco de Almeida, que o dirige e coordena, e atualmente se acha nesta

---

442 Carlos Augusto Ferreira (Porto Alegre, 1844-Rio de Janeiro, 1913), romancista, poeta, dramaturgo, jornalista, autor de *Cânticos juvenis* (poesia, 1867), *Calúnia* (drama, 1873), *O marido da doida* (drama, 1874) e *Redivivas* (poesia, 1881).

corte. A primeira caderneta pareceu-me revelar uma obra completa. Assim persevere o diretor da empresa e não o abandonem os estudiosos.

ELEAZAR

O Cruzeiro, ano I, nº 229, Notas Semanais, domingo, 18 de agosto de 1878, p.1.

[...]
Pois que, falo de artistas, direi que, se o leitor tem aí sobre a mesa a *Revue des Deux Mondes*, folheie as páginas dos anúncios no fim, e leia o que se refere à *Primeira missa no Brasil*, quadro do nosso Vítor Meireles,[443] cuja cópia se vende em Paris.

Leia, e há-de espantar-se de uma lacuna. O anúncio diz que o assunto "é o mais belo que até hoje tem aparecido"; que a cena "é uma das mais grandiosas do mundo"; que a reunião de trinta e cinco cores faz com que "o quadro deixe a enorme distância de si tudo o que em tal gênero se tem obtido até agora". Diz tudo; só não diz o nome do autor, como se tal nome, nos termos do anúncio, não tivesse logo por si a imortalidade. Verdade é que o França Júnior[444] nos disse ter achado a mesma lacuna no *Figaro*, onde aliás lhe não aceitaram a notícia, que voluntariamente lhe foi levar. Tão certo é que até o merecimento precisa um pouco de rufo e outro pouco de cartazes. Ainda assim, antes a modéstia: é menos ruidosa, mas mais segura.

Já agora acabarei com uma sombra do sol: um *calembour* de Victor Hugo. Essa triste forma de espírito teve a honra de ser cultivada pelo grande poeta; e quando? e onde? Em Paris, por ocasião do cerco. Di-lo o *Temps*, que tenho à vista; e basta ler a estrofe atribuída ao poeta, para ver que é dele mesmo:

---

443 Vitor Meireles de Lima (Nossa Senhora do Desterro, atual Florianópolis, 1832-Rio de Janeiro, 1903), pintor que se especializou no gênero da pintura histórica, passou vários anos na Europa, onde criou numerosas telas, entre elas, *A primeira missa no Brasil*, elogiada no prestigioso Salão de Paris de 1861.

444 Joaquim José de França Júnior (Rio de Janeiro, 1838-Poços de Caldas, 1890), advogado, dramaturgo, jornalista e pintor, autor das peças *Como se fazia um deputado* (1882), *Caiu o ministério* (1883) e *Maldita parentela* (1887).

tem o seu jeito de versificação. Um dia – diz o jornal – que alguns ratos, apanhados nas casas vizinhas, deram elementos para um pastel, o poeta improvisou este *calembour* metrificado:

O mes dames les hetaires,
A vos depens je mes nourris;
Moi, que mourais de vos sourires,
Je dois vivre de vos souris.

Cai-me a pena das mãos.

ELEAZAR
O Cruzeiro, ano I, nº 243, Notas Semanais, domingo,
1º de setembro de 1878, p.1.

1879

A nova geração

I

Há entre nós uma nova geração poética, geração viçosa e galharda, cheia de fervor e convicção. Mas haverá também uma poesia nova, uma tentativa, ao menos? Fora absurdo negá-lo; há uma tentativa de poesia nova — uma expressão incompleta, difusa, transitiva, alguma coisa que, se ainda não é o futuro, não é já o passado. Nem tudo é ouro nessa produção recente; e o mesmo ouro nem sempre se revela de bom quilate; não há um fôlego igual e constante; mas o essencial é que um espírito novo parece animar a geração que alvorece, o essencial é que esta geração não se quer dar ao trabalho de prolongar o ocaso de um dia que verdadeiramente acabou.

Já é alguma coisa. Esse dia, que foi o romantismo, teve as suas horas de arrebatamento, de cansaço, e por fim de sonolência, até que sobreveio a tarde e negrejou a noite. A nova geração chasqueia às vezes do romantismo. Não se pode exigir da extrema juventude a exata ponderação das coisas; não há impor a reflexão ao entusiasmo. De outra sorte, essa geração teria advertido que a extinção de um grande movimento literário não importa a condenação formal e absoluta de tudo o que ele afirmou; alguma coisa entra e fica no pecúlio do espírito humano. Mais do que ninguém, estava ela obrigada a não ver no romantismo um simples interregno, um brilhante pesadelo, um efeito sem causa, mas alguma coisa mais que, se não deu tudo o que prometia, deixa quanto basta para legitimá-lo. Morre porque é mortal. "As teorias passam, mas as verdades necessárias devem subsistir." Isto que Renan dizia há poucos meses da religião e da ciência, podemos aplicá-lo à poesia e à arte. A poesia não é, não pode ser, eterna repetição; está dito e redito que ao período espontâneo e original sucede a fase da convenção e do processo técnico, e é então que a poesia, necessidade virtual do homem, forceja por quebrar o molde e substituí-lo. Tal é o destino da musa romântica. Mas não há só inadvertência naquele desdém dos moços; vejo aí também um pouco de ingratidão. A alguns deles, se é a musa nova que os amamenta, foi aquela grande moribunda que os gerou; e até os há que ainda cheiram ao puro leite romântico.

Contudo, acho legítima explicação ao desdém dos novos poetas. Eles abriram os olhos ao som de um lirismo pessoal, que, salvas as exceções, era a mais enervadora música possível, a mais trivial e chocha. A poesia subjetiva chegara efetivamente aos derradeiros limites da convenção, descera ao brinco pueril, a uma enfiada de coisas piegas e vulgares; os grandes dias de outrora tinham positivamente acabado; e se, de longe em longe, algum raio de luz vinha aquecer a poesia transida e debilitada, era talvez uma estrela, não era o sol. De envolta com isto, ocorreu uma circunstância grave, o desenvolvimento das ciências modernas, que despovoaram o céu dos rapazes, que lhes deram diferente noção das coisas, e um sentimento que de nenhuma maneira podia ser o da geração que os precedeu. Os naturalistas, refazendo a história das coisas, vinham chamar para o mundo externo todas as atenções de uma juventude, que já não podia entender as imprecações do varão de Hus; ao contrário, parece que um dos caracteres de nova direção intelectual terá de ser um otimismo, não só tranquilo, mas triunfante. Já o é às vezes; a nossa mocidade manifesta certamente o desejo de ver alguma coisa por terra, uma instituição, um credo, algum uso, algum abuso; mas a ordem geral do universo parece-lhe a perfeição mesma. A humanidade que ela canta em seus versos está bem longe de ser aquele *monde avorté* de Vigny – é mais sublime, é um deus, como lhe chama um poeta ultramarino, o Sr. Teixeira Bastos.[445] A justiça, cujo advento nos é anunciado em versos rúbidos de entusiasmo, a justiça quase não chega a ser um complemento, mas um suplemento; e assim como a teoria da seleção natural dá a vitória aos mais aptos, assim outra lei, a que se poderá chamar seleção social, entregará a palma aos mais puros. É o inverso da tradição bíblica; é o paraíso no fim. De quando em quando aparece a nota aflitiva ou melancólica, a nota pessimista, a nota de Hartmann;[446] mas é rara, e tende a diminuir; o sentimento geral inclina-se à apoteose; e isto não somente é natural, mas até necessário; a vida não pode ser um desespero perpétuo, e fica bem à mocidade um pouco de orgulho.

Qual é, entretanto, a teoria e o ideal da poesia nova? Esta pergunta é tanto mais cabida quanto que uma das preocupações da recente geração poética é achar uma definição e um título. Aí porém flutuam as opiniões, afirmam-se as divergências, dominam a contradição e o vago; não há, enfim, um verdadeiro prefácio de *Cromwell*. Por exemplo, um escritor, e não pouco competente, tratando de um opúsculo, uma poesia do Sr. Fontoura Xavier,[447] (prefácio do *Régio saltimbanco*) afirma que este poeta "tem as caracterizações acentuadas da nova escola, lógica fusão do realismo e do romantismo, porque reúne a fiel observação de Baudelaire e as surpreendentes deduções do velho mestre Victor Hugo". Aqui temos uma definição assaz afirmativa e clara, e, se inexata em parte, admiravelmente justa, como objeção. Digo que em parte é inexata porque os termos Baudelaire e realismo não se correspondem tão inteiramente como ao escritor lhe parece. Ao próprio Baudelaire repugnava a classificação realista – *cette grossière épithète*, escreveu ele em uma nota. Como objeção, e aliás não foi esse o intuito do autor, a definição é excelente, o que veremos mais abaixo.

---

445 Francisco José Teixeira Bastos (Lisboa, 1857-idem, 1902), poeta, jornalista, ensaísta, um dos introdutores do positivismo de Auguste Comte (1798-1857) em Portugal, autor de *Rumores vulcânicos* (1878).
446 Karl Roben Eduard von Hartmann (1842-1906), filósofo alemão, chamado de "o filósofo do inconsciente", cuja metafísica tentava conciliar o racionalismo e o irracionalismo, autor de *Filosofia do inconsciente* (1870).
447 Antônio Vicente da Fontoura Xavier (Cachoeira do Sul, RS, 1856-Lisboa, 1922), poeta, jornalista, diplomata, autor de *O régio saltimbanco* (sátira política, 1877) e *Opalas* (poesia, 1884).

Não falta quem conjugue o ideal poético e o ideal político, e faça de ambos um só intuito, a saber, a nova musa terá de cantar o Estado republicano. Não é isto, porém, uma definição, nem implica um corpo de doutrina literária. De teorias ou preocupações filosóficas haverá talvez algum vestígio, mas nada bem claramente exposto, e um dos poetas, o Sr. Mariano de Oliveira,[448] conquanto confesse estar no terceiro período de Comte, todavia pondera que um livro de versos não é compêndio de filosofia nem de propaganda, e meramente livro de versos; opinião que me não parece geral. Outro poeta – creio que o mais recente – o Sr. Valentim Magalhães,[449] descreve-nos (*Cantos e lutas*, p.12) um quadro delicioso: a escola e a oficina cantam alegremente; o gênio enterra o mal; Deus habita a consciência; o coração abre-se aos ósculos do bem; aproxima-se a liberdade, e conclui que é isto a ideia nova. Isto quê? pergunta-lhe um crítico (*Economista Brasileiro*,[450] de 11 de outubro de 1879); e protesta contra a definição, acha o quadro inexato; a ideia nova não é isso; – o que ela é e pretende ser está dez páginas adiante; e cita uns versos em que o poeta clama imperativamente que se esmaguem os broquéis, que se partam as lanças, que dos canhões se façam estátuas, dos templos escolas, que se cale a voz das metralhas, que se erga a voz do direito; e remata com um pressentimento da ventura universal,

> *Quando pairar por sobre a Humanidade*
> *A bênção sacrossanta da Justiça.*

A diferença, como se vê, é puramente cronológica, ou sintática; dá-se num ponto como realidade acabada o que noutro ponto parece ser apenas um prenúncio; questão de indicativo e imperativo; e esta simples diferença,

---

448 José Mariano de Oliveira (Rio de Janeiro, 1855-idem, 1930), poeta, dramaturgo, autor da obra *Versos de Mário* (1876).
449 Antônio Valentim da Costa Magalhães (Rio de Janeiro, 1859-idem, 1903), poeta, contista, romancista, jornalista, teatrólogo, crítico, tradutor, autor, entre outras, das obras *Ideia de moço* (poesia e prosa, 1878), *Cantos e lutas* (poesia, 1879) e *O general Osório* (poesia e prosa, 1880).
450 *O Economista Brasileiro*, revista quinzenal, lançada em 1878 e dirigida pelo engenheiro João Ramos de Queirós (1848-1892).

que nada entende com o ideal poético, divide o autor e o crítico. A justiça anunciada pelo Sr. V. Magalhães, achá-la-emos em outros, por exemplo, no Sr. Teófilo Dias[451] (*Cantos tropicais*, p.139); é ideia comum aos nossos e aos modernos poetas portugueses. Um destes, chefe de escola, o Sr. Guerra Junqueiro,[452] não acha melhor definição para a sua musa: *reta como a justiça*, diz ele em uns belos versos da *Musa em férias*. Outro, o Sr. Guilherme de Azevedo,[453] um de seus melhores companheiros, escreveu numa carta com que abre o livro *Alma nova*: "Sorrindo ou combatendo fala (o livro) da Humanidade e da Justiça". Outro, o Sr. Teixeira Bastos, nos *Rumores vulcânicos*, diz que os seus versos cantam um deus sagrado – a Humanidade – e o "coruscante vulto da Justiça". Mas essa aspiração ao reinado da justiça (que é afinal uma simples transcrição de Proudhon) não pode ser uma doutrina literária; é uma aspiração e nada mais. Pode ser também uma cruzada, e não me desagradam as cruzadas em verso. Garrett, ingênuo às vezes, como um grande poeta que era, atribui aos versos uma porção de grandes coisas sociais que eles não fizeram, os pobres versos; mas, em suma, venham eles e cantem alguma coisa nova – essa justiça, por exemplo, que oxalá desminta algum dia o conceito de Pascal. Mas entre uma aspiração social e um conceito estético vai diferença; o que se precisa é uma definição estética.

Achá-la-emos no prefácio que o Sr. Sílvio Romero[454] pôs aos seus *Cantos do fim do século*? "Os que têm procurado dar nova direção à arte – diz ele – não se acham de acordo. A bandeira de uns é a Revolução, de outros o positivismo; o socialismo e o romantismo transformado têm também os seus adeptos. São doutrinas que se exageram, ao lado da metafísica idealista.

---

451 Teófilo Odorico Dias de Mesquita (Caxias, 1857-São Paulo, 1889), sobrinho de Gonçalves Dias, jornalista, professor, deputado, advogado, poeta, autor dos livros de poemas *Flores e amores* (1874), *Cantos tropicais* (1878) e *Fanfarras* (1882).

452 Abílio Guerra Junqueiro (Trás-os-Montes, 1850-Lisboa, 1923), jornalista, poeta panfletário, autor de *Musa em férias* (1879) e *A velhice do padre eterno* (1885).

453 Guilherme de Azevedo (Santarém, 1839-Paris, 1882), jornalista, poeta, correspondente em Paris da *Gazeta de Notícias* do Rio de Janeiro, autor de *Aparições* (1867), *Radiações da noite* (1871) e *Alma nova* (1874).

454 Silvio Vasconcelos da Silveira Ramos Romero (Lagarto, 1851-Rio de Janeiro, 1914), crítico literário, ensaísta, poeta, filólogo, autor de *História da literatura brasileira* (1888) e *Cantos do fim do século* (1878), seu primeiro livro de poesia.

Nada disto é verdade". Não se contentando em apontar a divergência, o Sr. Sílvio Romero examina uma por uma as bandeiras hasteadas, e prontamente as derruba; nenhuma pode satisfazer as aspirações novas. A Revolução foi parca de ideias, o positivismo está acabado como sistema, o socialismo não tem sequer o sentido altamente filosófico do positivismo, o romantismo transformado é uma fórmula vã, finalmente o idealismo metafísico equivale aos sonhos de um histérico; eis aí o extrato de três páginas. Convém acrescentar que este autor, ao invés de outros, ressalva com boas palavras o lirismo, confundido geralmente com a "melancolia romântica". Perfeitamente dito e integralmente aceito. Entretanto, o lirismo não pode satisfazer as necessidades modernas da poesia, ou, como diz o autor – "não pode por si só encher todo o ambiente literário; há mister uma nova intuição mais vasta e mais segura". Qual? Não é outro o ponto controverso; e depois de ter refutado todas as teorias, o Sr. Sílvio Romero conclui que a nova intuição literária nada conterá dogmático; – será um resultado do espírito geral da *crítica* contemporânea. Esta definição, que tem a desvantagem de não ser uma definição estética, traz em si uma ideia compreensível, assaz vasta, flexível e adaptável a um tempo em que o espírito recua os seus horizontes. Mas não basta à poesia ser o resultado geral da crítica do tempo; e, sem cair no dogmatismo, era justo afirmar alguma coisa mais. Dizer que a poesia há de corresponder ao tempo em que se desenvolve é somente afirmar uma verdade comum a todos os fenômenos artísticos. Ao demais, há um perigo na definição deste autor, o de cair na poesia científica e, por dedução, na poesia didática, aliás inventada desde Lucrécio.

Ia-me esquecendo uma bandeira hasteada por alguns, o realismo, a mais frágil de todas, porque é a negação mesma do princípio da arte. Importa dizer que tal doutrina é aqui defendida, menos como a doutrina que é, do que como expressão de certa nota violenta, por exemplo, os sonetos do Sr. Carvalho Júnior.[455] Todavia, creio que, de todas as que possam atrair a nossa mocidade, esta é a que menos subsistirá, e com razão; não há nela nada

---

455 Francisco Antônio de Carvalho Júnior (Rio de Janeiro, 1855-idem, 1879), poeta, cronista, dramaturgo, crítico teatral, advogado, autor de *Parisina* (drama, 1879) e *Escritos póstumos* (1879).

que possa seduzir longamente uma vocação poética. Neste ponto todas as escolas se congraçam; e o sentimento de Racine será o mesmo de Sófocles. Um poeta, V. Hugo, dirá que há um limite intranscendível entre a realidade, segundo a arte, e a realidade, segundo a natureza. Um crítico, Taine[456] escreverá que, se a exata cópia das coisas fosse o fim da arte, o melhor romance ou o melhor drama seria a reprodução taquigráfica de um processo judiciário. Creio que aquele não é clássico, nem este romântico. Tal é o princípio são, superior às contendas e teorias particulares de todos os tempos.

Do que fica dito resulta que há uma inclinação nova nos espíritos, um sentimento diverso do dos primeiros e segundos românticos, mas não há ainda uma feição assaz característica e definitiva do movimento poético. Esta conclusão não chega a ser agravo à nossa mocidade; eu sei que ela não pode por si mesma criar o movimento e caracterizá-lo, mas sim receberá o impulso estranho, como aconteceu às gerações precedentes. A de 1840, por exemplo, só uma coisa não recebeu diretamente do movimento europeu de 1830, foi a tentativa de poesia americana ou indiática, tentativa excelente, se tinha de dar alguns produtos literários apenas, mas precária, e sem nenhum fundamento, se havia de converter-se em escola, o que foi demonstrado pelos fatos. A atual geração, quaisquer que sejam os seus talentos, não pode esquivar-se às condições do meio; afirmar-se-á pela inspiração pessoal, pela caracterização do produto, mas o influxo externo é que determina a direção do movimento; não há por ora, no nosso ambiente, a força necessária à invenção de doutrinas novas. Creio que isso chega a ser uma verdade de La Palisse.[457]

E aqui toco eu o ponto em que a definição do escritor que prefaciou o opúsculo do Sr. Fontoura Xavier é uma verdadeira objeção. Reina em certa região da poesia nova um reflexo mui direto de V. Hugo e Baudelaire; é

---

456 Hippolyte Adolphe Taine (Vouziers, Champanha-Ardenas, 1828-Paris, 1893), crítico e historiador, um dos expoentes do positivismo na França, autor de *Essais de Critique et d'Histoire* (1858 e 1882) e *Histoire de la littérature anglaise* (1864).
457 Jacques de La Palice (ou La Palisse), visconde de Chabannes-Curton de (Paris, 1808-idem, 1889), militar francês, inventor das minas submarinas, realizou as primeiras experiências com torpedos na França. A expressão "verdade de La Palisse" siginifica evidência tão grande, que se torna ridícula.

verdade. V. Hugo produziu já entre nós, principalmente no norte, certo movimento de imitação, que começou em Pernambuco, a escola hugoísta, como dizem alguns, ou a escola *condoreira*, expressão que li há algumas semanas num artigo bibliográfico do Sr. Capistrano de Abreu,[458] um dos nossos bons talentos modernos. Daí vieram os versos dos Srs. Castro Alves, Tobias Barreto,[459] Castro Rebelo Júnior,[460] Vitoriano Palhares,[461] e outros engenhos mais ou menos vívidos. Esse movimento, porém, creio ter acabado com o poeta das *Vozes d'África*. Distinguia-o certa pompa, às vezes excessiva, certo intumescimento de ideia e de frase, um grande arrojo de metáforas, coisas todas que nunca jamais poderiam constituir virtudes de uma escola; por isso mesmo é que o movimento acabou. Agora, a imitação de V. Hugo é antes da forma conceituosa que da forma explosiva; o jeito axiomático, a expressão antitética, a imagem viva e rebuscada, o ar olímpico do adjetivo, enfim o contorno da metrificação, são muita vez reproduzidos, e não sem felicidade. Contribuíram largamente para isto o Sr. Guerra Junqueiro e seus discípulos da moderna escola portuguesa. Quanto a Baudelaire, não sei se diga que a imitação é mais intencional do que feliz. O tom dos imitadores é demasiado cru; e aliás não é outra a tradição de Baudelaire entre nós. Tradição errônea. Satânico, vá; mas realista o autor de "D. Juan aux enfers" e da "Tristesse de la lune"! Ora, essa reprodução quase exclusiva, essa assimilação do sentir e da maneira de dois engenhos, tão originais, tão soberanamente próprios, não diminuirá a pujança do talento, não será obstáculo a um desenvolvimento maior, não traz principalmente o perigo

---

458 João Capistrano Honório de Abreu (Maranguape, 1853-Rio de Janeiro, 1927), historiador, crítico literário, autor de *José de Alencar* (1878), *Capítulos de História Colonial* (1928) e *O descobrimento do Brasil* (1929).
459 Tobias Barreto de Meneses (Campos, 1839-Recife, 1889), filósofo, poeta, crítico, jurista, integrante da Escola do Recife, autor de *Ensaios e estudos de Filosofia e Crítica* (1875) e *Estudos alemães* (1879).
460 João Batista de Castro Rebelo Júnior (Salvador, 1853-idem, 1911), poeta, ensaísta, advogado, político, autor de *Livro de um anjo* (poesia, 1879) e *O pseudorrealismo* (sátira em verso, 1883).
461 Vitoriano José Marinho Palhares (Recife, 1840-Várzea, 1890), poeta, prosador, teatrólogo, autor de *Mocidade e tristeza* (poesia, 1866), *Perpétuas* (poesia, 1876) e *Centelhas* (poesia, 1870).

de reproduzir os ademanes, não o espírito – a cara, não a fisionomia? Mais: não chegará também a tentação de só reproduzir os defeitos, e reproduzi-los exagerando-os, que é a tendência de todo o discípulo intransigente?

A influência francesa é ainda visível na parte métrica, na exclusão ou decadência do verso solto, e no uso frequente ou constante do alexandrino. É excelente este metro; e, para empregar um símile musical, não será tão melódico, como outros mais genuinamente nossos, mas é harmonioso como poucos. Não é novo em nossa língua, nem ainda entre nós; desde Bocage algumas tentativas houve para aclimá-lo; Castilho o trabalhou com muita perfeição. A objeção que se possa fazer à origem estrangeira do alexandrino é frouxa e sem valor; não somente as teorias literárias cansam, mas também as formas métricas precisam ser renovadas. Que fizeram nessa parte os românticos de 1830 e 1840 senão ir buscar e rejuvenescer algumas formas arcaicas?

Quanto à decadência do verso solto, não há dúvida que é também um fato, e na nossa língua um fato importante. O verso solto, tão longamente usado entre nós, tão vigoroso nas páginas de um Junqueira Freire e de um Gonçalves Dias, entra em evidente decadência. Não há negá-lo. Estamos bem longe do tempo em que Filinto proclamava galhardamente a sua adoração ao verso solto, adoração latina e arcaica. Alguém já disse que o verso solto ou branco era feito só para os olhos. *Blank verse seems to be verse only to the eye*; e Johnson,[462] que menciona esse conceito, para condenar a escolha feita por Milton, pondera que dos escritores italianos por este citados, e que baniram a rima de seus versos, nenhum é popular: observação que me levou a ajuizar de nossas próprias coisas. Sem diminuir o alto merecimento de Gonzaga, o nosso grande lírico, é evidente que José Basílio da Gama era ainda maior poeta. Gonzaga tinha decerto a graça, a sensibilidade, a melodia do verso, a perfeição de estilo; mas ainda nos punha em Minas Gerais as pastorinhas do Tejo e as ovelhas acadêmicas. Bem diversa é a obra capital de Basílio da Gama. Não lhe falta, também a ele, nem sensibilidade, nem

---

462 Samuel Johnson (Lichfield, 1709-Londres, 1784), escritor e dicionarista, defensor do classsicismo, autor de poemas satíricos (*A vaidade dos desejos humanos*, 1799), romances (*A história de Rasselas, príncipe de Abissínia*, 1759) e obras críticas.

estilo, que em alto grau possui; a imaginação é grandemente superior à de Gonzaga, e quanto à versificação nenhum outro, em nossa língua, a possui mais harmoniosa e pura. Se Johnson o pudesse ter lido, emendaria certamente o conceito de seu *ingenious critic*. Pois bem, não obstante tais méritos, a popularidade de Basílio da Gama é muito inferior à de Gonzaga; ou antes, Basílio da Gama não é absolutamente popular. Ninguém, desde o que se preza de literato até ao que mais alheio for às coisas de poesia, ninguém deixa de ter lido, ao menos uma vez, o livro do inconfidente; muitos de seus versos correm de cor. A reputação de Basílio da Gama, entretanto, é quase exclusivamente literária. A razão principal deste fenômeno é decerto mais elevada que o da simples forma métrica, mas o reparo do crítico inglês tem aqui muita cabida. Não será também, certo que a popularidade de Gonçalves Dias acha raízes mais profundas nas suas belas estâncias rimadas do que nas que o não são, e que é maior o número dos que conhecem a "Canção do exílio" e o "Gigante de pedra" do que os que leem os quatro cantos dos *Timbiras*?

Mas é tempo de irmos diretamente aos poetas. Vimos que há uma tendência nova, oriunda do fastio deixado pelo abuso do subjetivismo e do desenvolvimento das modernas teorias científicas; vimos também que essa tendência não está ainda perfeitamente caracterizada e que os próprios escritores novos tentam achar-lhe uma definição e um credo; vimos enfim que esse movimento é determinado por influência de literaturas ultramarinas. Vejamos agora sumária e individualmente os novos poetas, não todos, porque os não pude coligir a todos, mas certo número deles — os que bastam pelo talento e pela índole do talento para dar uma ideia dos elementos que compõem a atual geração. Vamos lê-los com afeição, com serenidade e com esta disciplina de espírito, que convém exemplificar aos rapazes.

II

Não formam os novos poetas um grupo compacto; há deles ainda fiéis às tradições últimas do romantismo — mas de uma fidelidade mitigada, já rebelde, como o Sr. Lúcio de Mendonça, por exemplo, ou como o Sr. Teófilo Dias, em algumas páginas dos *Cantos tropicais*. O Sr. Afonso Celso

Júnior,[463] que balbuciou naquela língua as suas primeiras composições, fala agora outro idioma; é já notável a diferença entre os *Devaneios* e as *Telas sonantes*: o próprio título o indica. Outros há que não tiveram essa gradação, ou não coligi documento que positivamente a manifeste. Não faltará também, às vezes, algum raro vestígio de Castro Alves. Tudo isso, como eu já disse, indica um movimento de transição, desigualmente expresso, movimento que vai das estrofes últimas do Sr. Teófilo Dias aos sonetos do Sr. Carvalho Júnior.

Detenhamo-nos em frente do último, que é finado. Poucos versos nos deixou ele, uma vintena de sonetos, que um piedoso e talentoso amigo, o Sr. Artur Barreiros,[464] coligiu com outros trabalhos e deu há pouco num volume, como obséquio póstumo. O Sr. Carvalho Júnior era literalmente o oposto do Sr. Teófilo Dias, era o representante genuíno de uma poesia sensual, a que, por inadvertência, se chamou e ainda se chama realismo. Nunca, em nenhum outro poeta nosso, apareceu essa nota violenta, tão exclusivamente carnal. Nem ele próprio o dissimula; confessa-se desde a primeira estrofe da coleção:

> *Odeio as virgens pálidas, cloróticas,*
> *Belezas de missal...*

e no fim do soneto:

> *Prefiro a exuberância dos contornos,*
> *As belezas da forma, seus adornos,*
> *A saúde, a matéria, a vida enfim,*

---

463 Afonso Celso de Assis Figueiredo Júnior (Ouro Preto, 1860-Rio de Janeiro, 1938), advogado, jornalista, político, ensaísta, professor, autor de *Prelúdios* (poesia, 1867), *Devaneios* (poesia, 1877), *Telas sonantes* (poesia, 1879), *O imperador no exílio* (1893) e *Porque me ufano de meu país* (1900).

464 Artur Barreiros (Rio de Janeiro, 1856-idem, 1885), contista, jornalista, autor de *O cancioneiro alegre de Camilo Castelo Branco* (crítica, 1879), *O imbróglio* (romance de autoria coletiva, publicado em *O Combate*, 1880).

Aí temos o poeta; aí o temos inteiro e franco. Não lhe desagradam as virgens pálidas; o desagrado é uma sensação tíbia; tem-lhes ódio, que é o sentimento dos fortes. Ao mesmo tempo dá-nos ali o seu credo, e fá-lo sem rebuço – sem exclusão do nome idôneo, sem exclusão da matéria, se a matéria é necessária. Haverá nisso um sentimento sincero, ou o poeta carrega a mão, para efeitos puramente literários? Inclina-se a esta última hipótese o Sr. Artur Barreiros. "Neste descompassado amor à carne (diz ele) certo deve de haver o seu tanto ou quanto de artificial." Quem lê a composição que tem por título "Antropofagia" fica propenso a supor que é assim mesmo. Não conheço em nossa língua uma página daquele tom; é a sensualidade levada efetivamente à antropofagia. Os desejos do poeta são instintos canibais, que ele mesmo compara a jumentas lúbricas:

Como um bando voraz de lúbricas jumentas;

e isso, que parece muito, não é ainda tudo; a imagem não chegou ainda ao ponto máximo, que é simplesmente a besta-fera:

Como a besta feroz a dilatar as ventas
Mede a presa infeliz por dar-lhe o bote a jeito,
De meu fúlgido olhar às chispas odientas
Envolvo-te, e, convulso, ao seio meu t'estreito.

Lá estão, naquela mesma página, as fomes bestiais, os vermes sensuais, as carnes febris. Noutra parte os desejos são "urubus em torno da carniça". Não conhecia o Sr. Carvalho Júnior as atenuações da forma, as surdinas do estilo; aborrecia os tons médios. Das tintas todas da palheta a que o seduzia era o escarlate. Entre os vinte sonetos que deixou, raro é o que não comemore um lance, um quadro, uma recordação de alcova; e eu compreendo a fidelidade do Sr. A. Barreiros, que, tratando de coligir os escritos esparsos do amigo, não quis excluir nada, nenhum elemento que pudesse servir ao estudo do espírito literário de nosso tempo. Vai em trinta anos que Álvares de Azevedo nos dava naquele soneto, "Pálida à luz da lâmpada sombria", uma mistura tão delicada da nudez das formas com a unção do sentimento. Trinta anos bastaram à evolução que excluiu o sentimento para só deixar as formas; que digo? para só deixar as carnes. Formas parece que implicam certa idealidade, que o Sr. Carvalho Júnior inteiramente bania de seus versos. E contudo era poeta esse moço, era poeta e de raça. Crus em demasia são os seus quadros; mas não é comum aquele vigor, não é vulgar aquele colorido. O Sr. A. Barreiros fala dos sonetos como escritos ao jeito de Baudelaire, modificados ao mesmo tempo pelo temperamento do poeta. Para compreender o acerto desta observação do Sr. Barreiros, basta comparar a "Profissão de fé" do Sr. Carvalho Júnior com uma página das *Flores do mal*. É positivo que o nosso poeta inspirou-se do outro. "Belezas de missal" diz aquele; "Beautés de vignettes" escreve este; e se Baudelaire não fala de "virgens cloróticas" é porque se exprime de outra maneira: deixa-as a Gavarni,[465] "poète des chloroses". Agora, onde o temperamento dos dois se manifesta, não é só em que o nosso poeta *odeia* aquelas virgens, ao passo que o outro se contenta em dizer que elas lhe não podem satisfazer o coração. Posto que isso baste a diferençá-los, nada nos dá tão positivamente a medida do contraste como os dois tercetos com que eles fecham a respectiva composição. O Sr. Carvalho Júnior, segundo já vimos, prefere a exuberância de contornos, a saúde, a matéria. Vede Baudelaire:

> *Ce qui´il faut à ce cœur, profond comme un abîme,*
> *C'est vous, Lady Macbeth, âme puissante au crime,*
> *Rêve d'Eschyle éclos au climat des autans.*
>
> *Ou bien toi, grande Nuit, fille de Michel-Ange,*
> *Qui tors paisiblement dans une pose étrange*
> *Tes appas façonnés aux bouches des Titans!*

---

465 Sulpice Guillaume Chevalier, mais conhecido como Paul Gavarni (Paris, 1804-idem, 1866), desenhista e litógrafo francês, colaborou em várias publicações (*La Mode, Charivari, L'Illustration*), descrevendo de maneira crítica a boêmia parisiense e os costumes da burguesia.

Assim pois, o Sr. Carvalho Júnior, cedendo a si mesmo e carregando a mão descautelosa, faz uma profissão de fé exclusivamente carnal; não podia seguir o seu modelo, alcunhado realista, que confessa um *rouge ideal*, e que o encontra em lady Macbeth, para lhe satisfazer o coração, *profond comme un abîme*. Já ficamos muito longe da alcova. Entretanto, convenho que Baudelaire fascinasse o Sr. Carvalho Júnior, e lhe inspirasse algumas das composições; convenho que este buscasse segui-lo na viveza da pintura, na sonoridade do vocábulo; mas a individualidade própria do Sr. Carvalho Júnior lá transparece no livro, e com o tempo, acabaria por dominar de todo. Era poeta, de uma poesia sempre violenta, às vezes repulsiva, priapesca, sem interesse; mas em suma era poeta; não são de amador estes versos de "Nêmesis":

> *Há nesse olhar translúcido e magnético*
> *A mágica atração de um precipício;*
> *Bem como no teu rir nervoso, cético,*
> *As argentinas vibrações do vício.*

> *No andar, no gesto mórbido, esplinético,*
> *Tens não sei quê de nobre e de patrício,*
> *E um som de voz metálico, frenético,*
> *Como o tinir dos ferros de um suplício.*

Quereis ver o oposto do Sr. Carvalho Júnior? Lede o Sr. Teófilo Dias. Os *Cantos tropicais* deste poeta datam de um ano: são o seu último livro. A *Lira dos verdes anos*, que foi o de estreia revelou desde logo as qualidades do Sr. Teófilo Dias, mas não podia revelá-lo todo, porque só mais tarde é que o espírito do poeta começou a manifestar vagamente uma tendência nova. O autor dos *Cantos tropicais* é sobrinho de Gonçalves Dias, circunstância que não tem só interesse biográfico, mas também literário; a poesia dele, a doçura, o torneio do verso lembram muita vez a maneira do cantor dos *Timbiras*, sem aliás nada perder de sua originalidade; é como se disséssemos um ar de família. Quem percorre os versos de ambos reconhece, entretanto, o que positivamente os separa; a Gonçalves Dias sobrava certo vigor, e, por vezes, tal ou qual tumulto de sentimentos, que não são o característico dos versos do sobrinho. O tom principal do Sr. Teófilo Dias é a ternura melancólica. Não é que lhe falte, quando necessária, a nota viril; basta ler o "Batismo do fogo", o "Cântico dos bardos" e mais duas ou três composições; sente-se porém que aí o poeta é intencionalmente assim, que o pode ser tanto, que o poderia ser ainda mais, se quisesse, mas que a corda principal da sua lira não é essa. Por outro lado, há no Sr. Teófilo Dias certas audácias de estilo, que não se acham no autor do *I-Juca-Pirama*, e são por assim dizer a marca do tempo. Citarei, por exemplo, este princípio de um soneto, que é das melhores composições dos *Cantos tropicais*:

Na luz que o teu olhar azul transpira,
Há sons espirituais;

estes "sons espirituais" – aquele "olhar azul" – aquele "olhar que transpira", são atrevimentos poéticos ainda mais desta geração que da outra; e se algum dos meus leitores – dos velhos leitores – circunflexar as sobrancelhas, como fizeram os guardas do antigo Parnaso ao surgir a lua do travesso Musset, não lhes citarei decerto este verso de um recente compatriota de Racine –

Quelque chose comme une odeur que serait blonde,

porque ele poderá averbá-lo de suspeição; vou à boa e velha prata de casa, vou ao Porto Alegre:

E derrama no ar canoro lume.

Se a *Lira dos verdes anos* não o revelou todo, deu contudo algumas de suas qualidades, e é um documento valioso do talento do Sr. Teófilo Dias. Várias composições desse livro – "Cismas à beira-mar", por exemplo, podiam estar na segunda coleção do poeta. Talvez o estilo dessa composição seja um pouco convencional; nota-se-lhe porém sentimento poético, e, a espaços, muita felicidade de expressão. *Os cantos tropicais* pagaram a promessa da *Lira dos verdes anos*, o progresso é evidente; e, como disse, o espírito do autor parece manifestar uma tendência nova. Contudo, não é tal o contraste, que justifique a declaração feita pelo poeta no primeiro livro, a saber, que quando compôs aqueles versos pensava diferentemente do que na data da publicação. Acredito que sim; mas é o que se não deduz do livro. O poeta apura as suas boas qualidades, forceja por variar o tom, lança os olhos em redor e ao longe; mas a corda que domina é a das suas estreias.

Poetas há, cuja tristeza é como um goivo colhido de intenção, e posto à guisa de ornamento. A estrofe do Sr. Teófilo Dias, quando triste, sente-se que corresponde ao sentimento do homem, e que não vem ali simplesmente para enfeitá-lo. O Sr. Teófilo Dias não é um desesperado, mas não estou longe de crer que seja um desencantado; e quando não achássemos documento em seus próprios versos, achá-lo-íamos nos de alheia e peregrina composição, transferidas por ele ao nosso idioma. Abro mão da "Harpa" de Moore; mas os "Mortos de coração", do mesmo poeta, não parece que o Sr. Teófilo Dias os foi buscar porque lhe falavam mais diretamente a ele? Melhor do que isso, porém, vejo eu na escolha de uma página das *Flores do mal*. "O albatroz", essa águia dos mares, que, apanhada no convés do navio, perde o uso das asas e fica sujeita ao escárnio da maruja, esse *albatroz* que Baudelaire compara ao poeta, exposto à mofa da turba e tolhido pelas próprias asas, estou que seduziu o Sr. Teófilo Dias, menos por espírito de classe do que por um sentimento pessoal; esse *albatroz* é ele próprio. Não veja o poeta, no que aí fica, um elogio; não é elogio nem censura; é simples observação da crítica. Quereis a prova do reparo? Lede os versos que têm por título "Anátema", curiosa história de um amor de poeta, amor casto e puro, cuja ilusão se desfaz logo que o objeto amado lhe fala cruamente a linguagem dos sentidos. Essa composição, que termina por uma longínqua reminiscência do padre Vieira – "Perdoo-vos... e vingo-me!", essa composição é o corolário do "Albatroz",[466] e explica o tom geral do livro. O poeta indigna-se, não tanto em nome da moral, como no de seus próprios sentimentos; é o egoísmo da ilusão que soluça, brada, e por fim condena, e por fim sobrevive nestes quatro versos:

---

466 O poema "Albatroz", de Baudelaire, na tradução de Teófilo Dias, faz parte do livro *Cantos tropicais*.

> ... *Ao pé de vós, quando em delícias*
> *As minhas ilusões sem dó quebráveis,*
> *Revestia-se um anjo com os andrajos*
> *Dos sonhos que rompíeis.*

Não é preciso mais para conhecer o poeta, com a melindrosa sensibilidade, com a singeleza da puerícia, com a ilusão que forceja por arrancar o voo do chão; essa é a nota principal do livro, é a do "Gethsemani" e a do "Pressentimento". Pouco difere a da "Poeira e lama" na qual parece haver um laivo de pessimismo; e se, como na "Andalusa", o poeta sonha com "bacanais" e "pulsações lascivas", crede que não é sonho, mas pesadelo e pesadelo curto; ele é outra coisa. Já acima o disse; há nos *Cantos tropicais* algumas páginas em que o poeta parece querer despir as vestes primeiras; poucas são, e nessas a nota é mais enérgica, intencionalmente enérgica; o verso sai-lhe cheio e viril, como na "Poesia moderna", e o pensamento tem a elevação do assunto. Aí nos aparece a justiça de que falei na primeira parte deste estudo; aí vemos a musa moderna, irmã da liberdade, tomando nas mãos a lança da justiça e o escudo da razão. Certo, há alguma coisa singular neste evocar a musa da razão pela boca de um poeta de sentimento; não menos parecem destoar do autor do "Solilóquio" as preocupações políticas da "Poesia moderna". Não é que eu exclua os poetas de minha república; sou mais tolerante que Platão; mas alguma coisa me diz que esses toques políticos do Sr. Teófilo Dias são de puro empréstimo; talvez um reflexo do círculo de seus amigos. Não obstante, há em tais versos um esforço para fugir à exclusiva sentimentalidade dos primeiros tempos, esforço que não será baldado, porque entre as confidências pessoais e as aspirações de renovação política, alarga-se um campo infinito em que se pode exercer a invenção do poeta. Ele tem a inspiração, o calor, e o gosto; seu estilo é decerto assaz flexível para se acomodar a diferentes assuntos, para os tratar com o apuro a que nos acostumou. A realidade há de fecundar-lhe o engenho; seu verso tão melódico e puro, saberá cantar outros aspectos da vida. "Tenho vinte anos e desprezo a vida", diz o Sr. Teófilo Dias em uma das melhores páginas dos seus *Cantos tropicais*. Ao que lhe respondo com esta palavra de um moralista: *aimez la vie, la vie vous aimera*.

Se o poeta quer um exemplo, tem-no completo no Sr. Afonso Celso Júnior. O autor dos *Devaneios* é-o também das *Telas sonantes*. Não sei precisamente a sua idade; creio porém que não conta ainda vinte anos. Pois bem, em 1876 a sua poética, estilo e linguagem eram ainda as de um lirismo extremamente pessoal, com a estrutura e os ademanes próprios do gênero. Numa coleção de sonetos, em que o verso aliás corre fluente e não sem elegância, ligados todos por um único título, "Mãe", falava o poeta de sua alma "mais triste do que Jó", nas tribulações da vida e no acerbo das lutas. Quantos há aí, românticos provectos, que não empregaram também esse mesmo estilo, nos seus anos juvenis? Naquele mesmo livro dos *Devaneios*, antes balbuciado do que escrito, ainda incorreto em partes, ali mesmo avulta alguma coisa menos pessoal, sente-se que o poeta quer fugir a si mesmo; mas são apenas tentativas, como tentativa é a obra. Nas *Telas sonantes* temos a primeira afirmação definitiva do poeta.

Um traço há que distingue o Sr. Afonso Celso Júnior de muitos colegas da nova geração; a sua poesia não impreca, não exorta, não invectiva. É um livro de quadros o seu, singelos ou tocantes, graciosos ou dramáticos, mas verdadeiramente quadros, certa impessoalidade característica. Todos se lembram ainda agora do efeito produzido, há oito anos, pelas *Miniaturas* do Sr. Crespo, um talentoso patrício nosso, cujo livro nos veio de Coimbra, quando menos esperávamos. Nos quadros do Sr. Crespo, que aliás não eram a maior parte do livro, também achamos aquela eliminação do poeta, com a diferença que eram obras de puro artista, ao passo que nos do Sr. Afonso Celso Júnior entra sempre alguma coisa, que não é a presença, mas a intenção do poeta. Entender-se-á isto mais claramente, comparando o "A bordo" do Sr. Crespo com o "Esboço" do Sr. Afonso Celso Júnior. Ali é uma descrição graciosa, e creio que perfeita, de um aspecto de bordo, durante uma calmaria; vemos os marinheiros "recostados em rolos de cordame", o papagaio, uma inglesa, um cãozinho da inglesa, o fazendeiro que passeia, os três velhos que jogam o voltarete, e outros traços assim característicos; depois refresca o vento e lá vai a galera. O "Esboço" do Sr. Afonso Celso Júnior é uma volta de teatro; tinha-se representado um drama patético; uma jovem senhora, violentamente comovida, trêmula, nervosa, sai dali, entra no carro e torna à casa; acha à porta o criado, ansioso e trêmulo, porque lhe adoecera um filho com febre, e para cumprir sua obrigação servil, ali ficara toda a noite a esperá-la. A dama, diz o poeta,

> *A dama, que do palco ao drama imaginário,*
> *Havia arfado tanto,*
> *Soube reter o pranto*
> *Perante o drama vivo, honrado e solitário.*
> *Soltou um ah! de gelo, e como a olhasse o velho,*
> *Pedindo-lhe talvez no transe algum conselho,*
> *Disse com abandono,*
> *De indiferença cheia,*
> *Que podia ir velar do filho o extremo sono,*
> *Mas que fosse primeiro à mesa pôr a ceia.*

Esse contraste de efeitos entre a realidade e a ficção poética explica a ideia do Sr. Afonso Celso Júnior. Notei a diferença entre ele e o Sr. Crespo; notarei agora que o poeta das *Miniaturas* de algum modo influiu no dos *Devaneios*. Digo expressamente no dos *Devaneios*, porque neste livro e não no outro, é que o olhar exercitado do leitor poderá descobrir algum vestígio — um quadro como o do soneto "Na fazenda" — ou a eleição de certas formas e disposições métricas; mas para conhecer que a influência de um não diminuiu a originalidade de outro, basta ler duas composições de título quase idêntico — duas histórias — a de uma mulher que ria sempre, e a de outra que não ria nunca. Aquela gerou talvez esta, mas a filiação, se a há, não passa de um contraste no título; no resto os dois poetas separam-se inteiramente. Não obstante, os *Devaneios* não têm o mesmo valor das *Telas sonantes*; eram uma promessa, não precisamente um livro.

Neste é que está a feição dominante do Sr. Afonso Celso Júnior; a comoção e a graça. Vimos o "Esboço"; a "Flauta" não é menos significativa. Verdadeiramente não cabe a esta composição o nome de quadro, mas de poema — poema, à moderna; há ali mais do que um momento e uma perspectiva, há uma história, uma ação. Um operário viúvo possuía uma flauta, que lhe servia a esquecer os males da vida e a adormecer a filha que lhe ficara do matrimônio. Escasseia, entretanto, o trabalho, entra em casa a penúria e a fome; o operário vai empenhando, às ocultas tudo o que possui, e o dinheiro que pode apurar, entrega-o à filha, como se fosse salário; a flauta era a confidente única de suas privações. Mas o mal cresce; tudo está empenhado; até que um dia, sem nenhum outro recurso, sai o operário e volta com um jantar. A filha, que a fome abatera, recebe-o alegre e satisfaz a natureza; depois pede ao pai que lhe toque a flauta, segundo costumava; o pai confessa-lhe soluçando que a vendera para lhe conservar a vida. Tal é esse poema singelo e dramático, em que há boa e verdadeira poesia. Nenhum outro é mais feliz do que esse. Assim como o "Esboço" tem por assunto um amor de pai, a "Cena vulgar" consagra a dor materna; e seria tão acabado como o outro, se fora mais curto. A ideia é demasiado tênue, e demasiado breve a ação, para as três páginas que o poeta lhe deu; outrossim, o desfecho, aquele tocador de realejo, que exige a paga, enquanto a mãe convulsa abraça o filho defunto, esse desfecho teria mais força, se fora mais sóbrio, mais simples, se não tivera nenhum qualificativo, nem a "rudez grosseira", nem "os insolentes brados"; o simples contraste daquele homem e daquela mãe era suficientemente cru.

Fiz um reparo; para que não farei ainda outro? A "Joia", aliás tão sóbria, tão concisa, parece-me um pouco artificial. Ao filhinho, que diante de um mostrador de joalheiro, lhe pede um camafeu, responde a mãe com um beijo, e acrescenta que esta joia é melhor do que a outra; o filho entende-a, e diz-lhe que, se está assim tão rica de joias, lhe dê um colar. É gracioso; mas não é a criança que fala, é o poeta. Não é provável que a criança entendesse a figura; dado que a entendesse, é improvável que a aceitasse. A criança insistiria na primeira joia; *cet age est sans pitié*. Entretanto, há ali mais de uma expressão feliz, como, por exemplo, a mãe e o filho que "lambem com o olhar" as pedrarias do mostrador. O diálogo tem toda a singeleza da realidade. Podia citar ainda outras páginas assim graciosas, tais como "No íntimo", que se compõe apenas de dez versos: uma senhora, que depois de servir o jantar aos filhos, serve também a um cão; simples episódio caseiro, narrado com muita propriedade. Podia citar ainda a "Filha da paz", poema de outras dimensões e outro sentido, bem imaginado e bem exposto; podia citar alguns mais; seria porém derramar a crítica.

Vejo que o Sr. Afonso Celso Júnior procura a inspiração na realidade exterior, e acha-a, fecunda e nova. Tem o senso poético, tem os elementos do gosto e do estilo. A língua é vigorosa, conquanto não perfeita; o verso é fluente, se nem sempre castigado. Alguma vez a fantasia parece ornar a realidade mais do que convém à ficção poética, como na pintura dos sentimentos do soldado, na "Filha da paz"; mas ali mesmo achamos a realidade transcrita com muita perspicácia e correção, como na pintura da casa, com o seu tamborete manco, a mesa carunchosa,[467] o registro e o espelho pregados na parede. Os defeitos do poeta provêm, creio eu, de alguma impaciência juvenil. Quem pode o mais pode o menos. Um poeta verdadeiro, como o Sr. Afonso Celso Júnior, tem obrigação de o ser acabado; depende de si mesmo.

Sinto que não possa dizer muito do Sr. Fontoura Xavier, um dos mais vívidos talentos da geração nova. Salvo um opúsculo, este poeta não tem nenhuma coleção publicada; os versos andam-lhe espalhados por jornais, e os que pude coligir não são muitos; achei-os numa folha acadêmica de S. Paulo, redigida em 1877, por uma plêiade de rapazes de talento, folha republicana, como o é o Sr. Fontoura Xavier.

Republicano é talvez pouco. O Sr. Fontoura Xavier há de tomar à boa parte uma confissão que lhe faço: creio que seus versos avermelham-se de um tal ou qual jacobinismo; não é impossível que a Convenção lhe desse lugar entre Hébert[468] e Billaud.[469] O citado opúsculo, que se denomina o *Régio saltimbanco*, confirma o que digo; acrobata, truão, frascário, Benoiton[470] equestre, deus de trampolim, tais são os epítetos usados nessa composição. Não são mais moderados os versos avulsos. Se fossem somente verduras da idade, podíamos aguardar que o tempo as amadurecesse; se houvesse aí apenas uma interpretação errônea dos males públicos e do nosso estado

---

467 No original lê-se "corunchosa".
468 Jacques Hébert (Alençon, 1757-Paris, 1794), político e jornalista, fundador do jornal *Père Duchesne*, em 1790, o principal órgão da ala mais radical do movimento da Revolução Francesa.
469 Jean Nicolas Billaud Varenne (La Rochelle, 1756-Port-au-Prince, 1819), revolucionário francês, convencional jacobino e membro do Comitê da Salvação Pública (7 de setembro de 1793). Foi deportado para a Guiana em 1795.
470 Referência à peça *A família Benoiton* (1867), de Victorien Sardou (1831-1908).

social, era lícito esperar que a experiência retificasse os conceitos da precipitação. Mas há mais do que tudo isso; para o Sr. Fontoura Xavier há uma questão literária: trata-se de sua própria qualidade de poeta.

Não creio que o Sr. Fontoura Xavier, por mais aferro que tenha às ideias políticas que professa, não creio que as anteponha asceticamente às suas ambições literárias. Ele pede a eliminação de todas as coroas, régias ou sacerdotais, mas é implícito que excetua a de poeta, e está disposto a cingi-la. Ora, é justamente desta que se trata. O Sr. Fontoura Xavier, moço de vivo talento, que dispõe de um verso cheio, vigoroso e espontâneo, está arriscando as suas qualidades nativas, com um estilo, que é a já poída ornamentação de certa ordem de discursos do velho mundo. Sem abrir mão das opiniões políticas, era mais propício ao seu futuro poético exprimi-las em estilo diferente — tão enérgico, se lhe parecesse, mas diferente. O distinto escritor que lhe prefaciou o opúsculo cita Juvenal, para justificar o tom da sátira, e o próprio poeta nos fala de Roma; mas, francamente, é abusar dos termos. Onde está Roma, isto é, o declínio de um mundo, nesta escassa nação de ontem, sem fisionomia acabada, sem nenhuma influência no século, apenas com um prólogo de história? Para que reproduzir essas velharias enfáticas? Inversamente, cai o Sr. Fontoura Xavier no defeito daquela escola que, em estrofes inflamadas, nos proclamava tão *grandes* como os *Andes* — a mais fátua e funesta das rimas. *Ni cet excès d'honneur, ni cette indignité.*

Não digo ao Sr. Fontoura Xavier que rejeite as suas opiniões políticas; por menos arraigadas que lhas julgue, respeito-as. Digo-lhe que não deixe abafar as qualidades poéticas, que exerça a imaginação, alteie e aprimore o estilo, e não empregue o seu belo verso em dar vida nova a metáforas caducas; fique isso aos que não tiverem outro meio de convocar a atenção dos leitores. Não está nesse caso o Sr. Fontoura Xavier. Entre os modernos, é ele um dos que melhormente trabalham o alexandrino; creio que às vezes sacrifica a perspicuidade à harmonia, mas não é único nesse defeito, e aliás não é defeito comum nos seus versos, nos poucos versos que me foi dado ler.

Isso que aí fica acerca do Sr. Fontoura Xavier, bem o posso aplicar, em parte, ao Sr. Valentim Magalhães, poeta ainda assim menos exclusivo que o outro. Os *Cantos e lutas*, impressos há dois ou três meses, creio serem o seu primeiro livro. No começo deste estudo citei o nome do Sr. Valentim

Magalhães; sabemos já que, na opinião dele, a ideia nova é o céu deserto, a oficina e a escola cantando alegres, o mal sepultado, Deus na consciência, o bem no coração, e próximas a liberdade e a justiça. Não é só na primeira página que o poeta nos diz isto; repete-o no "Prenúncio da aurora", "No futuro", "Mais um soldado"; é sempre a mesma ideia, diferentemente redigida, com igual vocabulário. Pode-se imaginar o tom e as promessas de todas essas composições. Numa delas o poeta afiança alívio às almas que padecem, pão aos operários, liberdade aos escravos, porque o reinado da justiça está próximo. Noutra parte, anunciando que pegou da espada e vem juntar-se aos combatentes, diz que as legiões do passado estão sendo dizimadas, e que o dogma, o privilégio, o despotismo, a dor vacilam à voz da justiça. Vemos que, não é só o pão que o operário há de ter, a liberdade que há de ter o escravo, é a própria dor que tem de ceder à justiça. Ao mesmo tempo, quando o poeta nos diz que fala do futuro e não do passado, ouvimo-lo definir o herói medieval, contraposto e sobreposto ao herói moderno, que é um rapaz pálido, "com horror à arma branca". Nessa contradição, que o poeta busca dissimular e explicar, há um vestígio da incerteza que, a espaços, encontramos na geração nova — alguma coisa que parece remota da consistência e nitidez de um sentimento exclusivo. É a feição desta quadra transitória.

Não é vulgar a comoção nos versos do Sr. Valentim Magalhães; creio até que seria impossível achá-la fora da página dedicada "a um morto obscuro". Nessa página há na verdade uma nota do coração; a morte de um companheiro ensinou-lhe a linguagem ingenuamente cordial, sem artifício nem intenção vistosa. Há pequenos quadros, como o "Contraste", em que o poeta nos descreve um mendigo, ao domingo, no meio de uma população que descansa e ri; — como o soneto em que nos dá uma pobre velha esperando até de madrugada a volta do filho crapuloso; como o "Miserável", e outros; há desses quadros, digo, que me parecem preferíveis à "Velha história", não obstante ser o assunto desta perfeitamente verossímil e verdadeiro; o que aí me agrada menos é a execução. O Sr. Valentim Magalhães deve atentar um pouco mais para a maneira de representar os objetos e de exprimir as sensações; há uma certa unidade e equilíbrio de estilo, que por vezes lhe falta. No "Deus mendigo", por exemplo, o velho que pede esmola à porta da Sé é excelente; os olhos melancólicos do mendigo, dos quais diz o poeta:

> *Há neles o rancor silencioso,*
> *A raivosa humildade da desgraça*
> *Que blasfema e que esmola;*

esses olhos estão reproduzidos com muita felicidade; entretanto, pela composição adiante achamos uns sobressaltos de estilo e de ideias, que destoam e diminuem o mérito da composição. Por que não há de o poeta empregar sempre a mesma arte de que nos dá exemplo na descrição dos ferreiros trabalhando (p.34), com o "luar sanguíneo dos carvões a esbater-se-lhes no rosto bronzeado"?

Para conhecer bem a origem das ideias deste livro, melhor direi a atmosfera intelectual do autor, basta ler os "Dois edifícios". É quase meio-dia; encostado ao gradil de uma cadeia está um velho assassino, a olhar para fora; há uma escola defronte. Ao bater a sineta da escola saem as crianças alegres e saltando confusamente; o velho assassino contempla-as e murmura com voz amargurada: Eu nunca soube ler! Quer o Sr. Valentim Magalhães que lhe diga? Essa ideia, a que emprestou alguns belos versos, não tem por si nem a verdade nem a verossimilhança; é um lugar-comum, que já a escola hugoísta nos metrificava há muitos anos. Hoje está bastante desacreditada. Não a aceita Littré,[471] como panaceia infalível e universal; Spencer reconhece na instrução um papel concomitante na moralidade, e nada mais. Se não é rigorosamente verdadeira, é de todo o ponto inverossímil a ideia do poeta; a expressão final, a moralidade do conto, não é do assassino, mas uma reflexão que o poeta lhe empresta. Quanto à forma, nenhuma outra página deste livro manifesta melhor a influência direta de V. Hugo; lá está a antítese constante – "a luz em frente à sombra" – "a fome em frente à esmola" – "o deus da liberdade em frente ao deus do mal" – e esta outra figura para exprimir de vez o contraste da escola e da cadeia:

Victor Hugo fitando Inácio de Loyola.

---

[471] Émile Littré (Paris, 1801-idem, 1881), filósofo e lexicógrafo francês, discípulo independente de Auguste Comte, sua obra principal é o monumental *Dicionário da língua francesa* (1863-1873).

Tem o Sr. V. Magalhães o verso fácil e flexível; o estilo mostra por vezes certo vigor, mas carece ainda de uma correção, que o poeta acabará por lhe dar. Creio que cede, em excesso, a admirações exclusivas. Não é propriamente um livro este dos *Contos e lutas*. As ideias dele são geralmente de empréstimo; e o poeta não as realça por um modo de ver próprio e novo. Crítica severa, mas necessária, porque o Sr. Valentim Magalhães é dos que têm direito e obrigação de a exigir.

Não ilude a ninguém o Sr. Alberto de Oliveira.[472] Ao seu livro de versos pôs francamente um título condenado entre muitos de seus colegas; chamou-lhe *Canções românticas*. Na verdade, é audacioso. Agora, o que se não compreende bem é que, não obstante o título, não obstante o livro, o poeta nos dê a "Toilette lírica", à p.43, uns versos em que fala do lirismo condenado e dos trovadores. Dir-se-á que há aí alguma ironia oculta? Não; eu creio que o Sr. Alberto de Oliveira chega a um período transitivo, como outros colegas seus; tem o lirismo pessoal, e busca uma alma nova. Ele mesmo nos diz, à p.93, num soneto ao Sr. Fontoura Xavier, que não lê somente a história dos amantes, os ternos madrigais; não vive só de olhar para o céu.

> *Também sei me enlevar, se, em sacrossanta ira,*
> *O Bem calca com os pés os Vícios arrogantes,*
> *E, como tu, folheio a lenda dos gigantes,*
> *E sei lhes dar também uma canção na lira.*

É preciosa a confissão; e todavia apenas temos a confissão; o livro não traz nenhuma prova da veracidade do poeta. A razão é que o livro estava feito; e não é só essa; há outra e principal. O Sr. Alberto de Oliveira pode folhear a lenda dos gigantes; mas não lhes dê um canto, uma estrofe, um verso; é o conselho da crítica. Nem todos cantam tudo; e o erro talvez da geração nova será querer modelar-se por um só padrão. O verso do Sr. Alberto de Oliveira tem a estatura média, o tom brando, o colorido azul,

---

472 Antônio Mariano Alberto de Oliveira (Rio de Janeiro, 1857-Niterói, 1937), poeta, figura de destaque do parnasianismo brasileiro, autor de *Canções românticas* (1878), *Meridionais* (1885) e *Versos e rimas* (1895).

enfim um ar gracioso e não épico. Os gigantes querem o tom másculo. O autor da "Luz nova" e do "Primeiro beijo" tem muito onde ir buscar matéria a seus versos. Que lhe importa o guerreiro que lá vai à Palestina? Deixe-se ficar no castelo, com a filha dele, não digo para dedilharem ambos um bandolim desafinado, mas para lerem juntos alguma página da história doméstica. Não é diminuir-se o poeta; é ser o que lhe pede a natureza, Homero ou Moscos.[473]

Por exemplo, o "Interior" é uma das mais bonitas composições do livro. Pouco mais de uma hora da madrugada, acorda um menino e assustado, com o escuro, chora pela mãe; a mãe conchega-o ao peito e dá-lhe de mamar. Isto só, nada mais do que isto; mas contado com singeleza e comoção. Pois bem, eis aí alguma coisa que não é a agitação pessoal do autor, nem a solução de árduos problemas, nem a história de grandes ações; é um campo intermédio e vasto. Que ele é poeta o Sr. Alberto de Oliveira; "Ídolo", "Vaporosa", "Na alameda", "Torturas do ideal", são composições de poeta. A fluência e melodia de seu verso são dignas de nota; farei todavia alguma restrição quanto ao estilo. Creio que o estilo precisa obter da parte do autor um pouco mais de cuidado; não lhe falta movimento, falta-lhe certa precisão indispensável, há nele um quê de flutuante, de indeciso e às vezes de obscuro. Para que o reparo seja completo devo dizer que esse defeito resulta, talvez, de que a própria concepção do poeta tem os seus tons indecisos e flutuantes; as ideias não se lhe formulam às vezes de um modo positivo e lógico; são como os sonhos, que se interrompem e se reatam, com as formas incoercíveis dos sonhos.

Se o Sr. Alberto de Oliveira não canta os gigantes, recebe todavia alguma influência externa, e de longe em longe busca fugir a si mesmo. Já o disse; urge agora explicar que, por enquanto, esse esforço transparece somente, e ao leve, na forma. Não é outra coisa o final do "Interior", aqueles cães magros que "uivam tristemente trotando o lamaçal". Entre esse incidente e a ação interior não há nenhuma relação de perspectiva; o incidente vem ali por uma preocupação de realismo; tanto valera contar igualmente que a chuva desgru-

---

473 Mosco ou Moscos (Siracusa, 150 a.C.-?), poeta grego bucólico, gramático, autor dos poemas "Europa" e "Amor fugidio", além de um epigrama em dísticos elegíacos.

dava um cartaz ou que o vento balouçava uma corda de andaime. O realismo não conhece relações necessárias, nem acessórias; sua estética é o inventário. Dir-se-á, entretanto, que o Sr. Alberto de Oliveira tende ao realismo? De nenhuma maneira; dobra-se-lhe o espírito momentaneamente, a uma ou outra brisa, mas retoma logo a atitude anterior. Assim, não basta ler estes versos:

Ver o azul, — esse infinito,
Sobre essa migalha, — a terra;

feitos pelo processo destes do Sr. Guerra Junqueiro:

Diógenes, — essa lesma,
Na pipa, — esse caracol,

que é aliás o mesmo de V. Hugo; não basta ler tais versos, digo, para crer que o estilo do Sr. Alberto de Oliveira se modifique ao ponto de adquirir exclusivamente as qualidades que distinguem o daquele poeta. São vestígios de leitura esquecida; a natureza poética do Sr. Alberto de Oliveira parece-me justamente rebelde à simetria do estilo do Sr. Guerra Junqueiro. Nem é propícia à simetria, nem dada a medir a estatura dos gigantes; é um poeta doméstico, delicado, fino; apure as suas qualidades, adquira-as novas, se puder, mas não opostas à índole de seu talento; numa palavra, afirme-se.

Dizem-me que é irmão deste poeta o Sr. Mariano de Oliveira, autor de um livrinho de cem páginas, *Versos*, dados ao prelo em 1876. São irmãos apenas pelo sangue; na poesia são estranhos um ao outro. Pouco direi do Sr. Mariano de Oliveira; é escasso o livro, e não pude coligir outras composições posteriores, que me afirmam andar em jornais. É um livro incorreto aquele; o Sr. Mariano de Oliveira não possui ainda o verso alexandrino, ou não o possuía quando deu ao prelo aquelas páginas; fato tanto mais lastimoso, quanto que o verso lhe sai com muita espontaneidade e vida, e bastaria corrigi-los – e bem assim o estilo – para os fazer completos.

Quereis uma prova de que há certa força poética no Sr. Mariano de Oliveira? Lede, por exemplo, "Na tenda do operário". O poeta ia passando e viu aberta uma porta, uma casa de operário; era de noite.

Não direi a mesma coisa ao Sr. Sílvio Romero, e por especial motivo. O autor dos *Cantos do fim do século* é um dos mais estudiosos representantes da geração nova; é laborioso e hábil. Os leitores desta *Revista* acompanham certamente com interesse as apreciações críticas espalhadas no estudo que, acerca da poesia popular no Brasil, está publicando o Sr. Sílvio Romero. Os artigos de crítica parlamentar, dados há meses no *Repórter*, e atribuídos a este escritor, não eram todos justos, nem todos nem sempre, variavam no mérito, mas continham algumas observações engenhosas e exatas. Faltava-lhes estilo, que é uma grande lacuna nos escritos do Sr. Sílvio Romero; não me refiro às flores de ornamentação, à ginástica de palavras; refiro-me ao estilo, condição indispensável do escritor, indispensável à própria ciência – o estilo que ilumina as páginas de Renan e de Spencer,[474] e que Wallace[475] admira como uma das qualidades de Darwin. Não obstante essa lacuna, que o Sr. Romero preencherá com o tempo, não obstante outros pontos acessíveis à crítica, os trabalhos citados são documentos louváveis de estudo e aplicação.

Os *Cantos do fim do século* podem ser também documento de aplicação, mas não dão a conhecer um poeta; e para tudo dizer numa só palavra, o Sr. Romero não possui a forma poética. Creio que o leitor não será tão inadvertido que suponha referir-me a uma certa terminologia convencional; também não aludo especialmente à metrificação. Falo da forma poética, em seu genuíno sentido. Um homem pode ter as mais elevadas ideias, as comoções mais fortes, e realçá-las todas por uma imaginação viva; dará com isso uma excelente página de prosa, se souber escrevê-la; um trecho de grande ou maviosa poesia, se for poeta. O que é indispensável é que pos-

---

474 Herbet Spencer (Derby, 1820-Brighton, 1903), filósofo e cientista britânico, autor de um sistema organicista e evolucionista, baseou-se no princípio da evolução antes mesmo do próprio Darwin; autor de *Primeiros princípios* (1862) e *Princípios de Biologia* (1864-1867).

475 Alfred Russel Wallace (Usk, 1823-Broadstone, 1913), explorador e navegador britânico, visitou o Amazonas e o Pará (1848-1852). Concebeu, ao mesmo tempo que Darwin, o princípio da seleção natural (1858). Suas anotações foram publicadas no Brasil com o título de *Viagens pelo Amazonas e rio Negro* (1939).

sua a forma em que se exprimir. Que o Sr. Romero tenha algumas ideias de poeta, não lhe negará a crítica; mas logo que a expressão não traduz as ideias, tanto importa não as ter absolutamente. Estou que muitas decepções literárias originam-se nesse contraste da concepção e da forma; o espírito, que formulou a ideia, a seu modo, supõe havê-la transmitido nitidamente ao papel, e daí um equívoco. No livro do Sr. Romero achamos essa luta entre o pensamento que busca romper do cérebro, e a forma que não lhe acode ou só lhe acode reversa e obscura: o que dá a impressão de um estrangeiro que apenas balbucia a língua nacional.

Pertenceu o Sr. Romero ao movimento hugoísta, iniciado no norte e propagado ao sul, há alguns anos; movimento a que este escritor atribui uma importância infinitamente superior à realidade. Entretanto, não se lhe distinguem os versos pelos característicos da escola, se escola lhe pudéssemos chamar; pertenceu a ela antes pela pessoa do que pelo estilo. Talvez o Sr. Romero, coligindo agora os versos, entendeu cercear-lhes os tropos e as demasias – vestígios do tempo. Na verdade, uma de suas composições, a "Revolução", incluída em 1878, nos *Cantos do fim do século*, não traz algumas imagens singularmente arrojadas, que aliás continha, quando eu a li, em 1871, no *Diário de Pernambuco* de domingo 23 de julho desse mesmo ano. Outras ficaram, outras se hão de encontrar no decorrer do livro, mas não são tão graves que o definam e classifiquem entre os discípulos de Castro Alves e do Sr. Tobias Barreto; coisa que eu melhor poderia demonstrar, se tivesse à mão todos os documentos necessários ao estudo daquele movimento poético, em que aliás houve bons versos e agitadores entusiastas.

Qualquer que seja, entretanto, minha opinião acerca dos versos do Sr. Romero, lisamente confesso que não estão no caso de merecer as críticas acerbíssimas, menos ainda as páginas insultuosas que o autor nos conta, em uma nota, haverem sido escritas contra alguns deles. Procedimento injusto, mas explicável. "Injuriavam ao *poeta* (diz o Sr. Romero) por causa de algumas duras verdades do *crítico*." Pode ser que assim fosse; mas, por isso mesmo, o autor nem deveria inserir aquela nota. Realmente, criticados que se desforçam de críticas literárias com impropérios dão logo ideia de uma imensa mediocridade – ou de uma fatuidade sem freio – ou de ambas as coisas; e para lances tais é que o talento, quando verdadeiro e modesto, deve reservar o silêncio do desdém: *Non ragionar di lor, ma guarda, e passa.*

Não é comum suportar a análise literária; é raríssimo suportá-la com gentileza. Daí vem a satisfação da crítica quando encontra essa qualidade em talentos que apenas estreiam. A crítica sai então da turbamulta das vaidades irritadiças, das vocações do anfiteatro, e entra na região em que o puro amor da arte é anteposto às ovações da galeria. Dois nomes me estão agora no espírito – o Sr. Lúcio de Mendonça e o Sr. Francisco de Castro – poetas, que me deram o gosto de os apresentar ao público, por meio de prefácio em obras suas. Não lhes ocultei nem a um, nem a outro, nem ao público os senões e lacunas, que havia em tais obras; e tanto o autor das *Névoas matutinas*, como o das *Estrelas errantes* aceitaram francamente, graciosamente, os reparos que lhes fiz. Não era já isso dar prova de talento?

Um daqueles poetas, o Sr. Francisco de Castro, estreou há um ano, com um livro de páginas juvenis, muita vez incertas, é verdade, como de estreante que eram. Reli o livro, reli o prefácio, e nada tenho que desbastar ou trocar ao meu juízo de então. "Não se envergonhe de imperfeições (dizia eu ao Sr. Francisco de Castro) nem se vexe de as ver apontadas; agradeça-o antes... Há nos seus versos uma espontaneidade de bom agouro, uma natural singeleza, que a arte guiará melhor e a ação do tempo aperfeiçoará". Depois notava-lhe que a poesia pessoal, cultivada por ele, estava exausta, e, visto que outras páginas havia, em que a inspiração era mais desinteressada, aconselhava-o a poetar fora daquele campo. Dizia-lhe isso em 4 de agosto de 1878. Pouco mais de um ano se há passado; não é tempo ainda de desesperar do conselho. Pode-se, entretanto, julgar do que fará o Sr. Francisco de Castro, se se aplicar deveras à poesia, pelo que já nos deu nas *Estrelas errantes*. Neste volume de 200 páginas, em que alguma coisa há frouxa e somenos, sente-se o bafejo poético, o verso espontâneo, a expressão feliz; há também por vezes comoção sincera, como nestes lindos versos de "Ao pé do berço":

> *Deus perfuma-te a face com um beijo,*
> *E em sonhos te aparece,*
> *Quando, ao calor de uma asa que não vejo,*
> *O coração te aquece.*

Às vezes, quando dormes, eu me inclino
Sobre teu berço, e busco do destino
Ler a página em flor que nele existe;
De tua fronte santa e curiosa
Docemente aproximo, temerosa,
A minha fronte pensativa e triste.

Como um raio de luz do paraíso,
Teu lábio esmalta virginal sorriso...
Ao ver-te assim, extático me alegro
Bebo em teu seio o hálito das flores,
Oásis no deserto dos amores,
Página branca do meu livro negro.

A paternidade inspirou tais estrofes. O amor inspira-lhe outras; outras são puras obras de imaginação inquieta, e desejosa de fugir à realidade. Talvez esse desejo se mostre por demais imperioso; a realidade é boa, o realismo é que não presta para nada. Que o Sr. Francisco de Castro pode e deve fecundar a sua inspiração, alargando-lhe os horizontes, coisa é para mim evidente. "Tiradentes", "Ashaverus", "Spartaco", são páginas em que o poeta revela possuir a nota pujante e saber empregá-la. Nem todos os versos dessas composições são irrepreensíveis; mas há ali vida, fluência, animação; e quando ouvimos o poeta falar aos heróis, nestes belos versos:

Vós que dobrais do tempo o promontório,
E, barra dentro, a eternidade entrais;

mal podemos lembrar que é o mesmo poeta que, algumas páginas antes, inclinara a fronte pensativa sobre um berço de criança. Quem possui a faculdade de cantar tão opostas coisas, tem diante de si um campo largo e fértil. Certas demasias há de perdê-las com o tempo; a melhor lição crítica é a experiência própria. Confesso, entretanto, um receio. A ciência é má vizinha; e a ciência tem no Sr. Francisco de Castro um cultor assíduo e valente. Lembre-se todavia o poeta que os antigos arranjaram perfeitamente estas coisas; fizeram de Apolo o deus da poesia e da medicina. Goethe escreveu o *Fausto* e descobriu um osso no homem; — o que tudo persuade que a ciência e a poesia não são inconciliáveis. O autor das *Estrelas errantes* pode mostrar que são amigas.

O que eu dizia em 1878 a este poeta, dizia-o em 1872 ao autor das *Névoas matutinas*. Não dissimulei que havia na sua primavera mais folhas pálidas que verdes; foram as minhas próprias expressões; e arguia-o dessa melancolia prematura e exclusiva. Já lá vão sete anos. Há quatro, em 1875, o poeta publicou outra coleção, as *Alvoradas*; explicando o título, no prólogo, diz que seus versos não têm a luz nem as harmonias do amanhecer. Serão, acrescenta, como as madrugadas chuvosas: desconsoladas, mudas e monótonas. Não se iluda o leitor; não se refugie em casa com medo das intempéries que o Sr. Lúcio de Mendonça lhe anuncia; são requebros de poeta. A manhã é clara; choveu talvez durante a noite, porque as flores estão ainda úmidas de lágrimas; mas a manhã é clara.

A comparação entre os dois livros é vantajosa para o poeta; certas incertezas do primeiro, certos tons mais vulgares que ali se notam, não se notam no segundo. Mas o espírito geral é ainda o mesmo. Há, como nas *Névoas matutinas*, uma corrente pessoal e uma corrente política. A parte política tem as mesmas aspirações partidárias da geração recente; e aliás vinham já de 1872 e 1871. Para conhecer bem o talento deste poeta, há mais de uma página de lindos versos, como estes "Lenço branco":

> *Lembras-te, Aninha, pérola roceira*
> *Hoje engastada no ouro da cidade,*
> *Lembras-te ainda, ó bela companheira,*
> *Dos velhos tempos da primeira idade?*
>
> *Longe dessa botina azul celeste,*
> *Folgava-te o pezinho no tamanco...*
> *Eras roceira assim quando me deste,*
> *Na hora de partir, teu lenço branco;*

ou como as deliciosas estrofes, "Alice", que são das melhores composições que temos em tal gênero; mas eu prefiro mostrar outra obra menos pessoal; prefiro citar "A família". Trata-se de um moço, celibatário e pródigo, que sai a matar-se, uma noite, em direção do mar; de repente, para, olhando através dos vidros de uma janela:

> *Era elegante a sala, e quente e confortada.*
> *À mesa, junto à luz, estava a mãe sentada.*
> *Cosia. Mais além, um casal de crianças,*
> *Risonhas e gentis como umas esperanças,*
> *Olhavam juntamente um livro de gravuras,*
> *Inclinando sobre ele as cabecinhas puras.*
> *Num gabinete, além, que entreaberto se via,*
> *Um homem — era o pai, — calmo e grave, escrevia.*
> *Enfim uma velhinha. Estava agora só*
> *Porque estava rezando. Era, decerto, a avó.*
> *E em tudo aquilo havia uma paz, um conforto...*
> *Oh! a família! o lar! o bonançoso porto*
> *No tormentoso mar! abrigo, amor, carinho.*
> *O moço esteve a olhar. E voltou do caminho.*

Nada mais simples do que a ideia desta composição; mas a simplicidade da ideia, a sobriedade dos toques e a verdade da descrição, são aqui os elementos do efeito poético, e produzem nada menos que uma excelente página. O Sr. Lúcio de Mendonça possui o segredo da arte. Se nas *Alvoradas* não há outro quadro daquele gênero, pode havê-los num terceiro livro, porque o poeta tem dado recentemente na imprensa algumas composições em que a inspiração é menos exclusiva, mas imbuída da realidade exterior. Li-as, à proporção que elas iam aparecendo; mas não as coligi tão completamente que possa analisá-las com alguma minuciosidade. Sei que tais versos formam a segunda fase do Sr. Lúcio de Mendonça; e é por ela que o poeta se prende mais intimamente à nova direção dos espíritos. O autor das *Alvoradas* tem a vantagem de entrar nesse terreno novo com a forma já trabalhada e lúcida.

A poesia do Sr. Ezequiel Freire[476] não tem só o lirismo pessoal — traz uma nota de humorismo e de sátira; e é por essa última parte que o podemos ligar ao Sr. Artur Azevedo.[477] As *Flores do campo*, volume de versos dado em 1874, tiveram a boa fortuna de trazer um prefácio devido à pena delicada e fina de D. Narcisa Amália, essa jovem e bela poetisa, que há anos aguçou a nossa curiosidade, com um livro de versos, e recolheu-se depois à *turris eburnea* da vida doméstica. Resende é a pátria de ambos; além dessa afinidade, temos a da poesia, que em suas partes mais íntimas e do coração, é a mesma. Naturalmente, a simpatia da escritora vai de preferência às composições que mais lhe quadram à própria índole, e, no nosso caso, basta conhecer a que lhe arranca maior aplauso para adivinhar todas as delicadezas da mulher. D. Narcisa Amália aprova sem reserva os "Escravos no eito", página da roça, quadro em que o poeta lança a piedade de seus versos sobre o padecimento dos cativos. Não se limita a aplaudir, subscreve a composição. Eu, pela minha parte, subscrevo o louvor; creio também que essa composição resume o poeta. A pintura é viva e crua; o verso cheio e enérgico. A invectiva que forma a segunda parte seria porém mais enérgica, se o poeta no-la desse menos extensa; mas há ali um sentimento real de comiseração.

Notam-se no livro do Sr. Ezequiel Freire outros quadros da roça. "Na roça" é o próprio título de uma das páginas mais interessantes; é uma descrição da casa do poeta à beira do terreiro, entre moitas de pita, com seu teto de sapé; fora, o tico-tico remexe no farelo, e o gurundi salta na grumixama; nada falta, nem o mugir do gado, nem os jogos dos moleques.

> *O gado muge no curral extenso;*
> *Um grupo de moleques doutra banda,*
> *Brinca o tempo-será; vêm vindo as aves*
> *Do parapeito rente da varanda.*

---

476 José Ezequiel Freire de Lima (Resende, 1849-Caçapava, 1891), poeta, contista, cronista, jornalista, advogado e professor, autor de *Flores do campo* (poesia, 1874) e *Livro póstumo* (contos, crônicas etc., 1910).

477 Artur Nabantino Gonçalves de Azevedo (São Luís, 1855-Rio de Janeiro, 1908), jornalista, contista, cronista e dramaturgo, autor de *Sonetos* (1876), *O dia de finados* (1880), *A capital federal* (1897), *Contos em verso* (1898) e *Rimas* (1909).

> *No carreador de além que atalha a mata*
> *Ouvem-se notas de canção magoada.*
> *Ai! sorrisos do céu — das roceirinhas!*
> *Ai! cantigas de amor — do camarada!*

Nada falta; ou só falta uma coisa, que é tudo; falta certa moça, que um dia se foi para a corte. Essa ausência completa tão bem o quadro que mais parece inventada para o efeito poético. E creio que sim. Não se combinam tão tristes saudades, com o pico final:

> *Ó gentes que morais aí na corte,*
> *Sabei que vivo aqui como um lagarto.*
> *Ó ventos que passais, contai à moça*
> *Que há duas camas no meu pobre quarto...*

"Lúcia", que se faz *Lucíola*, é também um quadro da roça, em que há toques menos felizes; é uma simples história narrada pelo poeta. Mais ainda que na outra, há nessa composição a nota viva e gaiata, que nem sempre serve a temperar a melancolia do assunto. Já disse que o Sr. Ezequiel Freire tem a corda humorística; a terceira parte é toda uma coleção de poesias em que o humorismo traz a ponta aguçada pela sátira. Gosto menos dessa última parte que das duas primeiras; nem os assuntos são interessantes, nem às vezes claros, o que de algum modo é explicado por esta frase da poetisa resendense: "a sátira, sendo quase sempre alusiva, faz-se obscura para os que não gozam a intimidade do poeta". Em tal caso devia o poeta eliminá-la. Também o estilo está longe de competir com o do resto do volume, que aliás não é perfeito. Certamente, é correntio e bem trabalhado o "José de Arimateia", por exemplo, anúncio de um gato fugido; mas que diferença entre essa página e a do "Nevoeiro"! Não é que não haja lugar para o riso, mormente em livro tão pessoal às vezes; mas o melhor que há no riso é a espontaneidade.

Não sei se escreveu mais versos o Sr. Ezequiel Freire; é de supor que sim, e é de lastimar que não. Ignoro também que influência terá tido nele o espírito que parece animar a geração a que pertence; mas não há temeridade em crer que o autor das *Flores do campo* siga o caminho dos Srs. Afonso Celso Júnior, Lúcio de Mendonça e Teófilo Dias, que também deram as suas primeiras flores.

Se no Sr. Ezequiel Freire não há vestígio de tendência nova, menos a iremos achar no Sr. Artur Azevedo, que é puramente satírico. Conheço deste autor *O dia de Finados*, *A rua do Ouvidor*, e *Sonetos*; três opúsculos. Não darei nenhuma novidade ao autor, dizendo-lhe que o estilo de tais opúsculos é incorreto, que a versificação não tem o apuro necessário, e aliás cabido em suas forças. Sente-se naquelas páginas o descuido voluntário do poeta; respira-se a aragem do improviso; descobre-se o inacabado do amador. Além deste reparo, que fará relevar muita coisa, ocorre-me outro igualmente grave. Não só o desenho é incorreto, mas também a cor das tintas é demasiado crua, e os objetos nem sempre poéticos. Digo poéticos, sem esquecer que se trata de um satírico; sátira ou epopeia, importa que o assunto preencha certas condições da arte. O *Dia de Finados*, por exemplo, contém episódios de tal natureza, que deve cobrir por força alguma realidade. A absoluta invenção daquilo seria, na verdade, inoportuna. Pois ainda assim, cabe o reparo; nem todos esses episódios ali deviam estar, e assim juntos destroem o efeito do todo, porque uns aos outros fazem perder a verossimilhança. Diz-se que efetivamente a visita de um dos nossos cemitérios, no dia em que se comemoram os defuntos, é um quadro pouco edificante. Come-se no cemitério em tal dia? Mas a refeição que o poeta nos descreve é uma verdadeira patuscada de arrabalde, em que nada falta, nem a embriaguez; e tanto menos se compreende isso, quanto a dor não parece excluída da ocasião, o que o poeta nos indica bem, aludindo a uma das convivas:

> *Um camarão a atrai;*
> *Vai a comê-lo, e nele a lágrima lhe cai.*

A viúva que repreende em altos brados o escravo, o credor que vai cobrar uma dívida, o *rendez-vous* dos namorados, as chacotas, os risos, tudo isso não parece que excede a realidade? Mas dado que seja a realidade pura, a ficção poética não podia admiti-la sem restrição. No fim, o poeta sobe até a vala, que fica acima da planície, e dá-nos alguns versos tocantes; lastima a caridade periódica, a dor que não dói e o pranto que não queima.

Na *Rua do Ouvidor* e nos *Sonetos* não há a impressão do *Dia de Finados*, naturalmente porque o contraste da sátira é menor. O primeiro daqueles opúsculos é uma revista da nossa rua magna, uma revista alegre, em que as qualidades boas e más do Sr. A. Azevedo claramente aparecem. O maior defeito de tal sátira é a extensão. Revistas dessas não comportam dimensões muito maiores que as do *Passeio*, de Tolentino. Os sonetos são a melhor parte da obra poética do Sr. A. Azevedo. Nem todos são perfeitos; e alguns há em que o assunto excede o limite poético, como a "Metamorfose"; mas há outros em que a ideia é graciosa, e menos solto o estilo; tal, por exemplo, o que lhe mereceu uma vizinha ralhadora – soneto cujo fecho dará ideia da versificação do poeta quando ele a quer apurar:

> *Tu, que és o cão tinhoso em forma de senhora,*
> *Oh! ralha, ralha e ralha, e ralha mais... e ralha...*
> *Mas deixa-me primeiro ir para sempre embora.*

A obra do Sr. Múcio Teixeira[478] é já considerável: três volumes de versos, e, segundo vejo anunciado, um quarto volume, os *Novos Ideais*. Neste último livro, já pelo título, já por algumas amostras que vi na imprensa diária, é que estão definidas mais intimamente as relações do poeta com o grosso do novo exército; mas nada posso adiantar sobre ele. Nos outros, e principalmente nas *Sombras e clarões*, podemos ver as qualidades do poeta, as boas e as más. Creio que até agora, o Sr. Múcio Teixeira cedeu principalmente ao influxo da chamada escola hugoísta. "O trono e a igreja", "Gutenberg à posteridade" e outras composições dão ideia cabal dessa poesia, que buscava os efeitos em certos meios puramente mecânicos. Vemos aí o condor, aquele condor que à força de voar em tantas estrofes, há doze anos, acabou por cair no chão, onde foi apanhado e empalhado; vemos as epopeias, os Prometeus, os

---

478 Múcio Scervola Lopes Teixeira (Porto Alegre, 1857-Rio de Janeiro, 1926), poeta, teatrólogo, biógrafo, tradutor e crítico, autor de *Vozes trêmulas* (poesia, 1873), *Violetas* (poesia, 1875), *Tempestades morais* (drama, 1876) e *Sombras e clarões* (poesia, 1877).

gigantes, as Babéis, todo esse vocabulário de palavras grandes destinadas a preencher o vácuo das ideias justas. O Sr. Múcio Teixeira cedeu à torrente, corno tantos outros; não há que censurá-lo; mas resiste afinal, e o seu novo livro será outro.

Talvez seja o Sr. Múcio Teixeira o poeta de mais pronta inspiração, entre os novos; sente-se que os versos lhe brotam fáceis e rápidos A qualidade é boa, mas o uso deve ser discreto; e eu creio que o Sr. Múcio Teixeira não resiste a si mesmo. Há movimento em suas estrofes, mas há também demasias; o poeta não é correto; falta-lhe limpidez e propriedade. Quando a comoção verdadeira domina o poeta, tais defeitos desaparecem, ou diminuem; mas é rara a comoção nos versos do Sr. Múcio Teixeira. Não é impossível que o autor das *Sombras e clarões* prefira os assuntos que exigem certa altiloquia, a outros, que se contentam do vocabulário médio e do tom brando; e, contudo creio que a musa dele se exercerá nestes com muito mais proveito. Os outros iludem muito. Se me não escasseasse tanto o espaço, mostraria, com exemplos, a diferença dos resultados obtidos pelo Sr. Múcio Teixeira em uma e outra ordem de composições; mostraria a superioridade da "Noite de verão", "Desalento" e "Eu" sobre a "Voz profética" e os "Fantasmas do porvir". Pode ser que haja um quê de artificial no "Desalento"; mas o verso sai mais natural, a expressão é mais idônea: é ele outro. E por que será artificial aquela página? O Sr. Múcio Teixeira tem às vezes a expressão da sinceridade; devem ser sinceros estes versos, aliás um pouco vulgares, com que fecha a dedicatória das *Sombras e clarões*:

> *Se ainda não descri de tudo neste mundo,*
> *Eu, – que o cálix do fel sorvi até o fundo,*
> *Chorando no silêncio, e rindo à multidão;*
>
> *É que encontrei em vós as bênçãos e os carinhos*
> *Que a infância tem no lar, e as aves têm nos ninhos...*
> *Amigo de meus pais! eu beijo a vossa mão.*

Não custa muito fazer os versos assim, naturais, verdadeiros, em que a expressão corresponde à ideia e a ideia é límpida. Estou certo de que as qualidades boas do poeta dominarão muito no novo livro; creio também que ele empregará melhor a facilidade, que é um de[479] seus dotes, e corresponderá cabalmente às esperanças que suas estreias legitimamente despertam. Se algum conselho lhe pode insinuar a crítica, é que dê costas ao passado.

III

Qualquer que seja o grau da impressão do leitor, fio que não a terá exclusivamente benigna, nem exclusivamente severa, mas ambas as coisas a um tempo, que é o que convém à nova geração. Viu que há talentos, e talentos bons. Falta unidade ao movimento, mas sobram confiança e brio; e se as ideias trazem às vezes um cunho de vulgaridade uniforme, outras um aspecto de incoercível fantasia, revela-se todavia esforço para fazer alguma coisa que não seja continuar literalmente o passado. Esta intenção é já um penhor de vitória. Aborrecer o passado ou idolatrá-lo vem a dar no mesmo vício; o vício de uns que não descobrem a filiação dos tempos, e datam de si mesmos a aurora humana, e de outros que imaginam que o espírito do homem deixou as asas no caminho e entra a pé num charco. Da primeira opinião têm desculpa os moços, porque estão na idade em que a irreflexão é condição de bravura; em que um pouco de injustiça para com o passado é essencial à conquista do futuro. Nem os novos poetas aborrecem o que foi; limitam-se a procurar alguma coisa diferente.

Não é possível determinar a extensão nem a persistência do atual movimento poético. Circunstâncias externas podem acelerá-lo e defini-lo; ele pode também acabar ou transformar-se. Creio, ainda assim, que alguns poetas sairão deste movimento e continuarão pelo tempo adiante a obra dos primeiros dias. Grande parte deles hão de absorver-se em outras aplicações mais concretas. Entre esses haverá até alguns que não sejam poetas, senão porque a idade o pede; extinta a musa, extinguir-se-lhes-á a poesia. Isto que uns aceitam de boa mente, outros de má cara, costuma, às vezes, ser causa secreta de ressentimento; os que calaram não chegam a compreender que o idioma não acabasse com eles. Se tal fato se der, entre os moços atuais,

---

479 No original lê-se: "que é de um de".

aprenderão os que prosseguirem na obra, qual a soma e natureza de esforços que ela custa; verão juntar-se as dificuldades morais às literárias.

A nova geração frequenta os escritores da ciência; não há aí poeta digno desse nome, que não converse um pouco, ao menos, com os naturalistas e filósofos modernos. Devem, todavia, acautelar-se de um mal: o pedantismo. Geralmente, a mocidade, sobretudo a mocidade de um tempo de renovação científica e literária, não tem outra preocupação mais do que mostrar às outras gentes que há uma porção de coisas que estas ignoram; e daí vem que os nomes ainda frescos na memória, a terminologia apanhada pela rama, são logo transferidos ao papel, e quanto mais crespos forem os nomes e as palavras, tanto melhor. Digo aos moços que a verdadeira ciência não é a que se incrusta, para ornato, mas a que se assimila para nutrição; e que o modo eficaz de mostrar que se possui um processo científico, não é proclamá-lo a todos os instantes, mas aplicá-lo oportunamente. Nisto o melhor exemplo são os luminares da ciência; releiam os moços o seu Spencer e seu Darwin. Fujam também a outro perigo, o espírito de seita, mais próprio das gerações feitas e das instituições petrificadas. O espírito de seita tem fatal marcha do odioso ao ridículo; e não será para uma geração que lança os olhos ao largo e ao longe, que se compôs este verso verdadeiramente galante:

Nul n'aura de l'esprit, hors nous et nos amis.

Finalmente, a geração atual tem nas mãos o futuro, contanto que lhe não afrouxe o entusiasmo. Pode adquirir o que lhe falta, e perder o que a deslustra; pode afirmar-se e seguir avante. Se não tem por ora uma expressão clara e definitiva, há de alcançá-la com o tempo; hão de alcançá-la os idôneos. Um escritor de ultramar, Sainte-Beuve,[480] disse um dia, que o talento pode embrenhar-se num mau sistema, mas se for verdadeiro e original, depressa se emancipará e achará a verdadeira poética. Estas palavras de um crítico, que também foi poeta, repete-as agora alguém que, na

---

480 Charles Augustin Sainte-Beuve (Boulogne-sur-Mer, 1804-Paris, 1869), crítico literário, poeta, romancista, autor de *Causeries du lundi* (1851-1881, 16v.), *Nouveaux lundis* (1874-1875, 3v.).

crítica e na poesia, despendeu alguns anos de trabalho, não fecundo nem grande, mas assíduo e sincero; alguém que para os recém-chegados, há de ter sempre a advertência amiga e o aplauso oportuno.

MACHADO DE ASSIS
Revista Brasileira, 1º ano, 2º tomo,
outubro a dezembro de 1879, p.373-413.

1882

É conhecido o novo volume de versos do Sr. Teófilo Dias. Não venho fazer mais do que inserir a notícia dele neste repositório destinado às senhoras, pois que é, em parte, um livro de senhora. A forma exterior, por exemplo, está pedindo o *boudoir*; é pequeno, catita, impresso com muita nitidez; e quanto ao conteúdo, se a segunda parte não se acomoda com o formato, a primeira admite-o e fica bem.

Dizer que o novo livro do Sr. Teófilo Dias é digno dos anteriores é dar-lhe o melhor dos elogios, é indicar que o poeta não retrogradou. Ao contrário progrediu. A forma, cuidada nas outras coleções, teve nesta um carinho, um apuro, que mostra o estudo que o Sr. Teófilo Dias continua a fazer dos poetas modernos. Cada composição sai-lhe cinzelada das mãos. A língua é por ventura mais enérgica e numerosa. Estes são os sinais exteriores, mas necessários da poesia.

No estudo literário que fiz há três anos acerca da nova geração, inserto na *Revista Brasileira*, notei que o tom principal do Sr. Teófilo Dias é a ternura melancólica, e notei mais que, em muitas páginas, havia um esforço para fugir à exclusiva sentimentalidade dos primeiros tempos. As *Fanfarras* podem ter sido escritas com o fim de confirmar o segundo reparo. A intenção, notada em algumas passagens dos *Cantos tropicais*, é aqui a principal, e tanto melhor para o poeta e para nós. Baudelaire parece ter inspirado o poeta, na primeira parte do livro, cujo título é uma reminiscência das *Flores do mal*; e o Sr. Teófilo Dias, tanto não esconde essa impressão, que incluiu no livro algumas boas traduções daquele poeta original e pujante. A questão é saber se o poeta guardou a sua individualidade, se assimilou o elemento estranho para lhe dar a nota própria, e é isso o que acho nas *Fanfarras*. O que ele trouxe da intimidade com o outro é o movimento do verso e uma certa adoração sensual; mas o verso das *Fanfarras* é sempre o verso do Sr. Teófilo Dias, o tom meigo domina o tom metálico. As flores ali postas não são funestas; podem ter às vezes um aroma acre, podem inebriar também, mas não matam.

Entender-se-á bem isso que digo relendo o soneto da "Estátua", por exemplo, o da "Nuvem", ou do "Elixir" para não citar outras páginas. No "Elixir":

Enlanguece-te a voz sonora e rica
Um simpático timbre insidioso,
Que em meu ouvido, em frêmito nervoso,
O vário acorde grava e multiplica.

No sopro mole, tépido, me fica
Suspensa a alma, em pasmo deleitoso...

Na "Estátua":

Fosse-me dado, em mármore de Carrara,
Num arranco de gênio e de ardimento,
As linhas do teu corpo o movimento,
Suprimindo, fixar-te a forma rara,

Cheio de força, vida e sentimento,
Surgira-me o ideal da pedra clara,
E em fundo, eterno arroubo se prostara,
Ante a estátua imortal meu pensamento.

Do albor de brandas formas eu vestira
Teus contornos gentis; eu te cobrira
Com marmóreo cendal os moles flancos.

> *E a sôfrega avidez dos meus desejos*
> *Em mudo turbilhão de imóveis beijos*
> *As curvas te enrolara em flocos brancos.*

Nada funesto, repito; e eis aí uma crítica às *Fanfarras*. O título da primeira parte não traduz bem o sentimento dos versos; pesa-lhes mais. Em vão escruto as páginas mais acentuadas, "Esfinge", a "Vox latet anguis", nada encontro que legitime a denominação; não vejo a serpe por baixo do ervaçal. A serpe é antes um lindo vaga-lume, daqueles que cintilam nos versos do Sr. Teófilo Dias, como se pode ver no soneto a que o poeta deu aquele título latino, para comemorar o contraste de uma mulher. Os dois primeiros quartetos pintam o feitiço da voz, que "afaga como a luz", que, "como um perfume filtra pela alma"; feita essa descrição, com muita suavidade e amor, o poeta continua:

> *Quando a paixão altera-lhe a frescura,*
> *Quando o frio desdém lhe tolda o acorde*
> *À viva palidez, vibrante e pura,*
>
> *Não se lhe nota um frêmito discorde.*
> *— Apenas do primor, com que fulgura,*
> *Às vezes a ironia salta, — e morde.*

Onde está, nesse tabuleiro de relva pura e talhada com arte de jardineiro, onde é que serpeia a *anguis* do título? Essa ironia, que salta no fim, vestida de um verso onomatopaico, é o lindo vaga-lume, um gracioso pingo de luz intermitente, de luz viva, creio, mas que não queima. Nem tudo é esse mesmo pingo de luz. A segunda parte, "Revolta", tem muitas vezes o arrojo que o assunto pede; mas é escassa, e estou ainda com o juízo expresso, por outras palavras, no meu estudo da *Revista Brasileira*. Talvez me engane; mas ainda creio que o Sr. Teófilo Dias, nos versos dessa segunda parte, é menos espontâneo, é menos ele mesmo. Sabe compor o verso, e dispõe de um vocabulário viril, apropriado ao tema; mas o tema, que é o de suas convicções políticas, não parece ser o da sua índole poética. A *turris eburnea*, em que se fechou Vigny, tem um lugar para ele, e não digo só o Vigny da *Eloá*, mas também o da *Dolorida*, essa página sombria e forte, que o Sr. Teófilo Dias seria capaz de transferir à nossa língua, se quisesse, e aliás, não lho aconselho, por um motivo, que será a minha crítica final: acho que abriu a porta das *Fanfarras* a muitos hóspedes, ilustres, é verdade, e tratados com esmero e cortesania, mas hóspedes. Preferimos os filhos da sua musa, que são nossos, que não desmerecem dos primeiros, e que espero cresçam e se lhes avantajem.

MACHADO DE ASSIS
A Estação, ano XI, nº 11, Bibliografia,
15 de junho de 1882, p.22.

Sinfonias[481] Raimundo Correia[482]

Suponho que o leitor, antes de folhear o livro, deixa cair um olhar curioso nesta primeira página. Sabe que não vem achar aqui uma crítica severa, tal não é o ofício dos prefácios; – vem apenas lobrigar, através da frase atenuada ou calculada, os impulsos de simpatia ou de favor; e, na medida da confiança que o prefacista lhe merecer, assim lerá ou não a obra. Mas para os leitores maliciosos é que se fizeram os prefácios astutos, desses que trocam todas as voltas, e vão aguardar o leitor onde este não espera por eles. É o nosso caso. Em vez de lhe dizer, desde logo, o que penso do poeta, com palavras que a incredulidade pode converter em puro obséquio literário, antecipo uma página do livro; e, como essa outra malícia, dou-lhe a melhor das opiniões, porque é impossível que o leitor não sinta a beleza destes versos do Dr. Raimundo Correia:

---

481 Rio de Janeiro: Tipografia de Faro e Lino, 1882.
482 Raimundo da Mota Azevedo Correia (Baía Mogúncia, MA, 1859-Paris, 1911), diplomata, poeta, autor de *Primeiros sonhos* (1879), *Sinfonias* (1883) e *Versos e versões* (1887).

MAL SECRETO

Se a cólera, que espuma, a dor que mora
N'alma, e destrói cada ilusão que nasce,
Tudo o que punge, tudo o que devora
O coração, no rosto se estampasse;

Se se pudesse o espírito que chora,
Ver através da máscara da face,
Quanta gente, talvez, que inveja agora
Nos causa, então piedade nos causasse!

Quanta gente que ri, talvez, consigo
Guarda um atroz, recôndito inimigo,
Como invisível chaga cancerosa!

Quanta gente que ri, talvez, existe,
Cuja ventura única consiste
Em parecer aos outros venturosa!

Aí está o poeta, com a sua sensibilidade, o seu verso natural e correntio, o seu amor à arte de dizer as coisas, fugindo à vulgaridade, sem cair na afetação. Ele pode não ser sempre a mesma coisa, no conceito e no estilo, mas é poeta, e fio que esta seja a opinião dos leitores, para quem o nome do Dr. Raimundo Correia for inteira novidade. Para outros, naturalmente a maioria, o nome do Dr. Raimundo Correia está apenso a um livro, saído dos prelos de S. Paulo, em 1879, quando o poeta tinha apenas 19 anos. Esse livro, *Primeiros sonhos*, é uma coleção de ensaios poéticos, alguns datados de 1877, versos de adolescência, em que, não Hércules menino, mas Baco infante, agita no ar os pâmpanos, à espera de crescer para invadir a Índia. Não posso dizer longamente o que é esse livro; confesso que há nele o cheiro romântico da decadência, e um certo aspecto flácido; mas, tais defeitos, a mesma afetação de algumas páginas, a vulgaridade de outras, não suprimem a individualidade do poeta, nem excluem o movimento e a melodia da estrofe. Creio mesmo que algumas composições daquele livro podiam figurar neste sem desdizer do tom nem quebrar-lhe a unidade.

Não foram esses os primeiros versos que li do Dr. Raimundo Correia. Li os primeiros neste mesmo ano de 1882, uns versos satíricos, *triolets* sonoros, modelados com apuro, que não me pareceram versos de qualquer. Semanas depois, conheci pessoalmente o poeta, e confesso uma desilusão. Tinha deduzido dos versos lidos um mancebo expansivo, alegre e vibrante, aguçado como as suas rimas, coruscante como os seus esdrúxulos, e achei uma figura concentrada, pensativa, que sorri às vezes, ou faz crer que sorri, e não sei se riu nunca. Mas a desilusão não foi uma queda. A figura trazia a nota simpática; o acanho das maneiras vestia a modéstia sincera, de boa raça, lastro do engenho, necessário ao equilíbrio. Achei o poeta deste livro, ou de uma parte deste livro; – um contemplativo e um artista, coração mordido daquele amor misterioso e cruel que é a um tempo a dor e o feitiço das vítimas.

Mas, enfim, Baco conquistou a Índia? Não digo tanto, porque é preciso ser sincero, ainda mesmo nos prefácios. Trocou os pâmpanos da puerícia, jungiu ao carro as panteras que o levarão à terra indiana, e não a vencerá, se não quiser. Em termos chãos, o Dr. Raimundo Correia não deu ainda neste livro tudo o que se pode esperar do seu talento, mas dá muito mais do que dera antes; afirma-se, toma lugar entre os primeiros da nova geração. Estuda e trabalha. Dizem-me que compõe com grande facilidade, e, todavia, o livro não é sobejo, ao passo que os versos manifestam o labor de artista sincero e paciente, que não pensa no público senão para respeitá-lo. Não quero transcrever mais nada; o leitor sentirá que há no Dr. Raimundo Correia a massa de um artista, lendo entre outras páginas, "No banho", "O anoitecer", "No circo" e os sonetos sob o título de "Perfis românticos", galeria de mulheres, à maneira de Banville. Não é sempre puro o estilo, nem a linguagem escoimada de descuidos, e a direção do espírito podia às vezes ser outra; mas as boas qualidades dominam, e isto já é um saldo a favor.

Uma parte desta coleção é militante, não contemplativa, porque o Dr. Raimundo Correia, em política, tem opiniões radicais: é republicano e revolucionário. Creio que o artista aí é menor e as ideias menos originais; as apóstrofes parecem-me mais violentas do que espontâneas, e o poeta mais agressivo do que apaixonado. Note o leitor que não ponho em dúvida a sinceridade dos sentimentos do Dr. Raimundo Correia; limito-me a citar a forma lírica e a expressão poética; do mesmo modo que não desrespeito as suas convicções políticas, dizendo que uma parte, ao menos, do atual excesso ir-se-á com o tempo.

E agora, passe o leitor aos versos, leia-os como se devem ler moços, com simpatia. Onde achar que falta a comoção, advirta que a forma é esmerada, e, se as traduções, que também as há, lhe parecerem numerosas, reconheça ao menos que ele as perfez com o amor dos originais, e, em muitos casos, com habilidade de primeira ordem. É um poeta; e, no momento em que os velhos cantores brasileiros vão desaparecendo na morte, outros no silêncio, deixa que estes venham a ti; anima-os, que eles trabalham para todos.

MACHADO DE ASSIS
[Prefácio], Julho de 1882.

Artur de Oliveira[483]

Quem não tratou de perto este rapaz, morto a 21 do mês corrente, mal poderá entender a admiração e saudade que ele deixou.

Conheci-o desde que chegou do Rio Grande do Sul, com dezessete ou dezoito anos de idade; e podem crer que era então o que foi aos trinta. Aos trinta lera muito, vivera muito; mas toda aquela pujança de espírito, todo esse raro temperamento literário que lhe admiramos, veio com a flor da

---

483 O texto foi integralmente transcrito em *Papéis avulsos*, na sequência da Nota D de Machado de Assis, alusiva ao conto "O anel de Polícrates", publicado na *Gazeta de Notícias* em 2 de julho de 1882: "Em algumas linhas escritas para dar o último adeus a Artur de Oliveira, meu triste amigo, disse que era ele o original deste personagem [Xavier]. Menos a vaidade que não tinha, e salvo alguns rasgos mais acentuados, este Xavier, era o Artur. Para completá-lo darei aqui mesmo aquelas linhas impressas na *Estação* de 31 de agosto último:".

adolescência; desabrochara com os primeiros dias. Era a mesma torrente de ideias, a mesma fulguração de imagens. Há algumas semanas, em escrito que viu a luz na *Gazeta de Notícias*, defini a alma de um personagem com esta espécie de hebraísmo: — chamei-lhe um saco de espantos. Esse personagem (posso agora dizê-lo) era, em algumas partes, o nosso mesmo Artur, com a sua poderosa loquela e extraordinária fantasia. Um saco de espantos. Mas se o da minha invenção morreu exausto de espírito, não aconteceu o mesmo a Artur de Oliveira,[484] que pode alguma vez ficar prostrado, mas não exauriu nunca a força genial que possuía.

Um organismo daqueles era naturalmente irrequieto. Minas o viu, pouco depois, no colégio dos padres do Caraça, começando os estudos, que interrompeu logo, para continuá-los na Europa. Na Europa travou relações literárias de muito peso; Teófilo Gautier,[485] entre outros, queria-lhe muito, apreciava-lhe a alta compreensão artística, a natureza impetuosa e luminosa, os deslumbramentos súbitos de raio. *Venez, père de la foudre!* dizia-lhe ele, mal o Artur assomava à porta. E o Artur, assim definido familiarmente pelo grande artista, entrava no templo, palpitante da divindade, admirativo como tinha de ser até à morte. Sim, até à morte. Gautier foi uma das religiões que o consolaram. Sete dias antes de o perdermos, isto é, a 14 deste mês, prostrado na cama, roído pelo dente cruel da tísica, escrevia-me ele a propósito de um prato do jantar. "O verde da couve espanejava-se em uma onda de pirão, cor de ouro. A palheta de Ruysdael,[486] pelo incêndio do ouro, não hesitaria um só instante, em assinar esse pirão *mirabolante*,

---

484 Artur de Oliveira (Porto Alegre, 1851-Rio de Janeiro, 1882), cronista, poeta e professor do Colégio Pedro II, viajou para a Europa, tendo estado em Berlim e em Paris (1871-1872); colaborou em *O Besouro* (1878-1879), *O Combate* (1880) e *Gazeta de Notícias* (1786-1880); autor de *Flechas* (crônicas, 1873) e *A rua do Ouvidor* (sátira, 1873).

485 "Gauthier", no original.

486 Jacob Ruysdael (Haarlem, 1628 ou 1629-idem, 1682), pintor holandês, cuja obra marca o auge da escola paisagista holandesa e sua transcendência numa visão melancólica e dramática (*O cemitério judeu*) ou de um lirismo transfigurado (*O raio de sol*). Os paisagistas românticos do século XIX devem-lhe muito.

como diria o grande e divino Teo..." Grande e divino! Vede bem que esta admiração é de um moribundo, refere-se a um morto, e fala na intimidade da correspondência particular. Onde outra mais sincera?

Não escrevo uma biografia. A vida dele não é das que se escrevem; é das que são vividas, sentidas, amadas, sem jamais poderem converter-se à narração; tal qual os romances psicológicos, em que a urdidura dos fatos é breve ou nenhuma. Ultimamente, exercia o professorado no Colégio de Pedro II; mas a doença tomou-o entre as suas tenazes, para o não deixar mais.

Não o deixou mais; comeu-lhe a seiva toda; desfibrou-o com a paciência dos grandes operários. Ele, como vimos, prestes a tropeçar na cova, regalava-se ainda das reminiscências literárias; evocava a palheta de Ruysdael, olhando para a vida que lhe ia sobreviver, a vida da arte que ele amou com fé religiosa, sem proveito para si, sem cálculo, sem ódios, sem invejas, sem desfalecimento. A doença fê-lo padecer muito; teve instantes de dor cruel, não raro de desespero e de lágrimas; mas, em podendo, reagia. Encararia alguma vez o enigma da morte? Poucas horas antes de morrer (perdoem-me esta recordação pessoal; é necessária), poucas horas antes de morrer lia um livro meu, o das *Memórias de Brás Cubas*, e dizia-me que interpretava agora melhor algumas de suas passagens. Talvez as que entendiam com a ocasião... E dizia-me aquilo serenamente, com uma força de ânimo rara, uma resignação de granito. Foi ao sair de uma dessas visitas, que escrevi estes versos, recordando os arrojos dele comparados com o atual estado. Não lhos mostrei; e dou-os aqui para os seus amigos:

Sabes tu de um poeta enorme,
Que andar não usa
No chão, e cuja estranha musa,
Que nunca dorme,

Calça o pé melindroso e leve,
Como uma pluma,
De folha e flor, de sol e neve,
Cristal e espuma;

E mergulha, como Leandro,[487]
　　A forma rara
No Pó, no Sena, em Guanabara,
　　E no Escamandro;

Ouve a Tupã e escuta a Momo,
　　Sem controvérsia,
E tanto adora o estudo, como
　　Adora a inércia;

Ora do fuste, ora da ogiva
　　Sair parece;
Ora o Deus do Ocidente esquece
　　Pelo deus Siva;

Gosta do estrépito infinito,
　　Gosta das longas
Solidões em que se ouve o grito
　　Das arapongas;

E se ama o rápido besouro,
　　Que zumbe, zumbe,
E a mariposa que sucumbe
　　Na flama de ouro,

Vagalumes e borboletas
　　Da cor da chama,
Roxas, brancas, rajadas, pretas,
　　Não menos ama

---

[487] Leandro era um jovem da cidade de Ábidos que amava Hero, sacerdotisa de Afrodite, moradora de Sestos, cidade da margem oposta do Helesponto, estreito que separa a Ásia da Europa. Todas as noites, Leandro atravessava a nado o Helesponto para se encontrar com a sua amada, sendo guiado por uma tocha que Hero acendia. Numa noite de tempestade, Leandro se perdeu e morreu afogado. As ondas levaram o corpo do jovem à margem europeia. Hero, ao tomar conhecimento da morte de seu amado, atirou-se ao mar e pereceu.

Os hipopótamos tranquilos,
 E os elefantes,
E mais os búfalos nadantes,
 E os crocodilos,

Como as girafas e as panteras,
 Onças, condores,
Toda a casta de bestas-feras
 E voadores.

Se não sabes quem ele seja,
 Trepa de um salto,
Azul acima, onde mais alto
 A águia negreja;

Onde morre o clamor iníquo
 Dos violentos;
Onde não chega o riso oblíquo
 Dos fraudulentos.

Então olha, de cima posto,
 Para o oceano;
Verás num longo rosto humano
 Teu mesmo rosto;

E hás de rir, não do riso antigo,
 Potente e largo,
Riso de eterno moço amigo;
 Mas de outro amargo,

Como o riso de um deus enfermo,
 Que se aborrece
Da divindade, e que apetece
 Também um termo...[488]

---

[488] Sob o título de "Artur de Oliveira, enfermo", esse poema, com pequenas modificações, foi incorporado à antologia *Ocidentais*, das *Poesias completas*, de 1901, e edições seguintes.

Os amigos dele apreciarão o sentido desses versos. O público, em geral, nada tem com um homem que passou pela terra sem o convidar para coisa nenhuma, um forte engenho que apenas soube amar a arte, como tantos cristãos obscuros amaram a Igreja, e amar também aos seus amigos, porque era meigo, generoso e bom.

MACHADO DE ASSIS
A Estação, ano XI,
nº16, 31 de agosto de 1882, p.182.

Contos seletos das Mil e uma noites[489]
Carlos Jansen

O Sr. Carlos Jansen[490] tomou a si dar à mocidade brasileira uma escolha daqueles famosos contos árabes das *Mil e uma noites*, adotando o plano do educacionista alemão Franz Hoffmann.[491] Esta escolha é conveniente; a mocidade terá assim uma amostra interessante e apurada das fantasias daquele livro, alguns dos seus melhores contos, que estão aqui, não como nas noites de Sheherazade, ligados por uma fábula própria do Oriente, mas em forma de um repositório de coisas alegres e sãs.

Para os nossos jovens patrícios creio que é isto novidade completa. Outrora conhecia-se, entre nós, esse maravilhoso livro, tão peculiar e variado, tão cintilante de pedrarias, de olhos belos, tão opulentos de sequins, tão povoado de vizires e sultanas, de ideias morais e lições graciosas. Era popular; e, conquanto não se lesse então muito, liam-se e reliam-se as *Mil e uma noites*. A outra geração tinha, é verdade, a boa-fé precisa, uma certa ingenuidade, não para crer tudo, porque a mesma princesa narradora avisava

---

489 Extraídos e redigidos para a mocidade brasileira segundo plano do laureado educacionista alemão Franz Hoffmann.
490 Carlos Jacó Antônio Cristiano Jansen (Köln, Alemanha, 1829-Rio de Janeiro, 1889), novelista, teatrólogo, romancista, tradutor e professor, autor de *Um defunto ressuscitado* (1856), *Os dois dedos* (comédia, 1857) e *Elisa* (romance, 1883-1884).
491 Georg Franz Hoffmann (Alemanha, 1760-Rússia, 1826), botânico alemão, desenhista e diretor do Departamento de Botânica e do Jardim Botânico da Universidade de Göttingen, autor da *Genera Plantarum Umbelliferarum* (1814, 1816).

a gente das suas invenções, mas para achar nestas um recreio, um gozo, um embevecimento, que ia de par com as lágrimas, que então arrancavam algumas obras romanescas, hoje insípidas. E nisto se mostra o valor das *Mil e uma noites*: porque os anos passaram, o gosto mudou, poderá voltar e perder-se outra vez, como é próprio das correntes públicas, mas o mérito do livro é o mesmo. Essa galeria de contos, que Macaulay citava algumas vezes, com prazer, é ainda interessante e bela, ao passo que outras histórias do Ocidente, que encantavam a geração passada, com ela desapareceram.

Os melhores daqueles, ou alguns dos melhores, estão encerrados, neste livro do Sr. Carlos Jansen. As figuras de Sindbad, Ali-Babá, Harum al Raschid, o Aladim da lâmpada misteriosa, passam aqui, ao fundo azul do Oriente, a que a linha curva do camelo e a fachada árabe dos palácios dão o tom pitoresco e mágico daqueles outros contos de fadas da nossa infância. Algumas dessas figuras andam até vulgarizadas em peças mágicas de teatro, pois aconteceu às *Mil e uma noites* o que se deu com muitas outras invenções: foram exploradas e saqueadas para a cena. Era inevitável, como por outro lado era inevitável que os compositores pegassem das criações mais pessoais e sublimes dos poetas para amoldá-las à sua inspiração, que é por certo fecunda, elevada e grande, mas não deixa de ser parasita. Nem Shakespeare escapou, o divino Shakespeare, como se *Macbeth* precisasse do comentário de nenhuma outra arte, ou fosse empresa fácil traduzir musicalmente a alma de Hamlet. Não obstante a vulgarização pela mágica de algumas daquelas figuras árabes, elas aí estão com o cunho primitivo, esse que dá o silêncio do livro, ajudado da imaginação do leitor.

Este, se ao cabo de poucas páginas vier a espantar-se de que o Sr. Carlos Jansen, brasileiro de adoção, seja alemão de nascimento, e escreva de um modo tão correntio a nossa língua, não provará outra coisa mais do que negligência da sua parte. A imprensa tem recebido muitas confidências literárias do Sr. Carlos Jansen; a *Revista Brasileira* (para citar somente esta minha saudade) tem nas suas páginas um romance do nosso autor.[492] E

---

492 Trata-se do romance *O patuá*, publicado na *Revista Brasileira*, tomo II, 1º de dezembro de 1879, p.293-308, p.414-21, p.453-68; tomo III, 1º de janeiro de 1880, p.37-50, p.73-83, p.141-53.

conhecer e escrever uma língua, como a nossa, não é tarefa de pouca monta, ainda para um homem de talento e aplicação. O Sr. Carlos Jansen maneja-a com muita precisão e facilidade, e dispõe de um vocabulário numeroso. Esse livro é uma prova disso, embora a crítica lhe possa notar uma ou outra locução substituível, uma ou outra frase melhorável. São minúcias que não diminuem o valor do todo.

Esquecia-me que o livro é para adolescentes, e que estes pedem-lhe, antes de tudo, interesse e novidade. Digo-lhes que os acharão aqui. Um descendente de teutões conta-lhes pela língua de Alencar e Garrett umas histórias mouriscas: com aquele operário, esse instrumento e esta matéria, dá-lhes o Sr. Laemmert, velho editor incansável, um brinquedo graciosíssimo, com que podem entreter algumas horas dos seus anos em flor. Sobra-lhes para isso a ingenuidade necessária; e a ingenuidade não é mais do que a primeira porção do unguento misterioso, cuja história é contada nestas mesmas páginas. Esfregado na pálpebra esquerda de Abdallah, deu-lhe o espetáculo de todas as riquezas da terra; mas o pobre diabo era ambicioso, e, para possuir o que via, pediu ao derviche que lhe ungisse também a pálpebra direita, com o que cegou de todo. Creio que esta outra porção do unguento é a experiência. Depressa, moços, enquanto o derviche não unge a outra pálpebra!

MACHADO DE ASSIS
[Prefácio], Outubro de 1882.

1883

Subsídios literários

"Confesso que as mais das iguarias com que vos convido são alheias, mas o guisamento delas é de minha casa." Com esta advertência, tirada aos *Diálogos* de Amador Arrais,[493] abre o Sr. Guilherme Bellegarde[494] o seu livro dos *Subsídios literários*; e não podia explicar melhor a natureza e o plano da obra, de que está publicado o primeiro volume, com 421-XIIp.

São subsídios, e não querem ser outra coisa estas páginas, enfeixadas pelo labor paciente e constante de um espírito investigador e ilustrado. Mas, não sendo nem querendo ser outra coisa, nem por isso excluem a personalidade do autor, que está presente de dois modos – ou nas indicações frequentes que nos dá, nas notas numerosíssimas, e em trechos seus transcritos de publicações periódicas, ou no próprio trabalho da escolha, na distribuição das matérias, na composição das páginas, e tudo isso forma o *guisamento* de Amador Arrais.

---

493 Frei Amador Arrais (Beja, 1530-Coimbra, 1600), religioso e escritor português, autor de vasta obra, da qual se destacam os *Diálogos*, de 1589.
494 Guilherme Cândido Bellegarde (Cabo Frio, 1836-Rio de Janeiro, 1890), jornalista e teatrólogo, autor de *O Liceu de Artes e Ofícios e as aulas para o sexo feminino* (1881), *Subsídios literários* (1883, v.I) e *Manuel de Melo* (biografia, 1888).

Não falo da exatidão e minuciosidade bibliográficas do livro, porque essas duas condições estão subentendidas; são fundamentais nesta casta de obras. Mas se a exatidão não admite graus, admite-os a minuciosidade, que pode ser maior ou menor; e se é maior, se abrange uma área mais extensa de leitura, traz ao autor merecidos agradecimentos. É o caso do Sr. Guilherme Bellegarde. Ele não é só um guia seguro, é também um guia de conversação variada, que nos fala de poesia e de poetas, de prosa e de prosadores, de oradores, de historiadores, de um livro e de um jornal, de um grande poeta como Camões, e de uma grande trágica como Ristori, salteando os assuntos e consertando-os, quando possível.

Se as mais das iguarias são alheias, força é dizer que o autor, como dono da casa, preocupa-se de ser amável para todos. Quem convida, realmente, não pode ter outra política. Era o que se podia deduzir do plano da obra; mas ele mesmo explicou no prefácio, repetindo com o autor que até certo ponto lhe serviu de modelo: *Nous remplissons le simple rôle de rapporteur et non les fonctions de juge*. Isto basta para explicar a ausência de crítica severa, posto que, em alguns lugares, quando lhe vem a propósito, como na p.356, por exemplo, o autor não hesite em pôr as ressalvas que lhe aconselha o seu juízo literário.

Muitas citações incluídas no livro são conhecidas e até proverbiais, como tantos versos de Camões; outras o são menos; e algumas, em relação ao maior número de leitores, não o são nada. Não só faltam a cada uma as indicações exatas, como dão lugar muitas delas a outra ordem de indicações subsidiárias, acerca de escritos que o tempo levou das mãos do público para as do bibliógrafo, da autoria de alguns deles, de jornais, de revistas etc. Tudo isso custa trabalho, e não basta o trabalho para fazê-lo; é preciso, além dele e da aptidão especial, certo alicerce de ilustração.

A *Revista Brasileira* publicou as primeiras páginas dos *Subsídios literários*; e contribuiu, certamente, para animar o autor ao cometimento de o concluir. Não menciono esta circunstância sem saudade. Essa empresa de alguns homens devotados não podia viver muito; caiu do mesmo modo que outras tentativas congêneres naufragaram e hão de naufragar ainda por algum tempo as que vierem. Não é este o lugar de dizer as causas do fenômeno; e, aliás são óbvias; todas se resumem nesta, que podia ser inventada por La

Palisse: — Não há revistas sem um público de revistas. Boa *Revista Brasileira*! Que as bibliotecas a guardem, ao menos, com outras náufragas; o futuro historiador poderá cortejá-la com a indiferença que a matou.

Entre os que ali trabalharam, o Sr. Guilherme Bellegarde é dos que persistiram neste duro ofício, sem desanimar. O livro dos *Subsídios* é uma prova do seu esforço e aplicação, das suas qualidades especiais para um gênero mais útil que brilhante, singularmente adequado aos sentimentos de modéstia do autor, cujo espírito cultivado e refletido não busca impor-se a ninguém, mas insinua-se e cativa.

MACHADO DE ASSIS
A Estação, ano XII, nº 6, Bibliografia,
31 de março de 1883, p.61; p.64.

1884

Meridionais[495]
Alberto de Oliveira

Quando em 1879, na *Revista Brasileira*, tratei da nova geração de poetas, falei naturalmente do Sr. Alberto de Oliveira. Vinha de ler o seu primeiro livro, *Canções românticas*, de lhe dizer que havia ali inspiração e forma, embora acanhadas pela ação de influências exteriores. Achava-lhe no estilo alguma coisa flutuante e indecisa; e, quanto à matéria dos versos, como o poeta dissesse a outro, que também sabia folhear a lenda dos gigantes, dei-lhe este conselho: "Que lhe importa o guerreiro que lá vai à Palestina? Deixe-se fixar no castelo com a filha dele... Não é diminuir-se o poeta; é ser o que lhe pede a natureza, Homero ou Mosco". Concluía dizendo-lhe que se afirmasse.

Não trago essa reminiscência crítica (e deixo de transcrever as expressões de merecido louvor), senão para explicar, em primeiro lugar, a escolha que o poeta fez da minha pessoa para abrir este outro livro; e, em segundo lugar, para dizer que a exortação final da minha crítica tem aqui uma brilhante resposta, e que o conselho não foi desprezado, porque o poeta deixou-se

---

495 Rio de Janeiro: Tipografia da *Gazeta de Notícias*, 1884.

estar efetivamente no castelo, não com a filha, mas com as filhas do castelão, o que é ainda mais do que eu lhe pedia naquele tempo.

Que há de ele fazer no castelo, senão amar as castelãs? Ama-as, contempla-as, sai a caçar com elas, fita bem os olhos de uma para ver o que há dentro dos olhos azuis, vai com a outra contar as estrelas do céu, ou então pega do leque de uma terceira para descrevê-lo minuciosamente. Esse "Leque", que é uma das páginas características do livro, chega a coincidir com o meu conselho de 1879, como se o poeta, abrindo mão dos heróis, quisesse dar às reminiscências épicas uma transcrição moderna e de camarim: — esse "Leque", é uma redução do escudo de Aquiles. Homero, pela mão de Vulcano, pôs naquele escudo uma profusão de coisas, a terra, o céu, o mar, o Sol, a Lua e as estrelas, cidades e bodas, pórticos e debates, exércitos e rebanhos. O nosso poeta aplicou o mesmo processo a um simples leque de senhora, com tanta opulência de imaginação no estilo, e tão grego no próprio assunto dos quadros pintados, que fez daquilo uma parelha do broquel homérico. Mas não é isso que me dá o característico da página; é o resumo que ali acho, não de todo, mas de quase todo o poeta: — imaginoso, vibrante, musical, despreocupado dos problemas da alma humana, fino cultor das formas belas, amando porventura as lágrimas, contanto que elas caiam de uns olhos bonitos.

Conclua o leitor, e concluirá bem, que a emoção deste poeta está sempre sujeita ao influxo das graças externas. Não achará aqui o desespero, nem o fastio, nem a ironia do século. Se há alguma gota amarga no fundo da taça de ouro em que ele bebe a poesia, é a saudade do passado ou do futuro, alguma coisa remota no tempo ou no espaço, que não seja a vulgaridade presente. Daí essa volta frequente das reminiscências helênicas ou medievais, os belos sonetos em que nos conta o nascimento de Vênus, e tantos outros quadros antigos, ou alusões espalhadas por versos e estrofes. Daí também uma feição peculiar do poeta, o amor da natureza. Não quero fazer extratos, porque o leitor vai ler o livro inteiro; mas o soneto "Magia selvagem" lhe dará uma expressão enérgica dessa paixão dos espetáculos naturais, ante os quais o poeta exclama:

> *Tudo, ajoelhado e trêmulo, me abisma*
> *Cego de assombro e extático de gozo.*

Cegueira e êxtase: o limite da adoração. Assim também o "Conselho", página em que ele receita para uma dor moral o contacto da floresta; e ainda mais a anterior, "Falando ao Sol", em que caracteriza a intensidade de um grande pesar, que então o oprime, afirmando que para esse, nem mesmo a natureza — "a grande natureza" — pode servir de remédio.

A maior parte das composições são quadros feitos sem outra intenção mais do que fixar um momento ou um aspecto. Geralmente são curtas, em grande parte sonetos, forma que os modernos restauraram, e luzidamente cultivam, pode ser até que com excessiva assiduidade. Os versos do nosso poeta são trabalhados com perfeição. Os defeitos, que os há, não são obra do descuido; ele pertence a uma geração que não peca por esse lado. Nascem — ora de um momento não propício — ora do requinte mesmo do lavor; causa esta que já um velho poeta da nossa língua denunciava, e não era o primeiro, com esta comparação: "o muito mimo empece a planta". Mas, em todo caso, se isto é culpa, *felix culpa*; a troco de algumas partes laboriosas, acabadas demais, ficam as que o foram a ponto, e fica principalmente o costume, o respeito da arte, o culto do estilo.

"Manhã de caça", "A volta da galera", "Contraste", "Em caminho", "A janela de Julieta", e não cito mais para não parecer que excluo as restantes, darão ao leitor essa feição do nosso poeta, o amor voluptuoso da forma.

Não lhe pergunteis, por exemplo, na "Manhã de caça", onde é que estão as aves que ele matou. O poeta saiu principalmente à caça de belos versos, e trouxe-os, argentinos e sonoros, um troféu de sonetos. Assim também noutras partes. Nada obsta que os versos bonitos tragam felizes pensamentos, como pintam quadros graciosos. Uns e outros aí estão. Se alguma vez, e rara, a ação descrita parecer que desmente da estrita verdade, ou não trouxer toda a nitidez precisa, podeis descontar essa lacuna na impressão geral do livro, que ainda vos fica muito: fica-vos um largo saldo de artista e de poeta — poeta e artista dos melhores da atual geração.

MACHADO DE ASSIS
[Prefácio],[496] 14 de janeiro de 1884.

---

496 A carta-prefácio de Machado de Assis ao livro *Meridionais*, de Alberto de Oliveira, será incorporada às *Poesias*. Edição definitiva com juízos críticos de Machado de Assis, Araripe Júnior e Afonso Celso.

Pedro Luís

Faleceu ontem, às 4 horas da madrugada, na Barra Mansa, o conselheiro Pedro Luís Pereira de Sousa.

Esta notícia causou nesta corte a mais dolorosa impressão. Posto que o conselheiro Pedro Luís se achasse bastante enfermo, e até chegasse a inspirar cuidados, estávamos longe de esperar a notícia recebida. Dizia-se mesmo que começara o restabelecimento; mas, segundo se via depois, a aparência era ilusória e a moléstia não podia ter outro desfecho.

Não é preciso rememorar os últimos tempos da vida do conselheiro Pedro Luís. Há quatro anos vimo-lo ocupar distintamente a pasta dos Negócios Estrangeiros, sob a presidência do Sr. senador Saraiva, acompanhado de outros membros notáveis do partido liberal. O atual Sr. presidente do conselho era seu colega, ocupando a pasta da Justiça.

Quando faleceu o conselheiro Buarque de Macedo, ministro da Agricultura, foi o nosso ilustre amigo designado por Sua Majestade para substituí-lo interinamente nas pastas da Marinha e do Império.

Deputado em duas legislaturas, houve-se como era de esperar de seus brilhantes talentos.

Teve mesmo uma estreia que colocou desde logo seu nome entre as primeiras esperanças do partido liberal. Referimo-nos ao discurso que proferiu na Câmara, a propósito da pretensão de um padre Janrad, discurso de fogo e mocidade, que provocou da parte do atual Sr. senador Junqueira e de monsenhor Pinto de Campos veementes respostas.

Entretanto, por mais que a política tenha jus a revocá-lo a si, folgamos de acentuar nesta triste notícia a feição literária do ilustre fluminense, e, com ela, as altas graças de espírito que o distinguiam.

Como poeta, deixou, entre outras, quatro composições de primeira ordem, "Os voluntários da morte", "Terribilis Dea", "Tiradentes" e "Nunes Machado". Ainda há quem se lembre do efeito imenso produzido pelos "Voluntários da morte", quando ele recitou pela primeira vez essa composição magnífica, em uma reunião de amigos e homens de letras, na rua da Quitanda. Pouco tempo depois era conhecida em todo o Brasil. As que se lhe seguiram, trouxeram o mesmo tom pujante, o mesmo calor e movimento lírico. O visconde de Castilho, em carta que por esse tempo escreveu, chamou aos "Voluntários da morte", um rugido de leão.

Pedro Luís escreveu em vários jornais, entre outros no *Correio Mercantil*, com o Sr. Otaviano, e na *Atualidade*, com o Sr. Flávio Farnese, Bernardo Guimarães e o Sr. senador Lafayette. A política levou-o inteiramente para si. Mas, ainda na política, era sempre o homem de letras, o fino espírito educado nas coisas superiores da arte.

Socialmente, era também uma personalidade. Era o avesso da banalidade e da convenção, superior à média dos outros homens, e, todavia, um primor de lhaneza e cordialidade, talvez um pouco cético, mas elegante e fino. Em matéria de arte, era entusiasta, sincero: tinha o amor nativo, a instrução necessária, o gosto apurado.

Nasceu no município de Araruama, em 13 de dezembro de 1839, filho do comendador Luís Pereira de Sousa e de D. Maria Carlota de Viterbo e Sousa. Era formado em ciências jurídicas e sociais pela faculdade de S. Paulo.

Ultimamente, viu o seu nome incluído em uma lista de candidatos à vaga deixada no Senado pela morte do Sr. visconde de Niterói.

Morreu em toda a força da idade e do talento, quando podia ainda prestar bons serviços ao país. A vida dos partidos permite substituir os combatentes que caem; mas este que se foi agora da vida, tinha qualidade que raro se acham juntas.[497]

Gazeta de Notícias, ano X, nº 199, quinta-feira,
17 de julho de 1884, p.2.

Pedro Luís

Jornalista, poeta, deputado, administrador, ministro e homem da mais fina sociedade fluminense, pertencia este moço à geração que começou por 1860.

---

[497] Galante de Sousa, em *Bibliografia de Machado de Assis* (p.554), apoiado no depoimento de Teixeira de Melo (*Gazeta Literária*, no 17, 22 de agosto de 1884, p.338-42), atribui a peça anônima a Machado de Assis.

Chamava-se Pedro Luís Pereira de Sousa, e nasceu no município de Araruama, província do Rio de Janeiro, a 15 de dezembro de 1839, filho do comendador Luís Pereira de Sousa e de D. Maria Carlota de Viterbo e Sousa. Era formado em ciências sociais e jurídicas pela faculdade de S. Paulo.

Começou a vida política na folha de Flávio Farnese,[498] a *Atualidade*, de colaboração com Lafayette Rodrigues Pereira,[499] atualmente senador, e com Bernardo Guimarães, o mavioso poeta mineiro, há pouco falecido. Ao mesmo tempo iniciou vida de advogado no escritório de F. Otaviano.

Essa primeira fase da vida de Pedro Luís dá vontade de ir longe.

A figura de Flávio Farnese surge debaixo da pena e incita a recompor com ela uma quadra inteira de fé e de entusiasmo liberal. Ao lado de Farnese, de Lafayette, de Pedro Luís, vieram outros nomes que, ou cresceram também, ou pararam de todo, por morte ou por outras causas. Sobre tal tempo é passado um quarto de século, o espaço de uma vida ou de um reinado. Olha-se para ele com saudade e com orgulho.

Conheci Pedro Luís na imprensa. Íamos ao Senado tomar nota dos debates, ele, Bernardo Guimarães e eu, cada qual para o seu jornal. Bernardo Guimarães era da geração anterior, companheiro de Álvares de Azevedo, mas realmente não tinha idade; não a teve nunca. A nota juvenil era nele a expressão de humor e do talento.

Nem Bernardo nem eu íamos para a milícia política; Pedro Luís, dentro de pouco foi eleito deputado pelo 2º distrito da província do Rio de Janeiro com os conselheiros Manuel de Jesus Valdetaro e Eduardo de Andrade Pinto. A estreia de Pedro Luís na tribuna foi um grande sucesso do tempo, e está comemorada nos jornais com a justiça que merece. Tratava-se de um projeto concedendo um pedaço de terra a um padre Janrard,[500] lazarista.

---

498 Flávio Farnese da Paixão Júnior (Serro, 1836-Rio de Janeiro, 1871), jornalista, advogado, redator, com Lafayette Rodrigues Pereira, dos periódicos cariocas *A Atualidade* (1858-1864), *Le Brésil* (1862-1863) e *A República* (1870-1871).

499 Lafayette Rodrigues Pereira (Queluz, 1834-Rio de Janeiro, 1917), crítico, jornalista, orador e senador, redator de *D. Povo* (1868) e autor de *Vindiciae* (1899), em que defende Machado de Assis dos ataques de Sílvio Romero.

500 O padre Jules Janrad ensinou francês no Colégio Saint Louis, do Rio de Janeiro, na década de 1860.

Pedro Luís fez desse negócio insignificante uma batalha de eloquência, e proferiu um discurso cheio de grande alento liberal. Surdiram-lhe em frente dois adversários respeitáveis: monsenhor Pinto de Campos, que reunia aos sentimentos de conservador, o caráter sacerdotal, e o Dr. Junqueira,[501] atual senador: eram dois nomes feitos e tanto bastava a honrar o estreante orador.

As vicissitudes políticas fizeram-se sentir em breve.

Pedro Luís não foi reeleito na legislatura seguinte. Em 1868, caída a situação liberal, o conselheiro Otaviano tratou da fundação da *Reforma*, e convidou Pedro Luís, que ali trabalhou ao lado da fina flor do partido.

Então, como antes, cultivou as letras, deixando algumas composições notáveis, como "Os voluntários da morte", "Terribilis Dea", "Tiradentes" e "Nunes Machado".[502] A primeira destas tinha sido recitada por ele mesmo, em uma casa da rua da Quitanda, onde se reuniam alguns amigos e homens de letras; e foi uma revelação de primeira ordem. Recitada pouco depois no teatro e divulgada pela imprensa, correu o império e atravessou o oceano, sendo reproduzida em Lisboa, donde o visconde de Castilho escreveu ao poeta dizendo-lhe que essa ode era um rugido de leão.

Todas as demais composições tiveram o mesmo efeito. São, na verdade, cheias de grande vigor poético, raro calor e movimento lírico.

Não tardou que a política ativa o tomasse inteiramente. Em 1877 subiu ao poder o partido liberal, e ele tornou à Câmara dos Deputados, representando a província do Rio de Janeiro. A 28 de março de 1880, organizando o Sr. senador Saraiva[503] o seu ministério, confiou a Pedro Luís a pasta dos Negócios Estrangeiros, para a qual pareciam indicá-lo especialmente as qualidades pessoais. Nem ocupou somente essa pasta; foi sucessivamente ministro interino da Marinha, do Império e da Agricultura.

No Ministério da Agricultura, que ele regeu duas vezes, e a segunda por morte do conselheiro Buarque de Macedo,[504] encontramo-nos os dois,

---

501 Trata-se do senador João José de Oliveira Junqueira Júnior (1832-1887)
502 Trata-se da obra *A sombra de Tiradentes e Nunes Machado* (poesia, 1864).
503 Trata-se do senador José Antônio Saraiva (1823-1895).
504 Trata-se de Manuel Buarque de Macedo (1837-1881), ministro dos Transportes e depois Ministro da Agricultura, de 1880-1881.

trabalhando juntos, como em 1860, mas ele agora era ministro de Estado, e eu tão somente oficial de gabinete. Cito esta circunstância para afirmar com o meu testemunho pessoal, que esse moço, suposto sibarita e indolente, era nada menos que um trabalhador constante e ativo, zeloso do cargo e da pessoa; todos os que o praticaram de perto podem atestar isto mesmo. Deixou o seu nome ligado a muitos atos de administração interior ou de natureza diplomática.

Posta em execução a reforma eleitoral, obra do próprio ministério dele, o conselheiro Pedro Luís, que então era ministro de duas pastas, não conseguiu ser eleito. Aceitou a derrota com o bom humor que lhe era próprio, embora tivesse de padecer na legítima ambição política; mas estava moço e forte, e a derrota era das que laureiam. Não ter algumas centenas de votos é apenas não dispor da confiança de outras tantas pessoas, coisa que não prejulga nada. O desdouro seria cair mal, e ele caiu com gentileza.

Pouco tempo depois foi nomeado presidente da província da Bahia, donde voltou enfermo, com a morte em si. Na Bahia deixou verdadeiras saudades; era estimado de toda a gente, respeitado e benquisto.

O organismo, porém, começou a deperecer, e o repouso e tratamento tornaram-se-lhe indispensáveis; alcançou a demissão do cargo e regressou à vida particular.

Faleceu na sua fazenda da Barra Mansa, às 4 horas da madrugada do dia 16 de julho do corrente ano de 1884.

Era casado com D. Amélia Valim Pereira de Sousa, filha do comendador Manuel de Aguiar Valim, fazendeiro do município de Bananal, e chefe ali do partido conservador. Um dos jornais do Rio de Janeiro mencionou esta circunstância:

"Tal era a amenidade do caráter de Pedro Luís, que, a despeito de suas opiniões políticas, seu sogro o prezava e distinguia muito, assim como outros muitos fazendeiros importantes daquele município, sem distinção de partido."

Ninguém que o praticou intimamente deixou de trazer a impressão de uma verdadeira personalidade, podendo acrescentar-se que ele não deu tudo que era de esperar do seu talento, e que valia ainda mais do que a sua reputação.

Posto que um tanto cético, era sensível, profundamente sensível; tinha instrução variada, gosto fino e puro, nada trivial nem chocho; era cheio de bons ditos, e observador como raros.

MACHADO DE ASSIS
A Ilustração, ano I, vol. I, nº 11,
5 de outubro de 1884, p.163.

3 de novembro[505]

Que os moços saúdem Gonçalves Dias e glorifiquem este nome tão caro às musas e à pátria, não só os honra, como fortalece as esperanças brasileiras.

Não está morta a poesia, onde os recém-chegados ao ofício do pensamento sentem tudo o que valia e vale o cantor dos *Timbiras* e de tantas estrofes lindas e eternamente nossas.

Glória ao nosso lírico e à pátria que sabe amá-lo.

MACHADO DE ASSIS
O Poeta, ano II, nº 5,
3 de novembro de 1884, p.3.

---

505 Comemoração do 20º aniversário de falecimento de Gonçalves Dias, promovida pelo jornal *O Poeta*, órgão do Congresso Literário Gonçalves Dias, do qual participaram, além de Machado de Assis, os escritores Firmino Dória, Augusto dos Santos, Revocata H. de Melo e João Barbosa.

1885

Artur Barreiros

Meu caro Valentim Magalhães.

Não sei que lhe diga que possa adiantar ao que sabe do nosso Artur Barreiros. Conhecemo-lo: tanto basta para dizer que o amamos. Era um dos melhores da sua geração, inteligente, estudioso, severo consigo, entusiasta das coisas belas, dourando essas qualidades com um caráter exemplar e raro: e se não deu tudo o que podia dar, foi porque cuidados de outra ordem lhe tomaram o espírito nos últimos tempos. Creio que, em tendo a vida repousada, aumentaria os frutos do seu talento, tão apropriado aos estudos longos e solitários e ao trabalho polido e refletido.

A fortuna, porém, nunca teve grandes olhos benignos para o nosso amigo; e a natureza, que o fez probo, não o fez insensível. Daí algumas síncopes do ânimo, e umas intermitências de misantropia, a que vieram arrancá-lo ultimamente a esposa que tomou e os dois filhinhos que lhe sobrevieram. Essa mesma fortuna parece ter ajustado as coisas de modo que ele, tão austero e recolhido, deixasse a vida em pleno carnaval. Não era preciso tanto para mostrar o contraste e a confusão das coisas humanas.

Não posso lembrar-me dele, sem recordar também outro Artur, o Artur Oliveira, ambos tão meus amigos. A mesma moléstia os levou, aos trinta anos, casados de pouco. A feição do espírito era diferente neles, mas uma coisa os aproxima, além da minha saudade, é que também o Artur Oliveira não deu tudo o que podia, e podia muito.

Ao escrever-lhe as primeiras linhas desta carta, chovia copiosamente, e o ar estava carregado e sombrio. Agora, porém, uma nesga azul do céu, não sei se duradoura ou não, parece dizer-nos que nada está mudado para ele, que é eterno. Um homem de mais ou de menos importa o mesmo que a folha que vamos arrancar à árvore para juncar o chão das nossas festas. Que nos importa a folha?

Esta advertência, que não chega a abater a mocidade, tinge de melancolia os que já não são rapazes. Estes têm atrás de si uma longa fileira de mortos. Cada um dos recentes lembra-lhe os outros. Alguns desses mortos encheram a vida com ações ou escritos, e fizeram ecoar o nome além dos limites da cidade. Artur Barreiros (e não é dos menores motivos de tristeza) gastou o aço em labutações estranhas ao seu gosto particular; entre este e a necessidade não hesitou nunca, e acanhou em parte as faculdades por um excessivo sentimento de modéstia e desconfiança. A extrema desconfiança não é menos perniciosa que a extrema presunção. "As dúvidas são traidoras", escreveu Shakespeare; e pode-se dizer que muita vez o foram com o nosso amigo. O tempo dar-lhe--ia a completa vitória; mas o mesmo tempo o levou, depois de longa e cruel enfermidade. Não levará a nossa saudade nem a estima que lhe devemos.

MACHADO DE ASSIS
A Semana, ano I, nº 8, 21 de fevereiro de 1885, p.3.

Miragens[506]
Eneias Galvão[507]

30 de julho de 1885.

Meu caro poeta,

Este seu livro, com as lacunas próprias de um livro de estreia, tem as qualidades correspondentes, aquelas que são, a certo respeito, as melhores de toda

---

506 Rio de Janeiro: Tipografia de G. Leuzinger & Filhos, 1885.
507 Eneias Galvão (São José do Norte, 1863-Teresópolis, 1916), poeta, advogado e redator de *A República* (1870-1871), autor de *Miragens* (1885).

a obra de um escritor. Com os anos adquire-se a firmeza, domina-se a arte, multiplicam-se os recursos, busca-se a perfeição que é a ambição e o dever de todos os que tomam a pena para traduzir no papel as suas ideias e sensações. Mas há um aroma primitivo que se perde; há uma expansão ingênua, quase infantil, que o tempo limita e retrai. Compreendê-lo-á mais tarde, meu caro poeta, quando essa hora bendita houver passado, e com ela uma multidão de coisas que não voltam, posto deem lugar a outras que as compensam.

Por enquanto fiquemos na hora presente. É a das confidências pessoais, dos quadros íntimos, é a deste livro. Aos que lho arguirem, pode responder que sempre haverá tempo de alargar a vista a outros horizontes. Pode também advertir que é um pequeno livro, escolhido, que não cansa, e eu acrescentarei, por minha conta, que se pode ler com prazer, e fechar com louvor.

Que há nele alguns leves descuidos, uma ou outra impropriedade, é certo; contudo vê-se que a composição do verso acha da sua parte a atenção que é hoje indispensável na poesia, e, uma vez que enriqueça o vocabulário, ele lhe sairá perfeito. Vê-se também que é sincero, que exprime os sentimentos próprios, que estes são bons, que há no poeta um homem, e no homem um coração.

Ou eu me engano, ou tem aí com que tentar outros livros. Não restrinja então a matéria, lance os olhos além de si mesmo, sem prejuízo, contudo, do talento. Constrangê-lo é o maior pecado em arte. Anacreonte, se quisesse trocar a flauta pela tuba, ficaria sem tuba nem flauta; assim também Homero, se tentasse fazer de Anacreonte, não chegaria a dar-nos, a troco das suas imortais batalhas, uma das cantigas do poeta de Teos.

Desculpe a vulgaridade do conceito; ele é indispensável aos que começam. Outro que também me parece cabido é que, no esmero do verso não vá ao ponto de cercear a inspiração. Esta é a alma da poesia, e como toda a alma precisa de um corpo, força é dar-lho, e quanto mais belo, melhor; mas nem tudo [deve] ser corpo. A perfeição, neste caso, é a harmonia das partes.

Adeus, meu caro poeta. Crer nas musas é ainda uma das coisas melhores da vida. Creia nelas, e ame-as.

MACHADO DE ASSIS
[Prefácio]

1886

"Ao leitor"[508]

Se tão tarde lhe dou a resposta prometida é que não queria imitar o descoco do crítico, objeto de um dos sonetos, que leu a primeira página de dois livros e louvou, justamente o mau, e censurou o bom. Daí a demora, daí e de mil outras circunstâncias, que não aponto aqui, para não demorar a carta.

Li o seu livro todo, de princípio a fim, e digo-lhe que absolutamente descabido no livro só acho o último soneto, em que declara não poder acreditar que seja poeta. Outros há que poderiam ser emendados aqui e ali, a matéria de alguns parece menos apropriada; mas em geral, reconheço com muito prazer que domina o verso, que ele lhe sai expressivo e flexível.

---

508 A carta de Machado de Assis foi inserida em "Ao leitor" que abre o volume *Tipos e quadros*, em que Luís Leopoldo Fernandes Pinheiro informa: "Os presentes sonetos foram escritos para serem lidos apenas numa associação literária, o *Congressso Literário Guarani*, de Niterói. Depois, por instigações de amigos, publiquei quase todos no *Fluminense*, órgão da imprensa local. Finalmente, a transcrição que de grande número deles fizeram alguns jornais das províncias sugeriu-me a ideia de colecioná-los em volume.// Não quis porém dar este passo sem ouvir antes dois mestres que me honraram com a sua amizade, os laureados poetas Dr. Teixeira de Melo e Machado de Assis. Ambos animaram-me no meu propósito, o primeiro verbalmente e o segundo por meio da seguinte carta [...]".

Também notei, em muitas composições, um como que desencanto que me admira nos seus verdes anos. Há nessas uma intenção formal de desfazer nas ações humanas, dando-lhes ou apontando-lhes a causa secreta e pessoal, ou então pondo-lhes ao lado a ação ou o fato contrário. Deus me livre de lhe dizer que não tenha razão, em muitos pontos, e ainda menos de lhe aconselhar que faça outra coisa. Noto apenas a minha impressão, diante dos versos de um moço, que eu supunha inteiramente moço.

E aqui observo que um dos mais bonitos sonetos é aquele que tem por título "Aparências", em que se trata de um amigo do poeta, festivo e divertido, mas que leva na alma o espinho da agonia. Vendo a alegria do livro, e a tristeza fundamental de algumas páginas, era capaz de jurar que o amigo do poeta era o próprio poeta.

Não me diga nada em prosa, continue a dizê-lo em verso.

Aperta-lhe a mão o

    Amigo etc.

Niterói, 12 de agosto de 1886.

MACHADO DE ASSIS[509]
[Carta A Luís Leopoldo Fernandes Pinheiro[510]
a respeito da obra *Tipos E Quadros*][511]

PÂMPANOS. – Rodrigo Otávio[512] foi um nome distinto nas letras e na política; a morte o levou muito cedo. Ei-lo que ressuscita na pessoa de um

---

509 Na sequência de "Ao leitor", Luís Leopoldo Fernandes Pinheiro acrescenta: "Escusado é dizer que da coleção vista pelo Sr. Machado de Assis desapareceram alguns sonetos e outros muitos sofreram depois alterações.// É portanto sob a responsabilidade dos dois Mestres supracitados que publico este volume. Entretanto, seja qual for o mérito literários das composições neles contidas, apraz-me crer que as almas gêmeas, os *simples* aos quais Guerra Junqueiro se dirige na *Velhice do padre eterno*, terão alguma coisa a lucrar com a sua leitura".
510 Luís Leopoldo Fernandes Pinheiro (Campos, 1855-Niterói, 1955), poeta, cronista, romancista, tradutor, jornalista, filólogo, geógrafo e historiador, autor de *Primícias* (poesia, 1873) e *Musa da Escolas* (1889).
511 Rio de Janeiro: [sem indicação], 1886.
512 Rodrigo Otávio de Oliveira Meneses (Cachoeira, 1839-Vassouras, 1882), advogado, magistrado, poeta, governador da província do Paraná (fevereiro de 1878 a abril de 1879) e pai de Rodrigo Otávio Langgaard de Meneses.

filho, moço poeta, que estreou agora mesmo com um volume denominado *Pâmpanos*.

São versos de 1884 e 1885. Tem pouco mais de cem páginas; e não são precisas mais para conhecer um talento. O Sr. Rodrigo Otávio[513] o tem, sincero, espontâneo, e fará brilhante carreira. Sabe sentir, sabe exprimir o que sente, em versos puros e bem trabalhados, mas trabalhados sem esforço, que é o melhor. Não se percebe a lima. Para bem defini-lo é bastante transcrever o soneto que tem por título "Onze de maio", oferecido a seus irmãos. Trata-se do aniversário do pai. É simples, veio do coração, tal qual, sem polimento nem adornos:

> *O dia de seus anos! Que saudade*
> *Traz-me esse dia outrora tão festivo,*
> *Quanta tristeza traz-me o ardente e vivo*
> *Raio de sol que espanca a escuridade!*
>
> *Nesse dia monótono que eu vivo*
> *Quanta recordação minh'alma invade*
> *Desse tempo feliz da tenra idade*
> *Quando eu não era dessa dor cativo!*
>
> *Nós íamos felizes e risonhos*
> *No leito despertá-lo de seus sonhos*
> *De doce paz, de amor e de ventura.*
> *Mas tudo acaba... e tristes e chorosos*
> *Vamos, meu pai, à tua sepultura*
> *À sombra dos salgueiros lutuosos.*

Em geral a nota do livro é triste, mas o Sr. Rodrigo Otávio é moço, e reagirá. O importante, porém, não é ser isto ou aquilo, mas sê-lo sinceramente, e com belos versos. Tem o Sr. Rodrigo Otávio os elementos para uma bonita carreira; tê-la-á, e nós o aplaudiremos.

---

513 Rodrigo Otávio Langgaard de Meneses (Campinas, 1866-Rio de Janeiro, 1944), poeta, romancista, novelista, contista, memorialista, dramaturgo, conferencista, advogado e juiz, autor de *Pâmpanos* (1886), *Poemas e idílios* (1897) e *Coração aberto* (memórias, 1928).

A QUINZENA[514] — Está publicado o nº 2 da *Quinzena*, folha literária redigida por dois moços de boa vontade e ainda melhor talento, o Srs. Jorge Pinto[515] e Alfredo Pujol,[516] e colaborada por grande número de escritores.

A *Quinzena* é datada de Vassouras, que é o seu centro, mas é impressa nesta corte (nas nossas oficinas), e vive como se o centro fosse aqui mesmo, na rua do Ouvidor. Para isto não foi preciso mais que dar-lhe a nota de vida e movimento, mais lenta e apagada no interior, e intensíssima aqui.

Este segundo número contém escritos, prosa e verso, contos, críticas, assuntos didáticos, máximas, crônica, tudo à mistura. Entre outras coisas, notaremos algumas linhas póstumas do visconde de Araxá, cultor de letras que a política tomou a si, e que deixou mais tarde a política para ocupar-se com as letras, mas então lá consigo, no lar doméstico, longe do tumulto exterior.

Essas linhas póstumas são uma pequena coleção de pensamentos e reflexões, em que há alguns bem finos e bem expressos, como estes: "Amor, – egoísmo entre dois". – "Dois e dois são quatro, – diz o matemático; veremos, – diz o legista".

Felicitamos de coração os Srs. Jorge Pinto e Alfredo Pujol, e desejamos que a obra que empreenderam na província seja imitada por outros. Muitos talentos aparecerão logo que se lhes dê ensejo; é o que há de ver a *Quinzena*, é o que verão as folhas congêneres que acudirem ao reclamo dos dois valentes rapazes.[517]

A Estação, ano XV, nº 6, Bibliografia,
31 de março de 1886, p.22.

---

514 *A Quinzena*, revista quinzenal literária, foi lançada em Vassouras, em 20 de fevereiro de 1886 e circulou até 1º de julho de 1887.

515 Jorge Alberto Leite Pinto (Vassouras, 1865-Rio de Janeiro, 1934), médico, jornalista, escritor e poeta, autor de *Fastos vassourenses* (1935).

516 Alfredo Gustavo Pujol (São João Marcos, 1865-São Paulo, 1930), advogado, jornalista, crítico literário, político e orador, autor de *Floriano Peixoto* (1895) e *Machado de Assis* (1917).

517 José Galante de Sousa, na *Bibliografia de Machado de Assis* (p.582), informa que, na última série das *Minhas memórias dos outros*, publicada em 1935, Rodrigo Otávio Langgaard Meneses identifica como sendo de Machado de Assis a crítica a respeito de sua obra, publicada em *A Estação*, em 31 de março de 1886.

1887

O guarani[518]
José de Alencar

Um dia, respondendo a Alencar em carta pública, dizia-lhe eu, com referência a um tópico da sua – que ele tinha por si, contra a conspiração do silêncio, a conspiração da posteridade. Era fácil antevê-lo: *O guarani* e *Iracema* estavam publicados; muitos outros livros davam ao nosso autor o primeiro lugar na literatura brasileira. Há dez anos apenas que morreu; ei-lo

---

[518] O prefácio de Machado de Assis à edição de *O guarani*, de 1887, foi transcrito nos seguintes periódicos: *A Semana* (n° 133, 16 de julho de 1887), *O Álbum* (n° 52, outubro de 1894) e *Revista do Brasil* (n° 15, março de 1917). Sob o título de "Um prefácio", a *Revista do Brasil* informa: "Este prefácio foi escrito em 1888 para uma edição monumental do 'Guarani', que não passou do 1° fascículo, onde se imprimiram o mesmo prefácio e as primeiras páginas do 'Guarani'. Machado não reimprimiu o seu prefácio em nenhuma das coletâneas de escritos vários". Não apenas a data do prefácio está errada como também o número de fascículos, conforme a *Revista Ilustrada*: o n° 460, de 15 de julho de 1887, informa que o prefácio de Machado foi publicado em julho daquele ano; o n° 489, de 17 de março de 1888, que saíram os fascículos 9 e 10 de *O guarani*. As "Notas bibliográficas", de *O Álbum* (n° 133, 16 de julho de 1887), noticiam o recebimento do "2° fascículo d'*O guarani*, grande edição ilustrada, empreendida pelos Srs. Pedro da Silveira e Ernesto Guimarães. Acompanhando-o vem uma boa gravura de página, desenho de Treidler, xilografia de Alfredo Pinheiro".

que renasce para as edições monumentais, com a primeira daquelas obras, tão fresca e tão nova, como quando viu a luz, há trinta anos, nas colunas do *Diário do Rio*. É a conspiração que começa.

O guarani foi a sua grande estreia. Os primeiros ensaios fê-los no *Correio Mercantil*, em 1853, onde substituiu F. Otaviano na crônica. Curto era o espaço, pouca a matéria; mas a imaginação de Alencar supria ou alargava as coisas, e com o seu pó de ouro borrifava as vulgaridades da semana. A vida fluminense era então outra, mais concentrada, menos ruidosa. O mundo ainda não nos falava todos os dias pelo telégrafo, nem a Europa nos mandava duas e três vezes por semana, às braçadas, os seus jornais. A chácara de 1853 não estava, como a de hoje, contígua à rua do Ouvidor por muitas linhas de *tramways*, mas em arrabaldes verdadeiramente remotos, ligados ao centro por tardos ônibus e carruagens particulares ou públicas.

Naturalmente, a nossa principal rua era muito menos percorrida. Poucos eram os teatros, casas fechadas, onde os espectadores iam tranquilamente assistir a dramas e comédias, que perderam o viço com o tempo. A animação da cidade era menor e de diferente caráter. A de hoje é o fruto natural do progresso dos tempos e da população; mas é claro que nem o progresso nem a vida são dons gratuitos. A facilidade e a celeridade do movimento desenvolvem a curiosidade múltipla e de curto fôlego e muitas coisas perderam o interesse cordial e duradouro, ao passo que vieram outras novas e inumeráveis. A fantasia de Alencar, porém, fazia render a matéria que tinha, e não tardou que se visse no jovem estreante um mestre futuro, como Otaviano, que lhe entregara a pena.

Efetivamente, daí a três anos aparecia o *Guarani*. Entre a crônica e este romance, mediaram, além da direção do *Diário do Rio*, a famosa crítica da *Confederação dos Tamoios*, e duas narrativas, *Cinco minutos* e *A viuvinha*. A crítica ocupou a atenção da cidade durante longos dias, objetos de réplicas, debates, conversações. Em verdade, Alencar não vinha conquistar uma ilha deserta. Quando se aparelhava para o combate e a produção literária, mais de um engenho vivia e dominava, além do próprio autor da *Confederação*, como Gonçalves Dias, Varnhagen, Macedo, Porto-Alegre, Bernardo Guimarães; e entre esses, posto que já então finado, aquele cujo livro acabava de revelar ao Brasil um poeta genial: Álvares de Azevedo. Não importa; ele chegou, impaciente e ousado, criticou, inventou, compôs. As duas primeiras narrativas trouxeram logo a nota pessoal e nova; foram lidas como uma revelação. Era o bater das asas do espírito, que iria pouco depois arrojar voo até às margens do Paquequer.

Aqui estão as margens do Paquequer; aqui vem este livro, que foi o primeiro alicerce da reputação de romancista do nosso autor. É a obra pujante da mocidade. Escreve-a à medida da publicação, ajustando-se a matéria ao espaço da folha, condições adversas à arte, excelentes para granjear a atenção pública. Vencer estas condições no que elas eram opostas, e utilizá-las no que eram propícias, foi a grande vitória de Alencar, como tinha sido a do autor d'*Os três mosqueteiros*.[519]

Não venho criticar o *Guarani*. Lá ficou, em páginas idas, o meu juízo sobre ele. Quaisquer que sejam as influências estranhas a que obedecer, este livro é essencialmente nacional. A natureza brasileira, com as exuberâncias que Burke[520] opõe à nossa carreira de civilização, aqui a tendes, vista por vários aspectos; e a sua vida interior no começo do século XVII devia ser a que o autor nos descreve, salvo o colorido literário e os toques de imaginação, que, ainda quando abusa, delicia. Aqui se encontrará a nota maviosa, tão característica do autor, ao lado do rasgo másculo, como lho pedia o contato e o contraste da vida selvagem e da vida civil. Desde a entrada estamos em puro e largo romantismo. A maneira grave e aparatosa com que D. Antônio de Mariz toma conta de suas terras, lembra os velhos fidalgos portugueses, vistos através da solenidade de Herculano; mas já depois intervém a luta do goitacá com a onça, e entramos no coração da América. A imaginação dá à realidade os mais opulentos atavios. Que importa que às vezes a cubram demais? Que importam os reparos que possam fazer na psicologia do indígena? Fica-nos neste o exemplar da dedicação, como em Cecília o da candura e faceirice; ao todo, uma obra em que palpita o melhor da alma brasileira.

---

519 *Os três mosqueteiros*, romance histórico escrito por Alexandre Dumas (1802-1870), inicialmente publicado como folhetim no jornal *Le Siècle*, de março a julho de 1844, editado em livro no mesmo ano, e reeditado em 1846.
520 Edmund Burke (Dublin, 1729-Beaconsfield, 1797), político, filósofo, escritor e orador britânico, autor de *Investigação filosófica sobre a origem de nossas ideias do sublime e do belo* (1757).

Outros livros vieram depois. Veio a deliciosa *Iracema*; vieram as *Minas de prata*, mais vastos que ambos, superior a outros do mesmo autor, e menos lidos que eles; vieram aqueles dois estudos de mulher – *Diva e Lucíola*, que foram dos mais famosos. Nenhum produziu o mesmo efeito do *Guarani*. O processo não era novo; a originalidade do autor estava na imaginação fecunda – ridente ou possante – e na magia do estilo. Os nossos raros ensaios de narrativa careciam, em geral, desses dois predicados, embora tivessem outros que lhes davam justa nomeada e estima. Alencar trazia--os, com alguma coisa mais que despertava a atenção: o poder descritivo e a arte de interessar. Curava antes dos sentimentos gerais; fazia-o, porém, com largueza e felicidade; as fisionomias particulares eram-lhes menos aceitas. A língua, já numerosa, fez-se rica pelo tempo adiante. Censurado por deturpá-la, é certo que a estudava nos grandes mestres; mas persistiu em algumas formas e construções, a título de nacionalidade.

Não pude reler este livro, sem recordar e comparar a primeira fase da vida do autor com a segunda. 1856 e 1876 são duas almas da mesma pessoa. A primeira data é a do período inicial da produção quando a alma paga o esforço, e a imaginação não cuida mais que de florir, sem curar dos frutos nem de quem lhos apanhe. Na segunda, estava desenganado. Descontada a vida íntima, os seus últimos tempos foram de misantropo. Era o que ressumbrava dos escritos e do aspecto do homem. Lembram-me ainda algumas manhãs, quando ia achá-lo nas alamedas solitárias do Passeio Público, andando e meditando, e punha-me a andar com ele, e a escutar-lhe a palavra doente, sem vibração de esperanças, nem já de saudades. Sentia o pior que pode sentir o orgulho de um grande engenho: a indiferença pública, depois da aclamação pública. Começara como Voltaire para acabar como Rousseau.[521] E baste um só cotejo. A primeira de suas comédias, *Verso e reverso*, obrazinha em dois atos, representada no antigo Ginásio, em 1857, excitou a curiosidade do Rio de Janeiro, a literária e a elegante; era uma simples estreia. Dezoito anos depois, em 1875, foram pedir-lhe um drama,

---

521 Jean-Jacques Rousseau (Genebra, 1712-Ermenonville, 1778), filósofo, escritor e expoente do iluminismo francês, autor de *Devaneios de um caminhante solitário* (1776) e *A nova Heloísa* (1757).

escrito desde muito, e guardado inédito. Chamava-se *O jesuíta*, e ajustava-se fortuitamente, pelo título, às preocupações maçônico-eclesiásticas da ocasião; nem creio que lho fossem pedir por outro motivo. Pois nem o nome do autor, se faltasse outra excitação, conseguiu encher o teatro, na primeira, e creio que única, representação da peça.

Esses e outros sinais dos tempos tinham-lhe azedado a alma. O eco da quadra ruidosa vinha contrastar com o atual silêncio; não achava a fidelidade da admiração. Acrescia a política, em que tão rápido se elevou como caiu, e donde trouxe a primeira gota de amargor. Quando um ministro de Estado, interpelado por ele, retorquiu-lhe com palavras que traziam, mais ou menos, este sentido – que a vida partidária exige a graduação dos postos e a submissão aos chefes – usou de uma linguagem exata e clara para toda a Câmara, mas ininteligível para Alencar, cujo sentimento não se acomodava às disciplinas menores dos partidos.

Entretanto, é certo que a política foi uma de suas ambições, se não por si mesma, ao menos pelo relevo que dão as altas funções do Estado. A política tomou-o em sua nave de ouro; fê-lo polemista ardente e brilhante, e levantou-o logo ao leme do governo. Não faltava a Alencar mais que uma qualidade parlamentar – a eloquência. Não possuía a eloquência, antes parecia ter em si todas as qualidades que lhe eram contrárias; mas, fez-se orador parlamentar, com esforço, desde que viu que era preciso. Compreendera que, sem a oratória, tinha de ficar na meia obscuridade. Se o talento da palavra é a primeira condição do parlamento, no dizer de Macaulay – que escreveu essa espécie de *truísmo*, suponho, para acrescentar sarcasticamente que a oratória tem a vantagem de dispensar qualquer outra faculdade, e pode muita vez cobrir a ignorância, a fraqueza, a temeridade e os mais graves e fatais erros – sabemos que para o nosso Alencar, como para os melhores, era um talento complementar, não substitutivo. Deu com ele algumas batalhas duras contra adversários de primeira ordem. Mas tudo isso foi rápido. Teve os gozos intensos da política, não os teve duradouros. As letras, posto que mais gratas que ela, apenas o consolaram; já lhes não achou o sabor primitivo. Voltou a elas inteiramente, mas solitário e desenganado. A morte veio tomá-lo depressa. Jamais me esqueceu a impressão que recebi quando dei com o cadáver de Alencar no alto da eça, prestes a ser transferido para o cemitério. O homem estava ligado aos anos das minhas estreias. Tinha-lhe afeto, conhecia-o desde o tempo em que ele ria, não me podia acostumar à ideia de que a trivialidade da morte houvesse desfeito esse artista fadado para distribuir a vida.

 A posteridade dará a este livro o lugar que definitivamente lhe competir. Nem todos chegam intactos aos olhos dela; casos há, em que um só resume tudo o que o escritor deixou neste mundo. *Manon Lescaut*, por exemplo, é a imortal novela daquele padre que escreveu tantas outras, agora esquecidas. O autor de *Iracema* e do *Guarani* pode esperar confiado. Há aqui mesmo uma inconsciente alegoria. Quando o Paraíba alaga tudo, Peri, para salvar Cecília, arranca uma palmeira, a poder de grandes esforços. Ninguém ainda esqueceu essa página magnífica. A palmeira tomba, Cecília é depositada nela, Peri murmura ao ouvido da moça: *Tu viverás*, e vão ambos por ali abaixo, entre água e céu, até que se somem no horizonte. Cecília é a alma do grande escritor, a árvore é a pátria que a leva na grande torrente dos tempos. *Tu viverás!*

MACHADO DE ASSIS
[Prefácio], [julho de 1887]

1888

Joaquim Serra

Quando há dias fui enterrar o meu querido Serra, vi que naquele féretro ia também uma parte da minha juventude. Logo de manhã relembrei-a toda. Enquanto a vida chamava ao combate diurno todas as suas legiões infinitas, tão alegre e indiferente, como se não acabasse de perder na véspera um dos mais robustos legionários, recolhi-me às memórias de outro tempo, fui reler algumas cartas do meu finado amigo.

Cartas íntimas e familiares, mais letras que política. As primeiras, embora velhas, eram ainda moças, daquela mocidade que ele sabia comunicar às coisas que tratava. Relê-las era conversar com o morto, cuja alma ali estava derramada no papel, tão viçosa como no primeiro dia. A cintilação do espírito era a mesma; a frase brotava e corria pela folha abaixo, como a água de um córrego, rumorosa e fresca.

Os dedos que tinham lavrado aquelas folhas de outro tempo, quando os vi depois cruzados sobre o cadáver, lívidos e hirtos, não pude deixar de os contemplar longamente, recordando as páginas públicas que trabalharam, e que ele soltou ao vento, ora com o desperdício de um engenho fértil, ora com a tenacidade de apóstolo. Versos sobre versos, prosa e mais prosa, artigos de toda casta, políticos, literários, o epigrama fino, o epíteto certo ou jovial, e, durante os últimos anos, a luta pela abolição, tudo caiu daqueles dedos infatigáveis, prestadios, tão cheios de força como de desinteresse.

A morte trouxe ao espírito de todos o contraste singular entre os méritos de Joaquim Serra e os seus destinos políticos. Se a vida política é, como a demais vida universal, uma luta em que a vitória há de caber ao mais aparelhado, aí deve estar a explicação do fenômeno. Podemos concluir então, que não bastam o talento e a dedicação, se não é que o próprio talento pode faltar, às vezes, sem dano algum para a carreira do homem. A posse de outras qualidades pode ser também negativa para os efeitos do combate. Serra possuía a virtude do sacrifício pessoal, e mui cedo a aprendeu e cumpriu, segundo o que ele próprio mandou me dizer um dia da Paraíba do Norte, em 10 de março de 1867: "Já te escrevi algumas linhas acerca da minha *adiada* viagem em maio. Foi mister... Não sei mesmo como se exigem sacrifícios da ordem daqueles que ultimamente se me têm exigido. Se eu te contasse tudo, talvez não o acreditarias. Enfim, não te verei *em maio*, mas hei de ir ao Rio este ano". Não me referiu, nem então, nem depois, outras particularidades, porque também possuía o dom de esquecer — negativo e impróprio da vida política.

Era modesto até a reclusão absoluta. Suas ideias saíam todas endossadas por pseudônimos. Eram como moedas de ouro, sem efígie, com o próprio e único valor do metal. Daí o fenômeno observado ainda este ano. Quando chegou o dia da vitória abolicionista, todos os seus valentes companheiros de batalha citaram gloriosamente o nome de Joaquim Serra entre os discípulos da primeira hora, entre os mais estrênuos, fortes e devotados; mas a multidão não o repetiu, não o conhecia. Ela, que nunca desaprendeu de aclamar e agradecer os benefícios, não sabia nada do homem que, no momento em que a nação inteira celebrava o grande ato, recolhia-se satisfeito ao seio da família. Tendo ajudado a soletrar a liberdade, Joaquim Serra ia continuar a ler o amor aos que lhe ensinavam todos os dias a consolação.

Mas eu vou além. Creio que Joaquim Serra era principalmente um artista. Amava a justiça e a liberdade, pela razão de amar também a arquitrave e a coluna, por uma necessidade da estética social. Onde outros podiam ver artigos de programa, intuitos partidários, revolução econômica, Joaquim Serra via uma retificação e um complemento; e, porque era bom e punha em tudo a sua alma inteira, pugnou pela correção da ordem pública, cheio daquela tenacidade silenciosa, se assim se pode dizer, de um escritor de todos os dias, intrépido e generoso, sem pavor e sem reproche.

Não importa, pois, que os destinos políticos de Joaquim Serra hajam desmentido dos seus méritos pessoais. A história destes últimos anos lhe dará um couto luminoso. Outrossim, recolherá mais de uma amostra daquele estilo tão dele, feito de simplicidade, e sagacidade, correntio, franco, fácil, jovial, sem afetação nem reticências. Não era o *humour* de Swift,[522] que não sorri, sequer. Ao contrário, o nosso querido morto ria largamente, ria como Voltaire, com a mesma graça transparente e fina, e sem o fel de umas frases nem a vingança cruel de outras, que compõem a ironia do velho filósofo.

MACHADO DE ASSIS
Gazeta de Notícias, ano XIV, nº 309, segunda-feira,
5 de novembro de 1888, p.I.

---

[522] Jonathan Swift (Dublin, 1667-idem, 1765), escritor irlandês, autor de *Viagens de Gulliver* (1725), sátira contra a sociedade inglesa e a civilização de sua época.

1889

F. Otaviano[523]

Morreu um homem. Homem pelo que sofreu; ele mesmo o definiu, em belos versos, quando disse que passar pela vida sem padecer, era ser apenas um espectro de homem, não era ser homem. Raros terão padecido mais; nenhum com resignação maior. Homem ainda pelo complexo de qualidades superiores de alma e de espírito, de sentimento e de raciocínio, raros e fortes, tais que o aparelharam para a luta, que o fizeram artista e político, mestre da pena elegante e vibrante. *Vous êtes un homme, monsieur Goethe*, foi a saudação de Napoleão ao criador do *Fausto*. E o nosso Otaviano, que não trocara a alma pela juventude, como o herói alemão, mas que a trouxera sempre verde, a despeito da dor cruel que o roía, que não desaprendera na alegria boa e fecunda, nem a faculdade de amar, de admirar e de crer, que adorava a pátria como a arte, o nosso Otaviano era deveras um homem. A melhor homenagem àquele egrégio espírito é a tristeza dos seus adversários.

MACHADO DE ASSIS

Gazeta de Notícias, ano XV, nº 149, quarta-feira,
29 de maio de 1889, p.1.

---

523 Sob mesmo título, o texto de Machado de Assis é publicado na sequência ao necrológio escrito por Ferreira de Araújo, que assina como F. de A.

1891

[Discurso pronunciado na cerimônia de lançamento da pedra fundamental da estátua de José de Alencar, em 12 de dezembro de 1891][524]

Senhores,

Tenho ainda presente a eça em que, por algumas horas últimas, pousou o corpo de Alencar. Creio que jamais o espetáculo da morte me fez tão singular impressão. Quando entrei na adolescência, fulgiam os primeiros raios daquele grande engenho; vi-os depois em tanta cópia e com tal esplendor que eram já um sol, quando entrei na mocidade. Gonçalves Dias e os homens do seu tempo estavam feitos; Álvares de Azevedo, cujo livro era a *boa*

---

524 Sob o título "José de Alencar", o discurso de Machado de Assis, publicado na *Gazeta de Notícias*, vem na sequência das seguintes palavras do editor: "Efetuou-se ontem o assentamento da pedra fundamental do monumento que, por subscrição nacional, vai ser erguido na praça Ferreira Viana a José de Alencar.// Às 3 horas da tarde, reuniram-se naquela praça, junto do fosso cavado para o alicerce do monumento, a exma. viúva, filhas, filho e mais pessoas da família de José de Alencar, muitos homens de letras, artistas, representantes da imprensa e populares, e, sendo convidada para assumir a presidência a exma. viúva do grande escritor brasileiro, começou a cerimônia. Machado de Assis, como distinto colaborador, leu o seguinte discurso:".

nova dos poetas, falecera antes de revelado ao mundo. Todos eles influíam profundamente no ânimo juvenil que apenas balbuciava alguma coisa; mas a ação crescente de Alencar dominou as outras. A sensação que recebi no primeiro encontro pessoal com ele foi extraordinária; creio ainda agora que não lhe disse nada, contentando-me de fitá-lo com os olhos assombrados do menino Heine ao ver passar Napoleão. A fascinação não diminuiu com o trato do homem e do artista. Daí o espanto da morte. Não podia crer que o autor de tanta vida estivesse ali, dentro de um féretro, mudo e inábil por todos os tempos dos tempos. Mas o mistério e a realidade impunham-se; não havia mais que enterrá-lo e ir conversá-lo em seus livros.

Hoje, senhores, assistimos ao início de outro monumento, este agora de vida, destinado a dar à cidade, à pátria e ao mundo a imagem daquele que um dia acompanhamos ao cemitério. Volveram anos; volveram coisas; mas a consciência humana diz-nos que, no meio das obras e dos tempos fugidios, subsiste a flor da poesia, ao passo que a consciência nacional nos mostra na pessoa do grande escritor o robusto e vivaz representante da literatura brasileira.

Não é aqui o lugar adequado à narração da carreira do autor de *Iracema*. Todos vós sabeis que foi rápida, brilhante e cheia; podemos dizer que ele saiu da academia para a celebridade. Quem o lê agora, em dias e horas de escolha, e nos livros que mais lhe aprazem, não tem ideia da fecundidade extraordinária que revelou tão depressa entrou na vida. Desde logo pôs mãos à crônica, ao romance, à crítica e ao teatro, dando a todas essas formas do pensamento um cunho particular e desconhecido. No romance que foi a sua forma por excelência, a primeira narrativa, curta e simples, mal se espaçou da segunda e da terceira. Em três saltos estava o *Guarani* diante de nós; e daí veio a sucessão crescente de força, de esplendor, de variedade. O espírito de Alencar percorreu as diversas partes de nossa terra, o norte e o sul, a cidade e o sertão, a mata e o pampa, fixando-as em suas páginas, compondo assim com as diferenças da vida, das zonas e dos tempos a unidade nacional da sua obra.

Nenhum escritor teve em mais alto grau a alma brasileira. E não é só porque houvesse tratado assuntos nossos. Há um modo de ver e de sentir, que dá a nota íntima da nacionalidade, independente da face externa das coisas. O mais francês dos trágicos franceses é Racine, que só fez falar a antigos. Schiller é sempre alemão, quando recompõe Filipe II e Joana d'Arc. O nosso Alencar juntava a esse dom a natureza dos assuntos tirados da vida ambiente e da história local. Outros o fizeram também; mas a expressão do seu gênio era mais vigorosa e mais íntima. A imaginação, que sobrepujava nele o espírito de análise, dava a tudo o calor dos trópicos e as galas viçosas da nossa terra. O talento descritivo, a riqueza, o mimo e a originalidade do estilo completavam a sua fisionomia literária.

Não lembro aqui as letras políticas, os dias de governo e de tribuna. Toda essa parte de Alencar fica para a biografia. A glória contenta-se da outra parte. A política era incompatível com ele, alma solitária. A disciplina dos partidos e a natural sujeição dos homens às necessidades e interesses comuns não podiam ser aceitas a um espírito que em outra esfera dispunha da soberania e da liberdade. Primeiro em Atenas, era-lhe difícil ser segundo ou terceiro em Roma. Quando um ilustre homem de Estado respondendo a Alencar, já então apeado do poder, comparou a carreira política à do soldado, que tem de passar pelos serviços ínfimos e ganhar os postos gradualmente, dando-se a si mesmo como exemplo dessa lei, usou de uma imagem feliz e verdadeira, mas ininteligível para o autor das *Minas de prata*. Um ponto há que notar, entretanto, naquele curto estádio político. O autor do *Gaúcho* carecia das qualidades necessárias à tribuna; mas quis ser orador, e foi orador. Sabemos que se bateu galhardamente com muitas das primeiras vozes do parlamento.

Desenganado dos homens e das coisas, Alencar volveu de todo às suas queridas letras. As letras são boas amigas; não lhe fizeram esquecer inteiramente as amarguras, é certo; senti-lhe mais de uma vez a alma enojada e abatida. Mas a arte, que é a liberdade, era a força medicatriz do seu espírito. Enquanto a imaginação inventava, compunha e polia novas obras, a contemplação mental ia vencendo as tristezas do coração, e o misantropo amava os homens.

Agora que os anos vão passando sobre o óbito do escritor, é justo perpetuá-lo, pela mão do nosso ilustre estatuário nacional. Concluindo o livro de *Iracema*, escreveu Alencar esta palavra melancólica: "A jandaia cantava ainda no olho do coqueiro, mas não repetia já o mavioso nome de Iracema. Tudo passa sobre a terra". Senhores, a filosofia do livro não podia ser outra, mas a posteridade é aquela jandaia que não deixa o coqueiro, e que ao contrário da que emudeceu na novela, repete e repetirá o nome da linda tabajara e do seu imortal autor. Nem tudo passa sobre a terra.

Gazeta de Notícias, ano XVII, nº 347, domingo, 13 de dezembro de 1891, p.1.

1893

Henrique Chaves[525]

Henrique Chaves é um desmentido a duas velhas superstições. Nasceu em dia 13 e sexta-feira. Não podia nascer pior, e entretanto, é um dos homens felizes deste mundo. Em vez de ruins fadas, em volta do berço, cantando-lhe o coro melancólico dos caiporas, desceram anjos do céu, que lhe anunciaram muitas coisas futuras. Para os que nunca viram Lisboa, e *têm pena*, como o poeta, Henrique Chaves é ainda venturoso: nasceu nela. Enfim, conta apenas quarenta e quatro anos, feitos em janeiro último.

Um dia, tinha apenas vinte anos, transportou-se de Lisboa ao Rio de Janeiro. Para explicar esta viagem, é preciso remontar ao primeiro consulado de César. Este grande homem, assumindo aquela magistratura, teve ideia de fazer publicar os trabalhos do Senado romano. Não era ainda a taquigrafia; mas, com boa vontade, boa e muita, podemos achar ali o gérmen deste invento moderno. A taquigrafia trouxe Henrique Chaves ao Rio de Janeiro. Foi essa arte mágica de pôr no papel, integralmente, as ideias e as falas de um orador, que o fez atravessar o oceano, pelos anos de 1869.

---

[525] Henrique Samuel de Nogueira Rodrigues Chaves (Lisboa, 1849-Rio de Janeiro, 1910), jornalista, teatrólogo, tradutor, veio para o Brasil em 1869, e aqui colaborou com publicações como *O Besouro* e *O Mosquito*, além de fazer parte da redação da *Gazeta de Notícias*.

Refiro-me à taquigrafia política. Ela o pôs em contato com os nossos parlamentares dos últimos vinte anos. Há de haver na vida do taquígrafo parlamentar uma boa parte anedótica, que merecerá só por si a pena de umas memórias. As emendas, bastam as emendas dos discursos, as posturas novas, o trabalho do toucador, as trunfas desfeitas e refeitas, com os grampos de erudição, ou os cabelos apenas alisados, basta só isso para caracterizar o modo de cada orador, e dar-nos perfis interessantes. Um velho taquígrafo contou-me, quase em lágrimas, um caso mui particular. Passou-se há trinta anos. Um senador, orador medíocre, fizera um discurso mais que medíocre, trinta dias antes de acabar a sessão. Recebeu as notas taquigráficas no dia imediato, e só as restituiu três meses depois da sessão acabada. O discurso vinha por letra dele, e não havia uma só palavra das proferidas; era outro e pior. Ajuntai a esta parte anedótica aquela outra de psicologia que deve ser a principal, com uma estatística das palavras, um estudo dos oradores cansativos, apesar de pausados, ou por isso mesmo, e dos que não cansam, posto que velozes.

Mas uma coisa é o ganha-pão, outra a vocação. Henrique Chaves trazia nas veias o sangue do jornalismo. Tem a facilidade, a naturalidade, o gosto e o tato precisos a este ofício tão árduo e tão duro. Pega de um assunto, o primeiro à mão, o preciso, o do dia, e compõe o artigo com aquela presteza e lucidez que a folha diária exige, e com a nota própria da ocasião. Não lhe peçam longos períodos de exposição, nem deduções complicadas. Cai logo *in media res*, como a regra clássica dos poemas. As primeiras palavras parecem continuar uma conversação. O leitor acaba supondo ter feito um monólogo.

Não esqueçamos que o seu temperamento é o da própria folha em que escreve, a *Gazeta de Notícias*, que trouxe ao jornalismo desta cidade outra nota e diversa feição. Vinte anos antes de encetar a carreira, não sei se o faria – ao menos, com igual amor. A imprensa de há trinta anos não tinha este movimento vertiginoso. A notícia era como a rima de Boileau, *une esclave et ne doit qu'obéir*.[526] Teve o seu Treze de Maio, e passou da posição subalterna à sala de recepção.

---

[526] Verso pertencente à 3ª estrofe do Canto I da *Arte poética* de Boileau: "Quelque sujet qu'on traite, ou plaisant, ou sublime,/ Que toujours le bon sens s'accorde avec la rime;/ L'un l'autre vainement ils semblent se haïr;/ La rime est une esclave et ne doit qu'obéir./ Lorsqu'à la bien chercher d'abord on s'évertue,/ L'esprit à la

Os quarenta e quatro anos de Henrique Chaves podem subir a sessenta e seis: nunca passarão dos vinte e dois. Não falo por causa de ilusões; ninguém lhas peça, que é o mesmo que pedir um santo ao diabo. Uma das feições do seu espírito é a incredulidade a respeito de um sem-número de coisas que se impõem pela aparência. Outra feição é a alegria; ele ri bem e largo, comunicativamente. A conversação viva e lépida. Considerai que ele é o avesso do medalhão. Considerai também que é difícil saber aturar uma narração enfadonha com mais fina arte. Não se impacienta, não suspira, puxa o bigode; o narrador cuida que é um sinal de atenção, e ele pensa em outra coisa.

MACHADO DE ASSIS
O Álbum, ano I, nº 20,
maio de 1893, p.421-2.

Segunda-feira desta semana, o livreiro Garnier saiu pela primeira vez de casa para ir a outra parte que não a livraria. *Revertere ad locum tuum* – está escrito no alto da porta do cemitério de S. João Batista. Não, murmurou ele talvez dentro do caixão mortuário, quando percebeu para onde o iam conduzindo, não é este o meu lugar; o meu lugar é na rua do Ouvidor 71, ao pé de uma carteira de trabalho, ao fundo, à esquerda; é ali que estão os meus livros, a minha correspondência, as minhas notas, toda a minha escrituração.

Durante meio século, Garnier não fez outra coisa, senão estar ali, naquele mesmo lugar, trabalhando. Já enfermo desde alguns anos, com a morte no peito, descia todos os dias de Santa Teresa para a loja, de onde regressava antes de cair a noite. Uma tarde, ao encontrá-lo na rua, quando se recolhia, andando vagaroso, com os seus pés direitos, metido em um sobretudo, perguntei-lhe por que não descansava algum tempo. Respondeu-me com outra pergunta: *Pourriez-vous résister, si vous étiez forcé de ne plus faire ce que vous*

---

trouver aisément s'habitue;/ Au joug de la raison sans peine elle fléchit/ Et, loin de la gêner, la sert et l'enrichit./ Mais, lorsqu'on la néglige, elle devient rebelle,/ Et, pour la rattraper, le sens court après elle./ Aimez donc la raison: que toujours vos écrits/ Empruntent d'elle seule et leur lustre et leur prix.

auriez fait pendant cinquante ans? Na véspera da morte, se estou bem informado, achando-se de pé, ainda planejou descer na manhã seguinte, para dar uma vista de olhos à livraria.

Essa livraria é uma das últimas casas da rua do Ouvidor; falo de uma rua anterior e acabada. Não cito os nomes das que se foram, porque não as conhecereis, vós que sois mais rapazes que eu, e abristes os olhos em uma rua animada e populosa, onde se vendem, ao par de belas joias, excelentes queijos. Uma das últimas figuras desaparecidas foi o Bernardo, o perpétuo Bernardo, cujo nome achei ligado aos charutos do duque de Caxias,[527] que tinha fama de os fumar únicos, ou quase únicos. Há casas como a Laemmert[528] e o *Jornal do Comércio*, que ficaram e prosperaram, embora os fundadores se fossem; a maior parte, porém, desfizeram-se com os donos.

Garnier é das figuras derradeiras. Não aparecia muito; durante os vinte anos das nossas relações, conheci-o sempre no mesmo lugar, ao fundo da livraria, que a princípio era em outra casa, nº 69, abaixo da rua Nova. Não pude conhecê-lo na da Quitanda, onde se estabeleceu primeiro. A carteira é que pode ser a mesma, como o banco alto onde ele repousava, às vezes, de estar de pé. Aí vivia sempre, pena na mão, diante de um grande livro, notas soltas, cartas que assinava ou lia. Com o gesto obsequioso, a fala lenta, os olhos mansos, atendia a toda gente. Gostava de conversar o seu pouco. Neste caso, quando a pessoa amiga chegava, se não era dia de mala, ou se o trabalho ia adiantado e não era urgente, tirava logo os óculos, deixando ver no centro do nariz uma depressão do longo uso deles. Depois vinham duas cadeiras. Pouco sabia da política da terra, acompanhava a de França, mas só o ouvi falar com interesse por ocasião da guerra de 1870.[529] O francês sentiu-se

---

527 Luís Alves de Lima e Silva, duque de Caxias (Porto de Estrela, 1808-Juparana, 1880), militar brasileiro, participou da Guerra dos Farrapos (1835-1845) e da Guerra do Paraguai (1864-1870).

528 Laemmert é o sobrenome dos irmãos Eduardo Laemmert (1806-1880) e Henrique Laemmert (1812-1884), nascidos no grão-ducado de Baden, pioneiros do mercado livreiro e tipográfico brasileiro. Foram os fundadores da Livraria Universal e da Tipografia Laemmert, no Rio de Janeiro.

529 Referência à Guerra Franco-Prussiana (19 de julho de 1870-10 de maio de 1871), na qual a vitória da Prússia sobre a França marcou a queda de Napoleão III e do sistema monárquico francês.

francês. Não sei se tinha partido; presumo que haveria trazido da pátria, quando aqui aportou, as simpatias da classe média para com a monarquia orleanista. Não gostava do império napoleônico. Aceitou a república, e era grande admirador de Gambetta.[530]

Daquelas conversações tranquilas, algumas longas, estão mortos quase todos os interlocutores, Liais,[531] Fernandes Pinheiro, Macedo, Joaquim Norberto, José de Alencar, para só indicar estes. De resto, a livraria era um ponto de conversação e de encontro. Pouco me dei com Macedo, o mais popular dos nossos autores, pela *Moreninha*, pelo *Fantasma branco*, romance e comédia que fizeram as delícias de uma geração inteira. Com José de Alencar foi diferente; ali travamos as nossas relações literárias. Sentados os dois, em frente à rua, quantas vezes tratamos daqueles negócios de arte e poesia, de estilo e imaginação, que valem todas as canseiras deste mundo. Muitos outros iam ao mesmo ponto de palestra. Não os cito, porque teria de nomear um cemitério, e os cemitérios são tristes, não em si mesmos, ao contrário. Quando outro dia fui enterrar o nosso velho livreiro, vi entrar no de S. João Batista, já acabada a cerimônia e o trabalho, um bando de crianças que iam divertir-se. Iam alegres, como quem não pisa memórias nem saudades. As figuras sepulcrais eram, para elas, lindas bonecas de pedras; todos esses mármores faziam um mundo único, sem embargo das suas flores mofinas, ou por elas mesmas, tal é a visão dos primeiros anos. Não citemos nomes.

Nem mortos, nem vivos. Vivos há-os ainda, e dos bons, que alguma coisa se lembrarão daquela casa e do homem que a fez e perfez. Editar obras jurídicas ou escolares não é mui difícil; a necessidade é grande, a procura certa. Garnier, que fez custosas edições dessas, foi também editor de obras literárias, o primeiro e o maior de todos. Os seus catálogos estão

---

[530] Léon Gambetta (Cahors, 1838-Ville d'Avray, 1882), advogado e político francês, célebre por suas convicções republicanas, ocupou o cargo de primeiro-ministro da França, de 14 de novembro de 1881 a 30 de janeiro de 1882.

[531] Emmanuel Liais (Cherbourg, 1826-idem, 1900), político, botânico, astrônomo e explorador francês, permaneceu muitos anos no Brasil. Ele veio observar o eclipse solar de 7 de setembro de 1858, permanecendo no país durante 25 anos. Foi diretor do Observatório Imperial do Rio de Janeiro de janeiro a julho de 1871, e, novamente, de 1874 a 1881.

cheios dos nomes principais, entre os nossos homens de letras. Macedo e Alencar, que eram os mais fecundos, sem igualdade de mérito, Bernardo Guimarães, que também produziu muito nos seus últimos anos, figuram ao pé de outros, que entraram já consagrados, ou acharam naquela casa a porta da publicidade e o caminho da reputação.

Não é mister lembrar o que era essa livraria tão copiosa e tão variada, em que havia tudo, desde a teologia até à novela, o livro clássico, a composição recente, a ciência e a imaginação, a moral e a técnica. Já a achei feita; mas via-a crescer ainda mais, por longos anos. Quem a vê agora, fechadas as portas, trancados os mostradores, à espera da justiça, do inventário e dos herdeiros, há de sentir que falta alguma coisa à rua. Com efeito, falta uma grande parte dela, e bem pode ser que não volte, se a casa não conservar a mesma tradição e o mesmo espírito.

Pessoalmente, que proveito deram a esse homem as suas labutações? O gosto do trabalho, um gosto que se transformou em pena, porque no dia em que devera libertar-se dele, não pôde mais; o instrumento da riqueza era também o do castigo. Esta é uma das misericórdias da Divina Natureza. Não importa: *laboremus*. Valha sequer a memória, ainda que perdida nas páginas dos dicionários biográficos. Perdure a notícia, ao menos, de alguém que neste país novo ocupou a vida inteira em criar uma indústria liberal, ganhar alguns milhares de contos de réis, para ir afinal dormir em sete palmos de uma sepultura perpétua. Perpétua!

Gazeta de Notícias, ano XIX, nº 280, A Semana, domingo, 8 de outubro de 1893, p.1.

[...]

— Era já cerca de 11 horas quando saí de casa, armado de um naufrágio, um terrível naufrágio, meu amigo.

— Onde? Que naufrágio?

— O cadáver da principal vítima não se achou; o mar serviu-lhe de sepultura. Natural sepultura; ele cantou o mar, o mar pagou-lhe o canto arrebatando-o à terra e guardando-o para si. Mas vá que se perdesse o homem; o poema, porém, esse poema cujos quatro primeiros cantos aí ficaram para mostrar o que valiam os outros... Pobre Brasil! pobre Gonçalves Dias! Três de novembro, dia horrível; 1861, ano detestável! Lembro-me como se fosse hoje. A notícia chegou muitos dias depois do desastre. O poeta voltava do Maranhão...

Raros ouviam o resto. Os que ouviam, mandavam-me interiormente a todos os diabos. Eu, sereno, ia contando, e recitava versos, e dizia a impressão que tive a primeira vez que vi o poeta. Estava na sala da redação do *Diário do Rio* quando ali entrou um homem pequenino, magro, ligeiro. Não foi preciso que me dissessem o nome; adivinhei quem era. Gonçalves Dias! Fiquei a olhar, pasmado, com todas as minhas sensações e entusiasmos da adolescência. Ouvia cantar em mim a famosa *Canção do exílio*. E toca a repetir a canção, e a recitar versos sobre versos. Os intrépidos, se me aguentavam até o fim, marcavam-me; eu só os deixava moribundos.

[...]

Gazeta de Notícias, ano XIX, nº 308, A Semana, domingo, 5 de novembro de 1893, p.1.

1894

[...]
    Vede o obituário. À medida que vai crescendo, deixa de ser a lista vulgar dos outros dias: impõe, aterra. Já é alguma coisa morrerem para mais de 170 pessoas. Podemos chegar a duzentas e a trezentas. Certamente não é alegre; há espetáculos mais joviais, leituras mais leves; mas o interesse não está na leveza nem na alegria. A tragédia é terrível, é pavorosa, mas é interessante. Depois, se é verdade que os mortos governam os vivos, também o é que os vivos vêm dos mortos. Esta outra ideia é banal, mas não podemos deixar reconhecer que os alugadores de carros, os cocheiros, os farmacêuticos, os físicos (para falar à antiga), os marmoristas, os escrivães, os juízes, alfaiates, sem contar a Empresa Funerária, ganham com o que os outros perdem. *Ex fumo dare lucem.*[532]

    Mas deixemos números tristes, e venhamos aos alegres. O dos concorrentes literários da *Gazeta* é respeitável. Por maior que seja a lista dos escritos fracos, certo é que ainda ficou boa soma de outros, e dos vencidos ainda os haverá que pugnem mais tarde e vençam. Bom é que, no meio das preocupações de outra ordem, as musas não tenham perdido os seus devotos e

---

532 Verso do poeta Horácio: "Non fumum ex fulgore, sed *ex fumo dare lucem*" ("Não dar fumo do fulgor, mas luz da fumaça") e *slogan* da antiga Companhia de Gás do Rio de Janeiro, construída pelo barão de Mauá (1813-1889).

ganhem novos. Magalhães de Azeredo,[533] que ficou à frente de todos, pode servir de exemplo aos que, tendo talento como ele, quiserem perseverar do mesmo modo. Vivam as musas! Essas belas moças antigas não envelhecem nem desfeiam. Afinal é o que há de mais firme debaixo do sol.

Gazeta de Notícias, ano XX, nº 70, A Semana, domingo, 11 de março de 1894, p.1.

Morreu um árabe, morador na rua do Senhor dos Passos. Não há que dizer a isto; os árabes morrem e a rua do Senhor dos Passos existe. Mas o que vos parece nada, por não conhecerdes sequer esse árabe falecido, foi mais um golpe nas minhas reminiscências românticas. Nunca desliguei o árabe destas três coisas: deserto, cavalo e tenda. Que importa houvesse uma civilização árabe, com alcaides e bibliotecas? Não falo da civilização, falo do romantismo, que alguma vez tratou do árabe civilizado, mas com tal aspecto, que a imaginação não chegava a desmembrar dele a tenda e o cavalo.

Quando eu cheguei à vida, já o romantismo se despedia dela. Uns versos tristes e chorões que se recitavam em língua portuguesa, não tinham nada com a melancolia de René, menos ainda com a sonoridade de Olímpio. Já então Gonçalves Dias havia publicado todos os seus livros. Não confundam este Gonçalves Dias com a rua do mesmo nome; era um homem do Maranhão, que fazia versos. Como ele tivesse morado naquela rua, que se chamava dos Latoeiros, uma folha desta cidade, quando ele morreu, lembrou à Câmara Municipal que desse o nome de Gonçalves Dias à dita rua. O Sr. Malvino teve igual fortuna, mas sem morrer, afirmando-se ainda uma vez aquela lei de desenvolvimento e progresso, que os erros dos homens e as suas paixões não poderão jamais impedir que se execute.

Cumpre lembrar que, quando falo da morte de Gonçalves Dias, refiro-me à segunda, porque ele morreu duas vezes, como sabem. A primeira foi

---

[533] Na *Gazeta de Notícias* desse mesmo dia e no centro da mesma primeira página, há um retrato de Magalhães de Azeredo, com um artigo a respeito do escritor e a publicação do conto de sua autoria "Beijos ... Beijos..." que venceu o concurso literário a que Machado se refere.

de um boato. Os jornais de todo o Brasil disseram logo, estiradamente, o que pensavam dele, e a notícia da morte chegou aos ouvidos do poeta como os primeiros ecos da posteridade. Este processo, como experiência política, pode dar resultados inesperados. Eu, deputado ou senador, recolhia-me a alguma fazenda, e ao cabo de três meses expedia um telegrama, anunciando que havia morrido. Conquanto sejamos todos benévolos com os defuntos recentes, sempre era bom ver se na água benta das necrologias instantâneas não cairiam algumas gotas de fel. Tal que houvesse dito do orador vivo, que era "uma das bocas de ouro do parlamento", podia ser que escrevesse do orador morto, que "se nunca se elevou às culminâncias da tribuna política, jamais aborreceu aos que o ouviam".

A propósito de orador, não esqueçamos dizer que temos agora na Câmara um deputado Lamartine, e que estivemos quase a ter um Chateaubriand. Estes dois nomes significam certamente o entusiasmo dos pais em relação aos dois homens que se tornaram famosos. Recordem-se do espanto que houve na Europa, e especialmente em França, quando a revolução de Quinze de Novembro elevou ao governo Benjamin Constant.[534] Perguntaram se era francês ou filho de francês. Neste último caso, não sei se foi o homem político ou o autor de *Adolfo*, que determinou a escolha do nome. Os Drs. Washington[535] e Lafaiete[536] foram evidentemente escolhidos por um pai

---

534 O nome Benjamin Constant refere-se a Benjamin Constant Botelho de Magalhães (Niterói, 1833-Rio de Janeiro, 1891), militar, engenheiro, professor e estadista brasileiro, e a Henri-Benjamin Constant de Rebeque (Lausanne, 1767-Paris, 1830), político e escritor suíço, autor do livro *Adolphe* (1816), que retrata seu atribulado caso amoroso com Mme. de Staël.

535 O nome Washington refere-se a Washington Luís Pereira de Sousa (Macaé, 1869-São Paulo, 1957), advogado, historiador, político brasileiro, 13º presidente do Brasil e último da República Velha, e a George Washington (Bridges Creek, Virginia, 1732-Mount Vernon, 1799), primeiro presidente dos Estados Unidos (1789-1797).

536 O nome Lafaiete refere-se a Lafayette Rodrigues Pereira (Queluz, 1834-Rio de Janeiro, 1917), jurista, proprietário rural, advogado, jornalista e político brasileiro, e a Marie-Joseph Paul Yves Roch Gilbert du Motier, marquês de La Fayette (Chavanic, Auvergne, 1757-Paris, 1834), aristocrata francês, famoso por sua participação na Guerra da Independência dos Estados Unidos e nos primórdios da Revolução Francesa.

republicano e americano. Que concluo daqui? Nada, em relação aos dois últimos; mas em relação aos primeiros acho que é ainda um vestígio de romantismo. Estou que as opiniões políticas de Lamartine e Chateaubriand não influíram para o batismo dos seus homônimos, mas sim a poesia de um e a prosa de outro. Foi homenagem aos cantores de Elvira e de Atalá, não ao inimigo de Bonaparte, nem ao domador da insurreição de junho.

Vede, porém, o destino. Não são só os livros que têm os seus fados; também os nomes os têm. Os portadores brasileiros daqueles dois nomes são agora meramente políticos. Assim, a amorosa superstição dos pais achou-se desmentida pelo tempo, e os nomes não bastaram para dar aos filhos idealidades poéticas. Não obstante esta limitação, devo confessar que me afligiu a leitura de um pequeno discurso do atual deputado. Não foi a matéria, nem a linguagem; foi a senhoria. Há casos em que as fórmulas usuais e corteses devem ser, por exceção, suprimidas. Quando li: *O Sr. Lamartine*, repetido muitas vezes, naquelas grossas letras normandas do *Diário Oficial*, senti como que um sacudimento interior. Esse nome não permite aquele título; soa mal. A glória tem desses ônus. Não se pode trazer um nome imortal como a simples gravata branca das cerimônias. Ainda ontem vieram falar-me dos negócios de um Sr. Leônidas; creio que rangeram ao longe os ossos do grande homem.

Mas tudo isso me vai afastando do meu pobre árabe morto na rua do Senhor dos Passos. Chamava-se Assef Aveira. Não conheço a língua arábica, mas desconfio que o segundo nome tem feições cristãs, salvo se há erro tipográfico. Entretanto, não foi esse nome o que mais me aborreceu, depois da residência naquela rua, sem tenda nem cavalo; foi a declaração de ser o árabe casado. Não diz o obituário se com uma ou mais mulheres; mas há nessa palavra um aspecto de monogamia que me inquieta. Não compreendo um árabe sem Alcorão, e o Alcorão marca para o casamento quatro mulheres. Dar-se-á que esse homem tenha sido tão corrompido pela monogamia cristã, que chegasse ao ponto de ir contra o preceito de Mafoma?[537] Eis aí outra restrição ao meu árabe romântico.

---

537 Mafoma é outra forma de denominar Maomé (Meca, 570-Medina, 632), líder religioso e político árabe.

Não me demoro em apontar as obrigações da carta de fiança, da conta do gás e outras necessidades prosaicas, tão alheias ao deserto. O pobre árabe trocou o deserto pela rua do Senhor dos Passos, cujo nome lembra aqueles religionários, em quem seus avós deram e de quem receberam muita cutilada. Pobre Assef! Para cúmulo, morreu de febre amarela, uma epidemia exausta à força de civilização ocidental, tão diversa do cólera morbus, essa peste medonha e devastadora como a espada do profeta.

Miserável romantismo, assim te vais aos pedaços. A anemia tirou-te a pouca vida que te restava, a corrupção não consente sequer que fiquem os teus ossos para memória. Adeus, árabes! adeus, tendas! adeus, deserto! Cimitarras, adeus! adeus!

Gazeta de Notícias, ano XX, nº 145, A Semana, domingo,
27 de maio de 1894, p.1.

[...]
Mas, para mim, em matéria de navegação, tudo é navegar, tudo é encomendar a alma a Deus e ao piloto. A melhor navegação é ainda a daquelas conchas cor de neve, com uma ondina dentro, olhos cor do céu, tranças cor do sol, toda um verso e toda no aconchego do gabinete. Mormente em dias de chuva, como os desta semana, é navegação excelente, e aqui a tive, em primeiro lugar com o nosso Coelho Neto,[538] que aliás não falou em verso, nem trouxe daquelas figuras do Norte ou do Levante, aonde a musa costuma levá-lo, vestido, ora de névoas, ora de sol. Não foi o Coelho Neto das *Baladilhas*, mas o dos *Bilhetes-postais* (dois livros em um ano), por antonomásia *Anselmo Ribas*. Páginas de *humour* e de fantasia, em que a imaginação e o sentimento se casam ainda uma vez, ante esse pretor de sua eleição. Derramados na imprensa, pareciam esquecidos; coligidos no livro, vê-se que deviam ser lembrados e relembrados. A segunda concha...

---

[538] Henrique Maximiano Coelho Neto (Caxias, 1864-Rio de Janeiro, 1934), jornalista, político e escritor, autor de diversas obras, dentre as quais *Miragem* (1895), *A conquista* (1899) e *Fogo fátuo* (1929).

A segunda concha trouxe deveras uma ondina, uma senhora, e veio cheia de versos, os *Versos*, de Júlia Cortines.[539] Esta poetisa de temperamento e de verdade disse-me coisas pensadas e sentidas, em uma linguagem inteiramente pessoal e forte. Que poetisa é essa? Lúcio de Mendonça é que apresenta o livro em um prefácio necessário, não só para dar-nos mais uma página vibrante de simpatia, mas ainda para convidar essa multidão de distraídos a deter-se um pouco a ler. Lede o livro; há nele uma vocação e uma alma, e não é sem razão que Júlia Cortines traduz, à p.94, um canto de Leopardi. A alma desta moça tem uma corda dorida de Leopardi. A dor é velha; o talento é que a faz nova, e aqui a achareis novíssima. Júlia Cortines vem sentar-se ao pé de Zalina Rolim,[540] outra poetisa de verdade, que sabe rimar os seus sentimentos com arte fina, delicada e pura. O *Coração*, livro desta outra moça, é terno, a espaços triste, mas é menos amargo que o daquela; não tem os mesmos desesperos...

Eia! foge, foge, poesia amiga, basta de recordar as horas de ontem e de anteontem. A culpa foi da Câmara dos Deputados, com a sua navegação de cabotagem, que me fez falar da tua concha eterna, para a qual tudo são mares largos e não há leis nem Constituições que vinguem. Anda, vai, que o cisne te leve água fora com as tuas hóspedes novas e nossas.

[...]

Gazeta de Notícias, ano XX, nº 307, A Semana, domingo, 4 de novembro de 1894, p.1.

A antiguidade cerca-me por todos os lados. E não me dou mal com isso. Há nela um aroma que, ainda aplicado a coisas modernas, como que lhes toca a natureza. Os bandidos da atual Grécia, por exemplo, têm melhor sabor que o clavinoteiros da Bahia. Quando a gente lê que alguns sujeitos

---

539 Júlia Cortines Laxe (Rio Bonito, 1868-Rio de Janeiro, 1948), escritora, colaborou em jornais e revistas da época, autora de *Versos* (1894) e *Vibrações* (1905).
540 Maria Zalina Rolim (Botucatu, 1869-São Paulo, 1961), educadora, poeta e escritora, colaborou em revistas e jornais de São Paulo; autora de *O coração* (1893), *O livro das crianças* (1897) e *Livro da saudade* (1903).

foram estripados na Tessália ou Maratona, não sabe se lê um jornal ou Plutarco. Não sucede o mesmo com a comarca de Ilhéus. Os gatunos de Atenas levam o dinheiro e o relógio, mas em nome de Homero. Verdadeiramente não são furtos, são reminiscências clássicas.

Quinta-feira um telegrama de Londres noticiou que acabava de ser publicada uma versão inglesa da *Eneida*, por Gladstone.[541] Aqui há antigo e velho. Não é o caso do Sr. Zama,[542] que, para escrever de capitães, foi buscá-los à Antiguidade, e aqui no-los deu há duas semanas; o Sr. Zama é relativamente moço. Gladstone é velho e teima em não envelhecer. É octogenário, podia contentar-se com a doce carreira de macróbio, e só vir à imprensa quando fosse para o cemitério. Não quer; nem ele, nem Verdi. Um faz óperas, outro saiu do Parlamento com uma catarata, operou a catarata e publicou a *Eneida* em inglês, para mostrar aos ingleses como Virgílio escreveria em inglês, se fosse inglês. E não será inglês Virgílio?

Como se não bastasse essa revivescência antiga, e mais o livro do Sr. Zama, aparece-me Carlos Dias[543] com os *Cenários*, um banho enorme da Antiguidade. Já é bom que um livro responda ao título, e é o caso deste, em que os cenários são cenários, sem ponta de drama, ou raramente. Que levou este moço de vinte anos ao gosto de Antiguidade? Diz ele, na página última, que foi uma mulher; eu, antes de ler a última página, cuidei que era simples efeito de leitura, com extraordinária tendência natural. Leconte de Lisle[544]

---

541 William Ewart Gladstone (Liverpool, 1809-Harwarden Flintshire, 1898), estadista britânico, líder do Partido Liberal (1866-1875 e 1880-1894), foi primeiro-ministro do Reino Unido por quatro vezes.

542 Aristides César Spínola Zama (Caetité, 1837-Salvador, 1906), médico, político e escritor. Publicou *História dos três grandes capitães da Antiguidade* (1893) e *Os três grandes oradores da Antiguidade* (1896). Machado, nesta crônica, certamente comenta o livro publicado em 1893.

543 Carlos Malheiros Dias (Porto, 1875-Lisboa, 1941), escritor, jornalista e político português, mudou-se para o Brasil em 1893, onde viveu até 1935, autor de *Cenários: fantasia sobre a história antiga* (1894).

544 Charles Marie René Leconte de Lisle (Saint Paul, 1818-Voisins, 1894), poeta francês, expoente do parnasianismo na França, tradutor de autores da Antiguidade Clássica, autor de *Poèmes antiques* (1852), *Poèmes barbares* (1862) e *Poèmes tragiques* (1884).

e Flaubert lhe terão dado a ocasião de ir às grandezas mortas, e a *Profissão de fé*, no desdém dos modernos, faz lembrar o soneto do poeta romântico.

Mas não se trata aqui da Antiguidade simples, heroica ou trágica, tal como a achamos nas páginas de Homero ou Sófocles. A Antiguidade que este moço de talento prefere, é a complicada, requintada ou decadente, os grandes quadros de luxo e de luxúria, o enorme, o assombroso, o babilônico. Há muitas mulheres neste livro, e de toda casta, e de vária forma. Pede-lhe vigor, pede-lhe calor e colorido, achá-los-ás. Não lhe peças – ao seu Nero, por exemplo – a filosofia em que Hammerling[545] envolve a vida e a morte do imperador. Este grande poeta deu à farta daqueles quadros lascivos ou terríveis, em que a sua imaginação se compraz; mas, corre por todo o poema um fluido interior, a ironia final do César sai de envolta com o sentimento da realidade última: "O desejo da morte acabou a minha insaciável sede da vida".

Ao fechar o livro dos *Cenários*, disse comigo: "Bem, a Antiguidade acabou".

"Não acabou, bradou um jornal; aqui está uma nova descoberta, uma coleção recente de papiros gregos. Já estão discriminados cinco mil". – "Cinco mil!", pulei eu. E o jornal, com bonomia: "Cinco mil, por ora; dizem coisas interessantes da vida comum dos gregos, há entre eles uma paródia da *Ilíada*, uma novela, explicações de um discurso de Demóstenes... Pertence tudo ao museu de Berlim".

– Basta, é muita Antiguidade; venhamos aos modernos

[...]

Gazeta de Notícias, ano XX, nº 314, A Semana, domingo, 11 de novembro de 1894, p.1.

Quando me leres, poucas horas terão passado depois da tua volta do Cassino. Vieste da festa Alencar, é domingo, não tens de ir aos teus negó-

---

[545] Robert Hammerling, cujo nome verdadeiro era Rupert Hammerling (Kircheberg am Walde, 1830-Graz, 1889), foi um poeta austríaco, autor de poemas épicos (*Akasverus in Rom*, 1866) e romances históricos (*Aspásia*, 1876).

cios, ou aos teus passeios, se és muher, como me pareces. Os teus dedos não são de homem. Mas, homem ou mulher, quem quer que sejas tu, se foste ao Cassino, pensa que fizeste uma boa obra, e, se não foste, pensa em Alencar, que é ainda uma obra excelente. Verás em breve erguida a estátua. Uma estátua por alguns livros!

Olha, tens um bom meio de examinar se o homem vale o monumento etc. É domingo, lê alguns dos tais livros. Ou então, se queres uma boa ideia dele, pega no livro de Araripe Júnior,[546] estudo imparcial e completo, publicado agora em segunda edição. Araripe Júnior nasceu para a crítica; sabe ver claro e dizer bem. É o autor de *Gregório de Matos*, creio que basta. Se já conheces *José de Alencar*, não perdes nada em relê-lo; ganha-se sempre em reler o que merece, acrescendo que acharás aqui um modo de amar o romancista, vendo-lhe distintamente todas as feições, as belas e as menos belas, o que é perpétuo, e o que é perecível. Ao cabo, fica sempre uma estátua do chefe dos chefes.

Queres mais? Abre este outro livro recente, *Estudos brasileiros*, de José Veríssimo.[547] Aí tens um capítulo inteiro sobre Alencar, com a particularidade de tratar justamente da cerimônia da primeira pedra do monumento, e, a propósito dele, da figura do nosso grande romancista nacional. É a segunda série de estudos que José Veríssimo publica, e cumpre o que diz no título; é brasileiro, puro brasileiro. Da competência dele nada direi que não saibas: é conhecida e reconhecida. Há lá certo número de páginas que mostram que há nele também muita benevolência. Não digo quais sejam: adivinha-se o enigma lendo o livro; se, ainda lendo, não o decifrares, é que me não conheces.[548]

---

546 Tristão de Alencar Araripe Júnior (Fortaleza, 1848-Rio de Janeiro, 1911), advogado, escritor e crítico literário, autor de *José de Alencar* (1882) e *Gregório de Matos* (1893).

547 José Veríssimo Dias de Matos (Óbidos, 1857-Rio de Janeiro, 1916), educador, jornalista e crítico literário, autor de *Estudos brasileiros* (1889), *Cenas da vida amazônica* (1889) e *História da literatura brasileira* (1916).

548 Machado está se referindo ao capítulo intitulado "Machado de Assis" e fazendo uma brincadeira com o leitor, a respeito de sua identidade.

E assim, relendo as críticas, relendo os romances, ganharás o teu domingo, livre das outras lembranças, como desta ruim semana.
[...]

Gazeta de Notícias, ano XX, nº 335, A Semana, domingo, 2 de dezembro de 1894, p.1.

1895

[...]
Mas deixemos a política e voltemo-nos para o acontecimento literário da semana, que foi a *Revista Brasileira*. É a terceira que com este título se inicia. O primeiro número agradou a toda gente que ama este gênero de publicações, e a aptidão especial do Sr. J. Veríssimo, diretor da Revista, é boa garantia dos que se lhe seguirem. Citando os nomes de Araripe Júnior, Afonso Arinos,[549] Sílvio Romero, Medeiros e Albuquerque,[550] Said Ali[551] e Parlagreco,[552] que assinam os trabalhos deste número, terei dito quanto baste para avaliá-lo. Oxalá que o meio corresponda à obra. Franceses, ingle-

---

549 Afonso Arinos de Melo Franco (Paracatu, 1868-Barcelona, 1916), jornalista, escritor e jurista, autor de *Pelo sertão* (contos, 1868), *Os jagunços* (romance, 1898) e *Lendas e tradições brasileiras* (1917).

550 José Joaquim de Campos da Costa de Medeiros e Albuquerque (Recife, 1867-Rio de Janeiro, 1934), jornalista, professor, político, escritor, dramaturgo, ensaísta e memorialista, autor de *Pecados* (1889), *Canções da decadência* (1889) e *Mãe tapuia* (1900).

551 Manuel Said Ali Ida (Petrópolis, 1861-Rio de Janeiro, 1953), filólogo, considerado o maior sintaxista da língua portuguesa, autor de *Estudos de Linguística* (*Revista Brasileira*, 1895), *Prosa e verso* (*Novidades*, 1887) e *Versificação portuguesa* (1948).

552 Salvatore Parlagreco (Caltanissetta, Sicília, 1871-São Paulo, 1953), pintor ítalo--brasileiro, medalha de prata na Exposição Comemorativa do Cententário da Abertura dos Portos no Brasil (Rio de Janeiro, 1908).

ses e alemães apoiam as suas publicações desta ordem, e, se quisermos ficar na América, é suficiente saber que, não hoje, mas há meio século, em 1840, uma revista para a qual entrou Poe, tinha apenas cinco mil assinantes, os quais subiram a cinquenta e cinco mil, ao fim de dois anos. Não paguem o talento, se querem; mas deem os cinco mil assinantes à *Revista Brasileira*. É ainda um dos melhores modos de imitar *New York*.

Gazeta de Notícias, ano XX, nº 6, A Semana, domingo, 6 de janeiro de 1895, p.1.

[...]
Os homens, cavalheiros até no dilúvio, intervieram no debate e falaram de outras tantas coisas, uns do sul, outros do norte, alguns do negócio dos bichos. Os bichos trouxeram-nos o pensamento ao dilúvio presente e passado, ao *bond* e à arca de Noé. Pediram-me a velha história bíblica. Contei-a, como podia, e perguntei-lhes se conheciam o *Fruto proibido*. Como a fala não sai em grifo, não se pode conhecer se a pessoa repete um título ou alguma frase. Daí o gesto indecoroso de um passageiro, que entrou a assobiar a *Norma*. Citei então o nome do Coelho Neto, e disse que se tratava de um livro agora publicado.

Coelho Neto conhece a Escritura e gosta dela; mas será o seu amor daqueles que aceitam a pessoa amada, apesar de alguns defeitos, ou até por causa deles? perguntei. Toda a gente se calou, exceto um inglês, que me retorquiu que a Bíblia não tinha defeitos. Concordei com ele, mas expliquei-lhe que, amando Coelho Neto a Bíblia, escreveu um livro que a emenda, de onde se vê que não é tão cego o seu amor, que lhe não veja algumas lacunas. Mostrei-lhe então que o *Fruto proibido* é o contrário dos capítulos II e III do *Gênesis*. Em vez de permitir o uso de toda a fruta do paraíso, menos a da árvore da ciência do bem e do mal, Coelho Neto encheu o paraíso de frutos proibidos, e disse aos homens, mais ou menos, isto:

— Dou-vos aqui um jardim, de cujas árvores não podeis comer um só fruto; mas, como é preciso que vos alimenteis, untei cada fruto com o mel do meu estilo, e ele só bastará para nutrir-vos.

Os homens obedeceram e obedecem à vontade do jovem Senhor; mas o mel está tão entranhado no fruto, e é tão saboroso, que lamber um e comer o outro é a mesma coisa. Deste modo eliminou a viscosa serpente, e não atirou toda a culpa para cima de Eva; guardou a maior parte para si.

Todos acharam engenhosa a ideia do autor, emendando a Escritura, sem parecer fazê-lo, menos o inglês, que me perguntou se esse moço não tinha outra coisa em que ocupar o espírito. Tem outras coisas, respondi; ele mesmo confessa no prefácio que escreveu este livro para repousar de outros. É um trabalhador que acha meio de descansar carregando pedra. Compõe romances, compõe artigos, compõe contos, e ainda agora vai tomar a si uma parte da redação dos debates parlamentares...

— Sim? interrompeu-nos uma senhora, a mim e a um padre-nosso. Pois se se dá com ele, peça-lhe que, depois das páginas que houver de escrever em casa, recolha o seu estilo a algum vaso de porcelana da Saxônia ou vidro de Veneza, e vá sem ele aos debates. Meu marido, que lê muito (onde andará ele a esta hora, meu Deus!) afirma que é de boa regra não confundir os gêneros. Se houver discursos proibidos, literariamente falando, não lhes ponha o mel do seu estilo; talvez que assim a virtude torne a este mundo.

Francamente, não entendi a senhora, que continuou a rezar o seu padre-nosso: "... seja feita a vossa vontade, assim na terra...".

[...]

Gazeta de Notícias, ano XXI, nº 117, A Semana, domingo, 28 de abril de 1895, p.1.

[...]

As pedras valem também como ruínas. Possuo um pedacinho de muro antigo de Roma, que me trouxe um dos nossos homens de fino espírito e provado talento. Quando há muita agitação em volta de mim, vou à gaveta onde tenho um repositório de curiosidades, e pego deste pedaço de ruína; é a minha paz e a minha alegria. Orgulhoso por ter um pedaço de Roma na gaveta, digo-lhe: "Cascalho velho, dá-me notícias das tuas facções antigas." Ao que ele responde que houve efetivamente grandes lutas, mais ou menos renhidas, mas acabaram há muitos anos. Os próprios pássaros que voavam então sobre elas, sem medo, ou por não estar inventada a pólvora, ou por qualquer outra causa, esses mesmos acabaram. Vieram outros pássaros, mas filhos e netos dos primeiros. Nunca dirá que entre os pardais que tem visto, nenhum fosse o próprio pardalzinho de Lésbia... E cita logo uns versos de Catulo.

— Latinidade! exclamo; é com o nosso Carlos de Laet.[553] Onde estará ele?

— *Em Minas*, respondeu-me hoje o editor de um livro cheio de boa linguagem, de boa lição, de boa vontade, e também de coisas velhas contadas a gente nova, e coisas novas contadas a gente velha. Compreendi que este *Em Minas* era antes o nome do livro de Laet, que a indicação do lugar em que ele estava. Não sendo novidade, porque acabava de o ler, e trazia na memória a erudição e a graça do ilustre escritor, não disse mais nada ao meu torrão de muro romano; ele, porém, quis saber que tinha esse homem com a cidade antiga, e eu respondi que muito, e li-lhe então uma página do livro.

— Com efeito, disse o meu pedaço de muro, a língua que ele escreve, com pouca corrupção, creio que é latina. Há Catulos também por esta terra?

— A ternura é a nossa corda, e o entusiasmo também. Ambos esses dotes possui este poeta, Alberto de Oliveira, segundo nos diz o mestre introdutor Araripe Júnior, do recente livro *Versos e rimas*. Título simples, mas não te fieis em títulos simples; são inventados para guardar versos deleitosos. Há aqui desses que te fartarão por horas; lê a "Extrema verba", "Num telhado", "Metempsicose", "O muro", "Teoria do orvalho", lê o mais. Esse moço sente e gosta de dizer como sente. Canta o eterno feminino.

— Não conheço a expressão.

— É moderna; invenção do homem, naturalmente, mas uma mulher vingou-se, há dias — mulher ou pseudônimo de mulher — Délia... Não é a Délia de Tíbulo, Délia apenas, que escreveu uma página na *Notícia* de sexta-feira, onde diz com certa graça que o mal do mundo vem do "eterno masculino".

Gazeta de Notícias, ano XXI, nº 139, A Semana, domingo, 19 de maio de 1895, p.1.

---

553 Carlos Maximiniano Pimenta de Laet (Rio de Janeiro, 1847-idem, 1927), jornalista, professor, poeta, engenheiro e político, autor *Em Minas* (1894), *Antologia nacional* (1895) e *A descoberta do Brasil* (1900).

Os mortos não vão tão depressa, como quer o adágio; mas que eles governam os vivos, é coisa dita, sabida e certa. Não me cabe narrar o que esta cidade viu ontem, por ocasião de ser conduzido ao cemitério o cadáver de Floriano Peixoto, nem o que vira antes, ao ser ele transportado para a Cruz dos Militares. Quando, há sete dias, falei de Saldanha da Gama e dos funerais de Coriolano que lhe deram, estava longe de supor que, poucas horas depois, teríamos notícia do óbito do marechal. O destino pôs assim, a curta distância, uma de outra, a morte de um dos chefes da rebelião de 6 de setembro e a do chefe de Estado que tenazmente a combateu e debelou.

A história é isto. Todos somos os fios do tecido que a mão do tecelão vai compondo, para servir aos olhos vindouros, com os seus vários aspectos morais e políticos. Assim como os há sólidos e brilhantes, assim também os há frouxos e desmaiados, não contando a multidão deles que se perde nas cores de que é feito o fundo do quadro. O marechal Floriano era dos fortes. Um de seus mais ilustres amigos e companheiros, Quintino Bocaiúva, definiu na tribuna do Senado, com a eloquência que lhe é própria, a natureza, a situação e o papel do finado vice-presidente. Bocaiúva, que tanta parte teve nos sucessos de 15 de novembro, é um dos remanescentes daquele grupo de homens, alguns dos quais a morte levou, outros se acham dispersos pela política, restando os que ainda une o mesmo pensamento de iniciação. A verdade é que temos vivido muito nestes seis anos, mais que nos que decorreram do combate de Aquidabã à revolução de 15 de novembro, vida agitada e rápida, tão depressa quão cheia de sucessos.

Mas, como digo, os mortos não vão tão depressa que se percam todos de nossa vista. Ontem era um ex-chefe de Estado que a população conduzia ou via conduzir ao último jazigo. Hoje comemora-se o centenário de um poeta. Digo mal. Nem se comemora, nem é ainda o centenário. Este é no fim do mês; o que se faz hoje, segundo li nas folhas, é convidar os homens de letras para tratarem dos meios de celebrar o primeiro centenário da morte de José Basílio da Gama. Não conheço o pio brasileiro que tomou a si esta iniciativa; mas tem daqui todo o meu apoio. Não se vive só de política. As musas também nutrem a alma nacional. Foi o nosso Gonzaga que escreveu com grande acerto que as pirâmides e os obeliscos arrasam-se, mas que as *Ilíadas* e as *Eneidas* ficam.

José Basílio não escreveu *Eneidas* nem *Ilíadas*, mas o *Uraguai* é obra de um grande e doce poeta, precursor de Gonçalves Dias. Os quatro cantos dos *Timbiras*, escapos ao naufrágio, são da mesma família daqueles cinco cantos do poema de José Basílio. Não tem este a popularidade da *Marília de Dirceu*, sendo-lhe, a certos respeitos, superior, por mais incompleto e menos limado que o ache Garret; mas o próprio Garret escreveu em 1826 que os brasileiros têm no poema de José Basílio da Gama "a melhor coroa da sua poesia, que nele é verdadeiramente nacional, e legítima americana".

Neste tempo em que o uso do verso solto se perdeu inteiramente, tanto no Brasil como em Portugal, Gonzaga tem essa superioridade sobre o seu patrício mineiro. As rimas daquele cantam de si mesmas, quando não baste a perfeição dos seus versos, ao passo que o verso solto de José Basílio tem aquela harmonia, seguramente mais difícil, a que é preciso chegar pela só inspiração e beleza do metro. Não serão sempre perfeitos. O meu bom amigo Múzzio, companheiro de outrora, crítico de bom gosto, achava detestáveis aqueles dois famosos versos do *Uraguai*:

> *Tropel confuso de cavalaria,*
> *Que combate desordenadamente*

— Isto nunca será onomatopeia, dizia ele; são dois maus versos.

Concordava que não eram melodiosos, mas defendia a intenção do poeta, capaz de os fazer com a tônica usual. Um dia, achei em Filinto Elísio uma imitação daqueles versos de José Basílio da Gama, por sinal que ruim, mas o lírico português confessava a imitação e a origem. Não quero dizer que isto tornasse mais belos os do poeta mineiro; mas é força lembrar o que valia no seu tempo Filinto Elísio, tão acatado, que meia dúzia de versos seus, elogiando Bocage, bastaram a inspirar a este o célebre grito de orgulho e de glória: — *Zoilos, tremei! Posteridade, és minha.*

[...]

A reunião de hoje pode ser prejudicada pela grande comoção de ontem. Outro dia seria melhor. Se alguns homens de letras se juntarem para isto, façam obra original, como original foi o poeta no nosso mundo americano. Antes de tudo, seja-me dado pedir alguma coisa: excluam a polianteia. Oh!

a polianteia! Um dia apareceu aqui uma polianteia; daí em diante tudo ou quase tudo se fez por essa forma. A coisa, desde que lhe não presida o gosto e a escolha, descai naturalmente até a vulgaridade; o nome, porém, fá-la-á sempre odiosa, tão usado e gasto se acha. Não lhe ponham tal designação; qualquer outra, ou nenhuma, é preferível, para coligir as homenagens da nossa geração.

No meu tempo de rapaz, era certo fazer-se uma reunião literária, onde se recitassem versos e prosas adequadas ao objeto. Não aconselho este alvitre; além de ser costume perdido, e bem perdido, seria grandemente arriscado revivê-lo. Não se podem impor programas, nem se há de tapar a boca aos que a abrirem para dizer alguma coisa fora do ajuste. Uma daquelas reuniões foi notável pela leitura que alguém fez de um relatório, não sei sobre que, mas era um relatório comprido e mal recitado. Um dos convidados era oficial do exército, estava fardado, e passeava na sala contígua, obrigando um chocarreiro a dizer que a diretoria da festa mandara buscar o oficial para prender o leitor do relatório, apenas acabada a leitura; mas a leitura, a falar verdade, creio que ainda não acabou.

Não; há vários modos de comemorar o poeta de Lindoia, dignos do assunto e do tempo. Não busquem grandeza nem rumor; falta ao poeta a popularidade necessária para uma festa que toque a todos. Uma simples festa literária é bastante, desde que tenha gosto e arte. Oficialmente se poderá fazer alguma coisa, o nome do poeta, por exemplo, dado pelo Conselho Municipal a uma das novas ruas. Devo aqui notar que Minas Gerais, que tem o gosto de mudar os nomes às cidades, não deu ainda a nenhuma delas o nome de Gonzaga, e bem podia dar agora a alguma o nome de Lindoia, se o do cantor desta lhe parece extenso em demasia; qualquer ato, enfim, que mostre o apreço devido à musa deliciosa de José Basílio, o mesmo que, condenado a desterro, pôde com versos alcançar a absolvição e um lugar de oficial de secretaria.

> *Eu não verei passar teus doze anos,*
> *Alma de amor e de piedade cheia,*
> *Esperam-me os desertos africanos,*
> *Áspera, inculta, monstruosa areia,*
> *Ah! tu fazes cessar os tristes danos...*

Assim falou ele à filha do marquês de Pombal,[554] como sabeis, e dos versos lhe veio a boa fortuna. A má fortuna veio-lhe do caráter, que se conservou fiel ao marquês, ainda depois de caído, e perdeu com isso o emprego...

Para acabar com poetas. Valentim Magalhães tornou da Europa. Viu muito em pouco tempo e soube ver bem. Parece-me que teremos um livro dele contando as viagens. Com o espírito de observação que possui, e a fantasia original e viva, dar-nos-á um volume digno do assunto e de si. O que se pode saber já, é que, indo a Paris, não se perdeu por lá; viu Burgos e Salamanca, viu Roma e Veneza – Veneza que eu nunca verei, talvez, se a morte me levar antes, como diria M. de La Palisse – Veneza, *a única*, como escrevia há pouco um autor americano.

Gazeta de Notícias, ano XXI, nº 188, A Semana, domingo, 7 de julho de 1895, p.1.

[...]
Entre parêntesis, uma patrícia nossa que não perdeu nenhum dos seus belos olhos de vinte e um anos, mostrou agora mesmo que se podem compor versos, sem quebra da beleza pessoal. Não é a primeira, decerto. A Marquesa de Alorna[555] já tinha provado a mesma coisa. A Sévigné,[556] se não compôs versos, fez coisas que os merecem, e era bonita e mãe. Não cito outras, nem

---

554 Sebastião José de Carvalho e Melo, conde Oeiras e marquês de Pombal (Lisboa, 1699-Pombal, 1782), estadista português, ocupou a Secretaria de Negócios Estrangeiros (1750), no governo de D. José de Portugal (1714-1777), e durante sua administração foram tomadas medidas importantes sobre o Brasil: criação da Capitania de Mato Grosso, transferência da capital da colônia de Salvador para o Rio de Janeiro, fundação de academias literárias e liberdade dos indígenas brasileiros.

555 Leonor de Almeida Portugal de Lorena e Lencastre, marquesa de Alorna (Lisboa, 1750-idem, 1839), poeta, iniciadora do romantismo literário português; suas *Obras poéticas* (1844), que reúnem sonetos, églogas, apólogos, cantigas e epigramas, refletem também forte influência classicista.

556 Marie de Rabutin-Chantal, marquesa ou Madame de Sevigné (Paris, 1626-Grignan, 1696), escritora francesa, famosa por sua correspondência, endereçada a amigos (marquês de Pomponne, Bussy-Rabutin, Madame de La Fayette, os Coulanges) e a sua filha, Madame de Grignan, que vivia na Provença.

George Sand,[557] que era bela, nem George Eliot,[558] que era feia. Francisca Júlia da Silva,[559] a patrícia nossa, se é certo o que nos conta João Ribeiro,[560] no excelente prefácio dos *Mármores*, já escrevia versos aos quatorze anos. Bem podia dizer, pelo estilo de Bernardim: "Menina e moça me levaram da casa de meus pais para longes terras...".[561] Essas terras são as da pura mitologia, as de Vênus talhada em mármore, as terras dos castelos medievais, para cantar diante deles e delas impassivamente. "Musa impassível", que é o título do último soneto do livro, melhor que tudo pinta esta moça insensível e fria. Essa impassibilidade será a própria natureza da poetisa, ou uma impressão literária? Eis o que nos dirá aos vinte e cinco anos ou aos trinta. Não nos sairá jamais uma das choramingas de outro tempo; mas aquele soneto da p.74, em que "a alma vive e a dor exulta, ambas unidas", mostra que há nela uma corda de simpatia e outra de filosofia.

Outro parêntesis. A *Gazeta* noticiou que alguns habitantes da estação de Lima Duarte pediram ao presidente da Companhia Leopoldina a mudança do nome da localidade para o de Lindoia, agora que é o centenário de Basílio da Gama. Pela carta que me deram a ler, vejo que põem assim em andamento a ideia que me ocorreu há sete dias. Eu falei ao governo de Minas Gerais; mas os habitantes de Lima Duarte deram-se pressa em pedir para si a de-

---

557 George Sand, pseudônimo de Amandine (também Amantine) Aurore Lucile Dupin, baronesa de Dudevant (Paris, 1804-Nohant, 1876), romancista e memorialista francesa, precursora do feminismo, autora dos romances *Indiana* (1832), *Valentine* (1832), *Lélia* (1833) e *A pequena Fadet* (1849).

558 George Eliot, pseudônimo de Mary Ann Evans (Chilvers Coln, Warwickshire, 1819-Londres, 1880), escritora britânica, autora de *Middlemarch* (1872).

559 Francisca Júlia da Silva Munster (Xiririca, 1871-São Paulo, 1920), poeta ligada ao parnasianismo e ao simbolismo, colaborou para vários periódicos, como *Diário Popular* e *O Álbum*, de Artur Azevedo, e *A Semana*, de Valentim Magalhães; autora de *Mármores* (1895), *Livro da infância* (1899) e *Esfinges* (1903).

560 João Batista Ribeiro de Andrade Fernandes (Laranjeiras, 1860-Rio de Janeiro, 1934), poeta, cronista, memorialista, filólogo, jornalista e professor, autor do *Dicionário gramatical* (1889), *Versos* (1890), *Estudos filológicos* (1902) e *Compêndio de história da literatura brasileira* (1909).

561 Referência à novela *Saudades*, mais conhecida como *Menina e moça* (1554), do escritor português Bernardim Ribeiro (1482?-1552?), cuja primeira frase é citada por Machado de Assis na crônica.

signação, e é de crer que sejam servidos. Ao que suponho, o presidente da Companhia é o Sr. conselheiro Paulino de Sousa, lido em coisas pátrias, que não negará tão pequeno favor a tão grande brasileiro. Demais, a história tem encontros: o filho do visconde de Uruguai honrará assim o cantor do *Uraguai*. É quase honrar-se a si próprio. Provemos se o lemos:

> *Serás lido, Uraguai. Cubra os meus olhos*
> *Embora um dia a escura noite, eterna,*
> *Tu, vive e goza a luz serena e pura;*
> *Vai aos bosques...*

Fechados ambos os parênteses, tornemos à paz anunciada. Também ela é útil, como a guerra, e tem a sua hora. O mundo romano dormia em paz algumas vezes. Venha a paz, uma vez que seja honrada e útil. Não falo por interesse pessoal. Como eu não saio a campo a combater, deixo-me nesta situação que o povo chama: "ver touros de palanque". O poeta Lucrécio, mais profundamente, dizia que era doce, estando em terra, ver naufragar etc. O resto é sabido. Carne e paz: é muito para uma semana única. Vaca e riso: não é preciso mais para uma vida inteira – salvo o que mais vale e não cabe na crônica.

Gazeta de Notícias, ano XXI, nº 195, A Semana, domingo,
14 de julho de 1895, p.1.

ANTES DE ESCREVER o nome de Basílio da Gama, é força escrever o do Dr. Teotônio de Magalhães. A este moço se deve principalmente a evocação que se fez esta semana do poeta do *Uraguai*. Pessoas que educaram os ouvidos de rapaz com versos de José Basílio, não tinham na memória o centenário da morte do poeta. Não as crimino por isso, seria criminar-me com elas. Também não ralho dos últimos anos deste século, tão exaustivos para nós, tão cheios de sucesso, *terra marique*. Não há lugar para todos, para os vivos e para os mortos, principalmente os grandes mortos. Mas como alguém se lembrou do poeta, esse falou por todos, e muitos seguiram a bandeira do jovem piedoso e modesto, que mostrou possuir o sentimento da glória e da pátria.

Não se fez demais para quem muito merecia; mas fez-se bem e com alma. Que os nossos patrícios de 1995, chegado o dia 20 de julho, recordem-se igualmente que a língua, que a poesia da sua terra, adornam-se dessas flores raras e vividas. Se a vida pública ainda impedir que os nomes representativos do nosso gênio nacional andem na boca e memória do povo, alguém haverá que se lembre dele, como agora, e o segundo centenário de Basílio da Gama será celebrado, e assim os ulteriores. Que esse modo de viver na posteridade seja ainda uma consolação! Quando a pá do arqueólogo descobre uma estátua divina e truncada, o mundo abala-se, e a maravilha é recolhida aonde possa ficar por todos os tempos; mas a estátua será uma só. Ao poeta ressuscitado em cada aniversário restará a vantagem de ser uma nova e rara maravilha.

Tal foi uma das festas da semana, que teve ainda outras. Há tempo de se afligir e tempo de saltar de gosto, diz o *Eclesiastes*; donde se pode concluir, sem truísmo, que há semanas festivas e semanas aborrecidas. No *Eclesiastes* há tudo para todos. A pacificação do Sul lá está: "Há tempo de guerra e tempo de paz". Muita gente entende que este é que é o tempo de paz; muita outra julga, pelo contrário, que é ainda o tempo da guerra, e de cada lado se ouvem razões caras e fortes. O *Eclesiastes*, que tem respostas para tudo, alguma dará a ambas as opiniões; se não fosse a urgência do trabalho, iria buscá-la ao próprio livro, não podendo fazê-lo, contento-me em supor que ele dirá aquilo que tem dito a todos, em todas as línguas, principalmente no latim, a que o trasladaram: "Vaidade das vaidades, e tudo é vaidade".

Napoleão emendou um dia essas palavras do santo livro. Foi justamente em dia de vitória. Quis ver os cadáveres dos velhos imperadores austríacos, foi aonde eles estavam depositados, e gastou largo tempo em contemplação, ele, imperador também, até que murmurou, como no livro: "Vaidade das vaidades, tudo é vaidade". Mas, logo depois, para corrigir o texto e a si, acrescentou: "Exceto talvez a força". Seja ou não exata a anedota, a palavra é verdadeira. Podeis emendá-la ao corso ambicioso, se quiserdes, como ele fez ao desconsolado de Israel, mas há de ser em outro dia. Os minutos correm: agora é falar da semana e das suas festas alegres.

Uma dessas festas foi o regresso do Sr. Rui Barbosa.[562] Coincidiu com o de Basílio da Gama; mas aquele veio de Londres, este da sepultura, e por mais definitiva que seja a sepultura, força é confessar que o autor do *Uraguai* não veio de mais longe que o ilustre ministro do governo provisório. Talvez de mais perto. A sepultura é a mesma em toda a parte, qualquer que seja o mármore e o talento do escultor, ou a simples pedra sem nome ou com ele, posta em cima da cova. A morte é universal. Londres é Londres, tanto para os que a admiram, como para os que a detestam. Um membro da comuna de Paris, visitando a Inglaterra há anos, escreveu que era um país profundamente insular, tanto no sentido moral, como no geográfico. Os que leram as cartas do Sr. Rui Barbosa no *Jornal do Comércio* terão sentido que ele, um dos grandes admiradores do gênio britânico, reconhece aquilo mesmo na nação, e particularmente na capital da Inglaterra.

A recepção do Sr. Rui Barbosa foi mais entusiástica e ruidosa que a de Basílio da Gama; diferença natural, não por causa dos talentos que são incomparáveis entre si, mas porque a vida fala mais ao ânimo dos homens, porque o Sr. Rui Barbosa teve grande parte na história dos últimos anos, finalmente porque é alguém que vem dizer ou fazer alguma coisa. Como essa coisa, se a houver, é certamente política, troco de caminho e torno-me às letras, ainda que aí mesmo ache o culto espírito do Sr. Rui Barbosa, que também as pratica e com intimidade. Não importa, aqui, o que houver de dizer ou fazer, será bem-vindo a todos.

Outra festa, não propriamente a primeira em data ou lustre, mas em interesse cá da casa, foi o aniversário da *Gazeta de Notícias.* Completou os seus vinte anos. Vinte anos é alguma coisa na vida de um jornal qualquer, mas na da *Gazeta* é uma longa página da história do Jornalismo. O *Jornal do Comércio* lembrou ontem que ela fez uma transformação na imprensa. Em verdade, quando a *Gazeta* apareceu, a dois vinténs, pequena, feita de notícias, de anedotas, de ditos picantes, apregoada pelas ruas, houve no público o sentimento de alguma coisa nova, adequada ao espírito da cidade. Há vinte

---

562 Rui Barbosa (1849-1923) voltava da Inglaterra, onde voluntariamente se exilara em consequência de seu envolvimento na Revolta da Esquadra, em 1893, contra o governo de Floriano Peixoto.

anos. As moças desta idade não se lembraram de fazer agora um gracioso mimo à *Gazeta*, bordando por suas mãos uma bandeira, ou, em seda o número de 2 de agosto de 1875. São duas boas ideias que em 1896 podem realizar as moças de vinte e um anos, e depressa, depressa antes que a *Gazeta* chegue aos trinta. Aos trinta, por mais amor que haja a esta folha, não é fácil que as senhoras da mesma idade lhe façam mimos. Se lessem Balzac, fá-los-iam grandes, e achariam mãos amigas que os recebessem; mas as moças deixaram Balzac, pai das mulheres de trinta anos.[563]

Gazeta de Notícias, ano XXI, nº 216, A Semana, domingo,
4 de agosto de 1895, p.1.

Que pouco se leia nesta terra é o que muita gente afirma, há longos anos; é o que acaba de dizer um *bibliômano* na *Revista Brasileira*. Este, porém, confirmando a observação, dá como uma das causas do desamor à leitura o ruim aspecto dos livros, a forma desigual das edições, o mau gosto, em suma. Creio que assim seja, contanto que essa causa entre com outras de igual força. Uma destas é a falta de estantes. As nossas grandes marcenarias estão cheias de móveis ricos, vários de gosto; não há só cadeiras, mesas, camas, mas toda a sorte de trastes de adorno fielmente copiados dos modelos franceses, alguns com o nome original, o *bijou de salon*, por exemplo, outros em língua híbrida, como o *porte-bibelots*. Entra-se nos grandes depósitos, fica-se deslumbrado pela perfeição da obra, pela riqueza da matéria, pela beleza da forma. Também se acham lá estantes, é verdade, mas são estantes de músicas para piano e canto, bem acabadas, vário tamanho e muita maneira.

Ora, ninguém pode comprar o que não há. Mormente os noivos, nem tudo acode. A prova é que, se querem comprar cristais, metais, louça, vão a outras casas, assim também roupa branca, tapeçaria etc.; mas não é nelas que acharão estantes. Nem é natural que um mancebo, prestes a contrair matrimônio, se lembre de ir a lojas de ferro ou de madeira; quando se lem-

---

563 Referência ao romance *A mulher de trinta anos* (1842), de Honoré de Balzac (1799-1850).

brasse, refletiria certamente que a mobília perderia a unidade. Só as grandes fábricas poderiam dar boas estantes, com ornamentações, e até sem elas.

A *Revista Brasileira* é um exemplo de que há livros com excelente aspecto. Creio que se vende, se não se vendesse, não seria por falta de matéria e valiosa. Mudemos de caminho, que este cheira a anúncio. Falemos antes da impressão que este último número me trouxe. Refiro-me às primeiras páginas de um longo livro, uma biografia de Nabuco, escrita por Nabuco, filho de Nabuco.[564] É o capítulo da infância do finado estadista e jurisconsulto. As vidas dos homens que serviram noutro tempo, e são os seus melhores representantes, hão de interessar sempre às gerações que vierem vindo. O interesse, porém, será maior, quando o autor juntar o talento e a piedade filial, como no presente caso. Dizem que na sepultura de Chatham[565] se pôs este letreiro: "O pai do Sr. Pitt". A revolução de 1889 tirou, talvez, ao filho de Nabuco uma consagração análoga. Que ele nos dê com a pena o que nos daria com a palavra e a ação parlamentares, e outro fosse o regímen, ou se ele adotasse a constituição republicana. Há muitos modos de servir a terra de seus pais.

A impressão de que falei vem de anos longos. Desde muito morrera Paraná[566] e já se aproximava a queda dos conservadores, por intermédio de Olinda,[567] precursor da ascensão de Zacarias.[568] Ainda agora vejo Nabuco, já senador, no fim da bancada da direita, ao pé da janela, no lugar correspondente ao em que ficava, do outro lado, o marquês de Itanhaém,[569] um molho de ossos e peles, trôpego, sem dentes nem valor político. Zacarias, quando entrou para o Senado, foi sentar-se na bancada inferior à de Nabuco.

---

564 Joaquim Aurélio Barreto Nabuco de Araújo (Recife, 1849-Washington, 1910), político, diplomata, historiador, jurista e jornalista, autor de *Um estadista do Império* (1897), biografia de seu pai, José Tomás Nabuco de Araújo Filho (1813-1878).
565 William Pitt, 1º conde de Chatham, chamado o Primeiro Pitt (Londres, 1708-Hayes, Kent, 1778), britânico, pai de William Pitt, chamado o Segundo Pitt (Hayes, 1759-Putney, 1806), ambos figuras de destaque na vida política britânica.
566 Honório Hermeto Carneiro Leão, marquês de Paraná (1801-1856).
567 Pedro Lima de Araújo, marquês de Olinda (1793-1870).
568 Zacarias de Góis e Vasconcelos (1815-1877).
569 Manuel Inácio de Andrade Souto Maior Coelho, marquês de Itanhaém (1782-1867).

Eis aqui Eusébio de Queirós,[570] chefe dos conservadores, respeitado pela capacidade política, admirado pelos dotes oratórios, invejado talvez pelos seus célebres amores. Uma grande beleza do tempo andava desde muito ligada ao seu nome. Perdoe-me esta menção. Era uma senhora alta, outoniça... São migalhas da história, mas as migalhas devem ser recolhidas. Ainda agora leio que, entre as relíquias de Nelson,[571] coligidas em Londres, figuram alguns mimos da formosa Hamilton.[572] Nem por se ganharem batalhas navais ou políticas se deixa de ter coração. Jequitinhonha[573] acaba de chegar da Europa, com os seus bigodes pouco senatoriais. Lá estavam Rio Branco,[574] simples Paranhos, no centro esquerdo, bancada inferior, abaixo de um senador do Rio Grande do Sul, como se chamava? — Ribeiro, um que tinha ao pé da cadeira, no chão atapetado, o dicionário de Morais[575] e o consultava a miúdo, para verificar se tais palavras de um orador eram ou não legítimas; era um varão instruído e lhano. Quem especificar mais, São Vicente,[576] Caxias,[577] Abrantes,[578] Maranguape,[579] Cotegipe,[580] Uruguai,[581] Itaboraí,[582] Otoni,[583] e tantos, tantos, uns no fim da vida, outros para lá

---

570 Eusébio de Queirós Coutinho Matoso da Câmara (1812-1868).
571 Horatio Nelson (Norfolk, 1758-ao largo do cabo Trafalgar, 1805), visconde e almirante britânico, comandou em 1805 a batalha de Trafalgar contra as tropas francesas e espanholas.
572 Emma Hart, mais conhecida como Lady Hamilton (1765-1815), passou para a história como amante de lorde Nelson e musa do pintor George Romney (1724-1802).
573 Francisco Gê Acaiaba de Montezuma, nome adotado por Francisco Gomes Brandão, visconde de Jequitinhonha (1794-1870).
574 José Maria da Silva Paranhos, visconde do Rio Branco (1819-1880).
575 Antônio de Morais Silva (Rio de Janeiro, 1755-Recife, 1824), lexicógrafo e gramático, autor do *Dicionário da língua portuguesa* (Lisboa, 1789).
576 José Antônio Pimenta Bueno, visconde e marquês de São Vicente (1803-1878).
577 Luís Alves de Lima e Silva, duque de Caxias (1803-1880).
578 Miguel Calmon Du Pin e Almeida, marquês de Abrantes (1794-1865).
579 Caetano Mário Lopes Gama, visconde de Maranguape (1795-1864).
580 João Maurício Wanderly, barão de Cotegipe (1815-1889).
581 Paulino José Soares de Sousa, visconde de Uruguai (1807-1866).
582 Joaquim José Rodrigues Torres, visconde de Itaboraí (1802-1872).
583 Teófilo Benedito Otoni (1807-1869).

do meio dela, e todo presididos pelo Abaeté,[584] com os seus compridos cabelos brancos.

Eis aí o que fizeram brotar as primeiras páginas de *Um estadista do Império*. Ouço ainda a voz eloquente do velho Nabuco, do mesmo modo que ele devia trazer na lembrança as de Vasconcelos,[585] Ledo Paula Sousa, Lino Coutinho,[586] que ia ouvir, em rapaz, na galeria da Câmara, segundo nos conta o filho. Que este faça reviver aqueles e outros tempos, contribuindo para a história do século XIX, quando algum sábio de 1950 vier contar as nossas evoluções políticas.

Como não se há de só escrever história política, aqui está Coelho Neto, romancista, que podemos chamar historiador, no sentido de contar a vida das almas e dos costumes dos nossos primeiros romancistas, e, geralmente falando, dos nossos primeiros escritores; mas é como autor de obras de ficção que ora vos trago aqui, com o seu recente livro *Miragem*.[587] Coelho Neto tem o dom da invenção, da composição, da descrição e da vida, que coroa tudo. Não vos poderia narrar a última obra, sem lhe cercear o interesse. Parte dela está na vista imediata das coisas, cenas e cenários. Não há transportar para aqui os aspectos rústicos, as vistas do céu e do mar, as noites dos soldados, a vida da roça, os destroços de Humaitá,[588] a marcha das tropas, em 15 de novembro, nem ainda as últimas cenas do livro, tristes e verdadeiras. O derradeiro encontro de Tadeu e da mãe é patético. Os personagens vivem, interessam e comovem. A própria terra vive. A miragem, que dá título ao livro, é a vista ilusória de Tadeu, relativamente ao futuro trabalhado por ele, e o desmentido que o tempo lhe traz, como ao que anda no deserto.

Não posso dizer mais; chegaria a dizer tudo. A arte dos caracteres mereceria ser aqui indicada com algumas citações; os episódios, como os amores de Tadeu em Corumbá, a impiedade de Luísa acerca dos desregramentos

---

584 Antônio Paulino Limpo de Abreu, visconde de Abaeté (1798-1883).
585 Bernardo Pereira de Vasconelos (1795-1850).
586 José Lino dos Santos Coutinho (1784-1836)
587 *Miragens*, no original.
588 Referência à fortaleza de Humaitá, a mais poderosa e temida fortificação paraguaia à época da Guerra da Tríplice Aliança.

da mãe, a bondade do ferreiro Nazário, e outros que mostram em Coelho Neto um observador de pulso.

> *Gazeta de Notícias*, ano XXI, nº 223, A Semana, domingo, 11 de agosto de 1895, p.1.

[...]
De resto, a semana começou bem para letras e artes. O Sr. senador Ramiro Barcelos achou, entre os seus cuidados políticos, um momento para pedir que entrasse na ordem do dia o projeto dos direitos autorais. O Sr. presidente do Senado, de pronto acordo, incluiu o projeto na ordem do dia. Resta que o Senado, correspondendo à iniciativa de um e à boa vontade de outro, vote e conclua a lei.

[...]
Eis aqui um Magalhães de Azeredo,[589] que a diplomacia veio buscar no meio dos livros que fazia. Dante, sendo embaixador, deu exemplo aos governos de que um homem pode escrever protocolos e poemas, e fazer tão bem os poemas, que ainda saíam melhores que os protocolos. O nosso Domingos de Magalhães foi diplomata e poeta. Não conheço as suas notas, mas li os seus versos, e regalei-me em criança com o *Antônio José*, representado por João Caetano, para não falar no *Waterloo*, que mamávamos no berço, com a "Canção do exílio" de Gonçalves Dias.

Este outro Magalhães – Magalhães de Azeredo, é dos que nasceram para as letras, governando Deodoro; pertence à geração que mal chegou à maioridade, e toda se desfaz em versos e contos. Compõe-se destes o livro que acaba de publicar com o título de *Alma primitiva*. Não te enganes; não suponhas que é um estudo – por meio de histórias imaginadas – da alma humana em flor. Nem serás tão esquecido que te não lembre a novela aqui publicada; história de amor, de ciúme e de vingança, um quadro da roça, o contraste da alma de um professor com a de um tropeiro. Tal é o primeiro conto; o último, "Uma

---

[589] Carlos de Magalhães de Azeredo (Rio de Janeiro, 1872-Roma, 1936), jornalista, escritor e poeta pertencente ao final do parnasianismo, autor de *José de Alencar* (1895), *Procelárias* (poesia, 1898) e *Horas sagradas* (poesia, 1925).

escrava", é também um quadro da roça, e a meu ver, ainda melhor que o primeiro. É menos um quadro da roça que da escravidão. Aquela D. Belarmina, que manda vergalhar até sangrar uma mucama de estimação, por ciúmes do marido, cujo filho a escrava trazia nas entranhas, deve ser neta daquela outra mulher que, pelo mesmo motivo, castigava as escravas, com tições acesos pessoalmente aplicados... Di-lo não sei que cronista nosso, frade naturalmente; mais recatado que o frade, fiquemos aqui. São horrores, que a bondade de muitas haverá compensado; mas um povo forte pinta e narra tudo.

Não é o conto único da roça e da escravidão, nem só dele se compõe este livro variado. Creio que a melhor página de todas é a do "Ahasverus", quadro terrível de um navio levando o cólera-mórbus, pelo oceano fora, rejeitado dos portos, rejeitado da vida. É daqueles em que o estilo é mais condensado e vibrante.

Não cuides, porém, que todas as páginas deste livro são cheias de sangue e de morte. Outras são estudos tranquilos de um sentimento ou de um estado, quadros de costumes ou desenvolvimento de uma ideia. "De além-túmulo" tem o elemento fantástico, tratado com fina significação e sem abuso. O que podes notar em quase todos os seus contos é um ar de família, uma feição mesclada de ingenuidade e melancolia. A melancolia corrige a ingenuidade, dando-lhe a intuição do mal mundano; a ingenuidade tempera a melancolia, tirando-lhe o que possa haver nela triste ou pesado. Não é só fisicamente que o Dr. Magalhães de Azeredo é simpático; moralmente atrai. A educação mental que lhe deram auxiliou uma natureza dócil. Os seus hábitos de trabalho são, como suponho, austeros e pacientes. Duvidará algumas vezes de si? O trabalho dar-lhe-á a mesma fé que tenho no seu futuro.

Gazeta de Notícias, ano XXI, nº 237, A Semana, domingo, 25 de agosto de 1895, p.I.

[...]

Há dois Egitos: o atual, que, não sendo propriamente ilha, é uma espécie de ilha britânica — e o antigo, que se perde na noite dos tempos. Este é o que o nosso Coelho Neto põe no *Rei fantasma*. Não conheço um nem outro; não posso comparar nem dizer nada da ocupação inglesa nem da restauração de Coelho Neto. Tenho que a restauração sempre há de ter sido mais difícil que a ocupação; mas fio que o nosso patrício haverá estudado conscienciosamente a matéria.

É certo que o autor, no prólogo do livro, afirma que este é a tradução de um velho *papyrus*, trazido do Cairo por um estrangeiro que ali viveu em companhia de Mariette.[590] O estrangeiro veio para aqui em 1888, e com medo das febres meteu-se pelo sertão, levando os *papyrus*, os *anubis*, mapas e cachimbos. Aí o conheceu, aí trabalharam juntos; morto o estrangeiro, Coelho Neto cedeu a rogos e deu ao prelo o livro.

Conhecemos todos essas fábulas. São inventos que adornam a obra ou dão maior liberdade ao autor. Aqui, nada tiram nem trocam ao estilo de Coelho Neto, nem afrouxam a viveza da sua imaginação. A imaginação é necessária nesta casta de obras. A de Flaubert deu realce e vida a *Salambô*, sem desarmar o grande escritor da erudição precisa para defender-se, no dia em que o acusaram de haver falseado *Cartago*. Quando o autor é essencialmente erudito, como Ebers,[591] preocupa-se antes de textos e indicações; pegai na *Filha de um rei do Egito*, contai as notas, chegareis a 525. Ebers nada esqueceu; conta-nos, por exemplo, que o mais velho de dois homens que vão na barca pelo Nilo "passa a mão pela barba grisalha, que lhe cerca o queixo e as faces, mas não os lábios", e manda-nos para as notas, onde nos explica que os espartanos não usavam bigodes.

Não sei se Coelho Neto iria a todas as particularidades antigas; mas aqui está uma de todos os tempos, que lhe não esqueceu, e trata-se de barca também, uma que chega à margem para receber o rei: "os remos arvorados gotejavam...". Não tenho com que analise ou interrogue o autor do *Rei fantasma* acerca dos elementos do livro. Sei que este interessa, que as descrições são vivas, que as paixões ajudam a natureza exterior e a estranheza

---

590 Auguste Mariette (Boulogne-sur-Mer, 1821-Cairo, 1881), egiptólogo francês, fundador do Serviço das Antiguidades do Egito e criador do Museu Egípcio do Cairo.

591 George Moritz Ebers (Berlim, 1837-Tutzing, Baviera, 1898), egiptólogo e romancista alemão, conhecido pela apresentação do Papiro Ebers, um dos mais importantes e antigos documentos médicos do Egito antigo e do mundo.

dos costumes. Há quadros terríveis; a cena de Amanci e da concubina tem grande movimento, e o suplício desta dói ao ler, tão viva é a pintura da moça, agarrada aos ferros e fugindo aos leões. O mercado de Peh'n e a panegíria de Ísis são páginas fortes e brilhantes.

Gazeta de Notícias, ano XXI, nº 250, A Semana, domingo, 8 de setembro de 1895, p.1.

A semana acabou com um tristíssimo desastre. Sabeis que foi a morte do conselheiro Tomás Coelho,[592] um dos brasileiros mais ilustres da última geração do império. Não é mister lembrar os cargos que exerceu naquele regímen, deputado, senador, duas vezes ministro, na pasta da Guerra e da Agricultura. Se o império não tem caído, teria sido chefe de governo, talhado para esse cargo pela austeridade, talento, habilidade e influência pessoal.

Os que o viram de perto poderão atestar o afinco dos seus estudos e a tenacidade dos seus trabalhos. Unia a gravidade e a afabilidade naquela perfeita harmonia que exprime um caráter sério e bom. No mundo econômico exerceu análoga influência que tinha no mundo político. A ambos, e a toda a sociedade deixa verdadeira e grande mágoa. Nem são poucos os que devem sentir palpitar o coração lembrado e grato.

A morte de Tomás Coelho, em qualquer circunstância, seria dolorosa; mas o repentino dela tornou o golpe maior. Às 5 horas da tarde de sexta-feira subiu a rua do Ouvidor, tranquilo e conversando; mais de um amigo o cortejou, satisfeito de o ver assim. Nenhum imaginava que quatro horas depois seria cadáver.

Outro óbito, não de homem político, mas que faz lembrar um varão igualmente ilustre, começou enlutando a semana. Há alguns anos que se

---

592 Tomás José Coelho de Almeida (Campos dos Goytacazes, 1838-idem, 1895), proprietário rural, magistrado e político brasileiro, foi a seus pés, enquanto ministro da Guerra do Império, então em visita à Escola Militar da Praia Vermelha, que o então jovem Euclides da Cunha, contagiado pelo ideal republicano, atirou o espadim, sendo expulso da instituição, em dezembro de 1888.

despediu deste mundo um dos seus atenienses: Otaviano. Aquele culto e fino espírito, que o jornal, que a palestra, e alguma vez a tribuna, viram sempre juvenil, recolhera-se nos últimos dias, flagelado por terrível enfermidade. Não perdera o riso, nem o gosto, tinha apenas a natural melancolia dos velhos. Amigos iam passar com ele, para ouvi-lo somente, ou para recordar também. Os rapazes que só tinham vinte anos não conheceram esse homem que foi o mais elegante jornalista do seu tempo, entre os Rochas,[593] e Amarais,[594] quando apenas estreava este outro que a todos sobreviveu com as mesmas louçanias de outrora: Bocaiúva.

A casa era no Cosme Velho. As horas da noite eram ali passadas, entre os seus livros, falando de coisas do espírito, poesia, filosofia, história, ou da vida da nossa terra, anedotas políticas, e recordações pessoais. Na mesma sala estava a esposa, ainda elegante, a despeito dos anos, espartilhada e toucada, não sem esmero, mas com a singeleza própria da matrona. Tinha também que recordar os tempos da mocidade vitoriosa, quando os salões a contavam entre as mais belas. O sorriso com que ouvia não era constante nem largo, mas a expressão do rosto não precisava dele para atrair a D. Eponina as simpatias de todos.

Um dia Otaviano morreu. Como as aves que Chateaubriand viu irem do Ilissus, na emigração anual, despediu-se aquela, mas sozinha, não como os casais de arribação. D. Eponina ficou, mas acaba de sair também deste mundo. Morreu e enterrou-se quarta-feira. Quantas se foram já, quantas ajudam o tempo a esquecê-las, até que a morte as venha buscar também! Assim vão umas e outras enquanto este século se fecha e o outro se abre, e a juventude renasce e continua. Isso que ai fica é vulgar, mas é daquele vulgar que há de sempre parecer novo como as belas tardes e as claras noites. É a

---

[593] Justiniano José da Rocha (Rio de Janeiro, 1812-idem, 1862), jornalista, político, tradutor, fundador de vários jornais no Rio de Janeiro e precursor do romantismo no Brasil, autor de *Ação, reação e transação* (1855) e *Os assassinos misteriosos ou A paixão dos diamantes* (romance, 1839).

[594] José Maria do Amaral (Rio de Janeiro, 1812-Niterói, 1885), político, poeta e jornalista, redator dos jornais *O Nacional* (1832-1833; 1872-1873), *O Sete de Setembro* (1833), *O Espectador da América do Sul* (1863-1864), entre outros.

regra também das folhas que caem... Mas, talvez isto vos pareça Millevoye[595] em prosa; falemos de outro Millevoye sem prosa nem verso.

[...]

> *Gazeta de Notícias*, ano XXI, nº 265, A Semana, domingo, 22 de setembro de 1895, p.1.

[...]

Disse-vos no fim da outra *semana* que ia acabar de ler o *Livro de uma sogra*. Acabei-o muito antes dos acontecimentos que abalaram o espírito público. As letras também precisam de anistia. A diferença é que, para obtê-la, dispensam votação. É ato próprio; um homem pega em si, mete-se no cantinho do gabinete, entre os seus livros, e elimina o resto. Não é egoísmo, nem indiferença; muitos sabem em segredo o que lhes dói do mal político; mas, enfim, não é seu ofício curá-lo. De todas as coisas humanas, dizia alguém com outro sentido e por diverso objeto – a única que tem o seu fim em si mesma é a arte.

Sirva isto para dizer que a fortuna do livro do Sr. Aluísio Azevedo[596] é que, escrito para curar um mal, ou suposto mal, perde desde logo a intenção primeira para se converter em obra de arte simples. D. Olímpia é um tipo novo de sogra, uma sogra *avant la lettre*. Antes de saber com quem há de casar a filha, já pergunta a si mesma (p.112) de que maneira "poderá dispor do genro e governá-lo em sua íntima vida conjugal". Quando lhe aparece o futuro genro, consente em dar-lhe a filha, mas pede-lhe obediência, pede-lhe a palavra, e, para que esta se cumpra, exige um papel em que Leandro avise à polícia que não acuse ninguém da sua morte, pois que ele mesmo pôs termo a seus dias; papel que será renovado de três em três meses. D. Olímpia declara-lhe, com franqueza, que é para salvar a sua impunidade,

---

595 Charles Hubert Millevoye (Abbeville, 1782-Paris, 1816), poeta francês, autor do poema "La Chute des feuilles", ao qual Machado de Assis faz referência.
596 Aluísio Tancredo Belo Gonçalves de Azevedo (São Luís, 1857-Buenos Aires, 1913), romancista, contista, jornalista, diplomata, caricaturista e introdutor do naturalismo no Brasil, com a publicação de *O mulato* (1881).

caso haja de o mandar matar. Leandro aceita a condição; talvez tenha a mesma impressão do leitor, isto é, que a alma de D. Olímpia não é tal que chegue ao crime.

Cumpre-se, entretanto, o plano estranho e minucioso, que consiste em regular as funções conjugais de Leandro e Palmira, como a famosa sineta dos jesuítas do Paraguai. O marido vai para Botafogo, a mulher para as Laranjeiras. Balzac estudou a questão do leito único, dos leitos unidos, e dos quartos separados;[597] D. Olímpia inventa um novo sistema, o de duas casas, longe uma da outra. Palmira concebe, D. Olímpia faz com que o genro embarque imediatamente para a Europa, apesar das lágrimas dele e da filha. Quando a moça concebe a segunda vez, é o próprio genro que se retira para os Estados Unidos. Enfim, D. Olímpia morre e deixa o manuscrito que forma este livro, para que o genro e a filha obedeçam aos seus preceitos.

Todo esse plano conjugal de D. Olímpia responde ao desejo de evitar que a vida comum traga a extinção do amor no coração dos cônjuges. O casamento, a seu ver, é imoral. A mancebia também é imoral. A rigor, parece-lhe que, nascido o primeiro filho, devia dissolver-se o matrimônio, porque a mulher e o marido podem acender em outra pessoa o desejo de conceber novo filho, para o qual já o primeiro cônjuge está gasto; extinta a ilusão, é mister outra. D. Olímpia quer conservar essa ilusão entre a filha e o genro. Posto que raciocine o seu plano, e procure dar-lhe um tom especulativo, de mistura com particularidades fisiológicas, é certo que não possui noção exata das coisas, nem dos homens.

Napoleão disse um dia, ante os redatores do código civil, que o casamento (entenda-se monogamia) não derivava da natureza, e citou o contraste do Ocidente com o Oriente. Balzac confessa que foram essas palavras que lhe deram a ideia da *Fisiologia*. Mas o primeiro faria um código, e o segundo enchia um volume de observações soltas e estudos analíticos. Diversa coisa é buscar constituir uma família sobre uma combinação de atos irreconciliáveis, como remédio universal, e algo perigoso. D. Olímpia, querendo evitar

---

597 Referência à obra *Fisiologia do casamento* (1829), na qual Balzac narra com humor e irreverência os prazeres e os percalços da vida conjugal.

que a filha perdesse o marido pelo costume do matrimônio, arrisca-se a fazer-lho perder pela intervenção de um amor novo e transatlântico.

Tal me parece o livro do Sr. Aluísio Azevedo. Como ficou dito, é antes um tipo novo de sogra que solução de problema. Tem as qualidades habituais do autor, sem os processos anteriores, que, aliás, a obra não comportaria. A narração, posto que intercalada de longas reflexões e críticas, é cheia de interesse e movimento. O estilo é animado e colorido. Há páginas de muito mérito, como o passeio à Tijuca, os namorados adiante, o Dr. César e D. Olímpia atrás. A linguagem em que esta fala da beleza da floresta e das saudades do seu tempo é das mais sentidas e apuradas do livro.

Gazeta de Notícias, ano XXI, nº 273, A Semana, domingo, 29 de setembro de 1895, p.1.

[...]

O espiritismo é uma religião, não sei se falsa ou verdadeira; ele diz que verdadeira e única. Presunção e água benta cada um toma a que quer, segundo outro adágio. Hoje tudo vai por adágios. Verdadeiros ou não, escrevem-se e publicam-se inúmeros livros, folhetos, revistas e jornais espíritas. Aqui na cidade há uma folha espírita ou duas. Não se gasta tanto papel, em tantas línguas, senão crendo que a palavra que se está escrevendo é a própria verdade. Admito que haja alguns charlatães; mas o charlatanismo, bem considerado, que outra coisa é senão uma bela e forte religião, com os seus sacerdotes, o seu rito, os seus princípios e os seus crédulos, que somos tu e eu?

Também há religiões literárias, e o Sr. Pedro Rabelo,[598] no prólogo da *Alma alheia*, alude a algumas e condena-as, chamando-lhes igrejinhas. O Sr. Pedro Rabelo, porém, não é código, é escritor, e se acrescentar que é escritor de futuro, não será modesto, mas dirá a verdade. Digo-lha eu, que li as oito narrativas de que se compõe a *Alma alheia*, com prazer e cheio de esperanças. "A barricada" e "Cão" são os mais conhecidos, e, para mim, os

---

598 Pedro Carlos da Silva Rabelo (Rio de Janeiro, 1868-idem, 1905), jornalista, contista e poeta, autor de *Filhotadas* (1897) e *Casos alegres: histórias para gente sorumbática* (1905).

melhores da coleção. A "Curiosa" é mais que curiosa: é uma predestinada. "Mana Minduca"... Mas, para que hei de citar um por um todos os contos? Basta dizer que o Sr. Pedro Rabelo busca uma ideia, uma situação, alguma coisa que dizer, para transferi-la ao papel. Tem-se notado que o seu estilo é antes imitativo, e cita-se um autor, cuja maneira o jovem contista procura assimilar. Pode ser exato em relação a alguns contos; ele próprio acha que há diversidade no estilo desta (*disparidade* é o seu termo), e explica-a pela natureza das composições. Bocage escreveu que *com a ideia convém casar o estilo*, mas defendia um verso banal criticado pelo padre José Agostinho.[599] A explicação do Sr. Pedro Rabelo não explica o seu caso, nem é preciso. No verdor dos anos é natural não acertar logo com a feição própria e definitiva, bem como seguir a um e a outro, conforme as simpatias intelectuais e a impressão recente. A feição há de vir, a própria, única e definitiva, porque o Sr. Pedro Rabelo é daqueles moços em quem se pode confiar.

Gazeta de Notícias, ano XXI, nº 300, A Semana, domingo, 27 de outubro de 1895, p.1.

À beira de um ano novo, e quase à beira de outro século, em que se ocupará esta triste semana? Pode ser que nem tu, nem eu, leitor amigo, vejamos a aurora do século próximo, nem talvez a do ano que vem. Para acabar o ano faltam trinta e seis horas, e em tão pouco tempo morre-se com facilidade, ainda sem estar enfermo. Tudo é que os dias estejam contados.

Algum haverá que nem precise tê-los contados; desconta-os a si mesmo, como esse pobre Raul Pompéia,[600] que deixou a vida inesperadamente, aos trinta e dois anos de idade. Sobravam-lhe talentos, não lhe faltavam aplausos nem justiça aos seus notáveis méritos. Estava na idade em que se pode e se

---

599 Padre José Agostinho de Macedo (Beja, 1761-Lisboa, 1831), aderiu à Revolução de 1820, redator de periódicos satíricos (*A Besta Esfolada*, 1828-1829; *A Tripa Virada*, 1827) e autor de *Os burros* (poema herói-cômico-satírico, 1827).
600 Raul de Ávila Pompéia (Angra dos Reis, 1863-Rio de Janeiro, 1895), jornalista, contista, cronista, novelista e romancista, autor de *O ateneu*, publicado em folhetins, em 1888.

trabalha muito. A política, é certo, veio ao seu caminho para lhe dar aquele rijo abraço que faz do descuidado transeunte ou do adventício namorado um amante perpétuo. A figura é manca; não diz esta outra parte da verdade – que Raul Pompéia não seguiu a política por sedução de um partido, mas por força de uma situação. Como a situação ia com o sentimento e o temperamento do homem, achou-se ele partidário exaltado e sincero, com as ilusões todas – das quais se deve perder metade para fazer a viagem mais leve – com as ilusões e os nervos.

Tal morte fez grande impressão. Daqueles mesmos que não comungavam com as suas ideias políticas, nenhum deixou de lhe fazer justiça à sinceridade. Eu conheci-o ainda no tempo das puras letras. Não o vi nas lutas abolicionistas de São Paulo. Do *Ateneu*, que é o principal dos seus livros, ouvi alguns capítulos então inéditos, por iniciativa de um amigo comum. Raul era todo letras, todo poesia, todo Goncourts.[601] Estes dois irmãos famosos tinham qualidades que se ajustavam aos talentos literários e psicológicos do nosso jovem patrício, que os adorava. Aquele livro era um eco do colégio, um feixe de reminiscências, que ele soubera evocar e traduzir na língua que lhe era familiar, tão vibrante e colorida, língua em que compôs os numerosos escritos da imprensa diária, nos quais o estilo respondia aos pensamentos.

A questão do suicídio não vem agora à tela. Este velho tema renasce sempre que um homem dá cabo de si, mas é logo enterrado com ele, para renascer com outro. Velha questão, velha dúvida. Não tornou agora à tela, porque o ato de Raul Pompéia incutiu em todos uma extraordinária sensação de assombro. A piedade veio realçar o ato, com aquela única lembrança do moribundo de dois minutos, pedindo à mãe que acudisse à irmã, vítima de uma crise nervosa. Que solução se dará ao velho tema? A melhor é ainda a do jovem Hamlet: *The rest is silence.*

[...].

Gazeta de Notícias, ano XXI, nº 363, A Semana, domingo, 29 de dezembro de 1895, p.I.

---

[601] Edmond (1822-1896) e Jules Huot de Goncourt (1830-1870) escreveram em colaboração romances inspirados na escola naturalista, como *Germanie Lacerteux* (1865) e *Madame Gervaisais* (1869).

1896

[...]
Outro jardim – é o último – abriu domingo passado as portas. Entrava-se com bilhete e havia bandeiras hasteadas. A presença do Sr. chefe de polícia podia fazer desconfiar; mas a circunstância de serem os bilhetes distribuídos pelo próprio Sr. presidente da República tranquilizou a todos, e, com pouco, reconhecemos que o Ginásio Nacional[602] não encobre nenhuma loteria. Os premiados houveram-se sem jactância nem acanhamento e os bacharelandos prestaram o compromisso regulamentar, modestos e direitos. Um deles fez o discurso do estilo; o Sr. Dr. Paula Lopes[603] falou gravemente em nome da corporação docente, até que o diretor do externato, o Sr. Dr. José Veríssimo, encerrou a cerimônia com um discurso que acabou convidando os jovens bacharéis a serem homens.

Eu não quero acrescentar aqui tudo o que penso do Sr. Dr. José Veríssimo. Seria levado naturalmente a elogiar a *Revista Brasileira*, que ele dirige, e

---

602 O Colégio Pedro II, durante os anos iniciais da República, passou a designar-se Ginásio Nacional (1890), sob a direção de José Veríssimo, de 1892 a 1898, e retornando à denominação original, em 1911.

603 Rodolfo de Paula Lopes, engenheiro, era professor de História Natural do Ginásio Nacional.

a parecer que faço um reclamo, quando não faço mais que publicar a minha opinião, a saber, que a revista é ótima.

Gazeta de Notícias, ano XXII, nº 11, A Semana, domingo, 12 de janeiro de 1896, p.1.

[...]
Dizem que a vida em São Paulo é muito cara. Mas São Paulo, se quiser, terá a saúde barata; basta meter-se-lhe na cabeça ir adiante de todos como tem ido. Inventará novos medicamentos e vendê-los-á por preço cômodo. Leste a circular do presidente convidando os demais estados produtores de café para uma conferência e um acordo? É documento de iniciativa, ponderado e grave. Aproximando-se a crise da produção excessiva, cuida de aparar-lhe os golpes antecipadamente. Mas nem só de café vive o homem, caso em que se acha também a mulher. Assim que duas paulistas ilustres tratam de abrir carreira às moças pobres para que disputem aos homens alguns misteres, até agora exclusivos deles. Eis aí outro cuidado prático. Estou que verão a flor e o fruto da árvore que plantarem. Quanto à vida espiritual das mulheres, basta citar as duas moças poetisas que ultimamente se revelaram, uma das quais, D. Zalina Rolim, acaba de perder o pai. A outra, D. Júlia Francisca da Silva,[604] tem a poesia doce e por vezes triste como a desta rival que cá temos e se chama Júlia Cortines; todas três publicaram há um ano os seus livros.

Falo em poetisas e em mulheres; é o mesmo que falar em João de Deus,[605] que deve estar a esta hora depositado no *panthéon* dos Jerônimos, segundo nos anunciou o telégrafo. Não sei se ele adorou poetisas; mas que adorou mulheres, é verdade, e não das que pisavam tapetes, mas pedras, ou faziam meia à porta da casa, como aquela Maria, da *Carta*, que é a mais deliciosa de

---

604 O nome correto é Francisca Júlia da Silva.
605 João de Deus de Nogueira Ramos (São Bartolomeu de Messines, Beja, 1830-Lisboa, 1896), mais conhecido como João de Deus, poeta português, autor de *Flores do campo* (1868), *Folhas soltas* (1876) e *Cartilha maternal* (1876), novo método de ensino da leitura.

suas composições. Se essa Maria foi a mais amada de todas, não podemos sabê-lo, nem ele próprio o saberia talvez. Há uma longa composição sem título, de vário metro, em que há lágrimas de tristeza; mas as tristezas podem ser grandes e as lágrimas passageiras ou não, sem que daí se tire conclusão certa. A verdade é que todo ele e o livro são mulheres, e todas as mulheres *rosas* e *flores*. A simpleza, a facilidade, a espontaneidade de João de Deus são raras, a emoção verdadeira, o verso cheio de harmonia, quase sem arte, ou de uma arte natural que não dá tempo a recompô-la.

Um dos que verão passar o préstito de João de Deus será esse outro esquecido — como esquecido estava o autor das *Flores do campo*, patrício nosso e poeta inspirado, Luís Guimarães. Não digo esquecido no passado, porque os seus versos não esquecem aos companheiros nem aos admiradores, mas no presente. Um de seus dignos rivais, Olavo Bilac,[606] deu-nos há dias dois lindos sonetos do poeta, que ainda nos promete um livro. A doença não o matou, a solidão não lhe expeliu a musa, antes a conservou tão maviosa como antes. O que a outros bastaria para descrer da vida e da arte, a este dá força para empregar na arte os pedaços de vida que lhe deixaram e que valerão por toda ela. O poeta ainda canta. Crê no que sempre creu.

Gazeta de Notícias, ano XXII, nº 19, A Semana, domingo, 19 de janeiro de 1896, p.1.

[...]

[...] abri novamente o último livro de Luís Murat[607] e pus-me a reler os versos do poeta. Deus meu, aqui não há estradas nem compras, aqui ninguém deve um real a nenhum banco, a não ser o banco de Apolo; mas este banco empresta para receber em rimas, e o poeta pagou-lhe capital e juros. Posto que ainda moço, Luís Murat tem nome feito, nome e renome

---

606 Olavo Brás Martins dos Guimarães Bilac (Rio de Janeiro, 1865-idem, 1918), jornalista, poeta e cronista, autor de *Conferências literárias* (1906), *Crítica e fantasia* (1904), *Crônicas e novelas* (1894) e *Ironia e piedade* (crônicas, 1916).
607 Luís Morton Barreto Murat (Resende, 1861-idem, 1929), político, escrivão, jornalista e poeta, autor de *Ondas I* (1890), *Ondas II* (1895) e *Sara* (1902).

merecido. Os versos deste segundo volume das *Ondas* já foi notado que desdizem do prefácio; mas não é defeito dos versos, senão do prefácio. Os versos respiram vida íntima, amor e melancolia; as próprias páginas da *Tristeza do caos*, por mais que queiram, a princípio, ficar na nota impessoal, acabam no pessoal puro e na desesperança.

    O poeta tem largo fôlego. Os versos são, às vezes, menos castigados do que cumpria, mas é essa mesma a índole do poeta, que lhe não permite senão produzir como a natureza; os passantes que colham as belas flores entre as ramagens que não têm a mesma igualdade e correção. Luís Murat cultiva a antítese de Hugo como Guerra Junqueiro; eu pedir-lhe-ia moderação, posto reconheça que a sabe empregar com arte. Por fim, aqui lhe deixo as minhas palavras; é o que pode fazer a crônica destes dias.

Gazeta de Notícias, ano XXII, nº 68, A Semana, domingo, 8 de março de 1896, p.1.

[...]
    Conquanto a credulidade seja eterna, é preciso fazer com ela o que se faz com a moda: variar de feitio. Valentim Magalhães variou de feitio, limitando-se a dar este título de "Primeiro de abril" a um dos seus contos do livro agora publicado. É uma simples ideia engenhosa. *Bricabraque*[608] é o nome do livro; compõe-se de fantasias, historietas, crônicas, retratos, uma ideia, um quadro, uma recordação, recolhidos daqui e dali, e postos em tal ou qual desordem. A variedade agrada, o tom leve põe relevo à observação graciosa ou cáustica, e o todo exprime bem o espírito agudo e fértil deste moço. O título representa a obra, salvo um defeito, que reconheci, quando quis reler alguma das suas páginas, "Velhos sem dono", por exemplo; o livro traz índice. Um *Bricabraque* verdadeiro nem devia trazer índice. Quem quisesse reler um conto, que se perdesse a ler uma fantasia.

Gazeta de Notícias, ano XXII, nº 96, A Semana, domingo, 5 de abril de 1896, p.1.

---

608 *Bric-à-Brac*, no original.

[...]

Chego ao Hotel do Globo. Subo ao segundo andar, onde acho já alguns homens. São convivas do primeiro jantar mensal da *Revista Brasileira*. O principal de todos, José Veríssimo, chefe da *Revista* e do Ginásio Nacional, recebe-me, como a todos, com aquela afabilidade natural que os seus amigos nunca viram desmentida um só minuto. Os demais convivas chegam, um a um, a literatura, a política, a medicina, a jurisprudência, a armada, a administração... Sabe-se já que alguns não podem vir, mas virão depois, nos outros meses.

Ao fim de poucos instantes, sentados à mesa, lembrou-me Platão; vi que o nosso chefe tratava não menos que de criar também uma República, mas com fundamentos práticos e reais. O Carceler podia ser comparado, por uma hora, ao Pireu. Em vez das exposições, definições e demonstrações do filósofo, víamos que os partidos podiam comer juntos, falar, pensar e rir, sem atritos, com iguais sentimentos de justiça. Homens vindos de todos os lados – desde o que mantém nos seus escritos a confissão monárquica, até o que apostolou, em pleno império, o advento republicano – estavam ali plácidos e concordes, como se nada os separasse.

Uma surpresa aguardava os convivas, lembrança do anfitrião. O cardápio (como se diz em língua bárbara) vinha encabeçado por duas epígrafes, nunca escritas pelos autores, mas tão ajustadas ao modo de dizer e sentir, que eles as incluiriam nos seus livros. Não é dizer pouco, em relação à primeira, que atribui a Renan esta palavra: "Celebrando a Páscoa, disse o encantador profeta da Galileia: tolerai-vos uns aos outros; é o melhor caminho para chegardes a amar-vos...".

E todos se toleravam uns aos outros. Não se falou de política, a não ser alguma palavra sobre a fundação dos estados, mas curta e leve. Também se não falou de mulheres. O mais do tempo foi dado às letras, às artes, à poesia, à filosofia. Comeu-se quase sem atenção. A comida era um pretexto. Assim voaram as horas, duas horas deleitosas e breves. Uma das obrigações do jantar era não haver brindes: não os houve. Ao deixar a mesa tornei a lembrar-me de Platão, que acaba o livro proclamando a imortalidade da alma; nós acabávamos de proclamar a imortalidade da *Revista*.

Cá fora esperava-nos a noite, felizmente tranquila, e fomos todos para casa, sem maus encontros, que andam agora frequentes. Há muito tiro, muita facada, muito roubo, e não chegando as mãos para todos os processos, alguns hão de ficar esperando. Ontem perguntei a um amigo o que havia acerca da morte de uma triste mulher; ouvi que a morte era certa, mas que, tendo o viúvo desistido da ação, ficou tudo em nada. Jurei aos meus deuses não beber mais remédio de botica. A impunidade é o colchão dos tempos; dormem-se aí sonos deleitosos. Casos há em que se podem roubar milhares de contos de réis... e acordar com eles na mão.

Gazeta de Notícias, ano XXII, nº 138, A Semana, domingo, 17 de maio de 1896, p.1.

A publicação da *Jarra do Diabo* coincidiu com a chegada de Magalhães de Azeredo. Já tive ocasião de abraçar este jovem e talentoso amigo. É o mesmo moço que se foi daqui para Montevidéu começar a carreira diplomática. A natureza, naquela idade, não muda de feição; o artista é que se aprimorou no verso e na prosa, como os leitores da *Gazeta* terão visto e sentido. Este filho excelente volta também marido venturoso, e brevemente embarca para a Europa, onde vai continuar de secretário na legação junto à Santa Sé. Tudo lhe sorri na vida, sem que a Fortuna lhe faça nenhum favor gratuito; merece-os todos, por suas qualidades raras e finas. Jamais descambou na vulgaridade. Tem o sentimento do dever, o respeito de si e dos outros, o amor da arte e da família. Ao demais, modesto – daquela modéstia que é a honestidade do espírito, que não tira a consciência íntima das forças próprias, mas que faz ver na produção literária uma tarefa nobre, pausada, séria.

Quando Magalhães de Azeredo partir agora para continuar as suas funções diplomáticas, deixará saudades a quantos o conhecem de perto. Os que a idade houver aproximado daquela outra viagem eterna, é provável – é possível, ao menos – que o não torne a ver, mas guardarão boa memória de um coração digno do espírito que o anima. Os moços, que aí cantam a vida, entrarão em flor pelo século adiante, e vê-lo-ão, e serão vistos por ele, continuando na obra desta arte brasileira, que é mister preservar de toda federação. Que os estados gozem a sua autonomia política e administrativa, mas acompanhem a mais forte unidade, quando se tratar da nossa musa nacional.

Por meu gosto não passava deste capítulo, mas a semana teve outros, se se pode chamar semana ao que foi antes uma simples alfândega, tanto se falou de direitos pagos e não pagos. Eis aqui o vulgar, meu caro poeta da *Jarra do Diabo*; aqui os objetos não se parecem, como a tua jarra, com "uma jovem mulher ateniense". São fardos, são barricas e pagam taxas, outros dizem que não pagam, outros que nem pagarão. Uma balbúrdia. Eu, posto creia no bem, não sou dos que negam o mal, nem me deixo levar por aparências que podem ser falazes. As aparências enganam; foi a primeira banalidade que aprendi na vida, e nunca me dei mal com ela. Daquela disposição nasceu em mim esse tal ou qual espírito de contradição que alguns me acham, certa repugnância em execrar sem exame vícios que todos execram, como em adorar sem análise virtudes que todos adoram. Interrogo a uns e a outros, dispo-os, palpo-os, e se me engano, não é por falta de diligência em buscar a verdade. O erro deste mundo.

[...]

Gazeta de Notícias, ano XXII, nº 165, A Semana, domingo, 14 de junho de 1896, p.1.

Este que aqui vedes jantou duas vezes fora de casa esta semana. A primeira foi com a *Revista Brasileira*, o jantar mensal e modesto, no qual, se não faltam iguarias para o estômago, menos ainda as faltam para o espírito. Aquilo de Pascal, que o homem não é anjo nem besta, e que quando quer ser anjo é que fica besta, não cabe na comunhão da *Revista*. Podemos dizer sem desdouro nem orgulho que o homem ali é ambas as coisas, ainda que se entenda o anjo como diabo e bom diabo. Sabe-se que este era um anjo antes da rebelião no céu. Nós que já estamos muito para cá da rebelião, não temos a perversidade de Lúcifer. Enquanto a besta come, o anjo conversa e diz coisas cheias de galanteria. Basta notar que, apesar de lá estar um financeiro, não se tratou de finanças. Quando muito, falou-se de insetos e um tudo-nada de divórcio.

Uma das novidades de cada jantar da *Revista* é a lista dos pratos. Cada mês tem a sua forma "análoga ao ato", como diziam os antigos anúncios de festas, referindo-se ao discurso ou poesia que se havia de recitar. Desta vez foram páginas soltas do número que ia sair, impressas de um lado, com a lista do outro. Quem quis pôde assim saborear um trecho truncado do número do dia 15, o primeiro de julho, número bem composto e variado. Uma revista que dure não é coisa vulgar entre nós, antes rara. Esta mesma *Revista Brasileira* tem sucumbido e renascido, achando sempre esforço e disposição para continuá-la e perpetuá-la, como parece que sucederá agora.

O segundo jantar foi o do Dr. Assis Brasil.[609] Quatro ou cinco dezenas de homens de boa vontade, com o chefe da *Gazeta* à frente, entenderam prestar uma homenagem ao nosso ilustre patrício, e escolheram a melhor prova de colaboração, um banquete a que convidaram outras dezenas de homens da política, das letras, da ciência, da indústria e do comércio. O salão do Cassino tinha um magnífico aspecto, embaixo pelo arranjo da mesa, em cima pela agremiação das senhoras que a comissão graciosamente convidou para ouvir os brindes. De outras vezes esta audiência é o único doce que as pobres damas comem, e, sem desfazer nos oradores, creio ser órgão de todas elas dizendo que um pouco de doce real e peru de verdade não afiaria menos os seus ouvidos. Foi o que a comissão adivinhou agora. Mas, ainda sem isso, a concorrência seria a mesma, e ainda maior se não fora o receio da chuva, tanta havia caído durante o dia.

O que elas viram e ouviram deve tê-las satisfeito. O aspecto dos convivas não seria desagradável. Ao lado desse espetáculo, os bons e fortes sentimentos expressos pelos oradores, as palavras quentes, a cordialidade, o patriotismo de par com as afirmações de afeto para com a antiga metrópole – nota que figurou em todos os discursos – tudo fez da homenagem a Assis Brasil uma festa de família. O nosso eminente representante foi objeto de merecidos louvores. Ouviu relembrar e honrar os seus serviços, os seus dotes morais e intelectuais; e as palavras de elogio, sobre serem cordiais,

---

[609] Joaquim Francisco de Assis Brasil (São Gabriel, 1857-Pinheiro Machado, 1938), poeta, advogado, político, orador, escritor, prosador, diplomata e estadista, propagandista da República, fundador do Partido Libertador, deputado e membro da junta governativa gaúcha de 1891.

eram autorizadas, vinham do governo, do jornalismo, da diplomacia. As letras e o senado não falaram propriamente dele, mas sendo ele o centro e a ocasião da festa, todas as coroas iam coroá-lo.

[...]

Gazeta de Notícias, ano XXII, nº 200, A Semana, domingo, 19 de julho de 1896, p.1.

Esta semana é toda de poesia. Já a primeira linha é um verso, boa maneira de entrar em matéria. Assim que, podeis fugir daqui, filisteus de uma figa, e ir dizer entre vós, como aquele outro de Heine:[610] "Temos hoje uma bela temperatura". O que sucedeu em prosa nestes sete dias merecia decerto algum lugar, se a poesia não fosse o primeiro dos negócios humanos ou se o espaço desse para tanto; mas não dá. Por exemplo, não pode conter tudo o que sugere a reunião dos presidentes de bancos de nossa praça. Chega, quando muito, para dizer que o remédio tão procurado para o mal financeiro – e naturalmente econômico – foi achado depois de tantas cogitações. Os diretores, acabada a reunião, voltaram aos seus respectivos bancos e a taxa de câmbio subiu logo 1/8. *A Bruxa*[611] espantou-se com isto e declarou não entender o câmbio. A poetisa Elvira Gama[612] parecia havê-lo entendido, no soneto que ontem publicou aqui.

Doce câmbio...

Mas trata de amores, como se vê da segunda parte do verso:

... de seres atraídos,
Ligados pela ação de igual desejo.

---

610 Heinrich Heine (Dusseldorf, 1797-Paris, 1856), escritor alemão de temas românticos aos quais mescla a ironia que iria transparecer na maior parte de suas obras, como *O livro dos cantos* (1827), *Romanceiro* (1851), *Navio negreiro* (1853-1854).

611 *A Bruxa* (1896-1897), revista ilustrada carioca, dirigida por Olavo Bilac e pelo caricaturista português Julião Machado (1863-1930).

612 Elvira Gama (Rio de Janeiro, 1872-?), poeta, prosadora, redatora do *Jornal do Brasil* e colaboradora da *Gazeta de Notícias*, autora de uma série de cartas com o pseudônimo de Sinhá Miquelina em *O País*, em 1896.

Eu é que o entendi de ver. A primeira reunião fez subir um degrau, a segunda fará subir outro, e virão muitas outras até que o câmbio chegue ao patamar da escada. Aí convidá-lo-ão a descansar um pouco, e, uma vez entrado na sala, fechar-lhe-ão as portas e deixá-lo-ão bradar à vontade. — Estás a 27, responderão os diretores do banco, podes quebrar os trastes e a cabeça, estás a 27, não desces de 27.

[...]

Entro a devanear. Tudo porque não me deixei ir pela poesia adiante. Pois vamos a ela, e comecemos pelo quarto jantar da *Revista Brasileira*, a que não faltou poesia nem alegria. A alegria, quando tanta gente anda a tremer pelas falências no fim do mês, é prova de que a *Revista* não tem entranhas ou só as tem para os seus banquetes. Ela pode responder, entretanto, que a única falência que teme deveras é a do espírito. No dia em que meia dúzia de homens não puderem trocar duas dúzias de ideias, tudo está acabado, os filisteus tomarão conta da cidade e do mundo e repetirão uns aos outros a mesma exclamação daquele de Heine: *Es ist heute eine schöne Witterung!* Mas enquanto o espírito não falir, a *Revista* comerá os seus jantares mensais até que venha o centésimo, que será de estrondo. Se eu me não achar entre os convivas, é que estarei morto; peço desde já aos sobreviventes que bebam à minha saúde.

A demais poesia da semana consistiu em três aniversários natalícios de poetas: o de Gonçalves Dias a 10, o de Magalhães e Carlos a 13. O único popular destes poetas é ainda o autor da "Canção do exílio". Magalhães teve principalmente uma página popular, que todos os rapazes do meu tempo (e já não era a mesma geração) traziam de cor. O Carlos não chegou ao público. Mas são três nomes nacionais, e o maior deles tem a estátua que lhe deu a sua terra. Não indaguemos da imortalidade. Bocage, louvado por Filinto, improvisou uma ode entusiástica, fechada por esta célebre entonação: *Posteridade, és minha!* E ninguém já lia Filinto, quando Bocage ainda era devorado. O próprio Bocage, a despeito dos belos versos que deixou, está pedindo uma escolha dos sete volumes — ou dos seis, para falar honestamente.

Justamente anteontem conversávamos alguns acerca da sobrevivência de livros e de autores franceses deste século. Entrávamos, em bom sentido, naquela falange de Musset:

Electeurs brevetés des morts et des vivants.

e não foi pequeno o nosso trabalho abatendo cabeças altivas. Nem Renan escapou, nem Taine; e, se não escapou Taine, que valor pode ter a profecia dele sobre as novelas e contos de Mérimée?[613] *Il est probable qu'en l'an 2000 on relira la* PARTIE DE TRIC-TRAC, *pour savoir ce qu'il en coûte de manquer une fois à l'honneur.* Taine não fez como os profetas hebreus, que afirmam sem demonstrar; ele analisa as causas da vitalidade das novelas de Mérimée, os elementos que serviram à composição, o método e a arte da composição. O tempo dirá se acertou; e pode suceder que o profeta acabe antes da profecia e que no ano 2000 ninguém leia a *História da literatura inglesa*, por mais admirável que seja esse livro.

Mas no ano 2000 os contos de Mérimée terão século e meio. Que é século e meio! No mês findo, o poeta laureado de Inglaterra falou no centenário da morte de Burns,[614] cuja estátua era inaugurada; parodiou um dito antigo, dizendo enfaticamente que não se pode julgar seguro o renome de um homem antes de cem anos depois dele morto. Concluiu que Burns chegara ao ponto donde não seria mais derribado. Não discuto opiniões de poetas nem de críticos, mas bem pode ser que seja verdadeira. Em tal caso, o autor de *Carmem* estará igualmente seguro, se o seu profeta acertou. Resta lembrar que a vida dos livros é vária como a dos homens. Uns morrem de vinte, outros de cinquenta, outros de cem anos, ou de noventa e nove, para não desmentir o poeta laureado. Muitos há que, passado o século, caem nas bibliotecas, onde a curiosidade os vai ver, e donde podem sair em parte para a história, em parte para os florilégios. Ora, esse prolongamento da vida, curto ou longo, é um pequeno retalho de glória. A imortalidade é que é de poucos.

---

613 Prosper Mérimée (Paris, 1803-Cannes, 1870), historiador, arqueólogo e escritor romântico francês, famoso pela novela *Carmen* (1845), transformada em ópera por Georges Bizet (1838-1875), em 1875.

614 Robert Burns (Alloway, Ayshire, 1759-Dumfries, 1796), filho de camponês praticamente autodidata, imprimiu seus *Poemas* (1786) em dialeto, o que lhe granjeou imenso sucesso.

Não há muito, comemoramos o centenário de José Basílio, e ainda ontem encontrei o jovem talento e gosto que iniciou essa homenagem. Hão de lembrar-se que não foi ruidosa; não teve o esplendor da de Burns, cuja sombra viu chegar de todas as partes do mundo em que se fala a língua inglesa presentes votivos e deputações especiais. O chefe do partido liberal presidia às festas, onde proferiu dois discursos. Cá também eram passados cem anos; mas, ou há menor[615] expansão aqui em matéria de poesia, ou o autor do *Uraguai* caminha para as bibliotecas e para a devoção de poucos. Não sei se ao cabo de outro século haverá outro Magalhães que inicie uma celebração. Talvez já o poeta esteja unicamente nos florilégios com alguns dos mais belos versos que se têm escrito na nossa língua. É ainda uma sombra de glória. A moeda que achamos entre ruínas tem o preço da antiguidade; a do nosso poeta terá a da própria mão que lhe deu cunho. Se afinal se perder, haverá vivido.

Gazeta de Notícias, ano XX, nº 229, A Semana, domingo, 16 de agosto de 1896, p.1.

Enquanto eu cuido da semana, S. Paulo cuida dos séculos, que é mais alguma coisa. Comemora-se ali a figura de José de Anchieta,[616] tendo já havido três discursos, dos quais dois foram impressos, e em boa hora impressos; honram os nomes de Eduardo Prado[617] e de Brasílio Machado,[618] que honraram por sua palavra elevada e forte ao pobre e grande missionário jesuíta.[619]

---

615 "Menos", no original.
616 José de Anchieta (San Cristóbal de La Laguna, 1534-Iriritiba, 1597), padre jesuíta espanhol, um dos fundadores de São Paulo, gramático, poeta, teatrólogo e historiador, autor de *Os feitos de Mem de Sá* (1563), *Arte de gramática da língua mais usada na costa do Brasil* (1595), além do célebre "Poema à Virgem".
617 Eduardo Paulo da Silva Prado (São Paulo, 1860-idem, 1901), advogado, jornalista e escritor, autor de *Viagens* (1886-1902).
618 Brasílio Augusto Machado de Oliveira (São Paulo, 1848-idem, 1919), advogado, professor e político, um dos fundadores da Academia de Letras de São Paulo e do Instituto Histórico de São Paulo.
619 As conferências de Francisco de Paula Rodrigues, Eduardo Prado, Brasílio Machado, Teodoro Sampaio, Américo de Novais, João Monteiro, José Vieira Couto

A comemoração parece que continua. O frade merece-a de sobra. A crônica dera-lhe as suas páginas. Um poeta de viva imaginação e grande estro, o autor do *Cântico do calvário*,[620] pegou um dia da figura dele e meteu-a num poema. Agora é a apoteose da palavra e da crítica. Uma feição caracteriza estas homenagens, é a neutralidade. Ao pé de monarquistas há republicanos, e à frente destes vimos agora o presidente do estado. Dizem que este soltara algumas palavras de entusiasmo paulista por ocasião da última conferência. De fato, uma terra em que as opiniões do dia podem apertar as mãos por cima de uma grande memória é digna e capaz de olhar para o futuro, como o é de olhar para o passado. A faculdade de ver alto e longe não é comum.

É doce contemplar de novo uma grande figura. Aquele jesuíta, companheiro de Nóbrega[621] e de Leonardo Nunes,[622] está preso indissoluvelmente à história destas partes. A imaginação gosta de vê-lo, a três séculos de distância, escrevendo na areia da praia os versos do poema da Virgem Maria, por um voto em defesa da castidade, e confiando-os um a um à impressão da memória. A piedade ama os seus atos de piedade. É preciso remontar às cabeceiras da nossa história para ver bem que nenhum prêmio imediato e terreno se oferecia àquele homem e seus companheiros. Cuidavam só de espalhar a palavra cristã e civilizar bárbaros; para isso era tudo Anchieta, além de missionário. A habitação dele e de outros era o que ele mesmo escrevia a Loyola,[623] em agosto de 1554: "E aqui estamos, às vezes mais de vinte dos nossos, numa barraquinha de caniço e barro, coberta de palha,

---

de Magalhães, cônego Manuel Vicente da Silva e Joaquim Nabuco foram reunidas no livro *III centenário do venerável José de Anchieta*, publicado em Paris-Lisboa, pela editora Aillaud, em 1900.
620 Fagundes Varela.
621 Manuel da Nóbrega (Sanfins do Douro, 1517-Rio de Janeiro, 1570), sacerdote português e chefe da primeira missão jesuítica à América, autor de cartas enviadas a seus superiores tidas como documentos históricos sobre o Brasil colônia e a ação jesuítica no século XVI.
622 Leonardo Nunes (Vila de São Vicente, 1490-costa brasileira, 1554), padre jesuíta português, conhecido como Abarebebê ou "padre voador", auxiliou na construção da igreja de São João Batista, em São Vicente.
623 Santo Inácio de Loyola (Azpeitia, 1491-Roma, 1556), fundador da Companhia de Jesus.

quatorze pés de comprimento, dez de largura. É isto a escola, é a enfermaria, o dormitório, refeitório, cozinha, despensa".

Justo seria que alguma coisa lembrasse aqui, entre nós, o nome de Anchieta – uma rua, se não há mais. A nossa intendência municipal acaba de decretar que não se deem nomes de gente viva às ruas, salvo "quando as pessoas se recomendarem ao reconhecimento e admiração pública por serviços relevantes prestados à pátria ou ao município, na paz ou na guerra". Anchieta está morto e bem morto; é caso de lhe dar a homenagem que tão facilmente se distribui a homens que nem sequer estão doentes, e mal se podem dizer maduros; tanto mais quanto o presidente do conselho municipal não é só brasileiro, é também paulista e bom paulista.

[...]

Gazeta de Notícias, ano XXII, nº 278, A Semana, domingo, 4 de outubro de 1896, p.1.

Henriqueta Renan

Um espartano, convidado a ouvir alguém que imitava o canto do rouxinol, respondeu friamente: Já ouvi o rouxinol. O mesmo dirás tu, se leste *Henriqueta Renan*, a quem quer que se proponha falar desta senhora que tamanha influência teve no autor da *Vida de Jesus*. A diferença é que aqui ninguém te convida a ver imitar o inimitável. Renan é o próprio rouxinol; ninguém poderá dizer nada depois do estilo incomparável e da grande emoção daquelas páginas. Assim é que não venho contar o que leste ou podes ler nessa língua única, mas trazer somente, com os subsídios posteriores, um esboço da amiga pia e discreta, inteligência fina e culta, vontade forte e longa, capaz de esforços grandes para cumprir deveres altos, ainda que obscuros. Os renanistas da nossa terra, aliás poucos, são como todos os devotos de um espírito eminente; não lhe amam só os livros e atos públicos, mas tudo o que a ele se refere, seja gozo íntimo ou tristeza particular. De um sei eu, que talvez por vir também do seminário, é o mais absoluto de todos. Esse, se estivesse agora na antiga Biblos, iria até à aldeia de Amschit, onde descansam os restos da irmã querida do mestre. Sentar-se-ia ao pé das palmeiras para evocar a sombra daquela nobre criatura. A memória lhe traria novamente os passos de uma vida feita de sacrifício e de trabalho, começada em uma cidadezinha da Bretanha, continuada em Paris, na Polônia e na Itália, e acabada no recanto modesto de um pedaço da Ásia.

A vida de Henriqueta Renan completa-se pelas cartas trocadas entre os dois irmãos, ela nos confins da Polônia, ele na província e em Paris. Destas me servirei principalmente. A impressão original do opúsculo de Renan, feita em 1862, não foi divulgada: cem exemplares bastaram para recordar Henriqueta às pessoas que a tinham conhecido. No prólogo dos *Souvenirs d'enfance et de jeunesse*, Renan declara que não queria profanar a memória da irmã juntando aquele opúsculo a este livro. "Inserindo essas páginas em um volume posto à venda, andaria tão mal como se levasse o retrato dela a um leilão". Não obstante, autorizou a reimpressão depois dele morto. A reimpressão fez-se integralmente em 1895, trazendo os retratos de ambos. Não imagines, se não viste o dela, que é uma formosa criatura moça. Aos dezenove anos, segundo o irmão, fora em extremo graciosa, de olhos meigos e mãos finíssimas. O retrato representa uma senhora idosa, com a sua touca de folhos, atada debaixo do queixo, um vestido sem feitio; mas a doçura que ele tanto louva lá se lhe vê na gravura, cópia da fotografia. Conta o próprio irmão que, em 1850, voltando da Polônia, Henriqueta estava inteiramente mudada; trazia as rugas da velhice prematura, "não lhe restando da graça antiga mais que a deleitosa expressão de sua inefável bondade".

Camões, mestre em figuras poéticas, diz do filho de Sêmele, que era nascido de duas mães — e não dá o próprio nome de Baco senão por alusão àquele que traz a perpétua mocidade no rosto. De Renan, eterno moço, se pode dizer igual coisa; mas aqui a imagem pagã e graciosa, não menos que atrevida, é uma austera e doce verdade. Henriqueta, mais velha que ele doze anos, dividiu com a mãe de ambos a maternidade do irmãozinho. "Uma das tuas mães", escreve-lhe ela em 28 de fevereiro de 1845, dia em que ele fazia vinte e dois anos. Já antes (carta de 30 de outubro de 1842) havia-lhe dito que era seu filho de adoção. Os primeiros tempos da infância de Ernesto são deliciosos sem alegria, unicamente pela afeição recíproca, pela docilidade daquela moça, que deixava de ir ter com as amigas, para não afligir o pequeno que a queria só para si. Henriqueta é que o leva à igreja, agasalhadinho em sua capa, quando era inverno. Um dia, como o visse disfarçar envergonhado o casaquinho surrado pelo uso, não pôde reter as lágrimas. Já então haviam perdido o pai – náufrago ou suicida – que não deixara de si mais que dívidas e saudades. Um mês inteiro gastaram a esperar alguma notícia ou o cadáver. Parece que esses dramas são comuns na costa bretã; lembrai-vos do pescador de Islândia e das angústias da pobre Maud, à espera que voltem Yann e o seu barco, e vendo que todos voltam, menos eles.

Já vieram todos os de Tréguier e Saint-Brieuc, diz à pobre Maud uma das mulheres que também iam esperar à praia.

Tréguier é justamente a cidadezinha em que nasceu Renan. O navio do pai voltou, ao invés da *Leopoldine* de Yann, mas voltou sem o dono, e só depois de longos dias é que o cadáver foi arrojado à praia entre Saint-Brieuc e o cabo Fréhel. Os pormenores e o quadro são outros; da invenção de Loti resultou um livro; da realidade de 1828 nasceu e cresceu a nobre figura de Henriqueta. Ela enfrentou com o trabalho, disposta a resgatar as dívidas do pai e acudir às necessidades da família. Rejeitou um casamento rico, unicamente pela condição que trazia de deixar os seus. Abriu uma escola, mas foi obrigada a fechá-la, e pouco depois aceitou emprego em uma pensão de meninas em Paris. Renan diz que as suas estreias na capital foram horríveis, e pinta o contraste da provinciana, e particularmente da bretã, com aquele mundo novo para ela, feito de "sequidão, de frieza e de charlatanismo". Henriqueta aceitou a direção de outro colégio, onde trabalhou descomunalmente sem prosperidade, mas onde fez crescer a sua própria instrução, que chegou a ser excepcional; é a palavra do irmão. Este viera então a Paris, a chamado dela, para entrar no seminário dirigido por Dupanloup, e continuar os estudos começados em um colégio de padres da cidade natal: era em 1838. Dois anos depois, não podendo tirar da vida de mestra em Paris os meios necessários para liquidar as dívidas do pai, contratou Henriqueta os seus serviços de professora em casa de uma família polaca, e começou novo exílio, mais longo (dez anos) e mais remoto, em um castelo da Polônia, a sessenta léguas de Varsóvia.

Aqui entra naturalmente a correspondência (*Lettres intimes*), publicada agora em volume, uma coleção que vai de 1842 a 1845. Há outras cartas (1845-1848), dadas mais recentemente em uma revista francesa; não as li.

A correspondência que tenho à vista mostra, ainda melhor que a narração de Renan, o sentimento raro, a afeição profunda, e a dedicação sem aparato daquela boa e grave Henriqueta. As cartas desta senhora são a sua própria alma. Escrevem-se muitas para o prelo, algumas para a posteridade; nenhum desses destinos podia atraí-la. Fala do irmão ao irmão. Raro trata de si, e quando o faz é para completar um conselho ou uma reflexão. Também não conta o que se passa em torno dela. Conquanto a vida fosse solitária, algum incidente interior, alguma observação do meio em que estava, podia cair no papel, por desabafo sequer, não digo por malícia; nada disso. Uma vez falará de dinheiro pedido ao pai das educandas, para explicar a demora de uma remessa. Outra vez, em poucas linhas, dirá do campônio polaco que é o mais pobre e embrutecido que se possa imaginar, e notará os excesso de fanatismo e de ódio religioso entre os judeus que enchem as cidades e os cristãos, e entre os próprios dissidentes do cristianismo. Pouco mais dirá na longa correspondência de quatro anos. A distância era tamanha que não dava tempo a desperdiçar papel com assunto alheio. Todo ele é pouco para tratar somente do irmão. Henriqueta aperta as linhas e as letras, aproveita as margens das folhas para não acabar de lhe falar. "Custa-me deixar-te", conclui a primeira carta impressa. Era inútil dizê-lo; todas as seguintes fazem sentir que mui dificilmente Henriqueta suspende a mão do papel. São verdadeiramente cartas íntimas, medrosas de aparecer, receosas de violação. Desde logo revelam a força do afeto e a gravidade do espírito. Nenhum floreio de retórica, nenhum arrebique de sabichona, mas um alinho natural, muita simpleza de arte, fino estilo e comoção sincera. As expressões de ternura são intensas e abundantes. Meu filho, meu amado, meu querido, meu bom e mil vezes querido, são umas de tantas palavras inspiradas por um amor único.

Henriqueta Renan é melancólica. Segundo o irmão, herdou essa disposição do pai; a mãe era vivaz e alegre. A tristeza, em verdade, ressumbra das suas cartas. O meio em que vive era apropriado a agravar essa inclinação de nascença. Nem o interior do castelo nem as temporadas de Varsóvia podiam trazer-lhe a alegria que não vinha dela. Querendo dar ideia da terra em que habita, fala de "imensas e monótonas planícies de areia que fariam pensar na Arábia ou na África, se intermináveis pinhais, interrompendo-as, não viessem lembrar a vizinhança do norte". Junta a isso a estranheza das gentes, as saudades dos seus, maiores que as da terra natal; não esqueças a distância no espaço, que é enorme, e no tempo que parece infinito, e compreenderás que em toda a correspondência de Henriqueta não haja o reflexo de um sorriso. O sentimento que tem da vida, aos trinta anos, aqui o dá ela ao irmão, uma vez que fala de o ver feliz: "Feliz! Quem é feliz nesta terra de dores e desassossegos? E, sem contar os lances da sorte e as ações dos homens, não é certo que em nosso coração há uma fonte perene de agitações e de misérias?". Entretanto, a melancolia de Henriqueta não lhe abate as forças, não é daquela espécie que faz da alma uma simples espectadora da vida. Henriqueta não se contenta de gemer; a queixa não parece que seja a sua voz natural. Aconselha ao irmão que lute, e que conte com ela para ajudá-lo. Exorta-o a ser homem. Um dia, achando-lhe resolução, louva a força de vontade, "sem a qual não passamos de criançolas". Henriqueta tira do sentimento do dever, não menos que do amor, a energia necessária para amparar Renan, primeiro nas dúvidas, depois nos estudos e na carreira nova.

Há um ponto na narrativa de Renan, que as cartas de Henriqueta completam e explicam: é o que se refere aos laços de afeição e estima existentes entre ela e a família do conde Zamosky com quem contratara os seus serviços de preceptora; tais laços que lhe faziam esquecer a tristeza da posição e o rigor do clima. As cartas de Henriqueta não deixam tão simples impressão. Se a queixa não parece ser a sua voz natural, alguma vez, como na carta de 12 de março de 1843, referindo-se às faculdades de cada um, e à liberdade interior, confessa que só com grande luta se consegue fazer crer *àqueles que pagam* que há coisas de que só se dão contas a Deus e à consciência. Foi nessa mesma carta que falou do dinheiro pedido ao pai das educandas, a que aludi acima; era para mandá-lo à mãe, e não conhecia outra pessoa. O conde demorou-se em satisfazê-la, por fim ausentou-se e ainda não voltara "sem má intenção" acrescenta; o que não a impede de exclamar: "Deus meu! Porque é que os grandes não pensam naqueles que só têm o fruto do seu trabalho, e que este lhes é preciso receber regularmente!". E conclui com esta máxima, que porventura resgatará o que achares banal naquela exclamação: "É que o homem não pode compreender senão as penas que já padeceu; tudo o mais não existe para ele". Noutro lugar, respondendo a um reparo do irmão, concorda que a vida para muitos é passada no meio de pessoas com quem só há relações de fria polidez, e "nem tu nem eu somos desses a quem tais relações bastem". Uma organização dessas poderia conquistar a estima da família, e mui provavelmente a afeição das educandas, mas não esquecia tão de leve a tristeza do ofício nem a aspereza dos ares. Henriqueta ia de um lado para outro sem levar saudades; é que tudo lhe era estranho no campo e na cidade, e bem pode ser que quase tudo lhe fosse aborrecido. A paixão grande e real estava fora dali. Assim se explicam os dez anos de exílio para concluir a obra contratada com outros e com a sua consciência.

Durante metade desse prazo, Renan frequentou os seminários de Issy e de Saint-Sulpice. Daquele, aliás dependência deste, data a primeira carta da coleção, respondendo a outra da irmã, que não vem nela. Conquanto o livro dos *Souvenirs* nos conte abreviadamente a estada em ambos os seminários, é certo que melhor se sentem na correspondência as hesitações e dúvidas do autor da *Vida de Jesus* em relação à carreira eclesiástica e ao próprio fundamento da Igreja. As cartas acompanham o movimento psicológico do homem, fazem-nos assistir às alterações de um espírito destinado pela família ao serviço do altar e à glória católica, ao mesmo tempo que nos mostram a influência de Henriqueta na alma do seu querido Ernesto. "Minha irmã (*Souvenirs*, p.321), cuja razão era desde anos como a coluna luminosa caminhando ante mim, animava-me do fundo da Polônia com suas cartas cheias de bom senso." Não há propriamente iniciativa ou tentação da parte dela. É certo que nunca desejou vê-lo padre; assim o declara mais tarde (28 de fevereiro de 1845), quando as confissões de Renan estão quase todas feitas; diz-lhe então que previra as dúvidas que ora o assediam, e acrescenta que ninguém a quis ouvir, e não podia resistir sozinha. Mas então, como antes, como depois, a arte que emprega é tal que antes parece ir ao encontro dos novos sentimentos do irmão que sugerir-lhos.

A este respeito as duas cartas de 15 de setembro e 30 de outubro de 1842 são cheias de interesse. Renan conta naquela os efeitos do primeiro ano de filosofia e matemáticas. A primeira destas disciplinas fá-lo julgar as coisas de modo diverso que antes, e troca-lhe uma porção de supostas verdades em erros e preconceitos; ensina a ver tudo e claro. Assim disposto à reflexão, e com o sossego e a liberdade de espírito que lhe dá o seminário, Renan pensou em si e no seu futuro. Fala demoradamente da influência que tem sobre este os atos iniciais da vida; não se arrepende dos seus, e, se tivesse de escolher novamente uma carreira, não escolheria outra senão a eclesiástica. Mas, em seguida confessa os inconvenientes desta, que declara imensos; coisas há que meteram na cabeça do clero, e que jamais entrarão na dele; alude também à frivolidade, à duplicidade, ao caráter cortesão de alguns "seus futuros colegas", e finalmente à submissão a uma autoridade por vezes suspicaz, à qual não poderia obedecer. Tais inconvenientes encontrá-los-ia em qualquer carreira, e ainda maiores que esses, verdadeiras impossibilidades; louva o retiro, a independência, o estudo, e afirma a execração que tem à vida social com as suas futilidades. Não fala assim por zelo de devoção espiritual, diz ele... "Oh! não! é defeito que já não tenho; a filosofia é bom remédio para cortar excessos, e, se há nela que recear, será antes uma violenta reação". Enfim, chega à conclusão inesperada em um seminarista: "ainda que o cristianismo não passasse de um devaneio, o sacerdócio seria divino". Mais uma vez lastima que o sacerdócio seja exercido por pessoas que o rebaixam, e que o mundo superficial confunda o homem com o ministério; mas logo reduz isto a uma opinião, "e, graças a Deus, creio estar acima da opinião". Parece que esta palavra é definitiva? Não é; na parte seguinte e final da carta declara à irmã que continua a pensar naquele grave negócio a ver se o esclarece, e pede que não escreva à mãe sobre as suas hesitações.

Há duas explicações para esse vaivém de ideias e de impressões – ou hesitação pura ou cálculo. Mas há uma terceira, que é talvez a única real. Creio juntamente na hesitação e no cálculo. Uma parte da alma de Renan vacila deveras entre a vida mundana, que lhe não oferece as delícias íntimas, e a vida eclesiástica, onde a condição terrena não corresponde muita vez ao seu ideal cristão. A outra parte calcula de modo que a confissão lhe não saia tão acentuada e decisiva que destoe do espírito geral do homem, e desminta a compostura do seminarista. Ao cabo, é já um esboço de renanismo. Entretanto, se examinarmos bem as duas tendências alternadas, veremos que a negação para a vida eclesiástica é mais forte que a outra; falta-lhe vocação. Também se sente que a dúvida relativamente ao dogma começa de ensombrar a alma do estudante de filosofia. Renan confessa a Henriqueta "gostar muito dos seus pensadores alemães, posto que um tanto céticos e panteístas". Recomenda-lhe que, se for a Königsberg, faça por ele uma visita ao túmulo de Kant. O pedido de nada dizer à mãe, repetido em outras cartas, é porque a mãe conta vê-lo padre, e vive dessa esperança velha.

Que esses dois espíritos eram irmãos vê-se bem na carta que Henriqueta escreve a Renan, em 30 de outubro, respondendo à de 15 de setembro. Também ela, sem dizer francamente que não deseja vê-lo padre, sabe insinuá-lo; menos ainda que insinuá-lo, parece apenas repetir o que ele balbuciou. A carta dela tem a mesma ondulação que a dele. Henriqueta declara estremecer ao vê-lo tratar tão graves questões em idade geralmente descuidosa; entretanto, gosta que ele encare com seriedade o que outros fazem leviana ou apaixonadamente. Concorda que as estreias da vida influem no resto dela, e insinua que "às vezes de modo irreparável". Tem para si que ele não deve precipitar nada; não quer aconselhá-lo para que lhe fique a liberdade de escolha. Quando alude à vida retirada e independente, diz-se mais que ninguém capaz de entendê-lo; mas, pergunta logo onde encontrá-la? Crê que a raros caiba, e não pode esperar que o irmão a encontre numa sociedade hierárquica, onde já antevê a autoridade suspicaz. Também ela acha suspicaz a autoridade, mas acrescenta que o mesmo se dá com todas as profissões; e quando parece que esta fatalidade de caráter deva enfraquecer qualquer argumento contra o ministério eclesiástico, lembra interrogativamente o vínculo perpétuo de juramento. Quer que ele pense por si, que escolha por si, apela para a razão e a consciência do irmão. Insiste em lhe não dar conselhos; mas já lhe tem dito que, se uma parte do clero é pessoal e ambiciosa, ele Renan, pode vir a ser a mesma coisa. A frase em que o diz é velada e cautelosa: "o número e o costume não levarão atrás de si a minoria e o dever?" Essa pergunta, todas as demais perguntas que lhe faz pela carta adiante, trazem o fim evidente de evocar uma ideia ou atenuar outra, e porventura criar-lhe novos casos e motivos de repugnância à milícia da Igreja. É uma série de sugestões e de esquivanças.

A diferença de um a outro espírito é que Henriqueta, insinuando as desvantagens que o irmão possa achar na carreira eclesiástica, entre palavras dúbias e alternação de pensamentos, aceitá-lo-ia sacerdote, senão com igual prazer, certamente com igual dedicação. Nem lhe quer impor o que julga melhor, nem lhe doerá a escolha do irmão, se for contrária aos seus sentimentos, uma vez que o faça feliz. Certo é, porém, que as preferências de Renan, que ora vemos a meio século de distância, à vista da carta impressa, ela mesma as sentiria lendo a carta manuscrita. Com efeito, por mais que equilibre os sentimentos, Renan está inclinado à vida leiga. Não importa que a situação se prolongue por vinte meses. Em 1844, Renan comunica à irmã (16 de abril) que havia dado o primeiro passo na carreira eclesiástica. Hesitou até à última hora, e ainda assim não se decidiu senão porque o primeiro passo não era irrevogável; exprimia a *intenção atual*. Parte dessa epístola é destinada a explicar o ajuste entre o sentimento e o ato, entre o alcance deste e a liberdade efetiva. Não fazia mais que renunciar às frivolidades do mundo. A 11 de julho escreve-lhe que deu um passo mais na carreira, menos importante que o primeiro, sem vínculo novo, pelo que não lhe custou muito; é um complemento daquele – um anexo, como lhe chama. O terceiro, o subdiaconato, é que seria definitivo, mas, como o prazo era longo, um ano mais tarde, a ansiedade era menor. Durante esse tempo, o seminarista entrega-se aos estudos hebraicos, às línguas orientais, e, mais tarde, à língua alemã. Pelos fins de 1844, é encarregado de lecionar hebreu, porque o professor efetivo não podia com os dois cursos; aceitou a posição, já pela vantagem científica que lhe trará, já "porque pode levá-lo a alguma coisa". Assim começara o então professor da Sorbona.

Três meses depois, a 11 de abril de 1845, escreve Renan a carta mais importante da situação. Resolveu não atar naquele ano o laço indissolúvel, o subdiaconato, e solta a palavra explicativa: não crê bastante para ser padre. Expõe assim, e mais longamente, o estado em que se acha ante o catolicismo e os seus dogmas, dos quais fala com respeito, proclamando que Jesus será sempre o seu Deus; mas, tendo procedido ao que chama "verificação racional do cristianismo", descobriu a verdade. Descobriu também um meio-termo, que exprime a natureza moral do futuro exegeta: o cristianismo não é falso, mas não é a verdade absoluta. Não repareis na contradição do seminarista, para quem o sacerdócio era divino, há vinte meses, ainda que o cristianismo fosse um devaneio, e agora encontra na meia verdade da Igreja razão bastante para deixá-la. Ou reparai nela, como único fim de entender a formação intelectual do homem. Contradição aqui é sinceridade.

Não há espanto da parte de Henriqueta, quando Renan lhe faz a confissão de 11 de abril. Tinha soletrado a alma dele, à medida que lhe recebia as letras, assim como tu e eu podemos lê-la agora de vez e integralmente. Também não há no primeiro momento nenhuma manifestação de alegria, que alguns possam dizer ímpia. A alma desta senhora conserva-se fundamentalmente religiosa, cheia daquela caridade do Evangelho que falava ao coração de Rousseau. Demais, além de conhecer o estado moral do irmão, foi ela própria que o aconselhou a adiar o subdiaconato. Não sabe – pelo menos não lho contou ele nas cartas do volume – não sabe da cena que ocorreu no seminário de Issy, muito antes da confissão de 11 de abril, que é datada de Saint-Sulpice. Foi após uma das argumentações latinas, que o professor Gottofrey, desconfiando das inclinações de Renan, em conversação particular, à noite, concluiu por estas palavras que o aterraram: "Vós não sois cristão!" (*Souvenirs*, p.260). Já antes disso sentia Renan em si mesmo a negação do espiritualismo; mas ele explica a conservação do cristianismo, apesar da concepção positiva do mundo que ia adquirindo "por ser moço, inconsequente e falho de crítica" (*Souvenirs*, p.251-62). De resto, a confissão à irmã não foi única; ele escreveu por esse tempo outras cartas a vários, uma ao seu diretor, apenas designado por ***, em 6 de setembro de 1845, outra a um de seus companheiros, Cognat, que mais tarde tomou ordens, em 24 de agosto, ambas datadas da Bretanha. Henriqueta, ao que se pode supor, teve as primícias da confissão; foi para ela que ele rompeu, antes que para estranhos, os véus todos da incredulidade mal encoberta. Ficou entendido que ocultariam à mãe a resolução nova e última. Trataram dos meios de acudir à necessidade presente, se aceitar um lugar de preceptor na Alemanha, se adotar estudos livres; o fim era proceder de modo que a renúncia da carreira eclesiástica se fizesse cautelosamente sem dor para a mãe nem escândalo público. Há aqui uma divergência de datas em que não vale a pena insistir; segundo a carta de Renan de 13 de outubro de 1845, à irmã, foi na noite de 9 que ele deixou o seminário para ir morar na hospedaria próxima; segundo o livro dos *Souvenirs* (p.324) foi a 6.[624]

---

[624] É mais interessante citar uma coincidência. Na carta que Renan escreveu ao colega Cognat, datada de 12 de novembro de 1845, e na que escreveu à irmã em data de 13 de outubro, a narração da chegada e saída do seminário de Saint-Sulpice é feita com as mesmas palavras, pouco mais ou menos (cf. *Lettres intimes*, p.316-7, e *Souvenirs*, apêndice, p.392-3). É mais que coincidência, é repetição de textos. O sentimento final é expresso em ambos os lugares com este mesmo suspiro: *Que de liens, mon ami (ma bonne amie) rompus en quelques heures!* [N. A.]

A alma delicada de Henriqueta manifesta-se vivamente no que respeita ao dinheiro. Henriqueta custeia as despesas todas da vida e dos estudos do irmão. A vida deste, antes da saída do seminário, quase não passa dos livros; mas, depois da saída, é preciso alojamento e alimentação, é preciso que ele ande "vestido como toda a gente", e Henriqueta não esquece nada. Não esquecer é pouco; um coração daquele melindre tem cuidados que escapariam à previsão comum. "Espero de Varsóvia uma letra de câmbio de mil e quinhentos francos; mandá-la-ei a Paris a uma pessoa de confiança, *que acreditará que esta soma é só tua...*" Em que é que podia vexar ao irmão esse auxílio pecuniário? Henriqueta quer poupar-lhe até a sombra de algum acanhamento. Conhecendo-lhe a nenhuma prática da vida, a absorção dos estudos, a mesma índole da pessoa, desce às minúcias derradeiras, ao modo de entrar na posse do valor da letra, por bimestre ou trimestre, segundo as necessidades; é o orçamento de um ano. Manda-lhe outras somas por intermédio do outro irmão, a quem incumbe também da tarefa de comprar a roupa em Saint-Malo, por conta dela; a razão é a inexperiência de Ernesto. Mas ainda aqui prevalece o respeito à liberdade; se este preferir comprá-la em Paris, Henriqueta recomenda que lhe seja entregue mais um tanto em dinheiro. Que te não enfadem estas particularidades, grave leitor amigo; aqui as tens ainda mais ínfimas. Henriqueta desce à indicação da cor e forma do vestuário, uma sobrecasaca escura, o resto preto, é o que lhe parece mais adequado. Ao pé disso não há falar de conselhos sobre hospedagens e tantas outras miudezas, intercaladas de expressões tão d'alma, que é como se víssemos uma jovem mãe ensinando o filhinho a dar os primeiros passos.

A influência de Henriqueta avulta com o tempo e as necessidades da carreira nova. O zelo cresce-lhe na mesma proporção. Pelo outro irmão, por uma amiga de Paris, Mlle. Ulliac, e pelas cartas, Henriqueta governa a vida de Renan, e não cuida mais que de lhe incutir confiança e de lhe abrir caminho. O que lhe escreve sobre o bacharelado, Escola Normal, estudo de línguas orientais e o resto é apoiado pela amiga. Uma e outra suscitam-lhe proteções e auxiliares de boa vontade. Renan faz daquela amiga da irmã excelente juízo; não o diz só nas cartas do tempo, mas ainda no opúsculo de 1862. Era uma senhora bela, virtuosa e instruída. Com grande arte, ao que parece, insinuou-lhe ela que lhe era preciso relacionar-se com alguma senhora boa e amável. "Ri-me, escreve Renan a Henriqueta, mas não por mofa." E, confessando que não é bom que o homem esteja só, pergunta se alguém está só tendo uma irmã (carta de 31 de outubro de 1845). Henriqueta é-lhe necessária à vida moral e intelectual. De novembro em diante insta com a irmã para que volte da Polônia. A amiga falou-lhe da saúde de Henriqueta como estando muito alterada, e deu-lhe notícias que profundamente o afligiram; "desvendou-lhe o mistério" é a expressão dele. Foi na noite de 3 de novembro que Mlle. Ulliac abriu os olhos a Renan, confiando-lhe que Henriqueta tivera grandes padecimentos, dos quais nem ele nem a mãe souberam nada. Não se deduz bem do texto se eram moléstias recentes, se antigas; sabe-se que eram caladas, e por isso ainda mais tocantes. As cartas do volume não passam de 25 de dezembro daquele ano; as instâncias repetem-se, um longo silêncio da irmã assusta o irmão; afinal vimos que ela só voltou da Polônia cinco anos depois, em 1850. Trazia uma laringite crônica. Tudo, porém, estava pago.

Os sacrifícios é que não estavam cumpridos. A vida desta senhora tinha de continuar com eles, e acabar por eles. O maior de todos foi o casamento do irmão. Quando Renan resolveu casar, Henriqueta recebeu um grande golpe e quis separar-se dele. Essa irmã e mãe tinha ciúmes de esposa. Renan quis desfazer o casamento; foi então que o coração de Henriqueta cedeu, e consentiu em vê-lo feliz com outra. A dor não morreu; o irmão confessa que o nascimento do seu primeiro filho é que lhe enxugou a ela todas as lágrimas, mas foi só dias antes de morrer que, por algumas palavras dela, reconheceu haver a ferida cicatrizado inteiramente. As palavras seriam talvez estas, transcritas no opúsculo: "Amei-te muito; cheguei a ser injusta, exclusiva, mas foi porque te amei como já se não ama, como talvez ninguém deva amar". Viveram juntos os três; juntos foram em 1860 para aquela missão da Fenícia, a que o imperador Napoleão convidou Renan. A esposa deste regressou pouco depois; Renan e Henriqueta continuaram a jornada de explorações e de estudos, durante a qual ela padeceu largamente, trabalhando longas horas por dia, curtindo violentas dores nevrálgicas, até contrair a febre perniciosa que a levou deste mundo. As páginas em que Renan conta a viagem, a doença e a morte de Henriqueta são das mais belas que lhe saíram das mãos. Morreu trabalhando; os últimos auxílios que prestou ao irmão foi copiar as laudas da *Vida de Jesus*, à medida que ele as ia escrevendo, em Gazhir.

Renan confessa que lhe deveu muito, não só na orientação das ideias, mas ainda em relação ao estilo, e explica por que e de que maneira. Antes da missão da Fenícia trabalharam juntos, em matéria de arte e de arqueologia; além disso, ela compunha trabalhos para jornais de educação; mas os seus melhores escritos diz ele que eram as cartas. Moralmente, tinham ambos alcançado as mesmas vistas e o mesmo sentimento; ainda aí porém reconhece Renan alguma superioridade nela.

Que impressão final deixa a correspondência daqueles dois corações? O de Henriqueta, mais exclusivo, era também mais terno e o amor mais profundo. As cartas de Henriqueta são talvez únicas, como expressão de sentimento fraternal. Mais de uma vez lhe diz que a vida dele e a sua felicidade são o seu principal cuidado, e até único. Não temos aqui o que escreveu à mãe; mas não creio que a nota fosse mais forte, nem talvez tanto. Renan ama a irmã, é-lhe gratíssimo, ia-lhe sacrificando o consórcio; mas, enfim, pôde amar outra mulher, e, feliz com ambas, viver dessas duas dedicações. Henriqueta, por mais que Renan nos afirme o contrário, tinha um fundo pessimista. Que amasse a vida, creio, mas por ele; se "podia sorrir a um enfeite, como se pode sorrir a uma flor", estava longe da inalterável bem-aventurança do irmão. O cetismo otimista de Renan nunca seria entendido por ela; temperamento e experiência tinham dado a Henriqueta uma filosofia triste que se lhe sente nas cartas. Todos conhecem a confissão geral feita pelo autor dos *Souvenirs d'enfance et de jeunesse*. Renan afirma ter sido tão feliz que, se houvesse de recomeçar a vida, com direito de emendá-la, não faria emenda alguma. Henriqueta, se tivesse igual sentimento, seria unicamente para servi-lo e amá-lo, e, caso pudesse, creio que usaria do direito de eliminar, quando menos, as moléstias que padeceu. Renan tinha da vida e dos homens um sentimento que, apesar das agruras dos primeiros anos, já lhe aparece em alguma parte da correspondência. "Um livro – diz ele na última carta do volume – é o melhor introdutor no mundo científico. A sua composição obriga a consultar uma porção de sábios, que nunca ficam tão lisonjeados como quando se lhes vai prestar homenagem e à ciência deles. As dedicatórias fazem amigos e protetores elevados. Tenciono dedicar o meu ao Sr. Quatremère." Na confissão dos *Souvenirs*, é já o sábio que fala em relação aos estreantes: "Um poeta, por exemplo, apresenta-nos os seus versos. É preciso dizer que são admiráveis; o contrário equivale a dizer-lhe que não valem nada, e fazer sangrenta injúria a um homem cuja intenção é fazer-nos uma fineza". Um clássico da nossa língua, Sá de Miranda,[625] põe na boca de um personagem de uma das suas comédias alguma coisa que resume toda essa arte e polidez aí recomendadas: "A mor ciência que no mundo há assim é saber conversar com os homens; bom rosto, bom barrete, boas palavras não custam nada, e valem muito... Vou-me a comer".

"Vou-me a comer", aplicado a Renan, é a glória que lhe ficou das suas admiráveis páginas de escritor único. A glória de Henriqueta seria a contemplação daquela, o gozo íntimo de uma adoração e de um amor, que a vida achou realmente excessivos, tanto que a despegou de si, com um derradeiro e terrível sofrimento, talvez mais inútil que os outros.

MACHADO DE ASSIS
Revista Brasileira, v.VIII,
outubro de 1896, p.5-18.

[...]

Mas deixemos criminologias e venhamos aos dois livros da quinzena.

A *Flor de sangue* pode dizer-se que é o sucesso do dia. Ninguém ignora que Valentim Magalhães é dos mais ativos espíritos da sua geração. Tem sido jornalista, cronista, contista, crítico, poeta, e, quando preciso, orador. Há vinte anos que escreve, dispersando-se por vários gêneros, com igual ardor e curiosidade. Quem sabe? Pode ser que a política o atraia também, e iremos vê-lo na tribuna, como no jornalismo, em atitude de combate, que é um dos característicos do seu estilo. Naturalmente nem tudo o que escreveu terá o mesmo valor. Quem compõe muito e sempre, deixa páginas somenos; mas é já grande vantagem dispor da facilidade de produção e do gosto de produzir.

---

625 Francisco de Sá de Miranda (Coimbra, 1481-Amares, 1558), poeta e dramaturgo, introdutor da comédia clássica em Portugal, com as comédias *Estrangeiros* (1526 ou 1528) e *Vilhalpandos* (1560).

Pelo que confessa no prefácio, Valentim Magalhães escreveu este romance para fazer uma obra de fôlego e satisfazer assim a crítica. No fim do prefácio, referindo-se ao romance e ao poema, como as duas principais formas literárias, conclui: "Tudo o mais, contos, odes, sonetos, peças teatrais são matizes, variações, gradações; motivos musicais, apenas, porque as óperas são só eles". Este juízo é por demais sumário e não é de todo verdadeiro. Parece-me erro por assim tão embaixo *Otelo* e *Tartufo*. Os sonetos de Petrarca formam uma bonita ópera. E Musset? Quantas obras de fôlego se escreveram no seu tempo que não valem as *Noites* e toda a juventude de seus versos, entre eles este, que vem ao nosso caso:

Mon verre n'est pas grand, mais je bois dans mon verre

Taça pequena, mas de ouro fino, cheia de vinho puro, vinho de todas as uvas, gaulesa, espanhola, italiana e grega, com que ele se embriagou a si e ao seu século, e aí vai embriagar o século que desponta. Quanto às ficções em prosa, conto, novela, romance, não parece justo desterrar as de menores dimensões. *Clarisse Harlowe*[626] tem um fôlego de oito volumes. Taine crê que poucos suportam hoje esse romance. Poucos é muito: eu acho que raros. Mas o mesmo Taine prevê que no ano 2000 ainda se lerá a *Partida de gamão*, uma novelinha de trinta páginas; e, falando das outras narrativas do autor de *Carmen*, todas de escasso tomo, faz esta observação verdadeira: "É que são construídas com pedras escolhidas, não com estuque e outros materiais da moda".

Este é o ponto. Tudo é que as obras sejam feitas com o fôlego próprio e de cada um, e com materiais que resistam. Que Valentim Magalhães pode compor obras de maior fôlego, é certo. Na *Flor de sangue* o que o prejudicou foi querer fazer longo e depressa. A ação, aliás, vulgar, não dava para tanto; mal chegaria à metade. Há muita coisa parasita, muita repetida, e muita que não valia a pena trazer da vida ao livro. Quanto à pressa, a que o autor nobremente atribui os defeitos de estilo e de linguagem, é causa ainda de

---

626 *Clarisse Harlowe ou História de uma jovem inglesa* (1748), romance epistolar de Samuel Richardson (1689-1761).

outras imperfeições. A maior destas é a psicologia do Dr. Paulino. O autor espiritualiza à vontade um homem que, a não ser a sua palavra, dá apenas a impressão do lúbrico; e não há admitir que, depois da temporada de adultério, ele se mate por motivos de tanta elevação nem ainda por supor não ser amado. Não tenho espaço para outros lances inadmissíveis, como a ida de Corina à casa da rua de Santo Antônio (p.141). Os costumes não estão observados. Já Lúcio de Mendonça contestou que tal vida fosse a da nossa sociedade. O erotismo domina mais do que se devera esperar, ainda dado o plano do livro.

Não insisto; aí fica o bastante para mostrar o apreço em que tenho o talento de Valentim Magalhães, dizendo-lhe alguma coisa do que me parece bom e menos bom na *Flor de sangue*. Que há no livro certo movimento, é fora de dúvida; e esta qualidade em romancista vale muito. Verdadeiramente os defeitos principais deste romance são dos que a vontade do autor pode corrigir nas outras obras que nos der, e que lhe peço sejam feitas sem nenhuma ideia de grande fôlego. Cada concepção traz virtualmente as proporções devidas; não se porá *Mme. Bovary* nas cem páginas de *Adolfo*, nem um conto do Voltaire nos volumes compactos de George Eliot.

Para que Valentim Magalhães veja bem a nota assaz aguda que deu a algumas partes da *Flor de sangue*, leia o prefácio de Araripe Júnior nas *Canções do outono*, comparado com o livro de Lúcio de Mendonça. O valente crítico fala longamente do amor, e sem biocos, pela doutrina que vai além de Mantegazza,[627] segundo ele mesmo expõe; e definindo o poeta das *Canções do outono*, fala de um ou outro toque de sensualidade que se possa achar nos seus versos. Entretanto, é bem difícil ver no livro de Lúcio de Mendonça coisa que se possa dizer sensual. "O ideal" é o título da primeira composição; ele amará em outras páginas com o ardor próprio da juventude; mas as sensações são apenas indicadas. Basta lembrar que o livro (magnificamente impresso em Coimbra) é dedicado por ele à esposa, então noiva.

---

[627] Paolo Mantegazza (Monza, 1831-San Terenzo, 1910), neurologista, fisiologista e antropólogo italiano, notável por ter isolado a cocaína da coca para efeitos anestésicos.

Vários são os versos deste volume, de vária data e vária inspiração. Não saem da pasta do poeta, para a luz do dia, como segredos guardados até agora; são recolhidos de jornais e revistas, por onde Lúcio de Mendonça os foi deixando. O mérito não é igual em todos; a "Flor do ipê", a "Tapera", a "Ave-Maria", para só citar três páginas, são melhor inspiradas e bem compostas que outras – versos de ocasião. Há também traduções feitas com apuro. Por que fatalidade acho aqui vertido em nossa língua o soneto "Analyse", de Richepin?[628] Nunca pude ir com esta página do autor de *Fleurs du mal*. Essa análise da lágrima, que só deixa no crisol *água, sal, soda, muco e fosfato de cal*, em que é que diminui a intensidade ou altera a espiritualidade dos sentimentos que a produzem? É o próprio poeta que, na "Charogne", anunciando à amante que será cadáver um dia, canta as suas emoções passadas:

> Alors, ô ma beauté! dites à la vermine
> Qui vous mangera de baisers
> Que j'ai gardé la forme et l'essence divine
> De mes amours décomposés

Pois a lágrima é isso, é a essência divina, seja da dor, seja do prazer, seja ainda da cólera das pobres criaturas humanas. Felizmente, no mesmo volume o poeta nos dá a tradução do famoso soneto de Arvers[629] e de outras composições de mérito. Eu ainda não disse que tive o gosto de prefaciar o primeiro volume de Lúcio de Mendonça, e não o disse, não só para não falar de mim – que é mau costume – mas para não dar razão aos que me arguem de entrar pelo inverno da vida. Em verdade, esse rapaz, que eu vi balbuciar os primeiros cantos, é hoje magistrado e alto magistrado, e o tempo não terá andado só para ele. Mas isso mesmo me faz relembrar aquela circunstância.

---

628 Jean Richepin (Médéa, Argélia, 1849-?, 1926), poeta, novelista e dramaturgo de língua francesa, autor de *Monsieur Scapin* (1886), *Nana Scrib* (1883) e *Sophie Monnier* (1884).
629 Alexis-Félix Arvers (Paris, 1806-Cézy, 1850), poeta e dramaturgo francês, famoso pelo "Soneto de Arvers", publicado na obra *Mes heures perdues* (*Minhas horas perdidas*), editada em 1833 e 1900.

Eis-nos aqui os dois, após tantos anos, sem haver descrido das letras, e achando nelas um pouco de descanso e um pouco de consolo. Muita coisa passou depois das *Névoas matutinas*; não passou a fé nas musas, e basta.

Gazeta de Notícias, ano XXII, nº 362, A Semana, domingo, 27 de dezembro de 1896, p.1.

1897

[...]

A cativa Bárbara é outra maravilha da semana, se é exato o que nos contou Teófilo Braga,[630] no *Jornal do Comércio*, acerca da nova edição feita das *Endechas a Bárbara*, por Xavier da Cunha,[631] a expensas do Dr. Carvalho Monteiro.[632] Há tudo nessa reimpressão, há para poetas, há para bibliógrafos, há para rapazes. Os poetas lerão o grande poeta, os bibliógrafos notarão as traduções infinitas que se fizeram dos versos de Camões, desde o latim de todos até o guarani dos brasileiros, os rapazes folgarão com as raparigas da Índia. Estas (salvante o respeito devido à poesia e à bibliografia) não são das menores maravilhas, nem das menos fáceis, muitas lânguidas, todas cheirosas. Quanto às endechas à cativa,

---

630 Joaquim Teófilo Fernandes Braga (Ponta Delgada, 1843-Lisboa, 1924), político, escritor e ensaísta português, autor de *Tempestades sonoras* (1864), *História da literatura portuguesa* (1870) e *Viriato* (1904).

631 Francisco Xavier da Cunha (Porto Alegre, 1835-Rio de Janeiro, 1913), jornalista e alferes do Exército imperial, fundou O *Democrata* (1872; 1874-1875) em Porto Alegre; autor de *As minhas crenças e opiniões* (1878).

632 Antônio Augusto de Carvalho Monteiro (Rio de Janeiro, 1850-Sintra, Portugal, 1920), conhecido pela alcunha de Monteiro dos Milhões, herdeiro de grande fortuna familiar, consolidada pelo comércio com o café e pedras preciosas, colecionador e bibliófilo, detentor de uma das mais raras coleções camonianas.

> *Aquela cativa,*
> *Que me tem cativo,*

como dizia o poeta, essas trazem a mesma galantaria das que ele compôs para tantas mulheres, umas pelo nome, Fuã Gonçalves, Fuã dos Anjos etc., outras por simples indicações particulares, notando-se aquelas duas "que lhe chamaram diabo", e aquelas três que diziam gostar dele, ao mesmo tempo,

> *Não sei se me engana Helena,*
> *Se Maria, se Joana;*

ele concluía que uma delas o enganava, mas eu tenho para mim que era por causa da rima. A Pretidão de Amor (por alcunha) é que certamente lhe era fiel:

> *Olhos sossegados,*
> *Pretos e cansados.*

Quanto ao trabalho de Xavier da Cunha e o serviço de Carvalho Monteiro, não há mais que louvar e agradecer, em nome das musas, conquanto não víssemos ainda nem um nem outro; mas a notícia basta.

Gazeta de Notícias, ano XXIII, nº 17, A Semana, domingo, 17 de janeiro de 1897, p.1.

[...]
Um dia, anos depois de extinta a seita e a gente dos Canudos, Coelho Neto, contador de coisas do sertão, talvez nos dê algum quadro daquela vida, fazendo-se cronista imaginoso e magnífico deste episódio que não tem nada fim-de-século. Se leste o *Sertão*, primeiro livro da Coleção Alva, que ele nos deu agora, concordarás comigo. Coelho Neto ama o sertão, como já amou o Oriente, e tem na palheta as cores próprias – de cada paisagem. Possui o senso da vida exterior. Dá-nos a floresta, com os seus rumores e

silêncios, com os seus bichos e rios, e pinta-nos um caboclo que, por menos que os olhos estejam acostumados a ele, reconhecerão que é um caboclo.

Este livro do *Sertão* tem as exuberâncias do estilo do autor, a minuciosidade das formas, das coisas e dos momentos, o numeroso rol das características de uma cena ou de um quadro. Não se contenta com duas pinceladas breves e fortes; o colorido é longo, vigoroso e paciente, recamado de frases como aquela do céu quente "donde caía uma paz cansada", e de imagens como esta: "A vida banzeira, apenas alegrada pelo som da voz de Felicinha, de um timbre fresco e sonoro de mocidade, derivava como um rio lodoso e pesado de águas grossas, à beira do qual cantava uma ave jucunda". A natureza está presente a tudo nestas páginas. Quando Cabiúna morre ("Cega", p.280) e estão a fazer-lhe o caixão, à noite, são as águas, é o farfalhar das ramas fora que vem consolar os tristes de casa pela perda daquele "esposo fecundante das veigas virgens, patrono humano da floração dos campos, reparador dos flagelos do sol e das borrascas". "Cega" é uma das mais aprimoradas novelas do livro. "Praga" terá algures demasiado arrojo, mas compensa o que houver nela excessivo pela vibração extraordinária dos quadros.

Estes não são alegres nem graciosos, mas a gente orça ali pela natureza da praga, que é o cólera. Agora, se quereis a morte jovial, tendes "Firmo, o vaqueiro", um octogenário que "não deixa cair um verso no chão", e morre cantando e ouvindo cantar ao som da viola. "Os velhos" foram dados aqui. "Tapera" saiu na *Revista Brasileira*.

Os costumes são rudes e simples, agora amorosos, agora trágicos, as falas adequadas às pessoas, e as ideias não sobem da cerebração natural do matuto. Histórias sertanejas dão acaso não sei que gosto de ir descansar, alguns dias, da polidez encantadora e alguma vez enganadora das cidades. Varela sabia o ritmo particular desse sentimento; Gonçalves Dias, com andar por essas Europas fora, também o conhecia; e, para só falar de um prosador e de um vivo, Taunay dá vontade de acompanhar o Dr. Cirino e Pereira por aquela longa estrada que vai de Sant'Ana de Paranaíba a Camapuama,[633] até o leito da graciosa Nocência. Se achardes no *Sertão* muito sertão, lembrai-vos que ele é infinito, e a vida ali não tem esta variedade que não nos faz ver

---

633 Assim está na *Gazeta de Notícias*, por lapso, em vez de "Camapuã".

que as casas são as mesmas, e os homens não são outros. Os que parecem outros um dia é que estavam escondidos em si mesmos.

Ora bem, quando acabar esta seita dos Canudos, talvez haja nela um livro sobre o fanatismo sertanejo e a figura do Messias. Outro Coelho Neto, se tiver igual talento, pode dar-nos daqui a um século um capítulo interessante, estudando o fervor dos bárbaros e a preguiça dos civilizados, que os deixaram crescer tanto, quando era mais fácil tê-los dissolvido com uma patrulha, desde que o simples frade não fez nada. Quem sabe? Talvez então algum devoto, relíquia dos Canudos, celebre o centenário desta finada seita.

[...]

Gazeta de Notícias, ano XXII, nº 45, A Semana,
domingo, 14 de fevereiro de 1897, p.1.

Henrique Lombaerts

Durante muitos anos entretive com Henrique Lombaerts as mais amistosas relações. Era um homem bom, e bastava isso para fazer sentir a perda dele; mas era também um chefe cabal da casa herdada de seu pai e continuada por ele com tanto zelo e esforço. Posto que enfermo, nunca deixou de ser o mesmo homem de trabalho. Tinha amor ao estabelecimento que achou fundado, fez prosperar e transmitiu ao seu digno amigo e parente, atual chefe. *A Estação* e outras publicações acharam nele editor esclarecido e pontual. Era desinteressado, em prejuízo dos negócios a cuja frente esteve até o último dia útil da sua atividade.

Não é demais dizer que foi um exemplo a vida deste homem, um exemplo especial, porque no esforço continuado e eficaz, ao trabalho de todos os dias e de todas as horas não juntou o ruído exterior. Relativamente expirou obscuro; o tempo que lhe sobrava da direção da casa era dado à esposa, e, quando perdeu a esposa, às suas recordações de viúvo.

MACHADO DE ASSIS
A Estação, Suplemento Literário,
ano XXVI, nº 13, 15 de julho de 1897.

[Discurso pronunciado na Academia Brasileira de Letras, Sessão de abertura, em 20 de julho de 1897]

Senhores,

Investindo-me no cargo de presidente, quisestes começar a Academia Brasileira de Letras pela consagração da idade. Se não sou o mais velho dos nossos colegas, estou entre os mais velhos. É simbólico da parte de uma instituição que conta viver, confiar da idade funções que mais de um espírito eminente exerceria melhor. Agora que vos agradeço a escolha, digo-vos que buscarei na medida do possível corresponder à vossa confiança.

Não é preciso definir esta instituição. Iniciada por um moço, aceita e completada por moços, a Academia nasce com a alma nova, e naturalmente ambiciosa. O vosso desejo é conservar, no meio da federação política, a unidade literária. Tal obra exige, não só a compreensão pública, mas ainda e principalmente a vossa constância. A Academia Francesa, pela qual esta se modelou, sobrevive aos acontecimentos de toda a casta, às escolas literárias e às transformações civis. A vossa há de querer ter as mesmas feições de estabilidade e progresso. Já o batismo das suas cadeiras com os nomes preclaros e saudosos da ficção, da lírica, da crítica e da eloquência nacionais é indício de que a tradição é o seu primeiro voto. Cabe-vos fazer com que ele perdure. Passai aos vossos sucessores o pensamento e a vontade iniciais, para que eles os transmitam também aos seus, e a vossa obra seja contada entre as sólidas e brilhantes páginas da nossa vida brasileira. Está aberta a sessão.

Revista Brasileira, v.XI,
julho de 1897, p.129.

Royat é uma estação balneária francesa, onde esteve ultimamente o nosso prezado amigo e colaborador, Sr. Magalhães de Azeredo. A Itália, sobre que ele tem escrito aqui na revista, em toda a parte lhe surge, pois há ainda ruínas romanas em Royat, termas contemporâneas de Augusto. Outras belezas antigas e novas, religiosas e leigas, dali e dos arredores ajudam as saudades do nosso amigo no cultivo das letras brasileiras, prosa e verso; o seu livro das *Procelárias*[634] está pronto. Recentemente, houve ali uma festa em benefício das irmãs de caridade que dirigem um asilo de incuráveis. Este triste nome de incuráveis é feito para inspirar todas as piedades. Magalhães de Azeredo compôs uns belos versos que me enviou confidencialmente, como faz com outros escritos seus. Quero entretanto, ser indiscreto imprimindo-os aqui por exceção neste recanto da *Revista*, onde os versos só entram pela mão da notícia bibliográfica. Os versos foram recitados por pessoa cara ao nosso amigo.

MACHADO DE ASSIS
Notas e Observações

Saint François d'Assise
A ma très chère amie Mme. A. de Heimendahl[635]

Ce vers, noble amie au coeur séduisant,
Je peux vous les offrir sans crainte.
Je pensais dans mon âme, en les faisant:
Um Saint sera compris par une Sainte.

I

Un matin, Saint François, comme il faisait souvent,
Sortant au point du jour de son pauvre couvent,
Se promenait pensif à travers la campagne.
La Méditation, chaste et noble compagne,
D'un essor magnifique emportant son esprit,
Vers les hauteurs du ciel où la Vérité luit,
Lui faisait voir aussi les choses de la terre.
Car ce contemplatif pieux, ce moine austère

---

634 A crítica de Machado de Assis ao livro *Procelárias* foi publicado na *Revista Brasileira*, em outubro de 1898.
635 Adela Ocampo Heimendahl, de rica família argentina, foi tia-avó de Victoria e Silvina Ocampo, amigas de Bioy Casares e Jorge Luis Borges.

Comprenait la nature et ses charmes touchants,
Goûtait la poésie et sa grâce et ses chants,
Nourrissant en son cœur, plein encore de jeunesse,
Une bonté suave, une intime tendresse
Pour tout ce qui respire et vit – triste ou joyeux,
Parlant à notre oreille ou brillant à nos yeux...
Palpitante toujours d'émotion profonde,
Son âme reflétait l'âme immense du monde.
– Arbres, bêtes et gens – l'aigle et le papillon.
La couleuvre fuyante et l'agile grillon
Le lion et l'agneau, la nocturne chouette
Qui dans l'obscurité se traîne, et l'alouette
Qu'inspire le soleil: les lys et les roseaux
Se pliant sous le vent terrible au bord des eaux;
La lune d'argent pur, le nuage qui passe
Rapide, sans laisser une ombre dans l'espace;
Tous, bons ou malfaisants, révoltés ou soumis.
Tous étaient ses amis, et même plus qu'amis...
– Frères! sœurs! – disait-il. Car ces êtres sans nombre,
Comme l'homme sont nés du même néant sombre,
Et, ne méprisant rien, Dieu, le Père éternel,
Les confond tous dans un amour universel!

Ce jour là, par les monts blancs de neige, l'Ascète
Marchait paisiblement d'une allure distraite,
Tout en faisant des vers d'un lyrisme sans fiel;
Il levait par moments son regard vers le ciel,
Pour y chercher ses sœurs, les lointaines étoiles;
Le brouillard les avait convertes de ses voiles.
Victimes du verglas, ses sœurs, les fraîches fleurs,
Ne s'ouvraient déjà plus sous la rosée en pleurs.
Depuis longtemps ses sœurs, les noires hirondelles,
Qui pendant tout l'été lui restèrent fidèles,
Craignant le souffle rude et cinglant de l'hiver,
Vers un plus doux climat, vers un pays plus vert,

En groupes tapageurs étaient déjà parties.
Ni même plus, venant des desertes prairies,
Ses bons frères les loups, aux détours du chemin,
Ne s'approchaient de lui pour lui lécher la main.

II

Mais que voit-il soudain, là-bas, près d'un vieux tremble
Dépouillé? C'est quelqu'un qui gémit et qui tremble...
Un mendiant malade et maigre à faire peur.
Hagard, comme frappé d'une morne stupeur,
Saint François court déjà. La charité l'invite
A son œuvre d'amour; il faut aller bien vite!

— Mon frère, qu'as-tu donc? demande-t-il — J'ai faim!
J'ai soif! — Bois de ce vin et mange de ce pain!
(Il en portait dans ces lointaines promenades
Pour tous les besoigneux de ces tristes peuplades.)
— Es-tu content? Mais non! Tu dois encor souffrir...
L'air est ci glacial! tu n'as pour te couvir
Que ces haillons affreux, rongés de pourriture
L'hiver, l'hiver pour toi — quelle terrible torture!
Il se tait un instant, comme en revant... Après,
Il lui dit à mis-vois: Ecoute! Je voudrais,
Pratiquant les leçons du Christ et des Apôtres,
Te donner mon manteau; j'en ai donné bien d'autres!
Mais quand je fais cela, l'on me gronde au couvent,
On me gronde bien fort, tel qu'un petit enfant,
Qui jeterait pour rien son or par la fênetre.
Notre père gardien, dont je dois reconnaître
L'autorité, me l'a vivement défendu...
Il n'est donc q'un moyen... Voyons! c'est entendu...
Si tu prends mon manteau, je te laisserai faire.
Je ne manquerai point à la règle sévère
Et tus seras sauvé! — Vite, le meandiant,
Suivant le bon conseil à la lettre, et riant,

Lui vola ses habits; et puis, mangeant sa croûte
S'enfuit, l'abandonnant demi-nu sur la route.

Joignant ses chastes mains, que Dieu sanctifia
Des stygmates sanglants, le moine s'écria:
Jesus! j'ai trouvé mieux que mes sœurs les étoiles,
Que le brouillard avait couvertes de ses voiles:
Et mieux encore que mes sœurs les fraîches fleurs,
Qui s'ouvraient au printemps sous la rosée en pleurs;
Et mieux encore que mes sœurs les hirondelles,
Qui pendant tous l'été me restèrent fidèles...
J'ai trouvé ce chrétien — brebis de ton troupeau —
Pour lui donner mon pain, mon vin et mon manteau,
Tressaillant de bonheur en son âme ravie,
Il s'en va... Quels sont ils, les sentiers de sa vie?
Qui sait? J'ignore tout de lui, jusqu'à son nom...
C'est un frère inconnu... Pouvais-je dire non?

Et comme il retournait à sa pauvre demeure,
Le bon père gardien qui depuis près d'une heure,
L'attendait à la porte et grelottait de froid,
Lui dit: Homme de Dieu, viens, viens sous notre toit,
Abriter la splendeur de ta vertu sublime!
Ta noble charité nous guide et nous ranime.
Un ange du seigneur m'en a tout révélé...
Mais tu dois avoir froid; tu dois être gelé!

Alors il répondit humblement: O mon frère!
Tu trouves qu'il fait froid? Moi, j'ai chaud, au contraire;
Car, fort comme la foudre et doux comme le vin,
Dans mon sang, dans mes os, flambe l'amour divin!

Revista Brasileira, v.XII,
dezembro de 1897, p.379-82.

[Discurso pronunciado na Academia Brasileira de Letras, sessão de encerramento, em 7 de dezembro de 1897][636]

Um artigo do nosso regimento interno impõe-nos a obrigação de adotar no fim de cada ano o programa dos trabalhos do ano vindouro. Outro artigo atribui ao presidente a exposição justificativa deste programa.

Como a nossa ambição, nestes meses de início, é moderada e simples, convém que as promessas não sejam largas. Tudo irá devagar e com tempo. Não faltaram simpatias às nossas estreias. A língua francesa, que vai a toda parte, já deu as boas-vindas a esta instituição. Primeiro sorriu; era natural, a dois passos da Academia Francesa; depois louvou, e, a dois passos da Academia Francesa um louvor vale por dois. Em poucos meses de vida é muito. Dentro do país achamos boa vontade e animação, a imprensa tem-nos agasalhado com palavras amigas. Apesar de tudo, a vida desta primeira hora foi modesta, quase obscura. Nascida entre graves cuidados de ordem pública, a Academia Brasileira de Letras tem de ser o que são as associações análogas: uma torre de marfim, onde se acolhem espíritos literários, com a única preocupação literária e de onde, estendendo os olhos para todos os lados, vejam claro e quieto. Homens daqui podem escrever páginas da história, mas a história faz-se lá fora. Há justamente cem anos o maior homem de ação dos nossos tempos, agradecendo a eleição de membro do Instituto de França, respondia que, antes de ser igual aos seus colegas, seria por muito tempo seu discípulo. Não era ainda uma faceirice de grande capitão, posto que esse rapaz de vinte e oito anos meditasse já sair à conquista do mundo. A Academia Brasileira de Letras não pede tanto aos homens públicos deste país; não inculca ser igual nem mestra deles. Contenta-se em fazer, na medida de suas forças individuais e coletivas, aquilo que esse

---

[636] A seção "Notícias de Ciências, Letras e Artes", da *Revista Brasileira*, introduz o discurso de Machado de Assis com as seguintes palavras: "Na última sessão da Academia Brasileira do ano passado, leu o nosso eminente colaborador Sr. Machado de Assis, seu presidente, seguinte exposição:" (p.112).

mesmo acadêmico de 1797 disse então ser a ocupação mais honrosa e útil dos homens: trabalhar pela extensão das ideias humanas.

No próximo ano não temos mais que dar andamento ao anuário bibliográfico, coligir os dados biográficos e literários, como subsídio para um dicionário bibliográfico nacional, e, se for possível, alguns elementos do vocabulário crítico dos brasileirismos entrados na língua portuguesa, e das diferenças no modo de falar e escrever dos dois povos, como nos obrigamos por um artigo do regimento interno.

São obras de fôlego cuja importância não é preciso encarecer a vossos olhos. Pedem diuturnidade paciente. A constância, se alguma faltou a homens nossos de outra esfera, é virtude que não pode morar longe desta casa literária. O último daqueles trabalhos pode ser feito ainda com maior pausa; ele exige, não só pesquisa grande e compassada atenção, mas muita crítica também. As formas novas da língua, ou pela composição de vocábulos filhos de usos e de costumes americanos ou pela modificação do sentido original, ou ainda por alterações gráficas, serão matérias de útil e porfiado estudo. Com os elementos que existem esparsos, e os que se organizarem, far-se-á qualquer coisa que no próximo século se irá emendando e completando. Não temamos falar do próximo século; é o mesmo que dizer daqui a três anos, que ele não espera mais; e há tal sociedade de dança que não conta viver menos. Não é vaidade da Academia Brasileira de Letras lançar os olhos tão longe.

A Academia, trabalhando pelo conhecimento desses fenômenos, buscará ser, com o tempo, a guarda da nossa língua. Caber-lhe-á então defendê-la daquilo que não venha das partes legítimas — o povo e os escritores — não confundindo a moda que perece, com o moderno, que vivifica. Guardar não é impor; nenhum de vós tem para si que a Academia decrete fórmulas. E depois para guardar uma língua é preciso que ela se guarde também a si mesma, e o melhor dos processos é ainda a composição e a conservação de obras clássicas. A autoridade dos mortos não aflige, e é definitiva. Garrett pôs na boca de Camões aquela célebre exortação em que transfere ao "Generoso Amazonas" o legado do casal paterno. Sejamos um braço do Amazonas; guardemos em águas tranquilas e sadias o que ele acarretar na marcha do tempo.

Não há justificar o que de si mesmo se justifica; limito-me a esta breve indicação de programa. As investigações a que nos vamos propor, esse recolher de leitura ou de outiva, não será um ofício brilhante ou ruidoso, mas é útil, e a utilidade é um título, ainda nas Academias.

Revista Brasileira, v.XIII,
janeiro de 1898, p.112-4.

1898

Procelárias, por Magalhães de Azeredo
Porto, 1898, 1 vol. 228p.

Eis aqui um livro feito de *verdade* e *poesia*, para dar-lhe o título das memórias de Goethe. Não são memórias; a verdade entra aqui pela sinceridade do homem, e a poesia pelos lavores do artista. Nem se diga que tais são as condições essenciais de um livro de versos. Não contradigo a asserção, peço só que concordem não ser comum nem de todos os dias este balanço igual e cabal de emoção e de arte.

Magalhães de Azeredo não é um nome recente. Há oito para nove anos que trabalha com afinco e apuro. Prosa e verso, descrição e crítica, ideias e sensações, a várias formas e assuntos tem dado o seu espírito. Pouco a pouco veio andando, até fazer-se um dos mais brilhantes nomes da geração nova, e ao mesmo tempo um dos seus mais sisudos caracteres. Quem escreve estas linhas sente-se bastante livre para julgá-lo, por mais íntima e direta que seja a afeição que o liga ao poeta das *Procelárias*. Um dos primeiros confidentes dos seus tentâmens literários, estimou vê-lo caminhar sempre, juntamente modesto e ambicioso, daquela ambição paciente que cogita primeiro da perfeição que do rumor público. Já nesta mesma *Revista*, já em folhas quotidianas, deu composições suas, de vária espécie, e não há muito publicou em folheto a ode "A Portugal", por ocasião do centenário das Índias, acompanhada da carta a Eça de Queirós, a primeira das quais foi impressa na *Revista Brasileira*.

Este livro das *Procelárias* mostra o valor do artista. Desde muito anunciado entre poucos, só agora aparece, quando o poeta julgou não lhe faltar mais nada, e vem apresentá-lo simplesmente ao público. Desde as primeiras páginas, veem-se bem juntas a poesia e a verdade: são as duas composições votivas, à mãe e à esposa. A primeira resume bem a influência que a mãe do poeta teve na formação moral do filho. Este verso:

Não me disseste: Vai! disseste: Eu vou contigo!

conta a história daquela valente senhora, que o acompanhou sempre e a toda parte, nos estudos e nos trabalhos, onde quer que ele estivesse, e agora vive a seu lado, ouvindo-lhe esta bela confissão:

Tu é tudo o que bom e nobre em mim existe,

e esta outra, com que termina a estrofe derradeira da composição, a um tempo bela, terna e bem expressa:

Eis por que me confesso, enternecidamente,
Duas vezes teu filho e tua criatura!

Ao pé de tais versos vêm os que o poeta dedicou à noiva: são do mesmo ano de 1895. O poeta convida a noiva ao amor e à luta da existência. Nestes, como naqueles, pede perdão dos erros da vida, fala do presente e do futuro, chega a falar da velhice, e da consolação que acharão em si de se haverem amado.

Ora, o livro todo é a justificação daquelas duas páginas votivas. Uma parte é a dos *erros*, que não são mais que as primeiras paixões da juventude, ainda assim veladas e castas, e algumas delas apenas pressentidas. O poeta, como todos os moços, conta os seus meses por anos. Em 1890 fala-nos de papéis velhos, amores e poesias, e compõe com isso um dos melhores sonetos da coleção. Já se dá por um daqueles que "riem só porque chorar não sabem".

Certo é que há raios de luz e pedaços de céu no meio daquela sombra passageira. A sinceridade de tudo está na sensibilidade particular da pessoa, a quem o mínimo dói e o mínimo delicia. Uma das composições principais dessa parte do livro é a "Ode triunfal", em que a comoção cresce até esta nota:

> *Ah! como fora doce*
> *Morrer nesse delírio vago e terno,*
> *Em teu seio morrer, — morrer num trono;*
> *E ter teus beijos, como sonho eterno*
> *Do meu eterno sonho...*

E até esta outra, com que a ode termina:

> *Deixa-me absorto, a sós contigo, a sós!*
> *Lá fora, longe, tumultua o mundo,*
> *Em baldas lutas... Tumultue embora!*
> *Que vale o mundo agora?*
> *O mundo somos nós!*

As datas — e alguma vez a própria falta delas — poderiam dar-nos a história moral daquele trecho da vida do poeta. Os seus mais íntimos suspiros antigos são de criança, como Musset dizia dos seus primeiros versos; assim temos o citado soneto dos "Papéis velhos" e outras páginas, e ainda aquela dos "Cabelos brancos", uns que precocemente encaneceram, cabelos de viúva moça, objeto de uma das mais doces elegias do livro. Há nele também várias sombras que passam como a do "Livro sagrado", como a da menina inglesa (*"Good night"*), que uma tarde lhe deu as boas noites, e com quem o poeta valsara uma vez. Um dia veio a saber que era morta, e que a última palavra que lhe saiu dos lábios foi o seu nome, e foi também a primeira notícia do estado da alma da moça; a sepultura é que lhe não deu, por mais que a interrogasse, senão esta melancólica resposta:

> *E eu leio sobre a sua humilde lousa:*
> *Graça, beleza, juventude... e Nada!*

Cito versos soltos, quisera transcrever uma composição inteira, mas hesito entre mais de uma, como o "Carnaval", por exemplo, e tantas outras, ou como aquele soneto "Em desalento", cuja estrofe final tão energicamente resume o estado moral expresso nas primeiras. Podeis julgá-lo diretamente:

> *Ando de mágoas tais entristecido,*
> *— Por mais que as minhas rebeldias dome...*
> *Tanta angústia me abate e me consome,*
> *Que do meu próprio senso ora duvido.*
>
> *Tudo por causa deste amor perdido,*
> *Que a ti só, para sempre, escravizou-me;*
> *Tudo porque aprendi teu caro nome,*
> *Porque o gravei no peito dolorido.*
>
> *Vês que eu sou, dizes bem, uma criança,*
> *E já de tédio envelhecer me sinto,*
> *E a mesma luz do sol meus olhos cansa;*
>
> *Pois, como absorve um lenho o mar faminto,*
> *Um corpo a tumba, a morte uma esperança,*
> *Tal teu ser absorveu meu ser extinto.*

Belo soneto, sem dúvida, feito de sentimento e de arte. Todo o livro reflete assim as impressões diferentes do poeta, e os versos trazem, com o alento da inspiração, o cuidado da forma. Fogem ao banal, sem cair no rebuscado. As estrofes variam de metro e de rima, e não buscam suprir o cansado pelo insólito. A educação do artista revela-se bem na escolha e na renovação. Magalhães de Azeredo dá expressão nova ao tema antigo, e não confunde o raro com o afetado. Além disso — é supérfluo dizê-lo — ama a poesia com a mesma ternura e respeito que nos mostra naquelas duas composições votivas do introito. Pode ter momentos de desânimo, como no "Soneto negro", e achar que "é triste a decadência antes da glória", mas o espírito normal do poeta está no "Escudo", que andou pela Terra Santa, e agora ninguém já pode erguer sem cair vencido; tal escudo, no conceito do autor, é o Belo, é a Forma, é a Arte, que o artista busca e não alcança, sem ficar abatido com isso, antes sentindo que, embora caia ignorado do vulgo, é doce havê-los adorado na vida.

Aqui se distinguem as duas fontes da inspiração de Magalhães de Azeredo, ou as duas fases, se parece melhor assim. Quando as sensações, que chamarei de ensaio, ditam os versos, eles trazem a nota de melancolia, de incerteza e de mistério, alguma vez de entusiasmo; mas a contemplação pura e desambiciosa da arte dá-lhe o alento maior, e ainda quando crê que não pode sobraçar o escudo, a ideia de havê-lo despegado da parede é bastante à continuação da obra. Será preciso dizer que esse receio não é mais que modéstia, sempre cabida, posto que a reincidência do esforço traz a esperança da vitória? E será preciso afirmar que a vitória é dos que têm, com a centelha do engenho, a obstinação do trabalho, e conseguintemente é dele também? Assim, ou pelas sensações do moço ou pela robustez do artista, este livro "é a vida que ele viveu" – como o poeta se exprime em uma página que li com emoção. Na composição final é o sentimento da arte que persiste, quando o poeta fala à musa em fortes e fluentes versos alexandrinos, tão apropriados à contemplação longa e mística da ideia.

Não quero tratar aqui do prosador a propósito deste primeiro livro de versos. De resto, os leitores da *Revista Brasileira* já o conhecem por esse lado, e sabem que Magalhães de Azeredo será em uma e outra forma um dos primeiros espíritos da geração que surge. Neste ponto, a ode "A Portugal" com a carta a Eça de Queirós, publicadas em avulso, dão clara amostra de ambas as línguas do nosso jovem patrício.

Felizes os que entre um e outro século podem dar aos que se vão embora um antegosto do que há de vir, e aos que vêm chegando uma lembrança e exemplo do que foi ou acaba. Tal é o nosso Magalhães de Azeredo por seus dotes nativos, paciente e forte cultura.

MACHADO DE ASSIS
Revista Brasileira, v.XVII, Bibliografia,
outubro de 1898, p.122-7.

1899

[Centenário de Almeida Garrett]

Quem disse de Garrett que ele só por si valia uma literatura disse bem e breve o que dele se poderá escrever sem encarecimento nem falha. Também ele o proclamou assim, ainda que mais longamente, naquele prefácio das *Viagens na minha terra*, que é a sua maior apologia. Não assinou o prefácio; mas ninguém escrevia assim senão ele, nem ele o fez para se mascarar. Os editores, a quem o autor atribuiu tão belas e justas coisas, se acaso cuidaram haver emparelhado no estilo com o grande escritor, foram os únicos que se iludiram.

Não sabemos se hoje lhe perdoaríamos isto. A nós, e à gente da nossa mocidade parecia um direito seu, unicamente seu. Estávamos perto do óbito do poeta; tínhamos balbuciado as suas páginas, como as de outros, que também foram poetas ou prosadores, romancistas ou dramaturgos, oradores ou humoristas, quando ele foi tudo isso a um tempo, deixando um primor em cada gênero. Éramos moços todos. Nenhum havia nascido com o *Camões* e a *Dona Branca*, nenhum mais velho que estes, menos ainda algum que datasse daquele dia 4 de fevereiro de 1799, quando a raça portuguesa deu de si o seu maior engenho depois de Camões.

Nem só éramos moços, éramos ainda românticos; cantava em nós a toada de Gonçalves Dias, ouvíamos Alencar domar os mares bravios da sua terra, naquele poema em prosa que nos deixou, e Álvares de Azevedo era o nosso aperitivo de Byron e Shakespeare. De Garrett até as anedotas nos encantavam. Cá chegavam por cima dos mares o eco dos seus tempos verdes e maduros, os amores que trouxera, a amizade que eles e a poesia deram e mantiveram entre o poeta luso e o nosso Itamaracá, o pico dos seus ditos e finalmente as graças teimosas dos seus últimos anos.

Certo é que quando ele nasceu, vinha a caminho o romantismo, com Goethe, com Chateaubriand, com Byron. Mas ele mesmo, que trouxe a planta nova para Portugal – ou a vacina, como lhe chamou algures – ainda na Universidade de Coimbra cuidava de tragédias clássicas antes que do *Frei Luís de Sousa*. Fez muito verso da velha escola, até que de todo sacudiu o manto caduco, evento comemorado assim naqueles versos da *Dona Branca*:

> *Não rias, bom filósofo Duarte,*
> *Da minha conversão, sincera é ela;*
> *Dei de mão às ficções do paganismo,*
> *E, cristão vate, cristãos versos faço.*

Não era cedo para fazer versos cristãos. Chateaubriand, desde o alvor do século, louvava as graças nativas do cristianismo, e descobria, cheio de Rousseau, a candura do homem natural. Garrett, posto fosse em sua terra o iniciador das novas formas, não foi copista delas, e tudo que lhe saiu das mãos trazia um cunho próprio e puramente nacional. Pelo assunto, pelo tom, pela língua, pelo sentimento era o homem da sua pátria e do seu século. A este encheu durante cerca de quarenta anos. Teve críticas naturalmente, e desafeições, e provavelmente desestimas; não lhe minguaram golpes nem sarcasmos, mas a admiração era maior que eles, e as obras sucediam-se graves ou lindas, e sempre altas, para modelo de outros.

Não cabe aqui, feito às pressas, o estudo do autor de *Frei Luís de Sousa*, da *Adozinda* e das *Folhas caídas*, e, para só louvar tais obras, basta nomeá-las, como às outras suas irmãs. Ninguém as esqueceu, uma vez lidas. Estamos a celebrar o centenário do nascimento do poeta, que pouco mais viveu de meio século, e acodem-nos à mente todas as suas invenções com a forma em que as fez vivedouras. Os versos, desde os que compôs às divas gregas até aos que fez às suas devotas católicas como que ficaram no ar cantando as loas do grande espírito. Figuras que ele criou rodeiam-nos com o gesto peculiar e alma própria, Catarina, Madalena, Maria, Paula Vicente, Branca, ao pé de outras másculas ou esbeltas, cingindo a fronte de Camões ou de Bernardim Ribeiro, e aquela que aceita um mouro com todos os seus pecados de incréu e de homem, e a mais tocante de todas, a mais trágica, essa que vê tornar da morte suposta e acabada o primeiro marido de sua mãe para separar seus pais.

Não nos acode igualmente o seu papel político. O que nos lembra dos discursos é o que é só literário, e do ofício de ministro que exerceu recorda-nos que fez alguns trabalhos para criar o teatro nacional, mas valeram menos que *Um auto de Gil Vicente*. Se negociou algum tratado, como os tratados morrem, continuamos a ler as suas páginas vivas. Foi gosto seu meter-se em política, e mostrar que não valia só por versos. Tendo combatido pela revolução de 1820, como Chateaubriand, sob as ordens dos príncipes, quis ser como este e Lamartine, ministro e homem de Estado. Não sei se advertiu que é menos agro retratar os homens que regê-los. Talvez sim; é o que se pode deduzir de mais de uma página íntima. Em todo caso, não é o político que ora celebramos, mas o escritor, um dos maiores da língua, um dos primeiros do século, e o que junta em seus livros a alma da nação com a vida da humanidade.[637]

Gazeta de Notícias, ano XXV, nº 35, quinta-feira,
4 de fevereiro de 1899, p.1.

Cenas da vida amazônica, por José Veríssimo

Aqui está um livro que há de ser relido com apreço, com interesse, não raro com admiração. O autor, que ocupa lugar eminente na crítica brasileira, também enveredou um dia pela novela, como Sainte-Beuve, que escreveu

---

[637] Galante de Sousa, em *Bibliografia de Machado de Assis* (p.677), atribui a peça anônima a Machado de Assis, a partir de uma carta de Joaquim Nabuco ao autor, datada de 10 de fevereiro de 1899.

Volupté,[638] antes de atingir o sumo grau na crítica francesa. Também há aqui um narrador e um observador, e há mais aquilo que não acharemos em *Volupté*, um paisagista e um miniaturista. Já era tempo de dar às *Cenas da vida amazônica* outra e melhor edição.[639] Eu, que as reli, achei-lhes o mesmo sabor de outrora. Os que as lerem, pela primeira vez, dirão se o meu falar desmente as suas próprias impressões.

Talvez achem comigo que o título é exato, sem dizer tudo. São efetivamente cenas daquela vida e daquele meio; sente-se que não podem ser de outra parte, que foram vistas e recolhidas diretamente. Mas não diz tudo o título. Três, ao menos, das quatro novelas em que se divide o livro, são pequenos dramas completos. Tais "O boto", "O crime do Tapuio" e "A sorte de Vicentina". O próprio "O voluntário da pátria" tem o drama na alma de tia Zeferina, desde a quietação na palhoça até aquele adeus que ela fica acenando na margem, não já ao filho, que a não pode ver, nem ela a ele, mas ao fumo do vapor que se perde ao longe no rio, como uma sombra.

Em todos eles, os costumes locais e a natureza grande e rica, quando não é só áspera e dura, servem de quadro a sentimentos ingênuos, simples e alguma vez fortes. O Sr. José Veríssimo possui o dom da simpatia e da piedade. As suas principais figuras são as vítimas de um meio rude, como Benedita, Rosinha e Vicentina, ou ainda aquele José Tapuio, que confessa um crime não existente, com o único fim de salvar uma menina, ou de "fazê bem p'ra ela", como diz o texto. Não se irritem os amigos da língua culta com a prosódia e a sintaxe de José Tapuio. Há dessas frases no livro, postas com arte e cabimento, a espaços, onde é preciso caracterizar melhor as pessoas. Há locuções da terra. Há a tecnologia dos usos e costumes.

---

638 *Volupté*, romance autobiográfico de Sainte-Beuve, publicado em 1834.
639 Em 1886, saiu a primeira edição das *Cenas da vida amazônica*, pela editora Tavares Cardoso & Irmão, de Lisboa, que não agradou a José Veríssimo, conforme declara em nota à segunda edição: "Este livro saiu na sua primeira impressão e péssima edição de Lisboa precedido de um estudo sobre as *Populações indígenas e mestiças da Amazônia*, que ora se suprime para dá-lo, também corrigido, num dos futuros volumes dos *Estudos brasileiros*", p.IX-X. Consultados os volumes dos *Estudos brasileiros* (1889 e 1894), Dimas informa que o referido ensaio de Veríssimo não foi localizado.

Ninguém esquece que está diante da vida amazônica, não toda, mas aquela que o Sr. José Veríssimo escolheu naturalmente para dar-nos a visão do contraste entre o meio e o homem.

O contraste é grande. A floresta e a água envolvem e acabrunham a alma. A magnificência daquelas regiões chega a ser excessiva. Tudo é inumerável e imensurável. São milhões, milhares e centenas os seres que vão pelos rios e igarapés, que espiam entre a água e a terra, ou bramam e cantam na mata, em meio de um concerto de rumores, cóleras, delícias e mistérios. O Sr. José Veríssimo dá-nos a sensação daquela realidade. A descrição do caminho que leva ao povoado do Ereré, através do "coberto", do "lavrado" e de um espaço sem nome, é das mais belas e acabadas do livro. Assim também a do Paru, ou antes a história do rio nas duas partes do ano, de verão e de inverno, um só lago intérmino ou muitos lagos grandes, as ilhas que nascem e desaparecem, com os aspectos vários do tempo e da margem.

Não são descrições trazidas de acarreto. As pessoas das narrativas vão para ali continuar a ação começada. No Paru, como o tempo é de "salga", a água é sulcada de canoas, a margem alastrada de barracas, o sussurro do trabalho humano espalha-se e cresce. Aí assistimos à morte trágica do pelintra de Óbidos, regatão de alguns dias, deixando uma triste moça defunta, amarela e magra. Adiante, por meio do "coberto" e do "lavrado", vemos correr Vicentina, com a filha de alguns meses "escarranchada nos quadris", fugindo à casa do marido, depois às onças, depois à solidão, que parece maior ali que em nenhuma parte; e ambas as cenas são das mais vivas do livro.

Ao pé do trágico, o mesquinho, o comum, o quotidiano da existência e dos costumes, que o autor pinta breve ou minuciosamente. Os pequenos quadros sucedem-se, como o da rua Bacuri, na cidade de Óbidos, à hora da sesta, ou no fim dela, quando "a natureza estira os braços num bocejo preguiçoso de quem deixa a rede". A rede é o móvel principal das casas; ela serve ao sono, ao descanso, à palestra, à indolência. Se a casa é pobre, pouco mais há que ela; mas, pouco ou muito, podemos fiar-nos da veracidade do autor, que não perde o que seja um rasgo de costumes ou possa avivar a cor da realidade. Vimos o regatão; veremos a benzedeira, a pintadeira de cuias, a mameluca, sem exclusão do jurado, do promotor, do presidente de província.

Nem falta aqui a observação fina e aguda. Uma senhora, a quem a tia Zeferina, que a criou, recorre chorando para que faça soltar o filho, preso para voluntário (como diziam aqui no sul), ouve a mãe tapuia, tem sincera pena dela, promete que sim, fala do presidente da província, que é bom moço, do baile do dia 7 de setembro, em palácio, a que ela foi: "Uma festa de estrondo; as senhoras estavam todas vestidas de verde e amarelo; muitas tinham mandado vir o vestido do Pará, mas foi tolice, porque em Manaus arranjava-se um vestido tão bom como no Pará; o dela, por exemplo, foi muito gabado...". Já a tia Zeferina ouvira coisa análoga ao major Rabelo, seu compadre, quando lhe foi contar a prisão do filho, e ele rompeu furioso contra os adversários políticos. Todos os negócios pessoais se vão coçando assim naquela agonia errante. No "Boto", é o próprio pai de Rosinha, que não escava muito as razões do abatimento mortal da filha, "por andar atarefado com as eleições".

Que ele também há eleições no Amazonas; é o tempo da salga política, a quadra das barracas e dos regatões. Não nos dá um capítulo desses o Sr. José Veríssimo, naturalmente por lhe não ser necessário; mas a rivalidade da vila e do porto de Monte Alegre é um quadro vivo do que são raivas locais, os motivos que as acendem, a guerra que fazem e os ódios que ficam. Aqui basta a questão de saber se o correio morará no porto, em baixo, ou na vila, em cima. E porque não há vitória sem foguetes, os foguetes vão contar às nuvens o despacho presidencial. A sessão do júri, no "Crime do Tapuio", é outro quadro finamente acabado. Tudo sem sombra de caricaturas. O embarque dos voluntários é outro, mas aí a emoção discreta acompanha os movimentos mal ordenados dos homens. Nós os vimos desembarcar aqui, esses e outros, trôpegos e obedientes, marchando mal, mas enfim marchando seguros para a guerra que já lá vai.

Em tão várias cenas e lances, o estilo do Sr. José Veríssimo (salvo nos *Esbocetos*,[640] cuja estrutura é diferente) é já o estilo correntio e vernáculo dos

---

[640] Os textos que fazem parte dos *Esbocetos* são: "O serão", "A lavadeira", "O lundum", "Indo para a seringa", "Voltando da seringa" e "A mameluca". Na informação de Antonio Dimas (op. cit., p.XXIV), esses seis esbocetos já haviam saído em *Primeiras páginas*, o primeiro livro do autor publicado em 1878.

seus escritos posteriores. Já então vemos o homem feito, de mão assentada, dominando a matéria. Há, a mais, uma nota de poesia, a graça e o vigor das imagens, que outra sorte de trabalhos nem sempre consentem. Aqui está a frente da casa do sítio em que Rosinha nasceu: "A palha da cobertura, não aparada, dava-lhe o aspeto alvar das crianças que trazem os cabelos caídos na testa". No tempo da pesca emigram, não só os homens, mas também os cães e os urubus. Os cães são magros e famintos: "Cães magros, com as costelas salientes, como se houvessem engolido arcos de barris...". Os urubus pousam nas árvores, alguma vez baixam ao solo, andando "com o seu passo ritmado de anjos de procissão". A umas árvores que há na grande charneca do "coberto" bastava mostrá-las por uma imagem curta e viva, "em posições retorcidas de entrevados". Mas não se contenta o nosso autor de as dizer assim; em terra tal, tudo há de vibrar ao calor do sol: "Dir-se-ia que o sol, que abrasa aquelas paragens, obriga-as a tais contorções violentas e paralisa-as depois...".

Há muitas dessas imagens originais e expressivas; melhor é lê-las ou relê-las intercaladas na narração e na descrição. Chateaubriand, escrevendo em 1834 a Sainte-Beuve, justamente a propósito de *Volupté*, que acabava de sair do prelo, pergunta-lhe admirado como é que ele, René, não achara tantas outras. *Comment n'ai-je pas trouvé ces deux vieillards et ces deux enfants entre lesquels une révolution a passé...* etc. Desculpar a pontinha de vaidade, é de Chateaubriand, e alguma coisa se há de perdoar ao gênio. Mas, em verdade, mais de um de nós outros poderíamos dizer com sinceridade e modéstia como é que nos não acudiram tais e tais imagens do nosso autor, pois que elas trazem a feição de coisas antes saídas do tinteiro que compostas no papel.

Também é dado perguntar por que é que o Sr. José Veríssimo deixou logo um terreno que soube arrotear com fruto. Ele dirá, em uma nota, falando dos *Esboçetos*, que o fruto era da primeira mocidade. Vá que sim; mas as *Cenas* trazem outra experiência, e a boa terra não é esquecida, se se lhe encomenda alguma coisa com amor.

Até lá, fiquem-nos estas *Cenas da vida amazônica*. Mais tarde, algum crítico da escola do autor compulsará as suas páginas para restituir costumes extintos. Muito estará mudado. Onde José Tapuio lutou com a sicuriju até matá-la, outro homem estudará alguma nova força da natureza até reduzi-la ao doméstico. Coberto e lavrado darão melhor caminho às pessoas. Já agora, como disse nhá Miloca à mãe tapuia, os vestidos fazem-se tão bons em Manaus como em Belém. A política irá pelas tesouras da costureira, e a natureza agasalhará todas as artes suas hóspedas. Tal crítico, se tiver o mesmo dom de análise do Sr. José Veríssimo, achará que um testemunho esclarecido é mais cabal que outro, e regalará os seus leitores dando-lhes este depoimento feito com emoção, com exação e com estilo.

MACHADO DE ASSIS
Gazeta de Notícias, ano XXV, nº 162, Um Livro, domingo, 11 de junho de 1899, p.1-2.

1900

[Carta a Henrique Chaves][641]

23 de agosto de 1900.

Meu caro H. Chaves,

Que hei de eu dizer que valha esta calamidade? Para os romancistas é como se perdêssemos o melhor da família, o mais esbelto e o mais valido. E tal família não se compõe só dos que entraram com ele na vida do espírito, mas também das relíquias da outra geração, e finalmente da flor da nova. Tal que começou pela estranheza acabou pela admiração. Os mesmos que ele haverá ferido, quando exercia a crítica direta e quotidiana, perdoaram-lhe o mal da dor pelo mel da língua, pelas novas graças que lhe deu, pelas tradições velhas que conservou, e mais a força que as uniu umas e outras, como só as une a grande arte. A arte existia, a língua existia, nem podíamos os dois povos, sem elas, guardar o patrimônio de Vieira e de Camões; mas cada passo do século renova o anterior e a cada geração cabem os seus profetas.

---

[641] Carta a Henrique Chaves, gerente da *Gazeta de Notícias*, publicada no número em que diversos autores prestam homenagem ao falecimento de Eça de Queirós, ocorrido em Paris a 16 de agosto de 1900.

A Antiguidade consolava-se dos que morriam cedo considerando que era a sorte daqueles a quem os deuses amavam. Quando a morte encontra um Goethe ou um Voltaire, parece que esses grandes homens, na idade extrema a que chegaram, precisam entrar na eternidade e no infinito, sem nada mais dever à terra que os ouvia e admirou. Onde ela é sem compensação é no ponto da vida em que o engenho subido ao grau sumo, como aquele Eça de Queirós – e como o nosso querido Ferreira de Araújo,[642] que ontem fomos levar ao cemitério – tem ainda muito que dar e perfazer. Em plena força da idade, o mal os toma e lhes tira da mão a pena que trabalha e evoca, pinta, canta, faz todos os ofícios da criação espiritual.

Por mais esperado que fosse esse óbito, veio como repentino. Domício da Gama,[643] ao transmitir-me há poucos meses um abraço de Eça, já o cria agonizante. Não sei se chegou a tempo de lhe dar o meu. Nem ele, nem Eduardo Prado, seus amigos, terão visto apagar-se de todo aquele rijo e fino espírito, mas um e outro devem contá-lo aos que deste lado falam a mesma língua, admiram os mesmos livros e estimam o mesmo homem.

MACHADO DE ASSIS
Gazeta de Notícias, ano XXVI, nº 236, sexta-feira,
24 de agosto de 1900, p.1.

[Carta a Henrique Chaves][644]

Meu caro Henrique,

Esqueçamos a morte do nosso amigo. Nem sempre haverá tamanho contraste entre a vida e a morte de alguém. Araújo tinha direito de falecer

---

642 José Ferreira de Sousa Araújo (Rio de Janeiro, 1848-idem, 1900), jornalista, poeta e teatrólogo, fundador e diretor da *Gazeta de Notícias* (1875-1942).

643 Domício da Gama, pseudônimo de Domício Afonso Forneiro (Maricá, 1862-Rio de Janeiro, 1925), jornalista, diplomata e escritor, autor de *Contos a meia-tinta* (1891) e *Histórias curtas* (1901).

644 Carta a Henrique Chaves no número especial, na data indicada, em que a *Gazeta de Notícias* prestou homenagem a Ferreira de Araújo, falecido no Rio de Janeiro, em 21 de agosto de 1900.

entre uma linha grave e outra jovial, como indo a passeio, risonho e feliz. A sorte determinou outra coisa.

Quem o via por aquelas noitadas de estudante, e o acompanhou de perto ou de longe, na vida de escritor, de cidadão e de pai família, sabe que não se perdeu nele somente um jornalista emérito e um diretor seguro; perdeu-se também a perpétua alegria. Ninguém desliga dele essa feição característica. Ninguém esqueceu as boas horas que ele fazia viver ao pé de si. Nenhum melancólico praticou com ele que não sentisse de empréstimo outro temperamento. Vimo-lo debater os negócios públicos, expor e analisar os problemas do dia, com a gravidade e a ponderação que eles impunham; mas o riso vinha prestes retomar o lugar que era seu, e o bom humor expelia a cólera e a indignação deste mundo.

Tal era o condão daquela mocidade. A madureza não alterou a alegria dos anos verdes. Na velhice ela seria como a planta que se agarra ao muro antigo. E porque esta virtude é extraordinariamente gêmea da bondade, o nosso amigo era bom. Se teve desgostos – e devia tê-los porque era sensível – esqueceu-os depressa. O ressentimento era-lhe insuportável. Era desses espíritos feitos para a hora presente, que não padecem das ânsias do futuro, e escassamente terão saudades do passado; bastam-se a si mesmos, na mesma hora que vai passando, viva e garrida, cheia de promessas eternas.

Mal se compreende que uma vida assim acabasse tão longa e doloridamente; mas, refletindo melhor, não podia ser de outra maneira. A inimizade entre a vida e a morte tem gradações; não admira que uma seja feroz na proporção da lepidez da outra. É o modo de balancear as duas colunas da escrita.

Agora que ele se foi, podemos avaliar bem as qualidades do homem. Esse polemista não deixou um inimigo. Pronto, fácil, franco, não poupando a verdade, não infringindo a cortesia, liberal sem partido, patriota sem confissão, atento aos fatos e aos homens, cumpriu o seu ofício com pontualidade, largueza de ânimo e aquele estilo vivo e conversado que era o encanto dos seus escritos. As letras foram os primeiros ensaios de uma pena que nunca as esqueceu inteiramente. O teatro foi a sua primeira sedução de autor.

Vindo à imprensa diária, não cedeu ao acaso, mas à própria inclinação do talento. Quando fundou esta folha, começou alguma coisa que, trazendo vida nova ao jornalismo, ia também com o seu espírito vivaz e saltitante, de vária feição, curioso e original. Já está dito e redito o efeito prodigioso desta folha, desde que apareceu; podia ser a novidade, mas foram também a direção e o movimento que ele lhe imprimiu.

Nem se contentou de si e dos companheiros da primeira hora. Foi chamando a todos os que podiam construir alguma coisa, os nomes feitos e as vocações novas. Bastava falar a língua do espírito para vir a esta assembleia, ocupar um lugar e discretear com os outros. A condição era ter o alento da vida e a nota do interesse. Que poetasse, que contasse, que dissesse do passado, do presente ou do futuro, da política ou da literatura, da ciência ou das artes, que maldissesse também, contanto que dissesse bem ou com bom humor, a todos aceitava e buscava, para tornar a *Gazeta* um centro comum de atividade.

A todos esses operários bastava fazê-los companheiros, mas era difícil viver com Araújo sem acabar amigo dele, nem ele podia ter consigo que se não fizesse amigo de todos. A *Gazeta* ficou sendo assim uma comunhão em que o dissentimento de ideias, quando algum houvesse, não atacaria o coração, que era um para todos.

Tu que eras dos seus mais íntimos, meu caro Henrique Chaves, dirás se o nosso amigo não foi sempre isso mesmo. Quanto à admiração e afeição públicas, já todas as vozes idôneas proclamaram o grau em que ele as possuiu, sem quebra de tempo, nem reserva de pessoa. O enterramento foi uma aclamação muda, triste e unânime. As exéquias de amanhã dir-lhe-ão o último adeus da terra e da sua terra.

MACHADO DE ASSIS
Gazeta de Notícias, ano XXVI, nº 264, sexta-feira,
21 de setembro de 1900, p.1.

1901

[Discurso proferido no passeio público na inauguração do busto de Gonçalves Dias][645]

Sr. Prefeito do Distrito Federal,[646]

---

[645] O discurso de Machado de Assis, publicado na *Gazeta de Notícias*, sob o título "Gonçalves Dias/ No Passeio Público", foi antecedido pela seguinte apresentação dos editores: "Esteve imponente pela singeleza de que se revestiu a festa de inauguração do busto do grande poeta Gonçalves Dias, que desde ontem se acha exposto ao público em uma das mais encantadoras alamedas do Passeio Público./ Esse aprazível logradouro, geralmente abandonado, esteve ontem povoado de uma multidão heterogênea que ali foi dar maior realce à glorificação do cantor da natureza brasileira./ Senadores, deputados, altas autoridades civis e militares, representantes do comércio e inúmeras famílias, acedendo ao convite da comissão promotora da festa, às 2 horas precisas, formavam um círculo compacto ao redor do pedestal do busto, colocado sobre uma banqueta de verdura sobre a qual jaziam muitas flores levadas por gentis senhoritas./ Fazia guarda de honra ao busto do imortal poeta uma companhia de guerra do batalhão de alunos do Instituto Profissional./ À chegada do Dr. João Felipe, prefeito municipal, o clarim deu sinal de sentido e a comissão, vindo recebê-lo à porta, conduziu-o para junto do busto que ainda se achava velado./ Aí o Dr. Machado de Assis leu o brilhante discurso que se segue fazendo entrega do monumento à Municipalidade:".
[646] João Felipe Pereira (CE, 1863-?), engenheiro civil, formado pela Escola Politécnica do Rio de Janeiro, assumiu a prefeitura do Distrito Federal em setembro de 1900, tendo sido nomeado pelo Presidente Campos Sales (1898-1902). Durante sua

A comissão que tomou a si erguer este monumento, incumbiu-me, como presidente da Academia Brasileira, de o entregar a V. Exa., como representante da cidade. O encargo é não somente honroso, mas particularmente agradável à Academia e a mim.

Se eu houvesse de dizer tudo o que este busto exprime para nós, faria um discurso, e é justamente o que os autores da homenagem não devem querer neste momento. Conta Renan que, uma hora antes dos funerais de George Sand, quando alguns cogitavam no que convinha proferir à beira da sepultura, ouviu-se no parque da defunta cantar um rouxinol. "Ah! eis o verdadeiro discurso!" disseram eles consigo. O mesmo seria aqui, se cantasse um sabiá. A ave do nosso grande poeta seria o melhor discurso da ocasião. Ela repetiria à alma de todos aquela canção do exílio que ensinou aos ouvidos da antiga mãe-pátria uma lição nova da língua de Camões. Não importa! A canção está em todos nós, com os outros cantos que ele veio espalhando pela vida e pelo mundo, e o som dos golpes de Itajubá, a piedade de *I-Juca-Pirama*, os suspiros de Coema, tudo o que os mais velhos ouviram na mocidade, depois os mais jovens, e daqui em diante ouvirão outros e outros, enquanto a língua que falamos for a língua dos nossos destinos.

Dizem que os cariocas somos pouco dados aos jardins públicos. Talvez este busto emende o costume; mas, supondo que não, nem por isso perderão os que só vierem contemplar aquela fronte que meditou páginas tão magníficas. A solidão e o silêncio são asas robustas para os surtos do espírito. Quem vier a este canto do jardim, entre o mar e a rua, achará o que se encontra nas capelas solitárias, uma voz interior, e dirá pelo rosário da memória as preces em verso que ele compôs e ensinou aos seus compatrícios.

E desde já ficam as duas obras juntas. Uma responderá pela outra. Nem V. Exa., nem os seus sucessores consentirão que se destrua este abrigo de folhas verdes, ou se arranque daqui esse monumento de arte. Se alguém propuser arrasar um e mudar outro, para trazer utilidade ao terreno, por meio de uma avenida, ou coisa equivalente, o Prefeito recusará a conces-

---

gestão, João Felipe enfrentou problemas referentes às finanças municipais, o que o levou a suspender a execução de várias obras. Foi exonerado em outubro de 1901.

são, dizendo que este jardim, conservado por diversos regimes, está agora consagrado pela poesia, que é um regime só, universal, comum e perpétuo. Também pode declarar que a veneração dos seus grandes homens é uma virtude das cidades. E isto farão os Prefeitos de todos os partidos, sem agravo do seu próprio, porque o poeta que ora celebramos, fiel à vocação, não teve outro partido que o de cantar maravilhosamente.

Demais, se o caso for de utilidade, V. Exa. e os seus sucessores acharão aqui o mais útil remédio às agruras administrativas. Este busto consolará do trabalho acerbo e ingrato; ele dirá que há também uma prefeitura do espírito, cujo exercício não pede mais que o mudo bronze e a capacidade de ser ouvido no seu eterno silêncio. E repetirá a todos o nome de V. Exa., que o recebeu e o dos outros que porventura vierem contemplá-lo. Também aqui vinha, há muitos anos, desenfadar-se da véspera, sem outro encargo nem magistratura que os seus livros, o autor de *Iracema*. Se já estivesse aqui este busto, ele se consolaria da vida com a memória, e do tempo com a perenidade. Mas então só existiam as árvores. Bernardelli,[647] que tinha de fundir o bronze de ambos, não povoara ainda as nossas praças com outras obras de artista ilustre. Olavo Bilac, que promoveu a subscrição de senhoras a que se deve esta obra, não afinara ainda pela lira de Gonçalves Dias a sua lira deliciosa.

Aqui fica entregue o monumento a V. Exa., Sr. Prefeito, aqui onde ele deve estar, como outro exemplo da nossa unidade, ligando a pátria inteira no mesmo ponto em que a história, melhor que leis, pôs a cabeça da nação perto daquele gigante de pedras que o grande poeta cantou em versos másculos.[648]

Gazeta de Notícias, ano XXVII, nº154, segunda-feira,
3 de junho de 1901, p.1.

---

647 José Maria Oscar Rodolfo Bernardelli y Thierry (Guadalajara, 1852-Rio de Janeiro, 1931), escultor e professor mexicano naturalizado brasileiro.
648 Na sequência do discurso de Machado de Assis, os redatores acrescentam: "Findo o discurso, o Dr. João Felipe agradeceu em nome da Municipalidade e rompendo o véu que cobria o busto deixou que o povo admirasse o portentoso trabalho de Bernardelli, tocando por esta ocasião as bandas do hino nacional".

[Discurso proferido na Academia Brasileira de Letras, abertura da sessão, em 2 de junho de 1901]

A Academia Brasileira inaugura os seus trabalhos deste ano. Quando em 1897 celebramos a nossa primeira sessão inaugural, Joaquim Nabuco, entre outras belas coisas, disse esta: "Se a Academia florescer, os críticos deste fim de século terão em ver nisso um milagre". Não sei o que pensaram os críticos daquele fim de século, mas os do princípio deste podem já ver alguma coisa menos comum. A Academia vive. Os poderes públicos, por uma lei votada e sancionada com tanta simpatia, concederam-lhe favores especiais. Cumpre-nos agradecer-lhes cordialmente. Se o não fazemos em casa nossa, é porque a escolha de um próprio nacional ainda se não fixou, mas a Academia tem por si a lei e a boa vontade. Oportunamente estará aposentada de vez, e poderá então dispensar a magnífica hospedagem, que lhe dá agora o Gabinete Português de Leitura.

Não estamos aqui todos, nem a maior parte. Muitos andam dispersos dentro e fora do país, mas onde quer que vivam não esquecem o nosso instituto. Se imprimem livros, timbram em confessar que lhe pertencem. Anima-os o estímulo, estão certos do futuro. Poderemos dizer que nesta ocasião, onde se achar um só, a Academia estará com ele.

A sessão inaugural deste ano foi assinalada por um fato especial. Em vosso nome, fiz entrega esta manhã do busto de Gonçalves Dias ao Sr. Prefeito do Distrito Federal. A Academia participou assim da comemoração do Passeio Público. O que os diretores daquela festa quiseram foi definir o vosso lugar na solenidade, e mostrar porventura que não sois um cenáculo de petrificados, e que onde a vida chamar a vida estareis presentes.

Outro fato especial da sessão é que, além do programa regimental, ouviremos o elogio de Gonçalves Dias, por Olavo Bilac, de cuja cadeira é patrono o cantor dos *Timbiras*.

Está aberta a sessão.

Revista da Academia Brasileira, v.I, nº 1,
julho de 1910, p.206.

Eduardo Prado

A última vez que vi Eduardo Prado foi na véspera de deixar o Rio de Janeiro para recolher a S. Paulo, dizem que com o gérmen do mal e da morte em si. Naquela ocasião era todo vida e saúde. Quem então me dissesse que ele ia também deixar o mundo, não me causaria espanto, porque a injustiça da natureza acostuma a gente aos seus golpes; mas, é certo que eu buscaria maneira de obter outras horas como aquela, em que me detivesse ao pé dele, para ouvi-lo e admirá-lo.

Só falamos de arte. Ouvi-lhe notícias e impressões, senti-lhe o gosto apurado e a crítica superior, tudo envolvido naquele tom ameno e simples, que era um relevo mais aos seus dotes. Não tínhamos intimidade; faltou-nos tempo e a prática necessária. Antes daquela vez última, apenas falamos três ou quatro, o bastante para considerá-lo bem e cotejar o homem com o escritor. Eduardo Prado era dos que se deixam penetrar sem esforço e com prazer. O que agora li a seu respeito na primeira mocidade, na escola e nos últimos anos, referido por amigos que parecem não o esquecer mais, confirma a minha impressão pessoal. Aliás, os seus escritos mostravam bem o homem. Apanhava-se o sentimento da harmonia que ajustava nele a vida moral, intelectual e social.

Principalmente artista e pensador, possuía o divino horror à vulgaridade, ao lugar comum e à declamação. Se entrasse na vida política, que apenas atravessou com a pena, em dias de luta, levaria para ela qualidades de primeira ordem, não contando o *humour*, tão diverso da chalaça e tão original nele. Mas a erudição e a história, não menos que a arte, eram agora o seu maior encanto. Sabia bem todas as coisas que sabia.

Naturalmente remontei comigo, durante aquela boa hora, e ainda depois dela, ao tempo das cartas de viagem que nos deu tão rica amostra dum grande talento que viria a crescer e subir. A matéria em si convidava ao egotismo, mas ele não padecia desse mal. Também faria correr o risco da repetição de coisas vistas e pintadas, que se não acham aqui. A faculdade de ver claro e largo, a arte de dizer originalmente a sensação pessoal, ele as possuía como os principais que hajam andado as terras ou rasgado os mares deste mundo. Invenção de estilo, observação aguda, erudição discreta e vasta, graça, poesia e imaginação produziram essas páginas vivas e saborosas. Aquela partida de Nápoles, sob um céu chuvoso e de chumbo, não se esquece. Relê-se com encanto essa explicação do tempo áspero, durante o qual o céu napolitano se recompõe, para começar novamente a ópera "com os coros de pescadores e as barcarolas, a música de luz e de azul". Assim a África, assim todas as partes onde quer que este brasileiro levou a ânsia de ver homens e coisas, cidades e costumes, a natureza vária entre ruínas perpétuas, através de regiões remotas...

Conta-se que ele chorou, quando morreu Eça de Queirós. Agora, que ambos são mortos, alguém que imaginasse e escrevesse o encontro das duas sombras, à maneira de Luciano, daria uma curiosa página de psicologia. As confabulações de tais espíritos são dignas de memória. Sterne escreveu que "um dia, conversando com Voltaire..." e imagina-se o que diriam eles. Imagina-se o que diriam, todas as noites, Stendhal[649] e Byron, passeando no solitário *foyer* do teatro Scala. Quando Montaigne ouvia as histórias que Amyot lhe ia contar, podemos ver a delícia de ambos e admitir que as visitas continuam no outro mundo. Assim se podia dizer do Eça e do Eduardo, por um texto que exprimisse o talento, o amor das coisas finas e belas, e, enfim, a grande simpatia que um inspirava ao outro.

Quando me despedi de Eduardo Prado, naquele dia, vim perguntando a mim mesmo se teria vida bastante para ler e admirar as obras-primas que esse talentoso brasileiro levava no cérebro em gestação, ou em gérmen, e durante muitos anos viriam abastecer a nossa língua e a nossa terra. Seis dias depois, era ele que morria. Chamei injusta à natureza; bastaria dizer – indiferente.

MACHADO DE ASSIS
O Comércio de São Paulo, nº 2.711, domingo,
30 de setembro de 1901, p.1.

---

649 Henri-Marie Beyle, mais conhecido como Stendhal (Grenoble, 1783-Paris, 1842), escritor francês, autor de *O vermelho e o negro* (1830) e *A cartuxa de Parma* (1838).

1902

Horas sagradas e *Versos*

Com o título *Horas sagradas*, acaba de publicar Magalhães de Azeredo um livro de versos, que não só não desmentem dos versos anteriores, mas ainda se pode dizer que os vencem e mostram no talento do poeta um grau de perfeição crescente. Folgamos de o noticiar, ao mesmo tempo que outro livro, de Mário de Alencar,[650] seu amigo, seu irmão de espírito e de tendência, de cultura e de ideal. Chama-se este outro simplesmente *Versos*.

Quiséramos fazer de ambos um demorado estudo. Não o podendo agora, lembramos só o que os nossos leitores sabem, isto é, que Magalhães de Azeredo, mais copioso e vasto, tem um nome feito, enquanto que Mário de Alencar, para honrar o de seu ilustre pai, começa a escrever o seu no livro das letras brasileiras, não às pressas, mas vagaroso, com a mão firme e pensativo para não errar nem confundir.

Um ponto, além de outras afinidades, mostra o parentesco dos dois espíritos. Não é o amor da glória, que o primeiro canta, confessa e define, por tantas faces e origens, na última composição do livro, e o segundo

---

650 Mário Cochrane de Alencar (Rio de Janeiro, 1872-idem, 1925), advogado, jornalista e escritor, autor de *Lágrimas* (poesia, 1888), *Ode cívica ao Brasil* (1903) e *Alguns escritos* (1910).

não ousa dizer nem definir. Mas aí mesmo se unem. Porquanto, se Mário de Alencar confessa: "o autor é um incontentado do que faz" – e, aliás, já Voltaire dissera a mesma coisa de si: *"Je ne suis jamais content de mes vers"*, Magalhães de Azeredo, nas várias definições da glória, chega indiretamente a igual confissão, quando põe na perfeição a glória mais augusta, e cita os anônimos da Vênus de Milo e da *Imitação*, até exclamar como Fausto:

Átomo fugitivo, és belo, és belo, para![651]

Isto, que está no fim do livro de Magalhães de Azeredo, está também no princípio, quando ele abre mão das *Horas sagradas*. Confessa que as guardou por largo tempo:

Por largo tempo, neste ermo oculto
Guardei-vos. Ide para o tumulto
Das gentes. Quer-vos a sorte ali.
Colhereis louros? Mas ah! que louros
Valem, por fortes e duradouros,
Os vossos gozos, que eu conheci?

E cá vieram as *Horas sagradas*, título que tão bem assenta no livro. Elas são sagradas pelo sentimento e pela inspiração, pelo amor, pela arte, pela comemoração dos grandes mortos, pela nobreza do cidadão, da virtude e da história. A religião tem aqui também o seu lugar, como no coração do poeta. Tudo é puro. No "Rosal de amor", primeira parte do livro, não há flores apanhadas na rua ou abafadas na sala. Todas respiram o ar livre e limpo, e por vezes agreste. Um soneto, "Ad purissimam", mostra a castidade da musa – uma das musas, devemos dizer, porque aqui está, nas estrofes "Mamãe", a outra das suas duas musas domésticas. É um basto rosal este, a que não faltará porventura alguma flor triste, mas tão rara e tão graciosa ainda na tristeza, que mal nos dá esta sensação. A música dos versos faz

---

651 A frase – "E esclamar como Fausto em êxtase esclamara" – foi publicada juntamente com a citação.

esquecer a melancolia do sentido. "Matinal", "Ao sol", "Crepuscular" dão o tom da vida universal e do amor, a terra fresca e o céu aberto.

"Os bronzes florentinos" é uma bela coleção de grandes nomes de Florença, e do mundo, páginas que (não importa a distância nem o desconhecimento da cidade para os que lá não foram), produzem na alma do leitor cá de longe uma vibração de arte nova e antiga a um tempo, ao lado do poeta, a acompanhá-lo:

Através do Gentil e do Sublime.

Não quiséramos citar mais nada; seria preciso citar muito, transportar para fora do livro estrofes que desejam lá ficar, entre as que o poeta ligou na mesma e linda medalha. Mas como deixar de repetir este fecho de *bronze* de Dante:

Quem, depois de sofrer o ódio profundo
Da pátria, viu o inferno, e chorou tanto,
Já não é criatura deste mundo...

e muitos outros. Deliciosos sonetos, fazendo passar ante os olhos Petrarca, Giotto, Leonardo da Vinci, Miguel Ângelo, Horácio, Donatello, Frei Angélico, e tantos cujos nomes lá estão na igreja de Santa Cruz, onde o poeta entrou em dias caros às musas brasileiras. Cada figura traz a sua expressão nativa e histórica; aqui está Leão X, acabando na risada pontifícia; aqui Cellini, cinzelando o punhal com que é capaz de ferir; aqui Savonarola,[652] a morrer queimado e sem gemer, por esta razão de apóstolo:

Ardia mais que as chamas a tua alma!

Não poderia transcrever uns sem outros, mas o último *bronze* dará conta dos primeiros: é Galileu Galilei:

---

[652] Jerônimo Savonarola (Ferrara, 1452-Florença, 1498), frei dominicano, voltado aos estudos da filosofia e da medicina, foi condenado à forca por criticar com violência a corrupção dos prelados romanos.

> *Lá na Torre do Gallo, esguia e muda,*
> *Entre árvores vetustas escondida,*
> *No entardecer da trabalhada vida*
> *O potente ancião medita e estuda.*
>
> *Já nos olhos extinta é a luz aguda,*
> *Que os céus sondava em incessante lida;*
> *Mas inda a fronte curva e encanecida*
> *Pensamentos intrépidos escuda.*
>
> *Sorrindo agora das nequícias feras,*
> *Que, por amor do ideal sofrido tinha,*
> *Ele a sentença das vindouras eras*
>
> *Invoca, e os seus triunfos adivinha,*
> *Ouvindo, entre a harmonia das esferas,*
> *O compasso da Terra, que caminha.*

Nem só Florença ocupa o nosso poeta, amigo de sua pátria. As "Odes cívicas" dizem de nós ou da nossa língua. Magalhães de Azeredo é o primeiro que no-lo recorda, nos versos "Ao Brasil", por ocasião do centenário da descoberta. O centenário das Índias achou nele um cantor animado e alto. A ode "A Garrett" exprime uma dessas adorações que a figura nobre e elegante do grande homem inspira a quem o leu e releu por anos. Enfim, com o título "Alma errante" vem a última parte do livro. Aqui variam os assuntos, desde a ode "As águias", em que tudo é movimento e grandeza, até quadros e pensamentos menores, outros tristes, uma saudade, um infortúnio social, um sonho, ou este delicioso soneto "Sobre um quadro antigo":

> *Os séculos em bruma lenta e escura*
> *Te ocultam, vaga imagem feminina;*
> *E cada ano, ao passar, tredo elimina*
> *Mais um resto de tua formosura.*

> *Apenas, no esbatido da pintura,*
> *Algum tom claro, alguma linha fina,*
> *Revelando-te a graça feminina,*
> *Dizem que foste, ó frágil criatura...*
>
> *Ah! como és! — és mais bela do que outrora.*
> *Seduz-me esse ar distante, esse indeciso*
> *Crepúsculo em que vives, me enamora.*
>
> *O tempo um gozo intensamente doce*
> *Pôs-te no exangue, pálido sorriso;*
> *E o teu humano olhar divinizou-se...*

Em resumo escasso, apenas indicações de passagens, tal é o livro de Magalhães de Azeredo, um dos primeiros escritores da nova geração. A perfeição e a inspiração crescem agora mais, repetimos. Ele, como os seus pares conjugam dois séculos, um que lá vai tão cheio e tão forte, outro que ora chega tão nutrido de esperanças, por mais que os problemas se agravem nele; mas, se não somos dos que creem no fim do mal, não descremos da nobreza do esforço, e sobretudo das consolações da arte. Aqui está um espírito forte e hábil para no-las dar na nossa língua.

Faça o mesmo o seu amigo e irmão, Mário de Alencar, cujo livro, pequeno e leve, contém o que deixamos dito no princípio desta notícia. É outro que figurará entre os da geração que começou no último decênio. Particularmente, entre Mário de Alencar e Magalhães de Azeredo, além das afinidades indicadas, há o encontro de duas musas que os consolam e animam. O acerto da inspiração e a gemeidade da tendência levou-os a cantar a Grécia como se fazia nos tempos de Byron e de Hugo. A sobriedade é também um dos talentos de Mário de Alencar. Quando não há ideia, a sobriedade é apenas a falta de um recurso, e assim dois males juntos, porque a abundância, e alguma vez o excesso, suprem o resto. Mas não são ideias que lhe faltam; nem ideias, nem sensações, nem visões, como aquela "Marinha", que assim começa:

Sopra o terral. A noite é calma. Faz luar
Intercadente
Soa na praia molemente
A voz do mar.

As coisas dormem; dorme a terra, e no ar sereno
Nenhum ruído
Perturba o encanto recolhido
Do luar pleno.

Ampla mudez. A lua grande pelo céu
Sem nuvens vaga
E cobre o mar, vaga por vaga,
De um branco véu.

Longe, à mercê da branda aragem, vai passando
Parda falua.
Nas pandas velas bate a lua
De quando em quando...

Lede o resto no livro, onde achareis outras páginas a que voltareis, e vos farão esperar melhores, pedimos que em breve. Que ele sacuda de si esse entorpecimento, salvo se é apenas respeito ao seu grande nome; mas ainda assim o melhor respeito é a imitação. Tenha a confiança que deve em si mesmo. Sabe cantar os sentimentos doces sem banalidade, e os grandes motivos não o deixam frio nem resistente. Ainda ontem tivemos de ler o que Magalhães de Azeredo disse de Mário de Alencar, e dias antes dissera deste J. Veríssimo, nós assinamos as opiniões de um e de outro.[653]

Gazeta de Notícias, ano XXVIII, nº 341, domingo, 7 de dezembro de 1902, p.I.

---

[653] Galante de Sousa, em *Bibliografia de Machado de Assis* (p.682), atribui esse texto a Machado de Assis pelo fato de ter sido recolhido ao volume *Crítica* (Garnier, 1910) por Mário de Alencar, e também pelo testemunho da correspondência entre os dois escritores.

1906

[Carta a Joaquim Nabuco][654]

19 de agosto de 1906.

Meu querido Nabuco,[655]

Quero agradecer-lhe a impressão que me deixaram estas suas páginas de pensamentos e recordações. Vão aparecer justamente quando V. cuida de tarefas práticas de ordem política. Um professor de Douai, referindo-se à influência relativa do pensador e do homem público, perguntava uma vez (assim o conta Dietrich)[656] se haveria grande progresso em colocar Aristides

---

654 Esta carta foi escrita a propósito dos *Pensées détachées et souvenirs*, de Joaquim Nabuco, obra publicada em Paris pela editora Hachette, em 1906.

655 Esta carta foi publicada entre as críticas literárias de Machado de Assis, coligidas por Mário de Alencar (*Crítica*, p.208-13) e na *Correspondência* – Machado de Assis e Joaquim Nabuco, organizada por Graça Aranha, e lançada em 1923 por Monteiro Lobato. Uma terceira edição, com prefácio de José Murilo de Carvalho, foi publicada pela Topbbooks, em parceria com a Academia Brasileira de Letras, em 2003. Foi dessa edição, p.138-41, que se extraiu a carta de Machado a Nabuco.

656 Philippe Frédéric de Dietrich (Estrasburgo, 1748-Paris, 1793), cientista e homem político, prefeito de Estrasburgo, foi em sua casa que o republicano Rouget de Lisle (1760-1836) cantou pela primeira vez *A marselhesa*.

acima de Platão, e Pitt acima de Locke.[657] Concluía pela negativa. V. nos dá juntos o homem público e o pensador. Esta obra, não feita agora mas agora publicada, vem mostrar que em meio dos graves trabalhos que o Estado lhe confiou, não repudia as faculdades de artista que primeiro exerceu e tão brilhantemente lhe criaram a carreira literária.

Erro é dizer como V. diz em uma destas páginas, que "nada há mais cansativo que ler pensamentos". Só o tédio cansa, meu amigo, e este mal não entrou aqui, onde também não teve acolhida a vulgaridade. Ambos, aliás, são seus naturais inimigos. Também não é acertado crer que, "se alguns espíritos os leem, é só por distração, e são raros". Quando fosse verdade, eu seria desses raros. Desde cedo, li muito Pascal, para não citar mais que este, e afirmo-lhe que não foi por distração. Ainda hoje quando torno a tais leituras, e me consolo no desconsolo do *Eclesiastes,* acho-lhes o mesmo sabor de outrora. Se alguma vez me sucede discordar do que leio, sempre agradeço a maneira por que acho expresso o desacordo.

Pensamentos valem e vivem pela observação exata ou nova, pela reflexão aguda ou profunda; não menos querem a originalidade, a simplicidade e a graça do dizer. Tal é o caso deste seu livro. Todos virão a ele, atraídos pela substância, que é aguda e muita vez profunda, e encantados da forma, que é sempre bela. Há nestas páginas a história alternada da influência religiosa e filosófica, da observação moral e estética, e da experiência pessoal, já agora longa. O seu interior está aqui aberto às vistas por aquela forma lapidária que a memória retém melhor. Ideias de infinito e de absoluto, V. as inscreve de modo direto ou sugestivo, e a nota espiritual é ainda a característica das suas páginas. Que em todas resplandece um otimismo sereno e forte, não é preciso dizer-lho; melhor o sabe, porque o sente deveras. Aqui o vejo confessado e claro, até nos lugares de alguma tristeza ou desânimo, pois a tristeza é facilmente consolada, e o desânimo acha depressa um surto.

Não destacarei algumas destas ideias e reflexões para não parecer que trago toda a flor; por numerosas que fossem, muita mais flor ficaria lá. Ao

---

657 John Locke (Wringtown, 1632-Harlow, 1704), filósofo inglês e ideólogo do liberalismo, autor de *Ensaio acerca do entendimento humano* (1690) e *Pensamento sobre a educação* (1693).

cabo, para mostrar que sinto a beleza e a verdade particular delas, bastaria apontar três ou quatro. Esta do livro I: "Mui raramente as belas vidas são interiormente felizes; sempre é preciso sacrificar muita coisa à unidade", é das que evocam recordações históricas, ou observações diretas, e nas mãos de alguém, narrador e psicólogo, podia dar um livro. O mesmo digo daquela outra, que é também uma lição política: "Muita vez se perde uma vida, porque no lugar em que cabia ponto final se lança um ponto de interrogação". Sabe-se o que era a vida dos anacoretas, mas dizer como V. que "eles só conheceram dois estados, o de oração e o de sono, e provavelmente ainda dormindo estavam rezando", é pôr nesta última frase a intensidade e a continuidade do motivo espiritual do recolhimento, e dar do anacoreta imagem mais viva que todo um capítulo.

Nada mais natural que esta forma de conceito inspire imitações, e provavelmente naufrágios. As faculdades que exige são especiais e raras; e é mais difícil vingar nela que em composição narrativa e seguida. Exemplo da arte particular deste gênero é aquele seu pensamento CVII do livro III. Certamente, o povo já havia dito, por modo direto e chão, que ninguém está contente com a sua sorte; mas este outro figurado e alegórico é só da imaginação e do estilo dela: "Se houvesse um escritório de permuta para as felicidades que uns invejam aos outros, todos iriam lá trocar a sua". Assim muitas outras, assim esta imagem de contrastes e imperfeições relativas: "A borboleta acha-nos pesados, o pavão malvestidos, o rouxinol roucos, e a águia rasteiros".

Em meio de todo este pensado e lapidado, as reminiscências que V. aqui pôs falam pela voz da saudade e do mistério, como esse quadro no cemitério das cidades. Você exprime magnificamente aquela fusão da morte e da natureza, por extenso e em resumo, e atribui aos próprios enterrados ali a notícia de que "a morte é o desfolhar da alma em vista da eterna primavera". Todos gostarão dessa forma de dizer, que para alguns será apenas poética, e a poesia é um dos tons do livro. Igualmente sugestivo é o quadro do dia de chuva e do dia de nevoeiro, ambos em Petrópolis também, como este da "estrada caiada de luar", e este outro das árvores de altos galhos e folhas finas.

Confessando e definindo a influência de Renan em seu espírito, confessa V. ao mesmo que "o diletantismo dele o transviou". Toda essa exposição é sincera, e no introito exata. Efetivamente, ainda me lembra o tempo em que um gesto seu, de pura fascinação, me mostrou todo o alcance da influência que Chateaubriand exercia então em seu espírito. O estudo do contraste destes dois homens é altamente fino e cheio de interesse. Um e outro lá vão, e a prova melhor da veracidade da confissão aqui feita é a equidade do juízo, a franqueza da crítica, o modo por que afirma que, apesar da religiosidade do exegeta, não se pode contentar com a filosofia dele.

Reli *Massangana. Essa* página da infância, já narrada em nossa língua, e agora transposta à francesa, que V. cultiva também com amor, dá imagem da vida e do engenho do Norte, ainda para quem os conheça de outiva ou de leitura; deve ser verdadeira.

Não há aqui só o homem de pensamento ou apenas temperado por ele; há ainda o sentimento evocado e saudoso, a obediência viva que se compraz em acudir ao impulso da vontade. Tudo aí, desde o sino do trabalho até a paciência do trabalhador, a velha madrinha, senhora de engenho, e a jovem mucama, tudo respira esse passado que não torna, nem com as doçuras ao coração do moço antigo, nem com as amarguras ao cérebro do atual pensador. Tudo lá vai com os primeiros educadores eminentes do seu espírito, ficando V. neste trabalho de história e de política, que ora faz em benefício de um nome grande e comum a todos nós; mas o pensamento vive e viverá. Adeus, meu caro Nabuco, ainda uma vez agradeço a impressão que me deu; e oxalá não esqueça este velho amigo em quem a admiração reforça a afeição, que é grande.

MACHADO DE ASSIS

1907

[Discurso pronunciado no banquete oferecido pela Academia Brasileira de Letras a Guglielmo Ferrero]

Sr. Guglielmo Ferrero,[658]

A Academia Brasileira convidou-vos a dar algumas conferências neste país. Contava, decerto, com a admiração que lhe haviam imposto os vossos escritos, mas a vossa palavra excedeu a sua confiança. Não é raro que as duas formas de pensamento se conjuguem na mesma pessoa; conhecíamos aqui este fenômeno e sabíamos dele em outras partes, mas foi preciso ouvir-vos para senti-lo ainda uma vez bem, e por outra língua canora e magnífica.

Agora que ides deixar-nos levareis à Itália, e por ela ao resto do mundo europeu, a notícia do nosso grande entusiasmo. Creio que levareis mais. O que o Brasil revelou da sua crescente prosperidade ao eminente historiador de Roma ter-lhe-á mostrado que este pedaço da América não desmente a

---

658 Guglielmo Ferrero (Portici, 1871-Mont-Pellerin-sur-Vevey, 1942), jornalista, historiador e romancista italiano, colaborou com Césare Lombroso no livro *La donna delinquente* e com Scipio Sighele, nas *Cronachi criminale italiani*. Fixou-se em Paris, onde passou a colaborar no jornal *Le Figaro* e a proferir conferências no Collège de France. É autor também da obra em seis volumes *Grandezza e decadenza di Roma* (1907-1909).

nobreza da estirpe latina e crê no papel que, de futuro, lhe cabe. E se com essa impressão política levardes também a da simpatia pessoal e profunda que inspirastes a todos nós, a Academia Brasileira folgará duas vezes pelo impulso do seu ato de convite, e aqui vo-lo declara, oferecendo-vos este banquete.

MACHADO DE ASSIS

31 de outubro de 1907.

O Brasil, nº 578, sexta-feira,
1º de novembro de 1907, p.1.

Índice onomástico

A

ABAETÉ, visconde de, *ver* ABREU, Antônio Paulino Limpo de
ABRANTES, Marquês de, *ver* ALMEIDA, Miguel Calmon du Pin e
ABREU, Antônio Paulino Limpo de, 616
ABREU, Casimiro José Marques de, 87, 89, 203-5, 436
ABREU, João Capistrano Honório de, 496
ABREU, José Joaquim de Magalhães, 454
AGASSIZ, Jean Louis Rodolphe, 309
ALBUQUERQUE, José Joaquim de Campos da Costa de Medeiros e, 601
ALBUQUERQUE, Pedro Autran da Mata, 300
ALCOFORADO, Cipriano Fenelon Guedes, 301
ALCOFORADO, José Bernardo Galvão, 300
ALENCAR, José Martiniano de, 16-7, 20, 22, 24, 26-7, 41, 43, 48, 68, 108, 111, 156-7, 160, 210, 224, 242-4, 252-7, 271, 336-7, 406, 431-2, 439, 445, 448, 459-61, 463, 465-6, 474, 523, 567-72, 579-82, 587-8, 598-9, 677-8
ALENCAR, Leonel Martiniano de, 332
ALENCAR, Mário Cochrane de, 407, 695-700
ALEXANDER, Friedrich Heinrich, barão de Humboldt, 281, 283
ALI, Said, 601
ALIGHIERI, Dante, 315, 438, 454, 697
ALMEIDA, Francisco Manuel de, 485
ALMEIDA, Manuel Antônio de, 20, 22, 69, 91, 118-9, 224
ALMEIDA, Miguel Calmon du Pin e, 615
ALMEIDA, padre José Joaquim Correia de, 206
ALMEIDA, Tomás José Coelho de, 620
ALORNA, Marquesa de, *ver* LENCASTRE, Leonor de Almeida Portugal de Lorena
ALSINA, Valéntin, 450

ALVARENGA, Manuel Inácio da Silva, 205, 301-2
ALVERNE, frei Francisco de Mont', 17
ALVES, Antônio Frederico de Castro, 27, 41, 331-44, 436-7, 496, 499, 517
AMARAL FILHO, José Maria do, 176-9, 621
AMORIM, Francisco Gomes de, 287-92, 316-9
ANACREONTE, 380, 388, 445, 561
ANCHIETA, José de, 44, 638, 640
ANDRADA, Antônio Carlos Ribeiro de, 63
ANDRADA, Martim Francisco Ribeiro de, 63
ANGELICO, Guido Di Pietro, frei, 697
ANQUISES, 299
ARARIPE, Tristão de Alencar, 300
ARARIPE JÚNIOR, Tristão de Alencar, 43, 599, 601, 604, 655
ARAÚJO, Alexandre Herculano de Carvalho e, ver HERCULANO, Alexandre
ARAÚJO, Joaquim Aurélio Barreto Nabuco de, ver NABUCO, Joaquim Aurélio
ARAÚJO, José Ferreira de Sousa, 24-5, 35, 38, 43, 686-8
ARAÚJO, José Tomás Nabuco de, 44, 211, 466-7, 614
ARAÚJO, padre Joaquim Graciano de, 300
ARBOLEDA, Julio, 417
ARETINO, Pietro, 89
ARINOS, Afonso, 601
ARISTIDES DE ATENAS, 702
ARISTÓFANES, 411, 479
ARISTÓTELES, 120

AROUET, François Marie, ver VOLTAIRE
ARQUIMEDES, 70
ARRAIS, frei Amador, 545
ARTEAGA ALEMPARTE, Juan Domingo, 417
ARVERS, Alexis-Félix, 656
ÁUGIAS, 193, 338
AZEREDO, Carlos Magalhães de, 44, 592, 617-8, 632, 663-4, 671-5, 695-700
AZEREDO, Francisco Antônio, 270
AZEVEDO, Aluísio Tancredo Belo Gonçalves de, 44, 622-4
AZEVEDO, Artur Nabantino Gonçalves de, 46, 454, 522, 524-5
AZEVEDO, Guilherme de, 493
AZEVEDO, Inácio Manuel Álvares de, 99
AZEVEDO, Joana de, 420
AZEVEDO, José Soares de, 286
AZEVEDO, Manuel Antônio Álvares de, 25, 99, 266, 303-6, 436-7, 448, 500, 554, 568, 579, 678
AZEVEDO, Manuel Duarte Moreira de, 31, 90-1, 209, 365, 387
AZURARA, Gomes Eanes de, 440
AZURARA, José Joaquim Pereira de, 30, 375-7

B

BALZAC, Honoré de, 454, 469-70, 477, 482, 613, 623
BANDEIRA, Antônio Herculano de Sousa, 300
BANDEIRA, Antônio Rangel de Torres, 286
BARAÚNA, Francisco Xavier de Santa Rita Bastos, 262

BARBIER, Henri Auguste, 218
BARBOSA, Francisco Vilela, 205
BARBOSA, Rui, *ver* OLIVEIRA, Rui Barbosa de
BARCELOS, Ramiro, 617
BARDI, Donato di Betto, 697
BARRA LASTARRIA, Eduardo de la, 417
BARREIROS, Artur, 499-501, 559-60
BARRETO, Francisco Moniz, 309
BARRETO, Rozendo Moniz, 32, 309, 332, 423-5, 436
BARRETO, Tobias, 496, 517
BARRIÈRE, Théodore, 68
BARROS, Domingos Borges de, *ver* PEDRA BRANCA, visconde de
BASTOS, Francisco José Teixeira, 491, 493
BASTOS, frei, *ver* BARAÚNA, Francisco Xavier de Santa Rita Bastos
BAUDELAIRE, Charles, 483, 491, 495-6, 501-2, 504, 531, 656
BECCARIA, Cesare, marquês de, 363
BELLEGARDE, Guilherme Cândido, 545-7
BÉRANGER, Pierre Jean de, 275
BERNARDELLI Y THIERRY, José Maria Oscar Rodolfo, 46, 691
BERNARDES, padre Manuel, 221
BEYLE, Henri-Marie, *ver* STENDHAL
BILAC, Olavo Brás Martins dos Guimarães, 46, 629, 691-2
BILLAUD VARDENNE, Jean Nicolas, 509
BLEST GANA, Guillermo, 30, 367-8, 407-8, 412, 416, 449
BOCAGE, Manuel Maria Barbosa du, 55, 184, 218, 497, 625, 636

BOCAIÚVA, Quintino Antônio Ferreira de Sousa, 17, 22, 101, 108, 119, 155, 332, 439, 449, 455, 465, 605, 621
BOILEAU-DESPRÉAUX, Nicolas, 477, 584
BONAPARTE, Napoleão, 198, 577, 611, 623
BONIFÁCIO, José, *ver* SILVA, José Bonifácio de Andrada e
BOSSUET, Jacques-Bénigne, 57-8
BOTELHO, Francisco, *ver* VASCONCELOS, Francisco Botelho de Morais e
BRAGA, Gentil Homem de Almeida, 199, 384-6, 436, 450-1
BRAGA, Joaquim Teófilo Fernandes Braga, 659
BRANCO, Camilo Castelo, *ver* CASTELO BRANCO, Camilo
BRANDÃO, Francisco Gomes, 615
BRASIL, Joaquim Francisco de Assis, 634
BRASIL, Tomás Pompeu de Sousa, 159
BRENO, 239
BRITO, Francisco de Paula, 18, 94, 114, 180, 210-1
BUENO, José Antônio Pimenta, 615
BUFFON, *ver* LECLERC, Georges Louis
BURKE, Edmund, 569
BURNS, Robert, 637-8
BYRON, George Gordon, lorde, 25, 117, 265, 303-4, 428, 678, 694

C

CALDAS, padre Antônio Pereira de Sousa, 63, 132, 205

CALDERÓN DE LA BARCA, Pedro, 306
CALVINO, João, 120
CAMACHO ROLDÁN, Salvador, 409
CÂMARA, Eusébio de Queirós Coutinho Mato da, 615
CÂMARA, Gabriel Soares Raposo da, 300
CÂMARA, José Antônio Correia da (general), 424
CAMÕES, Luís de, 55, 169, 181-2, 218, 346, 398, 438, 447, 455, 479, 546, 641, 659, 669
CAMPOS, Joaquim José de, 300
CAMPOS, monsenhor Joaquim Pinto de, 194-8, 300, 552, 555
CAMPOS, Narcisa Amália, 32, 418-21, 522
CANDIDO, Antonio, 14
CAPANEMA, Guilherme Schüch, 309
CARLOS X, rei, 100
CARLOS, padre, ver TOLEDO, padre Carlos Correia de
CARLOTA, imperatriz, 162
CARMO JÚNIOR, Bernardo Pereira do, 300
CARVALHO JÚNIOR, Francisco Antônio de, 494, 499-502
CARVALHO, Trajano Galvão de, 320, 436
CASTELO BRANCO, Camilo, 115
CASTILHO, Antônio Feliciano, 19, 27, 95-8, 291, 294-301, 306-9, 382, 445-6, 497
CASTILHO, Augusto Frederico, 221
CASTILHO, José Feliciano de, 95, 98-9, 155, 206, 221
CASTILHO, Júlio de, 27, 312-6

CASTILHOS, Leandro Barbosa de, 21-2, 110
CASTRO, Francisco de, 39, 518-20
CASTRO, Gabriel Pereira de, 346
CASTRO, José Cardoso Vieira de, 329-30
CATÃO, Marco Pórtico, 342
CATULO, Caio Valério, 294, 604
CAXIAS, duque de, ver SILVA, Luís Alves de Lima e
CELLINI, Benvenuto, 335, 697
CELSO, Afonso, ver FIGUEIREDO JÚNIOR, Afonso Celso de Assis
CELSO, Áulio Cornélio, 197
CERVANTES, Miguel de, ver SAAVEDRA, Miguel de Cervantes
CÉSAR, Caio Júlio, 187
CHABANNES-Curton de, visconde, ver LA PALICE, Jacques de
CHAGAS, Manuel Joaquim Pinheiro, 38, 451
CHANTAL, Marie de Rabutin, ver SÉVIGNÉ, Marie de Rabutin-Chantal, marquesa ou madame de
CHATEAUBRIAND, François René de, 57, 65, 135, 151, 252, 255, 594, 621, 678, 683, 704
CHATHAM, conde de, ver PITT, William
CHAVES, Henrique Samuel de Nogueira Rodrigues, 36-7, 43, 583-5, 685-8
CHÉNIER, André, 55, 293
CHIARINI, Giuseppe, 375
CIBRÃO, Ernesto Pego de Kruger, 156, 356-8
CÍCERO, Marco Túlio, 57
CINCINATO, Lúcio Quíncio, 297-8
CISNEROS, Luis Benjamin, 368

COELHO NETO, Henrique Maxiniano, 44-6, 595, 602-3, 616-20, 660, 662
COELHO, José Maria Latino, 381-2
COELHO, Manuel Inácio de Andrade Souto Maior, 614
COGNAT, 649
COLOMBO, Cristóvão, 292-3
COMTE, Isidore Auguste Marie Xavier, 491-2
CONDÉ, Luís II de Bourbon, príncipe de, 227
CONSELHEIRO, Antônio, 46
CONSTANT, Benjamin, ver MAGALHÃES, Benjamin Constant Botelho de
CONSTANT, Henri-Benjamin, ver REBEQUE, Henri-Benjamin Constant
CONSTANTINO MAGNO, 214
CORIOLANO, Caio Márcio, 605
CORNEILLE, Pierre, 227, 247
CORREGGIO, Antonio da, 314
CORREIA, Raimundo da Mota Azevedo, 40, 534-7
CORTES, Manuel José, 368
CORTINES, Júlia, 44, 596, 628
COSTA, Antônio Joaquim Rodrigues da, 309
COSTA, Cláudio Manuel da, 205
COSTA, Francisco Gaudêncio Sabas da, 443
COTEGIPE, barão de, ver WANDERLEY, João Maurício
COURIER, Paul-Louis, 259
COUTINHO, José Lino dos Santos, 616
CRESPO, Antônio Cândido Gonçalves, 436-7, 506-7
CROMWELL, Oliver, 38, 121
CRUZ, Demétrio Acácio Fernandes da, 133
CRUZ, Francisco de Meneses Dias da, 212-3, 481-2
CUNHA, Euclides Rodrigues da, 46
CUNHA, Francisco Xavier da, 659-60
CUNHA, João Dinis Ribeiro da, 300
CUNHA, Joaquim Jerônimo Fernandes da, 332
CUVIER, Georges, 80

D

DAMÁSIO, Virgílio Clímaco, 309
DARWIN, Charles, 516, 528
DEMÓCRITO, 203
DEMÓSTENES, 81, 598
DEUS, João de, ver RAMOS, João de Deus de Nogueira
DIAS, Antônio Gonçalves, 40, 42, 47, 92-3, 131, 137-8, 142, 189, 207, 212, 216, 251-2, 267, 276, 320, 417, 424, 428-32, 437-9, 443, 445, 448, 450, 452, 468, 493, 497-8, 502, 557, 568, 579, 589, 592-3, 606, 617, 636, 661, 677, 689-92
DIAS, Carlos Malheiros, 597
DIAS, Henrique, 362
DIAS, Marcílio, 350
DIAS, Teófilo, ver MESQUITA, Teófilo Odorico Dias de
DICKENS, Charles John Huffam, 121, 435
DIETRICH, Philippe Frédéric de, 701
DINIS, Antônio, ver SILVA, Antônio Dinis Cruz e
DONATELLO, ver BARDI, Donato di Betto
DORÉ, Gustave, 454

DUARTE, Francisco de Paula Belfort, 175-6
DUCIS, Jean-François, 304
DUMAS FILHO, Alexandre, 68, 156
DUMAS, Alexandre, 453, 569
DUPIN, Amandine (também Amantine) Aurore, baronesa de Dudevant, 609, 690
DURÃO, frei José da Santa Rita, 205, 244, 346, 429-30, 448

E

EBERS, George Moritz, 619
ELIOT, George, *ver* EVANS, Mary Ann
ELÍSIO, Filinto, *ver* NASCIMENTO, padre Francisco Manuel do
EPICURO, 120
ERRÁZURIZ ALDUNATE, Fernado, 417
ESPÁRTACO, 305
ESPRONCEDA Y DELGADO, José Ignácio Javier Oriol Encarnación de, 410-1
EU, conde d', *ver* ORLÉANS, Luís Felipe Maria Fernando Gastão de
EURÍPEDES, 306
EVANS, Mary Ann, 609

F

FARIA, João Roberto, 19
FARNASE, Flávio, *ver* PAIXÃO JÚNIOR, Flávio Farnase da
FERNANDES, João Batista Ribeiro Andrade, 609
FERNANDO, dom, 98
FERREIRA, Carlos Augusto, 436, 485
FERREIRA, Inácio de Vasconcelos, 269
FERREIRA, Pedro Afonso, 301

FERREIRA, Tomás Antônio Ribeiro, 107-8
FERRERO, Guglielmo, 49, 705-6
FIGUEIRA, Luís Ramos, 138
FIGUEIREDO JÚNIOR, Afonso Celso de Assis, 485, 498, 506-9, 524
FIGUEIREDO JÚNIOR, José Bento da Cunha, 300
FIGUEIREDO, José Antônio de, 300
FILGUEIRAS, Caetano Alves de Sousa, 26, 284-5
FLAUBERT, Gustave, 598, 619
FLEIUSS, Henrique, 42, 158, 185
FLORESTA, Nísia, 162, 167
FONSECA, Adélia Josefina de Castro, 276-7
FONSECA, Tristão da, 485
FONTES, 159
FORNEIRO, Domício Afonso, 686
FRANÇA JÚNIOR, Joaquim José de, 486
FRANCO, Afonso Arinos de Melo, *ver* ARINOS, Afonso
FREIRE, Ezequiel, 44, 522-4
FREIRE, Luís José Junqueira, 24-5, 258-64, 416, 436, 497
FREITAS, Joaquim Aires de Almeida, 309

G

GALENO, Juvenal, *ver* SILVA, Juvenal Galeno da Costa e
GALILEI, Galileu, 697
GALVÃO, Benjamin Franklin Ramiz, barão de, 161
GALVÃO, Eneias, 560-1
GALVÃO, Trajano, *ver* CARVALHO, Trajano Galvão de

GAMA, Caetano Mário Lopes, 615
GAMA, Domício, *ver* FORNEIRO, Domício Afonso
GAMA, Elvira, 635
GAMA, José Basílio da, 40, 43, 62, 205, 244, 251, 302, 417, 429-30, 448, 497-8, 605-7, 609-12, 638
GAMA, Luís Felipe de Saldanha, 465, 605
GAMBETTA, Léon, 587
GANA, Guilherme Blest, 30, 367-71
GARÇÃO, Pedro Antônio Correia, 305
GARNIER, Baptiste-Louis, 22, 42, 132, 160, 188, 205, 211, 221, 387, 585-8
GARRETT, João Batista da Silva Leitão de Almeida, 62, 126, 288, 292, 308, 316-7, 445, 452, 474, 493, 606, 669, 677-9
GAUTHIER, Pierre Jules Théophile, 435, 538
GAVARNI, Paul (Sulpice Guillaume Chevalier), 501
GAVAZZI, abade, 121
GILBERT, Nicolas Joseph Laurent, 56
GIOTTO di Bondone, 697
GLADSTONE, William Ewart, 121, 597
GOETHE, Johann Wolfgang, 375, 396, 411, 438, 445, 520, 577, 671, 678
GOMENSORO, Ataliba Lopes, 36-7
GONCOURT, Edmond de, 626
GONCOURT, Jules Huot de, 626
GONZAGA, Tomás Antônio, 62, 132, 232, 302, 341, 430, 497-8, 605-7
GOZLAN, Léon, 435
GREUZE, Jean-Baptiste, 376, 397
GRUTES, Joaquim Silvério dos Reis Montenegro Leiria, *ver* SILVÉRIO, Joaquim
GUERRA, Gregório de Matos, *ver* MATOS, Gregório de
GUIDO Y SPANO, Carlos, 149
GUIMARÃES JÚNIOR, Luís Caetano Pereira, 31, 113, 379-84, 405-6, 417-8, 436, 455
GUIMARÃES, Bernardo Joaquim da Silva, 19-20, 228-36, 252, 432, 436-7, 553-4, 568, 588
GUIMARÃES, Francisco José Pinheiro, 20, 117, 224, 303, 332, 439
GUIMARÃES, Martins, 30, 359-67, 371-4
GUIZOT, François Pierre Guillaume, 145

H

HAMILTON, lady, *ver* HART, Emma
HAMMERLING, Rupert, dito Robert, 598
HART, Emma, 615
HARTMANN, Karl Robem Eduard von, 491
HAUSSMANN, Georges-Eugène, 213
HEGEL, Georg Wilhelm Friedrich, 196-7
HEIMENDAHL, Adela Ocampo, 664
HEINE, Heinrich, 635-6
HERBERT, Jacques, 509
HERCULANO, Alexandre, 102, 146, 186-7, 308, 402, 445, 460, 468, 474, 476, 569
HEREDIA Y HEREDIA, José María, 417
HIRCANO, João, 300
HOFFMANN, Georg Franz, 542

HOMERO, 54, 116, 120, 151, 181-2, 199, 207, 220, 252, 267, 315, 325, 399, 408, 453, 457, 514, 550, 561, 597-8
HORÁCIO, 591, 697
HUGO, Victor, 72, 116-7, 217, 239, 270, 315, 334, 339, 362, 364-5, 410-1, 435, 438, 488, 491, 495-6, 512, 515
HUMBOLDT, Alexander, ver ALEXANDER, Friedrich Heinrich, barão de Humboldt
HUS, Jan, 81, 120

I

IDA, Manuel Said Ali, ver ALI, Said
ITABORAÍ, visconde, ver TORRES, Joaquim José Rodrigues
ITANHAÉM, marquês de, ver COELHO, Manuel Inácio de Andrade Souto Maior

J

JANRAD, padre Jules, 552, 554
JANSEN, Carlos Jacó Antônio Cristiano, 542-4
JEQUITINHONHA, visconde de, ver MONTEZUMA, Francisco Gê Acaiaba de
JESUS, Manuel de, ver VALDETARO, Manuel de Jesus, visconde de
JOÃO II, dom, 64
JOBIM, Antônio Martins da Cruz, barão de Cambaí, 175-6
JOHNSON, Samuel, 497-8
JUNQUEIRA JÚNIOR, João José de Oliveira, 552, 555
JUNQUEIRO, Abílio Guerra, 493, 496, 515

K

KANT, Immanuel, 647
KOSSUTH, Lajos, 121

L

LA FAYETTE, Marie-Joseph Paul Yves Roch Gilbert du Motier, marquês de, 593
LA PALICE (ou LA PALISSE), Jacques de, 495, 608
LA ROCHEFOUCAULT, François de, 388
LACERDA, Bernarda Ferreira de, 347
LAEMMERT, Eduardo, 544, 586
LAEMMERT, Henrique, 544, 586
LAET, Carlos Maxiniano Pimenta de, 44, 604
LAMARTINE, Alfonse Marie Louis de Prat de, 17, 53, 70, 187-8, 220, 412, 452, 594
LAMMENAIS, Hughes Félicité Robert de, 362
LAPRADE, Pierre Martin de Victor Richard, 217
LAXE, Júlia Cortines, ver CORTINES, Júlia
LEAL JÚNIOR, José da Silva Mendes, 134
LEAL, Alexandre Teófilo de Carvalho, 207
LEAL, Antônio Henriques, 142
LEAL, Antônio Marques, 207
LEAL, Pedro Nunes, 207
LEÃO X, 697
LEÃO, Honório Hermeto Carneiro, 209, 614
LECLERC, Georges Louis, conde de Buffon, 80, 129, 478

LECONTE DE LISLE, Charles Marie René, 597
LENCASTRE, Leonor de Almeida Portugal de Lorena, 608
LEOPARDI, Giacomo, 596
LÉSBIA, 604
LIAIS, Emmanuel, 587
LICURGO, 151, 210
LIMA, José Ezequiel Freire de, *ver* FREIRE, Ezequiel
LIMA, Pedro de Araújo, 614
LIMA, Vítor Meireles de, 486
LINDE, Carl, 158, 185
LISBOA, João Francisco, 131, 137, 143-4, 320, 431, 443, 445, 451
LISBOA, Miguel Maria, barão de Japurá, 278-84
LÍSIAS, 309
LITTRÉ, Émile, 512
LOBO, Francisco Rodrigues, 347
LOCKE, John, 702
LOMBAERTS, Henrique Gustavo, 42, 662
LONGFELLOW, Henry Wadsworth, 432, 451
LOPE DE VEGA, Félix, 411
LOPES NETO, Felipe, 407
LOPES, Francisco Solano, 424
LOPES, Rodolfo de Paula, 627
LOYO, José da Silva, 196
LOYOLA, Inácio de, santo, 512, 639
LUCANO, Marco Aneu, 77, 206-7
LUCRÉCIO, 494, 610
LUÍS II, *ver* CONDÉ, Luís II de Bourbon, príncipe de
LUÍS XIV, 227
LUÍS, Pedro, *ver* SOUSA, Pedro Luís Pereira de
LUTERO, Martinho, 120

M
MACAULAY, Thomas Babington, barão de, 479, 543, 571
MACCHIAVELLI, Nicolò, 121
MACEDO, Antônio de Sousa, 346
MACEDO, Joaquim Manuel de, 24, 28, 67, 87, 111, 141, 210, 224, 244-51, 432, 568, 587-8
MACEDO, Manuel Buarque de, 552, 555
MACEDO, padre José Agostinho de, 88-9, 625
MACHADO, Brasílio, 44, 638
MACHADO, Julião, 635
MACHADO, Júlio César, 123
MACHADO, Ubiratan, 22
MACIEL, Alves, 300
MACPHERSON, James, 267-8
MAFOMA (Maomé), 594
MAGALHÃES JÚNIOR, Raimundo, 18, 29
MAGALHÃES, Antônio Gonçalves de, 429, 431, 439, 448, 568
MAGALHÃES, Antônio Valentim da Costa, 44, 492-3, 510-3, 559-60, 608, 630, 653-5
MAGALHÃES, Benjamin Constant Botelho de, 246, 593
MAGALHÃES, Domingos José Gonçalves de, 15, 26, 187-8, 222-3, 251, 271
MAGALHÃES, José Estêvão Coelho de, 122
MAGALHÃES, Teotônio, 610
MAISTRE, Xavier de, 151
MAJOR, Manuel Antônio, 285-6
MALEBRANCHE, Nicolas, 258
MANTEGAZZA, Paolo, 655

MARANGUAPE, visconde de, *ver* GAMA, Caetano Mário Lopes
MARIETTE, Auguste, 619
MARQUÊS DE ITANHAÉM, *ver* COELHO, Manuel Inácio de Andrade Souto Maior
MARQUES, Joaquim Roberto de Azevedo, 458
MARTINS, Francisco Gonçalves, *ver* SÃO LOURENÇO, barão de
MASCARENHAS, Brás Garcia de, 347
MASSA, Jean-Michel, 30
MASSON, David Mather, 433
MATOS, Gregório de, 356, 599
MATOS, José Veríssimo Dias de, *ver* VERÍSSIMO, José
MATTA GOYENECHEA, Guillermo, 368, 407-17
MELANCHTHON, Philipp, 120
MELO, José Alexandre Teixeira de, 201-5, 214-6
MELO, Sebastião José de Carvalho, marquês de Pombal, 608
MENDES, Manuel Odorico, 131, 155, 181-2, 186, 189, 199, 207, 320, 451
MENDES, Raimundo Teixeira, 446
MENDONÇA, Antônio Augusto de, 309
MENDONÇA, Lúcio Eugênio de Meneses Vasconcelos Drumond Furtado de, 39, 43, 46, 403-5, 436, 498, 518, 520-1, 524, 596, 655-7
MENDONÇA, Salvador de Meneses Drummond Furtado de, 32-3, 426, 455, 465
MENESES JÚNIOR, João José de Sousa, 30, 388-400

MENESES, Agrário de Sousa, 439
MENESES, Cardoso de, *ver* SOUSA, Antônio Frederico Cardoso de Meneses
MENESES, Carlos Alberto de, 446
MENESES, José Ferreira de, 264
MENESES, José Honório Bezerra de, 300
MENESES, Luís da Cunha, 132
MENESES, Rodrigo Otávio Langgaard de, *ver* OTÁVIO, Rodrigo
MENESES, Tobias Barreto de, *ver* BARRETO, Tobias
MÉRIMÉE, Prosper, 637, 654
MÉRY, Joseph, 217
MESQUITA, Teófilo Odorico Dias de, 493, 498-9, 502-5, 524, 531-4
METASTÁSIO, Pietro, *ver* TRAPASSI, Pietro
MICKIEWCZ, Adam Bernard, 217
MIGUEL ANGELO, 697
MILLEVOYE, Charles Hubert, 622
MILTON, John, 169, 220, 497
MINISTER, Francisca Júlia da Silva, *ver* SILVA, Francisca Júlia da
MIRABEAU, Honoré Gabriel Riquete de, conde de, 81
MIRANDA, Francisco de Sá de, 274, 653
MITRE, Bartolomeu, 408
MOLIÈRE, Jean-Baptiste Poquelin, 88, 141, 184, 158, 202, 445
MONNIER, Henri-Bonaventure, 474
MONT'ALVERNE, frei Francisco de, 56-7
MONTAIGNE, Michel de, 694
MONTEIRO, Antônio Augusto de Carvalho, 659-60

MONTENEGRO, Joaquim Silvério dos Reis, *ver* SILVÉRIO, Joaquim
MONTESQUIEU, Charles de, 410
MONTEZUMA, Francisco Gê Acaiaba de, *ver* BRANDÃO, Francisco Gomes
MOORE, Thomas, 428, 504
MORAIS FILHO, Alexandre José de, 285-6
MOREIRA, Henrique Corrêa, 35
MOSCOS, 514
MOUTINHO, Antônio de Sousa, *ver* SOUSA, Antônio Moutinho de
MULLINGAR, barão de, *ver* MACEDO, Antônio de Sousa
MURAT, Luís Morton Barreto, 44, 629-30
MURGER, Louis-Henri, 435
MURILO, 312
MUSSET, Alfred Louis Charles de, 217, 304, 410, 435, 483, 636-7, 654, 673
MUZZIO, Henrique César, 332, 407, 606

N
NABUCO, Joaquim Aurélio, 44, 212, 466, 614, 616, 692, 701-4
NAPOLEÃO I, *ver* BONAPARTE, Napoleão
NASCIMENTO, padre Francisco Manuel do, 63, 497, 606
NECKER, Anne-Louise Germanine, 246, 275, 356-7, 380, 593
NELSON, Horatio, almirante, 615
NERCIAT, L.-A., 142
NERO, 206
NERVAL, Gérard de, 435

NÓBREGA, Manuel da, 639
NOVAIS, Faustino Xavier de, 28-9, 101-2, 137, 155, 351, 401-2
NUNES, Leonardo, 639
NÚÑEZ DE BALBOA, Vasco, 411

O
OLINDA, marquês de, *ver* LIMA, Pedro de Araújo
OLIVEIRA, Antônio Mariano Alberto de, 39-40, 44-5, 513-5, 549-51, 604
OLIVEIRA, Artur de, 537-42, 559-60
OLIVEIRA, Brasílio Augusto Machado de, *ver* MACHADO, Brasílio
OLIVEIRA, Jacinto Augusto de Freitas e, 122
OLIVEIRA, João Alfredo Correia de, 300
OLIVEIRA, José Dias de, 311-2, 321-3, 325-30
OLIVEIRA, José Mariano de, 492, 515
OLIVEIRA, Rui Barbosa de, 43, 612
ORLÉANS, Luís Felipe Maria Fernando Gastão de, 245
ORTIGÃO, José Duarte Ramalho, 35, 467
OSÓRIO, Manuel Luís, 424
OSSIAN, *ver* MACPHERSON, James
OTAVIANO, Eponina, 303
OTÁVIO, Rodrigo, 554, 564-5
OTONI, Teófilo Benedito, 615
OVÍDIO, 291, 294, 445

P
PACHECO, Joaquim Insley, 179-80
PAIXÃO JÚNIOR, Flávio Farnase da, 115, 553-4

PALHARES, Vitoriano José Martinho, 496
PALMA, Manuel Ricardo, 368, 428
PALMERSTON, lorde, 121, ver TEMPLE, Henry John
PARANÁ, marquês de, ver LEÃO, Honório Hermeto Carneiro
PARANAGUÁ, marquês, ver BARBOSA, Francisco Vilela
PARANHOS, José Maria da Silva, ver RIO BRANCO, visconde do
PARLAGRECO, Salvatore, 601
PASCAL, Blaise, 327, 493, 702
PASCUAL, Antônio Diodoro de, 120, 141, 166, 174, 177
PATROCÍNIO, José Carlos do, 38
PAZ, Francisco, 319
PEDRA BRANCA, visconde de, 276
PEDRO II, Dom, 161, 186, 424
PEDRO V, 95-6, 98
PEIXOTO, Floriano Vieira, 43, 605
PEIXOTO, Inácio José Alvarenga, 205
PELLETAN, Pierre Clémente Eugène, 69, 135
PENA, Luís Carlos Martins, 67, 439
PENA, Messias Félix, 360
PEREIRA, João Felipe, 689, 692
PEREIRA, Lafayette Rodrigues, 115, 553-4, 593
PERNAMBUCO, Miguel José de Almeida, 301
PERRAULT, Charles, 454
PERTENCE, 95
PESSOA, Francisco Pinto, 300
PETRARCA, Francesco, 132, 218, 654, 697
PÍNDARO, 340, 363
PINHEIRO JÚNIOR, Luís Leopoldo Fernandes, 563-4

PINHEIRO, Bernardino Pereira, 21, 146-8
PINHEIRO, cônego Joaquim Caetano Fernandes, 34, 198, 205, 587
PINTO JÚNIOR, João José, 300
PINTO, Dionísia Gonçalves, ver FLORESTA, Nísia
PINTO, Eduardo de Andrade, 554
PINTO, Fernão Mendes, 440
PINTO, Jorge Alberto Leite, 566
PITÁGORAS, 120
PITANGA, Praxedes Gomes de Sousa, 300
PITT, William, 614, 702
PIZARRO GONZÁLEZ, Francisco, 411
PLÁCIDO, Ana Augusta Vieira, 123
PLATÃO, 120, 631, 702
PLATEN, August Platen-Hallermünde, conde von, 411
PLUTARCO, 597
POE, Edgar Allan, 319, 602
POMBAL, marquês de, ver MELO, Sebastião José de Carvalho
POMPÉIA, Raul, 625-6
POPE, Alexander, 117, 136
PORCIÚNCULA, José Tomás da, 40, 446-8
PORFÍRIO DE TIRO, 197
PORTO-ALEGRE, Manuel de Araújo, barão de Santo Ângelo, 26, 72, 100, 180, 252, 292-3, 429, 439, 448, 503, 568
PÓVOA, José Joaquim Peçanha, 32-3, 418
PRADO, Eduardo Paulo da Silva, 44, 638, 686, 693-4
PRÉVOST, Antoine François, abade, 246

PROMETEU, 71, 183, 525
PROUDHON, Pierre-Joseph, 473, 493
PUJOL, Alfredo Gustavo, 566

Q
QUEIRÓS, Eusébio de, *ver* CÂMARA, Eusébio de Queirós Coutinho Mato da
QUEIRÓS, João Ramos de, 492
QUEIRÓS, José Maria Eça de, 35-6, 467-85, 672, 675, 686, 694
QUENTAL, Antero de, 27
QUEVEDO Y SANTIBANEZ, Francisco Gómez de, 411
QUEVEDO, Vasco Mousinho de, 347

R
RABELAIS, François, 454
RABELO, Laurindo José da Silva, 183-4
RABELO, Pedro Carlos da Silva, 44, 624-5
RACINE, Jean, 495, 581
RAMOS, João de Deus de Nogueira, 628
REBELO JÚNIOR, João Batista de Castro, 496
REBEQUE, Henri-Benjamin Constant, 593
REDONDO, Manuel Ferreira Garcia, 159
REGO, Antônio, 207
REGO, Vicente Pereira do, 300
REIS, Francisco Sotero dos, 35, 131, 207, 272-4, 310, 443
RENAN, Henriqueta, 640-53, 690
RENAN, Joseph Ernest, 165, 194-7, 490, 637, 640-53, 703
RIBEIRO, Bernardim, 274, 609
RIBEIRO, João, 44

RIBEIRO, Maria Angélica, 272-3
RIBEIRO, Santiago Nunes, 15
RICHARDSON, Samuel, 625
RICHEPIN, Jean, 656
RIO BRANCO, visconde do, 449, 615
RISTORI, Adelaide, 424, 546
ROCHA, Justiniano José da, 621
RODRIGUES, José Carlos, 33-4
ROLIM, Maria Zalina, 44, 596, 628
ROMERO, Sílvio Vasconcelos da Silveira Ramos, 38, 493-4, 516-7, 601
ROSA, Francisco Otaviano de Almeida, 32-3, 117, 423, 553-4, 568, 577, 621
ROSSI, Ernesto, 424
ROUCHER, Jean-Antoine, 55
ROUSSADO, Manuel, barão de, 116-7
ROUSSEAU, Jean-Jacques, 357-8, 570, 649
RUSSEL, John, lorde, 121
RUYSDAEL, Jacob, 538-9

S
SÁ, Francisco Teixeira de, 300
SÁ, Gustavo Adolfo de, 309
SAAVEDRA, Miguel de Cervantes, 116, 445, 453-4, 457
SAFO, 136, 276
SAINT-BEUVE, Charles Augustin, 528, 679, 683
SALDANHA, José da Natividade, 205
SALÚSTIO, Caio, 150
SAMÓSTATA, Luciano de, 30, 694
SAND, George, *ver* DUPIN, Amandine (também Amantine) Aurore, baronesa de Dudevant
SANTO ÂNGELO, *ver* PORTO-ALEGRE, Manuel de Araújo

SANTOS, Artur Napoleão dos, 424
SANTOS, Francisco Quirino dos, 451-3
SANTOS, Luís Quirino dos, 38
SANZIO, Rafael, 314
SÃO CARLOS, frei Francisco de, 63, 205
SÃO LOURENÇO, barão de, 203
SÃO VICENTE, marquês de, *ver* BUENO, José Antônio Pimenta
SARAIVA, José Antônio, 552, 555
SARDOU, Victorien, 509
SAVONAROLA, Jerônimo, 697
SCHILLER, Johann Christoph Friedric, 581
SCOTT, Walter, 146
SEABRA, Bruno Henrique de Almeida, 103-6, 218-9
SENA, padre Joaquim Bernardino de, 209
SERRA SOBRINHO, Joaquim Maria, 189, 199
SERRA, Joaquim, 32-3, 217, 319-21, 332, 426-9, 436-7, 443, 451, 573-5
SÉVIGNÉ, Marie de Rabutin-Chantal, marquesa ou madame de, 608
SHAKESPEARE, William, 304, 306, 325, 399, 424, 432, 438, 445, 477, 479-80, 543, 560, 626, 654, 678
SILVA, Antônio Dinis Cruz e, 116, 305
SILVA, Antônio Joaquim de Moraes e, 300, 615
SILVA, Francisca Júlia da, 44, 609, 628
SILVA, Francisco Joaquim Bethencourt da, 156
SILVA, João José da, 300
SILVA, João Manuel Pereira da, 15, 26, 271-2
SILVA, Joaquim Norberto de Sousa, 15, 198, 301, 587
SILVA, José Antônio Frederico da, 210
SILVA, José Bonifácio de Andrada e, 62-3, 205, 452
SILVA, José Maria da Costa e, 302
SILVA, Juvenal Galeno da Costa e, 272-5
SILVA, Luís Alves de Lima e, 586, 615
SILVA, Luís Augusto Rebelo da, 446
SILVA, Luís José Pereira da, 20-1, 28-9, 223-8, 345-51, 353-6
SILVA, Manuel Pessoa da, 309
SILVÉRIO, Joaquim, 342
SIMONI, Luís Vicente de, 156
SIMONS, Dr., 121
SÓFOCLES, 495, 598
SOROMENHO, Augusto Pereira de Vabo e Anhya Gallego e, 102-3
SOUSA, Amélia Valim Pereira de, 556
SOUSA, Antônio Frederico Cardoso de Meneses e, 482
SOUSA, Antônio Moutinho de, 453-4
SOUSA, Constanino José Gomes de, 91
SOUSA, João Cardoso Meneses e, 36, 155-6
SOUSA, Joaquim Gomes de, 182
SOUSA, José Galante de, 402
SOUSA, Ledo Paula, 616
SOUSA, Luís Fortunato de Brito Abreu e, 155
SOUSA, Luís Pereira de, 553-4
SOUSA, Maria Carlota Viterbo e, 553-4
SOUSA, Paulino José Soares, *ver* URUGUAI, visconde de
SOUSA, Pedro Luís Pereira de, 155, 170, 552-7
SOUSA, Washington Luís Pereira de, 593
SPENCER, Herbert, 512, 516, 528

STAËL, madame de, *ver* NECKER, Anne-Louise Germanine
STENDHAL, 694
STERNE, Laurence, 356, 694
STRAUSS, David Friedrich, 195-7
SWIFT, Jonathan, 575

T
TÁCITO, Públio Caio Cornélio, 431
TAINE, Hippolyte Adolphe, 495, 637, 654
TALLEYRAND-PÉRIGORD, Charles-Maurice, 144
TAMBERLICK, Enrico, 210
TARDIEU, Jules Romain, 109
TASSO, Torquato, 56
TAUNAY, Alfredo Maria Adriano Escragnolle, visconde de, 432, 661
TAVARES, Constantino do Amaral, 17, 277
TAVARES, Jerônimo Vilela de Castro, 300
TÁVORA, João Franklin da Silveira, 432
TEIXEIRA, Joaquim José, 156, 174
TEIXEIRA, Múcio Scervola Lopes, 525-7
TELÊMACO, 307
TEMPLE, Henry John, 115
TEÓCRITO, 98, 252
TERRAIL, Pierre Alexis Ponson du, 458
THIBOUST, Lambert, 68
TÍBULO, 265
TÍBULO, 604
TICIANO, 334
TIRADENTES, *ver* XAVIER, Joaquim José da Silva
TOLEDO, padre Carlos Correia de, 342
TOLENTINO, Nicolau, 116

TORRES, Joaquim José Rodrigues, 615
TRAPASSI, Pietro, 302
TROVÃO, Lopes, 23
TRUEBA, Antonio Maria de, 435

U
ULLIAC, mademoiselle, 650-1
URUGUAI, visconde de, 615

V
VACQUERIE, Auguste, 88
VALDETARO, Manuel de Jesus, visconde de, 554
VALE JÚNIOR, João Pedro da Cunha, 309
VALE, Paulo Antônio do, 458
VALIM, Manuel de Aguiar, 556
VARELA, Luís Nicolau Fagundes, 24-5, 40, 118, 181, 257-8, 264-9, 303, 320, 332, 436-7, 446-8, 452, 639, 661
VARNHAGEN, Francisco Adolfo, 431, 568
VASCONCELOS, Bernardo Pereira de, 616
VASCONCELOS, Francisco Botelho de Morais e, 347
VASCONCELOS, Hermógenes Sócrates Tavares de, 300
VASCONCELOS, Zacarias de Góis e, 463-4, 466, 614
VEIGA, Bernardo Saturnino da, 465
VEIGA, Luís Francisco da, 133
VENTURA, padre, 121
VERDI, Giuseppe Fortunino Francesco, 597
VERÍSSIMO, José, 13, 43, 599, 601, 627-8, 631, 679-84, 700

VICENTE, Gil, 479-81
VIEIRA, padre Antônio, 143, 145, 191-2
VIGNY, Alfred de, 217, 490, 534
VILLEGAS, Francisco Gómes de Quevedo y Santibanez, 411
VILLEMAIN, Abel-François, 274
VINCI, Leonardo da, 697
VIRGÍLIO, 98, 181, 417, 445, 457, 597
VISCONDE DE PEDRA BRANCA, ver BARROS, Domingos Borges de
VOLTAIRE, 357, 481, 570, 575, 696

W

WALLACE, Alfred Russel, 516
WANDERLEY, João Maurício, 615
WASHINGTON, George, 341, 593
WHITTIER, John Greenleaf, 170
WOLFF, Ferdinand Joseph, 140-1

X

XAVIER, Antônio Vicente da Fontoura, 491, 495, 509-10, 513
XAVIER, Joaquim José da Silva, 341-2

Z

ZALUAR, Augusto Emílio, 120, 124-9, 130-1, 141, 150-3, 176
ZAMA, Aristides César Spínola, 597
ZAMOSKY, conde, 644
ZOLA, Émile, 467-8, 481, 483
ZORRILLA Y MORAL, José, 279
ZWINGLIO, Ulrico, 120

SOBRE O LIVRO

Formato: 16 x 23 cm
Mancha: 27,8 x 48 paicas
Tipologia: Venetian 301 BT 12,5/16
Papel: Pólen soft 80g/m² (miolo)
Cartão Supremo 250 g/m² (capa)
1ª *edição*: 2013
1ª *reimpressão*: 2023

EQUIPE DE REALIZAÇÃO

Capa
Estúdio Bogari

Edição de texto
Tulio Kawata (Copidesque) Pedro Barros – Tikinet (Revisão)

Editoração eletrônica
Eduardo Seiji Seki (Diagramação)

Assistência editorial
Jennifer Rangel de França

Rua Xavier Curado, 388 • Ipiranga - SP • 04210 100
Tel.: (11) 2063 7000 • Fax: (11) 2061 8709
rettec@rettec.com.br • www.rettec.com.br